HISTOIRE

DE LA

MONARCHIE DE JUILLET

PAR

PAUL THUREAU-DANGIN

OUVRAGE COURONNÉ DEUX FOIS PAR L'ACADÉMIE FRANÇAISE
GRAND PRIX GOBERT, 1885 ET 1886

DEUXIÈME ÉDITION

TOME PREMIER

PARIS
LIBRAIRIE PLON
E. PLON, NOURRIT ET Cⁱᵉ, IMPRIMEURS-ÉDITEURS
RUE GARANCIÈRE, 10

1888
Tous droits réservés

HISTOIRE

DE LA

MONARCHIE DE JUILLET

L'auteur et les éditeurs déclarent réserver leurs droits de traduction et de reproduction à l'étranger.

Ce volume a été déposé au ministère de l'intérieur (section de la librairie) en avril 1884.

DU MÊME AUTEUR :

Royalistes et Républicains, Essais historiques sur des questions de politique contemporaine : I. *La Question de Monarchie ou de République du 9 thermidor au 18 brumaire*; II. *L'Extrême Droite et les Royalistes sous la Restauration*; III. *Paris capitale sous la Révolution française*. Un volume in-8º. Prix.................. 6 fr. »

Le Parti libéral sous la Restauration. Un vol. in-8º. Prix...... 7 fr. 50

L'Église et l'État sous la Monarchie de Juillet. Un vol. in-8º. Prix... 4 fr. »

PARIS. — TYPOGRAPHIE DE E. PLON, NOURRIT ET Cie, RUE GARANCIÈRE, 8.

HISTOIRE

DE LA

MONARCHIE DE JUILLET

PAR

PAUL THUREAU-DANGIN

OUVRAGE COURONNÉ DEUX FOIS PAR L'ACADÉMIE FRANÇAISE
GRAND PRIX GOBERT, 1885 ET 1886

DEUXIÈME ÉDITION

TOME PREMIER

PARIS
LIBRAIRIE PLON
E. PLON, NOURRIT ET Cⁱᵉ, IMPRIMEURS-ÉDITEURS
RUE GARANCIÈRE, 10

1888
Tous droits réservés

AVANT-PROPOS

La seconde édition aujourd'hui offerte au public n'est pas une simple réimpression. Lors de ses premières recherches, l'auteur avait déjà eu communication d'importants documents, entre autres des papiers du feu duc de Broglie et du journal inédit de M. le baron de Viel-Castel. Depuis lors, d'autres sources non moins précieuses lui ont été ouvertes ; il a eu notamment à sa disposition le recueil des lettres reçues par le comte Molé ; les Mémoires du comte de Sainte-Aulaire, successivement ambassadeur à Rome, à Vienne et à Londres ; les dépêches et les lettres écrites ou reçues par le baron de Barante, ambassadeur à Turin et à Saint-Pétersbourg ; la correspondance politique du comte de Bresson, ministre à Bruxelles, à Berlin, et ambassadeur à Madrid ; les notes écrites par M. Duvergier de Hauranne à l'issue de chaque session, etc. Ces documents inédits, dont il a pu déjà faire usage pour la suite de cette histoire, contenaient aussi d'utiles renseignements sur les faits exposés dans les deux premiers volumes. De là, les modifications et les additions considérables apportées, dans cette seconde édition, au texte primitif. Certaines parties, par exemple, le récit des affaires alors si importantes de Belgique et d'Italie, ont été absolument refaites sur un plan nouveau et beaucoup plus développé. L'auteur renouvelle ici ses remerciments à toutes les personnes qui, par ces bienveillantes communications, ont aidé ses travaux et lui ont permis de mieux saisir cette vérité historique, parfois d'autant plus difficile à découvrir que l'époque est plus rapprochée de nous.

Octobre 1887.

PRÉFACE

DE LA PREMIÈRE ÉDITION

Pour qui place un peu haut son idéal politique, la France, depuis quatre-vingts ans, n'offre pas d'époque plus intéressante à étudier que celle où elle a été en possession de la monarchie constitutionnelle. La première partie de cette époque, celle qui s'étend de 1814 à 1830, a été, depuis quelque temps, l'objet de nombreux et importants travaux. Pleine lumière a été faite sur ces belles et jeunes années qui ont été vraiment le printemps de ce siècle. La Restauration y a gagné que sa mémoire est entrée dans la région apaisée de l'histoire; à son égard, les passions d'autrefois, les thèses d'opposition, les arguments de journaux, les préventions de parti n'ont plus cours; quand on parle d'elle, c'est vraiment la postérité qui porte son jugement, jugement définitif, presque unanime et généralement favorable. Ne convient-il pas maintenant de porter plus loin cet effort d'exploration et de redressement, de dire ce que fut la France sous le règne de Louis-Philippe? Alors, sans doute, le siècle, en vieillissant, a déjà perdu de son charme, de sa fraîcheur et de ses illusions. Néanmoins, c'est encore le bon temps. Si les Ordonnances et la révolution de Juillet ont malheureusement troublé l'épreuve que notre pays faisait du gouvernement libre, si elles en ont rendu les conditions plus difficiles, elles n'y ont pas cependant mis fin; les dix-huit années qui ont suivi 1830 ne doivent pas être séparées des seize qui avaient précédé : elles continuent et complètent cette période, honorable et bienfaisante entre toutes, de liberté réglée, de paix et de dignité extérieures, de fécondité intellectuelle et de prospérité économique, où la royauté a si rapidement réparé les effroyables ruines que lui avait léguées le passé, et si largement accumulé les forces dont l'avenir devait user et abuser.

Il semble cependant que les historiens aient, jusqu'ici, négligé ou évité cette seconde partie des annales monarchiques. Rien, sur ce sujet, qui soit l'analogue des ouvrages considérables et décisifs publiés sur la Restauration, par MM. de Viel-Castel, Nettement, Duvergier de Hauranne[1]. Ce dernier, qui avait annoncé la volonté de conduire son travail jusqu'en 1848, s'est arrêté en 1830, comme s'il était gêné pour aller plus loin. L'heure est venue de faire cesser une différence que rien ne peut plus justifier. De redoutables événements, des révolutions nombreuses et profondes, des malheurs nouveaux ont creusé, entre cette époque et la nôtre, un abîme qui équivaut à un siècle d'éloignement. Et d'heureuses réconciliations n'ont-elles pas dissipé bien des préventions? n'ont-elles pas rendu la justice plus facile à faire et à accepter? L'ère historique, ère d'apaisement, de lumière et d'équité, peut donc s'ouvrir pour la monarchie de Juillet, comme elle s'est ouverte pour la Restauration; pour Louis-Philippe, comme pour Louis XVIII et Charles X; pour Casimir Périer, le duc de Broglie, M. Guizot, M. Thiers et le comte Molé, comme pour le duc de Richelieu, le comte de Serre, M. de Villèle et M. de Martignac.

---

[1] Signalons, cependant, comme un symptôme nouveau dont il convient de se féliciter, l'intéressante *Histoire de la monarchie de Juillet*, qu'un jeune écrivain, M. du Bled, a naguère fait paraître. Il y a plus de vingt ans, M. de Nouvion avait commencé une importante *Histoire du règne de Louis-Philippe*; la mort ne lui a malheureusement pas permis de la terminer.

Cette impartialité est facile aux hommes de ma génération. Arrivés trop tard à la vie publique pour avoir été acteurs de ces événements, réduits à les étudier après coup, en interrogeant les souvenirs des anciens et en dépouillant des documents parfois d'autant plus incomplets que l'époque est plus récente, ils ont du moins l'avantage d'être étrangers aux susceptibilités et aux partis pris de la politique d'alors. A interroger leur conscience, ils n'éprouvent aucune gêne pour tenter, sur la monarchie de Juillet, une œuvre d'historien non moins libre et sincère que sur la Restauration, sans souci des thèses toutes faites d'apologie et d'opposition, aussi résolus à répudier les attaques inspirées par la rancune qu'à écarter les voiles de complaisance, et ne ressentant, à la vue de tant de dissensions refroidies, qu'une passion, celle d'unir, dans la justice à rendre au passé, ceux qui s'y étaient trouvés si malheureusement séparés. Osera-t-on demander à tous ceux qui voudront bien lire ce travail, de le faire dans le même esprit qu'il aura été écrit, dussent-ils, pour cela, dépouiller quelque peu le vieil homme, se dégager des préventions qu'ils auraient gardées d'autrefois, recueillies dans l'héritage de leurs pères ou trouvées dans le bagage commun de leur parti?

Si l'auteur est demeuré étranger aux ressentiments de la politique ancienne, il n'a pas moins tenu à se dégager des préoccupations de la politique actuelle. Son ambition a été d'écrire, non un livre de circonstance, encore moins de polémique, mais un livre d'histoire. Il a voulu raconter les événements avec vérité, les juger avec justice, sans jamais les altérer ou les voiler par souci des conclusions qu'on en pourrait tirer dans les querelles du moment. Toutefois, il n'a pu empêcher qu'un grave événement, survenu bien après qu'il avait commencé ce travail, ne soit venu y donner une nouvelle et particulière opportunité. Aujourd'hui que, par un décret de la Providence, le droit royal héréditaire repose sur la tête du petit-fils de Louis-Philippe, il pourra paraître plus important encore de connaître ce que fut le gouvernement de son aïeul. Non qu'à notre avis ce passé doive être aveuglément copié. La monarchie de demain, comparée à celle d'hier, aura une faiblesse en moins et une difficulté en plus. Elle ne souffrira pas d'une origine révolutionnaire et de la division des forces conservatrices, mais elle rencontrera, singulièrement aggravé et compliqué, le problème de cette démocratie dont la brutalité d'allures, la mobilité ignorante et violente semblent fausser tous les rouages, pervertir toutes les doctrines du gouvernement libre.

On dit volontiers, depuis quelque temps, que le régime parlementaire est impossible avec notre démocratie. Peut-être. A condition cependant qu'on n'en conclue pas que le césarisme lui convient : car la seule comparaison de 1871 avec 1848 suffirait à montrer ce que devient l'esprit du peuple à ce dernier régime. Mais, aujourd'hui, je le sais, le « parlementarisme » — c'est le nom dont on se sert quand on en veut médire — n'est guère en faveur. Tout ce que lui avait fait gagner, dans l'opinion, la vue des désastres où nous avait conduits le régime sans contrôle du second empire, il semble que l'anarchie à la fois impuissante et destructrice de notre république le lui ait fait perdre. Pour que ce revirement fût pleinement justifié, il faudrait d'abord établir que le gouvernement actuel est vraiment parlementaire. Cette Chambre à la fois servile et usurpatrice ; ce Sénat qui approuve ce qu'il blâme au fond, applaudit ceux qu'il méprise ; ces majorités aussi instables qu'oppressives ; ces subdivisions et ces compétitions de coteries sans consistance et sans doctrine, non sans appétits ; cette violation cynique des droits de la minorité ; cette impuissance du droit, de la raison, de l'éloquence, devant la brutalité muette des votes; ces ministres, endurcis à toutes les mortifications des scrutins hostiles, qui font par décret ce pour quoi on leur refuse des lois, et lancent le pays dans de périlleuses aventures, sans l'aveu et à l'insu de ses représentants; ce chef du pouvoir exécutif qui s'annule dans une indolence inerte et indifférente aux plus grands intérêts du pays; cette domination électorale d'une petite bande de politiciens sans considération, sans moralité et sans valeur, étrange oligarchie qui n'a rien de l'aristocratie et qui aboutit partout au règne d'une médiocrité chaque jour plus abaissée, — tout cela, est-ce donc ce qu'on a connu, aimé, désiré, regretté, sous le nom de gouvernement parlementaire? Qu'on médise du « parlementarisme » autant qu'on le voudra, — il a eu ses malheurs et ses torts, il peut avoir ses périls, — mais qu'on ne mette pas à sa charge la honte et la misère d'un régime qui n'a rien de commun avec lui. Ceci dit pour redresser, en passant, une idée fausse, aujourd'hui trop répandue, je n'insisterai pas sur des considérations qui risqueraient de s'écarter du véritable et unique point de vue de mon livre. Ce livre a en effet pour objet le récit du passé, non l'apologie d'une forme particulière des libertés publiques. Conviendra-t-il, dans l'avenir, de modifier les anciennes conditions de la monarchie constitutionnelle, pour les mieux adapter à la démocratie? dans quelle mesure faudra-t-il, par exemple, augmenter l'initiative et l'action directe du pouvoir royal, que déjà autrefois on a pu regretter d'avoir trop réduites? Ce sont des problèmes qu'il appartient à la politique, non à l'histoire, de poser et de résoudre.

Si l'histoire ne doit ni se laisser envahir par la politique, ni se substituer à elle, ce n'est pas à dire qu'elle ne puisse l'aider. Elle le fait en lui donnant l'exacte connaissance du passé : elle est même ainsi le préliminaire et le fondement nécessaire des résolutions que les hommes d'État auront à prendre. Pour remplir un tel office, elle doit être avant tout sincère. Sans doute j'ai trop le sentiment de ce que le gouvernement libre a eu d'honorable et d'avantageux pour mon pays, de l'élan qu'il a donné et de l'emploi qu'il a offert aux plus brillantes et aux plus nobles facultés de l'esprit humain, pour ne pas en parler avec une émotion sympathique, reconnaissante et respectueuse. Mais je sais aussi qu'il y a eu des fautes à blâmer, des malheurs à déplorer; je sais enfin que la monarchie de 1830, comme celle de la Restauration, a abouti, en 1848, à un de ces échecs qui semblent, dans notre siècle, le terme fatal des plus généreux efforts. Loin de voiler ces fautes, ces malheurs et cet échec, le premier devoir de l'historien est d'y insister, d'en scruter les causes, d'en mesurer les conséquences. Il ne s'arrête pas à la pensée que la sincérité même de cette sorte d'examen de conscience puisse décourager certains amis, ou fournir aux adversaires des arguments contre le gouvernement libre lui-même. D'abord tout autre sera la conclusion des esprits de bonne foi qui voudront réfléchir ou seulement comparer : car après tout, de notre temps, quel est le régime, — république ou empire, — qui ait apporté à la France autant de prospérité et d'honneur, ou même qui ait autant duré que les trente-quatre années de la monarchie constitutionnelle? Et puis, qu'est-ce qui importe le plus, aujourd'hui : dissimuler aux autres ce qu'il a pu se mêler de faiblesses aux bienfaits de la monarchie, ou bien armer notre propre expérience contre des rechutes possibles? Le second parti est le plus viril et le plus profitable. Tout indique que Dieu réserve à la France la chance inestimable de recommencer l'épreuve, malheureusement troublée en 1830, violemment interrompue en 1848. Eh bien, sera-t-il alors inutile, pour ne pas se briser aux mêmes écueils, d'avoir la carte exacte des précédentes navigations et des premiers naufrages? D'ailleurs, plus on aura constaté de fautes commises, plus, en chargeant les hommes, on aura déchargé les institutions. Aussi, à ceux qui croiraient trouver dans le souvenir des échecs passés un prétexte pour leur découragement et leur défaillance, serait-on tenté d'adresser, sauf à atténuer l'exagération un peu oratoire du reproche, cette apostrophe de Démosthène que M. Saint-Marc Girardin rappelait déjà en une circonstance analogue : « Athéniens, si vous aviez toujours fait ce qu'il y avait de mieux à faire, et si pourtant vous aviez été vaincus, je désespérerais de la chose publique; mais comme, au contraire, vous n'avez rien fait de ce qu'il fallait faire, j'ai bon espoir, persuadé que, si vous faites tout l'opposé de ce que vous avez fait jusqu'ici, les événements tourneront aussi d'une manière toute différente; que vous réussirez, là où vous avez échoué; que vous vaincrez, là où vous avez été vaincus. Ne vous en prenez donc pas de votre défaite ni aux dieux, ni à vos institutions : prenez-vous-en à vous-mêmes, réparez vos fautes, et vous réparerez du même coup votre malheur. »

Avril 1884.

HISTOIRE

DE LA

MONARCHIE DE JUILLET

LIVRE PREMIER

LE LENDEMAIN D'UNE RÉVOLUTION

(JUILLET 1830 — 13 MARS 1831)

CHAPITRE PREMIER

L'ÉTABLISSEMENT DE LA MONARCHIE NOUVELLE

(29 juillet — 14 août 1830).

I. Pourquoi nous ne racontons pas les Journées de Juillet. La situation dans la soirée du 29 juillet. Les députés et l'Hôtel de ville. La Fayette. — II. Pendant la nuit du 29 au 30 juillet, proclamations posant la candidature du duc d'Orléans. Accueil favorable des députés. Colère de l'Hôtel de ville. Les députés, réunis le 30, invitent le duc d'Orléans à exercer les fonctions de lieutenant général. Acceptation du prince. — III. Dans la matinée du 31, agitation croissante à l'Hôtel de ville contre le duc d'Orléans. Les deux partis se disputent La Fayette. — IV. Le lieutenant général, accompagné des députés, se rend à l'Hôtel de ville, dans l'après-midi du 31. Son cortége. Accueil d'abord douteux et menaçant. Le duc et La Fayette au balcon. Ovation. La Fayette tente vainement d'imposer, après coup, un programme au futur roi. Succès de la visite à l'Hôtel de ville, mais compromissions et périls qui en résultent. — V. Le lieutenant général prend en main le gouvernement. Il rompt chaque jour davantage avec Charles X. Expédition de Rambouillet. — VI. Réunion des Chambres le 3 août. La question des « garanties » préalables.

Proposition de M. Bérard. La Commission dépose son rapport, le 6 août au soir. Caractère de son œuvre. Comment est résolu le problème de l'origine de la monarchie nouvelle. Modifications apportées à la Charte. Question de la pairie. Débat hâtif, en séance, le 7. Adhésion de la Chambre des pairs. Détails réglés dans la journée du 8. Séance solennelle du 9 août et proclamation de la royauté nouvelle. Physionomie du Palais-Royal. Joie et illusions du public.

I

Notre dessein n'est pas de raconter ici comment, dans les « Journées » de Juillet, fut renversée la vieille monarchie : l'émeute suscitée, le 26, par les Ordonnances, devenue, en quelques jours, une révolution victorieuse; l'armée royale trop faible, encore diminuée par les défections, mal commandée, obligée dès le 29 d'évacuer Paris; le gouvernement aveuglé, téméraire et faible, s'obstinant quand une concession eût pu tout sauver, cédant quand il n'était plus temps; le drapeau tricolore arboré, on ne sait par qui, sur les tours de Notre-Dame, volant de clocher en clocher et devançant presque les malles-poste qui portaient, par toute la France, la nouvelle de l'explosion populaire. Ce récit nous paraît plutôt appartenir à l'histoire de la Restauration dont il est le tragique dénoûment, et il a été fait d'une façon si complète par les auteurs éminents qui ont écrit cette histoire, qu'il serait inutile et malséant de le recommencer après eux. Par les mêmes raisons, nous ne croyons pas que ce soit le lieu d'apprécier ce que fut, pour la stabilité et la liberté de nos institutions, le malheur, aujourd'hui mieux aperçu, de la rupture avec la royauté légitime, d'examiner dans quelle mesure la responsabilité doit en être partagée entre le gouvernement et l'opposition, entre les royalistes et les libéraux[1]. Un autre sujet nous sollicite : l'établissement d'une

---

[1] J'ai eu plusieurs fois occasion de toucher à ces diverses questions dans mes études sur le *Parti libéral sous la Restauration* et sur l'*Extrême Droite et les royalistes*.

monarchie nouvelle. Aussi bien l'historien, pressé, poussé par les événements, doit-il aller de l'avant, n'abandonnant pas sans doute, devant les violences du fait, les droits de la vérité et de la justice, mais ne s'attardant pas à gémir ou à récriminer sans cesse sur les mêmes malheurs; il lui faut résister à la tentation, trop naturelle, de rêver à ce qui serait advenu si telles fautes avaient été évitées, de rebâtir en imagination ce que la réalité a détruit. Détournons donc les yeux de ces ruines douloureuses, disons adieu à ce passé, par tant de côtés digne de regrets, et partons des événements accomplis. Dans la révolution de Juillet, dans les incidents confus et précipités de ces jours d'émeute, nous rechercherons seulement ce qui nous aidera à découvrir l'origine et la condition du nouveau gouvernement, à marquer sa situation en face du mouvement violent dont il émanait, et dont cependant, pour vivre, il devait se dégager.

Le 29 juillet au soir, moins de quatre jours après les Ordonnances, la bataille était terminée dans Paris, et le gouvernement était manifestement vaincu. Mais qui était vainqueur, et quel usage allait-on faire de la victoire? Les députés de l'opposition libérale, les fameux 221, encore au plus vif de leur popularité, semblaient personnifier la cause que le coup d'État avait voulu frapper et que le soulèvement populaire prétendait venger. Dès le commencement de la crise, ceux d'entre eux qui étaient présents à Paris, avaient pris l'habitude de se réunir, tantôt chez l'un, tantôt chez l'autre, et la foule avait paru d'abord attendre d'eux le mot d'ordre et la direction. Étaient-ils en position et en volonté de les donner? Irrités des Ordonnances, désirant y résister, mais sans sortir de la légalité, ils avaient été surpris par une émeute anonyme, qui avait éclaté sans eux et malgré eux, et qu'ils s'étaient attendus à voir aussitôt écrasée; plus effrayés que triomphants de ses premiers progrès, moins empressés à user de leur nouveau pouvoir qu'embarrassés de leur responsabilité, ils n'osaient se mettre ni à la tête ni en travers d'un mouvement chaque jour grandissant, et se bornaient à le suivre d'un pas incertain et timide. Que ce fût chez les uns méfiance du succès, chez les autres scrupule de légalité et clairvoyance du mal révolutionnaire, presque tous, au début, n'avaient d'autre prétention que de traiter avec le Roi, en lui imposant une politique plus libérale. Ainsi pensaient et parlaient MM. Casimir Périer, Guizot, Sébastiani, Dupin, Villemain. Sans doute, plus la lutte se prolongeait au détriment de la cause royale, plus un accord devenait difficile. Et cependant, même après la pleine victoire de l'insurrection, beaucoup des députés n'étaient pas décidés à une rupture. Quand, dans la soirée du 29, leur réunion, qui se tenait chez M. Laffitte, fut informée que le Roi se résignait à retirer les Ordonnances, chargeait le duc de Mortemart de former un cabinet, et laissait offrir des portefeuilles à M. Périer et au général Gérard, le premier mouvement fut de se déclarer satisfaits. M. Laffitte, plus hostile que ses collègues, ne put que faire ajourner la décision au lendemain matin.

Les députés n'étaient pas seuls à représenter la force alors victorieuse. Dès les premiers succès de l'insurrection, les plus ardents des agitateurs, obéissant à l'instinct et à la tradition révolutionnaires, s'étaient portés à l'Hôtel de ville. Là, plus encore que vers les salons de M. Laffitte ou de M. Casimir Périer, se tournaient les regards de ce populaire qui, depuis les journées de prairial, ne s'était pas montré en armes dans les rues, mais que la provocation maladroite du gouvernement et l'imprévoyant encouragement de la bourgeoisie libérale venaient d'y faire redescendre. Dans les appartements souillés du palais municipal, au milieu des tentures en lambeaux, des bustes brisés, des tableaux crevés, l'insurrection avait improvisé son bivouac et ses conseils : grotesque et sinistre spectacle qui s'est reproduit du reste à toutes les révolutions ; pêle-mêle d'ouvriers aux bras nus et de polytechniciens en uniforme, de combattants ensanglantés et de déclamateurs de clubs, de jeunes patriotes échappés des sociétés secrètes et d'affamés en quête de places. Dans ce tumulte, au premier abord, aucun personnage marquant ; et l'on put voir, un moment, le premier rôle laissé à un aventurier inconnu qui, pour jouer au gouvernement provisoire, s'était affublé d'un uniforme ramassé parmi les défroques d'un théâtre. Mais, dans la journée du 29, La Fayette, sortant de la réserve où il était d'abord demeuré par défiance du succès, se décida à réclamer pour lui ce principat de l'Hôtel de ville et ce commandement de la garde nationale que, plus de quarante ans auparavant, une révolution lui avait déjà conférés. Toutefois, hommage significatif rendu au prestige des députés, il leur demanda l'investiture, et ceux-ci lui adjoignirent une commission municipale composée de cinq d'entre eux, MM. Casimir Périer, le général comte de Lobau, de Schonen, Audry de Puyraveau et Mauguin. Alors seulement La Fayette revêtit son vieil uniforme de 1789, symbole des illusions demeurées maîtresses de son esprit, et il se rendit au palais de la place de Grève, s'enivrant des ovations de la foule, littéralement couvert des rubans tricolores qu'on lui jetait des fenêtres, et pressant sur son cœur les blessés dont, suivant l'expression de son historiographe officiel, « le peuple lui faisait hommage [1] ».

Avec lui, l'Hôtel de ville devint plus agité encore et plus important : là arrivaient les nouvelles, les pétitions, les députations; de là partaient les proclamations et les mots d'ordre. La Fayette était le centre de ce mouvement; il lui donnait un nom, mais non une direction. N'était-il pas dans la destinée constante de cet homme, dont le caractère et le cerveau s'étaient encore affaiblis depuis les premières années de la Restauration [2], d'être plutôt poussé que suivi par ceux à la tête desquels il se plaçait? Tout entier à savourer ce qu'il avait appelé lui-même autrefois « la délicieuse sensation du sourire de la multitude », il s'était livré à peu près sans défense aux violents et aux intrigants qui se remuaient autour de lui, l'excitaient en l'acclamant, le surveillaient sous prétexte de lui faire cortége, et écrivaient des ordres qu'il contre-signait avec son imperturbable laisser-aller. Qui avait un fusil ou une blouse pouvait circuler

---

[1] SARRANS, *La Fayette et la révolution de* 1830, t. Ier, p. 239.
[2] Voy. sur La Fayette, dans les années qui suivirent 1815, mon étude sur le *Parti libéral sous la Restauration*, p. 41 et suiv.

dans le palais et prendre part aux délibérations; trouvait-on une porte fermée, on l'enfonçait à coups de crosse; le premier venu décernait des mandats d'arrêt contre les députés suspects de modérantisme, fussent-ils membres de la commission municipale comme M. Casimir Périer; un élève de l'École polytechnique menaçait de faire fusiller un autre membre de la commission, le général de Lobau, et à ceux qui s'en étonnaient : « J'ordonnerais à mes hommes, disait-il, de fusiller le bon Dieu, qu'ils le feraient. »

Dans un pareil milieu, les idées, les vues, les aspirations ne pouvaient être les mêmes que dans la réunion des députés. Allait-on jusqu'à vouloir proclamer immédiatement la république? Sans doute plusieurs des agitateurs de l'Hôtel de ville étaient républicains, ou du moins le seront plus tard; mais ils n'osaient encore faire trop haut leur profession de foi. Ce qu'ils voulaient surtout, c'était développer et prolonger la révolution; ils avaient pris goût à ce règne de la place publique et n'admettaient pas qu'on cherchât à y mettre un terme. « Une révolution », — disaient-ils, en reprenant le programme que La Fayette avait fait adopter, quelques années auparavant, dans les conspirations de la charbonnerie, — « une révolution a pour résultat de restituer à la nation sa souveraineté, son droit de régler elle-même la nature et la forme de son gouvernement; il faut donc convoquer les assemblées primaires, faire élire une assemblée constituante, et jusque-là conserver des autorités provisoires et anonymes. »

Ainsi, chez les députés, désir de limiter et de clore la révolution, sans parti pris de rupture avec Charles X; à l'Hôtel de ville, volonté de traîner la révolution en longueur et de la pousser à l'extrême, avec tendance vers la république : telle est la contradiction qui apparaît manifeste, le 29 juillet au soir. Elle n'est pas faite pour surprendre ceux qui se rappellent de quels éléments disparates, les uns sincèrement dynastiques, les autres perfidement destructeurs, se composait, sous la Restauration, cette « union des gauches » que les avances de M. de Martignac n'avaient pu rompre, et que les provocations de M. de

Polignac avaient rendue plus intime encore. Le jour où finissait le rôle relativement commode de frondeur et de critique, où la coalition avait charge, non plus d'attaquer, mais de fonder un gouvernement, devait naturellement aussi être celui où les divergences et les incompatibilités éclateraient entre les coalisés, où les modérés commenceraient à sentir le péril et à payer le prix des alliances révolutionnaires.

II

A ce moment, pendant la nuit du 29 au 30 juillet, se produisit une de ces initiatives qui, dans le désarroi de semblables crises, suffisent parfois à déterminer des courants d'opinion et à précipiter les solutions. Parmi les députés et autour d'eux, étaient des hommes qui, tout en repoussant la république, gardaient, contre la branche aînée des Bourbons, trop de ressentiments et de méfiances, pour ne pas désirer un changement de dynastie. Le soulèvement provoqué par les Ordonnances n'était-il pas l'occasion, cherchée et attendue par eux, de faire une sorte de 1688 français, dans lequel le duc d'Orléans paraissait indiqué pour tenir le rôle du prince d'Orange? L'idée n'était pas nouvelle, et l'on n'a pas oublié quelle place elle avait prise, à la fin de la Restauration, dans les polémiques des opposants; c'est pour la lancer et y préparer l'opinion, que M. Thiers avait fondé le *National*, de concert avec MM. Mignet et Carrel [1]. Parmi les chefs parlementaires, quelques-uns s'étaient habitués à envisager cette éventualité avec complaisance, M. Laffitte entre autres. Béranger lui-même, oubliant son républicanisme, poussait alors à cette solution, y voyant le procédé le plus sûr pour chasser des princes qu'il détestait; d'ailleurs, si le chansonnier jugeait

---

[1] Voy. le *Parti libéral sous la Restauration*, p. 460 à 478.

parfois utile de parler de la république, il ne fut jamais pressé de la posséder [1].

Néanmoins, aux premiers jours de la révolution, on ne voit pas qu'il ait été publiquement et sérieusement question de ce changement de dynastie. Pendant les combats populaires, le duc d'Orléans s'était tenu à l'écart, hors de Paris, ne donnant pas signe de vie, s'appliquant à n'être à la portée ni du gouvernement ni de l'insurrection. Fait plus significatif encore, les personnages connus pour être les familiers du Palais-Royal, par exemple le général Sébastiani et M. Dupin, se montraient les plus préoccupés de ne pas sortir de la légalité, les plus désireux de traiter avec Charles X. « Ces propositions sont superbes », — s'écriait le général Sébastiani, dans la réunion du 29 au soir, après avoir pris connaissance des offres du Roi; — « il faut accepter cela! » Aussi, après cette réunion, M. Laffitte lui-même renonçait au dessein qu'il caressait; la réconciliation lui apparaissait inévitable. « J'aurais désiré autre chose, dit-il à M. de Laborde; que voulez-vous? tout semble décidé. »

Un homme, cependant, n'abandonne pas la partie : c'est le jeune rédacteur du *National*, M. Thiers. Sa prompte intelligence comprend que pour entraîner les députés et le prince lui-même, il faut les mettre en présence de faits accomplis. Dans la nuit du 29 au 30, il rédige, avec M. Mignet, de courtes et vives proclamations où, sans avoir consulté le prince qu'il n'a jamais vu, il met en avant sa candidature au trône et, par une audacieuse initiative, annonce son acceptation. Ces proclamations sans signature sont affichées, et, dans la matinée du 30,

---

[1] Béranger écrivait à un de ses amis le 19 août 1838 : « Quoique républicain et l'un des chefs de ce parti, j'ai poussé tant que j'ai pu au duc d'Orléans. Cela m'a même mis en froid avec quelques amis... Laffitte ayant vanté beaucoup le peu que j'ai pu faire, au duc d'Orléans, il a exprimé le désir de me voir et de me recevoir; mais j'ai cru nécessaire de me tenir à l'écart... Tu me crois peut-être heureux dans la position que les derniers événements m'ont faite. Tu te trompes, je ne suis pas né pour être du parti vainqueur; les persécutions me vont mieux que le triomphe... J'ai dit sur-le-champ qu'en détrônant Charles X, on me détrônait. » En 1848, Chateaubriand disait un jour à Béranger : « Eh bien! votre république, vous l'avez. — Oui, je l'ai, répondait le chansonnier, mais j'aimerais mieux la rêver que la voir. »

le nom du duc d'Orléans, que presque personne ne prononçait la veille, est dans toutes les bouches.

A cette idée si hardiment lancée par un simple journaliste, l'accueil est fort différent à l'Hôtel de ville et dans la réunion des députés. Chez ces derniers, l'effet est considérable. Ceux même qui, la veille au soir, paraissaient le plus disposés à écouter les propositions de Charles X, sont frappés de la faveur avec laquelle la partie de l'opinion parisienne, d'ordinaire en accord avec eux, accepte l'éventualité d'une dynastie nouvelle. Tout est employé pour vaincre leurs hésitations et leurs scrupules : « Il n'est, leur dit-on, ni possible ni prudent de refuser toute satisfaction aux passions soulevées et victorieuses. Changer le souverain, sans détruire la monarchie, ne serait-ce pas un terme moyen entre la révolution complète que vous redoutez et la résistance que vous sentez au-dessus de votre force et de votre courage? Les concessions royales ne sont-elles pas tardives? sont-elles sérieuses et sincères? Peut-on espérer que la vieille dynastie acquière jamais l'intelligence de son temps, qu'elle se rallie de cœur et pour longtemps à la Charte? Ne vaudrait-il pas mieux en finir tout de suite et profiter de l'occasion qui s'offre de porter sur le trône un prince qu'aucune incompatibilité d'opinion, d'affection et d'habitudes ne sépare de la France moderne et libérale, et que l'origine même de son pouvoir obligera plus encore à reconnaître la prééminence parlementaire? » Une longue opposition a laissé, d'ailleurs, à ces députés, contre la branche aînée des Bourbons, des animosités et des méfiances qui les rendent facilement accessibles à la tentation d'une rupture; de plus, le souvenir, l'illusion de 1688, si souvent rappelés depuis quelque temps, leur voilent le péril de l'atteinte irréparable qui va être ainsi portée au principe monarchique [1]. Peut-être y aurait-il une dernière chance de les retenir, si les représentants de Charles X agissaient avec quelque vigueur. Mais, de ce côté, tout est mollesse et indécision. M. de

---

[1] « Nous avions, dit M. Guizot, l'esprit plein de la révolution de 1688, de son succès, du beau et libre gouvernement qu'elle a fondé. »

Mortemart, malade, découragé par la mauvaise grâce du Roi autant que par les difficultés de la situation, se sentant inégal à une tâche qu'il a acceptée à contre-cœur et à laquelle il n'était pas préparé, ne fait rien ou presque rien, dans ces heures où il eût fallu des merveilles d'activité, de promptitude et de décision. Dès lors il est visible que les députés finiront par se rallier au duc d'Orléans. Réunis le matin chez M. Laffitte, ils ne prennent pas encore parti, mais ils conviennent de siéger dans la journée au Palais-Bourbon, ce que jusqu'à ce moment ils n'avaient pas osé faire.

A l'Hôtel de ville, au contraire, la candidature du duc d'Orléans est accueillie avec colère. « S'il en est ainsi, dit-on, la bataille est à recommencer, et nous allons refondre les balles. » Des orateurs de carrefour dénoncent au « peuple » ceux qui veulent, par une « intrigue », lui enlever « le fruit de sa victoire » ; et la foule leur répond, en criant : « Plus de Bourbons ! » Partout des placards menaçants. Le fils aîné du duc d'Orléans est arrêté à Montrouge, menacé d'être fusillé, et ses amis n'obtiennent qu'à grand'peine de La Fayette un ordre d'élargissement. Les plus ardents des révolutionnaires se réunissent au restaurant Lointier; là sont des hommes qu'on retrouvera bientôt dans les émeutes et les sociétés secrètes : Guinard, Bastide, Poubelle, Hingray, Ch. Teste, Trélat, Hubert. On délibère le fusil à la main ; un orateur, partisan du duc d'Orléans, est couché en joue ; Béranger lui-même est grossièrement apostrophé. Le club signifie à La Fayette que rien ne doit être fait avant qu'une assemblée constituante ait déterminé la forme du gouvernement, et il l'invite impérieusement à proclamer sa dictature. Le général, craignant autant de résister à ces sommations que d'y obéir, tâche d'échapper à l'embarras d'une réponse trop précise ; il flatte les clubistes, en les traitant comme ses meilleurs amis ; puis, avec un mélange de finesse et de radotage, il leur raconte longuement des anecdotes de 1789. Obligé, cependant, de leur donner une satisfaction plus réelle, il adresse aux députés un message où il leur reproche « la précipitation avec laquelle ils paraissent vouloir disposer de la couronne », les engage à porter d'abord leur attention sur « les garanties qu'il convient de stipuler en faveur de la nation », et proteste, « au nom de la garde nationale », contre tout acte par lequel on ferait un roi avant que ces garanties fussent pleinement assurées.

Les partisans du duc d'Orléans n'ont donc qu'une ressource : agir par les députés, sans l'Hôtel de ville ou malgré lui, et surtout le devancer. Mais avant de rien tenter, au moins faut-il obtenir l'assentiment et le concours du prince qu'on vient de mettre en avant sans l'avoir consulté. C'est encore M. Thiers qui s'en charge. Il part pour Neuilly, dans la matinée du 30, n'y rencontre pas le duc d'Orléans qui s'est retiré au Raincy, voit la duchesse qui ne dissimule ni ses scrupules ni ses répugnances, s'adresse enfin à Madame Adélaïde qui se laisse convaincre et prend même sur elle de garantir l'acceptation de son frère.

Munis de cette acceptation indirecte, M. Thiers et ses amis pressent les députés, réunis, à midi, dans la salle du Palais-Bourbon. Ils trouvent là, du reste, de puissants auxiliaires; des hommes considérables, M. Guizot, M. Dupin, le général Sébastiani, Benjamin Constant, se sont définitivement ralliés à la monarchie orléaniste. Cette idée a fait son chemin dans la bourgeoisie parisienne, et des manifestations dans ce sens se produisent autour de la Chambre. Il est vrai que de l'Hôtel de ville arrivent des injonctions absolument contraires et d'apparence plus redoutable. M. Odilon Barrot apporte la lettre par laquelle La Fayette fait connaître ses remontrances et ses exigences ; on invite le messager à monter à la tribune, et on l'écoute, avec une déférence craintive, lire et commenter ce document qu'il déclare avoir été « écrit, pour ainsi dire, sous la dictée du peuple ». Les députés oseront-ils braver cet impérieux *veto?* Assemblés sans convocation régulière, fort peu nombreux [1], n'osant eux-mêmes s'intituler que « la réunion des

---

[1] La Chambre comptait environ 430 membres, sur lesquels 274 appartenaient aux diverses nuances de l'opposition. Or la déclaration par laquelle les députés vont, dans la journée du 30, appeler le duc d'Orléans à la lieutenance générale, ne réunira que 40 signatures. La proclamation du lendemain en réunira 91.

députés actuellement présents à Paris », on conçoit qu'ils éprouvent quelque embarras à s'ériger en constituants. Mais les partisans du duc d'Orléans invoquent la nécessité et le péril : bien loin de dissimuler les menaces de l'Hôtel de ville, ils les grossissent plutôt, se servant, pour le succès de leur thèse, et de la gravité du danger, et de l'effroi des conservateurs. Ne vaut-il pas mieux, demandent-ils, faire à la hâte un gouvernement que de se laisser aller à l'anarchie, prendre l'initiative d'une demi-révolution que d'en subir une entière, refaire un 1688 que de retomber dans 1792 ou 1793 ? Quant à l'ancienne royauté, ajoutent-ils, comment songer à l'imposer à des passions ainsi déchaînées ? Ils s'arrangent d'ailleurs pour écarter les communications officielles de M. de Mortemart, toujours personnellement invisible ; et il ne leur est pas bien difficile de faire considérer comme n'existant plus un gouvernement qui donne si peu signe de vie. Ils affirment même, — ce qui n'est pas, — que les pairs se sont prononcés pour le duc d'Orléans. Du reste, que demandent-ils aux députés ? Est-ce de décréter la déchéance d'un roi et d'en nommer un autre ? Nullement : au besoin même, ils s'en défendraient[1] ; ils se bornent à proposer, — M. de Rémusat, dit-on, a eu l'idée de cette transition, — de nommer le duc d'Orléans lieutenant général du royaume, sans spécifier s'il exercera ses fonctions pour ou contre le roi légitime. Au fond, sans doute, c'est un pas décisif vers un changement de dynastie ; nul n'en ignore ; mais cela n'est pas dit expressément, et ce vague, cette équivoque, qui ne trompent personne, font illusion aux consciences, rassurent les timidités. Aussi, après une séance laborieuse, la réunion finit-elle par voter une déclaration invitant le duc d'Orléans à exercer les fonctions de lieutenant général.

Cependant, où est le prince ? Il faut savoir enfin, d'une façon positive, si l'on peut compter sur son acceptation. Personne

---

[1] Le général Sébastiani disait à ce propos : « La question d'un changement de dynastie est entièrement étrangère à l'acte que la réunion vient d'accomplir. Les commissaires ne l'ont pas soulevée, et il n'y a pas lieu, quant à présent, de la traiter. »

n'est parvenu encore à s'aboucher directement avec lui. Sa persistance à demeurer hors de Paris trahit au moins de grandes incertitudes, des angoisses dont le secret n'a jamais été pleinement révélé, mais où se mêlaient sans doute et se heurtaient les scrupules de la conscience et les tentations de l'ambition, les calculs de la prudence personnelle et le souci du péril public. C'est seulement fort tard dans la soirée, sous la pression de messages répétés, peut-être aussi, s'il faut en croire certains bruits, sur le conseil décisif de M. de Talleyrand, que le duc d'Orléans se résout à venir au Palais-Royal. Dès lors, ses hésitations ne peuvent plus être de longue durée. Auprès de lui, d'ailleurs, comme tout à l'heure auprès de la Chambre, on fait valoir l'urgence du péril, les menaces de l'Hôtel de ville, l'éventualité de la république. Le 31, au matin, le prince déclare son acceptation, et fait aussitôt une proclamation aux habitants de Paris. Après avoir rappelé l'invitation que lui avaient adressée « les députés de la France, en ce moment présents à Paris » : « Je n'ai pas balancé, dit-il, à venir partager vos dangers, à me placer au milieu de votre héroïque population. » Il termine ainsi : « Les Chambres vont se réunir et aviseront aux moyens d'assurer le règne des lois et le maintien des droits de la nation. La Charte sera désormais une vérité. » Les députés, de leur côté, adressent aussi au « peuple français » une proclamation rédigée par M. Guizot. Ils annoncent qu'en attendant « l'intervention régulière des Chambres » pour constituer « un gouvernement qui garantisse à la nation ses droits », ils ont « invité » le duc d'Orléans à exercer les fonctions de lieutenant général. « C'est, disent-ils, le plus sûr moyen d'accomplir promptement par la paix le succès de la plus légitime défense... Il respectera nos droits, car il tiendra de nous les siens. » Puis énumérant toutes les lois de « garanties » à faire, les députés ajoutent : « Nous donnerons enfin à nos institutions, de concert avec le chef de l'État, les développements dont elles ont besoin. » Nul ne peut plus dès lors se dissimuler, — les termes même des proclamations ne le permettent pas, — qu'en nommant un lieutenant général, on a fait un roi.

III

L'entreprise dont M. Thiers avait eu, vingt-quatre heures auparavant, la première initiative, semblait donc réussir. Tout avait été enlevé avec une promptitude, une précipitation même, où il entrait peut-être autant d'inquiétude que de hardiesse. Les hésitations, les scrupules des législateurs, comme ceux du prince, avaient été surmontés. Et cependant une partie seule de la besogne était faite. Restait l'Hôtel de ville qu'on avait pu gagner de vitesse, mais non séduire ou dompter, et qui, dans la matinée du 31, grondait, plus menaçant, plus irrité que jamais. On y criait à la trahison; les placards favorables au duc d'Orléans étaient lacérés, ses proclamations sifflées; les clubs en permanence engageaient la population à ne pas déposer les armes; les projets les plus violents, enlèvement du prince, massacre des députés, traversaient les cerveaux en ébullition. Telle était l'excitation dans ces régions, qu'elle gagnait la commission municipale; bien que d'origine et de composition parlementaires, cette commission, impuissante dans ses bons éléments, était complice de la révolution par ses mauvais, notamment par M. Mauguin, dont l'ambition s'exaltait à la pensée de faire partie d'un gouvernement provisoire, et dont la faconde sans scrupule était « très-propre, dans ces jours de perturbation générale, à échauffer les fous, à intimider les faibles et à entraîner les badauds[1] ». Conduite ainsi à publier une proclamation très-violente que M. Périer refusait de signer et où il n'était même pas question du duc d'Orléans, la commission municipale refusait de promulguer la déclaration par laquelle les députés avaient appelé, la veille, le duc d'Orléans à la lieutenance générale. Cette fois encore, M. Odilon Barrot fut

---

[1] Expression de M. Guizot.

chargé de porter au Palais-Bourbon les remontrances de l'Hôtel de ville. M. Laffitte, président, les reçut non sans humilité : il convint que la déclaration était « servile, qu'elle blessait la dignité nationale », et il s'engagea d'honneur à la détruire. Ainsi cet acte, pourtant capital, n'a jamais été inséré au *Moniteur;* bien plus, l'original, après avoir été remis au duc d'Orléans, fut soustrait sur son bureau.

Serait-il possible de surmonter ou de déjouer cette résistance de l'Hôtel de ville? Tout dépendait de La Fayette. Les agitateurs, inconnus en dehors du cercle étroit et fermé des sociétés secrètes, sentaient que le nom du général leur était indispensable pour faire échec aux députés. Aussi, pendant ces heures rapides, décisives et troublées, quelle lutte d'influences se livrait autour de ce vieillard! Les républicains s'efforçaient de l'entraîner, de le compromettre, de le piquer d'honneur, le menaçaient de rallumer la guerre civile, lui montraient, dans le « complot orléaniste », la négation de ses principes, la contradiction des règles de conduite qu'il avait posées dans la Charbonnerie. Les amis du lieutenant général n'étaient pas, de leur côté, sans avoir quelques intelligences à l'Hôtel de ville; activement et adroitement secondés par M. de Rémusat qui, costumé en officier d'état-major, sabre au côté, plumes flottantes au chapeau, s'était, dès le premier jour, improvisé aide de camp du commandant de la garde nationale, ils pouvaient aussi compter, en ce cas spécial, sur M. Odilon Barrot, déjà aussi sincère à proclamer ses convictions monarchistes, qu'ardent à ébranler tout ce qui pouvait rendre la monarchie durable et respectée. De nombreux émissaires arrivaient du Palais-Royal pour gagner La Fayette à la solution orléaniste, entre autres ses vieux amis, les généraux Gérard et Mathieu Dumas. Il n'était pas jusqu'à M. Rives, envoyé des États-Unis, qui n'assurât à l'ancien ami de Washington que son adhésion à la royauté nouvelle serait comprise et approuvée dans la république américaine.

Entre ces conseils et ces instances si contraires, La Fayette demeurait fort troublé. Déjà, quarante ans auparavant, Mirabeau l'avait appelé « l'homme aux indécisions ». L'âge n'avait pas diminué ce défaut. Un de ses amis nous le dépeint alors « assis dans un vaste fauteuil, l'œil fixe, le corps immobile, et comme frappé de stupeur ». Il ne se dérobait aux poussées trop véhémentes que grâce à son aisance supérieure de conversation et de manières, à une sorte de dextérité gracieuse, vieux restes de ces dons de grand seigneur que sa démocratie d'emprunt n'avait pu détruire entièrement. Ne dissimulant d'ailleurs ni son embarras ni son effroi : « Ma foi, — disait-il naïvement à M. Bazard qui venait lui apporter la recette saint-simonienne, — si vous m'aidez à me tirer de là, vous me rendrez un grand service[1]. » Cette faiblesse, par tant de côtés périlleuse, était dans le cas particulier une garantie : elle devait détourner La Fayette de toute entreprise exigeant une initiative et une résolution énergiques. M. de Rémusat connaissait bien son chef, quand, le plaçant en présence des deux solutions, la république avec sa présidence ou la monarchie du duc d'Orléans, il le pressait de cette question : « Prenez-vous la responsabilité de la république ? » La responsabilité, c'était ce que La Fayette redoutait le plus, malgré son goût à jouer les rôles en vue dans les révolutions. D'ailleurs, s'il lui plaisait pour sa popularité de se dire, en théorie, partisan de la république, il n'était nullement pressé d'en avoir la réalité pratique et surtout la charge : il pensait un peu sur ce point comme Béranger. Aussi put-on bientôt prévoir qu'il ne s'opposerait pas à l'élévation du duc d'Orléans. Plus soucieux de traiter au nom du peuple que d'assumer l'embarras de le gouverner, il se réservait d'obtenir des « garanties » pour prix de son adhésion, et sa vanité devait se trouver satisfaite, s'il apparaissait bien à tous que la monarchie ne s'établissait que par sa permission, sous son patronage, et en subissant ses conditions.

On était à l'une de ces heures où la fortune veut être brusquée. Dans l'après-midi du 31, les monarchistes, informés des dispositions de La Fayette, jugèrent possible et opportun de

---

[1] OEuvres de Saint-Simon et d'Enfantin, t. II, p. 197.

tenter une démarche hardie et décisive. L'idée première venait-elle du Palais-Bourbon ou du Palais-Royal? On ne le voit pas clairement, et il importe peu[1]. Il fut résolu que le lieutenant général, accompagné des députés, se rendrait aussitôt à l'Hôtel de ville. Visite fameuse, sur laquelle il convient de s'arrêter un moment, car, mieux que tout autre incident de ces jours troublés, elle met en lumière les conditions dans lesquelles s'établissait la royauté nouvelle.

IV

C'est un étrange cortége que celui qui, vers deux heures du soir, dans cette même journée du 31 juillet, sortait du Palais-Royal ou, comme on disait alors, du « palais Égalité ». D'abord un tambour écloppé, battant aux champs sur une caisse à demi crevée; les huissiers de la Chambre en surtout noir, « les mieux vêtus de la bande[2] »; puis le duc d'Orléans, sur un cheval blanc, en uniforme d'officier général, avec un immense ruban tricolore à son chapeau, accompagné d'un seul aide de camp; derrière lui, le groupe des députés, au nombre de quatre-vingts environ, sans uniforme, en habits de voyage; en tête, M. Laffitte, boiteux d'une entorse récente, porté dans une chaise par deux Savoyards; à la queue, Benjamin Constant, infirme de plus vieille date, également dans une chaise. Pas la

[1] Dans un entretien avec M. de Metternich, à la date du 30 août 1830, le général Belliard, envoyé de Louis-Philippe, a attribué à ce prince l'idée première de la visite à l'Hôtel de ville. « Au moment, disait-il, où le duc d'Orléans avait été proclamé par la Chambre lieutenant général du royaume, il écrivit au général La Fayette, qui organisait à l'Hôtel de ville une commune à l'instar de celles de républicaine mémoire. Le général ne lui fit pas de réponse. Le duc informa les députés de ce qui venait d'arriver, et leur fit part de sa détermination de se rendre en personne et seul à l'Hôtel de ville. Ce ne fut que sur l'insistance des députés qu'il consentit à être accompagné par eux. » (*Mémoires de Metternich*, t. V, p. 22.) D'autres témoignages font honneur de l'initiative aux députés. Ceux-ci cependant ne paraissent s'être décidés qu'après beaucoup d'hésitations.

[2] Expression d'un témoin. (*Documents inédits.*)

moindre escorte; le tout noyé dans la masse populaire qui se presse « sans violence, mais sans respect », comme se sentant souveraine dans ces rues où elle vient de combattre et de vaincre. D'ordinaire, les rois prennent possession de leur couronne avec un plus pompeux cérémonial et en plus fier équipage : on conçoit que des amis, comme le feu duc de Broglie, aient pu dire que « l'appareil triomphal ne payait pas de mine », et qu'un ennemi, tel que Chateaubriand, ait trouvé là de quoi exercer sa verve railleuse et méprisante. La foule grossit au débouché de chaque rue, foule de toute nature où domine l'homme du peuple, portant sur l'épaule l'arme de hasard dont il s'est muni pour l'émeute. Des cris et des questions partent de cette cohue : « — Qui est ce monsieur à cheval? Est-ce un général? Est-ce un prince? — J'espère, répond la femme qui donne le bras au questionneur, que ce n'est pas encore un Bourbon. » Plusieurs pressent la main que le prince leur tend, te le font peut-être moins par sympathie que par le plaisir d'abaisser la royauté jusqu'à eux dans cette familiarité si nouvelle. D'autre fois, le duc s'arrête pour attendre M. Laffitte dont les porteurs avancent difficilement; se retournant, la main appuyée sur la croupe de son cheval, il lui parle avec une intimité démonstrative, comme pour se faire un titre auprès du public de ses bons rapports avec le banquier populaire : « Eh bien! cela ne va pas trop mal, dit ce dernier d'un ton qu'il veut rendre encourageant. — Mais oui », répond le prince. Par moments, les députés sont à ce point pressés que, pour se défendre, ils doivent se tenir fortement les mains et former des haies mouvantes. Sur les quais, on se heurte à de nombreuses barricades; force est d'y faire brèche où l'on peut; la foule se précipite, chacun pour son compte, criant, se bousculant, braillant la *Marseillaise,* tirant de çà et de là des coups de fusil que les députés tâchent d'interpréter comme des signes de réjouissance, mais qui ne laissent pas de leur inspirer plus d'une inquiétude.

A mesure qu'on s'éloigne du Palais-Royal pour pénétrer dans les quartiers populaires, les physionomies deviennent plus renfrognées, les cris plus équivoques, ou même ouvertement hostiles. Au lieu de : « Vivent nos députés! Vive le duc d'Orléans! » on entend : « Plus de Bourbons! » Vainement le prince, qui conserve son sang-froid, redouble de coquetteries et multiplie ses poignées de main, à chaque pas l'aspect s'assombrit davantage. Grande angoisse dans le cortége, où l'on n'ignore pas que des projets d'assassinat ont été agités par certains fanatiques [1]. Aussi l'un des acteurs, qui avait le plus poussé à la démarche, M. Bérard, a-t-il écrit plus tard : « Le cœur ne cessa de me battre qu'à notre entrée dans l'Hôtel de ville. » Encore, tout n'est pas alors fini. Le palais municipal déborde : figures plus sinistres que dans la rue. « Messieurs, — dit en entrant le prince pour se faire bien venir, — c'est un ancien garde national qui fait visite à son ancien général. » Les rares vivat sont aussitôt brutalement étouffés par des murmures ou par les cris de : « Vive La Fayette! Plus de Bourbons! » Pressé d'une façon parfois menaçante, le duc d'Orléans pâle, mais toujours maître de soi, avance, résolu à pousser l'aventure jusqu'au bout. Arrivé dans la grande salle, les quelques mots qu'il prononce et la déclaration des députés sont accueillis par un silence glacial : beaucoup de visages portent l'empreinte d'une rage concentrée. On ne sait comment le drame va tourner, quand le duc d'Orléans et La Fayette saisissent un drapeau tricolore, se donnent le bras et se dirigent vivement vers une des fenêtres [2]. A la vue du prince et du général qui s'embrassent, à demi enveloppés dans les plis du drapeau, la foule, toujours mobile, pousse des acclamations unanimes : « Vive La Fayette! Vive le duc d'Orléans! » Il n'en fallait pas plus : du coup, la partie, naguère incertaine, est gagnée, et le retour au Palais-Royal est un triomphe.

[1] M. Laffitte a raconté plus tard que vingt jeunes gens s'étaient embusqués au coin d'une petite rue, pour fusiller le prince, mais qu'on les avait fait renoncer à leur dessein avec ce seul mot : « Vous tuerez en même temps Laffitte, Pajol, Gérard et Benjamin Constant. » (SARRANS, *Louis-Philippe et la contre-révolution*, t. Ier, p. 202.)

[2] D'après les Mémoires de M. O. Barrot, c'est La Fayette qui a pris le bras du prince et l'a entraîné. D'autres témoignages attribuent l'initiative au duc d'Orléans.

À peine le prince parti, La Fayette fut assailli des plaintes et des reproches de ses jeunes amis ; on lui fit voir, un peu tard, qu'il avait contribué à créer un roi, sans lui avoir imposé aucune condition. Comment essayer après coup de réparer cette omission? Une sorte de programme fut aussitôt rédigé, et le général l'emporta au Palais-Royal, avec le dessein de le présenter au nom du peuple et d'en exiger l'acceptation [1]. Mais l'occasion était passée ; il fut facile au duc d'Orléans de se débarrasser de son visiteur par quelques belles paroles. Celui-ci se disant républicain, le prince déclara qu'il ne l'était pas moins. La Fayette ayant repris « qu'il voulait un trône populaire entouré d'institutions républicaines : — C'est bien ainsi que je l'entends », répondit le futur roi. Le général, qui cherchait probablement un prétexte pour se déclarer satisfait, ne parla pas davantage du programme qu'il avait en poche, et revint vers ses amis en leur disant : « Il est républicain, républicain comme moi. » Quelques heures après, le duc d'Orléans se tirait aussi aisément d'une entrevue avec les meneurs de la jeunesse démocratique, MM. Godefroy Cavaignac, Boinvilliers, Bastide, Guinard, Thomas et Chevallon, que M. Thiers lui avait amenés. Il se montra, comme à son habitude, causeur facile et abondant, parla un peu de tout, sans s'engager à rien. « C'est un bonhomme », dit en sortant M. Bastide. — « Il n'est pas sincère », répondit M. Cavaignac. Mais, contents ou non, ces jeunes gens ne pouvaient plus rien.

Le lendemain matin, 1er août, tous les journaux « libéraux », depuis le *Journal des Débats* jusqu'au *National*, les timides comme les ardents, se prononcèrent pour la monarchie d'Orléans. Seule, la *Tribune* commençait à jouer les irréconciliables. La province, qui avait suivi la capitale pour se soulever contre Charles X, la suivait également pour accepter le lieutenant général. Nulle part, la nouvelle de son élévation ne pro-

---

[1] Point de pairie héréditaire, renouvellement de tous les magistrats, élection des juges de paix, liberté illimitée de la presse, jury d'accusation, la constitution soumise à la sanction de la nation, tels étaient quelques-uns des articles de ce programme.

voqua d'opposition sérieuse. Dans beaucoup de villes, elle fut accueillie avec faveur. Paris cessa aussitôt d'avoir une physionomie de champ de bataille. C'était un dimanche : les églises et les boutiques, fermées depuis plusieurs jours, se rouvraient ; la population, remise de ses excitations ou de ses alarmes, se promenait dans les rues débarrassées de leurs barricades. Chacun avait l'impression qu'on rentrait dans l'ère des gouvernements réguliers, et que l'anarchie venait de subir une première défaite.

Une révolution où le Palais-Bourbon l'emportait sur l'Hôtel de ville était, en effet, chose pour le moins extraordinaire et qui ne devait pas se revoir. La peinture et la sculpture officielles reçurent ordre de reproduire la scène de la visite, et il y eut, entre tous ceux qui se félicitaient d'avoir échappé à un péril imminent, comme une émulation à célébrer ce qu'on appelait un « acte habile et courageux ». On ne saurait contester en effet ni le courage avec lequel le duc d'Orléans s'est exposé, sans autre défense que son sang-froid, aux violences révolutionnaires, ni l'habileté avec laquelle les promoteurs de la royauté nouvelle ont si lestement surpris, annihilé et devancé les fauteurs de république. Mais, s'il était loisible de refaire après coup les événements, avec la clairvoyance que donne l'expérience acquise et à l'abri des entraînements que les meilleurs subissent dans le trouble de pareilles crises, ne pourrait-on pas supposer un emploi plus utile encore de ce courage très-réel? ne pourrait-on rêver une habileté à plus longue vue, qui ne se bornât pas à esquiver le péril du jour, en préparant celui du lendemain? Un mois après, comme le général Belliard faisait valoir à M. de Metternich l'heureuse présence d'esprit dont avait fait preuve le lieutenant général en cette périlleuse occurrence : « Le fait, répondit le chancelier, prouve en faveur de la contenance du duc d'Orléans. Un baiser est un léger effort pour étouffer une république ; croyez-vous toutefois pouvoir accorder un même pouvoir à tous les baisers dans l'avenir? Leur accordez-vous la valeur de garanties[1]? »

---

[1] *Mémoires de Metternich*, t. V, p. 23.

C'était beaucoup de substituer la monarchie du premier prince du sang à l'anarchie révolutionnaire dont on avait craint un moment que le triomphe de l'Hôtel de ville ne fît le régime de la France ; mais une monarchie pouvait-elle, sans fausser et abaisser son caractère, sans perdre de la dignité et de l'autorité morale qui lui sont nécessaires, être réduite à offrir des poignées de main au populaire, à recevoir, en place de Grève, l'accolade de La Fayette, à solliciter le laisser-passer de la révolution ? Ne saisit-on pas là, dès l'origine, ce mal que Casimir Périer devait, quelques mois plus tard, appeler, avec colère, « l'avilissement des camaraderies révolutionnaires et les prostitutions de la royauté devant les républicains » ? Les plus éclairés, parmi les fondateurs du nouveau gouvernement, avaient le sentiment du tort qu'il se faisait ainsi. Tout en accompagnant le duc d'Orléans à l'Hôtel de ville, M. Guizot ne se dissimulait pas que « cet empressement du pouvoir naissant à aller chercher une investiture plus populaire était une démarche peu fortifiante », et il pressentait dès lors les périls en face desquels allait se trouver la royauté[1]. Pour dissiper ces alarmes, il ne suffit pas d'entendre M. Odilon Barrot saluer, comme une nouveauté heureuse, ce qu'on appelait alors « le voyage de Reims de la monarchie de 1830 », et déclarer béatement que « ce couronnement en valait bien un autre ».

D'ailleurs, si l'on admettait que la révolution avait ainsi « sacré » le Roi, ne fallait-il pas s'attendre qu'elle revendiquât, comme autrefois l'Église, le droit d'examiner dans quelle mesure auraient été tenues les promesses du sacre ? Durant plusieurs années, que de bruit, dans les journaux de la gauche, autour de ce fameux « programme de l'Hôtel de ville », sorte de contrat que Louis-Philippe, prétendait-on, avait souscrit, le 31 juillet 1830, et dont la violation rendait son titre caduc ! L'opposition cherchera là le prétexte et comme la justification des polémiques factieuses, même des émeutes. Tout reposait sans doute sur un fait matériellement faux ; et, un jour de légi-

---

[1] GUIZOT, *Mémoires*, t. II, p. 22.

time impatience, le Roi sera fondé à s'écrier que « ce programme de l'Hôtel de ville n'était qu'un infâme mensonge »; La Fayette, en effet, ne lui avait soumis ni fait accepter aucun programme; cependant, si le prince, tout en parlant beaucoup et en caressant tout le monde, avait eu assez d'adresse et de présence d'esprit pour ne pas se laisser arracher d'engagement précis, il avait été conduit, pour désarmer le parti révolutionnaire, à faire naître ou du moins à ne pas décourager des espérances qui n'auraient pu être réalisées sans détruire la monarchie elle-même. Ainsi y avait-il eu, au début du régime, un germe d'équivoque, une sorte de malentendu qui, pour avoir été voulu et momentanément utile, ne risquait pas moins de fournir plus tard prétexte à des controverses périlleuses.

Les conséquences de ces défauts originaires devaient si vite se manifester, peser si lourdement et si longtemps sur la royauté, qu'on est tenté de se demander s'il n'eût pas été sage de s'exposer à un danger immédiat pour écarter de l'avenir un mal grave et difficilement guérissable; s'il n'eût pas mieux valu, au prix peut-être d'une lutte violente et incertaine, tenter de faire tout de suite la monarchie sans et même contre le parti révolutionnaire, que de la faire avec son agrément, habilement surpris, à la vérité, mais singulièrement compromettant. L'œuvre était-elle impossible? Les députés étaient après tout les plus forts; ils avaient le prestige des 221; seuls, ils apportaient un gouvernement tout fait, rassurant les intérêts en satisfaisant quelques-unes des passions victorieuses. Les agitateurs de l'Hôtel de ville n'étaient au contraire qu'une poignée; eux-mêmes confessaient leur impuissance [1]. Oui,

---

[1] Godefroy Cavaignac répondait alors à M. Duvergier de Hauranne qui félicitait les jeunes républicains d'avoir sacrifié leur idéal à l'intérêt de la France : « Vous avez tort de nous remercier; nous n'avons cédé que parce que nous n'étions pas en force. Il était trop difficile de faire comprendre au peuple qui avait combattu au cri de : « Vive la Charte! » que son premier acte, après la victoire, devait être de s'armer pour la détruire. Plus tard ce sera différent. » (DUVERGIER DE HAURANNE, *Histoire du gouvernement parlementaire*, t. X, p. 652.) — Le général Pajol demandait à un des combattants de Juillet, dont il connaissait les opinions très-avancées : « Vous meniez au combat des hommes déterminés; pouviez-vous compter sur leur zèle? — Sans doute. — Assez pour leur donner l'ordre

mais n'oublions pas que les députés, eux aussi, ne pouvaient avoir grande confiance, sinon dans leur force, du moins dans leur droit à en user. En cette même journée du 30 juillet où, par préoccupation conservatrice, ils avaient jeté la candidature d'un prince du sang en travers des velléités républicaines et des passions anarchiques, ils avaient en même temps rompu avec l'hérédité royale et le droit monarchique. A l'heure même où ils votaient la lieutenance générale, ils refusaient d'entrer en relation avec le duc de Mortemart, repoussaient les transactions et les concessions tardives de Charles X. Sortis ainsi eux-mêmes de la légalité, entrés dans la voie révolutionnaire, quelle raison pouvaient-ils invoquer pour obliger les autres à s'arrêter sur cette voie, ici ou là? quel titre pour lutter de front et par la force contre ceux qui voulaient aller plus loin? Ils se sentaient réduits à user d'habileté, de caresse et de ruse. C'est le péril et le châtiment de la révolution : si peu qu'on s'y engage, on n'a plus aucun point d'appui pour la contenir; la force matérielle et morale de la résistance est détruite; tout est livré à l'aventure, à l'audace plus ou moins heureuse de telle ou telle initiative; et, lors même qu'on échappe aux plus graves des périls, ce n'est jamais sans laisser quelque chose de sa sécurité et de son honneur.

Dans les débuts de cette monarchie nouvelle, comme dans la ruine de l'ancienne, quelle leçon de modestie pour l'esprit humain! D'une part, ces libéraux naguère si fiers, si exigeants en face d'une antique dynastie, contraints, dès le lendemain de leur triomphe, à courtiser, dans les salons saccagés du palais municipal, des maîtres avinés et en haillons; se félicitant de ce

---

d'arrêter les députés? — Oh! pour cela, je n'oserais en répondre. — Dans ce cas, la révolution est avortée. » (Louis BLANC, *Histoire de dix ans*, t. Ier, p. 292.) — Un républicain, apologiste officiel de La Fayette, M. Sarrans, reconnaissait, dans des écrits publiés en 1832 et 1834, « l'ascendant moral des 221 et l'impossibilité dans laquelle se trouvait La Fayette de s'opposer par la force à l'élévation du duc d'Orléans »; il montrait « la presque généralité des citoyens, entraînés par l'exemple de la Chambre et par la crainte des tempêtes que la peur voyait poindre et s'amonceler de tous côtés, se ralliant à cette combinaison et à cet homme comme à une nécessité ». (Cf. *passim*, *La Fayette et la révolution de* 1830, et *Louis-Philippe et la contre-révolution*.)

que La Fayette octroyait une couronne au prince de leur choix, après s'être tant plaints d'avoir eu une charte « octroyée » par Louis XVIII; subissant le sacre de l'Hôtel de ville après avoir été si offusqués du sacre de Reims. D'autre part, ces royalistes d'extrême droite, qui s'étaient crus seuls capables de sauver la royauté et qui venaient de la perdre; ces prétendus hommes d'action, railleurs dédaigneux de l'impuissance parlementaire, et qui, à l'épreuve, étaient apparus plus incapables encore que téméraires, aussi inertes que provoquants, ne sachant rien faire pour soutenir le coup d'État follement entrepris; ces hommes de principes absolus et de résistance orgueilleuse, qui, après s'être montrés aveuglément obstinés, quand il eût été possible de transiger avec dignité et profit, avaient fini, quand il n'était plus temps de rien préserver, par tout abandonner devant l'insurrection, les Ordonnances, les ministres, le vieux roi lui-même, et par offrir vainement aux partis conjurés le triste appât d'une minorité et d'une régence! Et, dans les deux cas, la France payant chèrement ces fautes, d'une part de son repos, de son honneur et de sa liberté! Faut-il maintenant que chaque parti se donne le triste plaisir de récriminer contre ses adversaires? Convient-il que nous-mêmes, nous plaçant au-dessus des uns et des autres, nous adressions à tous, du haut de notre expérience, aujourd'hui facile, de superbes et irritantes remontrances? Humilions-nous plutôt devant ces erreurs que nous n'eussions sans doute pas mieux évitées, et qui, par leur généralité, chargent la mémoire de tous les partis. La connaissance plus complète de la conduite des pères ne peut et ne doit avoir qu'un effet : éclairer les enfants, les rapprocher dans le regret des occasions perdues, dans la tristesse de leur malheur commun, et dans l'espoir d'une revanche où cette fois, du moins, ils ne seront plus divisés.

V

Dès le 1ᵉʳ août, le duc d'Orléans prit en main ce qui restait de gouvernement : c'était, à la vérité, peu de chose; il n'avait guère d'autre moyen d'action que sa popularité. La commission municipale, qui avait de plus en plus tendu à se transformer en gouvernement provisoire et qui, la veille, avait essayé de constituer une sorte de cabinet [1], fut, en dépit de M. Mauguin, contrainte de remettre ses pouvoirs au lieutenant général. Celui-ci nomma aux divers départements ministériels des commissaires provisoires, à peu près les mêmes d'ailleurs que ceux de la commission municipale : M. Dupont de l'Eure, à la Justice; le général Gérard, à la Guerre; M. Guizot, à l'Intérieur; le baron Louis, aux Finances; le maréchal Jourdan, aux Affaires étrangères; M. Bignon, à l'Instruction publique. Il se réservait de consulter sur les affaires importantes de l'État un conseil intime, composé de MM. Casimir Périer, Dupin, Laffitte, Sébastiani, de Broglie et Molé. Il confirma La Fayette dans son commandement général des gardes nationales, appela M. Pasquier à la présidence de la Chambre des pairs, pourvut aux hauts postes administratifs, proclama le rétablissement de la cocarde et du drapeau tricolores, et enfin convoqua les Chambres pour le 3 août [2].

En même temps et à mesure qu'il saisissait plus complétement le pouvoir et gravissait les marches du trône, le duc d'Orléans dénouait ou brisait, l'un après l'autre, les derniers liens qui l'unissaient à la branche aînée de sa maison. Le 30 juillet au soir, quand, à la nouvelle de sa nomination au poste de lieute-

---

[1] Elle avait désigné commissaires provisoires : à la Justice, M. Dupont de l'Eure; aux Finances, le baron Louis; à la Guerre, le général Gérard; à la Marine, l'amiral de Rigny; aux Affaires étrangères, M. Bignon; à l'Instruction publique, M. Guizot; à l'Intérieur et aux Travaux publics, le duc de Broglie.

[2] Toutes ces mesures furent prises entre le 1ᵉʳ et le 3 août.

nant général et sur la pression de ses amis, il s'était décidé à venir à Paris, il ne savait pas encore bien ce qu'il pouvait, devait et voulait. L'un de ses premiers soins, avant même d'accepter l'offre des députés, avait été de faire venir le duc de Mortemart; s'excusant, par la contrainte des événements, des résolutions qu'il pouvait être amené à prendre ou plutôt à subir, il avait demandé au ministre nominal de Charles X si ses pouvoirs étaient suffisants pour le reconnaître en qualité de lieutenant général, et il lui avait remis une lettre destinée au Roi. Le texte de cette lettre, objet de nombreuses controverses, n'a jamais été connu; mais tout donne à supposer qu'elle avait été faite moins pour consommer une rupture que pour réserver une chance d'accord. Seulement quelques heures plus tard, dans l'après-midi du 31 juillet, avait eu lieu la visite à l'Hôtel de ville, les événements s'étaient précipités, et le duc d'Orléans faisait redemander sa lettre au duc de Mortemart, qui ne l'avait pas encore transmise.

Quant à Charles X, alors retiré à Rambouillet, il donnait ce spectacle, habituel dans les révolutions, d'un pouvoir aux abois qui cède toujours trop tard. Il offrait d'abord (31 juillet), conférait ensuite (1er août) la lieutenance générale au duc d'Orléans, qui se refusait à la recevoir de sa main et déclarait la tenir des députés. Le vieux roi finissait même, le 2 août, par adresser à « son cousin » une lettre où, lui annonçant son abdication et la renonciation du duc d'Angoulême, il le chargeait de proclamer le duc de Bordeaux, sous le nom de Henri V; le lieutenant général déclina cette mission, et s'offrit seulement comme intermédiaire pour transmettre cet acte aux Chambres, qui jugeraient quelle suite devrait y être donnée.

Ce ne fut pas tout. A Paris, on se préoccupait de voir Charles X demeurer à Rambouillet, entouré des régiments qui lui étaient demeurés fidèles. Les révolutionnaires s'agitaient et menaçaient de se porter à quelque violence. Dans la matinée du 3 août, quelques heures après la réception de l'acte d'abdication, le gouvernement se décida à provoquer lui-même une manifestation qui forçât le Roi à s'éloigner. Le rappel fut battu. Une armée se réunit, à la fois grotesque et hideuse, « la plus singulière et la plus intéressante qu'on pût voir », disait La Fayette qui avait présidé à sa formation. Elle pouvait lui rappeler celle qui, le 5 octobre 1789, s'était portée sur Versailles pour en arracher Louis XVI. Le général Pajol reçut la pénible mission de la conduire. Dès le soir, elle arrivait aux portes de Rambouillet, et Charles X, trompé sur la force réelle de cette foule désordonnée qu'un seul de ses régiments eût suffi à balayer, accablé d'ailleurs par les événements, abandonné des hommes, se résigna à partir, et se mit en marche vers Cherbourg, où il devait s'embarquer.

VI

L'heure était venue pour les Chambres de se réunir (3 août) et de consommer, avec des formes un peu plus régulières, l'œuvre tumultuairement ébauchée dans les jours d'insurrection. Elles étaient cependant loin d'être au complet; plus de la moitié des députés et des pairs étaient absents [1]. Dans le discours par lequel il ouvrit la session, le lieutenant général rappela les événements de Juillet, la « Charte violée », loua le « courage héroïque » de Paris, « déplora des infortunes qu'il eût voulu prévenir », mentionna « l'invitation » que lui avaient adressée ses « concitoyens », et se déclara « fermement résolu à se dévouer à tout ce que les circonstances exigeraient de lui ». « C'est aux Chambres qu'il appartient de me guider, ajouta-t-il; tous les droits doivent être solidement garantis... Attaché de cœur et de conviction aux principes d'un gouvernement libre, j'en accepte d'avance toutes les conséquences. »

[1] 252 députés seulement, sur environ 430, ont pris part, le 7 août, au vote sur la révision de la Charte : 219 pour, 33 contre. Dans la Chambre haute, qui se composait avant 1830 de 364 pairs, il n'y eut, au vote sur la révision, que 114 présents.

Le futur roi posait donc lui-même la question des « garanties » préalables. Il s'y était cru obligé par l'état des esprits. Déroutés, non désarmés par le succès de la visite à l'Hôtel de ville, les meneurs du parti avancé avaient seulement modifié leur tactique ; ils subissaient la monarchie, mais s'efforçaient de lui imposer des conditions contradictoires à son principe, de la réduire à l'état d'une magistrature nominale, contractuelle, élective, en butte à une sorte de défiance injurieuse, entourée et faussée par des institutions républicaines et démocratiques. A défaut de 1792, ils évoquaient 1791. Ainsi, bien qu'ils n'osassent plus insister pour la convocation d'une assemblée constituante, ils n'en prétendaient pas moins qu'avant de proclamer un roi, on fît de toutes pièces une constitution nouvelle. De l'ancienne Charte, ils ne voulaient plus entendre parler [1]. « Une fois violée, disait le *National*, elle n'existe plus... La nation française a trouvé son Guillaume III ; elle dictera le bill des droits [2]. » La réorganisation devait être générale. « Quand vous réorganisez, disait alors M. Mauguin, partez du principe que la révolution, venue du sommet, doit redescendre jusqu'à la base. » La Fayette, s'emparant d'un rôle qui ne semble guère celui d'un commandant de la garde nationale, adressait aux « citoyens de Paris » une proclamation où il marquait impérativement « les garanties dues aux libertés populaires ».

N'eût-il pas mieux valu repousser absolument ces prétentions

---

[1] Les hommes de l'Hôtel de ville avaient profité du désordre général pour publier un texte modifié de la première proclamation du duc d'Orléans ; ils lui faisaient dire, au lieu de : « *La* Charte sera désormais une vérité », cette phrase bizarre, mais dont on devine la portée : « *Une* charte sera désormais une vérité. »

[2] Le *National*, dans le même article, raillait ceux qui prenaient « pour un simple *accident* ce qui était une révolution ». Il est vrai que ce journal avait dit, quelques semaines auparavant, quand il avait voulu rassurer l'opinion sur la portée de ses attaques contre la Restauration : « Il n'y a plus de révolution possible en France ; la révolution est finie : il n'y a plus qu'un *accident*. Qu'est-ce qu'un accident ? Changer les personnes sans les choses. » La contradiction de langage est assez piquante, mais elle n'a pas lieu de surprendre. De tout temps, le parti révolutionnaire a été coutumier de ces dissimulations, de ces changements de masque : c'est ce qu'on appellerait, dans le jargon d'aujourd'hui, de l' « opportunisme ».

par une sorte de question préalable, et refuser de laisser même discuter la Charte? Ceux qui venaient de condamner la vieille monarchie pour atteinte au pacte constitutionnel, ne semblaient-ils pas engagés d'honneur et de logique à le respecter? Cette Charte avait été le drapeau de leur résistance; voulaient-ils eux-mêmes le déchirer? Et puis, à quel titre une Chambre, élue sous Charles X, pour exercer dans le gouvernement d'alors une partie du pouvoir législatif, et qui n'était pas seulement au complet, pouvait-elle, en dehors des mesures de nécessité prises au cours de la révolution, s'attribuer un mandat constituant? Sur aucun point, une modification n'était indispensable. La Charte, suivant l'expression de M. Guizot, « avait suffi pendant seize ans à la défense des droits de la liberté, des intérêts du pays ». Seize ans d'âge ne sont pas la caducité pour une charte. Le bon sens indiquait que c'était déjà bien assez d'avoir à faire un roi, sans se mettre encore sur les bras la charge et la responsabilité d'une constitution. La pratique Angleterre l'avait compris, à l'époque de cette révolution de 1688 qu'on se piquait d'imiter; combien de précautions et même de fictions subtiles pour que le régime alors fondé eût le moins possible l'air nouveau, pour que la royauté élue parût avoir continué et non pas renversé la royauté héréditaire! Ceux des fondateurs de la monarchie de 1830 qui avaient le plus l'esprit de gouvernement eussent volontiers copié ce modèle. Le duc de Broglie s'élevait vivement contre les hommes qui « entendaient rompre ouvertement avec le passé, ériger une dynastie toute nouvelle, modifier nos institutions d'après des principes *a priori* et même changer à un certain degré l'état des mœurs de la société »; il « estimait tout au contraire que la France, en 1830, devait suivre sagement l'exemple qu'elle avait reçu de l'Angleterre, en 1688; n'accepter l'idée d'une révolution que sous le coup d'une nécessité réelle et pressante; n'admettre de la révolution que le strict nécessaire; greffer autant qu'il se pouvait le nouvel ordre de choses sur l'ancien; n'introduire, en fait d'innovations, que ce qu'exigerait impérieusement l'état des choses et des esprits. En révolution, ajoutait-il, sitôt qu'on s'écarte du strict nécessaire, sitôt qu'on accorde quelque chose à la réaction, à l'animosité, à la fantaisie, on ne tient plus rien, on est hors de voie, on appartient au vent qui souffle [1]. »

Voir le mal ne suffisait pas : il eût fallu avoir la force de s'y opposer. « La complète fixité de la Charte, a écrit depuis M. Guizot qui occupait alors le ministère de l'intérieur, eût certainement beaucoup mieux valu; mais personne n'eût osé la proposer. » On se sentait dans une situation trop fausse pour essayer une telle résistance. Que répondre, en effet, au *National*, quand il disait aux amis de M. Guizot : « Si vous jugez tellement nécessaire le maintien des institutions préexistantes, que ne commencez-vous par respecter l'hérédité monarchique? » Le gouvernement ne venait-il pas de repousser les transactions offertes *in extremis* par Charles X, notamment son abdication en faveur du duc de Bordeaux? Bien plus, n'avait-il pas fait appel au parti de l'Hôtel de ville pour débusquer le vieux roi de Rambouillet? Ceux dont on avait ainsi demandé, une fois de plus, le concours, on était mal venu à les éconduire quand ils prétendaient dire leur mot sur la constitution de la monarchie nouvelle. D'ailleurs, parmi les hommes qui avaient le plus vivement combattu la république, et jusque dans le sein du ministère provisoire, plusieurs étaient disposés à faire cause commune avec les révolutionnaires, dès qu'il s'agissait, non plus de supprimer, mais d'amoindrir et d'abaisser la royauté, de faire largesse de ses droits aux mauvais instincts populaires : fruit de cette envie démocratique qui se mêle parfois, dans la bourgeoisie, à la peur de la démocratie toute nue. En 1830, M. Jourdain ne jouait plus le bourgeois gentilhomme, mais bien le bourgeois démocrate. Et puis, ne les connaissons-nous pas, ces fiers politiques qui, dans les crises périlleuses, sont toujours prêts à proclamer que la seule manière d'empêcher la démagogie de tout briser est de lui livrer tout sans combat? Nous la connaissons aussi, cette maladie de l'esprit français,

---

[1] *Souvenirs* du feu duc de Broglie.

déjà observée en 1789, cet orgueil qui se plaît, dans chaque révolution, à faire œuvre de création universelle, cet aveuglement qui conduit à traiter la société politique comme une matière inerte qu'on peut remanier à son gré, sans souci du passé. Ajoutons enfin que le futur roi, qui eût été particulièrement intéressé à conserver autour de sa royauté le plus d'éléments anciens et immuables, n'aurait peut-être pas eu bien bonne grâce à restreindre l'innovation à ce qui lui profitait personnellement, c'est-à-dire au changement de dynastie. Aussi, parfois, semblait-il mettre une sorte de point d'honneur à aller au-devant des exigences populaires, à abonder dans le sens des députés qui voulaient le plus remanier la Charte, et disait-il à l'un d'eux qui lui parlait des « garanties » réclamées par l'opinion : « Ah ! on ne m'en demandera jamais autant que je suis disposé à en donner. »

Dans ces conditions, on avait jugé tout de suite impossible de faire prévaloir cette immutabilité de la Charte qu'eussent au fond désirée les amis les plus éclairés de la monarchie de Juillet. Ceux-ci bornèrent leur ambition à obtenir que cette Charte fût seulement revisée, non refaite, ce qui écartait l'idée de trop grands bouleversements. Sur ce terrain s'était placé le lieutenant général dans son discours d'ouverture; sans repousser quelques innovations constitutionnelles, bien plus, en semblant les conseiller et les offrir, il avait néanmoins déclaré qu'il s'agissait « d'assurer à jamais le pouvoir de cette Charte, dont le nom, invoqué pendant le combat, l'était encore après la victoire ». Restait à déterminer jusqu'où devait s'étendre la révision. C'est le problème qui se posait devant les Chambres.

Chacun comprenait la nécessité de se presser. Il n'était besoin d'ailleurs que d'entendre, pendant ces journées, le grondement sourd et continuel de l'émeute, de voir ses premiers essais de violence contre le parlement, pour être assuré que le moindre retard, la moindre hésitation, eussent fourni occasion à l'Hôtel de ville de prendre sa revanche. La Chambre des députés procéda donc en toute hâte à la vérification des pouvoirs de ses membres et à la constitution de son bureau : en deux jours, le 4 et le 5 août, ce préliminaire fut fini. Dès le 4, un simple député, M. Bérard, s'emparant d'une initiative qui eût dû appartenir au gouvernement, mais que la composition hétérogène du ministère provisoire lui rendait peut-être difficile, proposa les modifications à apporter à la Charte et une déclaration élevant au trône le duc d'Orléans. Le prince, inquiet de ce que cette proposition avait d'incohérent et aussi de révolutionnaire, la fit remanier par M. Guizot et le duc de Broglie. Elle revint, ainsi modifiée, à la Chambre, qui la soumit à l'examen d'une commission. Celle-ci y apporta de nouveaux changements et déposa son rapport dans la soirée du 6 août.

Quel était le caractère de la proposition qui, après ces travaux préalables, se trouva soumise aux députés? Qui l'emportait, nous ne dirons pas des deux partis, — il n'y avait pas encore de partis organisés, — mais des deux tendances contradictoires qui s'étaient manifestées chez les vainqueurs de Juillet? Il serait difficile de faire une réponse précise. On avait abouti à une sorte de compromis, dans lequel personne ne triomphait pleinement; c'était plus qu'on n'eût désiré à droite, moins qu'on ne demandait à gauche.

Tout d'abord le préambule, où l'on constatait la « vacance du trône » et la nécessité d'y pourvoir, et la conclusion, où l'on « appelait au trône » Louis-Philippe d'Orléans et sa descendance, soulevaient une question délicate, celle de l'origine de la nouvelle monarchie. Sur ce point, les hommes de 1830 étaient loin d'être d'accord. Les uns voyaient dans le nouveau roi une sorte de magistrat élu qui tenait ses pouvoirs de la seule volonté nationale, sans avoir par lui-même aucun droit propre et antérieur[1]. Les autres considéraient son élévation moins comme une négation que comme une modification de l'hérédité royale, modification imposée par les circonstances;

---

[1] Déjà M. Thiers disait dans les placards qu'il avait répandus pendant la nuit du 29 au 30 : « C'est du peuple français qu'il tiendra sa couronne. » La proclamation du 31, rédigée cependant par M. Guizot, portait : « Il respectera nos droits, car il tiendra de nous les siens. »

à leurs yeux, il ne s'agissait pas de créer une dynastie par suffrage populaire, mais de passer un contrat avec le prince qu'on trouvait à côté du trône, devenu vacant, et qui y était appelé par une sorte de nécessité supérieure : c'est ce qu'on a appelé la théorie de la « quasi-légitimité [1] ». Il serait malaisé de dire à laquelle des deux thèses la commission s'était ralliée. Sans doute, sa rédaction semblait écarter ou tout au moins atténuer le caractère électif : elle insistait sur ce que les Chambres « prenaient en considération l'impérieuse nécessité qui résultait des événements des 26, 27, 28 et 29 juillet » ; elle motivait la « vacance du trône » par ce fait que le « roi » Charles X et les membres de la branche aînée de la « race royale » sortaient du territoire français ; elle arguait de ce qu'il était « indispensable de pourvoir à cette vacance » ; enfin elle « déclarait que l'intérêt universel et pressant du peuple français appelait au trône S. A. R. Louis-Philippe d'Orléans [2] ». Mais, en même temps, dans le rapport fait au nom de la commission, M. Dupin insistait sur le caractère électif et contractuel de la monarchie ou, pour parler son langage, de l' « établissement » nouveau : « nouveau, disait-il, quant à la personne appelée, et surtout quant au mode de vocation ; ici la loi constitutionnelle n'est pas un octroi du pouvoir qui croit se dessaisir ; c'est tout le contraire : c'est une nation en pleine possession de ses droits, qui dit, avec autant de dignité que d'indépendance, au noble prince auquel il s'agit de déférer la couronne : A ces conditions, écrites dans la loi, voulez-vous régner sur nous ? »

Dans la Charte elle-même, la commission supprimait le préambule où il était question de Charte « octroyée » ; elle supprimait également la partie de l'article 14 qui donnait au Roi le droit de faire les « ordonnances nécessaires pour la sûreté de l'État », et sur laquelle Charles X avait fondé les ordonnances de Juillet ; elle substituait, pour la religion catho-

---

[1] Ce mot a été attribué à M. Guizot, qui s'est défendu de l'avoir jamais prononcé. Cf. son discours du 3 janvier 1834.

[2] Ces formules avaient été, pour la plupart, imaginées par le duc de Broglie.

lique, la qualification de « religion professée par la majorité des Français » à celle de « religion de l'État ». D'autres articles interdisaient le rétablissement de la censure, donnaient le droit d'initiative aux deux Chambres, accordaient à la Chambre des députés le pouvoir de nommer son président, consacraient la publicité de la Chambre des pairs et supprimaient certaines restrictions au droit d'amendement. L'âge nécessaire pour être député était abaissé de quarante à trente ans. La fixation du cens d'éligibilité et du cens d'électorat, qui étaient de mille et de trois cents francs dans la Charte de 1814, était renvoyée à des lois spéciales, avec l'intention évidente qu'ils fussent abaissés. Des lois libérales étaient promises sur le jury, la garde nationale, l'organisation départementale et municipale, la liberté de l'enseignement, l'état des officiers, etc. Quant à l'article par lequel « la Charte et tous les droits qu'elle consacrait demeuraient confiés au patriotisme et au courage des gardes nationales », les journées de février 1848 devaient y ajouter un commentaire qui suffit à en montrer la valeur et l'utilité.

Tous ces points avaient été réglés sans grande difficulté. Il n'en fut pas de même de la question de la pairie, qui alors passionnait singulièrement l'opinion. Les agitateurs de l'Hôtel de ville trouvaient déjà fort déplaisant d'avoir été réduits à accepter l'hérédité au sommet du pouvoir exécutif; du moins n'en voulaient-ils plus dans le pouvoir législatif. Nulle destruction ne leur tenait plus à cœur; en supprimant toute pairie héréditaire, ils espéraient priver l'autorité monarchique de l'unique contre-poids qu'elle pût opposer à la démocratie, l'esprit de tradition de sa dernière garantie contre la mobilité élective. Rien ne leur paraissait d'ailleurs plus naturel que de recourir à l'émeute pour faire prévaloir ces exigences, et la question fut débattue, moins dans la commission parlementaire que dans la rue. Dès le 4 août, un premier coup avait été préparé avec l'assentiment de La Fayette : on devait, le lendemain, se porter sur le palais du Luxembourg, jeter les pairs par les fenêtres et saccager le palais; façon sommaire et décisive de résoudre le problème de la pairie. Ce ne fut pas sans peine que, pendant la nuit, on détermina La Fayette à donner contre-ordre. N'était-ce que partie remise? Dans la soirée du 6, au moment où la commission allait déposer son rapport, la Chambre des députés vit ses délibérations interrompues par la clameur confuse et menaçante de l'émeute qui battait ses murs et assiégeait ses portes : la bande était composée en grande partie de la « jeunesse des écoles », et dirigée par un personnage qui devait acquérir une certaine notoriété, M. Flocon. L'émoi fut grand dans l'assemblée. La Fayette, pour qui la manifestation n'était pas une surprise, sortit de la salle afin de haranguer « ses amis », ses « chers amis », les suppliant de renoncer, « par affection pour lui », à pousser plus loin leur entreprise, mais se portant fort que leur vœu pour l'abolition de l'hérédité de la pairie serait pris en considération. Les agitateurs se retirèrent, déclarant qu'ils reviendraient plus nombreux le lendemain, si cette promesse n'était pas tenue.

Quelle était l'attitude du pouvoir en face de ces menaces? Il avait fait une première concession aux ennemis de la Chambre haute, en proposant d'annuler toutes les nominations de pairs faites par Charles X; c'était d'un seul coup mutiler gravement cette assemblée [1]. Quant à l'hérédité, le gouvernement avait d'abord essayé de la défendre. Mais cette résistance ne dura pas longtemps. Sa fermeté n'était pas alors à l'épreuve des pressions populaires. Et pourtant, à y regarder de près, il se fût aperçu que cette agitation était peut-être plus bruyante que vraiment redoutable. La question intéressait peu le peuple qui commençait à rentrer dans ses ateliers. Les hommes de l'Hôtel de ville n'avaient guère à leur disposition que la « jeunesse des écoles » : était-ce assez pour « jeter la Chambre à la Seine », comme ils aimaient alors à dire? Dans la journée du 6 août, un jeune républicain, M. Boinvilliers, était venu au Palais-Bourbon, demandant à parler aussitôt à M. Guizot qu'il avait

---

[1] Tant de ce chef que pour refus de serment, sur les 364 membres qui composaient la Chambre des pairs avant la révolution, 175 furent écartés.

connu avant la révolution dans la société *Aide-toi, le ciel t'aidera*. « Nous ne voulons pas absolument de l'hérédité, signifia-t-il impérieusement au commissaire provisoire, et si la Chambre veut la maintenir, on se battra demain. » — « C'est un enragé », dit, après ce colloque, M. Guizot à M. Duvergier de Hauranne. Celui-ci rejoignit alors M. Boinvilliers pour tâcher de le raisonner et de lui faire comprendre que recommencer la bataille des rues et la diriger contre la Chambre, serait perdre la révolution en province. « Je suis de votre avis, répondit M. Boinvilliers en serrant la main de M. Duvergier de Hauranne, et nous en sommes tous. Non, nous ne nous battrons pas pour l'hérédité de la pairie. Mais il faut essayer de leur faire peur. » Et il ajoutait un peu naïvement cette recommandation dont son interlocuteur ne se crut sans doute pas obligé de tenir compte : « Au moins, ne me trahissez point et ne dites pas cela à M. Guizot[1] ». Le lendemain, M. de Rémusat et M. Duvergier de Hauranne, toujours inquiets des bruits d'émeute, venaient de bonne heure à l'Hôtel de ville afin de savoir à quoi s'en tenir. Usant de ses priviléges d'aide de camp, M. de Rémusat entra tout droit dans le cabinet de La Fayette ; il le trouva en conférence avec MM. Bastide, Joubert et autres républicains. « Je les ai un peu gênés, racontait en sortant de là M. de Rémusat à M. Duvergier de Hauranne, et l'on ne s'est pas expliqué catégoriquement ; mais il m'est démontré que le gouvernement et la Chambre peuvent faire tout ce qu'ils veulent, et que rien de sérieux ne sera tenté. Déjà Boinvilliers et d'autres courent pour empêcher le rendez-vous en armes donné aux jeunes gens des écoles. Ils sentent qu'ils n'ont pas le peuple pour eux et qu'ils succomberaient[2]. » Les agitateurs se

---

[1] *Notes inédites de M. Duvergier de Hauranne.* — Aussi, M. Duvergier de Hauranne ajoute-t-il : « Pour moi, d'après ce que j'ai vu pendant cette semaine, et j'ai beaucoup vu, je suis intimement convaincu que si le gouvernement et les Chambres se fussent hâtés, ils pouvaient, sans résistance, proclamer Louis-Philippe et maintenir, à très-peu de chose près, la Charte de 1814, l'hérédité de la pairie comprise. » Le témoignage est d'autant plus significatif que, personnellement, M. Duvergier de Hauranne tenait peu à cette hérédité. Parmi ceux qui eussent voulu alors tout risquer pour sauver la pairie, M. Duvergier de Hauranne nomme M. Thiers.
[2] *Ibid.*

bornaient donc à « essayer de faire peur » au gouvernement. Ce n'était alors que trop facile. Dans ces jours de trouble, le pouvoir était peu en état d'apprécier avec sang-froid et mesure la valeur des menaces qui lui étaient faites. D'ailleurs, s'il s'exagérait la force de ses adversaires, il ne s'exagérait malheureusement pas sa propre faiblesse. En quittant l'Hôtel de ville, M. de Rémusat et M. Duvergier de Hauranne s'empressèrent de faire parvenir à M. Guizot, alors en conseil chez le lieutenant général, les constatations qu'ils venaient de faire. Leur lettre arriva précisément au moment où l'on débattait s'il fallait ou non risquer la bataille pour cette hérédité que presque tout le conseil eût désiré maintenir. M. Guizot lut la lettre. Porté à la résistance ainsi que le duc de Broglie, il posa cette question : « Si une émeute avait lieu à ce propos, le lieutenant général serait-il résolu à la dissiper par les armes ? — Non », répondit le prince. Cette réponse tranchait la question. Ce n'était pas seulement, de la part du futur roi, défaut de confiance dans les forces dont il pouvait alors disposer ; au fond, il ne tenait pas beaucoup à l'hérédité de la pairie ; en causant avec lui, M. Pasquier avait pu s'apercevoir, non sans déplaisir, qu'une sorte de Sénat nommé par la couronne lui paraissait un instrument plus commode qu'une Chambre des pairs indépendante et *sui juris*.

Pour dissimuler sa capitulation, le gouvernement crut être habile en recourant à l'expédient d'un ajournement : on résolut de proposer que l'article relatif à la nomination des pairs serait soumis à un nouvel examen dans la session de 1831. C'était en réalité tout abandonner ; il était bien évident qu'à l'échéance fixée, l'hérédité de la pairie succomberait. Partisans et adversaires le comprenaient ainsi. Avec quelle joie Carrel constatait que le « système anglais » était dès lors détruit, et que « l'un des trois pouvoirs, le pouvoir conservateur, était mis comme aux arrêts par une révolution qui le tenait pour suspect » ! Puis il s'écriait, triomphant : « N'est-il pas évident qu'une pairie mise en question n'est pas une pairie[1] ? » Le duc

---

[1] La Fayette disait également à cette époque : « L'hérédité a reçu une atteinte dont elle ne pourra pas se relever. »

de Broglie, « profondément triste et humilié », ne se dissimulait pas que « c'en était fait de la Chambre des pairs », que celle-ci « ne serait plus qu'un *instrumentum regni*, associé au gouvernement, sans entrer en partage du pouvoir ; en état de lui rendre de bons services, mais hors d'état de lui résister ni de le défendre » ; il en concluait que « le gouvernement parlementaire était faussé sans retour dans l'un de ses trois ressorts ». La monarchie recevait une atteinte dont le même homme d'État indiquait la portée, avec sa sagacité profonde : « Dans un pays comme le nôtre, disait-il, dans un pays d'égalité légale et presque sociale, abolir, coûte que coûte, le peu qui restait d'hérédité, c'était démonétiser d'avance toutes les distinctions concevables et laisser la royauté, seule de son espèce, livrée, dans la nudité de son isolement, au flot montant de la démocratie[1]. »

Le rapport, avons-nous dit, avait été déposé dans la soirée du 6. Dès le lendemain, la discussion s'engagea. Elle fut singulièrement hâtive et écourtée. La Chambre sentait que tout débat prolongé risquerait de faire ressortir davantage les faiblesses de la situation, et surtout donnerait à l'émeute le temps d'intervenir. Aussi, inquiète, nerveuse, pressait-elle les orateurs, enlevait-elle les votes, plus impatiente encore d'arriver promptement à un résultat que soucieuse de le raisonner et de le justifier. Au début, il lui fallut entendre les rares députés royalistes qui n'avaient pas renoncé à siéger ; ceux-ci, trop troublés et accablés par leur récente défaite pour essayer une résistance sérieuse, se bornèrent à dégager leur honneur et leur conscience par des protestations attristées, plus âpres parfois contre M. de Polignac et ses collègues que contre les hommes de 1830[2], ou même subissant, en fait, la nécessité des événements

---

[1] *Souvenirs* du feu duc de Broglie.

[2] M. Hyde de Neuville appelait les derniers ministres de Charles X « de faux amis, des insensés, des êtres bien perfides, bien coupables ». M. de Martignac les traitait de « conseillers perfides », contre lesquels il « partageait la juste indignation de la Chambre » : il parlait des « infâmes ordonnances » et de la « résistance héroïque » de Paris. M. de Lézardières disait : « Les indignes conseillers de la couronne ont, le 25 juillet, légitimé peut-être les événements qui ont suivi cette journée. »

dont ils se refusaient à reconnaître, en droit, la légitimité[1]. Quant aux articles, la Chambre adopta, presque sans modification et sans débat, tout ce que proposait la commission. Un point seulement souleva une vive contestation. M. Mauguin et M. de Brigode avaient demandé qu'on soumît la magistrature à une institution nouvelle : à les entendre, la suspension de l'inamovibilité était une conséquence logique du changement de gouvernement; leur amendement, fortement et brillamment combattu par M. Dupin et M. Villemain, fut repoussé à une grande majorité. Dans l'état d'excitation, de trouble et de défaillance où étaient alors les esprits, cette décision fait honneur aux hommes de 1830. Au vote sur l'ensemble, on compta deux cent cinquante votants : deux cent dix-neuf pour, et trente-trois contre. La Chambre porta aussitôt sa résolution au lieutenant général et en adressa une copie à la Chambre des pairs.

Dans cette dernière assemblée, la discussion, engagée le soir même (7 août), fut plus sommaire encore : l'événement fut le discours de Chateaubriand en faveur du duc de Bordeaux, sorte de pamphlet oratoire, où l'orateur maltraitait plus encore la vieille monarchie à laquelle il demeurait fidèle, que la nouvelle à laquelle il refusait son adhésion. La Chambre des pairs accepta en bloc la résolution des députés, avec cette seule réserve qu'elle déclarait ne pouvoir délibérer sur la disposition annulant les nominations de pairs faites par Charles X, et « s'en rapportait entièrement, sur ce sujet, à la haute prudence du lieutenant général ». Au vote, il y eut quatre-vingt-neuf voix pour, dix contre, et quatorze bulletins blancs. Une députation fut chargée de remettre cette résolution au lieutenant général[2].

---

[1] M. Hyde de Neuville disait : « Je n'ai pas reçu du ciel le pouvoir d'arrêter la foudre; je ne puis rien contre un torrent qui déborde; je n'opposerai donc à ces actes, que je ne puis seconder ni approuver, que mon silence et ma douleur. » M. de Martignac : « Je ne me dissimule pas tout ce qu'il y a d'impérieux au delà de toute idée, de toute expression, dans la situation où nous sommes. »

[2] Pendant que les Chambres travaillaient ainsi à établir la monarchie nouvelle et que le roi déchu se dirigeait lentement vers Cherbourg, un incident singulier s'était produit, incident demeuré longtemps secret. Un soir, peu après la nomination du duc d'Orléans en qualité de lieutenant général, l'ambassadeur anglais, lord Stuart, vint trouver son attaché militaire qui était le colonel Caradoc,

La journée du 8 août, qui était un dimanche, fut employée par le gouvernement à résoudre diverses questions complémentaires. Il fut décidé que le Roi s'appellerait « roi des Français », et non plus « roi de France ». On répudia ces formules antiques : « par la grâce de Dieu, l'an de grâce, de notre pleine puissance, etc., etc. » Il avait paru d'abord naturel que le duc d'Orléans prît le nom de Philippe VII; mais cette façon de se rattacher à la longue lignée de nos rois offensait les susceptibilités bourgeoises de M. Dupin et l'infatuation démocratique de La Fayette; ce dernier « s'opposa à cette dénomination, indigne d'une monarchie républicaine qui ne devait avoir rien de commun avec les prétentions et les oripeaux des anciens rois de France [1] ». Alors

depuis lord Howden. Il lui raconta qu'il venait d'appeler l'attention du duc d'Orléans sur l'utilité qu'il y aurait à faire reconnaître les droits du duc de Bordeaux, et que son ouverture avait été bien accueillie. Lord Stuart proposait au colonel Caradoc de partir tout de suite, de rejoindre Charles X sur le chemin de Cherbourg, de lui demander le duc de Bordeaux et de ramener celui-ci à Paris, où ses droits seraient proclamés. La démarche devait être faite au nom du lieutenant général et de l'ambassadeur d'Angleterre, mais sans qu'il y eût rien d'écrit et en se cachant des trois commissaires qui surveillaient, au nom du gouvernement nouveau, la retraite du vieux roi. Le soir même, avant de se mettre en route, le colonel Caradoc vit au Palais-Royal le duc d'Orléans, qui lui confirma ce qu'avait dit lord Stuart et exprima le désir que cette mission réussit. Le colonel partit pendant la nuit, parvint, non sans difficulté, à franchir la barrière, et, après mille péripéties, rejoignit, au milieu de la nuit suivante, le cortège royal dans un village au delà de Laigle. Charles X, qui était couché, lui donna cependant audience et écouta sa communication. Bien que peu disposé à accepter une telle proposition, il ne voulut pas répondre sans prendre l'avis de la mère du jeune prince. La duchesse de Berry, immédiatement appelée, n'eut pas plutôt entendu l'offre qui était faite, qu'elle éclata en paroles violentes contre la famille d'Orléans et déclara qu'elle ne lui confierait jamais son fils. Le colonel Caradoc rapporta cette réponse au lieutenant général, qui lui dit alors en anglais : « Maintenant, j'ai fait mon devoir, que la volonté de Dieu s'accomplisse! » — Il est question de cet incident dans une lettre de Donoso Cortès qui le tenait de la bouche même de lord Howden. (*Deux diplomates : le comte Raczynski et Donoso Cortès*, par le comte Adhémar d'Antioche, p. 251 à 253.) Lord Howden a laissé, d'ailleurs, de cet épisode un récit détaillé, dramatique, écrit de sa main et jusqu'à présent inédit. Le fait ne paraît donc pas contestable. Quelle en est l'explication? Il semble peu en harmonie avec ce qu'au même moment le duc d'Orléans faisait ou laissait faire à Paris. Faut-il croire qu'il s'attendait à la réponse qui lui fut rapportée? On n'a pas besoin de faire cette supposition. N'a-t-on pas pu déjà entrevoir que, dans cette crise à la fois si redoutable et si rapide, l'esprit et la conscience du prince étaient partagés par des sentiments très-complexes et presque contradictoires?

[1] Sarrans, *La Fayette et la Révolution*, t. Ier, p. 298.

fut imaginé le nom de Louis-Philippe, et le prince écrivit lui-même à La Fayette, en lui annonçant cette décision : « *You have gained your point.* » Ainsi, jusque dans les détails les plus inoffensifs, on semblait s'appliquer à marquer une solution de continuité avec le gouvernement précédent. Singuliers monarchistes qui oubliaient qu'une monarchie trouve force et honneur à remonter dans les siècles écoulés, et qu'une royauté sans passé est bien près d'être une royauté sans racine ! D'ailleurs, plus on insistait sur le caractère électif du nouveau gouvernement, plus on provoquait les adversaires à discuter les conditions de l'élection et l'autorité des électeurs. Les objections sur ce point paraissaient même si faciles, que quelques personnes s'étaient demandé s'il ne conviendrait pas de provoquer une ratification plébiscitaire dont le succès eût alors été certain. Cet expédient fut écarté par une sorte de probité fière, comme n'étant, suivant la parole du duc de Broglie, que « méchante farce, ridicule simagrée, jonglerie méprisable[1] ».

Tout était prêt pour la proclamation de la royauté nouvelle. Elle eut lieu au Palais-Bourbon, le 9 août, devant les deux Chambres réunies. Le duc d'Orléans s'y rendit, accompagné de la duchesse, de ses fils et de ses filles, de Madame Adélaïde, et d'un brillant état-major. Le duc de Bourbon, dernier survivant de la branche de Condé, s'était excusé sur l'état de sa santé, mais avait fait adhésion sans réserve à la monarchie nouvelle [2]. Le lieutenant général ne prit place sur

---

[1] *Souvenirs* du feu duc de Broglie.

[2] C'est ce même prince que, peu de temps après, le 27 août, on trouva pendu à l'espagnolette de sa fenêtre. Mort tragique, dont les haines politiques cherchèrent à exploiter le mystère. L'instruction judiciaire conclut à un suicide que l'esprit troublé et les mœurs dissolues du vieux duc ne rendaient pas invraisemblable. Une partie du public s'obstina à voir là un assassinat qu'on imputait à la baronne de Feuchères, maîtresse du prince et sa légataire pour une somme considérable. Des ennemis sans scrupules essayèrent même, par des insinuations calomnieuses, de faire remonter la complicité de ce crime jusqu'à Louis-Philippe qui, à les entendre, aurait craint de voir le duc de Bourbon modifier, après la révolution, le testament fait auparavant en faveur du duc d'Aumale. Il nous semble, en tout cas, que la gloire de la maison de Condé n'a pas eu à souffrir de l'héritier que s'était choisi son triste et dernier représentant.

le trône qu'après avoir entendu lecture des déclarations de la Chambre des députés et de la Chambre des pairs, y avoir adhéré et avoir prêté serment à la Charte modifiée. Tout le cérémonial semblait combiné pour marquer le caractère contractuel de la monarchie nouvelle [1]. Il n'était pas jusqu'à la forme peu respectueuse des témoignages de dévouement et d'enthousiasme, aux poignées de main que le prince dut, en quittant la séance, subir de la part des députés et même des gardes nationaux, qui ne fissent sentir l'atteinte portée à la dignité royale.

N'eût-il pas suffi pour s'en rendre compte de considérer la physionomie du palais où Louis-Philippe rentrait aux acclamations populaires? Aux postes, des volontaires déguenillés, les bras nus; leurs camarades assis ou vautrés dans les salles et sur les escaliers, y recevant leurs amis, buvant et jouant, ressemblant moins à une garde qu'aux gens contre lesquels on se fait garder [2]. Plutôt surveillants que défenseurs, nul ne savait qui les avait placés là, ni surtout comment on les ferait sortir [3]. A l'intérieur du palais, aucune police, aucune livrée; entrait

---

[1] « Ce fut un beau spectacle, écrivait un ami de La Fayette, M. Sarrans, que cette intronisation d'un roi sorti des mains du peuple, entrant dans le sanctuaire des lois, au bruit des chœurs populaires de 1792, mariés aux inspirations patriotiques de 1830; attendant, sur un modeste tabouret, que les mandataires de la nation lui eussent permis de s'asseoir dans le fauteuil du trône. Qui l'oubliera jamais? Le peuple était encore là dans toute la dignité de sa puissance, et jamais les rapports de la créature au créateur n'avaient été plus religieusement observés : des cris de : Vive le duc d'Orléans! et non pas de : Vive le Roi! retentissant sur les bancs et dans les tribunes; le président de la Chambre (c'était M. Casimir Périer) lisant la nouvelle charte au duc d'Orléans; le prince déclarant qu'il l'acceptait; l'intègre Dupont de l'Eure la lui présentant à signer et recevant son serment; un roi debout parlant au peuple assis, et le roi autorisé enfin à se placer sur le trône où, pour la première fois, il est salué du titre de monarque. »

[2] M. Quinet exprimait son admiration pour le spectacle qu'offrait « le palais du Roi, écorché par la mitraille et gardé par des chapeaux ronds ». (Lettre d'août 1830.) Carrel écrira, quelques mois plus tard : « Jamais monarque ne s'entourera d'une garde plus martiale et plus imposante que cette bande déguenillée qui fournissait les factionnaires du Palais-Royal, dans les premiers jours d'août, et que tant de poignées de main historiques accablèrent. » (*National*, 18 juin 1831.)

[3] L'évacuation ne devait pas, en effet, être une petite affaire. Il fallut trouver des missions, des emplois, des épaulettes à distribuer entre ces protecteurs obstinés.

qui voulait ; la salle du conseil était ouverte à tous les conseillers ; la table royale en quelque sorte accessible à tous les convives. Le prince, avec sa noble et brillante famille, passait au milieu de cet étrange chaos, le sourire aux lèvres, la main tendue, et ne paraissait avoir, en place des honneurs ordinairement rendus aux souverains, que l'obligation d'obéir aux caprices de la foule et d'en subir les familiarités, toujours insolentes, alors même qu'elles n'étaient pas hostiles.

Un tel spectacle eût pu être matière à bien des réflexions ; il permettait notamment de mesurer tout ce qui restait encore à faire avant de considérer la monarchie comme fondée ; mais, sauf le duc de Broglie et quelques autres, bien peu alors s'arrêtent à de telles pensées. La foule chante et danse dans la rue ; les maisons se pavoisent et s'illuminent. On est dans cet état d'illusion et d'effusion qui se produit à certaine phase des crises révolutionnaires ; sorte de fête étrange qui suit nécessairement les jours d'angoisse et de combat, quand les uns se réjouissent d'avoir triomphé, les autres de n'avoir plus peur, et que, dans le soulagement de se sentir échappés aux périls de la veille, tous se refusent à regarder le péril du lendemain. Par l'effet d'une sorte de mirage, les divisions les plus profondes, et tout à l'heure si visibles, semblent avoir disparu. C'est à croire que l'Hôtel de ville, hier encore menaçant jusqu'à l'émeute, s'est réconcilié, dans le succès commun, avec le Palais-Royal. N'a-t-on pas vu, le soir même où la nouvelle Charte a été apportée au lieutenant général, celui-ci se montrer sur le balcon, donnant le bras d'un côté à M. Laffitte, de l'autre à La Fayette, et n'a-t-on pas entendu le commandant de la garde nationale s'écrier, aux acclamations de la foule, en lui montrant le futur roi : « C'est la meilleure des républiques [1] ! »

---

[1] Quatre ans plus tard, La Fayette a voulu contester ce propos ; mais les témoignages contemporains ne permettent guère de tenir compte de ce démenti.

CHAPITRE II

LE PREMIER MINISTÈRE ET LA QUESTION EXTÉRIEURE

(11 août — 2 novembre 1830).

I. Le ministère du 11 août. Le péril extérieur, suite de la révolution. La Sainte-Alliance, dissoute à la fin de la Restauration, se reforme à la nouvelle des événements de Juillet. Attitude belliqueuse des révolutionnaires français. Leurs illusions. La guerre eût été un désastre. Sagesse et décision pacifiques de Louis-Philippe. — II. La monarchie nouvelle cherche à se faire reconnaître. Façon dont elle se présente à l'Europe. L'Angleterre consent à la reconnaissance. Disposition du Czar Nicolas, de M. de Metternich et du roi Frédéric Guillaume III. L'Autriche et la Prusse se décident à la reconnaissance. Dans quelles conditions le Czar et les autres puissances suivent l'exemple donné. — III. Révolution belge. Intérêts contraires de la France et des puissances continentales. Péril de guerre. Comment l'éviter, sans sacrifier l'intérêt français? Le principe de non-intervention, l'entente avec l'Angleterre et la solution remise à la conférence de Londres. La France, renonçant à toute annexion, se borne à poursuivre l'indépendance et la neutralité de la Belgique. Premiers succès de cette politique. Si l'on ne peut faire davantage, la faute en est à la révolution.

I

L'œuvre constitutionnelle est terminée. Si la monarchie y a perdu quelque chose de son autorité et de son prestige, du moins elle occupe la place, et le pays a échappé à l'anarchie républicaine. Mais tout n'est pas fini. Une nouvelle tâche incombe maintenant aux vainqueurs de Juillet : il leur faut gouverner. Le 11 août, le *Moniteur* fait connaître la composition du ministère. Il comprend à peu près les mêmes personnages qui, sous le nom de commissaires provisoires ou de conseillers intimes, viennent, pendant quelques jours, de diriger les affaires avec le lieutenant général; sitôt après la révolution, le nouveau roi n'a pas osé faire un choix entre ceux qui avaient concouru à lui donner sa couronne, écarter les uns pour se confier exclusivement aux autres. M. Dupont, de l'Eure, reçoit le ministère de la Justice; le comte Molé, les Affaires étrangères; M. Guizot, l'Intérieur; le duc de Broglie, l'Instruction publique, les Cultes et la présidence du Conseil d'état; le baron Louis, les Finances; le général Gérard, la Guerre; le général Sébastiani, la Marine; MM. Laffitte, Casimir Périer, Dupin et Bignon sont ministres sans portefeuille.

Il suffit de lire ces noms pour se convaincre que le ministère n'a rien de l'homogénéité qui était regardée jusqu'alors comme la condition première de tout cabinet. Jamais on n'a vu réunies des opinions plus opposées, des natures plus disparates et plus inconciliables. Impossible, par suite, d'avoir un président du conseil; le Roi s'en réserve à dessein les fonctions. Quant aux quatre ministres sans portefeuille, leur situation est si peu définie, que deux d'entre eux, M. Périer d'abord, M. Laffitte ensuite, cumulent, avec leur titre de ministres, les fonctions de président de la Chambre. Enfin, dans le jeu de la responsabilité ministérielle, quelle peut-être la place de cette connétablie civile et militaire dont continue à être investi La Fayette, en sa qualité de commandant général des gardes nationales : autorité supérieure à celle des ministres, rivale de la couronne, conférée par le « peuple » et seulement confirmée par le gouvernement? Les plus éclairés des hommes de 1830 ne se font pas illusion sur tant d'incorrections; mais ils les croient imposées par les circonstances. Cette combinaison étrange n'est à leurs yeux qu'un expédient approprié au désordre du moment. Pendant que Louis-Philippe s'occupait de former le ministère, le duc de Broglie lui disait : « Le Roi a trop d'expérience des hommes et des affaires pour se flatter d'installer, au lendemain d'une révolution, un ministère sérieux, solide et durable. La révolution va survivre à la victoire; l'état révolutionnaire durera plus que sa cause et son prétexte, j'entends par là cet état où tous les esprits sont aux champs, où tout le monde croit toutes choses possibles et tout de suite, où chacun a sa lubie, sa marotte, sa fantaisie à se passer et son inimitié à satisfaire.

Tout ministère, quel qu'il soit, s'use vite dans cette mêlée et se compromet bientôt à l'ingrat métier de dire non. » M. de Broglie concluait en conseillant au Roi « de ne pas se presser de jouer en règle au gouvernement parlementaire[1] ». Peut-être avait-il raison ; mais n'est-il pas piquant que le premier effet d'une révolution faite pour maintenir le gouvernement parlementaire, soit, comme toujours, de le fausser et d'en suspendre momentanément l'application ?

Avant toute autre, une question s'imposait alors, redoutable et pressante, sur laquelle on n'avait pas, pour ainsi dire, le temps d'hésiter ni de se tromper, où des erreurs, si courtes fussent-elles, où de simples retards eussent pu devenir mortels pour la France elle-même : c'était la question étrangère. Impossible de renvoyer au lendemain la décision à prendre, de laisser les événements dégager la solution, d'attendre que la réaction naquît de l'excès du mal. Dès le premier jour, le nouveau gouvernement était obligé de prendre parti et d'agir.

Pour qui réfléchissait, le péril extérieur était la suite prévue de la révolution. Au plus vif de la lutte contre le ministère Polignac, le *Journal des Débats,* qui appartenait à l'opposition, avait adressé à ses alliés de gauche ce grave avertissement : « Une révolution replacerait la France dans la situation où elle s'était trouvée pendant les Cent-Jours. » Quand, le 30 juillet 1830, M. Thiers s'était rendu à Neuilly, pour obtenir le concours du duc d'Orléans, quelle avait été la principale, l'unique objection de madame Adélaïde, dont l'affection fraternelle était cependant si hardiment ambitieuse ? Elle avait exprimé la crainte que ce changement ne mît de nouveau la France en face d'une coalition européenne ; il n'avait pas fallu moins que toutes les ressources de M. Thiers, aidées encore par les secrètes complaisances de la princesse, pour déterminer celle-ci à passer outre.

Nul n'ignore comment la coalition des divers États de l'Europe contre la France révolutionnaire et conquérante, plusieurs fois ébauchée depuis 1792, avait été définitivement

---

[1] *Souvenirs* du feu duc de Broglie.

scellée, en 1814, par le traité de Chaumont. Le gouvernement de la Restauration était déjà parvenu à dissoudre cette coalition au congrès de Vienne, quand la criminelle folie des Cent-Jours la reforma, plus étroite et plus irritée que jamais. Et cependant, même après Waterloo, dans ces traités de 1815, alors si détestés, regrettés aujourd'hui, à côté des sacrifices rendus nécessaires par l'étendue de notre défaite et aussi par l'abus de nos victoires, que de pertes évitées, grâce au crédit de la royauté légitime! Les plus avides et les plus haineux de nos vainqueurs, les Prussiens, se voyaient, à leur grande colère, déçus dans leurs rêves de spoliation. La constitution nouvelle de l'Europe centrale nous apportait des garanties inattendues, et, à considérer notamment l'organisation de la Confédération germanique, on pouvait croire que la victoire avait surtout été remportée contre cette Allemagne unitaire, dont les ambitions redoutables, éveillées en 1813, un moment sur le point d'être réalisées, se trouvaient ainsi ajournées à un demi-siècle [1]. Le gouvernement de Louis XVIII sut tirer parti de cette situation, avec une dignité patriotique et une heureuse habileté qui ne sauraient être trop louées. Bientôt le duc de Richelieu obtenait, de l'estime et de la confiance de l'Europe, la libération anticipée du territoire. Quelques années plus tard, la guerre d'Espagne montrait à ceux qui en doutaient au dehors et même au dedans que la France avait retrouvé une armée. Dès lors, au lieu d'être des vaincus et des suspects, en face d'adversaires unis par le ressentiment et l'inquiétude, nous avions repris notre place au milieu des puissances de nouveau divisées. « A partir de 1826, a écrit plus tard M. de Metternich, la Sainte-Alliance ne fut plus, à vrai dire, qu'un vain mot[2]. » Libres de choisir nos alliances entre des propositions diverses, nous n'étions à la merci de personne. Les autres monarchies avaient pris plus ou

---

[1] Aujourd'hui, les écrivains sérieux sont bien revenus des vieilles déclamations contre les traités de 1815. Signalons sur ce point l'étude si décisive d'un de nos historiens diplomatiques les plus compétents, M. Albert SOREL : *le Traité de Paris du 20 novembre 1815*.

[2] *Mémoires de Metternich*, t. V, p. 195.

moins philosophiquement leur parti de voir la maison de France suivre au dehors sa politique traditionnelle, politique qui tendait sans doute à développer notre influence, et même à reculer nos frontières, mais qui du moins ne révolutionnait pas tout l'ordre européen, et ne menaçait pas les principes mêmes sur lesquels reposaient l'équilibre des puissances et leur organisation intérieure. Il nous était donc permis de songer sans témérité à un agrandissement territorial. La Russie, alors en froid avec l'Autriche, nous y engageait[1]. Ce n'eût pas été vers le Rhin : de ce côté, nous nous serions heurtés à l'intérêt contraire de la Prusse, qui devait être associée à notre plan et sans laquelle rien n'était possible; mais le même obstacle n'eût pas empêché l'annexion de la Belgique catholique et libérale, impatiente du joug hollandais, et non encore préparée à se déclarer indépendante. Une occasion s'était présentée, en 1828 et 1829, lors de la guerre de la Russie contre la Turquie : si nos crises intérieures ne nous avaient pas permis d'en profiter, le fond des choses demeurait, et cette occasion devait revenir tôt ou tard. M. de Polignac en avait l'instinct; dans ses rêves de remaniement européen, pastiche peu sérieux du « grand dessein » de Henri IV, il avait une intuition plus ou moins confuse des entreprises qu'un homme d'État français eût pu alors tenter au dehors. Situation incomparable que, depuis cette époque, notre pays n'a plus connue, sauf peut-être en 1856, après la guerre de Crimée !

Du jour au lendemain, avec la révolution de 1830, tous ces avantages disparaissent; à la place, renaissent, chez les puissances, les ressentiments et les défiances que la Restauration avait travaillé et réussi à effacer[2]. Faut-il en être surpris?

[1] Ce fait est constaté notamment dans la correspondance de lord Palmerston, qui était venu à Paris en 1829. (*Life of Palmerston*, par BULWER.)

[2] Le duc de Richelieu avait dit, en 1815, à son pays, dans un langage plus patriotique que les déclamations belliqueuses de ceux qui se disaient « patriotes » : « Le plus grand de nos maux est d'être encore, malgré nos disgrâces, un objet de défiance et de crainte. » Il rappelait à la France qu'elle avait « provoqué des vengeances, allumé des ressentiments que le temps, qu'une grande modération, qu'une persévérante et invariable prudence, pouvaient seuls parvenir à calmer ». Ce sont ces craintes et ces ressentiments que la révolution de 1830 avait aussitôt ranimés.

Si les petites insurrections de 1820, en Italie ou en Espagne, avaient suffi pour ranimer la Sainte-Alliance, que ne doit-on pas attendre d'une révolution bien autrement profonde, menaçante, et dont la force contagieuse se révèle, dès le premier jour, sur tous les points de l'Europe, par tant de tressaillements et de contre-coups[1] ? Gouvernements et peuples interprètent les événements de Paris comme une reprise du mouvement révolutionnaire et conquérant, arrêté en 1815 par la coalition. Aussitôt on voit les puissances continentales se concerter et se préparer. La Russie, qui depuis plusieurs années s'était éloignée de l'Autriche, se rapproche d'elle. Le 27 juillet, à l'heure même où la révolution commençait à Paris, M. de Metternich, qui n'en savait encore rien, s'était rencontré à Carlsbad avec son ami le comte de Nesselrode, ministre des affaires étrangères de Russie ; il ne l'avait pas vu depuis 1823. Le chancelier d'Autriche avait saisi cette occasion de récriminer contre la conduite du gouvernement de Saint-Pétersbourg, de se plaindre qu'il n'y eût plus, même « en apparence, le moindre point de contact, en ce qui concerne l'attitude respective des deux cours ». Récriminations et plaintes n'avaient eu aucun succès[2]. Peu de jours après, arrive la nouvelle des événements de Paris. M. de Metternich retourne aussitôt, le 6 août, auprès du ministre russe, qu'il trouve tout changé et disposé à entrer dans ses vues[3]. Il en profite pour fixer sur un morceau de papier les bases de

---

[1] M. de Metternich écrivait le 6 octobre 1830 : « L'influence extraordinaire que la révolution de Juillet a exercée sur les esprits, bien au delà des frontières de France, est démontrée par des faits journaliers. Cette influence est, par plus d'une raison, bien autrement décisive que ne le fut celle de la révolution de 1789. » Plus tard, il disait que cette révolution avait « produit sur l'Europe l'effet de la rupture d'une digue ». (*Mémoires de Metternich*, t. V, p. 52 et 195.)

[2] M. de Metternich lui-même déclarait avoir quitté le comte de Nesselrode avec le sentiment de « l'avoir plutôt battu que convaincu ». Il ajoutait que les « questions sur lesquelles il l'avait trouvé encore livré à de funestes préjugés étaient celles relatives à la France. » (*Mémoires de Metternich*, t. V, p. 62.)

[3] M. de Metternich a dit lui-même, en parlant de son interlocuteur : « Je le trouvai dans un état de surprise difficile à dépeindre... Tiré par l'événement même d'un long sommeil de méfiance et d'une quiétude fortement empreinte de nuances libérales, il ne m'a pas paru difficile de lui faire adopter, sans beaucoup d'efforts, plusieurs de mes jugements. Le plein se déverse facilement dans le vide. » (*Mémoires de Metternich*, t. V, p. 63.)

l'entente à rétablir entre les grandes puissances, et les précautions à prendre en commun contre la France. Cette ébauche de convention, à laquelle la Prusse adhéra quelques jours après, devait s'appeler, dans le monde diplomatique, le « chiffon de Carlsbad »[1]. Au premier moment, presque tous les hommes d'État étrangers, qu'ils désirent ou redoutent la guerre, la croient inévitable. Telle est, en Allemagne surtout, la préoccupation universelle. Bunsen et son ami le prince royal de Prusse échangent leurs sombres prévisions; Niebuhr ressent une telle émotion que sa fin en est hâtée[2]. Aussi, deux ans plus tard, le danger passé, M. Guizot confessera-t-il, à la tribune de la Chambre, « que la révolution de Juillet avait paru d'abord confirmer le fait redoutable de la Sainte-Alliance, resserrer tous les liens de la coalition européenne contre la France », et le duc de Broglie, ayant occasion, en 1835, de rappeler les événements de 1830, écrira à M. Bresson : « L'effroi avait coalisé tous les cabinets;... la ligue s'était formée tacitement, involontairement, spontanément, dès le premier jour, par le seul fait de l'identité des intérêts et de la communauté des appréhensions[3]. »

En face de l'Europe déjà si alarmée et si menaçante, quand, à la seule nouvelle de la révolution, la coalition se reforme, rassemble ses armées et tire à demi son épée du fourreau, que font en France les hommes du « mouvement », ceux qui ont alors le verbe le plus haut et prétendent avoir seuls qualité pour parler au nom du régime nouveau? Ils choisissent ce moment pour crier bien fort que le soulèvement de 1830 est en effet dirigé contre les traités de 1815 autant que contre les ordonnances de Juillet, que le drapeau tricolore signifie avant tout revanche de Waterloo, et qu'il y a connexité, en quelque

---

[1] Sur les rapports de M. de Metternich et de M. de Nesselrode en juillet et août 1830, voyez les *Mémoires de Metternich*, t. V, p. 7-17, et p. 62 à 63.

[2] Voy., pour connaître cet état des esprits, les études de M. Saint-René Taillandier sur l'Allemagne, notamment celles sur *Frédéric-Guillaume IV et le baron de Bunsen*.

[3] Dépêche confidentielle adressée, le 12 octobre 1835, par M. le duc de Broglie, ministre des affaires étrangères, à M. Bresson, ambassadeur à Berlin. (*Documents inédits.*)

sorte synonymie, entre révolution au dedans et guerre au dehors. Chaque peuple leur apparaît comme un esclave qu'il est de leur devoir d'aller délivrer. Dans l'entrevue que Godefroy Cavaignac et ses amis ont avec le duc d'Orléans, le soir du 31 juillet, quel est le premier mot de celui qui parle en leur nom, de M. Boinvilliers? « En supposant que vous deveniez roi, dit-il au prince, quelle est votre opinion sur les traités de 1815? Ce n'est pas une révolution libérale, prenez-y garde, que celle qui s'est faite dans la rue, c'est une révolution nationale. La vue du drapeau tricolore, voilà ce qui a soulevé le peuple, et il serait certainement plus facile de pousser Paris vers le Rhin que sur Saint-Cloud. » Peu de jours après, M. Duvergier de Hauranne rencontrait, dans l'antichambre de M. Guizot, un des rédacteurs du *National*, M. Viardot. « — Que venez-vous demander, lui dit-il, une préfecture? — Non, je ne viens rien demander; je viens offrir. — Offrir, quoi donc? — La couronne d'Espagne au duc de Nemours. — Et de quelle part? — De la part de l'Espagne, représentée par les réfugiés espagnols[1]. » C'est encore M. Guizot qui, à la même époque, recevait d'un des agitateurs ce programme impérieusement formulé : « Qu'on marche hardiment vers le Rhin; qu'on y porte la frontière et qu'on y continue la guerre par le mouvement national; qu'on l'entretienne par ce qui l'a provoqué. Ce sera parler à l'Europe, l'avertir, l'entraîner. » Ces folies provocantes se débitaient ouvertement dans la presse ou dans le parlement, sans souci de l'effet détestable qu'elles produisaient au dehors. Un an plus tard, M. Thiers, rappelant ces imprudences, écrivait : « Les puissances ne nous aimaient pas, car, en vérité, il faut le dire, nous n'avons pas débuté avec elles de façon à nous faire aimer; le langage de nos journaux et de notre tribune n'était pas de nature à nous les concilier[2]. »

Sur ce point, comme sur tant d'autres, les hommes de gauche subissaient les conséquences des fautes qu'ils avaient commises dans l'opposition, avant 1830. La question étran-

[1] *Notes inédites de Duvergier de Hauranne.*
[2] *La Monarchie de 1830*, p. 93 (1831).

gère avait tenu alors une grande place dans leurs polémiques. Ils s'étaient piqués de pousser à l'extrême les susceptibilités et les exigences nationales, plus jaloux encore de se dire « patriotes » que de se proclamer « libéraux ». Nul n'avait ressenti ou feint de ressentir plus douloureusement les humiliations de 1814 et de 1815; nul n'avait eu plus présente cette amertume de la défaite, que ravivaient sans cesse les souvenirs soigneusement entretenus de la légende impériale et révolutionnaire; nul n'avait davantage parlé de revanche et soupiré plus passionnément après le jour où la France sortirait du « sépulcre de Waterloo », où elle déchirerait le « linceul » du drapeau blanc, où elle romprait cette « paix honteuse » que le général Lamarque avait appelée une « halte dans la boue », et où elle retrouverait « ses frontières [1] ». Toute cette émotion, sincère ou calculée, s'était tournée en haine implacable contre le gouvernement que les « patriotes » prétendaient avoir été rétabli et imposé par l'étranger, et dont, à les entendre, la complicité perfide ou lâche nous avait seule condamnés à subir la honte des traités de 1815. Dès lors, le jour où ils renversaient ce gouvernement et où ils s'emparaient du pouvoir, n'étaient-ils pas tenus à faire passer dans la réalité toutes ces déclamations d'opposition, à prendre la revanche dont ils avaient tant parlé, à effacer l'humiliation proclamée naguère si intolérable? Comment comprendre et surtout avouer que le premier résultat de la chute des Bourbons était de rendre au dehors l'humiliation plus réelle et la revanche impossible?

D'ailleurs, le coup de théâtre de la révolution de 1830 avait réveillé en France ce besoin d'événements soudains, immenses, extraordinaires, sorte de maladie morale dont l'origine remontait à la république et à l'empire. Le sens exact des difficultés se perdait dans le trouble et l'ivresse de ces journées. Plus

---

[1] Lord Palmerston, de passage à Paris, écrivait de cette ville, le 9 décembre 1829 : « C'est étonnant de voir combien chaque Français déraisonne au sujet de ce qu'il appelle « nos frontières » ; chacun d'eux déclare qu'il couperait volontiers ses deux mains pour obtenir la frontière du Rhin. » (BULWER, *Life of Palmerston*, t. I, p. 324.)

d'un « combattant de Juillet » se figurait volontiers que, sur les barricades, il avait vaincu l'Europe en même temps que les soldats de Charles X. Trois jours, disait-on, avaient suffi pour donner une secousse dont tout le vieux monde s'était ressenti : encore un effort, et il s'écroulerait. On voyait déjà la nation sortant par toutes ses frontières, envahissant les pays voisins, au chant de la *Marseillaise*, et aussitôt, comme par enchantement, l'« Europe-peuple » tendant les mains à son libérateur pour devenir son « camarade de combat[1] ». Ne se flattait-on pas que cette « Europe-peuple » pleurait le temps où elle avait été soumise à notre administration républicaine ou impériale? Des résistances possibles, nul souci. Il était de langage courant, chez tous les déclamateurs de presse et de tribune, qu'on pouvait mettre en ligne quinze cent mille gardes nationaux, que des armées improvisées de patriotes auraient facilement raison des « hordes prétoriennes », que l'« énergie » d'un gouvernement révolutionnaire était invincible, et que notre pays, à lui seul, était capable de tenir tête au monde, du moment où il ne serait plus « trahi », comme en 1814 et en 1815! Étrange état d'esprit, où se mêlaient la légende des volontaires de 92, les ressentiments du grognard de 1815 et la gloriole du garde national de 1830[2].

La vérité était qu'alors, par l'effet même de la révolution, la France était moins que jamais en état de faire la guerre. Le trésor était vide, le crédit national gravement atteint; les impôts, qui rentraient mal, ne suffisaient pas aux dépenses courantes[3]. De l'armée peu considérable entretenue par la Restauration, la meilleure part, en hommes et matériel, était absorbée par l'occupation de la Morée et surtout par l'expédi-

---

[1] M. Quinet écrivait à sa mère, en août 1830, au sujet des populations de la Prusse rhénane : « On est enivré de joie, et tout le peuple des bords du Rhin n'attend qu'un signal pour se réunir à la France. »

[2] M. Quinet écrivait en 1831 : « Il est visible que le bruit de guerre universelle, qui éclate depuis un an, n'est que l'écho des marches de la Convention et de l'Empire dans le génie de notre époque. » (*L'Allemagne et la Révolution*.)

[3] Sur plusieurs points, les droits de douane et les contributions indirectes, notamment celles sur les boissons, cessaient d'être payés.

tion d'Alger : le reste était affaibli par le changement en masse de presque tous les généraux et même des colonels, diminué par les très-nombreuses démissions d'officiers, par le licenciement de la garde royale et des régiments suisses [1]. D'après le général Bugeaud, on n'aurait pas pu mettre en ligne quarante mille hommes [2]. « Savez-vous combien nous avions de troupes en 1830? disait, deux ans plus tard, Louis-Philippe, dans une conversation avec MM. Odilon Barrot, Arago et Laffitte; nous avions alors soixante-dix-huit mille hommes, en comptant l'armée d'Alger; soixante-dix-huit mille hommes, pas davantage [3]. » La révolution avait porté à la consistance morale de cette armée si réduite, une atteinte bien plus grave encore, en sollicitant sa défection, en punissant sa fidélité, en l'humiliant devant les triomphateurs des barricades, en la traitant comme une vaincue et une suspecte, en encourageant les inférieurs à dénoncer leurs chefs, en fomentant dans les régiments l'esprit d'indiscipline et de révolte [4]. On avait vu les soldats élire eux-mêmes des officiers en remplacement des démissionnaires, et le ministre de la guerre avait été assez faible pour ratifier ces choix. En un mot, au lendemain des journées de Juillet, la France n'avait plus ni finances ni armée.

Quant à l'explosion révolutionnaire sur laquelle les patriotes

---

[1] La garde comptait vingt-cinq mille hommes; les régiments suisses, huit mille.

[2] Lettre du 23 mars 1831. (*Le Maréchal Bugeaud*, par M. D'IDEVILLE.)

[3] *Mémoires d'Odilon Barrot*, t. I, p. 606. — M. Casimir Périer, se reportant à l'époque de 1830, disait, le 7 mars 1832 : « Qu'aurait pu faire un parti de la guerre, dans la situation où la France se trouvait militairement, par suite de la dissolution de la garde royale, du renvoi des Suisses, des distractions de nos forces à Alger et en Grèce, enfin de la désertion organisée par l'esprit de parti et de l'emploi extraordinaire des troupes dans l'Ouest et le Midi? »

[4] M. Dupin disait, quelques mois plus tard, à la tribune, en s'adressant aux belliqueux de la gauche : « Certains régiments de ligne étaient en insurrection contre leurs officiers; certes, ce n'est pas avec une armée sans discipline que l'on pouvait entrer en campagne. » — M. Thiers montrait « le trouble s'introduisant dans l'armée, grâce à plusieurs exemples fâcheux qui avaient averti les sous-officiers qu'ils pouvaient devenir officiers en dénonçant leurs chefs ». (*La Monarchie de 1830*, p. 126.) — Enfin, le 14 septembre 1830, Carrel, dans le *National*, indiquait, comme une des principales causes d'inquiétude, « les actes d'insubordination qui ont révélé dans l'armée un esprit et des prétentions jusqu'alors étouffés ».

paraissaient compter pour suppléer à tout, elle se fût certainement produite, mais notre pays eût été le premier à en subir les conséquences. Tout aurait été de nouveau bouleversé, perverti, ensanglanté, dans cette malheureuse France, sans même qu'elle y gagnât quelque chose de cette énergie sauvage qui animait contre l'étranger les hommes de 1792. En 1830, les cris de guerre, si bruyants qu'ils fussent, n'étaient qu'un tapage superficiel et restreint. On l'eût bien vu, s'il avait fallu passer des phrases aux actes. A mesure qu'elle s'enrichissait, la nation était plus pacifique, moins portée aux chimères généreuses. Ce paysan devenu propriétaire par le morcellement des héritages, cet artisan devenu capitaliste grâce au développement du commerce et de l'industrie, on n'aurait pas pu, suivant la fine observation du prince Albert de Broglie, les décider « à partir de nouveau, pieds nus et le sac au dos, pour faire le tour du monde ». C'était folie de jeunesse qui ne convenait plus à leur situation et à leur âge! Vainement leur eût-on réédité toutes les déclamations du patriotisme révolutionnaire, ils se seraient « reculés d'un air froid, répondant, avec le bon sens et le langage un peu cru, ordinaires aux honnêtes gens qui ont fait fortune : Chacun pour soi, chacun chez soi. »

Est-il besoin de dire que les « patriotes » de gauche ne se faisaient pas moins illusion sur l'état des esprits hors de nos frontières? Les peuples, plus sensibles à nos menaces de conquête qu'à nos promesses d'affranchissement, eussent secondé leurs gouvernements avec la même passion qu'autrefois; surtout en Allemagne, où fermentaient encore, à l'insu de notre frivolité bienveillante, les vieilles haines de 1813. Il fallait cette ignorance présomptueuse, habituelle au journaliste parisien dans les questions étrangères, pour compter, comme le *National*, « la sympathie secrète ou avouée de l'Allemagne » parmi les forces sur lesquelles pouvait s'appuyer la France révolutionnaire [1]. Tout belliqueux qu'il fût alors, M. Quinet

---

[1] Le soir du 4 septembre 1870, un des personnages importants du parti républicain disait à un de ses amis : « Qui sait si, à cette heure, la république n'est pas proclamée à Berlin? »

était plus clairvoyant, quand il montrait, derrière les agitations populaires d'outre-Rhin, les rancunes et les appétits qui voulaient consommer « le meurtre du vieux royaume de France[1] ».

Il était donc bien vrai que, suivant la parole de M. Casimir Périer, nous aurions « retrouvé les peuples et les gouvernements d'accord pour repousser, en 1830, ainsi qu'en 1813, la propagande comme la conquête ». Dès lors, n'était-ce pas sûrement, pour la France, la défaite au dehors venant se joindre à la révolution du dedans? Ce n'est pas à la génération actuelle qu'il est besoin de rappeler ce que peuvent coûter à notre pays de pareilles coïncidences. Quelques mois plus tard, le plus vigoureux de nos officiers généraux écrivait, en parlant des « imprudents bavards » qui avaient tout fait pour nous brouiller avec les puissances : « Qu'ils rendent grâce au gouvernement de ne les avoir pas écoutés; à l'heure qu'il est, ils ne bavarderaient plus : les armées d'Allemagne seraient à Paris; on n'arrête pas quatre ou cinq cent mille hommes de bonnes troupes avec des rassemblements tumultueux; plus ceux-ci sont nombreux, et mieux ils sont battus[2]. »

Rarement la nation avait couru un si grand danger. Que, dans le trouble et l'exaltation de ces premiers jours, le gouvernement se laissât aller un moment à l'éblouissement du drapeau tricolore, à l'étourdissement de la *Marseillaise*, et tout était perdu. La France éprouva alors de quel avantage il était pour elle de posséder une monarchie, même altérée et diminuée

---

[1] « Sachons, ajoutait M. Quinet, que la plaie du traité de Westphalie et la cession des provinces d'Alsace et de Lorraine saignent encore au cœur de l'Allemagne, autant que les traités de 1815, au cœur de la France. Chez un peuple qui rumine si longtemps les souvenirs, on trouve cette blessure au fond de tous les projets et de toutes les rancunes. Longtemps, un des griefs du parti populaire contre les gouvernements du Nord a été de n'avoir point arraché ce territoire à la France, en 1815, et, comme il le dit lui-même, de n'avoir point gardé le renard, quand on le tenait dans ses filets. Mais ce que l'on n'avait pas osé en 1815, est devenu plus tard le lieu commun de l'ambition nationale. » (*L'Allemagne et la Révolution*, 1831.)

[2] Lettre du 23 mars 1831. Un peu plus loin, dans cette lettre, le général Bugeaud ajoutait : « Certes, je n'ai qu'à gagner à la guerre; ou je serai tué, ou j'avancerai. Et cependant je ne la désire pas, parce que je crains surtout la guerre civile et l'anarchie républicaine. »

par l'effet d'une révolution encore toute récente. Le ministère, de lui-même, se fût sans doute montré, sur cette question, aussi faible et incohérent que nous le verrons dans la politique intérieure; et, toutes choses allant à la dérive, la guerre n'eût pu être évitée. Mais le Roi était là. Par bonheur on était tombé sur un prince qui, avec beaucoup des vertus de l'homme privé, possédait à un degré éminent plusieurs des qualités du politique : esprit abondant et fin; clairvoyance naturelle encore accrue par l'expérience d'une vie souvent difficile et par le maniement des hommes de toute classe; patiente souplesse; modération adroite; courage froid et réfléchi, et, par-dessus tout, cette connaissance de l'Europe, plus naturelle aux personnages de naissance et d'éducation royales qu'aux parvenus des couches démocratiques. Aussi Louis-Philippe avait-il tout de suite discerné l'effroyable péril de la coalition. Il jugea que c'était à lui d'intervenir pour épargner de tels désastres à son pays, et il le fit avec habileté et décision.

Il devait à son éducation un sentiment élevé et profond des maux de la guerre et du bienfait de la paix. Il y apportait même, comme en tout ce qui touchait au respect de la vie humaine, une sorte de « sensibilité », qui était la marque du dix-huitième siècle, et rappelait parfois l'élève de madame de Genlis[1]. Cette prédilection pour la paix, née dans les illusions philanthropiques de sa jeunesse, n'avait pu qu'être confirmée encore par la prudence un peu désabusée et sceptique de sa vieillesse. Froidement courageux en ce qui le touchait personnellement, ce prince était, comme chef d'État, moins sujet que personne à la tentation des aventures téméraires et des folies héroïques. Quelques-uns l'ont accusé, à ce propos, d'être trop timide et terre à terre. Par une contradiction étrange, les mêmes qui voulaient à l'intérieur un roi bourgeois, se plaignaient de n'avoir pas au dehors un roi chevalier. Quoi qu'il en fût, il était alors plus difficile de résister que de céder au

---

[1] Quand il fallut, pour la première fois, signer l'ordre d'exécution d'un condamné à mort, le Roi passa par des angoisses qui durèrent plusieurs jours et plusieurs nuits.

mouvement belliqueux; il fallait plus de courage et de hardiesse à une monarchie encore mal assise, pour se mettre en travers des préjugés et des entraînements du patriotisme égaré, que pour jouer son va-tout sur les champs de bataille. Aussi ne peut-on trop louer Louis-Philippe de sa décision pacifique, au milieu de la France agitée et en face de l'Europe inquiète. Il était encore lieutenant général, qu'ouvrant, le 3 août, la session des Chambres, il formulait ainsi le programme extérieur du nouveau gouvernement : « La France montrera à l'Europe qu'uniquement occupée de sa prospérité intérieure, elle chérit la paix aussi bien que les libertés, et ne veut que le bonheur et le repos de ses voisins. »

II

Une première tâche s'imposait tout d'abord à la diplomatie du gouvernement de 1830 : celui-ci, suivant l'expression d'un de ses amis, ne pouvait pas « rester au cœur de l'Europe comme une aventure à la Mazaniello » ; il devait se faire agréer et « reconnaître » par les autres puissances. Aussi, dès le début, s'efforça-t-il de les y disposer par les assurances les plus pacifiques. Avec quel soin, répudiant les préjugés qui régnaient autour de lui, il tâchait de dissimuler au dehors cette face populaire qu'il se croyait obligé de montrer au dedans! Ce qui s'appelait une « heureuse et glorieuse révolution » dans les proclamations destinées aux Français, devenait, dans les lettres aux souverains étrangers, une « catastrophe qu'on aurait voulu prévenir [1] ». La nouvelle monarchie se présentait à l'Europe, moins comme le produit et le complément que comme le frein et le correctif de cette révolution, comme une garantie contre

---

[1] Telle est la lettre de Louis-Philippe au czar Nicolas, lettre dont la publication indiscrète souleva de vives colères dans les journaux de gauche. Les mêmes expressions se retrouvent dans la lettre à l'empereur d'Autriche. (*Mémoires de Metternich*, t. V, p. 26.) Voir aussi le compte rendu des trois entretiens que le général Belliard, envoyé de Louis-Philippe, eut avec M. de Metternich, le 27, le 30 août et le 8 septembre. (*Ibid*, t. V, p. 17 à 26.)

les périls qui pouvaient en résulter; ce qui faisait dire au *National,* fort irrité : « On ne notifie pas aux cabinets étrangers l'avénement de Louis-Philippe », mais « on se met à genoux » devant eux, et « on leur demande grâce pour la liberté grande que la France a prise de renvoyer ses princes légitimes ». A l'heure où il était réduit à subir, dans son palais, une garde composée d'ouvriers en carmagnole, à chanter la *Marseillaise* sur son balcon, à embrasser La Fayette et à prendre M. Dupont de l'Eure pour garde des sceaux, le Roi se préoccupait, à l'extérieur, de donner des gages de bonne tenue, de faire figure de gouvernement bien né; il confiait la direction des affaires étrangères à un homme de grand nom, ancien ministre de la Restauration, nullement engagé dans le mouvement démocratique, au comte Molé; par une initiative toute personnelle [1] et plus significative encore, il envoyait comme ambassadeur à Londres le prince de Talleyrand, ce personnage étrange, ce grand seigneur et cet évêque d'ancien régime qui, après avoir successivement joué les premiers rôles de la révolution, de l'empire et de la Restauration, venait, à soixante-seize ans, présenter à l'Europe la monarchie qu'il avait contribué à faire sortir d'une insurrection victorieuse. Charger ainsi l'ancien plénipotentiaire de Louis XVIII au congrès de Vienne de personnifier en quelque sorte le gouvernement de 1830 auprès des chancelleries d'Europe, n'était pas sans quelque hardiesse, au moment où les esprits étaient si montés contre les traités de 1815. Certains ministres n'acceptèrent ce choix qu'avec peine : « C'était beaucoup, dit le duc de Broglie, pour la fatuité populaire de M. Laffitte, pour la rusticité gourmée de M. Dupont de l'Eure, pour les souliers ferrés de M. Dupin, beaucoup pour la plèbe arrogante et vulgaire qui croyait disposer de nous et n'avait pas tout à fait tort [2]. » Ces mécontents pouvaient d'ailleurs facilement s'apercevoir que l'autorité de l'ambassadeur était bien supérieure à son titre; que, depuis le premier jour, il dirigeait en réalité toute la diplomatie du nou-

---

[1] Le Roi dressa lui-même, de sa main, la liste de ses ambassadeurs.
[2] *Souvenirs* du feu duc de Broglie.

veau règne, et que si on l'avait envoyé à Londres au lieu de le mettre au ministère des Affaires étrangères, c'était seulement pour qu'il ne fût pas à portée de certaines attaques. M. Molé lui-même ne se voyait pas sans quelque ombrage un collaborateur si considérable et si indépendant. Mais le Roi, par sa fermeté adroite, triompha de toutes les préventions, et le bon effet produit en Europe par ce choix, notamment la satisfaction des « papiers anglais » qu'il lisait plus attentivement que les journaux de Paris, lui prouvèrent qu'il ne s'était pas trompé.

Il importait d'autant plus de contenter l'Angleterre, qu'alors son attitude était de nature à diminuer les difficultés que rencontrait la reconnaissance du gouvernement français en Europe. Sans doute, le ministère tory avait été, au premier moment, quelque peu offusqué des événements de Paris : le duc de Wellington, interrogé sur le parti qu'il prendrait : « D'abord un long silence, avait-il répondu; puis nous nous concerterons avec nos alliés pour parler. » Mais la révolution était applaudie par l'opinion populaire de Londres et des grandes villes : l'éloge des vainqueurs de Juillet était à l'ordre du jour dans les meetings ; la *Revue d'Édimbourg*, organe des whigs, publiait un article enthousiaste où elle proclamait que « la liberté anglaise avait triomphé sur le champ de bataille de Paris ». Le cabinet, ébranlé par le mouvement de la réforme parlementaire, était obligé de tenir compte de ces dispositions de l'esprit public. De plus, si le renversement de Charles X blessait les tories dans leurs principes, il flattait les ressentiments qu'avait éveillés chez eux la politique extérieure de la Restauration. L'Angleterre ne s'était-elle pas sentie naguère menacée d'isolement, par le rapprochement de la France avec les puissances continentales? N'avait-elle pas été surtout indisposée et effrayée par les projets d'alliance franco-russe? Tout récemment, l'expédition d'Alger ne venait-elle pas de raviver ces vieilles jalousies britanniques que déjà, plusieurs années auparavant, la guerre d'Espagne avait irritées? Les hommes d'État d'outre-Manche en voulaient même particulièrement à M. de Polignac, sur lequel, pendant son ambassade à Londres, ils s'étaient imaginé avoir mis la main. La révolution, si déplaisante qu'elle leur parût à d'autres égards, leur offrait donc cette compensation qu'elle frappait un gouvernement dont ils croyaient avoir à se plaindre, et qu'elle empêchait la France de reprendre, au moins avant longtemps, la politique qui les avait inquiétées. Par ces raisons, le cabinet anglais, sans se séparer de la Sainte-Alliance, tacitement et spontanément reformée[1], se trouvait préparé à accueillir les ouvertures qui lui étaient faites de Paris, et à donner aux autres puissances le signal de reconnaître Louis-Philippe. Le duc de Wellington constatait sans doute que la révolution de Juillet était une violation des traités de Vienne et « ouvrait un *casus fœderis* », mais il ajoutait que Charles X « s'était exposé à son malheur, et que ce serait une folie de prendre les armes pour le remettre sur le trône[2] ». Dès le 20 août, lord Aberdeen avertissait M. de Metternich qu'il garderait la neutralité aussi longtemps que le nouveau gouvernement serait sage[3]. Le langage tenu alors à la France par le ministère anglais pouvait se résumer ainsi : « Nous ne vous aimons pas, cependant nous ne vous ferons pas la guerre; nous vous reconnaîtrons, mais nous vous observerons[4]. » Le 31 août, l'ambassadeur britannique, lord Stuart de Rothsau, remettait ses lettres de créance, et, le 20 septembre, M. de Talleyrand pouvait s'embarquer pour Londres.

Les dispositions étaient moins favorables chez les trois

---

[1] Dans la dépêche confidentielle que nous avons déjà citée et que le duc de Broglie adressait à M. Bresson, le 12 octobre 1835, nous lisons ce qui suit sur l'attitude de l'Angleterre, lors de la révolution de 1830 : « L'effroi a coalisé tous les cabinets. Je n'en excepte point le cabinet de Londres. La ligue s'est formée, ce cabinet y compris. Si le ministère de lord Wellington se fût maintenu au pouvoir, l'Angleterre aurait fait partie de l'alliance défensive contre la France; elle en a fait partie pendant quelques mois. La France serait demeurée entièrement isolée. L'Angleterre aurait contribué à modérer, à contenir les confédérés, mais elle se serait bornée à prendre vis-à-vis d'eux le rôle que la Prusse et l'Autriche exercent en ce moment vis-à-vis de la Russie. » (*Documents inédits.*)

[2] *Geschichte Frankreichs*, 1830-1870, par K. Hillebrand, t. I, p. 20.

[3] *Eod. loco.*

[4] *Histoire de la politique extérieure du gouvernement français* (1830-1848), par le comte d'Haussonville. Publié en 1850, dans la *Revue des Deux Mondes*, pour défendre la monarchie qui venait d'être renversée, cet écrit de circonstance s'est trouvé être une histoire définitive qui depuis lors n'a pas été dépassée.

grandes puissances continentales. Aucune d'elles ne voulut répondre à la demande de reconnaissance sans s'être concertée avec les deux autres, marquant ainsi que la Sainte-Alliance s'était reconstituée en face de la France, redevenue suspecte. Le czar Nicolas tenait alors une place considérable en Europe. Offensé dans le rôle qu'il s'était attribué de protecteur suprême des principes d'autorité et de légitimité, blessé dans son attachement personnel à la branche aînée des Bourbons, troublé dans les calculs d'une politique qui avait cru pouvoir compter sur l'alliance française, tout était de nature à lui faire considérer avec un ressentiment indigné la révolution de Juillet, avec une dédaigneuse animosité la royauté bourgeoise et parlementaire qui en était issue. A entendre les premières paroles qu'il avait prononcées, non sans un fracas voulu, on avait pu le croire résolu à ne jamais reconnaître Louis-Philippe et à peser sur ses alliés de Vienne et de Berlin pour qu'ils imitassent son refus. Un moment même, il parut sur le point de donner le signal d'une sorte de croisade contre la France. Mais, dans les cours d'Autriche et de Prusse, avec les mêmes principes et les mêmes répugnances, il y avait plus de prudence et moins de passion.

M. de Metternich, qui depuis longues années gouvernait l'Autriche, ou du moins la diplomatie autrichienne, était aussi dévoué que Nicolas aux principes de la Sainte-Alliance, plus dévoué même, car avant 1830 il avait souvent eu occasion de reprocher à la Russie ses infidélités, et c'est lui qui, à la nouvelle des événements de Juillet, avait parlé le premier de revenir à l'action commune des puissances continentales. Sa répulsion pour l'esprit de propagande et de conquête, auquel la coalition avait voulu faire obstacle, était celle d'un témoin épouvanté de la révolution française et d'un vaincu de Napoléon; de cette répulsion, il s'était fait un dogme absolu : c'était sa raison d'être. Il avait trouvé la Restauration trop libérale [1], à plus forte raison

---

[1] Il reprochait à Louis XVIII d'avoir « élevé un trône entouré d'institutions républicaines », et tout en blâmant M. de Polignac pour son incapacité, il louait

la monarchie de Juillet ; il ressentait d'ailleurs pour nos gouvernements improvisés et précaires, pour leurs agents, parvenus éphémères d'une politique si mobile, la méfiance et le dédain d'un ministre qui comptait déjà plus de vingt années de pouvoir continu [1]. Mettant son amour-propre à ne pas être dupe de ce qu'il appelait les sophismes démocratiques et les chimères libérales, d'une confiance en soi qui allait jusqu'à la naïveté [2], se plaisant à afficher, avec une sérénité supérieure aux entraînements du jour, le goût de l'immobilité, il prenait volontiers le rôle d'une sorte de Cassandre, chargée de dénoncer aux gouvernements les progrès de la révolution. Assez découragé, du reste, au fond, sur le résultat dernier de la lutte qu'il avait ainsi entreprise. « Ma pensée la plus secrète, disait-il à M. de Nesselrode, le 1er septembre 1830, est que la vieille Europe est au commencement de la fin. Décidé à périr avec elle, je saurai faire mon devoir, et ce mot n'est pas seulement le mien, c'est également celui de l'Empereur. La nouvelle Europe n'est, d'un autre côté, pas encore à son commencement : entre la fin et le commencement, se trouvera un chaos [3]. » C'est le sentiment du péril que cette révolution faisait courir à l'Europe et en particulier à l'édifice, par certains côtés, fragile et mal lié, de la monarchie autrichienne, qui lui faisait tant désirer, malgré des divergences politiques, une union étroite avec la Russie. Toutefois, s'il avait une haute idée des forces du Czar, il se méfiait de ses incartades ; et s'il était

---

les doctrines des Ordonnances et y retrouvait ses propres principes. (*Mémoires de Metternich*, passim; cf. notamment t. V, p. 12 et 83.)

[1] Quelques années plus tard, causant avec un Américain, M. de Metternich lui faisait remarquer que, ministre d'Autriche depuis vingt-sept ans, il avait eu à traiter avec vingt-huit ministres des affaires étrangères en France. Dans la même conversation, il se plaisait à répéter : « Je travaille pour demain, c'est avec le lendemain que mon esprit lutte. » (*Life, letters and journals of G. Ticknor*. Boston, 1876, p. 15.)

[2] Dans ses *Mémoires*, M. de Metternich se proclame « étranger aux aberrations de son temps ». En 1848, rencontrant M. Guizot à Londres, il lui disait : « L'erreur n'a jamais approché de mon esprit. — J'ai été plus heureux, lui répondait finement M. Guizot ; je me suis aperçu plus d'une fois que je m'étais trompé. »

[3] *Mémoires de Metternich*, t. V, p. 23.

décidé à ne jamais se séparer de lui, il ne renonçait pas à le contenir. Esprit sagace, bien que souvent un peu fermé, devenu supérieur par la longue pratique des grandes affaires de l'Europe; beaucoup moins absolu dans sa conduite que dans ses programmes; ne se refusant pas, en dépit de ses thèses orgueilleuses, à démêler ce qui était possible; ayant vu passer trop d'hommes et trop d'événements pour être facilement effaré, se piquant d'assister à tout avec un sang-froid et même une impassibilité qui en imposaient et n'étaient pas la moindre raison de son prestige; mettant parfois une sorte de coquetterie à démentir la réputation qu'on lui faisait, à faire montre d'un esprit calme, impartial et libre, plein de bonne grâce, et à paraître capable de comprendre, d'admettre, s'il était nécessaire, les changements qu'il regrettait [1]; par-dessus tout, prudent, timide même, volontiers temporisateur quand il fallait agir, M. de Metternich n'était pas disposé à se jeter tête baissée et les yeux fermés dans l'aventure où voulait l'entraîner la colère du Czar. D'ailleurs, cette révolution de 1830, qui répugnait à ses principes, aidait du moins par un côté sa politique. Plus peut-être encore que le gouvernement anglais, il avait redouté, sous la Restauration, l'alliance franco-russe. Les journées de Juillet l'avaient sur ce point pleinement rassuré. De là, avec beaucoup de méfiance et quelque dédain, une sorte de complaisance pour cette monarchie nouvelle qu'un abîme séparait de la Russie, qui était contrainte à ménager l'Autriche, et dont la seule apparition avait raffermi entre Saint-Pétersbourg et Vienne l'alliance de 1813, naguère en péril.

Le vieux roi de Prusse, Frédéric-Guillaume III, était, lui aussi, attaché aux principes de la monarchie absolue et aux traditions de la Sainte-Alliance; il ne refusait jamais son concours à M. de Metternich, quand il s'agissait de conjurer, en

---

[1] Dans cette même conversation avec M. Ticknor, dont nous parlions tout à l'heure, M. de Metternich disait : « Je suis modéré en toutes choses, et je m'efforce de devenir encore plus modéré; j'ai l'esprit calme, très-calme; je ne suis passionné pour rien; aussi je n'ai pas de sottise à me reprocher; mais je suis souvent mal compris. On me croit absolu en politique : je ne le suis pas. »

Allemagne et au dehors, « l'esprit subversif de nouveautés[1] ». N'est-ce pas lui qui devait par son testament recommander à son successeur de ne jamais rompre avec le Czar ou avec l'empereur d'Autriche? Mais, sensé, honnête, répugnant aux violences, las des longues et rudes épreuves de sa vie, après avoir connu Iéna et Waterloo, après avoir vu Napoléon à Berlin et s'être vu lui-même à Paris, il désirait surtout le repos. Il n'écoutait pas les hobereaux ou les officiers qui brûlaient de reprendre la croisade de 1813, et il se sentait plus porté à suivre les conseils de modération que lui donnaient les hommes éminents de la Prusse, Niebuhr, Stein et Humboldt. Aussi est-ce peut-être sur ce point du continent que la monarchie de Juillet rencontra alors les dispositions les moins hostiles.

Les gouvernements d'Autriche et de Prusse empêchèrent tout d'abord que rien ne fût brusqué. C'était beaucoup pour le maintien de la paix. Ce répit permit à Louis-Philippe d'atténuer les préventions dont il était l'objet. Ses protestations si nettement pacifiques et conservatrices, celles que faisaient ses envoyés, ne pouvaient pas ne pas produire quelque impression sur les cours de Vienne et de Berlin [2]. L'inquiétude n'y disparaissait pas complétement: M. de Metternich et Frédéric-Guillaume III doutaient, sinon de la sincérité du Roi, du moins de sa force; mais, pour le moment, ils lui tenaient compte de ses bonnes intentions; et tout en déclarant bien haut que la moindre prétention de toucher aux traités de 1815, que la moindre tentative de propagande révolutionnaire amèneraient aussitôt la guerre, ils ne se refusèrent pas à suivre l'exemple de l'Angleterre et à reconnaître la monarchie nouvelle [3]. Ils le firent en

---

[1] Au moment de la révolution de Juillet, M. de Metternich se félicitait de trouver le roi de Prusse « dans les dispositions invariablement correctes qu'il lui connaissait depuis nombre d'années, dispositions que les événements d'Orient et l'aspect des dangers croissants en France n'avaient pu que raffermir ». (*Mémoires de Metternich*, t. V, p. 62.)

[2] On voit bien la trace de cette impression dans le compte rendu, déjà mentionné, des entretiens du général Belliard avec M. de Metternich. (*Mémoires de Metternich*, t. V, p. 17 à 26.)

[3] Ces sentiments se manifestaient dès le milieu d'août. (*Geschichte Frankreichs*,

termes a peu près identiques, et presque simultanément. A cette occasion, M. de Metternich exposa très-nettement à l'envoyé du roi des Français, le général Belliard, les sentiments dans lesquels son gouvernement consentait à faire cette reconnaissance. « L'Empereur, disait-il, abhorrait ce qui venait de se passer en France » ; « les épithètes de fausse et de périlleuse » ne lui paraissaient « caractériser qu'imparfaitement la situation de la monarchie nouvelle » ; il estimait que « l'ordre de choses actuel ne pouvait pas durer » ; mais, en même temps, il comptait que l'instinct de conservation amènerait le Roi et ses ministres à « se placer sur une ligne d'action qui leur deviendrait commune avec tous les gouvernements de l'Europe ». « C'est cette conviction, ajoutait le chancelier, qui, aux yeux de l'Empereur, peut uniquement excuser le parti qu'il vient de prendre. Il est des temps et des circonstances où le bien réel est impossible ; alors la sagesse veut que les gouvernements, comme les hommes, s'attachent à ce qui est le moindre des maux. L'Empereur, en prenant le parti que vous le voyez suivre, a consulté cette règle ; il ne voit, derrière le fantôme d'un gouvernement en France, que l'anarchie la plus caractérisée. Sa Majesté Impériale n'a pas voulu avoir à se reprocher d'avoir favorisé l'anarchie. Que votre gouvernement se soutienne ; qu'il avance sur une ligne pratique, nous ne demandons pas mieux. Ce que nous avons pu faire pour lui, nous l'avons fait ; nous n'avons plus d'autre devoir à remplir envers nous-mêmes et envers l'Europe, que celui de surveiller les écarts auxquels il aurait le malheur, ou de se livrer, ou de se laisser entraîner. Jamais nous ne souffrirons d'empiètements de sa part. Il nous trouvera, nous et l'Europe, partout où il exercerait un système de propagande. », Le général Belliard accepta toutes ces déclarations. C'est ainsi, déclara-t-il, que le gouvernement français avait compris, dès le premier jour, l'« attitude morale » de l'Autriche : « Dites-vous bien, ajoutait-il, qu'il ne veut autre chose que se conser-

---

1830-1870, par K. Hillebrand, t. Ier, p. 22-23.) La reconnaissance toutefois n'eut lieu que dans les premiers jours de septembre.

ver, et que, pour cela, il devra prendre une assiette que, dès sa naissance, il n'a pas pu avoir. Il triomphera des obstacles, car il les connaît... Fiez-vous à nos efforts, ils seront tous dirigés contre l'anarchie. Nous ne la voulons pas pour nous, et tout aussi peu dans d'autres pays ; cette anarchie nous écraserait, en nous livrant à la merci de nos ennemis de l'intérieur. » — « Je ne doute pas de la volonté de votre gouvernement, répliqua M. de Metternich; je doute de ses facultés [1]. » Aussi, au moment même où l'Empereur reconnaissait Louis-Philippe, le chancelier d'Autriche multipliait ses démarches pour affermir et resserrer, entre les trois puissances continentales, l'alliance de 1813, pour établir leur « solidarité » dans les précautions à prendre et au besoin dans la lutte à soutenir contre la France, regardée comme le « foyer central de tous les maux ». C'est ce qu'il fit notamment dans les conférences qu'il eut à Presbourg, au commencement d'octobre, avec le prince Orloff, envoyé extraordinaire du Czar [2].

Devant l'attitude de l'Autriche et de la Prusse, Nicolas, plus superbe dans l'attitude que hardi dans l'action, avait dû renoncer à précipiter les événements. Il se borna à masser des corps d'armée sur la frontière occidentale. Il se résigna même, lui aussi, à reconnaître le gouvernement français : sa seule consolation fut de mettre, dans la forme, beaucoup de mauvaise grâce, de bouderie et même de procédés personnellement blessants pour Louis-Philippe. Mais, à Paris, on n'était ni en goût ni en mesure de se montrer trop susceptible; on avait l'essentiel : il fallait s'en contenter, sans paraître voir le reste.

L'exemple que donnaient les grandes puissances fut suivi par les autres. Le roi d'Espagne, Ferdinand VII, ayant manifesté un moment quelque mauvaise volonté, le gouvernement français fit mine de laisser le champ libre aux nombreux réfugiés espagnols, alors en France. Le gouvernement de Madrid prit peur et envoya aussitôt sa reconnaissance. A la fin

---

[1] *Mémoires de Metternich*, t. V, p. 25 et 26.
[2] *Ibid.*, p. 51 à 69.

d'octobre, la monarchie de 1830 était acceptée par tous les États. Seul, le duc de Modène se tenait à l'écart; on pouvait se passer de lui.

III

Un premier pas était heureusement franchi : mais la monarchie de Juillet n'était pas, pour cela, délivrée des difficultés et des périls extérieurs. Avant même que la question de la reconnaissance fût vidée, éclatait la révolution belge. Réunie à la Hollande, par les traités de Vienne, pour former le royaume des Pays-Bas, la Belgique supportait impatiemment le gouvernement maladroit et vexatoire de la maison de Nassau. Elle se sentait blessée dans sa liberté religieuse et dans les droits de sa nationalité. Depuis 1828 surtout, l'opposition était devenue plus vive, l'agitation plus menaçante. Les événements de Juillet précipitèrent l'explosion [1]. Le 25 août 1830, Bruxelles donna le signal de l'insurrection, au cri de : « Imitons les Parisiens! » La lutte s'étendit dans les provinces. Après quelques semaines, l'armée hollandaise était partout repoussée. Les Belges constituaient un gouvernement provisoire et proclamaient leur indépendance; quant au roi des Pays-Bas, Guillaume Ier, il ne paraissait plus avoir d'autre ressource que le secours armé de l'Europe, secours auquel, du reste, il croyait avoir droit, en vertu de la garantie réciproque stipulée par les traités de Vienne.

Impossible au gouvernement du roi Louis-Philippe de se désintéresser de ces événements. Ils produisaient une trop vive émotion en France, surtout chez les Parisiens, qui saluaient avec vanité, dans l'insurrection de Bruxelles, l'enfant premier-né de leur propre révolution. D'ailleurs, le royaume des Pays-Bas avait été constitué comme nous en 1815, « vaste tête de

---

[1] Des émissaires avaient été envoyés dans les villes flamandes par les sociétés révolutionnaires de Paris. « Sans la dernière catastrophe arrivée en France, a dit M. de Metternich, et sans l'activité des agents de la faction révolutionnaire dans ce pays, les événements en Belgique n'auraient jamais pris le caractère séditieux d'une insurrection. (*Mémoires de M. de Metternich*, t. V, p. 39.)

pont qui tenait libre, pour la coalition, la route de Paris[1] »;
du moment qu'il était à demi détruit, nous étions intéressés à
ne pas le laisser reformer par une exécution militaire qui amènerait les forces de la Sainte-Alliance sur nos frontières, à
quelques journées de marche de notre capitale. Sous le ministère de M. de Polignac, il avait été déjà question, en prévision
d'une insurrection belge, de l'intervention d'une armée prussienne, sollicitée par le gouvernement de la Haye : notre envoyé
avait reçu ordre d'annoncer notre *veto*, et résolution avait été
prise de faire entrer des troupes françaises en Belgique, le jour
même où un soldat prussien y mettrait les pieds[2].

De leur côté, les autres puissances pouvaient-elles, sans inconséquence, sans désaveu de leurs traditions, refuser à Guillaume Ier ce secours qui avait été accordé, quelques années
auparavant, dans des circonstances analogues, au roi d'Espagne ou aux petits souverains de la péninsule italienne? Le
congrès de Vienne avait attribué et garanti à la maison de Nassau la possession de la Belgique, comme une compensation de
l'abandon fait à l'Angleterre des colonies hollandaises du Cap
et de Ceylan. Des liens de famille unissaient le roi des Pays-
Bas aux cours de Saint-Pétersbourg, de Berlin et de Londres.
Ce n'était pas d'ailleurs au lendemain de la révolution de Juillet
que les gouvernements devaient juger moins important et moins
urgent de réprimer une insurrection qui était à la fois une
brèche considérable aux traités de Vienne, et l'exemple, alors
particulièrement dangereux, d'un souverain tenu en échec par
un soulèvement populaire. Ne fallait-il pas surtout empêcher
que la France, en se déclarant protectrice de cette insurrection,
n'encourageât et ne propageât de semblables mouvements ailleurs? A peine informé des événements de Bruxelles, le czar
Nicolas déclarait qu'il y avait lieu d'intervenir par les armes, et
offrait soixante mille hommes[3]. Le roi de Prusse, plus calme,

[1] Expression du général Lamarque.
[2] Voir, sur cet incident, les renseignements donnés par M. de Viel-Castel dans le tome XX de son *Histoire de la Restauration*.
[3] Ce fait est rapporté par le baron de Stockmar, le médecin et l'ami du roi Léopold et du prince Albert.

n'en paraissait pas moins promettre son concours, si le gouvernement de la Haye ne parvenait pas à réprimer l'insurrection par ses seules forces, et il massait un corps d'armée dans les provinces du Rhin[1]. Quant au gouvernement autrichien, il engageait ses alliés à se concerter « pour arrêter les progrès de l'esprit révolutionnaire dans un pays aussi exposé à l'influence du parti dominant en France, et pour ne point affaiblir le système de défense établi au prix de tant de sacrifices entre le Rhin et la mer du Nord »; « avant tout, disait-il, il faut détacher et rendre indépendante de l'influence française toute innovation qu'il paraîtrait inévitable de faire[2] ». M. de Metternich désirait d'autant plus arrêter ce soulèvement, qu'il en craignait la répétition en Italie : de ce dernier côté était sa principale préoccupation depuis la révolution de Juillet[3].

Les vues étaient si contraires entre la France et les puissances, le conflit éclatait à un moment si critique et si troublé, les passions étaient si excitées d'une part et les méfiances si éveillées de l'autre, que les observateurs les mieux placés crurent alors la guerre imminente. Rien ne semblait pouvoir empêcher le choc violent et sanglant de la vieille politique et de la nouvelle, de la Sainte-Alliance et de la révolution, sur cette terre de Belgique, habituée depuis longtemps à être le champ de bataille de l'Europe. Cette appréhension apparaît dans tous les documents de cette époque, notamment dans les correspondances où l'on s'exprimait à cœur ouvert : « Sans voir trop noir dans l'avenir, écrivait de Londres la princesse de Lieven, à la date du 1er octobre, on peut se dire qu'une guerre générale sera la conséquence inévitable de cet état de choses; et par qui et comment finira-t-elle? » Éviter cette guerre qui nous eût mis en face de la coalition, sans cependant sacrifier l'intérêt français si gravement engagé, c'était un problème singulièrement ardu. Le gouvernement français, affaibli par le désordre intérieur et par la suspicion extérieure, eût bien voulu

---

[1] *Geschichte Frankreihs*, par K. Hillebrand, 1830-1870, t. Ier, p. 143.
[2] Dépêche de Metternich en date du 3 octobre 1830. (*Mémoires*, t. V, p. 38, 39.)
[3] *Ibid.*, p. 15, 39, 44, 60.

n'avoir pas à le résoudre en un pareil moment. Cette affaire lui fit, selon le mot du duc de Broglie, l'effet d'une « tuile » qui lui tombait sur la tête[1]. Néanmoins, sans perdre un instant, il aborda la difficulté avec un sang-froid et une justesse de vues qu'après bien des péripéties le succès devait couronner.

Tout d'abord, pendant que l'insurrection belge se développait avec un succès chaque jour plus marqué, il importait d'empêcher que quelque puissance étrangère ne vînt rétablir les affaires du roi Guillaume. C'était le point capital, urgent. Notre gouvernement paya d'audace et n'hésita pas à lancer des menaces que, dans l'état de son armée, il eût été alors quelque peu embarrassé d'exécuter. Il s'adressa en premier lieu à la Prusse, qui, en raison même du voisinage, pouvait être la plus tentée d'agir et dont les concentrations de troupes paraissaient inquiétantes. Dès le 31 août, quelques jours seulement après le premier soulèvement de Bruxelles, M. Molé informa courtoisement, mais nettement, M. de Werther, représentant du gouvernement de Berlin à Paris[2], que la France n'avait pas l'intention d'intervenir en faveur des Belges, mais qu'elle ne pouvait admettre l'intervention des autres puissances en faveur des Hollandais; que cette intervention ferait naître un danger de guerre, et que si les troupes prussiennes franchissaient la frontière belge, les troupes françaises aussitôt en feraient autant de leur côté. Pour justifier cette espèce de *veto*, le ministre invoqua le « principe de non-intervention », et se livra même sur ce point à une sorte de « dispute académique[3] ». Avait-il beaucoup médité sur le fondement et sur la portée de ce principe? Avait-

---

[1] *Souvenirs* du feu duc de Broglie. — Le 7 mars 1832, M. Casimir Périer avouait, à la tribune, que le gouvernement français avait vu d'abord dans la révolution de Belgique « un embarras ». — Vers la fin de 1830, quand les choses étaient déjà en meilleure voie, M. de Talleyrand écrivait à un de ses amis : « Si nous réussissons, nous nous rappellerons avec plaisir la peur que la Belgique nous aura donnée. »

[2] L'entretien eut lieu, non au ministère des affaires étrangères, mais dans la demeure personnelle de M. Molé; la cour de Berlin n'avait pas encore reconnu le roi Louis-Philippe, et M. de Werther ne se considérait pas comme étant autorisé à avoir des relations officielles avec le ministre français.

[3] Expression de M. de Werther dans la dépêche où il rendait compte de cet entretien.

il prévu, par exemple, quels embarras pourraient en résulter pour nous en Italie? Cela n'est pas probable. M. le duc de Broglie, alors collègue de M. Molé, avoue que ce principe avait été proclamé « un peu au hasard ». Obligé à l'improviste de faire obstacle à l'action des puissances en Belgique, le gouvernement français avait cherché une formule qui eût une tournure de droit des gens, une sorte de décence diplomatique, et qui effarouchât moins l'Europe que toute évocation même voilée de la solidarité révolutionnaire. M. de Werther protesta contre le nouveau principe et le discuta longuement; mais M. Molé maintint son avertissement, et invita le diplomate prussien à le porter à la connaissance de sa cour. Il ne s'en tint pas à cette première conversation; un peu après, causant avec l'ambassadeur de Russie, M. Pozzo di Borgo, il déclara que si des insurrections éclataient dans les États voisins, et « si d'autres puissances voulaient s'en mêler, elles auraient la guerre avec la France ». Quelques semaines plus tard, le Roi, haussant encore le ton, disait au même diplomate russe : « Si les Prussiens entrent en Belgique, c'est la guerre; car nous ne le souffrirons pas[1]. » Ce langage était hardi, presque téméraire; il réussit. Le gouvernement de Berlin fut étonné, irrité; il se récria; mais enfin, ses soldats restèrent immobiles, et les Belges

[1] Dépêches de M. de Werther, en date du I er et du 24 septembre 1830. (HILLEBRAND, *Geschichte Frankreichs*, 1830-1870, t. I, p. 144 à 146.) Le comte d'Haussonville, dans son *Histoire de la politique extérieure du gouvernement français, 1830-1848* (t. I, p. 21), a donné une forme plus vive, plus dramatique, à la conversation de M. Molé et de M. de Werther. « La guerre, aurait dit le ministre français sur un ton presque napoléonien, est au bout de mes paroles ; sachez-le et mandez-le à votre cour. » L'historien prussien, M. Hillebrand, conteste l'exactitude du récit de M. d'Haussonville. D'abord il fait observer, — et, sur ce point, il paraît avoir raison, — que l'entretien a eu lieu le 31 août, et non pas « à la fin de septembre ou dans les premiers jours d'octobre », comme dit M. d'Haussonville. En second lieu, se fondant sur la dépêche même où M. de Werther a rendu compte de la conversation, il nie que M. Molé se soit exprimé dans les termes agressifs, menaçants, que lui prête M. d'Haussonville. Celui-ci n'ayant pas indiqué d'où il avait tiré son récit, il est difficile de se prononcer entre les deux versions. D'ailleurs, la contestation paraît porter moins sur le fond des idées que sur la forme, et elle a d'autant moins d'intérêt que, d'après M. de Werther lui-même, le ministre et le Roi ont fait, peu après, à l'ambassadeur de Russie les menaces formelles que M. Hillebrand s'applique à écarter de la première conversation avec l'ambassadeur de Prusse.

purent continuer leur révolution en tête-à-tête avec les seuls Hollandais.

Si la cour de Prusse n'était pas alors de tempérament à affronter seule une guerre avec la France, ne pouvait-on pas craindre que le courage ne lui revînt au cas où elle trouverait d'autres puissances disposées à agir avec elle? Or, divers symptômes donnaient à penser que cette action collective se préparait. Notre gouvernement avait même été formellement averti. Quand Louis-Philippe avait dit hardiment à l'ambassadeur de Russie que « si les Prussiens entraient en Belgique, ce serait la guerre », M. Pozzo, rendant menace pour menace, avait aussitôt répondu que si l'intervention avait lieu, elle serait l'œuvre non de la Prusse seule, mais de toute l'Europe. On ne pouvait pas, d'ailleurs, se dissimuler à Paris que la proclamation du principe de non-intervention contredisait la doctrine tant de fois formulée et appliquée par la Sainte-Alliance, sous la Restauration. Elle devait faire aux cabinets demeurés fidèles aux idées de cette Sainte-Alliance l'effet d'une sorte de défi, de provocation, et ceux-ci pouvaient être tentés de saisir avec empressement la première occasion de revendiquer et d'appliquer leur doctrine, à la face de la France isolée. Pour écarter cet autre danger, il ne suffisait plus à notre gouvernement de mettre la main sur la garde de son épée. Il fallait imaginer autre chose.

M. de Talleyrand eut, en cette circonstance, un rôle décisif. Avec un rare et prompt coup d'œil, il comprit qu'il y avait un seul moyen, mais un moyen sûr, de rendre toute coalition impossible ou du moins impuissante, c'était de se rapprocher de l'Angleterre, de la gagner au principe de non-intervention et de marcher d'accord avec elle dans les affaires belges. Au Roi, aux ministres, aux hommes politiques, il déclara que le nœud de la question était de l'autre côté du détroit. « Ce n'est pas à Paris, c'est à Londres qu'on a besoin de moi », répétait-il avec énergie. Louis-Philippe entra dans les idées du vieux diplomate et pressa sa nomination à l'ambassade de Londres, qui fut publiée le 5 septembre. Aussitôt M. de Talleyrand, tout en hâtant ses préparatifs de départ, engagea des pourparlers fort actifs avec lord

Granville, représentant du gouvernement britannique à Paris.

Y avait-il donc chance que le cabinet tory, alors au pouvoir, se prêtât à l'entente désirée à Paris? Il avait été très-désagréablement surpris par les événements de Bruxelles. « Diablement mauvaise affaire ! » s'était écrié le chef du cabinet, lord Wellington. En effet, les hommes d'État anglais ne devaient pas être empressés à détruire un royaume dont la création avait été regardée, quinze ans auparavant, comme « un de leurs triomphes [1] » ; ils ne pouvaient voir avec grande sympathie l'insurrection d'une nation catholique contre une dynastie protestante, leur cliente depuis des siècles; il leur paraissait que la révolution belge était une imitation, un accessoire de la révolution de Juillet, et que la soutenir serait « subordonner leur politique à celle de la France [2] » ; ajoutez cette méfiance jalouse qui est le premier sentiment de l'Angleterre, aussitôt qu'une chance est offerte à son ancienne rivale de recueillir un avantage particulier, méfiance d'autant plus éveillée à ce moment qu'il ne semblait tout d'abord y avoir que deux solutions, ou le rétablissement de la domination hollandaise dans les provinces insurgées, ou leur annexion à la France. Toutefois, comme on venait de le voir dans l'affaire de la reconnaissance, la pression de l'opinion libérale, alors puissante en Angleterre, obligeait les ministres à ménager la France de Juillet, et devait les faire hésiter à repousser une alliance présentée hautement comme destinée à servir la « cause de la civilisation et de la liberté ». En lui-même, d'ailleurs, le principe de non-intervention ne les effarouchait pas et s'adaptait assez bien à certaines traditions et à certains intérêts de la diplomatie anglaise. Enfin, pour être tories, lord Wellington et ses collègues n'en étaient pas moins des Anglais pratiques; ils se rendaient compte de l'impossibilité de rétablir purement et simplement le royaume des Pays-Bas, et craignaient, s'ils le tentaient, de jeter les Belges désespérés dans les bras de la France.

Aucune de ces dispositions en sens divers n'échappa à M. de

---

[1] Expression de M. Bulwer. *Life of Palmerston*, t. II, p. 23.
[2] *Ibid.*

Talleyrand. Il en conclut que l'accord était possible, mais malaisé, que l'Angleterre n'était pas résolue à refuser son concours, mais qu'elle ne l'accorderait pas gratuitement, et que la France, pour l'obtenir, aurait, de ce côté, des susceptibilités à désarmer, des exigences à satisfaire. Puisque ce concours était indispensable, puisque seul il permettait d'agir sans se heurter à une coalition, force n'était-il pas de le payer du prix qu'il fallait? D'ailleurs, pas une minute à perdre; l'entente devait être conclue avant que les puissances se fussent engagées par une réponse solennelle et concertée à la demande du gouvernement de la Haye. M. de Talleyrand, approuvé et soutenu par le Roi, n'hésita pas : sans s'inquiéter des passions qui grondaient en France, des incertitudes ou des répugnances qui se manifestaient jusque dans le ministère, se portant fort au besoin pour son pays, il prit son parti des sacrifices à consentir afin de satisfaire l'Angleterre. Il déclara que la France répudiait toute pensée de s'incorporer la Belgique, renonçait même à y établir un prince français, et il prit sincèrement la résolution de poursuivre seulement la constitution d'un État neutre et indépendant. Louis-Philippe, avec son grand sens politique, avait tout de suite compris la nécessité et l'avantage de limiter ainsi son ambition. « Les Pays-Bas, disait-il à M. Guizot, ont toujours été la pierre d'achoppement de la paix en Europe; aucune des grandes puissances ne peut, sans inquiétude et sans jalousie, les voir aux mains d'un autre. Qu'ils soient, du consentement général, un État indépendant et neutre; cet État deviendra la clef de voûte de l'ordre européen. » Ce ne fut pas la seule garantie offerte par M. de Talleyrand : il annonça en outre que la France n'entendait pas prononcer seule sur le mode de reconstitution de la Belgique, et il reconnut à l'Europe le droit de régler diplomatiquement cette question, ayant du reste à part lui la conviction qu'une fois unis à l'Angleterre, nous n'aurions rien à craindre d'une délibération commune avec les autres puissances [1].

---

[1] Divers indices tendent à faire croire que, dans son désir de satisfaire à tout prix l'Angleterre, M. de Talleyrand eût été prêt à concéder plus encore. Il ne se

Ces déclarations, que M. de Talleyrand avait d'abord faites à lord Granville, il les confirma à Londres, où il arriva le 25 septembre. Il y obtint un grand succès personnel, succès de curiosité déférente : devenu le *great attraction* des salons de Londres, on faisait cercle autour de lui quand il causait ou racontait quelque anecdote avec cette aisance, ce tour piquant qui étaient demeurés chez lui, à travers tant de déguisements divers, la marque ineffaçable d'un grand seigneur du dix-huitième siècle[1]. Il n'était pas jusqu'à la recherche de sa table et au talent de son cuisinier qui ne contribuassent à augmenter la faveur dont il était l'objet[2]. Ce n'était pas, du reste, seulement un succès mondain; l'autorité du représentant de la France fut tout de suite très-grande auprès des ministres britanniques et des ambassadeurs étrangers. Ainsi que l'a justement remarqué M. Guizot, le monde de la diplomatie internationale, à cette époque, formait encore une société distincte dans la grande société européenne, sorte de haute franc-maçonnerie, dont les membres avaient vécu ensemble dans les diverses capitales, et, pour avoir représenté des politiques opposées et variables, n'avaient jamais rompu leurs relations; M. de Talleyrand y tenait l'un des premiers rangs. On eût même dit que, pour agir sur l'Europe, pour y trouver les alliances dont la France avait besoin, l'ancien ministre du Directoire et de Napoléon, l'ancien plénipotentiaire de

---

fût pas refusé à promettre l'abandon d'Alger. Mais, à Paris, bien que la nouvelle conquête africaine fût alors peu populaire et parût plus un embarras qu'une force, on fut retenu par un sentiment d'honneur national. M. Molé déclara qu'il ne s'associerait pas à un tel abandon, et le Roi voulut tout au moins qu'on s'abstînt de toute promesse. M. de Talleyrand reçut donc pour instructions de ne faire sur ce sujet que des réponses dilatoires et de ne rien ajouter aux engagements pris par la Restauration.

[1] Tous les témoignages anglais constatent ce succès. Le *Morning Post,* dans un article publié à la mort de Talleyrand, dit à propos des débuts de son ambassade à Londres : « Il avait ici tout le monde à ses pieds; toute la noblesse d'Angleterre recherchait sa société avec ardeur; les diplomates de tous pays pliaient devant lui. » — Voir aussi le journal de Ch. Greville.

[2] Madame de Dino, nièce de l'ambassadeur, et qui faisait auprès de lui office de maîtresse de maison, écrivait, le 27 octobre 1830 : « Nos dîners ont du succès ici; ils font époque dans la gastronomie de Londres; mais c'est ruineux, et M. de Talleyrand est effrayé de la dépense. »

Louis XVIII au congrès de Vienne, comptât plus sur son crédit personnel que sur celui de la monarchie encore précaire, mobile, entachée de révolution, dont il était l'ambassadeur. Il affectait volontiers de parler en son nom et de son chef, caution plutôt que mandataire de son pays[1].

Il fut bientôt visible que les garanties apportées par M. de Talleyrand étaient jugées satisfaisantes par le gouvernement anglais, et qu'à de telles conditions celui-ci ne refusait pas de marcher avec la France. Le cabinet de Saint-James ayant proposé de déférer la question belge à la conférence alors réunie à Londres pour les affaires de Grèce et composée des représentants des cinq grandes puissances, notre ambassadeur s'empressa d'adhérer à cette proposition, sans avoir égard au désir, d'ailleurs peu raisonnable, qu'avaient certains membres de son gouvernement, entre autres M. Molé, de porter cette délibération à Paris. Le succès de notre diplomatie fut si rapide que, dès le 6 octobre, avant que le roi des Pays-Bas eût pu obtenir réponse à sa demande de secours, M. de Talleyrand, présentant ses lettres de créance au roi Guillaume IV, put parler du principe nouveau de non-intervention, comme d'un principe qui allait de soi et qui était commun à la France et à l'Angleterre. Dans ce dernier pays, aucune voix ne s'éleva pour réclamer. Ce n'était pas que le cabinet tory eût pris d'ores et déjà son parti d'une séparation politique entre la Belgique et la Hollande, et surtout de la dépossession de la maison de Nassau. Il se flattait qu'on pourrait s'en tenir à une séparation administrative, ou que du moins, si la constitution d'un royaume distinct était inévitable, elle se ferait au profit du fils du roi de Hollande, le prince d'Orange, qui cherchait à

---

[1] Dès l'origine, M. de Talleyrand avait pris, à l'égard du gouvernement nouveau, cette attitude de protecteur quelque peu indépendant. Pendant les journées de Juillet, il avait envoyé un agent officieux à M. de Metternich et lui avait fait dire : « Nous deux réunis, nous maintiendrons la paix contre les anarchistes en France et contre les perturbateurs à l'étranger. Vous lui direz de ma part que je me porte personnellement garant envers lui des intentions toutes pacifiques du duc d'Orléans et de la nouvelle monarchie qui se prépare ». (*Mémoires de M. de Klindworth*, *Revue de France* du 1ᵉʳ septembre 1880.)

distinguer sa cause de celle de son père. Le langage officiel du gouvernement britannique demeurait toujours sévère pour la révolution belge[1]. M. de Talleyrand se garda de brusquer ses nouveaux alliés : il lui suffisait de les avoir placés sur une pente où les événements se chargeraient ensuite de les pousser. « Nous avons ici à conduire des gens timides, écrivait-il alors de Londres à un de ses amis de la diplomatie étrangère ; ils arrivent un peu lentement peut-être, mais enfin ils arrivent. »

Devant l'accord de l'Angleterre avec la France pour condamner toute intervention, les trois cours continentales sentirent qu'elles n'avaient plus qu'à se soumettre et à tâcher de ne pas faire trop piteuse figure à un si mauvais jeu. Elles consentirent à soumettre la question à la conférence de Londres, accomplissant ainsi un premier pas vers l'acceptation du fait accompli. Tout au plus purent-elles se donner la consolation de contredire théoriquement le nouveau principe inauguré par la diplomatie française. Le ministre des affaires étrangères de Prusse disait, le 11 octobre, au baron Mortier, chargé d'affaires de France à Berlin : « Les puissances ne pourraient, sans manquer à leur dignité, supporter la prétention que vous mettez en avant de les empêcher par la force des armes, s'il ne leur reste plus que ce moyen, de rétablir la tranquillité en Belgique et l'obéissance à la maison d'Orange, à de certaines conditions. Autrement, vous déclareriez hautement le principe que, ne tenant aucun compte des traités, votre gouvernement est disposé à soutenir moralement les insurrections des peuples contre les gouvernements, partout où elles éclateront. Or, c'est ce que les souverains étrangers ne pourront jamais tolérer, parce qu'il y va de la stabilité de leurs États et du repos de l'Europe[2]. » De Vienne, M. de Metternich adressait, le 21 octobre, à son ambassadeur à Londres, des dépêches où il déclarait très-vivement repousser le principe de non-intervention, « subversif de tout ordre social ». « Ce sont, disait-il, les brigands

---

[1] Témoin le discours prononcé par le Roi, le 2 novembre, à l'ouverture du Parlement.
[2] Dépêche du baron Mortier à M. Molé, en date du 11 octobre 1830.

qui récusent la gendarmerie, et les incendiaires qui protestent contre les pompiers. » Il revendiquait « le droit de se rendre à l'appel fait par une autorité légale pour sa défense, tout comme il se reconnaissait le droit d'aller éteindre le feu dans la maison du voisin de peur qu'elle ne gagnât la sienne ». Il proclamait même « la solidarité des puissances dans les secours que l'une ou l'autre serait appelée à porter à un État en proie à l'anarchie révolutionnaire[1] ». Mais en fait, malgré ces protestations, il n'était plus question pour personne de donner au roi de Hollande le concours armé qu'il réclamait. Le roi de Prusse déclara avec dépit que « puisque l'Angleterre ne voulait rien faire, il n'entreprendrait pas seul la guerre pour des intérêts qui étaient beaucoup plus ceux de l'Angleterre que ceux de ses propres États[2] ». A Vienne, M. de Metternich avouait que « la cause des Pays-Bas était entièrement perdue »; il se sentait si peu en mesure de répondre à la demande de secours du roi de Hollande, qu'il la traitait de demande « irréfléchie ». L'empereur d'Autriche, répondant à ce prince, motiva son refus par son éloignement géographique, et il ajouta : « C'est aux puissances, les seules à portée de prêter à Votre Majesté un secours matériel, à peser et la position dans laquelle se trouvent placées les choses, et leurs propres facultés[3]. » On était du reste de fort méchante humeur à Vienne, comprenant quel coup venait d'être porté à la vieille politique, quel avantage était obtenu, dès ses premiers pas, par le gouvernement de Juillet. On se lamentait hautement de voir « l'Europe accorder si lâchement par son silence le principe que la France avait établi avec tant de hauteur ». La faute en est, disait-on, au manque d' « énergie morale » de la Prusse et à la « trahison » de lord Wellington[4].

Tels étaient la situation prise et les résultats acquis par

[1] *Mémoires de M. de Metternich*, t. V, p. 44 et 46.
[2] Ce propos était rapporté, quelques semaines plus tard, par un diplomate sarde qui en affirmait l'authenticité. (HILLEBRAND, *Geschichte Frankreichs*, 1830-1870, t. I, p. 148.)
[3] *Mémoires de M. de Metternich*, t. V, p. 42.
[4] Dépêches de l'envoyé sarde à Vienne. (HILLEBRAND, *Geschichte Frankreichs*, 1830-1870, t. I, p. 147 et 148.)

la diplomatie française au commencement de novembre, au moment où, à Londres, la conférence allait tenir sa première séance, et où, à Paris, par suite d'événements que nous raconterons plus tard, le ministère de l'avénement était réduit à se dissoudre. Assurément, les négociations où l'on s'engageait devaient entraîner des complications et des lenteurs auxquelles les impatients et les violents avaient beau jeu d'opposer la simplicité tranchante des moyens révolutionnaires. Assurément aussi, à ne vouloir regarder que la Belgique et les sympathies qui s'y manifestaient alors pour la France, il semblait que celle-ci eût pu chercher des avantages, sinon plus considérables, du moins plus directs et plus apparents. L'opposition ne laissa pas échapper cette occasion d'attaque. Dans la presse, que d'éclats d'indignation contre ce gouvernement qui reconnaissait les traités de 1815, en faisant décider par les puissances signataires quels changements pouvaient être apportés à l'état territorial fixé par ces traités; qui livrait la Belgique, en la mettant sous le joug de la diplomatie; qui trahissait la France, en refusant les annexions offertes[1], par ménagement pour l'Angleterre ou par crainte des autres États! Mais ces déclamations ne pèsent

[1] Il y aurait bien des réserves à faire sur l'assertion tant de fois répétée que l'annexion à la France était alors désirée en Belgique. Un peu plus tard, le 27 janvier 1831, M. Mauguin ayant affirmé à la tribune du Palais-Bourbon que « la Belgique voulait se réunir à la France », le général Sébastiani, ministre des affaires étrangères, répondit que « la Belgique ne s'était jamais offerte ». Sans doute, ajoutait-il, les Belges qui avaient exprimé le désir de cette union « étaient les interprètes d'un grand nombre de leurs compatriotes, mais ils n'étaient pas les organes de la nation; la Belgique, qu'on vous présente comme unanime, est, sur cette question, comme sur beaucoup d'autres, divisée en plusieurs partis ». Quelques jours après, dans le congrès belge, des protestations très-vives s'élevèrent contre l'idée qu'on paraissait se faire en France d'une Belgique « s'offrant » à sa puissante voisine. On y fit remarquer que presque tous les journaux belges avaient combattu l'union, et qu'à peine deux ou trois orateurs l'avaient soutenue dans la représentation nationale. Tel était l'état d'esprit dans le congrès que ceux mêmes qui, comme M. Gendebien, passaient pour être le plus amis de la France, crurent devoir se défendre d'avoir jamais pensé à l'annexion et se firent au contraire honneur d'avoir combattu les prétentions qui s'étaient manifestées à Paris. Quant à M. de Gerlache, le chef du parti catholique, il s'écria : « Si nous voulons être stigmatisés aux yeux de l'Europe entière, réunissons-nous à la France! » (Cf. sur cette discussion du congrès belge l'ouvrage de M. Juste, *le Congrès national de Belgique*, t. I, p. 242 à 244.)

guère quand on les met en balance avec l'effroyable et trop réel péril d'une coalition. Comment ne pas louer au contraire le gouvernement, particulièrement le Roi et M. de Talleyrand, d'avoir trouvé moyen de sauver l'intérêt français, en évitant une guerre qui eût été un désastre? Dès le premier jour, au milieu même du trouble et des embarras de la révolution, ils ont discerné, avec prudence et résolution, avec précision et clairvoyance, l'étendue des avantages qu'il y avait chance d'arracher à l'Europe. On verra par quelles vicissitudes passera cette entreprise diplomatique avant d'arriver au but; mais, à l'origine, ce but avait été bien fixé et la direction heureusement donnée. S'il y a eu des timidités et des sacrifices, il ne faut pas les attribuer au défaut de courage ou de patriotisme du gouvernement; ils sont imputables au malheur de la révolution. Celle-ci, en effet, a pu précipiter entre la Belgique et la Hollande une rupture qui était conforme à nos intérêts, mais elle nous a rendu plus difficile d'en profiter. Avant 1830, il eût été facile d'annexer la Belgique à la France, avec l'accord de la Russie et de la Prusse. Après, il fallait beaucoup d'habileté et de bonheur pour arriver, avec le concours de l'Angleterre, à constituer seulement un État indépendant et neutre.

Contrastes singuliers et non moins singulières analogies! La Restauration et la monarchie de Juillet ont eu toutes deux comme une fatalité qui, venant de leur origine, a pesé lourdement et longtemps sur elles. Pour la Restauration, c'était la coïncidence, fort injustement exploitée, qui avait paru l'associer à l'invasion étrangère et à l'humiliation nationale. Le malheur de la monarchie de Juillet était d'apparaître comme une revanche de 1815, revanche dont elle éveillait le désir en France, la crainte au dehors, sans avoir d'ailleurs le pouvoir ni la volonté de l'accomplir, s'exposant à un désastre si elle avait la folie de la tenter, accusée de trahir sa mission si elle avait la sagesse de s'abstenir. L'une paraissait trop liée, l'autre trop suspecte à la vieille Europe; l'une trop la conséquence, l'autre trop la représaille de Waterloo. On sait que la Restauration, après avoir beaucoup souffert de ce mal, avait peu à peu réagi par la force de son principe et la valeur de ses hommes d'État; on sait quelle belle place elle avait fait reprendre à la France en Europe, et comment, à la veille de sa chute, elle eût été en mesure, avec un ministre habile, d'accomplir de grandes choses et de réparer ces malheurs de 1814 et 1815, dont on prétendait, avec si peu de raison, la rendre responsable. Quant à la monarchie de Juillet, ce qui était le mal aigu, le péril imminent de ses débuts, deviendra pour elle la cause d'une faiblesse chronique, cruellement exploitée par une opposition qui lui imputera à lâcheté la réserve et la modestie nécessaires de sa politique extérieure. Et cependant, après dix-huit années de sagesse, cette monarchie finira, elle aussi, comme la Restauration, par réagir contre le malheur de son origine; à la veille de 1848, elle aura replacé la France dans une situation presque analogue à celle d'avant 1830; libre enfin de choisir ses alliances et par suite de se les faire payer; au lieu de les payer elle-même, elle sera, à son tour, capable de jouer un grand rôle en Europe, sans crainte de provoquer une révolution au dedans et une coalition au dehors. C'est alors que, par une chute nouvelle, dont la répétition fatale rappelle la fable de Sisyphe, tout s'écroulera encore une fois dans une révolution. Ainsi, depuis quatre-vingts ans, nos crises intestines entravent toujours, parfois ruinent notre action nationale à l'extérieur. Si l'on se plaçait à ce point de vue, qui est, après tout, le plus patriotique, comme on apprendrait à détester, à maudire ces révolutions, dont il n'est pas une, parût-elle même excusable à la regarder de l'intérieur, qui n'ait été une diminution et un recul de la France en Europe!

CHAPITRE III

LE PREMIER MINISTÈRE ET LA CRISE INTÉRIEURE

(11 août — 2 novembre 1830)

I. Deux politiques en présence. La « Résistance » et le « Mouvement ». Personne alors ne songe à choisir nettement entre ces politiques. État d'esprit de Louis-Philippe. Les deux tendances représentées et comme mêlées dans le ministère. Leur force comparée. — II. Charles X s'embarque à Cherbourg. Le parti royaliste semble anéanti. Le partage des places et l'insurrection des solliciteurs. L'administration mal défendue par les ministres. Même faiblesse dans les autres questions. Le pouvoir se croit obligé à courtiser l'esprit de désordre et de révolte. — III. L'état de la presse. Les clubs. Les manifestations séditieuses. Impuissance de la répression. — IV. La royauté abaissée et faussée. Le roi-citoyen. Louis-Philippe et Henri IV. — V. Détresse des affaires et malaise général. Velléité de réaction dans le public et dans une partie du ministère. Discussion sur les clubs à la Chambre. La population disperse elle-même le club des Amis du peuple. — VI. La Chambre, ses incertitudes, son impopularité et sa lassitude. — VII. Mise en accusation des ministres de Charles X. Passions excitées. Adresse de la Chambre, invitant le Roi à supprimer la peine de mort. Colère des révolutionnaires. Émeutes des 17 et 18 octobre. Attitude pitoyable des ministres. — VIII. Discrédit du ministère. M. Guizot et le duc de Broglie veulent s'en dégager. Ils conseillent de faire l'épreuve de la politique de laisser-aller. Dissolution du cabinet.

I

Dès le premier jour, le gouvernement de 1830 a eu, à l'extérieur, une conduite décidée, habile. En est-il de même à l'intérieur? Si les barricades sont enlevées, on est loin d'en avoir fini avec la révolution. Le peuple est dans la rue, les esprits hors de voie, les imaginations à la fois troublées et excitées, les passions et les convoitises déchaînées. Ce qui, dans l'organisation sociale et politique, n'a pas été jeté à terre durant les trois jours est ébranlé et pour ainsi dire déraciné ; il semble que chacun se croie le droit de tout détruire et s'attende à voir tout remplacer. Le péril est grand. Comme naguère, quand il s'est agi de reviser la Charte, deux politiques sont en présence, qui se dégagent plus ou moins nettement dans la confusion du moment : l'une, désireuse de saisir ce point d'arrêt si difficile à trouver sur la descente révolutionnaire, et préoccupée d'abord de contenir les forces désordonnées qui ont été mises en mouvement; l'autre, empressée ou résignée à leur laisser le champ libre, même à leur donner un nouvel élan, et, sous prétexte de vouloir « toutes les conséquences de Juillet », ne tendant qu'à développer la révolution au dedans et à la propager au dehors. Doit-on, suivant la parole de M. de Rémusat, « regarder la révolution comme faite et ne viser qu'à la durée du résultat, ou la prendre comme un commencement et perpétuer l'état révolutionnaire ? En un mot, doit-on s'établir dans ses conquêtes, ou conquérir l'inconnu ? » Politiques fort opposées et qui vont se résumer en deux mots, la « résistance » et le « mouvement ».

Parmi les hommes politiques, parmi les meneurs parlementaires qui ont assumé ou reçu des événements la conduite de la révolution et qui, après avoir fait la monarchie nouvelle, semblent ses tuteurs et ses régents, nul alors ne se pose aussi nettement la question, nul surtout n'est en goût et en mesure d'y répondre. S'ils le tentaient, leur désaccord apparaîtrait, et il s'ensuivrait une séparation dont aucun d'eux n'ose prendre l'initiative. On ne veut pas encore s'avouer ni avouer au public que les 221 n'étaient qu'une coalition hétérogène, unie momentanément pour une campagne d'opposition. Vainement donc chercherait-on de ce côté une direction précise et une puissante impulsion.

La couronne va-t-elle suppléer à ce qui manque dans l'action parlementaire ? Trouverons-nous là une volonté résolue à choisir entre les routes opposées qui se présentent au sortir du carrefour révolutionnaire ? Le Roi va-t-il faire preuve, à l'intérieur, de la résolution habile qu'il montre, à ce moment même, dans les affaires étrangères ? Avant peu, en effet, la politique de Louis-

Philippe se manifestera au dedans, non moins décidée, non moins « résistante » qu'au dehors ; elle lui sera à ce point personnelle qu'il l'appellera *son système*, et il l'appliquera jusqu'au bout avec une persévérance que quelques-uns qualifieront d'obstination. Mais, à l'heure où nous sommes, — soit que le prince n'ait pas encore son opinion faite, soit qu'il juge inutile ou imprudent de la manifester, — il paraît disposé à garder, à l'intérieur, entre les tendances contraires, une réserve et une sorte de neutralité calculées. Louvoyer, gagner du temps, ne pas prendre d'initiative ; s'abstenir dans le doute [1], — et sa clairvoyance à discerner les côtés faibles ou périlleux de toute décision lui donne sans cesse une raison nouvelle de douter ; lâcher beaucoup au besoin, sauf à reprendre plus tard ; laisser l'expérience révolutionnaire se continuer, dans l'espoir que le mal s'usera de lui-même ; attendre, pour se mettre à la tête de la réaction, que le pays en ait compris à ses dépens la nécessité ; jusque-là ménager tout le monde, chercher à satisfaire les partis les plus opposés, éviter ou ajourner tous les conflits, fût-ce au prix d'inconséquences et de capitulations : telle est la tactique que Louis-Philippe semble alors vouloir suivre. Il regarderait comme une folie inutilement périlleuse d'engager tout de suite une lutte ouverte contre l'opinion avancée. Les journées de Juillet, la scène récente de l'Hôtel de ville, lui ont laissé une impression singulièrement vive et présente de la faiblesse du gouvernement et de la puissance de la révolution. Celle-ci lui apparaît comme une force dominante, irrésistible, qu'on ne saurait heurter de front sans se faire briser, qu'on peut tout au plus éviter par adresse, endormir en la cajolant et désintéresser en lui faisant sa part. Il n'est pas d'ailleurs dans son tempérament de rien brusquer, non que la décision ou le courage lui manquent, mais il se défie volontiers de ses forces. Peu porté aux illusions, tout au plus espère-t-il tourner la difficulté du moment ; il ruse avec elle plutôt qu'il ne l'aborde en face, et

---

[1] « Je dis toujours : Dans le doute, abstiens-toi », écrivait alors le Roi à M. Guizot, dans une lettre intime.

estime qu'en un pareil temps, c'est déjà beaucoup de durer au moyen d'expédients successifs [1].

Ainsi que l'a finement observé M. Guizot, l'expérience acquise par Louis-Philippe contribuait à le rendre plus hésitant devant la révolution. Comme chez tous les hommes de sa génération, les souvenirs qui demeuraient en lui les plus vivants, qui obsédaient le plus son imagination et agissaient le plus sur sa volonté, étaient ceux qui se rapportaient aux dernières années du siècle précédent. Adolescent et tout frais sorti d'une éducation à la Jean-Jacques, il s'était associé avec ardeur aux événements comme aux idées de 1789, et en avait reçu une empreinte ineffaçable. Il n'avait pas ressenti moins vivement les déceptions qui avaient suivi ; le crime et bientôt la mort de son père, la proscription qui l'avait lui-même frappé, lui avaient fait jouer, dans cette effroyable tragédie, un rôle qui n'était pas de nature à diminuer la vivacité et la profondeur de ses impressions. Sous l'action de ces souvenirs contradictoires, les uns entraînants, les autres pesants, il était à la fois très-imbu de certaines idées révolutionnaires et très-soucieux des périls qui en résultaient, en somme assez perplexe et quelque peu désabusé sur le résultat final. Mais son sentiment dominant était celui de la force supérieure et presque fatale de ce mouvement, aussi bien dans les réformes généreuses auxquelles, jeune prince, il avait applaudi, que dans les violences destructives dont il avait été victime. On conçoit quel devait être l'effet d'une telle disposition d'esprit, au lendemain des journées de Juillet, en face du réveil et du nouveau triomphe de la révolution. De là, ce laisser-aller qui révélait à la fois un vieux reste de sympathie et une timidité mélangée d'effroi et de découragement. Il faudra plusieurs mois de douloureuse et périlleuse épreuve avant que Louis-Philippe domine cette séduction et cette défaillance. Encore le fera-t-il jamais bien complétement ? Si, en février 1848,

---

[1] M. Guizot a dit plus tard de Louis-Philippe, en causant avec M. Senior : « Plein de bravoure personnelle, il était timide en politique ; il préférait l'adresse à la force, et cherchait toujours à tourner les obstacles, au lieu de les attaquer de front. »

il n'a pas su se défendre, c'est que, cette fois encore, il a été paralysé par la même impression fataliste, et presque superstitieuse, de la force révolutionnaire[1].

Cette impuissance générale à prendre parti pour une politique déterminée, s'était manifestée, on l'a vu, dès le premier jour, dans la composition même du ministère. Il semblait que, loin d'être pressé de faire un choix entre les deux politiques, on eût voulu en quelque sorte les fondre, faire marcher ensemble les hommes qui représentaient l'une et l'autre, et continuer au pouvoir la coalition qui s'était nouée dans l'opposition. Ainsi avait-on mis côte à côte et, en quelque sorte, pêle-mêle dans ce cabinet, les hommes du « mouvement » et ceux de la « résistance », d'une part M. Laffitte, M. Dupont de l'Eure, M. Bignon, le général Gérard, de l'autre le duc de Broglie, M. Guizot, M. Casimir Périer, M. Dupin, le comte Molé, le baron Louis, le général Sébastiani. S'était-on flatté d'atteindre à la fois deux buts opposés, de donner des gages aux révolutionnaires et de rassurer les conservateurs : tel ministre servant à dire aux premiers : « Ne bougez pas, je suis là » ; tel autre aux seconds: « N'ayez peur, j'y suis. »

A compter les têtes, les conservateurs avaient la majorité dans le cabinet. Sept contre quatre, ils occupaient les ministères les plus considérables ; l'Intérieur, avec M. Guizot ; les Affaires étrangères, avec M. Molé ; les Finances, avec le baron Louis. Leur supériorité de talent était incontestable. Mais tous ces avantages étaient compensés, et au delà, par la popularité que les circonstances assuraient aux représentants de l'autre politique. M. Laffitte, alors à l'apogée de sa vaniteuse importance, avait une situation à part auprès du roi qu'il se flattait d'avoir « fait ». M. Dupont de l'Eure passait pour nécessaire : sa démission, qu'il était toujours prêt à offrir avec une sorte

---

[1] Dans ses dernières années, cependant, Louis-Philippe avait perdu beaucoup de ses illusions sur 89 ; il écrivait en parlant de cette époque : « Nous avons fait tant de sacrifices, tant d'abandons, tant de destructions, que nous avons rendu la monarchie impossible, sans rendre la république possible. » (Cité dans une lettre écrite par le duc Pasquier, en 1857.)

d'indépendance bourrue, eût dénoncé avec éclat la royauté nouvelle aux colères de ce parti révolutionnaire qu'on ne se croyait pas la force de braver. Tous deux, d'ailleurs, se savaient soutenus et protégés par La Fayette, dont le préfet de la Seine, M. Odilon Barrot, était l'agent dévoué. Le Roi lui-même affectait d'accorder aux hommes du « mouvement », sinon la réalité de sa confiance, du moins les démonstrations les plus apparentes de sa sympathie. Réservé, presque froid avec M. Guizot, avec le duc de Broglie et surtout avec M. Casimir Périer, il témoignait à M. Laffitte une affectueuse familiarité. Il permettait tout à l'humeur chagrine de M. Dupont de l'Eure et subissait ses boutades avec une sorte de déférence. Pour La Fayette, surtout, quelle dépense de caresses! On eût dit que Louis-Philippe estimait nécessaire de prolonger l'embrassade commencée le 31 juillet, sur le balcon de l'Hôtel de ville. « Il vaut mieux, répondait-il à un diplomate, que vous me soyez présenté par le général que par tous mes ministres ensemble : c'est mon ami et mon protecteur [1]. » D'ailleurs, ne fussent-ils pas prépondérants, la seule présence des hommes de gauche dans le ministère avait de redoutables conséquences. Ce n'est pas sans péril qu'on laisse les révolutionnaires, — en la personne de leurs représentants ou seulement de leurs protecteurs et de leurs complaisants, — prendre une part quelconque au gouvernement. La satisfaction donnée ainsi à ce parti peut un moment le détourner des attaques ouvertes; mais elle lui fournit l'occasion d'exercer, au cœur même du pouvoir et des forces sociales, une action dissolvante plus funeste que toutes les attaques.

De leur côté, les conservateurs du cabinet n'étaient guère en état d'agir avec ensemble et énergie : il y avait entre eux divergence de vues et contradiction de caractère. Quelques-uns étaient résolus à se renfermer dans leurs attributions spéciales. D'autres se réservaient par timidité ou par calcul, d'autant moins disposés à se compromettre qu'avec leurs collègues de gauche ils ne pouvaient compter sur cette discrétion vulgaire qui garantit la

---

[1] Sarrans, *Louis-Philippe et la contre-révolution*, t. I^r, p. 218.

liberté intérieure du gouvernement. « Nous étions percés à jour, a raconté plus tard l'un des membres du cabinet; la chambre à coucher de M. Dupont de l'Eure était ouverte, dès le matin, à tous les suppôts de la basoche, et, le soir, le salon, où M. Laffitte faisait son éternel piquet, l'était à tout le tripot de la Bourse: c'étaient deux clubs où les curieux venaient aux nouvelles, pour en faire tel usage que de raison ou de déraison [1]. » Les plus décidés parmi les ministres, M. Guizot et le duc de Broglie par exemple, ne se sentaient pas les hommes du moment; il leur semblait que la loyauté constitutionnelle de leur conduite sous la Restauration était, aux yeux mêmes de leurs amis, un souvenir compromettant : les titres révolutionnaires comptaient seuls [2]. Du reste, ni l'un ni l'autre n'avait alors sur la politique de résistance les idées nettes et les volontés arrêtées qui ont apparu plus tard, dans leur langage et leur conduite; ils ne croyaient pas surtout l'heure venue de pratiquer cette politique et de lui donner un caractère offensif. « Tout ce qu'on peut espérer du meilleur ministère possible, disait alors le duc de Broglie, c'est qu'il tienne pour le moment la position, qu'il ne laisse pas trop entamer ni les données essentielles de la monarchie ni les conditions vitales du pouvoir, et qu'il ménage au bon sens public le temps de reprendre le haut du pavé. » Plus tard, rappelant les souvenirs de cette époque, le même homme d'État écrivait : « Amortir les premiers coups d'une réaction inévitable, sauver ce qui reste debout du principe monarchique, gagner du temps en parant au plus pressé, préparer enfin la réaction de la réaction, c'était notre tâche, à peu près notre plan et tout au plus notre espérance [3]. » Si modeste

---

[1] Cf. les *Souvenirs* du feu duc de Broglie. — Un jour, M. Dupin révélait au conseil qu'un personnage, proposé pour un haut poste, avait subi un procès scandaleux en cour d'assises; peu après, le candidat évincé, mis au courant de ce qui s'était passé, venait demander raison au ministre qui avait révélé ses antécédents. (*Mémoires de M. Dupin.*)

[2] M. Guizot s'étant un jour risqué à mal parler de certains agitateurs, M. Salverte lui répondit : « Les hommes dont vous parlez peuvent avoir des opinions exaltées... Gardez-vous pour cela de les traiter comme des ennemis... *Souvenez-vous que ces hommes ont combattu avant nous.* »

[3] *Souvenirs* du feu duc de Broglie.

que fût la tâche, on comprend la timidité et l'incertitude de l'espérance. De l'aveu d'un de ses membres, M. Guizot, le cabinet était, par sa composition même, « hors d'état d'échapper à la confusion des idées, des prétentions, des chances, qui s'agitaient autour de lui », et il apparaissait « plus propre à accroître qu'à dissiper cette fermentation confuse [1] ». Il n'était pas d'ailleurs appelé à une longue existence, et trois mois ne se seront pas écoulés que nous le verrons réduit à se dissoudre lui-même.

II

Au moment où le ministère entrait en fonction, le 11 août, Charles X était encore sur le sol de France. S'il s'était résigné à quitter Rambouillet devant l'expédition populacière du 3 août, il n'avait pas consenti à s'enfuir. Il s'acheminait lentement vers Cherbourg, entouré d'une partie de sa maison, imposant le respect par la dignité de son malheur; jamais il ne s'était montré plus roi qu'au jour où il perdait sa couronne. Spectacle émouvant et extraordinaire qui ne devait jamais se revoir dans nos révolutions! Les progrès de la démocratie se manifesteront jusque dans la façon dont les souverains descendront ou plutôt tomberont du trône. Des commissaires [2], envoyés par le gouvernement nouveau, accompagnaient Charles X, chargés à la fois de le surveiller et de le protéger : mission pénible et délicate qui fut du reste remplie avec convenance. Les ministres suivaient, d'une pensée anxieuse, la marche lente du cortége. Ils redoutaient moins un retour offensif de la vieille royauté, que quelque désordre populaire, quelque horrible catastrophe qui eût ensanglanté et déshonoré leur gouvernement. Aussi fut-ce pour eux un singulier soulagement, quand ils apprirent, le 17 août, que la veille, Charles X s'était

---

[1] *Mémoires de M. Guizot*, t. II, p. 40 et 41.
[2] Le maréchal Maison, MM. Odilon Barrot et de Schonen.

embarqué à Cherbourg, sur un paquebot américain qui le transportait en Angleterre.

Ne semblait-il pas dès lors qu'on en avait fini avec le gouvernement tombé? Le drapeau blanc ne flottait plus nulle part, pas même en Vendée ou en Bretagne. Les « carlistes » étaient comme écrasés par leur défaite, et plus encore par l'impopularité du ministère qui venait de tout risquer et de tout perdre dans sa malheureuse tentative de coup d'État. Ceux d'entre eux qui faisaient partie des Chambres se taisaient ou se bornaient à des protestations émues, qui semblaient le testament ou l'oraison funèbre de leur parti; plusieurs se retiraient pour ne pas prêter serment. Parmi ceux qui étaient fonctionnaires, magistrats surtout, beaucoup renonçaient noblement et tristement à leur carrière, se condamnant à une inaction pénible, et laissant, dans les services publics, un vide dont on devait longtemps souffrir. Les journaux de droite n'étaient prêts sans doute ni à capituler ni à se rallier; mais, dans ces premiers temps, ils semblaient moins pressés d'arborer leur propre drapeau et de faire campagne pour leur compte, que de seconder les attaques et les exigences de la presse révolutionnaire; ils prétendaient contraindre la monarchie nouvelle à aller jusqu'au bout de ses principes, dans l'espérance qu'elle en mourrait. Quant aux salons, qui sont l'une des forces principales des royalistes, ils n'avaient guère alors d'autre vengeance que de persifler dédaigneusement les vulgarités bourgeoises ou démocratiques de leurs vainqueurs, ou bien ils se consolaient avec des prédictions annonçant, pour février 1831, la chute de Louis-Philippe et le « brûlement de Paris[1] ». Mais nulle part une résistance active et efficace à l'établissement du régime nouveau. On eût dit que le parti qui, la veille, était maître du pouvoir, avait tout d'un coup disparu, et qu'il avait quitté la France avec son vieux roi. La reine Marie-Amélie disait alors à Benjamin Constant, assis un soir à côté d'elle à table : « Je vous en prie,

---

[1] Lamennais, encore catholique, se plaint, dans une lettre d'octobre 1830, du trouble jeté dans les esprits par ces prédictions.

monsieur Constant, ayez pitié de nos royalistes et protégez-les. — Les royalistes? Madame, répondit en souriant le député libéral, je ne demande pas mieux ; mais tous ces jours-ci, je n'en ai pas vu [1]. » Sorte de trompe-l'œil qui se produit souvent à la suite de nos révolutions, et dont sont dupes aussi bien les vaincus dans leur désespérance que les vainqueurs dans leur orgueilleuse illusion. Les partis, pour disparaître sous le premier coup de la défaite, ne sont pas anéantis. Le gouvernement de Louis-Philippe s'apercevra trop tôt qu'il y avait encore des légitimistes. L'opposition de ces derniers, en rétrecissant le terrain sur lequel pourra s'établir le parti conservateur, sera l'une des principales faiblesses du régime de 1830. Mais ce péril, dont toute la gravité ne sera reconnue qu'après la catastrophe de 1848, n'était pas vu au lendemain de la révolution de Juillet. Charles X embarqué, les royalistes résignés ou désespérés, il semblait que le ministère n'eût plus à s'inquiéter du gouvernement déchu ni du parti vaincu, mais seulement à faire marcher le gouvernement nouveau et à s'entendre avec les vainqueurs. De ce côté, venaient alors ses embarras.

Le moindre n'était pas le partage du butin. A peine entré en possession de son administration particulière, chaque ministre vit tout d'abord se poser devant lui la question du personnel. Rien de surprenant sans doute qu'on destituât beaucoup de fonctionnaires et que leurs places fussent distribuées entre les opposants de la veille. Quand ceux-ci s'appelaient Villemain, Vitet, Mignet, Thierry, Lenormant, de Barante, Dupin, Barthe, etc., la chose publique s'en trouvait bien. Mais les rancunes et surtout les convoitises ne se contentaient pas de ces changements raisonnables. « Il y a des hommes, écrivait alors M. Thiers, qui, pour croire à une révolution, auraient besoin de ne plus voir les mêmes édifices, quelques-uns de ne plus rencontrer vivants les mêmes hommes, *d'autres, et c'est le plus grand nombre, de se trouver*

---

[1] *Réminiscences*, par COULMANN, t. II.

en place[1]. » Quel assaut autour de chaque fonction! La révolution avait tourné toutes les têtes; pas un désir, pas une prétention qui ne se sentissent en quelque sorte provoqués et qui n'attendissent du gouvernement une satisfaction immédiate; pas un rêve d'intérêt ou de vanité qu'on ne regardât comme facilement réalisable. Aucune des barrières élevées par les règles ou par l'usage n'était demeurée debout. Quiconque avait joué un rôle dans les trois journées se croyait un titre à une récompense, et cette récompeese était une place. Du coup, on prétendait arriver au premier rang, sans souci des gradations hiérarchiques. Voyez tous ces solliciteurs ou plutôt ces réclamants impérieux se précipiter sur la capitale, à peine débarrassée de ses barricades! « Il y a dans Paris, disait un plaisant observateur, quarante mille solliciteurs, et la Gascogne n'a pas encore donné. » Les plus démocrates n'étaient pas les moins avides; c'est ce qu'ils appelaient poursuivre « les conséquences de Juillet » : témoin ce farouche républicain, arrêté lors d'une émeute et dans la poche duquel on trouvait une supplique pour demander une préfecture [2]. La Fayette était le patron complaisant de cette clientèle, et l'on n'évaluait pas à moins de soixante-dix mille le nombre des demandes apostillées par lui[3]. Toute sollicitation était doublée d'une dénonciation contre les fonctionnaires en place. Les plus humbles comme les plus hauts ne trouvaient pas grâce devant le rigorisme des patriotes qui aspiraient à les remplacer. L'un des limiers de cette meute affamée s'étant écrié un jour : « Savez-vous, messieurs les ministres, ce que c'est qu'un carliste? » une voix railleuse lui riposta : « Un carliste, c'est un homme qui occupe un poste dont un autre homme a envie. » Cette fois, les rieurs furent du bon côté; mais les assaillants ne se démontaient pas pour si peu. Vainement

---

[1] *La Monarchie de 1830*, p. 54.
[2] Cité par M. Dupin à la tribune, le 30 septembre 1830.
[3] *Seize mois, ou la Révolution et les révolutionnaires*, par M. DE SALVANDY.

le bon sens indigné et aiguisé de certains écrivains dénonçait-il l'odieux et le ridicule de cette « insurrection des solliciteurs [1] »; vainement le vaudeville les faisait-il figurer en posture grotesque sur la scène des théâtres parisiens [2]; vainement, dans l'âpre colère de ses *Iambes*, Barbier flétrissait-il la « curée » [3] : rien n'arrêtait ce débordement de convoi-

[1] M. Saint-Marc Girardin écrivait, le 16 août 1830 : « Aujourd'hui, c'est une tout autre insurrection : c'est l'insurrection des solliciteurs; c'est la levée en masse de tous les chercheurs de places; ils courent aux antichambres avec la même ardeur que le peuple courait au feu. Dès sept heures du matin, des bataillons d'habits noirs s'élancent de tous les quartiers de la capitale; le rassemblement grossit de rue en rue. A pied, en fiacre, en cabriolet, suant, haletant, la cocarde au chapeau et le ruban tricolore à la boutonnière, vous voyez toute cette foule se grouper vers les hôtels des ministres!... Le mouvement de l'insurrection se répand de proche en proche, d'un bout de la France à l'autre. Chaque département envoie ses recrues... Les victimes abondent; il y en a de toutes les époques. Les héros aussi pullulent... Ceux qui ne sont pas battus ont aussi leurs titres. L'Intimé aujourd'hui ne dirait plus :

Monsieur, je suis bâtard de votre apothicaire.

Il serait bâtard d'un des vainqueurs de la Bastille et oncle d'un des braves du pont de la Grève. A ce titre, l'Intimé demanderait une place de procureur général. L'armée ordinaire de l'insurrection intrigante, c'est la délation. Personne n'est bon citoyen s'il a une place; personne n'aime la patrie que les solliciteurs. Voici un receveur général qui gagne 100,000 francs par an, c'est un Jésuite! Un préfet qui en gagne 25,000, c'est un homme dévoué à l'ancien ordre de choses. Avec tout cela l'inquiétude se répand dans les provinces, en même temps que l'esprit d'intrigue et de cupidité. »

[2] Le 25 septembre, on représentait au Vaudeville la *Foire aux places*, de Bayard. Au lever du rideau, les solliciteurs, réunis dans l'antichambre du ministère, chantaient en chœur :

Qu'on nous place
Et que justice se fasse.
Qu'on nous place
Tous en masse.
Que les placés
Soient chassés !

[3] La *Curée*, publiée le 22 septembre 1830, fut le premier, et peut-être le plus retentissant des *Iambes* de Barbier. Paris, disait le poëte, n'est plus qu'une sentine impure,

Un taudis regorgeant de faquins sans courage,
D'effrontés coureurs de salons,
Qui vont de porte en porte, et d'étage en étage,
Gueusant quelques bouts de galons,
Une halle cynique, aux clameurs insolentes,
Où chacun cherche à déchirer
Un misérable coin des guenilles sanglantes
Du pouvoir qui vient d'expirer.

tises et de délations. C'est le propre d'ailleurs de semblables appétits, qu'une fois éveillés, ils ne sont jamais rassasiés. Et puis, pour un satisfait, combien de mécontents! Ceux-ci passaient aussitôt à l'opposition : opposition de principes, disaient-ils; quelques personnes ont pu supposer, par exemple, que si Carrel s'était montré bientôt le plus vif adversaire de la monarchie qu'il avait contribué à fonder, c'était parce qu'on lui avait offert seulement la préfecture du Cantal.

Un jour qu'il était assailli par une foule de solliciteurs, le baron Louis ouvrit brusquement la porte de son cabinet : « Que me voulez-vous? leur dit-il. Vos conseils? je n'en ai que faire. Des dénonciations? je ne les écoute pas. Des places? je n'en ai qu'une à votre service; c'est la mienne; prenez-la, si vous la voulez. » Puis il referma sa porte. Mais il n'était pas beaucoup d'autres ministres capables d'une telle résistance. Parmi eux, quelques-uns, comme M. Dupont de l'Eure, n'en avaient même pas la volonté : ils étaient, on l'a vu, dans l'intérieur de la place, complices de ceux qui voulaient l'envahir; par eux, plus d'une fonction, notamment dans les parquets, était livrée à des incapables et à des indignes, sans autre titre qu'un certificat de civisme révolutionnaire [1]. D'autres membres du cabinet eussent désiré défendre leur personnel : s'ils y parvenaient parfois dans les parties les moins en vue de leurs administrations, ce n'était pas sans faire sur d'autres points de bien regrettables concessions. M. Guizot surtout était assailli de demandes et d'exigences pour les postes dépendant de son ministère de l'intérieur. Quand il pouvait garder ou reprendre sa liberté, il en profitait pour nommer quelques fonctionnaires habiles et énergiques. Mais combien il était surveillé et empêché! Il lui fallait recevoir presque journellement ses anciens collègues de la société *Aide-toi, le ciel t'aidera*, qui

[1] Au moment où l'on formait le ministère, le duc de Broglie avait dit au Roi : « Si M. Dupont demeure quelques mois où il est, attendez-vous à voir ce personnel de la magistrature qu'on a sauvé à grand'peine dans la révision de la Charte, empoisonné de choix détestables, vu le nombre et la diversité des vacances; plus de rigoureuses conditions, plus de temps d'arrêt dans les tribunaux. » (*Souvenirs* du feu duc de Broglie.)

tendait à devenir un centre d'action purement révolutionnaire, et souvent il croyait devoir prendre leur avis sur les nominations de préfets. Du reste, quoiqu'il cédât, il accordait beaucoup moins qu'on ne lui demandait : de là des plaintes, des récriminations d'une amertume croissante, dans lesquelles de grandes phrases sur l'intérêt et les droits de la révolution voilaient mal les égoïsmes impatients et les ambitions déçues. Le ministre en était réduit, pour se justifier, à publier un exposé où il énumérait toutes les destitutions prononcées [1]. Sous la pression qu'il subissait, il avait parfois la main malheureuse : « Je suis fâché, lui écrivait le Roi, le 17 août 1830, d'avoir à vous avertir que deux de nos nouveaux sous-préfets sont venus hier au Palais-Royal complétement ivres, et qu'ils y ont été bafoués par la garde nationale. Mes aides de camp vous diront leurs noms que j'oublie et que vous tairez par égard pour leurs protecteurs. Nous ne nous vanterons pas de ces choix-là et nous les remplacerons. » Si les ivrognes étaient rares, ne l'étaient pas toujours assez les intrigants sans scrupule; ne l'étaient pas surtout les brouillons pervertis par les habitudes et les sophismes d'opposition, n'ayant d'autre éducation politique et professionnelle que d'avoir appris par cœur et répété quelques phrases de journaux. De plus, des fonctionnaires, arrivés ainsi par droit de conquête révolutionnaire, se croyaient plutôt au service de la révolution que de la monarchie; ils ne cherchaient pas tant à plaire à leurs chefs hiérarchiques qu'au parti qui les avait poussés. Cette sorte d'indépendance des agents inférieurs n'était pas le moindre embarras ni la moindre faiblesse du gouvernement, et nous verrons plus tard combien Casimir Périer devra dépenser d'efforts et d'énergie pour remédier à l'anarchie administrative.

Dans toutes les autres questions qui se posèrent à cette première heure de la monarchie nouvelle, le ministère se montra tel que nous venons de le voir, manifestant des velléités contradictoires suivant les jours et surtout suivant les ministres, inca-

---

[1] 13 septembre 1830.

pable de donner une direction nette et ferme à l'opinion, et finissant presque toujours par pencher vers la faiblesse. Certaines lois furent présentées et votées qui étaient des satisfactions prévues à l'opinion libérale : telles les lois rétablissant le jury pour les délits de presse, soumettant à la réélection les députés promus à des fonctions publiques, ou abrogeant la loi du sacrilége. Quelques actes, le maintien du Conseil d'État défendu par le duc de Broglie, la modération dont ce dernier, chargé du ministère des cultes, fit preuve dans ses rapports avec les évêques, l'ordre que le baron Louis chercha à rétablir dans l'administration des finances, révélèrent le désir de résister aux préjugés et aux excitations révolutionnaires [1]. Mais en peut-on dire autant du décret par lequel le Panthéon était enlevé au culte, et de tant d'autres mesures qui n'avaient d'autre but que de courtiser l'esprit de désordre et de révolte? En face de ceux qui chantaient alors un dithyrambe à l'honneur des combattants des « trois glorieuses », qui célébraient la beauté et la grandeur des barricades, l'héroïsme, la vertu, la magnanimité des insurgés, qui racontaient leurs propos, dessinaient leurs hauts faits, et créaient ainsi la dangereuse légende du champ de bataille populaire, les ministres n'eurent qu'une crainte, celle de n'être pas trouvés assez empressés et assez enthousiastes. Que La Fayette se complût à proclamer la « gloire » de cette « noble population des barricades », placée par « sa conduite sublime au premier rang de la société française », il n'y a pas lieu d'en être surpris. Mais M. Guizot lui-même se crut obligé de lui faire écho ; dans ses discours ou dans ses écrits officiels, il se « félicita » que la « révolution » eût été une « œuvre populaire », attribuant à cela « sa grandeur et sa simplicité » ; il déclara que les rues de Paris avaient été « le plus beau des champs de bataille », où avait combattu une « population de héros », et le *National* le loua d'avoir parlé « le plus pur langage révolutionnaire [2] ». Les ministres ne paraissaient pas se rendre

---

[1] Bien que la politique suivie dans les affaires étrangères fût surtout l'œuvre du Roi, il est juste d'en faire aussi partiellement honneur au ministère.

[2] C'est à l'occasion du préambule de la loi destinée à accorder des récompenses

compte qu'ils faussaient ainsi la conscience publique, qu'ils exaltaient et encourageaient des passions et des violences qui rendaient tout gouvernement impossible, et contre lesquelles il leur faudrait combattre à leur tour [1].

Chaque jour, d'ailleurs, fournissait au pouvoir une occasion nouvelle de montrer combien il s'inquiétait peu d'ébranler le respect de la légalité, en glorifiant ceux qui l'avaient méconnue. Il s'était formé une société de « condamnés politiques » qui demandaient, selon les termes de leur pétition, « la part du banquet national » due aux « avant-gardes des héros de Juillet ». La Fayette, qui les avait pris naturellement sous sa protection, voulut les présenter au Roi, pour obtenir, a dit un de ses apologistes, non-seulement « une satisfaction de justice », mais « une nouvelle consécration du principe de la résistance à l'oppression ». Le Roi ne crut pas pouvoir s'y refuser. Un jour du mois d'octobre, « au grand scandale de la domesticité doctrinaire [2] », dans les salons du Palais-Royal où se pressaient les députations venues de toutes les parties de la France, l'aide de camp de service appela à haute voix : « Messieurs les condamnés pour délits politiques. » La Fayette s'avançant à leur tête : « Voilà, dit-il au Roi, les condamnés politiques; ils vous sont présentés par un complice. » Et le prince les accueillait avec une affabilité expansive [3]. Plusieurs de ces condamnés reçurent des pensions; de ce nombre fut Fieschi, qui s'était fabriqué de faux certificats [4]. On alla plus loin encore dans cet hommage rendu au passé révolutionnaire : une loi prononça, avec un empressement et une solennité qui

---

nationales aux victimes de la révolution de Juillet, que le *National* a adressé ce compliment à M. Guizot.

[1] Les ministres ne tarderont pas à sentir l'inconvénient d'une telle conduite. Peu de mois après la révolution, le 12 novembre 1830, madame Swetchine écrira : « On est honteux aujourd'hui, surtout embarrassé, d'avoir si ridiculement exalté l'instrument dont on s'était servi; on voudrait bien le briser; mais la peur domine, et aussi cette conviction qu'on s'est ôté le droit de sévir. »

[2] Expression de M. Sarrans.

[3] SARRANS, *La Fayette et la Révolution*, t. I, p. 310. — *Mémoires de La Fayette*, t. VI, p. 440.

[4] DE LA HODDE, *Histoire des Sociétés secrètes*, p. 32.

pouvaient être pris pour une réhabilitation, le rappel des régicides exilés. En Angleterre, après 1688, un des juges de Charles Ier crut qu'il lui était permis de remettre le pied sur le territoire britannique : le Roi et le Parlement furent d'accord pour le repousser ; ils ne lui firent grâce que de la vie. Qui sait si, en agissant autrement, les hommes de 1830 n'ont pas affaibli, dans la conscience publique, l'idée de l'inviolabilité de la personne royale, et quelque peu contribué à créer les sophismes d'où sortiront bientôt tant de tentatives meurtrières contre Louis-Philippe ?

III

Cette défaillance du gouvernement prolongeait dans la nation l'état révolutionnaire. La plus fâcheuse conséquence des événements de Juillet n'est peut-être pas d'avoir soulevé tant de passions subversives ; c'est d'avoir désarmé, troublé, et, pour ainsi dire, faussé les pouvoirs publics. Comme l'observe, à cette époque, une femme d'un sens élevé et fin, « l'anarchie est moins dans les esprits que dans les pouvoirs ; il y a encore des gens qui savent ce qu'ils veulent ; mais, à la lettre, personne ne sait ce qu'il peut [1] ». Partout, en ces mois d'août, de septembre et d'octobre, une fermentation confuse, une constante agitation, une irritabilité maladive, le goût du bouleversement et de la violence, la rupture de toutes les barrières, la voie ouverte à toutes les chimères, à toutes les ambitions et à tous les orgueils, la précipitation et la déviation de tous les mouvements de l'esprit humain jusque dans la littérature et la philosophie, dans les questions économiques, sociales et religieuses [2].

Pour nous en tenir à l'ordre politique, la presse, enivrée de la part qu'elle a prise à la victoire de Juillet et de tout ce qui a

---

[1] Madame Swetchine, lettre du 12 novembre 1830.
[2] Nous reviendrons plus tard sur cette dernière partie des conséquences révolutionnaires.

été débité à ce propos sur sa puissance, n'a plus aucun sentiment des limites de son action et de ses droits, des respects qu'elle doit garder, des répressions qui peuvent la frapper. Elle croit à son omnipotence et compte sur son impunité. Il n'est si mince écrivain qui n'estime être, au-dessus du gouvernement et des lois, l'incarnation de la souveraineté nationale. Le mal apparaît surtout dans les journaux créés depuis la révolution [1], dans les pamphlets, placards, caricatures qui pullulent alors. C'est une débauche et une enchère de violence, de scandale, parfois d'immoralité. On s'acharne à renverser tout ce qui est debout, à avilir tout ce qui est respectable. A ce spectacle, M. Augustin Thierry, naguère encore fort engagé dans le mouvement, s'écrie avec une tristesse étonnée et un peu naïve : « Cette presse parisienne, qui a tout sauvé dans la dernière crise, semble aujourd'hui n'avoir d'autre but que de tout perdre. Je n'y comprends rien, et j'étais loin de m'y attendre. » Aussi en est-il déjà à invoquer « le bon sens des provinces », pour « faire justice de la turbulence de Paris ».

Il est une forme plus menaçante encore du désordre révolutionnaire : les sociétés secrètes se sont transformées en clubs, « unissant ainsi, comme l'a dit M. Guizot, les restes d'une discipline silencieuse aux emportements de la parole déchaînée ». Chaque soir, ces clubs tiennent des séances dignes des Jacobins et des Cordeliers de 1793. Y assistent non-seulement les affiliés, mais des jeunes gens, des ouvriers, des passants, qui sortent de là, l'esprit perverti et les passions enflammées. On ne recule pas devant les motions les plus factieuses : tel jour, par exemple, la *Société des Amis du peuple* prend et publie une délibération invitant la garde nationale et les ouvriers à « renverser » la Chambre des députés. Tel autre jour, on décide d'assaillir l'un des ministres, M. Dupin, dans son domicile, et de le « tonsurer »; il était alors traité de « jésuite ».

---

[1] Aussi pouvait-on dire à la tribune, le 8 novembre 1830, des journaux fondés depuis la révolution, qu'ils étaient « pleins de doctrines anarchiques, d'appels à la force, de menaces adressées à toutes les existences établies ».

Avec les excitations de la presse et des clubs, l'ordre matériel et la sécurité ne peuvent se rétablir. Soit désœuvrement, soit goût d'agitation, une partie de la population est restée dans la rue où elle était descendue, le 28 juillet. Elle prétend y continuer une sorte de règne tumultueux et dominer ainsi les pouvoirs publics. C'est à ses yeux le corollaire logique de ces barricades qu'on l'a louée d'avoir élevées, c'est l'application et la prolongation du même droit. Elle est poussée d'ailleurs par la misère. La crise de 1830 se trouvait être encore plus désastreuse pour le commerce et l'industrie que ne l'avait été celle de 1814, et que ne le sera celle de 1848. « Chaque coup de fusil tiré pendant les trois jours, a écrit un admirateur de la révolution, avait préparé une faillite [1]. » Les riches ont fui de Paris : on n'évalue pas à moins de cent cinquante mille le nombre des départs. De là le chômage, et les souffrances qui en sont l'accompagnement ordinaire. Les ateliers nationaux, où l'État fait remuer nonchalamment la terre du Champs de Mars, ne sont qu'un remède bien insuffisant. L'ouvrier se demande alors si telle est la récompense de cet « héroïsme » tant exalté, le profit de ce pouvoir dont on lui dit qu'il s'est emparé. Vers la fin d'août, des attroupements à physionomie sombre se forment et témoignent de l'étonnement irrité de ce peuple qui se sent mourir de faim, au moment où l'on proclame le plus bruyamment sa souveraineté. Parfois, ils se mettent en branle à travers la ville; des milliers d'ouvriers défilent, rangés par corps de métier, suppliants et menaçants, montrant leur misère et réclamant leurs « droits ». D'autres jours, ces bandes prétendent imposer par violence des solutions économiques au moins sommaires, comme le bris des machines et l'expulsion des ouvriers étrangers : c'est ainsi que, le 3 septembre, le *Journal des Débats* ne put paraître; ses presses avaient été détruites.

Passe-t-il dans la tête d'agitateurs populaires ou seulement d'écoliers d'exercer une contrainte sur le gouvernement ou de

---

[1] L. Blanc, *Histoire de dix ans*, t. I, p. 447.

faire échec à une loi; veulent-ils décerner, de leur propre autorité, les honneurs du Panthéon à l'un de leurs favoris [1], encourager les conspirations futures en rendant hommage aux conspirateurs passés [2], protester contre quelque acte, formuler quelque exigence, intimider un parti, chasser un fonctionnaire, ou seulement, sans un but déterminé, montrer leur puissance et satisfaire leur goût de désordre, aussitôt les rues se remplissent d'une foule qui pousse des cris, hurle la *Marseillaise* ou la *Parisienne*. Pendant que les faubourgs démocratiques s'agitent, les quartiers bourgeois prennent peur, les boutiques se ferment sur le passage de ces bandes; mais tout le monde laisse faire. Des détachements de la garde nationale, pour témoigner leur sympathie et leur déférence, sortent de leurs postes, portent les armes et battent aux champs. La manifestation se dirige ensuite, menaçante, contre les hôtels des ministres ou contre le Palais-Royal, et le tout se termine par l'ovation accoutumée à La Fayette. Véritable armée de l'émeute! si elle n'en vient pas aux coups, c'est uniquement parce qu'elle ne rencontre aucune résistance à combattre [3]. De Paris, ces désordres gagnent la province. On a dit au peuple qu'il était roi; dès lors se vérifie partout la parole de Rivarol : « Quand le peuple est roi, la populace est reine. »

Le gouvernement n'ose à présent user de répression : les moyens matériels lui manquent. Le commandant des gardes nationales, le préfet de la Seine, le préfet de police, ne paraissent connaître d'autre ressource que des proclamations obséquieuses où, au milieu de compliments adressés aux perturba-

---

[1] Ce désordre se reproduisit plusieurs fois, dans les derniers jours d'août et les premiers de septembre, à l'occasion des bustes du général Foy, de Manuel et du maréchal Ney.

[2] Telle fut la grande manifestation du 21 septembre, anniversaire de l'exécution des sergents de la Rochelle.

[3] Le *Journal des Débats* disait, le 23 octobre 1830 : « Il s'est trouvé une certaine quantité de gens qui ont adopté pour argument une menace d'émeute. — Faites élire le Roi par les assemblées primaires, ou nous vous faisons une émeute. — Il nous faut encore deux articles de la Charte, ou bien une émeute. — Changez le cens électoral, donnez-nous des places de juge, ou bien une émeute. — De telle sorte que les émeutes sont tombées à l'usage commun des solliciteurs; on la produisait par supplément aux apostilles des députés. »

teurs, ils hasardent à peine une invitation timide à ne pas violer trop de lois et à ne pas trop humilier la monarchie. L'armée, devenue suspecte aux autres et défiante d'elle-même depuis qu'elle a été vaincue sur les barricades, est tenue à l'écart. Le Roi écrit à M. Guizot, le lendemain d'une émeute demeurée impunie : « Il est urgent d'avoir une troupe faisant ce service; mais, ajouta-t-il aussitôt, c'est difficile et délicat. » M. Odilon Barrot a dit, deux ans après, en se reportant à cette époque : « Il n'y avait plus possibilité de montrer un gendarme dans les rues; on fut obligé de déguiser la gendarmerie de Paris sous un autre nom et un autre uniforme, et même, pour la gendarmerie départementale, nous nous vîmes forcés de remplacer son shako par des bonnets à poil. Lorsqu'on se hasardait à faire sortir des patrouilles de troupes de ligne, c'était en les mettant à la suite d'un piquet de garde nationale [1]. » Quant à cette garde nationale, seule en situation de maintenir l'ordre, elle ne le faisait qu'à ses heures, suivant ses caprices ou ses intérêts, jamais sous la direction du gouvernement. Celui-ci en était réduit à attendre humblement ce que seraient les impressions et les volontés de la milice citoyenne.

IV

Une telle atmosphère ne convenait guère à l'affermissement d'une monarchie naissante, et l'on ne comprendrait pas que celle-ci acquît à ce régime grande force morale et matérielle. Dans ces premiers mois, il n'y avait pas encore, à vrai dire, de parti républicain en révolte ouverte contre le principe du gouvernement; les mécontents ménageaient la personne de Louis-Philippe, affectaient de croire à ses bonnes intentions et de ne s'en prendre qu'à son entourage. Mais, pour n'être pas attaquée de front, la royauté ne courait pas moins un péril

---

[1] SARRANS, *Louis-Philippe et la contre-révolution*, t. II, p. 25.

très-grave. Il semblait que presque tous eussent à tâche de la dénaturer et de l'abaisser, quelques-uns par tactique perfide, le plus grand nombre par sottise démocratique. On s'efforçait de diminuer la distance qui doit séparer le souverain de ses sujets : un « roi citoyen », c'était le mot dont se payaient les badauds du temps, oubliant que le propre du roi est de n'être pas citoyen. De là, cette foule plus impérieuse que dévouée, plus irrespectueuse qu'enthousiaste, qui forçait Louis-Philippe à se montrer sur le balcon de son palais et à y chanter la *Marseillaise*. De là, ces bourgeois prenant plaisir à coudoyer leur prince dans la rue, quand celui-ci, fidèle, par politique autant que par goût, à ses habitudes d'autrefois, se promenait à pied, à travers la ville, avec son chapeau gris et ce que Henri Heine appelait « son grand parapluie sentimental ». De là, ces ouvriers qui, dans leur familiarité à la fois naïve et orgueilleuse, arrêtaient le Roi pour lui faire boire un verre de vin. De là, ces simples gardes nationaux qui, tout grisés d'être traités de « camarades » par leur souverain, sortaient des rangs, au milieu d'une revue, pour aller lui serrer la main aux applaudissements de la foule. De là, jusque dans la nouvelle cour, une sorte de sans façon systématique, à ce point que M. de Sémonville, entrant un soir dans les appartements royaux, et y apercevant des toilettes d'un négligé tout démocratique : « Je prie Votre Majesté de m'excuser, disait-il avec une malicieuse bonhomie, si je me présente sans être crotté [1]. »

---

[1] Les prétentions démocratiques n'étaient pas alors moins ridicules qu'ont pu l'être, à d'autres époques, les prétentions aristocratiques. Quand, le 30 juillet, la future reine avait dû, avec sa famille, rejoindre son mari à Paris, on n'avait pu, dans la confusion de ces jours, trouver d'autre véhicule qu'un vulgaire omnibus. Il eût été, certes, bien puéril d'y chercher un sujet de raillerie contre la nouvelle dynastie : mais que penser de ceux qui croyaient y voir un titre d'honneur et qui s'attendrissaient, avec M. Jules Janin, sur ce que la famille royale avait fait son entrée à Paris dans « une de ces longues voitures à bon marché faites pour le peuple » ? Les légitimistes, ennemis acharnés de la nouvelle royauté, se réjouissaient de tout ce qui pouvait diminuer son prestige : ils y aidaient de leur mieux. Dans les salons du parti, c'était à qui se vanterait d'avoir fait chanter le plus de *Marseillaises* au Roi. Les poignées de main royales étaient aussi, dans la société carliste, un sujet perpétuel de gausserie : on y jouait une sorte de farce satirique où Fipp Ier, roi des épiciers, donnait à son fils Grand-Poulot des leçons de

Avec les idées que nous lui connaissons, Louis-Philippe était mal préparé à se défendre sur ce terrain. Persuadé de la force irrésistible de la révolution, il ne songeait pas à lui marchander des concessions de forme et d'étiquette, trop heureux si, à ce prix, il parvenait à éluder quelques-unes des exigences de fond. Bien loin de s'attendre qu'on lui fît la cour, il se croyait obligé de la faire lui-même à la puissance du moment. Que de flatteries, par exemple, à l'adresse de cette garde nationale, en laquelle se résumaient alors les prétentions et la gloriole des petits bourgeois de 1830! Après la revue du 29 août, où avaient défilé soixante mille gardes nationaux, le Roi s'écriait, en se jetant dans les bras de La Fayette : « Cela vaut mieux pour moi que le sacre de Reims! » Dans l'abondance naturelle de ses conversations ou de ses allocutions, il faisait montre de sentiments populaires, rappelait avec complaisance la part qu'il avait prise à la révolution de 1789, et se déclarait en théorie presque républicain [1]. Cette attitude et ce langage lui paraissaient alors nécessaires pour désarmer de redoutables préventions, et se faire pardonner par la vanité démocratique d'avoir rétabli la monarchie.

Il n'était pas jusqu'à la simplicité fort honorable de ses mœurs et de ses goûts qui ne rendît Louis-Philippe moins apte à se protéger contre la familiarité démocratique. « Que parlez-vous de cour! disait-il à M. Dupont de l'Eure; est-ce que je veux une cour? » A l'apparat du pouvoir, il préférait sincèrement l'intimité et la liberté de cette belle famille, dont on a pu dire que toutes les filles étaient chastes et tous les fils vaillants, et qui,

---

science politique, et lui expliquait comment toute la science du gouvernement consistait à serrer la main du premier va-nu-pieds; il lui enseignait les différentes manières de donner des poignées de main, dans toutes les positions, à pied, à cheval, en voiture, quand on galope dans les rangs, quand on voit le défilé, etc.

[1] Ainsi faisait le Roi dans ses conversations avec La Fayette, Dupont de l'Eure, Laffitte. Quel était le secret de ces professions de foi, un peu étranges dans la bouche de celui qui venait de monter sur le trône? Après 1848, M. Guizot, causant avec un Anglais, M. Senior, lui disait, non sans finesse : « Louis-Philippe avait pour la république les sentiments que certains peuples de l'Asie ont pour le démon; il la considérait un peu comme un être malfaisant qu'il faut flatter et se rendre favorable, mais qu'il ne faut pas combattre. »

pendant près de vingt ans, devait donner le spectacle, si rare sur le trône et si sain pour la nation, du bonheur intérieur le plus vrai et le plus pur. Mais était-ce uniquement l'apparat inutile qui se trouvait sacrifié? n'était-ce pas quelquefois la dignité nécessaire? Louis-Philippe avait dans les veines le sang d'une race noble et fière entre toutes, et l'on s'en apercevait à bien des traits. Seulement, dans les longues épreuves de sa jeunesse, — dans les périls et les humiliations de la révolution, comme dans l'inaction forcée et la retraite presque bourgeoise de son exil, — il avait pris des habitudes de conduite et d'esprit toutes différentes de celles que contractent d'ordinaire les fils de maison royale; de là, des mérites rares qui ne se forment pas toujours dans les cours, la science plus vraie de la vie, la connaissance plus intime des choses et des hommes, une clairvoyance aiguisée, le détachement des vanités extérieures, une sensibilité sincère et profonde mêlée à une expérience un peu désabusée et railleuse, une sorte de philosophie patiente et souple, un courage froid et résigné; mais peut-être Louis-Philippe avait-il trop appris à se passer des conditions extérieures de la vie royale, et avait-il ainsi acquis les vertus et les goûts de l'homme privé, aux dépens de quelques-unes des qualités et des exigences qu'on a coutume et besoin de trouver chez un souverain.

Cependant, même à l'heure des plus grandes familiarités, la noblesse native, l'exquise distinction de la famille royale ne laissaient pas d'imposer à tous ceux qui l'approchaient. En quelque situation que les événements les placent, des Bourbons ne sont pas de ces parvenus qu'on ne sent princes que s'ils sont entourés d'une certaine étiquette. Même citoyens ou soldats d'une république, ils n'en gardent pas moins aux yeux de tous, fût-ce des démocrates, ce je ne sais quoi qu'on ne trouve pas ailleurs et qui fait d'eux les princes de la maison de France. La reine Marie-Amélie, notamment, avait conservé, dans ces jours de 1830 où tant de choses étaient abaissées, un air de naturelle grandeur qui commandait le respect aux plus réfractaires. « Moi, disait un général d'opinions assez avancées, avec le Roi, je n'éprouve pas du tout d'embarras; je lui parle comme s'il était mon égal. Mais avec la Reine, c'est autre chose; quand il faut lui répondre, je ne sais que dire, et je suis devant elle comme un imbécile [1]. » Louis-Philippe, qui se prêtait plus facilement au personnage d'un roi bourgeois et populaire, et qui le jouait même avec une sorte de naturel et de belle humeur, laissait percer, à l'endroit de son rôle, un scepticisme quelque peu railleur qui scandalisait parfois la niaiserie prudhommesque de M. Dupont de l'Eure. Il était visible que sa condescendance aux engouements démocratiques n'aurait qu'un temps. « On est admis sans façon, disait-on à Béranger pour l'attirer alors au Palais-Royal; on y va avec des bottes. — Bien, bien, répondait le chansonnier; des bottes aujourd'hui, et des bas de soie dans quinze jours. »

Si courte qu'elle dût être, cette attitude avait son péril. Le Roi y gagnait sans doute une sorte de popularité qui, dans le moment, pouvait aider à surmonter quelques difficultés, mais ce n'était pas sans altérer la physionomie de sa royauté nouvelle, sans diminuer son prestige, sans ôter du « sérieux » que, suivant la Bruyère, « le caractère du Français demande dans le souverain ». Si l'on n'attaquait pas encore le prince, on s'habituait déjà à le peu respecter. Pour ne se manifester que par la familiarité des témoignages de sympathie, cette irrévérence permettait néanmoins d'augurer ce que seraient les attaques au jour prochain et prévu où éclaterait la rupture. Et quand bientôt on verra Louis-Philippe accablé d'outrages grossiers que Louis XVIII et Charles X n'avaient jamais connus, ne faudra-t-il pas attribuer, en partie, ce désordre si funeste à ce qu'au lendemain de 1830, la royauté s'était placée d'elle-même presque de plain-pied avec la foule?

S'il est facile aujourd'hui de constater le mal, il l'était beaucoup moins alors de l'éviter. Tous les princes qui n'ont pas reçu leur royauté toute faite et qui ont dû l'établir eux-mêmes, — et Louis-Philippe n'était pas le premier, — ont été con-

---

[1] A. Trognon, *Vie de Marie-Amélie*, p. 197.

damnés à commencer par bien des ménagements, par bien des compromis; il leur a fallu briguer la popularité, courtiser les parties influentes de la nation, que ce fût, suivant les époques, la noblesse, le tiers état ou la démocratie. Entre beaucoup, il suffirait de rappeler le modèle de nos rois, Henri IV. Que n'avait-il pas consenti à faire pour « gaigner des amis », comme il le disait, traitant avec ses sujets, subissant au besoin leurs exigences, achetant les uns, séduisant les autres, pénétrant presque de ruse dans sa capitale, si bien qu'il pouvait dire plus tard à propos des Jésuites : « Ils entrent comme ils peuvent : ainsy font bien les autres. Et je suis moy-mesme entré comme j'ay peu. » Son biographe nous le montre dépouillant l'appareil royal pour flatter les petits, « s'arrêtant pour parler au peuple, s'informant des passants d'où ils venoient, où ils alloient, quelle denrée ils portoient, quel estoit le prix de chaque chose et autres particularitez », ou, tel autre jour, disant aux bourgeois de Dieppe qu'il voulait attirer à sa cause : « Mes enfants, point de cérémonie ; je ne veux que vos amitiés, bon pain, bon vin, et bon visage d'hôte. » S'il eût prétendu se renfermer dans son droit, dans sa dignité et dans son étiquette, comme a pu le faire plus tard un Louis XIV, il fût demeuré en Navarre, loué peut-être par quelques-uns, — surtout par les rivaux dont il eût fait l'affaire, — pour sa fierté impassible et désintéressée ; mais, à notre grand malheur, il n'eût certainement pas mis la main sur la couronne de France. Pourquoi donc les coquetteries populaires du Béarnais n'ont-elles pas eu, pour la royauté, les inconvénients que devaient avoir celles de son descendant, en 1830 ? Les raisons de cette différence sont complexes, et ce n'est pas le lieu de les exposer toutes : disons seulement qu'il en est, et non des moindres, qui tiennent au changement des temps. A la fin du seizième siècle, si troublés que fussent les esprits, si ébranlées que fussent les institutions, la révolution n'avait pas encore renversé tous les principes et toutes les traditions, l'idée royaliste subsistait entière, l'orgueil républicain n'avait pas remplacé le sentiment de respect qui est la condition nécessaire de toute monarchie. Si les bourgeois, ligueurs de la veille, étaient alors heureux de voir le Roi les aborder dans la rue, c'était reconnaissance d'être momentanément et gracieusement élevés jusqu'à lui, ce n'était pas satisfaction envieuse de l'abaisser jusqu'à eux. Quand le prince tendait la main à la foule, on la prenait pour la baiser, au lieu de la serrer avec une affectation d'impertinente égalité, ainsi qu'on en usera avec Louis-Philippe. Aussi Henri IV a-t-il pu être loué par ses contemporains d'avoir « fait, comme tous les sages princes, qu'on receust la familiarité, mais non pas qu'on la prist ». Aurait-il mérité au même degré cet éloge, s'il eût dû s'élever sur le trône au lendemain de la révolution de Juillet et quarante ans après celle de 1789? Alors, par le malheur de l'époque, par l'état général des esprits, un nouveau roi avait plus de peine à gagner la popularité nécessaire, et les moyens employés d'ordinaire pour capter la foule étaient devenus autrement compromettants et périlleux.

V

Plusieurs semaines s'étaient écoulées depuis la révolution : le désordre persistait, et le gouvernement semblait toujours incapable d'y mettre un terme. Il en résultait un état croissant de malaise, de défiance et d'insécurité, dont souffrait le moral de la nation comme ses intérêts matériels. Point d'affaires. Ni l'industrie ni le commerce ne se relevaient du coup terrible qui les avait frappés en Juillet. Si les boutiques s'étaient rouvertes, les clients n'y revenaient point. Les ouvriers n'avaient pas d'ouvrage[1]. Les faillites se multipliaient et atteignaient les maisons les plus honorables. L'impression fut singulièrement pénible dans la Chambre, le jour où son président lui lut la lettre

---

[1] M. Louis Blanc raconte qu'une imprimerie qui, au moment de la révolution, employait deux cents ouvriers, six mois après, n'en employait encore que vingt-cinq, gagnant 25 ou 30 sous, au lieu de 5 à 6 francs. Encore l'imprimerie était-elle une des industries qui avaient le moins souffert.

de démission d'un de ses membres, banquier considérable de Paris, qui venait d'être mis en faillite et qui signalait à ses collègues la crise affreuse dont il était victime [1]. C'était en vain que le gouvernement cherchait à atténuer le mal par des lois diverses, notamment par celle qui autorisait à faire des avances à l'industrie et au commerce jusqu'à concurrence de trente millions. D'ailleurs, le trésor public était lui-même en souffrance : par l'effet de la misère générale, ses revenus rentraient mal ; au moment où le prestige de la légalité était si ébranlé, les lois d'impôts n'étaient pas naturellement les dernières auxquelles le peuple devait être tenté de marchander son obéissance ; sur plusieurs points, on refusait de payer les contributions indirectes.

Tous les journaux constataient le malaise. « Voyez l'état du commerce, disait le *Journal des Débats*, il est affreux. » Le *Constitutionnel* ajoutait : « Il est impossible de le cacher, le commerce est dans la détresse ; on annonce à chaque instant de nouvelles faillites, les unes à Paris, un plus grand nombre dans la province. » Un autre jour, la même feuille parlait de « l'imminence d'une grande catastrophe commerciale [2] ». Le mal était tel que les journaux les plus engagés dans la révolution ne pouvaient le dissimuler. Le *National* tâchait bien de faire prendre patience à ses amis, en leur rappelant « qu'on ne mène pas à fin une révolution, sans tuer des hommes et sans qu'un grand nombre d'affaires soient en souffrance »; mais en attendant, il avouait, avec une confusion mal dissimulée, « l'inconfiance absolue qui tuait les affaires ». « Il y a de l'inquiétude dans les départements, disait-il encore ; on craint Paris ; on croit tout ce qui a été débité d'absurde et de faux sur les clubs, sur les émeutes, sur l'esprit républicain. » Puis il dépeignait ainsi l'état de l'opinion : « Ne craignons pas d'avouer ce qui fait en ce moment la joie et l'espoir des ennemis de la révolution de Juillet : oui, il y a un malaise général, une inquiétude vague, sans objet précis comme sans bornes, un défaut de confiance qui

---

[1] Séance du 5 octobre 1830.
[2] *Journal des Débats* du 11 septembre, du 15 et du 19 octobre : *Constitutionnel* du 14 et du 18 octobre.

ne se connaît et ne se définit pas bien lui-même... On voudrait se livrer, comme par le passé, à la sécurité, aux affaires, aux distractions, et l'on sent qu'on ne peut pas ; on reste en suspens, attendant encore quelque chose : du bien ou du mal ? On ne sait quoi ; mais l'on attend [1]. »

L'excès même du malaise commençait cependant à provoquer dans l'opinion quelques velléités de réaction. Au lendemain des journées de Juillet, les révolutionnaires avaient eu seuls le verbe haut. Entraînés ou intimidés, les niais et les poltrons — n'est-ce pas la majorité ? — les avaient suivis docilement. Ceux qui souffraient ou s'inquiétaient se croyaient trop isolés pour risquer une contradiction. Mais la crise persistant et s'aggravant, les doutes s'élevèrent, les mécontentements se multiplièrent et s'enhardirent. Ce désordre permanent, ce règne de la populace, ces clubs, ces émeutes, firent apparaître aux yeux de la bourgeoisie le fantôme, alors détesté, de 1793. De là, des alarmes, des colères d'abord sourdes, qui, dans les cercles de la classe moyenne, dans les postes de la garde nationale et surtout dans les boutiques, succédèrent peu à peu à l'enthousiasme des premiers jours. On commençait à demander au gouvernement d'agir et de réprimer. Grand embarras pour celui-ci. Comme le disait alors avec amertume et non sans naïveté le *National*, était-il donc si aisé « de gouverner la France, avec une armée qui se révolte, des ouvriers qui se coalisent, des milliers d'intrigants acharnés à vouloir des places [2] » ?

Le premier obstacle était dans le gouvernement lui-même. Les clubs et les émeutes y avaient des complices, ou tout au moins des complaisants et des protecteurs. Le garde des sceaux et le procureur général déclaraient qu'ils donneraient leur démission plutôt que d'appliquer l'article 291 du code pénal aux associations révolutionnaires. Comme le Roi disait à ce propos : « Il faut pourtant que le gouvernement se défende. — Il faut, répondait avec une solennité bourrue M. Dupont de

---

[1] *National* du 8 septembre, des 16, 18 et 29 octobre.
[2] *Ibid.* du 8 septembre.

l'Eure, il faut que le gouvernement marche dans la voie de Juillet, qu'il veuille ce qu'a voulu la révolution, et il n'aura nul besoin de se défendre. » Ne sait-on pas combien les vues des ministres conservateurs eux-mêmes étaient alors incertaines et timides? Cependant, à mesure que le mécontentement grandissait dans le public, ils s'enhardissaient à manifester davantage sinon leurs volontés, du moins leurs désirs. Dans un débat soulevé, le 25 septembre, par des députés qui se plaignaient du tort fait au commerce par les clubs, ils trouvaient même l'occasion d'ébaucher, pour la première fois, à la tribune, un programme de résistance. « La France a fait une révolution, disait M. Guizot, mais elle n'a pas entendu se mettre dans un état révolutionnaire permanent », et il déclarait plus ou moins nettement que le gouvernement devait se servir, contre les sociétés populaires, de l'article 291 du code pénal. M. Dupin attaquait avec vigueur les agitateurs: « Voyez la capitale, s'écriait-il, croyez-vous qu'elle ne s'inquiète pas, quand vous remplissez les rues, quand vos longues colonnes y coulent à pleins bords! Chacun se range et se détourne comme au passage d'un torrent, et personne ne songe à entrer chez les marchands dont les magasins restent déserts. » Et plus loin : « Il y a une France de trente-deux millions d'hommes qui ne demande pas une agitation perpétuelle; mais elle veut un gouvernement fort; elle veut être gouvernée par le Roi et les Chambres, non par des clubs. » Quelques jours plus tard, le 29 septembre, M. Casimir Périer, provoqué par M. Mauguin, proclamait que « tout ce qui devait être détruit l'avait été dans les trois jours »; puis, faisant une sorte de confession publique, il ajoutait que si les ministres méritaient un reproche, c'était « de n'avoir peut-être pas saisi assez tôt, avec assez de résolution, l'autorité nécessaire pour prévenir des incertitudes, des doutes, des hésitations ». « Toutefois, disait-il, il en est résulté un bien, c'est que le besoin de cette autorité tutélaire s'est fait sentir à tout le monde; et le pouvoir que nous n'avions pas pris est venu se donner lui-même. » La majorité entendait avec quelque étonnement ce langage nouveau pour elle; si elle n'y apportait pas une adhésion bien active, elle était loin de le désapprouver, en dépit des déclamateurs qui niaient le péril et garantissaient les « intentions pures » des « généreux citoyens » des clubs. Mais les ministres, qui avaient pris sur eux de faire ces déclarations, étaient si peu sûrs de la Chambre, si peu sûrs de leurs propres collègues et peut-être d'eux-mêmes, qu'ils ne tentèrent aucun effort pour tirer du débat une conclusion pratique, pour provoquer un vote qui eût mis en demeure les députés, et d'abord les membres du cabinet de se prononcer dans un sens ou dans l'autre. Ce qu'ils avaient voulu, c'était moins s'engager immédiatement et résolûment dans une politique nouvelle, et surtout y engager les pouvoirs publics, que soulager leur conscience, dégager leur responsabilité, prendre position pour l'avenir, et s'offrir d'avance à la réaction qu'ils voyaient poindre.

La partie de la population qui désirait la fin du désordre trouvait donc, dans une partie du ministère, plutôt un encouragement platonique qu'une assistance effective. Elle tenta alors de faire elle-même ce que le gouvernement n'osait ou ne pouvait entreprendre. Le principal club, celui de la *Société des Amis du peuple,* se réunissait dans le manége Pellier, rue Montmartre, au centre du Paris commerçant. Poussés à bout par la ruine, les habitants du quartier envahirent un soir la salle du club, et en dispersèrent de force les membres, avec accompagnement de sifflets, de huées, presque de voies de fait[1]. Peu s'en fallut qu'ils n'imitassent la jeunesse dorée enfonçant, après le 8 thermidor, les portes des Jacobins, fouettant les tricoteuses et bâtonnant les sans-culottes. Ainsi par l'abdication du pouvoir, tout, même l'action des conservateurs, prenait une forme révolutionnaire, et, suivant la remarque du *Journal des Débats,* « il avait fallu presque une petite insurrection pour rétablir l'ordre ». Cette exécution fut mortelle, non aux sociétés révolutionnaires qui persistèrent plus redoutables que jamais, mais aux clubs proprement dits.

Les meneurs n'avaient pas pour cela la tête plus basse. Quel-

[1] Cette exécution s'accomplit le 25 septembre, le soir même du jour où avait eu lieu à la Chambre le premier débat sur les clubs.

ques jours après, les principaux membres de cette *Société des Amis du peuple* comparaissaient, pour d'autres faits, devant le tribunal correctionnel. S'ils étaient frappés de condamnations peu importantes, ce n'était pas sans que le principal accusé, nommé Hubert, ne se fût donné le plaisir d'insulter ses juges. « Messieurs, avait-il dit à la face du président qui n'avait pas songé à l'interrompre, c'est un étrange spectacle que de voir citer devant vous, deux mois après la révolution de Juillet, des hommes qui n'ont pas été étrangers aux succès de nos grandes journées... Je n'aurai pas l'inexcusable faiblesse de vous accepter pour juges et de me défendre devant vous... Juges de Charles X, récusez-vous : le peuple vous a dépouillés de la toge, en rendant la liberté à vos victimes, et vous-mêmes avez sanctionné sa sentence en fuyant lorsqu'il se battait... Comment osez-vous affronter sur vos siéges, dont les fleurs de lys ont été arrachées, ceux qui ont chassé l'idole à laquelle ont été sacrifiés tant de proscrits? » Si habitué qu'on fût alors à voir toutes les autorités outragées, le monde judiciaire s'émut de la longanimité avec laquelle avait été tolérée cette violence. Le magistrat qui présidait le tribunal fut déféré disciplinairement à la cour royale. Celle-ci, tout en exprimant le regret que « le tribunal n'eût pas arrêté et puni un pareil scandale », ne prononça aucune peine, par cette raison « que les motifs donnés par le président de la Chambre pouvaient excuser son silence et son inaction ». Quels étaient ces « motifs » ? Peut-être le magistrat incriminé avait-il fait valoir qu'il avait suivi l'exemple de laisser-aller donné en toutes circonstances par le gouvernement et spécialement par le chef même de la magistrature, M. Dupont de l'Eure.

VI

Dans la discussion sur les clubs, la Chambre avait laissé voir ses tendances conservatrices, en faisant bon accueil aux discours de MM. Guizot, Dupin, Périer, et aussi sa faiblesse, en n'osant donner aucune conclusion pratique au débat. A les considérer individuellement, les députés étaient, pour le plus grand nombre, d'opinion modérée; mais, sortis d'un mouvement puissant d'opposition, il leur paraissait difficile, alors qu'ils étaient encore dans leur premier élan, de se retourner pour ainsi dire, d'oublier leurs thèses de libéralisme à outrance, leurs luttes contre le principe d'autorité, leurs défiances contre les instruments et les alliés naturels du pouvoir, et de se retrouver tout d'un coup majorité de gouvernement. La part que ces députés venaient de prendre à une révolution, les doctrines qu'ils avaient dès lors dû admettre, les alliances qu'ils avaient contractées avec les forces populaires, les sophismes, les déclamations, les passions auxquels ils s'étaient laissés aller, n'étaient pas de nature à rendre cette transformation plus aisée. En tout cas, le jour où l'on eût voulu former dans cette Chambre un parti de résistance, il aurait fallu rompre l'union de ces 221, qui tous, constitutionnels ou révolutionnaires, avaient fait jusqu'ici campagne ensemble, confondus à l'ombre du même drapeau. Or nul n'osait alors prendre l'initiative de cette rupture : les ministres moins que tous autres; ils n'eussent pu le faire sans dissoudre le cabinet lui-même. Les plus conservateurs d'entre eux se sentaient si faibles, qu'ils aimaient mieux renoncer à s'entourer de leurs partisans que de provoquer leurs adversaires à se grouper. Vainement donc eût-on cherché, dans cette Chambre, des partis classés et organisés : « Personne, a dit M. Guizot, ne se formait soit à exercer régulièrement le pouvoir, soit à le rechercher par une opposition intelligente et légale. » En réalité, il n'y avait pas plus de majorité que de ministère : nouveau signe de cette incorrection parlementaire qui semblait être la première conséquence de la révolution.

La Chambre des députés n'avait pas alors une influence en rapport avec le rôle prépondérant qu'elle venait de jouer. On l'eût dite épuisée par l'effort qu'elle avait fait en s'emparant du droit de créer un roi et de modifier la constitution. Bien loin d'y avoir trouvé une force, il en était résulté pour elle une sorte de fatigue, une responsabilité qui la gênait de son poids trop lourd. Cela explique la stérilité législative de cette première session. D'ailleurs, il ne restait plus grand'chose de la popularité, tout à l'heure retentissante, des 221 [1]. C'est à la Chambre que les ardents s'en prenaient de toutes leurs déceptions. Ainsi faisait notamment l'organe le plus important de la gauche, le *National*, qui n'avait pas encore cependant déclaré la guerre au gouvernement de Juillet. Il opposait la royauté nouvelle à la Chambre, le premier de ces pouvoirs, « seul né de la révolution, n'ayant pas peur des barricades », tandis que le second continue à ressentir, « au seul nom de peuple et de liberté, ces terreurs qui ont marqué toute l'époque de la Restauration ». La Chambre, ajoutait-il, « représente la France d'il y a six mois ; c'est presque comme si l'on disait la France d'il y a quinze ans [2] ». Il se déclarait fatigué d'entendre parler de ces « éternels 221 », — leur éternité était vieille de trois mois, — et il célébrait avec ironie la « reconnaissance » due « aux braves députés qui ont, douloureusement et tout à fait contre leur cœur, refusé leur concours à l'excellent monarque Charles X [3] ». D'autres écrivains leur signifiaient « qu'appropriés aux besoins de l'opposition sous le règne de la légitimité, ils ne pouvaient plus exprimer ni les intérêts de la révolution, ni l'état intellectuel du pays, après cette immense transformation politique ». « Énergie usée, capacité flétrie », Chambre « décrépite et illégitime », telles étaient les aménités réservées désormais aux triomphateurs de la veille [4]. Toute la gauche, y compris le préfet de la Seine, était unanime à demander la dissolution et des élections générales, pour avoir une Chambre « suivant l'esprit de la révolution et

---

[1] Le chiffre lui-même avait été populaire. Macaulay raconte que, venu peu de temps après la révolution à Paris, il avait pris un fiacre et avait demandé au cocher son numéro. « Ah ! monsieur, répondit le cocher, c'est un beau numéro, c'est un brave numéro, c'est 221. » (*Life and letters of lord Macaulay*, par M. Trevelyan.)

[2] M. Victor Hugo écrivait à la même époque : « Une révolution de vingt-cinq ans, un parlement de soixante, que peut-il résulter de l'accouplement ? »

[3] *National*, passim, août et septembre 1830.

[4] Sarrans, *Louis-Philippe et la contre-révolution*, passim.

issue d'elle ». Jusque dans le sein de l'assemblée et du haut de sa propre tribune, on contestait son droit et l'on réclamait sa dispersion [1]. Quelques-uns, dans leur impatience, pressaient le gouvernement de faire à lui seul et par ordonnance la législation électorale, oubliant probablement qu'un acte semblable leur avait paru justifier la déchéance de Charles X.

Tant d'attaques provoquaient-elles les députés à faire enfin acte d'énergie, à tenir tête à cette excitation révolutionnaire qui les menaçait les premiers, à inaugurer une politique de résistance à laquelle eût dû les déterminer le seul instinct de la conservation? Non, ces attaques produisaient plutôt dans la Chambre cette sorte d'intimidation qui était alors l'état d'esprit de tous les « suspects ». D'ailleurs, quand elle entendait contester sa « légitimité », l'assemblée devait s'avouer à elle-même qu'elle avait, en effet, été élue pour faire partie d'un gouvernement qui n'était plus, et en vertu d'une législation électorale que la Charte nouvelle avait condamnée [2]. Aussi était-elle chaque jour plus hésitante, lasse, incertaine de la volonté nationale et de son propre droit, sans force et sans courage pour fournir une direction à l'opinion et réagir contre le mouvement qui emportait toutes choses. Elle était réduite d'un quart de ses membres par les annulations d'élections et par les démissions des royalistes, et la

---

[1] Débat du 30 août 1830, à propos du projet de loi tendant à remplacer les députés démissionnaires. Voir notamment le discours de M. Mauguin.

[2] « Quel mandat avions-nous donc reçu? s'écriait M. Mauguin dans la séance du 30 août. N'était-ce pas de concourir avec une Chambre de pairs maintenant mutilée, avec une Chambre émanée d'un roi maintenant renversé? Ne devions-nous pas, en un mot, faire partie d'un gouvernement qui formait un tout indivisible et qui maintenant n'existe plus? Et la partie subsistera-t-elle quand le tout est détruit? Non, non, ne nous abusons pas; notre mandat est mort avec le gouvernement près duquel il devait s'exercer. » Certes, en pure logique, il était malaisé de réfuter cette argumentation. Toutefois, elle avait un point faible, une fissure qui n'échappa point aux contradicteurs. M. Mauguin avait commencé par reconnaître la légitimité des actes faits par la Chambre pour choisir un roi et reviser la Charte. Comment! répondirent MM. de Rambuteau et Dupin, nous aurions eu le droit de faire de si grandes choses, et nous ne pourrions pas voter de modestes lois! Le dernier de ces orateurs rappelait d'ailleurs un souvenir historique qui fit un grand effet. « Serons-nous condamnés, dit-il, à passer encore par les mêmes fautes pour arriver aux mêmes résultats? Imiterons-nous l'Assemblée constituante, qui ne sut pas achever son propre ouvrage? »

conscience de cette mutilation la rendait plus timide encore. Elle ne céda point jusqu'à se dissoudre, comme on l'en sommait impérieusement; le 4 octobre, elle décida, sur la motion d'un de ses membres, M. Jacques Lefèvre, qu'elle suspendrait ses travaux le 10 et ne les reprendrait qu'après avoir vu ses vides remplis par des élections complémentaires. Ces élections, en comptant les réélections de députés nommés fonctionnaires, ne portaient pas sur moins de cent treize siéges. C'était donc toute une infusion de sang nouveau sur laquelle la Chambre comptait pour se rajeunir et se vivifier [1].

VII

Avant de se séparer, la Chambre devait s'occuper encore d'une affaire singulièrement redoutable pour sa faiblesse et pour celle du pouvoir. Elle venait de voter, quelques jours auparavant, le 27 septembre, la mise en accusation des anciens ministres de Charles X. L'initiative de ces poursuites n'était pas venue du gouvernement. C'était le peuple qui, au lendemain de sa victoire, avait arrêté en province les ministres fugitifs. « Capture malencontreuse! » s'était écrié alors Carrel, tant ceux même qui étaient le plus animés contre le régime déchu pressentaient les embarras et les périls d'un procès de ce genre. C'était ensuite un simple député, esprit absolu et violent, M. Salverte, qui avait, dès le 13 août, proposé la mise en accusation [2]. Une fois saisie, la Chambre n'avait pas cru pouvoir refuser cette satisfaction à l'irritation populaire. Mais irait-on jusqu'à livrer les têtes de M. de Polignac et de ses collègues? On y comptait en bas lieu. A peine la question s'était-elle trouvée

[1] Quand la Chambre ainsi complétée reprendra ses travaux, le ministère du 11 août aura déjà disparu.

[2] Cette proposition, faite le 13 août, avait donné lieu à un premier débat, le 20 août. Un vote avait alors investi la commission des pouvoirs de juge d'instruction. Le 23 septembre, M. Bérenger avait lu le rapport concluant à la mise en accusation : celle-ci fut votée, après discussion, le 27 septembre.

posée qu'avaient commencé à fermenter les instincts de férocité vindicative si faciles à éveiller dans les foules. Les démagogues n'étaient pas les seuls à entretenir et à aviver cette soif de sang. Dans une région moins basse, on rencontrait des « esprits étroits et raides » qui, par argumentation juridique et par dogmatisme révolutionnaire, prétendaient établir que la peine capitale était le châtiment légitime et nécessaire d'une tentative de coup d'État. Telle était la conclusion d'un article du *Times* que les feuilles de gauche s'empressaient de reproduire, et la *Revue d'Édimbourg*, alors dans tout son éclat, disait, en parlant des ministres accusés : « S'ils échappent au châtiment qu'ils ont trop mérité, cette indulgence ne sera qu'une prime offerte à la trahison, un encouragement à qui voudra s'armer contre les libertés populaires ; les défenseurs de ces libertés, si le sort les trahit, n'échappent ni à la rigueur de la loi ni à la hache du bourreau. »

Épreuve décisive pour la monarchie naissante ! Si sévèrement qu'on jugeât la révolution de Juillet, il fallait reconnaître qu'elle s'était montrée, dans la victoire, tolérante et clémente. Sauf certaines atteintes à la liberté religieuse dont il sera parlé plus tard, peu ou point de ces représailles trop fréquentes en pareil cas, et surtout, en dehors du combat, pas de sang versé. Charles X avait pu gagner lentement et publiquement le port de Cherbourg, sans être victime d'aucune violence. Louis-Philippe ressentait quelque fierté d'une modération qui était, en effet, pour beaucoup, son œuvre personnelle. « Ne serait-il pas possible, écrivait-il à M. Guizot, le 13 septembre, d'indiquer dans votre exposé que, tandis que le gouvernement fait aussi largement la part des destitutions réclamées par le vœu public, cependant aucune persécution n'a lieu ; que la liberté individuelle existe pour tous, dans la plus grande étendue, ainsi que la circulation des voyageurs de toutes les classes, de toutes les opinions, de tous les partis ; que les cabinets noirs n'existent plus, que le secret des lettres est scrupuleusement et consciencieusement respecté ; que nul n'est inquiété pour ses opinions, quelles qu'elles aient été, quelles qu'elles puissent être encore ? Je ne prétends pas à l'encens des compliments, mais cependant je crois qu'on peut dire à ceux qui méconnaissent ma conduite et ses motifs : « En auriez-vous « fait autant envers nous [1] ? »

Laisser ensuite verser le sang des ministres de Charles X, ce serait perdre le bénéfice et l'honneur de cette modération première; ce serait altérer complétement le caractère du nouveau régime. Les conséquences ne se feraient pas attendre, terribles au dedans et au dehors. Au dedans, une fois que le fauve populaire aurait trempé ses lèvres dans le sang, n'était-il pas à craindre que, comme toujours, il ne voulût s'en gorger, que l'ivresse du carnage ne lui montât au cerveau? et alors où s'arrêterait-il? N'aurait-on pas ouvert la porte à de hideuses passions dont la monarchie elle-même serait d'abord victime? Au dehors, on ranimerait, plus irritées et plus menaçantes, ces défiances dont la prudente sagesse de Louis-Philippe avait eu tant de peine à prévenir le dangereux éclat. Aussi, quand les rêveurs de bouleversement démagogique et de guerre universelle réclamaient si âprement la mort de M. de Polignac et de ses collègues, ils le faisaient moins par ressentiment contre ces derniers, que par intuition de ce qui en résulterait pour la monarchie de Juillet. Après avoir donné un tel gage à la révolution, cette monarchie lui serait irrévocablement liée et subordonnée; en même temps, elle romprait à tout jamais avec les gouvernements réguliers, par un défi sanglant, analogue à celui de la Convention jetant aux royautés européennes la tête coupée de Louis XVI.

Le Roi avait vu ce péril dès le premier jour; la majorité de la Chambre, de même; c'est pourquoi elle avait scrupule de se séparer, en ne laissant, sur ce point, d'autre indication à l'opinion publique que le vote de mise en accusation. Accuser quelqu'un de haute trahison, n'était-ce pas le vouer à une condamnation à mort? Que faire pour écarter cette conséquence? D'accord avec les ministres, la majorité usa d'un détour. Dans les dernières séances de la session, le 6 et le 8 octobre, elle enten-

---

[1] *Mémoires de M. Guizot*, t. II, p. 50-51.

dit le rapport et précipita la discussion sur une proposition de
M. de Tracy, tendant à la suppression de la peine de mort. Il
lui parut impossible d'improviser une réforme aussi grave,
mais elle adopta une adresse qui invitait le Roi à proposer
cette suppression, notamment en matière politique. En même
temps, on faisait signer « aux blessés de Juillet » une pétition
dans laquelle ils disaient que « les mânes de leurs frères
n'avaient pas besoin de sang pour être apaisés ». Le Roi reçut
aussitôt l'adresse des députés, en approuvant chaleureusement
les idées qui y étaient exprimées. Cette démonstration senti-
mentale, dans laquelle tous avaient eu leur rôle, paraissait avoir
pleinement réussi. Au Palais-Royal, dans le monde parlementaire, dans les salons ministériels, chacun crut la difficulté sinon
surmontée, du moins tournée; on était tout à la joie d'une
habileté heureuse et à l'émotion, très-sincère du reste, de la
générosité dont on venait de faire preuve, et lorsque, deux jours
plus tard, le 10 octobre, les députés suspendirent leurs séances,
leur conscience était rassurée sur les dangers de la mise en
accusation.

Ils oubliaient cette foule révolutionnaire qui, depuis Juillet,
semblait être l'un des grands pouvoirs publics. Quelle colère
quand elle s'aperçoit qu'on lui dérobe ses victimes! Un cri de
fureur sauvage éclate dans les clubs, les journaux, les placards;
on dénonce au peuple la trahison dont il est menacé; appel
est fait aux plus sanglants appétits, dans un langage digne
de 1793. Le soulèvement est tel, que les journaux modérés
renoncent à justifier l'adresse, et le *Constitutionnel* blâme,
comme « étrange et inopportun », le « drame philanthropique
que la Chambre a voulu improviser en vingt-quatre heures ».
Cette Chambre n'est plus là pour se défendre : en eût-elle eu
d'ailleurs le courage? Quant au ministère son complice, ahuri,
intimidé de ce tapage, il ne sait imprimer aucune direction,
opposer aucune résistance ; les journaux se demandent en raillant s'il existe : « Il y a un gouvernement, dit le *National;* on
entend à peine parler de lui ;... on ne le voit plus; on ignore
presque où il est. Pressé de questions, il ne s'explique point;

attaqué, calomnié peut-être, il ne répond point. Où est-il? Que fait-il? Que pense-t-il[1]? »

Ainsi violemment excitées et mollement combattues, les passions mauvaises grondent chaque jour plus menaçantes. Des attroupements sinistres se forment sur les places publiques. Le 17 octobre, la populace se porte sur le Palais-Royal, demandant la mort des anciens ministres. Elle revient le lendemain, et, dans la soirée, envahit les cours et les jardins; c'est avec peine que la garde parvient à la refouler et à fermer les grilles. A Vincennes! crie-t-on alors; et la hideuse cohue, qu'on a pu comparer à une bande de septembriseurs en quête de « travail », se précipite, armée de fusils, de sabres, de piques, pour arracher les ministres de leur prison. Des torches éclairent sa marche. Sur son passage, les boutiques se ferment; partout l'effroi et le dégoût; du reste aucun obstacle, aucune répression. Le château de Vincennes a heureusement pour commandant le général Daumesnil. Ce vieux soldat, dont l'énergie console un peu de la faiblesse qui règne partout ailleurs, fait ouvrir les portes de la forteresse et se présente seul à la horde des assaillants : « Que voulez-vous? leur demande-t-il. — Nous voulons les ministres. — Vous ne les aurez pas; ils n'appartiennent qu'à la loi; je ferai sauter le magasin à poudre plutôt que de vous les livrer. » La foule, un instant hésitante, mais bientôt dominée, s'éloigne en criant : « Vive la jambe de bois! » Elle revient à Paris : il est deux heures du matin; ivre de passion, de cris et de vin, elle se porte de nouveau sur le Palais-Royal et, avec d'atroces clameurs, demande à voir le Roi. On n'a même pas eu la précaution vulgaire d'augmenter la garde après l'attaque du matin; le poste va être forcé, déjà les plus hardis montent le grand escalier, quand arrivent quelques compagnies de garde nationale, réunies à la hâte. Il s'en faut de peu que le Roi ne subisse l'outrage d'un autre 20 juin. Alors, seulement, vaincue par sa propre lassitude, l'émeute se disperse.

---

[1] *National* du 16 octobre 1830.

Pendant ces quarante-huit heures d'angoisse et de honte, on eût vainement cherché trace à Paris d'un commandement sûr de lui-même et capable de se faire partout obéir : pas d'autre résistance que celle qu'il a plu aux gardes nationaux d'opposer par moment et par place. On a fait quelques arrestations : deux seulement seront maintenues et aboutiront à des condamnations à six mois ou un mois de prison. Dans la journée du 18, les ministres se sont rassemblés chez le Roi : inertes par faiblesse et par division, embarrassés les uns des autres, s'en voulant mutuellement d'être, ceux-ci trop lâches, ou ceux-là trop impopulaires, plus effrayés encore par l'impuissance de la défense que par la force de l'attaque, ils ont adressé aux généraux moins des ordres de répression que des adjurations vagues de mettre fin au désordre, et surtout ils ont tâché de désarmer les émeutiers par quelque concession. Dans ce dessein, ils ont préparé, pour le *Moniteur* du lendemain, une note où, désavouant à demi le vote de la Chambre et leur propre conduite dans l'affaire de l'adresse, ils déclaraient que le gouvernement ne croyait pas possible « l'abolition universelle et immédiate de la peine de mort », et que, même pour restreindre ce châtiment aux seuls cas nécessaires, « il fallait du temps et un long travail ». Fait significatif, c'était M. Guizot qui avait rédigé cette note sur la table du conseil [1].

Le 19 au matin, le Roi, en remerciant les gardes nationaux qui l'avaient sauvé pendant la nuit, leur disait avec fermeté : « Ce que je veux, ce que nous voulons tous, c'est que l'ordre public cesse d'être troublé par les ennemis de cette liberté réelle, de ces institutions que la France a conquises, et qui peuvent seules nous préserver de l'anarchie et de tous les maux qu'elle entraîne à sa suite. » Mais quelle portée pouvait avoir ce langage, quand, en même temps, le *Moniteur* publiait la note rédigée la veille ? Tout était du reste à la faiblesse et à la capitulation. Les journaux de la gauche modérée et dynastique

---

[1] Quelques jours après, M. Guizot, sorti du pouvoir, avouait noblement à la tribune qu'il avait commis une faute grave, en consentant à cet article du *Moniteur*. (Discours du 9 novembre 1830.)

glissaient à peine quelques timides conseils de paix, ou plutôt quelques supplications, au milieu d'éloges hyperboliques prodigués aux « hommes de Paris, race de braves, peuple d'élite, fait pour la gloire, pour les nobles élans du cœur [1] ». La Fayette, plus spécialement chargé du maintien de l'ordre en sa qualité de commandant de la garde nationale, adressait aux émeutiers des proclamations pleines d'une effusion confiante et caressante ; il leur parlait de « leur gloire si pure », et les conjurait humblement de ne pas lui causer le chagrin de ternir cette gloire. M. Odilon Barrot fit mieux encore ; il traita cette sédition honteuse et détestable entre toutes, « d'émotion populaire » qu'il s'efforçait d'excuser et d'attribuer à un « malentendu » ; il discuta avec elle comme avec une sorte de pouvoir ; il osa même qualifier l'adresse de la Chambre de « démarche inopportune », donnant ainsi le spectacle d'un fonctionnaire qui blâmait le parlement, les ministres, le Roi, et le faisait pour satisfaire une émeute. Si habitué qu'on fût à l'anarchie administrative, le scandale parut cette fois difficile à supporter. M. Guizot et ses amis parlèrent de la démission ou de la destitution du préfet de la Seine. Mais M. Dupont de l'Eure et le général La Fayette menacèrent de leur retraite si l'on touchait à M. O. Barrot. Celui-ci demeura donc, et les journaux de gauche mirent en lumière la façon dont le préfet l'avait emporté sur les ministres. L'autorité de ces derniers n'en était pas accrue. Après chaque capitulation, ils ne gagnaient rien en popularité, mais ils perdaient en considération. La même foule qui avait acclamé le vieux général Daumesnil, quand celui-ci lui avait résisté, répondait aux concessions du gouvernement, en criant plus fort qu'auparavant : A bas les ministres!

[1] *National* du 7 octobre. — Seul, le *Journal des Débats*, dégoûté et indigné, osait rappeler le souvenir de cette démagogie qui, pendant trois ans, « avait léché le sang de la guillotine ».

VIII

Le ministère du 11 août est arrivé à ce résultat que tout le monde l'attaque et que personne ne le défend : les conservateurs, parce qu'il ne résiste pas; les révolutionnaires, parce qu'il ne suit pas le mouvement d'assez bonne grâce ; les uns et les autres enfin, parce qu'il a cette figure assez piteuse et généralement peu respectée d'un gouvernement qui ne sait pas, ne peut pas ou n'ose pas vouloir. Lors de son avénement, le cabinet, à raison même de sa composition un peu disparate, avait été bien accueilli partout, à gauche par le *National,* au centre gauche par le *Constitutionnel,* à droite par le *Journal des Débats*. Deux mois se sont écoulés, et, entre tous les journaux, c'est à qui lui donnera plus rudement et plus dédaigneusement congé. Armand Carrel écrit dans le *National :* « Devant ce fait d'une volonté populaire exprimée d'une manière malheureusement trop claire, volonté de vengeance et de sang, nous le disons avec peine, la situation n'est plus tenable pour un ministère qui a tenté l'impuissante combinaison du salut des ministres par l'abolition préalable de la peine de mort. Il faut laisser la place à des hommes, ou assez populaires pour pouvoir obtenir grâce et forcer les passions à renoncer à un argument terrible, ou assez déterminés pour accepter la solidarité d'un acte de vengeance qu'il serait impossible d'empêcher. » Le *National* ajoute quelques jours plus tard : « Que le ministère ait commis toutes les fautes qui pouvaient démontrer son incompatibilité avec la France de 1830, il n'y a qu'un avis là-dessus. » Il lui reproche « d'avoir peur d'une révolution accomplie, de ne pas la connaître, d'aimer mieux la calomnier que se familiariser avec elle et, si ce n'est la conduire, la suivre au moins d'un pas égal [1] ». D'autre part, on lit dans le *Constitutionnel :* « Les émeutes qui n'ont trouvé de répression et pour ainsi dire de gouvernement que

---

[1] *National* du 18 et du 24 octobre.

dans la garde nationale, ne laissent aucun doute sur la nécessité d'un pouvoir qui le soit autrement que de nom [1]. » Le *Journal des Débats* exprime des plaintes analogues : « Le pouvoir public ne prend plus l'initiative d'aucune mesure ; il attend que la garde nationale veuille et agisse ; alors il se met à suivre ;... l'administration s'efface et se cache derrière le peuple. » La conclusion est naturellement peu favorable au maintien du cabinet : « Il ne faut pas croire que nous tenions beaucoup au ministère en lui-même ; par son inaction, par sa faiblesse, il donne prise aux troubles... S'il ne se défend pas mieux, et surtout s'il ne défend pas mieux l'ordre public qu'il n'a fait, il tombera, et sans laisser de regret! Il tombera, non parce qu'il est modéré..., mais parce qu'on finira par voir trop clairement que sa modération n'est que l'impuissance, et qu'en laissant aller, il perd tout. » Dans le même journal, M. Saint-Marc Girardin s'écrie, avec l'indignation de son honnête et fin bon sens : « Avoir un gouvernement qui ne gouverne pas, mais qui prie humblement d'obéir, demandant pardon de la liberté grande qu'il prend, c'est n'être pas dans l'état social ni dans l'état barbare ; c'est être dans l'anarchie et le chaos. La société est une bonne chose ; mais cette décadence de la société, ce radotage impuissant des institutions sociales, c'est une pauvre et pitoyable chose [2]. » Aussi le *National,* après avoir constaté cette unanimité d'attaques, après avoir déclaré que le ministère « n'a pas un journal à lui », qu'il est « plus dépourvu du côté de la presse que ne l'a été aucun des cabinets depuis la Restauration », est autorisé à prononcer cette condamnation sommaire : « Le ministère ne convient à personne [3]. »

Cette poussée de la presse devait rencontrer peu de résistance au moins chez une partie des ministres. Ceux d'entre eux qui représentaient l'élément conservateur ressentaient déjà depuis quelque temps la lassitude, le dégoût, on dirait presque le remords de la besogne qu'il leur fallait faire et surtout laisser

---

[1] *Constitutionnel* du 26 octobre.
[2] *Journal des Débats* des 16, 21 et 24 octobre.
[3] *National* du 24 octobre.

faire, troublés moins encore des attaques dont ils étaient poursuivis que du jugement qu'ils portaient eux-mêmes sur leur œuvre[1]. On se rappelle dans quel esprit ils avaient consenti à faire partie du premier cabinet de la monarchie, et notamment avec quelle modestie défiante M. de Broglie avait alors défini le rôle tout provisoire et expectant de ce ministère. Les événements n'avaient pas rendu le noble duc plus confiant et plus hardi. « Il s'agit, disait-il un jour à son collègue, M. Molé, de tenir la position le temps suffisant ; nous ne sommes qu'un sac à terre, comme disent les sapeurs, nous ne faisons que boucher un trou qui, sans nous, resterait béant et par où tout passerait. Nous faisons tant bien que mal le lit de nos successeurs, et puissent-ils l'occuper bientôt[2] ! » Dernier souhait bien sincère et exprimé chaque jour avec une vivacité plus impatiente et plus inquiète ! Le peu de bien qu'ils avaient espéré faire, le peu de mal qu'ils s'étaient proposé d'empêcher, M. de Broglie et ses amis s'en sentaient incapables, dans la compagnie ministérielle qu'ils avaient acceptée ; ils se voyaient condamnés à une politique de laisser-aller et de compromissions, à ce que M. Molé appelait, avec une amertume dédaigneuse, « les concessions aux journaux et à la clameur d'un parti ». Aussi avaient-ils de moins en moins de goût à prolonger une épreuve d'où ils risquaient de sortir usés, discrédités et mécontents d'eux-mêmes. Que sont devenues leurs illusions, si longtemps persistantes, sur les avantages et la légitimité de l'union de toutes les gauches ? Il leur a suffi de quelques semaines de pouvoir pour comprendre le mensonge et le péril de ces thèses d'opposition, et pour désirer faire le départ des éléments contraires qu'on avait d'abord mêlés dans le ministère.

Les ministres adversaires de la politique de laisser-aller avaient trop petite idée de leurs forces pour songer à garder le

---

[1] Quelques jours après être sorti du ministère, M. Guizot, qui pourtant n'aimait pas les confessions publiques, disait à la tribune : « Je l'avoue, dans mon ministère, je n'ai pas fait tout ce que j'aurais voulu faire ; j'ai fait des choses que je voudrais aujourd'hui n'avoir pas faites. » (Discours du 9 novembre 1830.)

[2] *Souvenirs* du feu duc de Broglie.

pouvoir, en excluant M. Laffitte, M. Dupont de l'Eure et leurs amis. Peut-être même, à scruter le fond de leur âme, n'y eût-on trouvé alors qu'une assez débile espérance dans le succès final de l'entreprise monarchique à laquelle ils étaient associés. Ils voyaient bien d'ailleurs que, s'ils voulaient rester, les points d'appui leur feraient défaut. Le Roi, toujours insuffisamment convaincu de la nécessité et surtout de la possibilité d'une résistance dans la politique intérieure, croyait indispensable de manœuvrer entre les deux partis, en les ménageant et les caressant tous deux. La Chambre se complétait alors par les élections partielles, mais rien n'indiquait qu'il en sortirait une majorité mieux constituée et plus résolue. Dans le pays, s'il y avait anxiété, malaise et souffrance, l'esprit public n'était pas pour cela guéri des exaltations et des sophismes révolutionnaires, et surtout ceux qui se sentaient suspects aux vainqueurs du jour n'avaient pu encore dominer l'intimidation qui les paralysait. La dissolution du cabinet devait donc avoir pour conséquence immédiate de livrer le pouvoir sans partage aux hommes de gauche, complices ou complaisants du parti révolutionnaire. Des conservateurs pouvaient-ils prendre sans trouble une pareille responsabilité? Ils se rassuraient par ces considérations que le duc de Broglie exposait un jour en causant avec le Roi : « Il vous faut nécessairement, disait-il, en passer plus tôt ou plus tard, mais pour un temps plus ou moins court, par le parti du mouvement. Le plus tôt est le mieux, car vous avez encore par vous-même un fond de popularité de bon aloi, pour résister à la fausse popularité du moment, et une majorité saine dans la Chambre des députés qui contiendra le mauvais parti. Si vous le laissez arriver peu à peu, à la sourdine, sous l'apparence d'une approbation officielle, vous lui préparez un long avenir ; endormant la résistance, vous ne pourrez lui faire appel qu'après de longues souffrances et quelques désastres ; si vous compromettez vos bons serviteurs en fausse voie, ils perdront tout crédit auprès des gens sensés et, le moment venu, n'inspireront à personne ni courage ni confiance. Dans l'état présent des affaires, je ne donne pas deux mois à M. Laffitte et à M. Dupont de l'Eure pour gouverner comme ils l'entendent et pour donner eux-mêmes leur langue aux chiens. Le Roi aura alors sous la main des hommes qui auront soutenu leur drapeau, et derrière lesquels les gens de bon sens se rallieront avec zèle. Si vous leur demandez de mettre leur drapeau dans leur poche et de faire chorus avec les braillards, qui vous viendra en aide au moment du danger, et à quoi vous seront-ils bons[1] ? » Le *Journal des Débats* obéissait à une inspiration analogue, quand il disait alors à ses amis du cabinet : « Si vous voulez quelque chose que vous ne pouvez pas, retirez-vous et ménagez-vous pour des temps meilleurs. Aussi bien, si nous devons passer par un ministère ultra-libéral, si la démocratie doit avoir son 1815 comme la Restauration, fasse le ciel que ce soit plus tôt que plus tard. Nous mesurerons enfin, une fois pour toutes, tant de géants populaires que nous soupçonnons fort de n'être que des nabots... C'est une expérience à faire, elle sera courte et décisive. M. de Villèle a fait en grande partie notre éducation en fait de liberté. Le ministère démocratique fera notre éducation en fait d'ordre public, et il la fera vite, soyez-en sûrs[2]. » Si ingénieuses, si fortes même que soient ces considérations, nous convainquent-elles absolument qu'avec plus d'énergie de la part de tous, l'effort de résistance, accompli bientôt par Casimir Périer, n'aurait pu être tenté quelques mois plus tôt? En tout cas, elles ne nous rassurent pas sur l'effroyable risque d'une épreuve qui consiste à laisser tout faire au parti révolutionnaire dans l'espoir qu'il s'usera lui-même. Mais, alors, les meilleurs des conservateurs croyaient nécessaire d'en passer par là, et cette nécessité, — s'il faut l'admettre comme eux, — est une preuve de plus du triste état où nous avait mis la révolution.

Les désordres du 17 et du 18 octobre, et surtout les humiliations qui les avaient accompagnés, eurent cet effet, chez M. Guizot et ses amis, de transformer en résolution définitive leurs désirs de retraite. Leur conscience comme leur courage

---

[1] *Souvenirs* du feu duc de Broglie.
[2] *Journal des Débats* du 21 octobre.

recula devant la pensée d'aborder la terrible épreuve du procès des ministres de Charles X, dans les conditions de faiblesse qui venaient, dès la première difficulté, de les condamner à une telle capitulation. Ce n'était pas trop tôt pour se dégager. Ils savaient du reste que, dans cette question particulière du procès, leurs collègues les plus avancés, et La Fayette lui-même désiraient écarter toute issue sanglante : demeurés seuls au pouvoir, ceux-ci ne seraient-ils pas plus obligés de sauver la tête de M. de Polignac et moins gênés pour y réussir? Afin de dissoudre la combinaison hétérogène du 11 août, il suffisait de poser, en conseil des ministres, la question même de la direction à donner à la politique intérieure. C'est ce que fit M. le duc de Broglie, dans les derniers jours d'octobre. « Il s'agit de savoir, dit-il, quelle conduite on se propose de tenir, si l'on entend désormais continuer à résister, avec modération et fermeté, au mouvement qui nous entraîne après nous avoir placés à sa tête, ou bien se placer à sa queue et le suivre en l'amadouant par des concessions et des compliments, par des promesses et par des caresses. Il est possible que ce dernier parti soit le meilleur, peut-être même le seul praticable, et dès lors on ne saurait mieux faire que de placer à la tête du ministère un chef qui le professe; mais il faut que ce chef soit secondé par des collègues qui l'assistent et ne contrarient ni ses actes ni ses desseins. Si ce chef doit être M. Laffitte, j'y consens, pourvu qu'il soit chargé de choisir lui-même ses collègues, et je préviens d'avance que, ne partageant pas son opinion, je ne saurais lui promettre de lui prêter mon concours. » Le débat ainsi soulevé, il était clair qu'on ne pouvait s'entendre. M. Laffitte reçut mission de former un nouveau cabinet; MM. de Broglie et Guizot furent suivis dans leur retraite par MM. Périer, Dupin, Molé et le baron Louis. On croit volontiers à la sincérité de M. Guizot quand il écrit dans ses Mémoires : « Nous sortîmes des affaires, le duc de Broglie et moi, avec un sentiment de délivrance presque joyeux dont je garde encore un vif souvenir. »

CHAPITRE IV

LE MINISTÈRE LAFFITTE ET LE PROCÈS DES MINISTRES

(Novembre 1830 — Janvier 1831)

I. Composition du cabinet. M. Laffitte. La politique du laisser aller. Les autres ministres. Importance dangereuse de La Fayette. M. Odilon Barrot. Confiance de M. Laffitte. Accueil fait par l'opinion au nouveau ministère. — II. Le procès des ministres. Agitation croissante. Faiblesse de La Fayette et d'Odilon Barrot. La cour des pairs. Menaces et inquiétudes. Les ministres enlevés par M. de Montalivet. L'émeute trompée. L'intervention des « Écoles ». — III. Exigences du parti révolutionnaire. Démission de La Fayette et de M. Dupont de l'Eure. Impuissance et discrédit du ministère.

I

Le nouveau ministère, constitué par ordonnance du 2 novembre, fut ainsi composé : MM. Laffitte, président du conseil, ministre des finances ; le maréchal Maison, ministre des affaires étrangères ; Dupont de l'Eure, garde des sceaux ; le comte de Montalivet, ministre de l'intérieur ; Mérilhou, ministre de l'instruction publique et des cultes ; le maréchal Gérard, ministre de la guerre ; le général Sébastiani, ministre de la marine. Quelques jours plus tard, le 17 novembre, les maréchaux Maison et Gérard furent remplacés, l'un, par le général Sébastiani ; l'autre, par le maréchal Soult ; le comte d'Argout reçut alors le portefeuille de la marine.

M. Laffitte n'est pas un nouveau venu : on l'a vu, sous la Restauration, se jeter dans une opposition assez ardente, moins par passion doctrinale que par jalousie de banquier opulent contre l'aristocratie de naissance, par soif de popularité et désir d'augmenter la clientèle politique dont il aimait à être suivi [1]. Parvenu, dans les journées de Juillet, à l'apogée de son rôle, ce Warwick bourgeois s'était trouvé, lui aussi, un « faiseur de roi » ; sur les balcons révolutionnaires, il avait presque partagé avec La Fayette les accolades du duc d'Orléans, les acclamations de la foule, et la satisfaction de « protéger » une monarchie naissante. Aussi n'était-il pas de caresses dont ne crût devoir l'entourer Louis-Philippe, devenu roi. « Saint Jacques et saint Philippe, disait le prince en faisant allusion à son prénom et à celui du banquier, ne sont pas moins irrévocablement unis sur la terre que dans le ciel. » Et encore : « Tant que Philippe sera roi, Jacques sera son ministre. » M. Laffitte buvait ces flatteries royales, jouissait de cette importance avec une sorte d'indolence satisfaite et imprévoyante, sans comprendre que le pouvoir pût être autre chose que cette jouissance. Son épicurisme frivole, mobile et bon vivant redoutait ce qui était travail ou lutte. D'ailleurs, dans cette nature aimable et parfois brillante, rien des qualités sérieuses et surtout de cette puissance d'effort et de lutte qui peuvent seules transformer une importance momentanée en une action durable et efficace. D'instruction fort médiocre, son bagage politique, intellectuel et moral, aurait pu tenir dans une chanson de Béranger. Imbu des vanités et des badauderies nationales, étourdi par les fumées de Juillet, il croyait suffire à tout par une sorte de foi, naïvement ignorante, dans le progrès indéfini du libéralisme, dans la bienfaisante omnipotence de la révolution, dans l'infaillibilité et l'impeccabilité du peuple. Ce banquier heureux n'était même pas un financier compétent. Ce causeur agréable n'avait à la tribune aucun des dons de force, de chaleur et d'autorité, qui font de la parole un moyen de gouvernement. Il était aussi paresseux pour le travail de cabinet que dénué de volonté et d'influence dans le maniement des hommes. S'il ne savait pas commander, sa bienveillance facile, son affabilité superficielle, son besoin de plaire, sa faiblesse de carac-

[1] Sur M. Laffitte avant 1830, je me permets de renvoyer à ce que j'en ai dit dans le *Parti libéral sous la Restauration*, p. 51 et suiv.

tère, son habitude de courtiser l'opinion, son manque de convictions sérieuses et de doctrines réfléchies, lui rendaient plus impossible encore de résister, surtout à ceux qui lui paraissaient disposer de la popularité. Son incapacité de gouvernement n'était égalée que par sa légèreté présomptueuse et son vaniteux optimisme.

On ne pouvait dire que M. Laffitte personnifiât la « politique du mouvement », celle qui se serait avancée hardiment dans la voie révolutionnaire, se dirigeant vers un but certain et voulu ; il n'avait par lui-même aucune opinion violente, aucune obstination de doctrine extrême ; bien plus, il aimait à se dire du « parti modéré », parlait volontiers avec quelque dédain de La Fayette, de ses « chimères », des « écervelés qui l'entouraient », et se piquait de n'être séparé que par des nuances du duc de Broglie et de M. Guizot. Cet état d'esprit apparut dans un débat soulevé peu de jours après la formation du cabinet [1]. M. Guizot avait saisi l'occasion d'une discussion sur la presse pour marquer en quoi il se séparait de M. Laffitte ; il avait opposé ceux qui voulaient « resserrer la révolution dans les plus étroites limites » et « la présenter à l'Europe sous la forme la plus raisonnable », à ceux qui la « faisaient dévier », la « dénaturaient », la « pervertissaient », et derrière lesquels s'agitaient « les passions exclusives du parti républicain ». M. Odilon Barrot accepta aussitôt la question telle que la posait M. Guizot, lui fit tête sur ce terrain, et retourna contre lui le reproche d'avoir méconnu le principe et la portée de la révolution. Mais, dès le lendemain, M. Laffitte, qui avait pris peur d'une contradiction si nette, essaya d'établir, par des déclarations équivoques et câlines, qu' « aucune dissidence fondamentale » ne le séparait des « membres de l'ancien cabinet », et que, « d'accord sur le fond des choses, la différence ne consistait que dans la disposition plus ou moins confiante des uns et des autres ». Pour un ministère nouveau, c'était une entrée peu fière. « Homélie pateline », disait le duc de

---

[1] Séances du 9 et 10 novembre 1830.

Broglie, en haussant dédaigneusement les épaules, et, dans un autre parti, le *National,* désappointé, se plaignait de cette timidité à se distinguer de ceux qu'on remplaçait. La seule politique qu'on découvrît en M. Laffitte, — si toutefois on peut appeler cela une politique, — était celle du « laisser-aller », sans plan et sans volonté, que Carrel devait qualifier, d'un mot heureux, « le gouvernement par abandon [1] ». Cette politique faisait consister le libéralisme dans l'abdication du pouvoir, avait pour principe de ne pas contrarier ceux dont l'irritation pouvait être gênante, livrait les Chambres ou les rues à qui voulait s'en emparer, et aboutissait à une misérable impuissance, sans cesser cependant d'être toujours souriante et satisfaite d'elle-même. Rien de plus périlleux en temps de révolution. Alors, en effet, ceux-là seuls sont en mesure de diriger les événements qui savent ce qu'ils veulent et ce qu'ils peuvent : autrement tout est à la merci du souffle de tempête qui a été déchaîné, et jamais on ne va si loin, dans de pareilles crises, que quand on ignore où l'on va.

Si M. Laffitte était le chef officiel et le personnage le plus en vue du cabinet, s'il lui a donné son nom dans l'histoire, il ne faudrait pas croire cependant que cette administration fût beaucoup plus homogène que la précédente. Le Roi avait vu avec regret dissoudre la combinaison du 11 août. S'il ne croyait pas encore possible de faire un ministère de résistance, la perspective de se trouver seul en tête-à-tête avec un conseil de gauche pure lui déplaisait pour lui-même et l'effrayait pour le pays. Il avait donc cherché quelque nouvel expédient qui n'exclût pas complètement l'élément conservateur. N'était-il pas allé jusqu'à presser M. Casimir Périer, avec une insistance qui étonne, mais avec un insuccès qui se comprend, d'accepter, sous la présidence de M. Laffitte, le portefeuille de l'intérieur? A défaut de M. Périer, il avait obtenu ce poste pour un jeune pair de vingt-neuf ans, auquel personne ne son-

---

[1] Carrel a dit en effet dans le *National,* au moment de la chute du cabinet (11 mars 1831) : « M. Laffitte a fait l'essai, non pas d'un système, mais de l'absence de tout système, du gouvernement par abandon. »

geait, que rien ne semblait désigner, ni l'éclat des services rendus, ni la notoriété du talent, ni l'importance de la situation, ni l'appui d'un parti : c'était le comte de Montalivet. Ses qualités réelles de courage et d'intelligence étaient encore ignorées; engagé dans la société libérale, non dans le parti révolutionnaire, il n'avait guère aux yeux du public que ce double titre, qui n'était pas alors, il est vrai, sans quelque valeur, d'être fils d'un ministre de l'empire et colonel de la garde nationale; mais il offrait à Louis-Philippe cette garantie de lui être personnellement très-dévoué et d'être avant tout, à raison même de l'imprévu de sa faveur, l'homme du Roi. Le général Sébastiani, ministre des affaires étrangères, était aussi depuis longtemps le familier du Palais-Royal; membre du cabinet précédent, il n'avait pas suivi dans leur retraite MM. Guizot, de Broglie et Molé, dont il partageait cependant les sentiments; il était resté, afin de pouvoir, dans cette phase nouvelle, servir le Roi qui trouvait en lui un confident sûr et un instrument fidèle.

Les deux ministères les plus importants semblaient ainsi soustraits au parti avancé. On en pouvait dire autant du portefeuille de la guerre, dès qu'il fut confié au maréchal Soult, et de celui de la marine passé aux mains de M. d'Argout, naguère encore porte-parole de Charles X dans ses dernières tentatives de transaction. Mais, quelque nombreux que fussent, autour de M. Laffitte, ces ministres à physionomie plus ou moins conservatrice, ils n'étaient pas en mesure de redresser la politique du ministère. Si le Roi avait profité de l'insouciance peu vigilante du président du conseil pour les introduire dans la place, c'était moins comme contradicteurs que comme surveillants, avec l'espoir peut-être de contenir un peu les éléments révolutionnaires du cabinet, non de les dominer, encore moins de les expulser.

D'autres ministres, au contraire, étaient plus à gauche que M. Laffitte; tels M. Mérilhou et surtout M. Dupont de l'Eure. Esprit obstiné et court, orgueilleux de sa fidélité aux principes et aux préjugés de 1792, M. Dupont de l'Eure jouait déjà depuis longtemps, dans la démocratie, ce rôle de vénérable qu'il devait tenir jusqu'après 1848 avec une solennité prudhommesque. On avait insisté, dès le début, pour lui faire accepter un portefeuille, estimant qu'il était, pour la monarchie naissante, une caution indispensable auprès des révolutionnaires. Mais il faisait payer cher ce service qu'il avait rendu à contrecœur, se croyant d'autant plus indépendant qu'il était plus incommode et plus bourru, mettant sa dignité à faire le paysan du Danube au milieu de la cour, sa conscience à se proclamer républicain en étant au service d'un roi, et à se poser en nouveau Roland dans les conseils d'un autre Louis XVI. Chaque matin, il offrait sa démission et allait pleurer dans le sein de Béranger sur le malheur d'être ministre malgré soi. Aux caresses dont Louis-Philippe croyait nécessaire de l'envelopper, il répondait par des coups de boutoir [1]. Aussi docile et complaisant envers la clique criarde dont il était entouré, que grognon et intraitable avec le prince ou ses collègues, il était une sorte de mannequin débile et servile aux mains de cette basoche révolutionnaire qui le maniait et le poussait à sa guise, en affectant de le vénérer, qui pénétrait par lui tous les secrets du conseil, qui y faisait parvenir toutes ses exigences, de telle sorte que le gouvernement était comme ouvert et livré au premier venu. Ne trouvant pas d'ailleurs, dans l'exercice du pouvoir, l'occasion d'élargir ses idées, il s'entêtait, avec une sorte de vanité obtuse, dans les méfiances et les sophismes de la démocratie la plus vulgaire, et un homme de son parti a pu dire de lui qu' « il n'avait guère, en fait de vues politiques, que sa mauvaise humeur et son éternelle austérité [2] ».

M. Dupont de l'Eure était, du reste, moins le ministre du

---

[1] Veut-on un spécimen des rapports de M. Dupont de l'Eure et du Roi? Un jour, en plein conseil, M. Dupont s'écrie : « Maudite galère! — Ah! oui, parlons-en, répond le Roi, maudite galère, à temps pour vous, à perpétuité pour moi. — A perpétuité? reprit le ministre; ma foi, je n'en sais trop rien, du train dont cela va. Dans tous les cas, Sire, cela vous amuse; mais moi, je ne m'en arrange pas du tout. » — Un autre jour, M. Dupont, donnant un démenti au Roi et menaçant de le rendre public, osait dire : « Prenez garde à qui on croira de vous ou de moi. » (SARRANS, *Louis-Philippe et la contre-révolution*, t. II, p. 77, 81.)

[2] M. LANFREY.

Roi que celui de La Fayette, dont le changement ministériel avait encore accru l'importance. Le commandant des gardes nationales était alors entouré d'une véritable cour, bien autrement empressée, adulatrice, que celle du Palais-Royal. A ses jours d'audience, la foule se pressait si nombreuse, qu'elle remplissait non-seulement la maison, mais débordait dans la rue [1]. Toutes les députations de province venaient lui rendre hommage, quelquefois même avant d'aller chez le Roi. A ses réceptions du mardi soir, les appartements étaient trop étroits. « C'est un salon public, écrit à cette époque un témoin [2], où les amis amènent leurs amis, les fils leurs pères, les voyageurs leurs camarades... Toutes les illustrations politiques, scientifiques, littéraires, populaires, battent pêle-mêle le parquet bruyant, en bottes crottées, en bas de soie, en uniforme, en redingote boutonnée, en habit à revers... Là, toute la France, toute l'Europe, toute l'Amérique, ont envoyé leurs députations. » Cependant, si admirateur qu'il soit, ce témoin est obligé de confesser que la composition de ce salon est singulièrement mélangée ; il y voit « tourbillonner cette nuée de jeunes gens à moustache, républicains d'estaminets, avocats sans procès et médecins sans malades, qui font de la révolution par désœuvrement » ; il y aperçoit aussi « des intrigants de tous ordres... des figures ternes, louches, dégoûtantes à voir; hideux repoussoir sur ce noble tableau, elles s'agitent autour du bon vieillard qui leur sourit, inoffensif et confiant ». Celui-ci en effet, tout entier à la joie « de l'enthousiasme qu'il inspire », se promène au milieu des groupes, la tête couverte, non pas de cheveux blancs ainsi que le chante l'hymne de Juillet, mais d'une courte perruque fauve, « la face terreuse et comme ternie de la poussière des révolutions qu'il a traversées [3] », le corps cassé par l'âge, le regard un peu éteint, la parole engourdie, corrigeant ces signes de décrépitude par une bonne grâce qui trahit

---

[1] Lettre de Macaulay alors en voyage à Paris. (*Life and letters of lord Macaulay*, par M. Trevelyan.)
[2] M. Luchet, dans le *Livre des Cent un*, t. II.
[3] Expression de M. Napoléon Peyrat.

le marquis du dix-huitième siècle sous le démocrate du dix-neuvième. Il est le centre de toute cette foule; « au milieu, dit toujours le même témoin, est un groupe serré; ceux qui le composent s'amincissent et s'allongent, les bras collés au corps; tout autour, on se hausse sur la pointe des pieds, et les mots : C'est lui! circulent ».

A moins de lire les écrits du temps, on ne saurait imaginer à quel diapason d'adulation on était monté, dans le monde démocratique, au sujet de La Fayette [1]. Il était l'idole du boutiquier garde national, qui voyait en lui un « Napoléon pacifique », à son usage et à sa mesure. Assistait-il à l'Opéra, le parterre exigeait que Nourrit, en costume de Moïse, chantât la *Parisienne*, et au couplet sur le vieux général tout le monde se tenait debout. Paraissait-il à la Chambre, les députés se levaient. Aux flatteries de la foule s'ajoutaient les caresses du Roi. Tant d'hommages étaient savourés, dans une sorte d'ivresse béate, par cet homme chez lequel Jefferson avait déjà signalé, quarante ans auparavant, une « faim canine de popularité ». Il croyait sincèrement que ses concitoyens n'étaient occupés que de lui, que s'ils venaient de faire une nouvelle révolution, c'était, par une attention de délicatesse filiale, pour rappeler au vieillard les souvenirs de sa jeunesse et lui préparer une fin de carrière en harmonie avec son début. Aussi n'était-il pas une de ses proclamations où il ne parlât de soi, des événements de sa vie, comme si celle-ci était le résumé, le point culminant et le grand enseignement de notre histoire contemporaine.

---

[1] Dans l'écrit que j'ai déjà cité, M. Luchet écrivait de La Fayette : « Son image, le soir, vient me visiter; je m'en empare, je l'embrasse, je la caresse! Je l'appelle honneur, patrie, liberté, gloire! Je la vois incarnée, faite homme, majestueuse, au front serein, calme et belle, semblant me bénir... Attendrissante bénédiction, que je croyais être celle de Dieu, un jour que je la reçus en effet, et que, se penchant sur moi, il me dit d'une voix altérée : « Au revoir, mon ami! » — On disait couramment alors qu'il n'y avait que deux noms dans l'histoire du siècle : La Fayette et Napoléon. Que d'attendrissement sur les « vertus de La Fayette! » Un écrivain de la gauche, aide de camp du général, s'écriait en s'adressant aux réactionnaires : « Vous qui avez supporté tant de vices et de crimes, ne pouvez-vous donc supporter encore quelques jours les vertus de La Fayette? »

Autour de La Fayette, on traitait le Roi en personnage d'importance secondaire ; on l'appelait, avec une familiarité dédaigneuse, « le citoyen que nous avons fait roi », et l'on s'étonnait qu'il ne se rendît pas mieux compte de sa propre vassalité. Une caricature du temps représentait Louis-Philippe, sa couronne à la main, et La Fayette lui disant : « Sire, couvrez-vous. » Le mot de maire du palais venait sur toutes les lèvres, et l'on opposait le « citoyen roi » au « roi citoyen ». Dans un banquet donné à l'Hôtel de ville en l'honneur du général, le toast au Roi était reçu avec une froideur glaciale, pendant que le général était acclamé, et le chœur, qui chantait la *Parisienne,* omettait les couplets relatifs au duc d'Orléans. Personnellement, La Fayette montrait sans doute envers Louis-Philippe plus de courtoisie que ses amis ; le gentilhomme démocrate n'avait pas la brutalité vulgaire d'un Dupont de l'Eure ; il n'était même pas au fond sans quelque affection pour le prince. Toutefois, au besoin, il ne se gênait pas pour pousser fort loin son droit de remontrance protectrice envers celui qu'il croyait avoir sacré par son accolade [1].

Comme les émigrés royalistes, La Fayette n'avait rien appris ni rien oublié ; il s'en tenait obstinément aux idées de la constitution de 1791, en les mélangeant de réminiscences américaines, et il eût désiré ne pas aller au delà. Par ses opinions propres, il n'était pas un jacobin ; seulement, moins que personne, il savait dire non, et, de ce chef, il méritait d'être au premier rang des politiques du « laisser-aller ». Était-il conduit parfois à envisager une éventualité de résistance, il se hâtait de l'ajourner indéfiniment. « Il y a, disait-il, entre M. Casimir Périer et moi, cette distinction qu'il voudra tirer sur le peuple plutôt que je voudrais le faire. » Pour le moment, bien loin de « tirer » sur l'émeute, il ne savait que lui adresser des proclamations élogieuses, attendries, la suppliant de consentir, par

---

[1] « Continuez, disait un jour La Fayette au Roi, continuez à répudier le principe de votre origine, et je vous garantis que la république, et peut-être la démagogie, ne sauraient désirer un meilleur auxiliaire que Votre Majesté. » (SARRANS, *La Fayette et la contre-révolution,* t. II, p. 2.)

amitié pour lui, à ne pas pousser les choses trop loin. Si le désordre avait un caractère particulièrement hideux, il ne risquait un mot de blâme qu'après avoir feint d'y voir l'œuvre de la « contre-révolution ». C'est qu'il mettait son point d'honneur et croyait sa popularité engagée à ne jamais se séparer de ses « amis », tâchant d'ailleurs de se persuader qu'il les contenait, quand il ne faisait que les suivre. « Il ressemble, disait spirituellement Henri Heine, à ce gouverneur de ma connaissance qui accompagnait son élève dans les mauvais lieux, pour qu'il ne s'y enivrât pas, puis au cabaret, pour qu'au moins il ne perdît pas son argent au jeu, et le suivait enfin dans les maisons de jeu, pour prévenir les duels qui pourraient s'ensuivre; mais si le duel arrivait inévitable, le bon vieillard lui-même servait alors de second[1]. » Les jeunes meneurs du parti révolutionnaire connaissaient et exploitaient la faiblesse du général; ils se servaient de lui, l'exaltaient d'autant plus qu'il était, entre leurs mains, un instrument plus docile, le faisaient parler ou parlaient en son nom, l'obligeaient à porter au gouvernement leurs plans, leurs utopies, leurs griefs et leurs exigences, parfois même prétendaient engager la monarchie, malgré elle, jusque dans les questions extérieures. Il y avait ainsi, en dehors du pouvoir régulier, un autre pouvoir, souvent plus puissant, surtout plus agité et plus bruyant que l'autre. M. de Salvandy, faisant allusion à la coterie d'*ultras* qui, après 1815, s'était groupée autour du comte d'Artois et avait essayé d'établir un gouvernement occulte à côté de celui de Louis XVIII, écrivait que la demeure de La Fayette était devenue « le pavillon de Marsan du parti révolutionnaire ». Singulière humiliation et péril grave pour la royauté nouvelle! Aussi M. de Metternich, peu après les journées de Juillet, avait-il dit à l'envoyé de Louis-Philippe, le général Belliard : « Il y a deux nobles entêtés dont vous et nous devons également nous défier, bien qu'ils soient gens d'honneur et nobles gentilshommes : le roi Charles X et le marquis de La Fayette. Vos journées de Juillet ont abattu la folle dictature du

[1] *De la France*, p. 215.

vieux roi ; il vous faudra bientôt attaquer la royauté de M. de La Fayette ; il y faudra d'autres journées, et c'est alors seulement que le prince lieutenant général sera vraiment roi de France. » L'envoyé de Louis-Philippe ne pensait pas d'ailleurs autrement : dans une autre conversation avec le chancelier, il avait dit du commandant des gardes nationales : « A la vérité, cet homme est un fléau, et il faudra l'abattre[1]. » L'heure de cette délivrance sonnera dans quelque temps, mais pour le moment on ne l'entrevoyait même pas, et jamais la « royauté de M. de La Fayette » n'avait paru plus forte.

La galerie des principaux personnages de la politique de laisser-aller ne serait pas complète, si l'on n'y faisait figurer le préfet de la Seine, M. Odilon Barrot. L'importance de ce dernier était supérieure à son rang administratif, et il se trouvait d'autant plus en vue que sa proclamation, lors des émeutes du 18 octobre, venait d'être l'une des causes de la crise ministérielle. Le rôle qu'il jouait à l'Hôtel de ville paraît alors avoir éveillé, chez les conservateurs, l'idée d'un rapprochement peu flatteur avec le maire de Paris de 1791 et de 1792, avec Pétion. On sait le mot terrible prêté à Royer-Collard ; comme M. Odilon Barrot se faisait présenter à lui, peu après le sac de l'archevêché : « Ah ! monsieur, lui dit-il, c'est inutile ; il y a quarante ans que je vous connais ; alors vous vous nommiez Pétion. » On raconte aussi que, pendant les désordres d'octobre, le Roi se promenait, avec le préfet de la Seine, sur la terrasse du Palais-Royal : « Vive Barrot ! » criait-on de la place. Alors le Roi, se retournant vers le préfet : « Autrefois, dit-il, j'ai aussi entendu crier : Vive Pétion[2] ! » Le rapprochement n'était pas juste ; il y avait chez Pétion un côté bas, malsain et pervers, qu'on eût cherché vainement dans la nature, après tout honnête, relativement désintéressée, bonne et même un peu candide de M. Barrot. S'il fallait à tout prix lui chercher un ancêtre parmi ceux qui, pendant la première révolution, l'avaient devancé à l'Hôtel de ville, ce serait plutôt, malgré les différences de

---

[1] *Mémoires de M. de Metternich*, t. V, p. 26.
[2] Louis Blanc, *Histoire de dix ans*, t. II, p. 122.

caractère et de physionomie, Bailly, dupe de 1789 et victime de 1793.

M. Odilon Barrot n'avait pas été des premiers rôles sous la Restauration. Fils d'un conventionnel, ami et protégé d'un régicide, il s'était posé en « libéral » au barreau de la Cour de cassation, et avait plaidé avec quelque éclat certaines causes politiques. Les journées de Juillet le trouvèrent lieutenant de La Fayette à l'Hôtel de ville. Choisi comme l'un des commissaires chargés d'accompagner, de surveiller et de protéger Charles X, dans sa lente retraite, il remplit avec convenance cette délicate et pénible mission. Aussitôt de retour, il fut nommé à la préfecture de la Seine. Ne lui demandez pas de se renfermer dans sa subordination administrative; il se piquait de représenter une politique fort différente de son ministre d'alors, M. Guizot. Il se disait de ceux qui « reconnaissaient dans l'événement de Juillet tous les éléments d'une grande révolution nationale, changeant complétement le principe et la condition du gouvernement de la France ». « On ne devait pas, ajoutait-il, craindre d'en étendre les effets, d'en élargir les bases, de lui faire plonger ses racines constitutives aussi avant que possible dans les masses; il ne s'agissait plus de continuer la Restauration, mais de s'en séparer radicalement. » Il reprochait au gouvernement « d'avoir peur » de la révolution; à l'entendre, on eût dû commencer par dissoudre la Chambre et convoquer les assemblées primaires de 1791. Dans chaque question, il était d'avis de céder au parti avancé. Ce personnage que l'histoire ou du moins la chronique se plaît à représenter avec une tenue imposante, secouant comme un lion sa tête sans crinière ou la renversant avec des airs de commandement, le sourcil olympien, la main droite invariablement passée entre deux boutons de sa redingote fermée, affectant, dans sa parole emphatique et martelée, des tournures d'oracle, était au fond le plus solennel des indécis, le plus méditatif des irréfléchis, le plus peureux des ambitieux, le plus austère des courtisans de la foule. Son laisser-aller ne se distinguait de celui de M. Laffitte qu'en ce qu'il était dogmatique et doctrinaire, au lieu d'être frivole et indolent. Il établissait, par principe et en formule, qu'on devait s'abandonner à la révolution, que la seule manière de prévenir ses excès était de la satisfaire en tout et de supprimer ainsi tous ses griefs[1] : politique d'une simplicité merveilleuse où l'on n'avait à s'inquiéter que des résistances et des défiances conservatrices. Optimiste autant que le président du conseil, M. Odilon Barrot l'était avec une candeur qui lui était propre. Son œil bleu et placide exprimait la confiance superbe et sereine qui ne se troublait de rien, surtout des fautes commises, la satisfaction d'un esprit trop court pour s'alarmer, la paix d'une conscience à laquelle il suffisait de contempler avec émotion sa propre bonne foi. Puissant pour le mal qu'il ne voyait pas, impuissant pour le bien dont il n'avait jamais que l'illusion, il apportait, dans une œuvre néfaste et au milieu d'alliés détestables, une sorte de bonhomie un peu niaise qui faisait dire à un vieux carliste : « C'est Jocrisse, chef de brigands. » L'aveuglement de son optimisme était encore facilité par la nature de son talent, par son goût pour les généralisations et les abstractions oratoires ; il négligeait, comme des détails sans importance, les faits qui eussent pu le gêner et l'éclairer, et se trompait lui-même par la sonorité vague de sa parole.

Et quelle inconséquence! Quand La Fayette ou M. Dupont de l'Eure demandaient « une monarchie entourée d'institutions républicaines », c'étaient après tout des républicains cherchant à se rattraper sur les choses du sacrifice qu'ils avaient fait, de plus ou moins bon gré, avec plus ou moins de sincérité, sur le mot. Mais quand M. Barrot prenait la même devise, quand il voulait imposer à la royauté des institutions qui en eussent été la négation et une politique qui l'eût conduite à sa perte, il se croyait cependant et se disait sincèrement monarchiste. Dans

---

[1] Dès le lendemain de la formation du cabinet, répondant à M. Guizot, M. O. Barrot déclarait qu'il fallait « désintéresser » le parti républicain, dont les conservateurs effarés « se faisaient un monstre », en lui accordant tout ce qu'il demandait. « Ne vous inquiétez donc pas, concluait-il, de ces dangers, qui ne sont qu'imaginaires. » (9 novembre 1830.)

les journées de Juillet, nul n'avait plus contribué à détourner La Fayette de la république. Depuis lors, il n'évitait pas une occasion de se distinguer du parti républicain, tout en le secondant dans presque toutes ses campagnes. Tel il continuera d'être jusqu'au bout; et, en 1846, peu avant de commencer cette campagne des banquets, prélude de la révolution et de la république de 1848, il s'écriera avec conviction : « Je suis dynastique quand même. » M. Barrot a constamment joué le rôle du *républicain sans le savoir,* disait M. d'Alton-Shée. N'a-t-il pas été aussi un « démocrate sans le savoir », ce bourgeois qui, après avoir proclamé sans cesse que le gouvernement devait « s'appuyer sur la classe moyenne », parce que celle-ci « constituait vraiment la nation », poussait le pays dans une voie qui aboutissait au suffrage universel? A parler juste, ne devait-il pas tout être et tout faire « sans le savoir » ? Par manque absolu de clairvoyance, il n'avait aucun sentiment de la responsabilité de ses actes et de ses paroles. Non-seulement il ne prévoyait pas l'avenir, mais, après coup, même sous la leçon des plus formidables expériences, à la lueur des catastrophes les plus éclatantes, il n'a su rien voir du passé. Il a pu être surpris, jamais averti ni désabusé. Après 1848, transporté par la violence du choc dans un autre camp et devenu conservateur, il n'a pas eu un moment l'idée qu'il s'était trompé sous la monarchie de Juillet; il a étalé dans ses Mémoires, et sur les hommes et sur les choses de cette époque, la naïveté décourageante de son obstination sereine et de son béat aveuglement; c'était, à ses yeux, la marque d'une constance politique dont sa vanité et sa droiture étaient également flattées [1].

Tels sont les hommes qui vont présider à l'épreuve de la politique de laisser-aller. Certes, M. de Montalivet et M. Dupont de l'Eure, le général Sébastiani et le général La Fayette, M. d'Argout et M. Odilon Barrot, forment un ensemble quelque peu disparate. Dès le lendemain de la formation du cabinet, M. Dupont

---

[1] Louis-Philippe disait de M. O. Barrot, le 24 février : « C'est un niais, mais il est bon homme. » (Conversation de M. Thiers avec M. Senior, rapportée par ce dernier.)

de l'Eure votait pour la suppression du timbre et des cautionnements des journaux, suppression appuyée par La Fayette et M. Barrot, mais combattue par le président du conseil au nom du ministère. D'autres eussent été troublés de prendre en main le gouvernement avec des éléments aussi incohérents. M. Laffitte ne s'embarrassait pas pour si peu. C'était une des formes de son présomptueux optimisme, de croire que la seule grâce de son esprit et la séduction de sa personne suffiraient à concilier les esprits les plus opposés et à désintéresser les plus exigeants. Après avoir causé avec quelqu'un, il s'imaginait toujours que son interlocuteur pensait comme lui. Il prétendait à la fois être du même avis que M. Casimir Périer et que La Fayette. La perspective des contradictions ne le démontait pas. « Je me fais fort, disait-il à un ambassadeur, de ramener à la raison mes propres amis, républicains et libéraux chimériques. Au fond, nous sommes du même avis. » Vainement lui mettait-on sous les yeux les périls les plus proches et les plus graves : « Bah! disait-il, laissez là vos défiances incurables et vos rigueurs mathématiques ; l'affaire s'arrangera [1]. »

A considérer l'état de l'opinion, au moment où la direction des affaires tombait ainsi aux mains de M. Laffitte, celui-ci était seul à envisager l'avenir avec une telle sécurité. Le pays qui avait vu sans regret partir le ministère précédent, accueillait sans confiance ses successeurs. Ces derniers n'obtenaient même pas le bénéfice de cette sorte de lune de miel, de ces quelques jours de crédit qui sont d'ordinaire accordés à tout pouvoir nouveau. Dès le lendemain de son avénement, les journaux amis étaient contraints d'avouer l'anxiété et le malaise de l'esprit public [2], et Béranger lui-même, qui avait été, pendant la révolution, l'inspirateur de M. Laffitte, écrivait

[1] *Mémoires de M. Guizot*, t. I, p. 141 et 156.
[2] Six jours après la formation du cabinet, le *National* du 8 novembre dénonçait une « inquiétude » générale, et il ajoutait : « La France manque plutôt de confiance que de calme. Son mal le plus grand est l'incertitude. L'impatience d'arriver à une situation définitive, ou du moins nette et précise, se fait remarquer sur tous les points du territoire... Sur un mot, l'inquiétude augmente; sur un bruit de ville, la frayeur se répand. »

dans une lettre intime : « Nos ministres ne savent où ils vont ; les hommes et les capacités manquent ; les banquiers et les industriels culbutent les uns sur les autres ; les carlistes se frottent les mains. » Il concluait que « tout allait mal », et que ses amis au gouvernement étaient en train de « perdre leur popularité[1] ». Si, avant d'avoir agi, les nouveaux ministres n'inspiraient qu'une défiance presque méprisante, ce n'était pas que personne, surtout à droite, contestât leur avénement et pensât à leur disputer le poste dont ils s'étaient emparés. Les membres conservateurs de l'ancien cabinet leur avaient cédé volontairement la place. M. Guizot se préparait sans doute à arborer au premier jour le drapeau de la politique de résistance, mais sans intention immédiatement offensive. La majorité de la Chambre témoignait de ses tendances et de ses préférences conservatrices, en nommant M. Casimir Périer, par 180 voix contre 60, à la présidence jusque-là occupée par M. Laffitte ; mais elle ne songeait pas pour cela à s'organiser en parti d'opposition. Dans la presse, le *Journal des Débats,* pourtant fort prononcé contre le parti révolutionnaire, déclarait se poser, à l'égard du ministère, en « surveillant », non en « opposant ». Dans cette réserve générale de la première heure, il y avait un peu de faiblesse et un peu de tactique. Les conservateurs ne s'étaient pas encore soustraits à l'intimidation qui, au lendemain de la révolution, les avait en quelque sorte annulés. Et puis, si méfiant qu'on fût de ce côté envers les hommes du laisser-aller, on les subissait comme une nécessité, on estimait utile qu'ils fussent mis à l'épreuve, et surtout on croyait avoir besoin de leur présence au pouvoir pour franchir le défilé redoutable du procès des ministres. En somme, jamais on ne vit un cabinet, à son avénement, à la fois plus impuissant et plus incontesté, ayant moins de crédit et moins de concurrents.

[1] *Correspondance de Béranger,* lettre du 23 novembre.

II

Au moment où M. Laffitte prenait le pouvoir, la grande, on pourrait presque dire l'unique question de la politique intérieure était le procès des ministres de Charles X. L'agitation commencée à ce sujet sous la précédente administration, et qui avait été la cause ou tout au moins l'occasion de sa chute, continuait en s'aggravant : attroupements tumultueux, placards meurtriers, prédications ouvertes de révolte et de massacre, scènes journalières de désordre dans les théâtres ou les écoles; par suite, stagnation plus grande encore du commerce et de l'industrie. Les ouvriers promenaient dans les rues la plus menaçante des misères, et les meneurs du parti anarchique s'apprêtaient à profiter de cette émotion pour accomplir leurs desseins de renversement. L'exemple de Carrel permet de juger quelles étaient alors et la force des passions soulevées et la faiblesse des hommes de gauche, même de ceux qu'on croyait les plus fiers et les plus vaillants. Encore monarchiste et relativement modéré, Carrel estimait injuste et impolitique de verser le sang de M. de Polignac et de ses collègues. Pouvait-il oublier d'ailleurs qu'il avait été épargné par la Restauration, après avoir été pris en Espagne, combattant contre l'armée française? Eh bien! au bout de peu de temps, il n'ose plus tenir tête à l'opinion violente ; il se sent gagner par l'ivresse des haines qui fermentent au-dessous de lui; il en vient à railler ceux qui veulent « rendre la révolution niaise, afin que, dans l'avenir, elle puisse être vantée comme pure de sang et de vengeance » ; il déclare « démontré qu'il n'y a pas moyen de sauver les anciens ministres » ; dans ces hideuses passions, il voit « l'expression de la volonté populaire », devant laquelle il s'incline « avec douleur », mais « sans hésitation » ; du moment, dit-il, où l'on ne peut « obtenir grâce », il faut être « assez déterminé » pour « s'associer à la solidarité de cet acte de vengeance [1] ».

[1] *Le National, passim,* en novembre et décembre 1830.

Devant cet échauffement et cette perversion croissante des esprits, le gouvernement voyait, non sans anxiété, approcher l'heure décisive où les accusés comparaîtraient devant la Cour des pairs. Sincèrement, il désirait écarter toute conclusion sanglante. Mais quelles étaient ses ressources pour résister aux passions, pour prévenir ou réprimer l'émeute encore dans tout le prestige que lui avait donné l'apothéose officielle des barricades de Juillet? De police, il n'y en avait plus. Quant aux troupes, suivant l'expression de M. Thiers, « ébranlées par le souvenir de la révolution, elles craignaient de se commettre avec le peuple [1] ». Restait seulement la garde nationale, incertaine, troublée, tout à fait mauvaise dans certaines de ses parties, par exemple l'artillerie [2], et, dans ses meilleurs éléments, habituée non à obéir au gouvernement, mais à agir de son chef, suivant les inspirations du moment : on était réduit, en cas de trouble, à lui laisser une sorte de dictature [3]. Du reste, le commandant de cette milice, La Fayette, tout en souhaitant de sauver les ministres, ne consentait à employer que des moyens moraux et des démonstrations sentimentales.

Enfin le jour du procès arrive. Le 15 décembre s'ouvrent, devant la Chambre haute, ces débats qui doivent durer une semaine. Semaine redoutable entre toutes! Au dehors, l'émeute vient battre chaque jour les murs du Luxembourg, comme pour reprendre, contre la prison de ce palais, le sauvage assaut qui, un mois auparavant, avait été vainement tenté contre le donjon de Vincennes. Mais où apparaît plus encore le désordre, c'est dans l'attitude des autorités chargées de le réprimer. Pendant que la force armée demeure inactive, La Fayette et

[1] *La Monarchie de* 1830, p. 126.
[2] O. Barrot a écrit, deux ans plus tard : « Il faut le dire, la garde nationale était au moins partagée sur la conduite qu'il y avait à tenir dans cette circonstance; la très-grande majorité, ou du moins la partie énergique et active de cette garde, demandait que le sang versé en juillet fût expié par du sang. » (Lettre écrite en 1832, *Mémoires*, t. I, p. 194.)
[3] Carrel, revenant après coup sur ces événements, a écrit que le ministère, « impuissant », avait été « obligé de livrer à la garde nationale une dictature de quelques jours ». (*National* du 20 février 1831.)

M. Odilon Barrot engagent publiquement des pourparlers avec les agitateurs, leur demandent poliment « s'ils se sentent assez forts, assez stoïques, pour promener l'échafaud dans toute la France[1] », affectent de partager leurs désirs, de reconnaître la légitimité de leurs griefs, et ne les détournent des insurrections qu'en leur montrant un procédé plus sûr pour atteindre leur but; ils leur promettent, s'ils daignent être sages, qu'on les récompensera en suivant une politique plus révolutionnaire, et réservent la sévérité de leurs proclamations officielles ou de leurs ordres du jour pour le gouvernement dont ils sont les agents; moins occupés de flétrir ou de dominer l'émeute que de s'en servir pour entraîner la monarchie plus à gauche, en lui arrachant des concessions, ou en la compromettant par leurs déclarations et leurs engagements[2]. Lorsqu'ils sont absolument contraints de blâmer le désordre, ils affectent de croire qu'il est l'œuvre perfide des légitimistes. Enfin, quand le péril accru contraint de faire appel à la garde nationale, recommandation lui est faite de ne pas riposter en cas d'attaque, et, afin d'être plus sûr de son inaction, on lui refuse des cartouches; M. Odilon Barrot s'est vanté plus tard d'avoir pris cette précaution. Il avait imaginé à la vérité, pour le moment suprême, un moyen dont le succès lui paraissait immanquable : tous les blessés de Juillet, réunis à l'Hôtel de ville, devaient, à la suite du préfet, se jeter sans armes entre les combattants[3]. L'émeute ainsi ménagée, on pourrait dire encouragée, devenait plus arrogante, et dédaignait même d'écouter patiemment ceux qui la traitaient avec tant de déférence. « Nous sommes de la même opinion », disait M. Arago à une bande d'exaltés qu'il espérait ainsi calmer. — « Ceux-là, répondait une voix,

[1] Expression de M. O. Barrot, dans un discours prononcé à la Chambre, le 20 décembre.

[2] M. O. Barrot disait, par exemple : « Sorti de vos rangs, en parfaite sympathie d'opinion et de sentiments avec vous, ce que vous éprouvez, je l'éprouve. Je ne suis étranger ni à votre impatience de voir réaliser au milieu de nous des institutions promises, ni à vos justes ressentiments. » La Fayette parla à cette époque, pour la première fois, de ce prétendu « programme de l'Hôtel de ville » auquel il mettait le Roi en demeure de se conformer.

[3] Odilon BARROT, *Mémoires*, t. I, p. 194, 196.

ne sont pas de la même opinion, dont l'habit n'est pas de la
même étoffe. » Et, la foule s'échauffant, M. Arago recevait un
coup violent dans la poitrine. Sur un autre point, l'émeute
ayant déjà à moitié forcé les grilles du Luxembourg, La Fayette
se présente pour adresser à « ses amis » quelque harangue
caressante; mais l'effet en est usé; des gamins saisissent le
général par les jambes, le hissent en l'air et se le passent de
main en main, en criant avec des modulations indescriptibles :
« Voilà le général La Fayette! qui en veut? » Il faut qu'un
détachement de ligne fasse une trouée pour le dégager. « Je ne
reconnais pas ici, dit le général, les combattants des barricades. — Qu'y a-t-il d'étonnant? lui rétorque-t-on, vous n'étiez
pas avec eux [1] ! »

Dans l'intérieur du Luxembourg, grâce à Dieu, le spectacle
est tout autre : les juges sur leurs siéges, calmes, le plus souvent inaccessibles aux menaces de l'émeute dont la rumeur
parvient jusqu'à eux à travers les portes closes [2]; les débats se
poursuivant avec une gravité digne et une impassible régularité, sous la présidence impartiale et sagace de M. Pasquier;
l'éloquence généreuse des défenseurs faisant contraste avec
l'âpre boursouflure des députés chargés de soutenir l'accusation; les adieux de M. de Martignac, déjà penché sur sa
tombe, et dépensant, avant de mourir, ses dernières forces
pour sauver la tête du ministre qui l'avait naguère supplanté;
le brillant début de M. Sauzet, inconnu la veille, célèbre le
lendemain dans l'Europe entière, succès d'applaudissements et
de larmes; la belle tenue des accusés, la bonne grâce sereine
et chevaleresque de M. de Polignac, la hauteur de dédain, la
fierté indomptée et l'émouvante parole de M. de Peyronnet, qui

---

[1] M. Victor Hugo assista à cet incident, qui est rapporté dans l'ouvrage intitulé :
Victor Hugo raconté par un témoin de sa vie.

[2] Par moments, cependant, certains esprits avaient quelque peine à garder
possession d'eux-mêmes. Le duc de Broglie a écrit à ce propos dans ses *Notes
biographiques inédites* : « L'ébranlement des esprits devint tel, dans les deux ou
trois derniers jours, qu'il monta rapidement de bas en haut, qu'on parla plus ou
moins de compromis, qu'il fut question de faire de M. de Polignac un bouc émis-
saire, et de livrer sa tête pour sauver celle des autres; proposition que j'ai entendue
moi-même sortir de bouches que je ne veux pas même désigner indirectement. »

arrache un cri d'admiration à ses plus farouches adversaires; scène grandiose et pathétique, dont le premier résultat, comme il arrive toujours dans les représailles tentées contre les vaincus, est de ramener l'intérêt sur ces accusés, tout à l'heure encore si impopulaires et si justement accablés sous le poids de leur téméraire incapacité !

Dans la soirée du 20 décembre, — c'est le sixième jour du procès, — le péril devient si pressant, le président reçoit du dehors des nouvelles si alarmantes, qu'il interrompt la réplique du commissaire de la Chambre des députés. « Je suis informé par le chef de la force armée, dit-il d'une voix grave et émue, qu'il n'y a plus de sûreté pour nos délibérations; la séance est levée. » Les pairs se retirent, non sans que plusieurs ne soient outragés et menacés. Soirée et nuit pleines d'angoisses. Chacun sait que la sentence doit être rendue le lendemain. La circulation des voitures est interrompue. La garde nationale bivouaque dans les rues, autour de grands feux. La ville est illuminée, par crainte que quelque coup ne soit tenté à la faveur des ténèbres. Les bruits les plus sinistres se répandent; il semble à tous que l'imminence d'une effroyable catastrophe pèse sur la cité; une sorte de panique s'est emparée de beaucoup d'esprits, et, à lire les témoignages contemporains, il est visible que plusieurs désespèrent alors de sortir heureusement de cette lutte engagée contre l'anarchie sanguinaire. Le trouble est grand au sein du gouvernement, qui reçoit de ses agents des rapports d'heure en heure plus assombris. On commence du moins à comprendre, de ce côté, que, pour se sauver, il faut d'autres procédés que ceux de La Fayette, et qu'il est temps pour les ministres de ne plus s'effacer derrière ce personnage. Inquiet des dispositions de la garde nationale, le jeune ministre de l'intérieur, M. de Montalivet, insiste pour que le lendemain le jardin du Luxembourg soit uniquement occupé par la troupe de ligne. La Fayette cède, non sans objection, à une exigence qui lui paraît une injure à la générosité de la nation. « Vous employez trop d'armée et pas assez de peuple », dit cet incurable que le « peuple » venait cependant de maltraiter si irrévérencieusement quelques heures auparavant[1].

Le 21 au matin, dernière et décisive journée, l'émeute gronde plus menaçante que jamais. Cependant le gouvernement et M. Pasquier se fiaient aux mesures arrêtées la veille au soir, quand ils apprennent que La Fayette, infidèle aux engagements pris, incapable de résister à ceux qu'il est chargé de commander, a laissé entrer dans le jardin des bataillons de gardes nationaux dont l'attitude et les cris ne sont rien moins que rassurants. « Les gardes nationaux, répond-il aux plaintes de M. de Montalivet, ont demandé à être chargés de veiller à la sécurité des accusés; j'ai cru devoir faire droit à leur patriotique réclamation; on ne pouvait leur refuser une place d'honneur. » La perplexité du jeune ministre est grande; toutefois il ne perd pas la tête. Les débats sont à peine terminés, et l'arrêt n'est pas encore rendu, qu'il s'empare des accusés, les enferme dans une voiture bien attelée, entoure celle-ci d'un escadron de chasseurs, monte lui-même sur le cheval d'un sous-officier, et enlève le tout au galop, avant que personne se doute de ce coup de main accompli avec une si heureuse hardiesse. Au bout de peu de temps, le canon de Vincennes annonce au Roi anxieux que son ministre est arrivé sans encombre dans les murs de la vieille forteresse. L'enlèvement connu de la foule, on entend comme le rugissement du fauve auquel on a arraché sa proie. Est-ce la bataille qui éclate? A ce moment, la nouvelle se répand, on ne sait comment, que les ministres ont été condamnés à mort. La foule, ainsi trompée, s'arrête. En réalité, l'arrêt n'est pas encore rendu, et les pairs continuent à délibérer, calmes au milieu de ce trouble; chaque juge exprime à haute voix son opinion sur toutes les questions posées; il y a grande majorité à la fois pour admettre le crime de trahison et pour repousser la peine capitale. Après ces formalités qui prennent de longues heures, la Cour rentre en séance; il est dix heures du soir; les accusés sont absents; leurs défenseurs seuls sont présents. D'une voix grave, M. Pasquier lit l'arrêt

---

[1] Voyez l'étude de M. Ernest DAUDET sur le *Procès des ministres*.

qui condamne les anciens ministres à la prison perpétuelle, avec l'aggravation de la mort civile pour M. de Polignac. La nouvelle parvient aussitôt dans la rue. Quand ceux qui y sont encore apprennent qu'ils s'étaient abusés en croyant à une condamnation à mort, il est trop tard pour rien tenter : beaucoup d'ouvriers sont rentrés chez eux, et tout est renvoyé au jour suivant.

Le lendemain, l'émeute se trouve de nouveau sur pied, plus irritée que jamais. Des meneurs lisent l'arrêt dans les carrefours, en provoquant ouvertement à la révolte ; le drapeau noir est arboré au Panthéon ; le buste de La Fayette est lapidé ; mais, au moment où il semble que le sang va couler, un incident se produit qui n'est pas l'un des signes les moins curieux ni les moins instructifs de cette époque d'anarchie. Depuis que les « écoles » avaient été exaltées pour avoir combattu sur les barricades de Juillet, depuis qu'elles avaient été courtisées par les hommes d'État et qualifiées de « glorieuse jeunesse » par Louis-Philippe, elles se considéraient comme une sorte de pouvoir public, ayant mission pour intervenir dans les affaires de l'État et pour imposer sa volonté au gouvernement. Plus d'une fois, au cours des récentes émeutes, La Fayette et M. O. Barrot avaient traité avec ce pouvoir, en lui promettant une modification de la politique ministérielle. Cette fois encore, en face d'un conflit imminent, ils croient habile d'obtenir, avec des promesses analogues, que les écoliers veuillent bien prendre la cause de l'ordre sous leur haute protection. Ceux-ci ne s'y refusent pas, mais, pour bien marquer à quelle condition, ils affichent sur tous les murs, avec l'approbation du préfet de la Seine, une proclamation où l'on lit : « Le Roi, notre élu, La Fayette, Dupont de l'Eure, Odilon Barrot, nos amis et les vôtres, se sont engagés sur l'honneur à l'organisation complète de la liberté qu'on nous marchande et qu'en juillet nous avons payée comptant. » Ils menacent de rappeler le peuple aux armes, si ces engagements ne sont pas tenus, si l'on « ne donne pas une base plus républicaine aux institutions ». Puis, après s'être ainsi posés en arbitres entre le gouvernement et l'émeute, les étudiants et les élèves de l'École polytechnique se promènent dans les rues, portant sur leurs chapeaux les mots : *Ordre public*. Grâce à la mobilité des foules, ils entraînent à leur suite ceux qui, quelques heures auparavant, voulaient se battre. Avant de rentrer chez eux, ils imposent leur visite au Roi, qui se croit obligé de les féliciter de leur « bon esprit ».

III

On avait esquivé tant bien que mal le désordre matériel, la bataille dans la rue : au prix de quelles équivoques, de quels abaissements, de quel désordre moral, c'est ce dont les ministres n'étaient pas hommes à avoir grand souci. Néanmoins une question s'imposait tout de suite à eux. La Fayette et M. O. Barrot s'étaient portés fort pour le gouvernement et avaient pris des engagements envers l'émeute ; maintenant, eux et leurs amis réclamaient publiquement la ratification et l'accomplissement de ces engagements, du ton de gens qui n'admettaient même pas qu'on pût leur résister ; c'était au nom de la garde nationale, alors seule dépositaire de la force publique, qu'ils prétendaient poser des conditions à la monarchie nouvelle [1] ; et à entendre les prédictions effarées des uns comme les impérieuses menaces des autres, il semblait que l'insurrection dût être la conséquence immédiate du moindre refus. Par lui-même, M. Laffitte n'eût pas été disposé à faire longue résistance ; seulement il lui fallait tenir compte du Roi ; celui-ci comprenait qu'autant vaudrait déposer immédiatement sa couronne que de céder à de telles exigences. Pour satisfaire Louis-Philippe, le ministre déclarait dans le *Moniteur* que « le gouvernement n'avait pris aucun engagement », et en même

[1] Le *National* disait : « La garde nationale mesure, nous n'en doutons pas, toute l'importance du service qu'elle a rendu ; elle en veut trouver le prix dans une marche plus franche, plus décidée, plus nationale, et nous croyons qu'elle n'attendra pas qu'on s'endorme encore, pour faire connaître à quelles conditions on peut compter à l'avenir sur ses services. »

temps il se flattait de consoler les révolutionnaires en obtenant, de la faiblesse complaisante des députés, des remercîments pour « la jeunesse des écoles ». Mais celle-ci ne voulut pas se laisser payer en phrases ; par trois protestations distinctes qui rivalisaient d'insolence factieuse, les élèves de l'École polytechnique, les étudiants en droit et les étudiants en médecine repoussèrent ces remercîments, et, devant cette rebuffade, l'infortuné ministre fut réduit à balbutier de piteuses explications, où sa dignité et sa sincérité avaient également à souffrir.

Plus le désaccord s'accentuait entre le gouvernement et les révolutionnaires, plus La Fayette sentait sa situation devenir embarrassante et fausse. Il saisit la première occasion d'en sortir par un éclat. La Chambre discutait alors la loi organique de la garde nationale. Conduite à se demander si, dans un régime normal, il y avait place pour un commandant général de toutes les gardes nationales du royaume, elle supprima en principe cette fonction, couvrant, du reste, de fleurs La Fayette, et le laissant provisoirement en possession [1]. Celui-ci se sentit atteint, et offrit sa démission. Grisé d'encens, infatué de soi, mal éclairé sur le changement des esprits, ne comprenant pas qu'il commençait à fatiguer et à inquiéter, il s'attendait à voir capituler aussitôt la Chambre et le gouvernement, épouvantés à la seule idée de sa retraite. L'émotion fut, en effet, très-vive dans le cabinet, et le premier mouvement fut de tout employer pour faire renoncer le général à son dessein. M. Laffitte croyait, comme toujours, qu'il était aisé de « tout arranger », et il se faisait fort de dissiper, par quelques minutes d'entretien, ce regrettable malentendu. A l'épreuve, il rencontra plus de difficultés qu'il n'en prévoyait. D'une part, La Fayette, qui, dans son outrecuidance, s'imaginait tenir le gouvernement à sa merci, formulait des exigences inacceptables même pour M. Laffitte : changement de ministère, suppression immédiate de la Chambre des pairs, convocation d'une assemblée nouvelle chargée seulement de faire une loi électorale et d'établir un

---

[1] Séance du 24 décembre 1830.

suffrage presque universel. D'autre part, si le Roi partageait ou du moins jugeait utile de paraître partager la tristesse et le trouble de ses ministres, il devait cependant au fond se consoler d'être débarrassé d'un tel protecteur; peut-être n'avait-il pas été sous main étranger à l'incident parlementaire qui avait amené la démission, et il n'était pas disposé à payer de sa propre abdication le retrait de cette démission; aussi, tout en affectant avec M. Laffitte de ne chercher qu'un raccommodement, tout en multipliant à cet effet les démonstrations et les démarches, veillait-il, avec une sagesse habile et clairvoyante qui commençait à être plus libre de se montrer et d'agir, à ce que le ministre ne consentît pas une capitulation humiliante et désastreuse. Dès lors, la rupture était inévitable, et le cabinet, acculé malgré lui à faire acte de force, se décida à accepter la démission de La Fayette et à le remplacer par le général comte de Lobau [1]. Tout tremblant de son involontaire hardiesse, il attendait avec angoisse quel effet elle produirait dans l'opinion. Mais vainement La Fayette chercha-t-il à émouvoir ses « frères d'armes », se posant en victime; vainement les journaux de gauche éclatèrent-ils en emportements indignés [2]; vainement les « patriotes » colportèrent-ils des protestations contre la « scandaleuse ingratitude » de la monarchie; vainement M. Dupont de l'Eure donna-t-il, lui aussi, cette démission dont il avait si souvent menacé [3] : personne ne bougea; la masse demeura calme, presque indifférente; le Roi, passant en revue,

[1] 27 décembre 1830.

[2] Voici, comme spécimen de ces violences, quelques fragments d'un article de Carrel, qui cependant, nous l'avons dit, n'avait pas encore rompu avec la monarchie : « La Fayette était au-dessus de toute récompense; mais on le croyait aussi au-dessus des indignités d'un Parlement Croupion... Allons, vous qui avez bassement trahi la branche aînée des Bourbons, vous qui rampiez depuis cinq mois, en flatteurs avilis, sous la souveraineté nationale que vous détestiez, travaillez à rééditier la légitimité; mais nous vous démasquerons, nous troublerons vos joies, nous vous ferons passer de mauvaises nuits, jusqu'à ce que vous succombiez, et votre règne ne sera pas long. »

[3] Au lendemain des journées de Juillet, comme le duc de Broglie exposait au Roi tous les embarras que lui causerait la présence de M. Dupont de l'Eure dans son ministère : « Que faire donc? avait dit Louis-Philippe. — S'en défaire, avait répondu le duc de Broglie, et le plus tôt possible; mais pour cela, il faut guetter le moment. Notre homme a cela de bon qu'il met son point d'honneur à faire fi

avec le nouveau commandant, les diverses légions de la garde nationale, fut partout chaleureusement accueilli; M. Mérilhou remplaça sans scrupule son ami M. Dupont de l'Eure au ministère de la justice [1]; M. Odilon Barrot lui-même resta à son poste, après avoir provoqué de M. Laffitte une explication où celui-ci lui déclara — ce qui ne lui coûtait jamais — qu'il était parfaitement d'accord avec lui [2]. Rude châtiment pour la vanité de La Fayette; leçon aussi pour la timidité du gouvernement qui avait trop douté de sa force; il apparaissait dès lors que sa faiblesse tenait non-seulement à la situation, mais aussi à son défaut de confiance et de courage.

M. Laffitte n'était capable d'écouter ni de comprendre aucune leçon. Plus que jamais il était satisfait de tout et principalement de lui-même. L'ambassadeur étranger auquel il avait déjà témoigné sa sérénité confiante, au début de son ministère, ayant eu l'occasion de causer de nouveau avec lui, dans les premiers jours de janvier, racontait, non sans une surprise légèrement railleuse, qu'il l'avait retrouvé « plus content et plus assuré encore qu'au mois de novembre, en plein optimisme, et regardant toutes les circonstances comme favorables [3] ». Le président du Conseil était sincèrement et naïvement convaincu que, de ces événements dont il n'avait cependant dirigé aucun, il sortait grandi, avec plus de crédit auprès des conservateurs, et plus d'autorité sur les révolutionnaires. Le contraire était la vérité. A gauche, les ardents ne lui pardonnaient pas la retraite de La Fayette et de Dupont de l'Eure. Bientôt le licenciement de l'artillerie de la garde nationale leur fournit un nouveau grief [4]. Sans doute, de ce côté, on ménageait encore personnellement M. Laffitte; on regrettait son

du pouvoir et des avantages qui en dépendent, à se poser en Cincinnatus. Il vous offrira sa démission trois ou quatre fois la semaine; le tout est de bien choisir l'occasion. — J'y penserai », avait dit le Roi. Louis-Philippe, en acceptant cette fois la démission de son garde des sceaux, suivait donc, un peu tardivement, le conseil que lui avait donné le duc de Broglie.

[1] M. Mérilhou était remplacé à l'instruction publique par M. Barthe.
[2] SARRANS, *Louis-Philippe et la contre-révolution*, t. II, p. 34.
[3] *Mémoires de M. Guizot*, t. II, p. 160.
[4] 31 décembre 1830.

défaut d'énergie ou de puissance, sans contester ses bonnes intentions; mais on ne se déclarait plus ministériel, et le *National* poussait vivement ses amis à se constituer en opposition, avec La Fayette pour chef. A droite, on n'ignorait pas que M. Laffitte n'était pas changé : on le voyait continuer, comme par le passé, à chercher, dans le monde révolutionnaire, les familiers auxquels il se livrait et livrait le gouvernement avec tant d'indiscrétion et de complaisance. Pourquoi lui eût-on tenu compte de l'éloignement de La Fayette, qui était l'œuvre de la Chambre — et peut-être du Roi, — mais non la sienne? Quant au procès des ministres, si l'on se félicitait de son issue, la conduite qu'y avait suivie le cabinet ne paraissait de nature à lui mériter ni grande admiration pour le passé ni grande confiance pour l'avenir. D'ailleurs, ce procès une fois terminé, disparaissait l'une des principales raisons qui avaient déterminé les conservateurs à accepter M. Laffitte; si l'on ne croyait pas encore le moment venu de prendre l'offensive contre le cabinet et de précipiter sa chute, on était moins empressé que jamais à le soutenir : à peine consentait-on à le tolérer. M. Guizot, chaque jour plus ferme, mieux dégagé des compromissions du premier moment, se faisait applaudir de la majorité, en parlant le langage qu'elle eût attendu du ministère, opposait les principes de gouvernement aux sophismes révolutionnaires, protestait contre le « pouvoir extérieur » que l'émeute prétendait s'attribuer, et soulageait la conscience publique en flétrissant les violences ou les lâchetés du parti qui se disait « propriétaire exclusif de la révolution de 1830 », de « ce parti inquiétant et faible, à la fois cause des troubles et impuissant à les réprimer » ; il n'attaquait pas directement le cabinet, mais indiquait qu'il comptait moins sur lui que sur la « société française » elle-même, pour faire l'œuvre de défense et de salut[1].

Ne trouvant d'appui ni à droite ni à gauche, le ministère

---

[1] « Si le gouvernement se manquait à lui-même, j'ai confiance dans la société française et actuelle; j'ai la confiance qu'elle se sauverait elle-même du désordre, comme elle s'est sauvée de la tyrannie. » (Discours du 29 décembre 1830. Voir aussi celui du 27 janvier 1831.)

était hors d'état de gouverner : il semblait d'ailleurs n'en avoir ni le désir ni même l'idée. Il n'exerçait aucune direction sur la Chambre, qui agissait comme si elle ignorait à peu près son existence. Les partis se battaient par-dessus sa tête. La majorité proposait et votait, en dehors de lui, les lois les plus importantes, ou remaniait les projets qu'il avait présentés, sans s'inquiéter autrement des échecs qu'elle pouvait ainsi lui infliger. C'est ce qui se produisit notamment pour les lois sur la garde nationale, sur l'organisation municipale, sur le jury, sur l'amortissement, sur l'impôt direct.

Cette absence de gouvernement n'était pas moins sentie dans le pays que dans le parlement, et nul ne se gênait pour témoigner aux ministres un mépris, pour leur faire des affronts, dont on chercherait vainement l'analogue à d'autres époques. En veut-on un exemple? Pour remédier au désordre croissant des écoles, le ministre avait cru devoir invoquer une ordonnance de 1820, interdisant aux élèves « d'agir ou d'écrire en nom collectif comme s'ils formaient une corporation ». Des étudiants ayant protesté et ayant été cités de ce chef devant le conseil académique, la « jeunesse des écoles » envahit et saccagea la salle où se tenait le conseil, hua le ministre et le procureur général, leur jeta des pierres, des œufs et de la boue, et les obligea à s'enfuir, le tout sans que l'autorité prît aucune mesure de répression [1].

Situation pitoyable, dont les journaux de gauche eux-mêmes renonçaient à dissimuler la misère. Le *National* montrait de toutes parts des « embarras de gouvernement »; il dénonçait la « suspension forcée de toute activité sociale au milieu des incertitudes de la politique,... tout le monde mécontent de n'être pas gouverné ou de l'être ridiculement »; il rappelait les désastres du « commerce, qui s'était promis merveille de la révolution, et que la révolution semblait achever »; puis il ajoutait : « La voix de la nation entière n'est qu'une plainte, comme disait un poëte romantique. Il n'est personne qui ne soit mécontent de tout le monde [2]. »

[1] 22 janvier 1831.
[2] *National* du 15 janvier 1831.

CHAPITRE V

LA QUESTION EXTÉRIEURE SOUS M. LAFFITTE.

(2 novembre 1830 — 13 mars 1831)

I. Déclarations pacifiques et armements. Le péril extérieur s'aggrave. Heureuse action du Roi. Les affaires belges. Les whigs au pouvoir. Lord Palmerston. Il s'oppose à tout agrandissement de la France. Les premières décisions de la Conférence de Londres. Accueil qui leur est fait en Hollande et en Belgique. Les Belges à la recherche d'un roi. Le gouvernement français et la candidature du duc de Nemours. Dispositions du gouvernement anglais. Le duc de Leuchtenberg. Élection du duc de Nemours. Louis-Philippe refuse la couronne pour son fils. La Belgique proteste contre les décisions des puissances. Le ministère français refuse d'adhérer aux protocoles de la Conférence. Refroidissement entre la France et l'Angleterre. M. de Talleyrand n'exécute pas les instructions de son ministre. — II. La Pologne. Sa popularité en France. Impuissance de l'action diplomatique tentée en sa faveur. — III. Le contre-coup de la révolution de Juillet en Italie. L'Autriche annonce qu'elle ne tiendra pas compte du principe de non-intervention. Louis-Philippe tend à limiter l'application de ce principe. Déclarations absolues faites à la tribune par M. Laffitte et ses collègues. Les insurrections éclatent dans l'Italie centrale. Le gouvernement de Vienne annonce l'intention d'intervenir. Embarras du gouvernement français. Le Roi et ses ministres. Tout en renonçant à empêcher l'intervention par les armes, ils tâchent de la limiter. Proposition d'une Conférence à Rome. M. de Sainte-Aulaire est nommé ambassadeur près le Saint-Siége. — IV. Exaltation croissante en France du parti patriote et révolutionnaire. Ses illusions, ses attaques contre la politique pacifique du gouvernement. Armand Carrel. Le général Lamarque et M. Mauguin. La propagande insurrectionnelle. Inconséquence de La Fayette. Son entourage cosmopolite. Ménagements du ministère pour le parti belliqueux. Défiance des cabinets étrangers. Pour éviter la guerre, il faut un ministère qui ose rompre avec les révolutionnaires.

I

Le cabinet formé le 2 novembre 1830 s'était annoncé comme voulant la paix. Dès le 13 novembre, le ministre des affaires étrangères, qui fut pendant quelques jours le maréchal Maison, faisait cette déclaration : « Tout nous confirme dans la confiance que l'Europe pourra conserver le plus grand des bienfaits, la paix ;... la paix que la voix d'un soldat ne craint pas d'appeler quelque chose de préférable même à la victoire. La France peut se glorifier d'un aussi rare exemple de modération et de désintéressement... Elle a pensé que le principe moral de la non-intervention valait mieux que la tentation des souvenirs. » Et peu après, le général Sébastiani, qui avait remplacé le maréchal Maison, disait de même : « Nos vœux, nos efforts sont pour le maintien de la paix. Nous n'aurons recours aux armes que pour la défense de notre territoire, et pour venger l'honneur national outragé. » Toutefois cette paix était une paix armée. Le gouvernement estimait, non sans raison, que l'état de la France et de l'Europe, les armements des autres puissances, de l'Autriche, de la Russie, de la Prusse et même de la Confédération germanique, exigeaient une augmentation immédiate de nos forces militaires. Ce fut la tâche du maréchal Soult, appelé au ministère de la guerre. L'armée, qui ne comptait à la fin de la Restauration que 231,000 hommes, et qui avait été diminuée encore de 33,000 hommes par le licenciement de la maison militaire du Roi, de la garde et des Suisses, fut portée à 434,000 hommes, par des appels faits sur la classe de 1830 et sur les classes antérieures. Telle était l'excellence de l'organisation due au maréchal Gouvion-Saint-Cyr que cette énorme augmentation put se faire sans création de nouveaux cadres. Des travaux considérables furent entrepris pour mettre en état nos fortifications et pour remplir nos arsenaux. Enfin, par une mesure moins efficace, mais qui répondait aux illusions du temps, les gardes nationales furent partout organisées, et 860,000 fusils leur furent distribués, au risque de faire un vide dangereux dans nos magasins. Le ministère ne cachait pas ces armements ; il entrait même dans sa politique d'en faire quelque étalage à la tribune, pour satisfaire l'opinion du dedans et avertir celle du dehors. « Nous continuerons à négocier, disait M. Laffitte le 1ᵉʳ décembre, et tout nous fait espérer que ces négociations seront heureuses ; mais, en négociant, nous armerons ;... nous négocierons appuyés de 500,000 soldats et d'un million de gardes nationaux. » Le 28 décembre, il rappelait encore comment, en présence des mesures militaires prises par les autres puissances, la France armait « pour être prête à tout ». « Elle n'interrompra ses armements, ajoutait-il, que lorsqu'elle aura reçu l'assurance et la preuve qu'ils ont cessé partout. »

En tout temps, c'est chose délicate et qui exige beaucoup de mesure, de prudence et de fermeté, que de conserver la paix en armant avec fracas. Ces armements prennent plus ou moins le caractère d'une provocation à l'égard des autres puissances; ils sont surtout une excitation pour la nation qui les fait. Le danger était rendu plus grand encore par l'état de fièvre et d'inquiétude où les suites de la révolution de Juillet avaient mis la France et l'Europe. Ajoutez qu'à ce même moment, une sorte de fatalité semblait précipiter au dehors les événements les plus propres à exciter les alarmes défiantes des gouvernements étrangers et les téméraires ardeurs des patriotes français. Partout se soulevaient à la fois des questions, dont une seule eût suffi, même à une époque moins troublée, pour mettre en jeu la paix du monde. Ce n'était plus seulement la Belgique qui prenait feu aux étincelles parties de Paris, et imposait à notre diplomatie un problème redoutable, périlleux, dont on était loin d'avoir trouvé la solution. A l'autre extrémité de l'Europe, dans la nuit du 29 novembre 1830, Varsovie brisait ses fers; tout le royaume de Pologne suivait son exemple; les régiments polonais passaient à l'insurrection, et, entre l'opprimé et l'oppresseur, s'engageait cette lutte tragique où à tant d'héroïsme devait se mêler si peu de prudence politique, au plus pur patriotisme bien des passions révolutionnaires. Deux mois après, des insurrections éclataient dans l'Italie centrale. De la France paraissait toujours être parti le signal; vers la France se tournaient tous les peuples en armes. C'était son nom, son exemple, ses idées, son appui qu'ils invoquaient.

Que serait-il arrivé, si, pour se guider au milieu de telles difficultés et échapper à de tels périls, on n'avait eu que l'indolence complaisante et présomptueuse de M. Laffitte et sa tactique de « laisser-aller » ? Mais le Roi était là, vigilant, résolu à faire prévaloir les idées pacifiques qui avaient dès son avénement inspiré sa conduite. Il profitait même de l'insouciance et de la légèreté du premier ministre pour mettre de plus en plus la main sur la direction de la politique extérieure. Ainsi avait-il pu, au bout de peu de jours, faire passer sans bruit au ministère des affaires étrangères le général Sébastiani, esprit sagace, modéré en dépit de quelques vivacités méridionales et de quelques réminiscences napoléoniennes, et surtout très-dévoué au souverain, dont il subissait l'influence. En pareille matière, Louis-Philippe n'avait aucune confiance dans les autres ministres, et les tenait le plus possible à l'écart. Parfois, de graves décisions, prises par lui avec le seul concours du général Sébastiani ou de M. de Talleyrand, furent volontairement celées au président du conseil, dont on redoutait tout au moins la faiblesse et l'indiscrétion. Les chancelleries étrangères étaient au courant de cette situation ; en certains cas, elles envoyaient à leurs ambassadeurs à Paris double dépêche, l'une ostensible, l'autre uniquement destinée au Roi et au général Sébastiani [1]. Que ces procédés fussent d'une parfaite correction constitutionnelle, nul ne saurait le prétendre. Mais n'étaient-ils pas justifiés par le péril? Suffisaient-ils même à l'écarter complétement?

Les affaires belges furent les premières dont le Roi eut à s'occuper [2]. Il s'efforça de maintenir la politique dont les grandes lignes avaient été arrêtées dès le début : empêcher la reconstitution du royaume des Pays-Bas ; défendre, dans l'indépendance de la Belgique, les droits d'un peuple ami et un intérêt français de premier ordre ; mais, afin d'éviter l'isolement de la France et la coalition de l'Europe, obtenir le concours de l'Angleterre, en lui donnant, de notre désintéressement, les garanties qui seraient jugées nécessaires ; rassurer enfin les monarchies qu'eût effarouchées une procédure révolutionnaire, en remettant la solution de la question à l'aréopage diplomatique de la conférence de Londres. M. de Talleyrand, premier

---

[1] *Geschichte Frankreichs* (1830-1870), par Hillebrand, t. Ier, p. 204.
[2] Voir, sur le commencement des affaires de Belgique, ch. II, § III.

inspirateur de cette politique, avait, comme ambassadeur de France en Angleterre, une part prépondérante dans son exécution. Les ministres tories, avec lesquels il avait commencé la négociation, durent, le 15 novembre 1830, peu de jours après l'avénement de M. Laffitte, céder la place aux whigs; lord Grey remplaça lord Wellington. Il semblait qu'un tel changement ne pût que nous être favorable. Naguère, à l'ouverture de la session, lorsque le ministère tory avait mis dans la bouche du Roi un langage sévère sur la révolution de Bruxelles, lord Grey et ses amis avaient blâmé ce discours, comme inopportun, injuste, contraire au principe de non-intervention qu'ils déclaraient commandé par les plus chers intérêts de l'Angleterre. Et puis l'alliance française n'était-elle pas depuis longtemps une tradition des whigs? Ceux-ci pouvaient-ils songer à la répudier, au moment où le mouvement libéral qui venait de les porter au pouvoir était dû en grande partie à l'influence de la révolution de Juillet? Tout cependant n'était pas avantage dans ce changement. Le nouveau chef du *Foreign Office* se trouvait être un homme d'un esprit sagace, actif, vigoureux, mais âpre, passionné, poussant à ce point l'arrogance, la jalousie, l'égoïsme du patriotisme anglais, qu'il en devenait l'ennemi de la France et surtout de la monarchie de 1830 : on a nommé lord Palmerston. A cette époque, son animosité était moins vive et surtout plus voilée qu'elle ne le sera plus tard; ostensiblement il paraissait rechercher avec le cabinet de Paris l'accord qui était désiré par ses collègues; c'est même dans sa correspondance de cette époque que se trouve pour la première fois l'expression d' « entente cordiale » , plus tard si fameuse [1]. Le principe de « non-intervention » avait été l'un des principaux articles de son programme. Cependant il était visible que, tout en se résignant à la dislocation du royaume des Pays-Bas, sa principale préoccupation était que la France n'en tirât pas d'avantages. Il déclarait bien haut qu'elle ne devait rien y gagner, fût-ce « un champ de choux » . Les hommes de 1830

---

[1] Lettre du 31 mai 1831. (Bulwer, *Life of Palmerston*.)

s'imaginaient alors, avec une naïveté toute française, que les nations libérales les aideraient, pour le seul amour et la plus grande gloire du libéralisme, et que l'Angleterre, surtout l'Angleterre des whigs, devait s'intéresser au succès du nouveau Guillaume III. Il faut voir de quel ton lord Palmerston rabroue ces illusions : « Les Français, écrivait-il à l'un de ses amis, viennent continuellement à nous avec cet argument : Voyez donc toutes nos difficultés et comme on nous presse de tous côtés ! — Eh ! pourquoi est-ce que nous désirerions vous maintenir [1] ? » Au moindre de nos mouvements dans cette affaire belge, il croyait toujours voir reparaître les « usurpations françaises », le « vieil et détestable esprit d'agression », ce qu'il appelait le « pied fourchu sous un nouveau déguisement [2] » ; et d'après les précautions soupçonneuses, souvent injurieuses, qu'il prenait dans ses négociations, on eût dit qu'il traitait avec les pires des ambitieux et des fourbes.

Plus que jamais donc, il nous fallait, pour maintenir l'entente avec l'Angleterre, renoncer à tout avantage direct. M. de Talleyrand en avait été convaincu dès le premier jour. Il semble cependant qu'à plusieurs reprises, il ait alors sondé le terrain pour voir s'il serait possible d'être moins absolument désintéressé. Un jour, s'il faut en croire le témoignage, suspect, il est vrai, de lord Palmerston, il lançait cette idée hardie de mettre le roi de Saxe à Bruxelles, de donner la Saxe à la Prusse et les provinces rhénanes à la France ; d'autres fois, il se contentait de demander pour son pays soit Luxembourg, soit une partie des provinces wallonnes, ou de revendiquer les « petites frontières », celles de 1790 et de 1814, qui nous eussent fait rentrer en possession de Marienbourg et de Philippeville [3]. Mais qu'il réclamât peu ou beaucoup, il ne pouvait tromper la vigilance hargneuse de lord Palmerston, et se heurtait, chez ce dernier, à un refus net et roide. « Vous devez faire entendre à

---

[1] Lettre du 13 avril 1831. (*Life of Palmerston.*)
[2] Lettre du 22 avril 1831. (*Ibid.*)
[3] Voy. BULWER, *Life of Palmerston*; HILLEBRAND, *Geschichte Frankreichs.* Palmerston prenait prétexte de ces ouvertures, pour mettre en doute la loyauté du gouvernement français.

toute occasion, écrivait le ministre anglais à son ambassadeur à Paris, que, si désireux que nous soyons d'être dans la meilleure entente avec la France et dans les termes de l'amitié la plus intime, ce n'est cependant que sous la condition qu'elle se contente de posséder le plus beau territoire de l'Europe et ne songe plus à ouvrir un nouveau chapitre d'empiétements et de conquêtes [1]. » Il est à supposer que M. de Talleyrand était le dernier à s'étonner de l'insuccès de ses ouvertures ; mais on le pressait de Paris ; les ministres eussent voulu donner satisfaction au désir, alors plus vif et plus répandu que jamais en France, d'un certain accroissement de territoire, d'un pas fait vers la reprise de ce qu'on appelait les « frontières naturelles [2] ». Peut-être aussi le vieux diplomate, fort expert dans tous les tours de son métier, ne feignait-il de demander ce qu'il savait bien devoir lui être refusé, que pour détourner, pour user en quelque sorte sur ce sujet la résistance des autres puissances, et être plus sûr d'obtenir ensuite les avantages vraiment essentiels [3].

Quoi qu'il en soit, notre ambassadeur se gardait d'insister sur les demandes qui risquaient d'éloigner l'Angleterre de la France ; au besoin même, il ne tenait pas compte des instructions contraires du cabinet français [4]. Il avait aussi peu de rapports que possible avec des ministres dont les idées et l'entourage lui étaient suspects, correspondait avec le Roi par l'entremise de Madame Adélaïde, agissait même parfois de son chef et sous sa propre responsabilité. « Je n'en parle pas à

---

[1] Lettre du 7 janvier 1831. (BULWER, *Life of Palmerston*.)

[2] Déjà en 1829, lord Palmerston, voyageant en France, était étonné de la vivacité avec laquelle les Français désiraient cet agrandissement. (Cf. BULWER.) Ce sentiment était bien plus exalté encore depuis la révolution de Juillet. Louis-Philippe lui-même croyait devoir en tenir compte, et il donnait à M. de Mortemart, son ambassadeur à Saint-Pétersbourg, mission de faire valoir auprès du Czar l'idée que la France devrait obtenir quelque territoire en Belgique. (Dépêche de Scholer, envoyé prussien à Saint-Pétersbourg, du 13-25 février 1831, citée par HILLEBRAND.)

[3] Palmerston lui-même semble parfois deviner que telle pourrait bien être la tactique de M. de Talleyrand. (Lettre du 21 janvier 1831, BULWER, *Life of Palmerston*.)

[4] Dépêche de M. de Werther, du 12 janvier 1831. (HILLEBRAND, *Geschichte Frankreichs*, 1830-1870, t. I, p. 176.)

Paris, écrivait-il un jour à madame de Dino, parce qu'on me donnerait des instructions, et que je veux agir sans en avoir. » Tout l'effort de sa diplomatie s'employait à maintenir, à affermir l'accord des deux puissances occidentales, accord avec lequel on pouvait alors tout imposer à l'Europe, et sans lequel on n'eût rien obtenu. Les diplomates étrangers voyaient son travail et ne pouvaient s'empêcher d'admirer son succès. « L'ambassadeur de France, écrivait l'envoyé sarde le 27 novembre, seconde à merveille la disposition du nouveau cabinet anglais à se rapprocher du gouvernement français et à s'entendre avec lui; il étonne par son activité, par la présence et la clarté de son esprit à un âge si avancé. » Quelques semaines plus tard, le 30 décembre, le même témoin constatait qu'entre les deux cabinets de Londres et de Paris, il y avait « une union et une cordialité telles qu'on n'en avait pas vu depuis le temps de Robert Walpole et du cardinal Fleury[1] ». Cette entente en imposa aux autres puissances, et la Conférence de Londres se laissa tout de suite engager dans la voie qui devait la conduire à cette Belgique indépendante et neutre désirée par la politique française.

En effet, le premier acte de cette Conférence (protocole du 4 novembre 1830) fut d'inviter les deux parties belligérantes à une suspension des hostilités, en assignant pour ligne de démarcation les frontières des Provinces-Unies, telles qu'elles existaient avant le traité du 30 mai 1814. Si soigneux que l'on fût de déclarer dans ce protocole que l'armistice ne préjugeait en rien les questions « dont les cinq cours auraient à faciliter la solution », ce n'en était pas moins un pas considérable fait par l'Europe vers la séparation de la Belgique et de la Hollande. Les Belges profitèrent du temps qui leur était ainsi assuré pour mettre les puissances en présence de faits accomplis. Le congrès national, réuni à Bruxelles, le 10 novembre, proclama, le 18, l'indépendance de la Belgique, adopta, le 22, comme forme de gouvernement, la monarchie constitutionnelle,

---

[1] Hillebrand, *Geschichte Frankreichs*, t. I, p. 125 et 154.

et enfin, le 24, malgré les avis comminatoires des puissances et les conseils amis de la France, prononça la déchéance de la maison d'Orange-Nassau, et son exclusion perpétuelle de tout pouvoir en Belgique[1]. Ce dernier défi était peut-être de nature à donner aux armées prussiennes et russes le prétexte qu'elles semblaient attendre pour agir. Qui sait ce qui serait arrivé si, à ce moment précis, l'attention et les forces du Czar ne s'étaient trouvées subitement détournées et absorbées par la formidable insurrection de Pologne? Grâce à cette diversion, la Conférence put continuer tranquillement son œuvre, et la diplomatie française en profita pour obtenir d'elle un acte décisif : un protocole, en date du 20 décembre 1830, déclara que « l'amalgame parfait et complet que les puissances avaient voulu opérer entre la Belgique et la Hollande, n'ayant pas été obtenu et étant désormais impossible, il était devenu indispensable de recourir à d'autres arrangements pour accomplir les intentions à l'exécution desquelles cette union devait servir de moyen » ; le gouvernement provisoire de Bruxelles était invité à envoyer des commissaires à Londres qui seraient « consultés et entendus » ; le protocole stipulait toutefois que « ces arrangements ne pourraient affecter en rien les droits que le roi des Pays-Bas et la Confédération germanique exerçaient sur le grand-duché de Luxembourg ». La Conférence prononçait donc en principe la dissolution du royaume des Pays-Bas. Aussi, le 28 décembre, M. Laffitte annonça-t-il triomphant, à la Chambre des députés, que « les cinq puissances venaient de reconnaître et avaient signé en commun l'indépendance de la Belgique », et il ajouta : « Cette grande question, de laquelle on pouvait craindre une occasion de guerre, la voilà donc résolue dans son point essentiel! »

A peine le roi de Hollande connut-il le protocole du 20 dé-

---

[1] Le général Sébastiani écrivait, le 2 décembre 1830, dans une circulaire à ses agents diplomatiques : « Le Roi, tout en considérant comme un fait accompli la séparation de la Belgique et de la Hollande, n'a cessé de faire des vœux pour que la souveraineté du premier de ces deux pays fût déférée à l'un des princes de la maison de Nassau. Sa Majesté n'a donc pu qu'être sincèrement affligée de la résolution par laquelle le congrès de Bruxelles a déclaré cette maison déchue. » (*Documents inédits*.)

cembre qu'il poussa un cri de douleur et de colère : il le dénonça comme une œuvre d'iniquité, comme un acte qui sanctionnait les résultats d'une révolte injuste et compromettait la stabilité de tous les trônes ; il n'admettait pas que la Conférence, « convoquée pour coopérer au rétablissement de l'ordre dans les Pays-Bas », aboutît « au démembrement du royaume ». Ne semblait-il pas, par contre, qu'on dût être satisfait à Bruxelles? Il n'en fut rien. Les Belges, tout exaltés par leur révolution, n'admettaient pas qu'on prétendît leur imposer des obligations au nom de l'équilibre européen ; ils s'indignaient qu'on refusât de leur attribuer le Luxembourg et le Limbourg, qui avaient fait cause commune avec eux dans l'insurrection et certains autres territoires, tels que la rive gauche de l'Escaut, qu'ils prétendaient, par certaines raisons historiques ou géographiques, devoir leur appartenir ; aussi protestèrent-ils contre le protocole, et en même temps le gouvernement provisoire déclara, dans une proclamation solennelle aux habitants du Luxembourg, que « leurs frères des autres provinces ne les abandonneraient jamais et ne reculeraient devant aucun sacrifice pour les conserver dans la famille belge ».

La Conférence, sans se fâcher, refusa d'accepter les protestations des deux parties, et, statuant comme arbitre, détermina dans son protocole du 10 janvier 1831 les « bases de séparation » de la Belgique et de la Hollande. La Hollande, d'après ce protocole, devait comprendre tous les territoires qui appartenaient, en 1790, à la ci-devant république des provinces unies des Pays-Bas. La Belgique serait formée de tout le reste des territoires qui avaient reçu la dénomination de royaume des Pays-Bas dans le traité de 1815, « sauf le grand-duché de Luxembourg, qui, possédé à un titre différent par les princes de la maison de Nassau, continuerait à faire partie de la Confédération germanique ». Suivait une déclaration par laquelle les cinq puissances garantissaient à la Belgique sa neutralité perpétuelle et l'inviolabilité de son territoire, la Belgique s'engageant de son côté à observer cette même neutralité. La diplomatie française eût désiré sans doute faire comprendre le Luxembourg dans le nouvel État. M. de Talleyrand avait « lutté comme un dragon [1] » pour l'obtenir, prolongeant les discussions pendant sept heures de suite; mais il avait cédé à la fin, « secrètement enchanté, écrivait le lendemain lord Palmerston, d'avoir fait établir la neutralité de la Belgique [2] ». Cette neutralité vivement combattue par la Prusse [3] était en effet un avantage capital pour la France, dont elle mettait à couvert l'une des frontières les plus exposées. Un autre protocole du 27 janvier compléta le précédent, en réglant le partage des dettes du royaume du Pays-Pas, entre la Hollande et la Belgique. Cette fois encore la Conférence, au lieu des remercîments des Belges, reçut leurs protestations indignées et presque injurieuses.

Pendant que la Conférence prenait ces diverses décisions, le congrès de Bruxelles, de son côté, poursuivait une œuvre qui intéressait toutes les puissances : il s'occupait de choisir le roi qui devait être placé à la tête du nouvel État. Spectacle singulier, en vérité, que celui de cette assemblée souveraine de deux cents membres, occupée, pendant tout un mois, à chercher en Europe un souverain, discutant publiquement les titres des candidats, recevant à la tribune les communications des cabinets étrangers, le tout en présence d'une population encore échauffée de sa dernière révolution! En Belgique, les hommes politiques comme la nation eussent désiré le jeune duc de Nemours, second fils de Louis-Philippe [4]; mais le gouvernement français s'était rendu compte que, pour avoir le concours de l'Angleterre, il fallait se refuser à cette candidature, autant qu'à l'annexion pure et simple. Si tentant que pût être cette sorte d'essaimage de notre famille royale, il ne valait certes pas le risque d'une guerre contre l'Europe coalisée. Ainsi que l'écrivait, l'année

---

[1] Expression de lord Palmerston. (Lettre du 21 janvier 1831, BULWER, *Life of Palmerston.*)

[2] *Ibid.*

[3] Un ami de M. Guizot lui écrivait alors de Londres : « Nos journaux parlent en ignorants... Nous verrons ce qu'ils diront de la neutralité si péniblement obtenue et si combattue par la Prusse. Les hommes d'État ici, à quelque parti qu'ils appartiennent, la regardent comme ce qui doit le plus satisfaire la France raisonnable. »

[4] Né le 25 octobre 1814, le duc de Nemours avait alors seize ans.

suivante, M. Thiers, « nous ne pouvions pas donner le duc de Nemours, car ce n'était pas la réunion pour nous, et c'était autant que la réunion pour les puissances ; c'était, par conséquent, la guerre pour un simple intérêt de famille ». Le Roi avait pris tout de suite son parti, et il ne s'en était caché ni à l'Europe, ni aux Belges. Dès le mois d'octobre 1830, aux premières ouvertures qu'on lui avait fait faire à ce sujet de Bruxelles, il avait répondu d'une façon peu encourageante [1]. Plus les Belges insistaient, plus son refus devenait net. « Il serait doux pour mon cœur et flatteur pour un père, dit, le 2 janvier, Louis-Philippe à l'envoyé de Bruxelles, de voir un de mes fils appelé au trône de la Belgique... Mais une guerre générale en serait la suite inévitable. Aucune considération ne pourrait me décider à me faire accuser d'avoir allumé une conflagration générale par mon ambition, pour placer mon fils sur un trône. D'ailleurs, la liberté sort rarement victorieuse de la guerre ; vous avez, comme nous, intérêt à conserver la paix. Mais si votre indépendance était attaquée, je n'hésiterais pas, je ne consulterais que les devoirs que m'imposeraient l'humanité et les vives sympathies que j'éprouve, ainsi que toute la France, pour votre cause. Je suis persuadé que je serais secondé par la nation tout entière. » Pendant les jours qui suivirent, les envoyés belges renouvelèrent plusieurs fois leurs instances ; le langage du gouvernement français fut invariable. « Si la Belgique venait s'offrir à nous, ou bien nous demander un de nos princes pour roi, disait, le 6 janvier, le général Sébastiani, quelque douloureux qu'il fût pour nous de prononcer un refus, il le serait pourtant. Rien ne peut faire départir le gouvernement de cette résolution. » Et ces réponses n'étaient pas faites à huis clos ; elles étaient aussitôt portées à la tribune du congrès de Bruxelles. Le gouvernement français conseilla aux Belges de porter leur choix sur le prince Othon, deuxième fils du roi de Bavière, ou sur le prince

---

[1] Ce fait et beaucoup de ceux qui vont suivre sont empruntés à l'ouvrage de M. Th. JUSTE sur le *Congrès national de Belgique* (Bruxelles, 1880). M. Juste a eu communication des papiers des hommes politiques belges qui ont joué un rôle dans les négociations de cette époque.

Charles de Capoue, frère de Ferdinand II, roi des Deux-Siciles ; ce second prince, Bourbon et neveu de la reine des Français, était même le candidat préféré du Palais-Royal. Mais aucun des deux ne plaisait aux Belges, qui voulaient un roi leur apportant en dot la protection d'une grande puissance ; ils objectaient d'ailleurs que tous deux étaient mineurs ; le Bavarois avait quinze ans, le Napolitain dix-neuf. Lord Palmerston, sans opposer ouvertement son *veto*, insistait avec complaisance sur cette objection tirée de l'âge. « Un pays qui sort du chaos d'une révolution et où il faut rétablir l'ordre, disait-il, a besoin pour roi d'un homme dans la plénitude de l'âge, et un garçon de dix-neuf ans n'est pas ce qu'il lui faut[1]. »

Quel était le candidat du gouvernement anglais ? Au fond, ses préférences eussent été pour le prince d'Orange, alors installé à Londres. Lord Palmerston ne s'en cachait pas, sans vouloir cependant sur ce point violenter les Belges. Subsidiairement, il avait mis en avant le nom de Léopold de Saxe-Cobourg[2], en indiquant qu'il pourrait être marié à une fille de Louis-Philippe. Léopold avait alors quarante ans : veuf de la princesse Charlotte, fille unique de Georges IV, il avait gardé son rang dans la famille royale de Grande-Bretagne ; une de ses sœurs avait épousé, en 1818, le duc de Kent, et était mère de la princesse Victoria qui devait un jour s'asseoir sur le trône britannique. Il était donc devenu presque un prince anglais. Est-ce pour cette raison que le gouvernement français se montra d'abord disposé à l'exclure, comme le cabinet de Londres excluait le duc de Nemours ? Le général Sébastiani, dans une conversation qu'il eut, le 8 janvier 1831, avec un envoyé belge, s'exprima même, sur ce sujet, avec une vivacité probablement peu réfléchie. « En fin de compte, disait l'envoyé belge, qu'est-ce donc que vous nous conseillez ? Le prince Othon de Bavière, le prince de Naples, c'est-à-dire deux enfants... Il n'y a que deux candidatures

---

[1] Lettre du 27 janvier 1831. (BULWER, *Life of Palmerston*.)

[2] Au commencement de 1830, les puissances avaient manifesté le désir de placer Léopold sur le trône de Grèce ; mais ce prince, après avoir un moment accepté, se ravisa quand il apprit l'opposition de la nation hellène.

sérieuses, celle du duc de Nemours et celle du prince de Saxe-Cobourg-Gotha. Vous les repoussez toutes les deux, quand il s'agit pour nous de vie ou de mort. Que faire? Dans le péril où vous nous jetez, il ne nous reste plus qu'une ressource : aller à Londres proposer le prince Léopold avec alliance française. Si le roi Louis-Philippe persiste à nous refuser sa fille, nous passerons outre; nous prendrons le prince Léopold sans princesse française. » A ces mots, le général Sébastiani ne put contenir sa colère : « Si Saxe-Cobourg, dit-il en se levant, met un pied en Belgique, nous lui tirerons des coups de canon. — Des coups de canon! répondit aussitôt l'envoyé belge, nous prierons l'Angleterre d'y répondre. — Ce sera donc la guerre générale. — Soit, mieux vaut pour nous une guerre générale qu'une restauration hollandaise, une humiliation permanente et sans issue. » Le roi Louis-Philippe avait eu bien garde de s'exprimer avec un tel emportement ; interrogé par l'envoyé belge sur l'accueil qu'il ferait à la candidature du prince de Cobourg et à un projet de mariage de ce prince avec une de ses filles ; « Je connais depuis longtemps le prince, répondit-il ; c'est un beau cavalier, un parfait gentilhomme, très-instruit, très-bien élevé; la Reine le connaît aussi et apprécie les avantages de sa personne. Mais... il y a un mais qui n'a rien de désobligeant pour la personne et les qualités du prince, il y a des répugnances de famille, des préjugés peut-être, qui s'opposent à l'union projetée. » Le refus du gouvernement français empêcha qu'on ne donnât suite à cette candidature sur laquelle, d'ailleurs, le cabinet anglais n'insista pas. Chose singulière, on n'avait pas alors, même en Angleterre [1], grande idée de la capacité du prince de Cobourg, que M. de Talleyrand traitait de « pauvre sire ». Et puis, lord Palmerston donnait pour instruction, au moins apparente, à ses agents, de ne prendre parti pour aucun candidat; ou plutôt il ne leur avait donné qu'une instruction : empêcher la prépondérance française en Belgique; sur les moyens d'y arriver, il n'avait pas d'idée arrêtée.

---

[1] Cf. le *Journal de Ch. Greville*, à la date du 5 août 1831.

Pendant que les deux grandes puissances ne faisaient guère que se neutraliser mutuellement, une candidature avait surgi qui, tout de suite, rencontra quelque faveur en Belgique ; c'était celle du duc de Leuchtenberg, fils aîné d'Eugène de Beauharnais et de la princesse Amélie de Bavière : âgé de vingt ans, il servait dans l'armée bavaroise [1]. Son nom avait été mis en avant par M. de Bassano, l'ancien ministre de Napoléon. Le gouvernement français, consulté [2], ne dissimula pas son opposition à une candidature dont le succès aurait fait de la Belgique un foyer de manœuvres bonapartistes [3]. « Ce serait se tromper, disait à ce propos le général Sébastiani, de croire que le parti bonapartiste n'a plus de racines en France ; au contraire, il est aujourd'hui très-redoutable. » Louis-Philippe, tout en protestant ne pas vouloir gêner la liberté des Belges, déclara que « s'ils voulaient conserver la France pour amie », ils devaient écarter le fils de Beauharnais, que jamais la France ne le reconnaîtrait, que jamais la main d'une princesse française ne lui serait accordée. « De toutes les combinaisons possibles, ajouta-t-il, c'est la plus désagréable à la France, la moins favorable au repos et à l'indépendance des Belges. » Cependant, en dépit de cette opposition, la candidature du duc de Leuchtenberg gagnait du terrain, tandis que celles du prince Othon de Bavière et du prince Charles de Naples ne rencontraient aucune faveur. Les journaux de Bruxelles, les orateurs du congrès reprochaient à la France de leur refuser la liberté dont elle avait usé en 1830 ; ils « dénonçaient à la nation française » la conduite de son gouvernement ; quelques-uns nous accusaient même de prolonger volontairement le provisoire, dans le dessein machiavélique de provoquer l'anarchie, d'allumer la guerre civile et de fondre ensuite sur la Belgique épuisée comme sur une proie facile.

---

[1] Le duc de Leuchtenberg ne devait pas fournir une longue carrière. Il est mort en 1835, quelques jours après avoir épousé la reine de Portugal.
[2] 11 janvier 1831.
[3] M. de Metternich comprenait notre opposition. Il écrivait, le 18 janvier : « Le gouvernement français reste-t-il ferme dans sa décision de ne pas vouloir pour voisin un Bonaparte ? Je crois qu'il aurait raison, car, sans cela, gare à la dynastie d'Orléans ! » (*Mémoires de Metternich*, t. V, p. 120.)

Ces difficultés et l'espèce d'obstruction qui en résultait rendaient quelque espoir aux orangistes : ceux-ci s'agitaient; de Londres, le prince d'Orange lançait des manifestes et entretenait des intelligences en Belgique. Pour mettre fin à une incertitude qui devenait périlleuse, le congrès décida, le 19 janvier, que la discussion définitive concernant le choix du souverain commencerait le 28. Grandes étaient l'anxiété et l'animation des esprits. Le gouvernement français, désireux d'écarter loyalement toute équivoque, renouvela ses précédentes déclarations. Une lettre du général Sébastiani à M. Bresson, représentant de la France à Bruxelles, lettre qui fut lue, le 13 janvier, à la tribune du congrès, s'exprimait ainsi : « La situation de la Belgique a fixé de nouveau l'attention du Roi et de son conseil. Après un mûr examen de toutes les questions qui s'y rattachent, j'ai été chargé de vous faire connaître, d'une manière nette et précise, les intentions du gouvernement du Roi. Il ne consentira pas à la réunion de la Belgique à la France, il n'acceptera point la couronne pour le duc de Nemours, alors même qu'elle lui serait offerte par le congrès. Le gouvernement verrait dans le choix du duc de Leuchtenberg une combinaison de nature à troubler la tranquillité de la France. Nous n'avons pas le projet de porter la plus légère atteinte à la liberté des Belges dans l'élection de leur souverain, mais nous usons aussi de notre droit en déclarant de la manière la plus formelle que nous ne reconnaîtrons point l'élection de M. le duc de Leuchtenberg. » Dans une autre lettre écrite quelques jours après, le ministre donnait l'ordre au représentant de la France, dans le cas où cette élection serait faite, de quitter aussitôt Bruxelles.

Mais plus on approchait de l'heure décisive, plus il était visible que les seules candidatures entre lesquelles se partageraient les voix du congrès étaient les deux que nous repoussions, par des motifs, il est vrai, fort différents. Celle de Leuchtenberg devenait de plus en plus populaire ; si notre opposition décidée avait détaché d'elle certains esprits, beaucoup d'autres s'en montraient blessés. Les amis de la France ne trouvèrent d'autre moyen de faire échec à cette candidature, que de proposer ouvertement celle du duc de Nemours. Malgré tout, Leuchtenberg gagnait toujours. Un des orateurs influents du congrès, M. Lebeau, soutenait sa cause avec une ardeur passionnée. Le buste du prince était promené dans les rues, couronné au théâtre, son portrait suspendu aux arbres de la liberté. Le peuple chantait des couplets en son honneur. L'Angleterre était représentée à Bruxelles par lord Ponsonby, au moins aussi animé que son chef, lord Palmerston, contre l'influence française[1]. Lord Ponsonby, très-porté pour le prince d'Orange et se faisant illusion sur ses chances, avait d'abord travaillé pour lui, et avait paru combattre le duc de Leuchtenberg. « Les puissances ne le reconnaîtront pas », disait-il. Mais il dut bientôt s'avouer que son candidat ne rencontrait aucun appui. « Il n'y a rien à faire pour le prince d'Orange, lui dit un député partisan du Beauharnais; la lutte sera entre le duc de Leuchtenberg et le duc de Nemours. » Poussé à bout, lord Ponsonby s'écria alors : « Nommez plutôt le diable que le duc de Nemours[2]. »

Tous ces faits n'échappaient pas à la vigilance du jeune diplomate qui représentait la France à Bruxelles : M. Bresson, homme d'initiative et d'énergie, n'était pas d'humeur à laisser jouer ou mortifier la France sous ses yeux, sans tenter de l'empêcher. Ce qu'il apprenait des dispositions des membres du congrès et surtout de l'action de l'envoyé anglais le persuadèrent que la nomination du duc de Leuchtenberg était certaine, si on ne lui opposait formellement un fils de Louis-Philippe. Telle était aussi la conviction du colonel de Lawœstine qu'on venait d'adjoindre à M. Bresson, à cause de ses relations avec la société belge. Mais comment faire, après les déclarations si nettes, si réitérées, du gouvernement français? M. Bresson partit en toute hâte pour Paris, brûla les étapes, et le 29 jan-

---

[1] Nous retrouverons plus tard lord Ponsonby ambassadeur à Constantinople; il sera, dans la crise de 1840, l'un des adversaires les plus acharnés de la France.

[2] Cette conversation, qui ne laisse pas d'éclairer les dessous de la politique anglaise, est rapportée par M. Th. Juste, t. I, p. 228, 229.

vier, au point du jour[1], il avait audience du Roi en présence du ministre des affaires étrangères. Il exposa le péril imminent et la nécessité de poser la candidature du duc de Nemours, si l'on voulait écarter un choix qui, dans les circonstances présentes, serait un échec grave pour la France. Ses instances ne purent cependant arracher au Roi ou au ministre le moindre mot qui retirât les déclarations antérieures et donnât instruction de faire élire le prince français. Au fond, en effet, Louis-Philippe était toujours résolu à refuser la couronne. Mais, par ce qu'il ne dit pas, plus encore que par ce qu'il dit, il parut attendre ou tout au moins permettre que son envoyé fît, sans autorisation, de son propre chef, et au risque d'être désavoué, ce qu'on ne voulait pas lui ordonner de faire. M. Bresson était trop fin pour ne pas comprendre, trop hardi pour reculer devant la responsabilité. Revenu bride abattue à Bruxelles, il y prit une attitude, tint un langage, qui, sans donner à nos amis belges aucune assurance officielle, leur firent ou tout au moins les laissèrent croire qu'ils pourraient forcer la main au gouvernement français, et que celui-ci, une fois le vote émis, ne refuserait pas la couronne; le colonel Lawœstine s'associa à ce jeu; des lettres officieuses venues de Paris tendirent à répandre la même conviction[2]. Cette manœuvre hardie releva

[1] Cette date du 29 janvier est celle qu'indique M. Bresson dans une lettre écrite treize ans plus tard et que nous citons plus loin. D'autres indices tendraient à faire croire que cet entretien a eu lieu plutôt le 27 janvier.

[2] L'année suivante, le 1er juin 1831, M. Van de Weyer, président du comité diplomatique et l'un de ceux qui avaient le plus poussé à la candidature du duc de Nemours, se justifiait ainsi à la tribune du congrès belge : « Lors de l'élection de M. le duc de Nemours, c'est moi qui ai reçu les lettres confidentielles, c'est moi qui les ai communiquées; et ce n'est pas sur la foi seule de ces lettres que l'élection a été faite, c'est sur la déclaration des deux envoyés de France que M. le duc de Nemours accepterait. J'ai eu foi dans les assurances de M. le marquis de Lawœstine. » — Toutefois c'est à tort que l'historien belge, M. Th. Juste, affirme que M. Bresson « rapporta de Paris l'autorisation de promettre que la couronne serait acceptée » (t. I, p. 229). Ni le Roi ni son ministère ne donnèrent aucune autorisation; on a sur ce point un témoignage irrécusable, celui de M. Bresson lui-même. Plus tard, ce diplomate, représentant la France à Madrid, se demanda, à l'occasion du mariage de la jeune reine Isabelle, s'il ne devait pas prendre une initiative analogue à celle qu'il avait prise, en 1831, à Bruxelles. Il écrivit alors à M. Guizot, le 4 septembre 1844 : « En 1831, quand la question s'est posée en Belgique entre le duc de Leuchtenberg et le duc de

les intérêts français tout à l'heure si compromis et contrebalança les avantages qu'apportait à la candidature du duc de Leuchtenberg l'appui souterrain de lord Ponsonby.

Pendant ce temps, le débat décisif s'était ouvert, le 28 janvier, dans le congrès belge; il se prolongea jusqu'au 3 février, dramatique, passionné, remuant toutes les questions qui mettaient en jeu l'existence de la Belgique, et aussi la paix de l'Europe. Les partisans du duc de Nemours firent valoir les avantages de l'intimité avec la France. Mais la couronne serait-elle acceptée? « Toutes nos lettres venant de Paris, disait M. Gendebien, nos relations avec de hauts personnages en France, la voix patriotique et persuasive de La Fayette, le vœu de la France entière, nous sont un sûr garant que les sentiments paternels de Louis-Philippe, d'accord avec les intérêts et la politique de la France, ne lui permettront pas d'hésiter un seul instant. » M. Van de Weyer ajoutait : « Je n'ai pas dit que j'étais certain de l'acceptation; car, pour tenir un pareil langage, il aurait fallu que j'en eusse la preuve officielle, et, dans ce cas, j'aurais cru pouvoir et devoir trancher la question. En mettant sous vos yeux la pièce probante, je vous aurais dit : Messieurs, je viens de recevoir la preuve de l'acceptation du duc de Nemours; je puis donc annoncer au congrès que son choix ne sera pas fait en vain. Il m'est impossible de parler ainsi, mais

---

Nemours, je me suis trouvé dans une position identique. Je ne rappellerai pas à Sa Majesté cette conversation que je suis venu chercher à toute bride de Bruxelles et que j'ai eue avec elle, le maréchal Sébastiani en tiers, le 29 janvier, au point du jour. Les circonstances étaient imminentes, au dedans et au dehors; tout bon serviteur devait payer de sa personne; j'ai pris sur moi une immense responsabilité; *j'ai fait élire M. le duc de Nemours, et je n'hésite pas à reconnaître que je l'ai fait sans l'assentiment du Roi et de son ministre*. C'était très-grave pour ma carrière, pour ma réputation même; j'ai touché à ma ruine; toute la conférence de Londres, M. de Talleyrand y compris, lord Palmerston avec fureur, s'était liguée contre moi. Le Roi et le maréchal Sébastiani m'ont soutenu; ils m'ont porté sur un autre théâtre, et je me suis relevé à Berlin, non sans peine, du bord de ce précipice. Mais je ne pourrais repasser par ce chemin, ni courir de pareils risques; je ne serais plus, aux yeux de tous, qu'un brûlot de duperie et de tromperie; on m'accuserait avec raison d'avoir joué deux peuples amis. » — A la même époque, en 1844, M. Bresson disait à la reine Christine : « *Quand lord Ponsonby, il y a treize ans, a essayé de pousser au trône de Belgique le duc de Leuchtenberg, j'ai fait élire en quarante-huit heures le duc de Nemours.* » (GUIZOT, *Mémoires*, t. VIII, p. 206 et 218.)

je n'en ai pas moins la conviction que la couronne sera acceptée par le duc de Nemours. Les éléments de cette conviction, je les puise ailleurs que dans les communications officielles. » M. Lehon était plus affirmatif encore : « Je suis de ceux qui sont convaincus que si le duc de Nemours est nommé, il acceptera la couronne. » Les partisans du duc de Leuchtenberg opposèrent les déclarations réitérées et non désavouées du gouvernement français ; ils s'efforcèrent aussi d'éveiller les susceptibilités du patriotisme belge. « Si nous voulons conserver l'estime et la sympathie de la France, dit M. Devaux, ne nous humilions pas devant elle. Ne nous obstinons pas à nous livrer à ses princes, quand eux-mêmes nous refusent... Ah ! messieurs, ne soyons une source d'embarras pour personne ; ne nous ravalons pas à être une misérable *petite Navarre*[1] ; restons la belle, la noble Belgique ! Depuis longtemps, le mot de patrie ne résonnait qu'imparfaitement dans nos cœurs. Depuis des siècles, nous n'avons fait que passer d'un joug à l'autre, tour à tour Espagnols, Autrichiens, Français, Hollandais ; depuis quatre mois seulement, nous sommes Belges, et nous avons retrouvé une patrie... Cette patrie, que nous avons ressaisie au prix du sang belge, faut-il déjà l'humilier aux pieds d'une puissance étrangère ? »

Vient enfin le moment du vote : l'anxiété est grande. Sur 191 membres présents, 89 se prononcent pour le duc de Nemours, 67 pour le duc de Leuchtenberg, 35 pour l'archiduc Charles d'Autriche. Il faut procéder à un second tour : le duc de Nemours obtient alors 97 voix — c'est la majorité absolue, — le duc de Leuchtenberg 74, l'archiduc Charles 21. Le duc de Nemours est proclamé. Le cri de : Vive le Roi ! poussé par l'assemblée, gagne la foule qui assiège le palais ; l'enthousiasme est général, et les partisans du duc de Leuchtenberg sont les premiers à se rapprocher des vainqueurs ; il n'y a plus qu'un sen-

---

[1] Allusion aux paroles suivantes, que M. Dupin venait de prononcer à la Chambre française : « Je ne pense pas qu'il s'agisse d'amener à la France une espèce de province capitulée avec des lois particulières, une petite Navarre qui ne serait pour la France qu'une source d'embarras et de difficultés. »

timent : inaugurer sans retard le nouveau règne pour sortir du provisoire. Une députation est chargée de porter au roi des Français la nomination de son fils. Personne alors ne doute ou ne veut douter de l'acceptation.

Mieux informés, les Belges auraient su pourtant que Louis-Philippe persistait toujours dans sa volonté de refus. S'il avait laissé agir M. Bresson, c'était uniquement pour écarter une candidature dangereuse et contrecarrer une manœuvre de la diplomatie anglaise ; mais il ne voyait là qu'un expédient destiné à gagner du temps et n'avait pas eu un moment d'hésitation sur sa décision finale. Quelques-uns de ses ministres, — ceux qui désiraient le plus plaire à la gauche, — avaient sans doute une sagesse moins résolue, et, devant la tournure que prenaient les choses à Bruxelles, ils se demandaient s'il ne serait pas possible d'imposer à l'Europe le fait accompli. C'est sans doute pour répondre à cette velléité, ou plutôt pour dissiper cette illusion, qu'après le voyage de M. Bresson, mais avant le vote final du congrès, le 1er février, M. de Talleyrand sonda lord Palmerston sur la question de savoir s'il agréerait la nomination du duc de Nemours. La réponse du ministre anglais fut sans ménagement. « Ce sera pour nous, dit-il, absolument la même chose qu'une union avec la France, et c'est à la France à mesurer toutes les conséquences auxquelles l'exposerait une telle méconnaissance de ses promesses. Je ne crois pas, ajouta-t-il, que la masse de la nation française désire la Belgique au prix d'une guerre générale. » Il ne s'en tint pas là : une dépêche officielle fut envoyée à Paris pour réclamer du gouvernement français le plein accomplissement de l'engagement qu'il avait pris de refuser la couronne. Le chef du *Foreign-Office* pensait sans doute qu'il n'y aurait pas lieu de recourir à la guerre, mais, s'il fallait la faire, « l'occasion » lui paraissait « légitime ». « Nous ne pouvons accepter l'élévation du duc de Nemours, écrivait-il, le 2 février, à son ambassadeur à Paris, sans mettre en danger la sûreté de la nation et sans porter atteinte à son honneur [1]. »

[1] BULWER, *Life of Palmerston*; lettres de lord Palmerston à lord Granville, en date du 1er et du 2 février 1831.

Le gouvernement anglais n'avait pas de peine d'ailleurs à associer les autres puissances à son opposition. Dès le 1er février, il proposa à la Conférence de décider que, dans le cas où la souveraineté de la Belgique serait offerte à un prince appartenant aux familles régnantes des cinq puissances, une telle offre serait absolument repoussée : les plénipotentiaires d'Autriche, de Prusse et de Russie adhérèrent aussitôt à cette proposition, M. de Talleyrand la prit *ad referendum*, disant qu'il attendait avant peu les instructions de son gouvernement.

Quand, quelques jours après, on sut, à Londres, l'élection de Bruxelles, l'émotion fut vive ; lord Palmerston était furieux. Toutefois, on ne resta pas longtemps dans le doute sur les intentions du gouvernement français. Le vote avait eu lieu le 3 février ; dès le 4, aussitôt la nouvelle parvenue à Paris, le général Sébastiani vint annoncer à l'ambassadeur anglais que le Roi était décidé à refuser la couronne offerte et qu'il désirait marcher d'accord avec les autres puissances, surtout avec l'Angleterre [1]. En même temps, M. de Talleyrand fut chargé de faire une déclaration analogue à la Conférence : cette déclaration fut consignée dans le protocole du 7 février, mais en même temps, par déférence pour la France, la Conférence décida que si le duc de Leuchtenberg était élu, il ne serait reconnu par aucune des cinq cours. Sur ce point, la diplomatie française était donc arrivée à son but ; elle avait obtenu l'exclusion du candidat bonapartiste à la fois à Bruxelles et à Londres, dans le congrès belge et dans la conférence européenne.

Tandis que ces déclarations s'échangeaient entre les chancelleries, la députation du congrès belge était arrivée à Paris, le 6 février, toujours pleine d'espoir. Logée dans un hôtel appartenant à Madame Adélaïde, elle y fut traitée avec une hospitalité somptueuse, comme si l'on cherchait par ces bons procédés à atténuer le déplaisir du refus qu'on se préparait à lui faire [2].

---

[1] BULWER, *Life of Palmerston;* lettre de lord Granville à lord Palmerston, en date du 4 février 1831.

[2] Pendant son séjour à Paris, la députation belge fut témoin, le 13 et le 14 février, d'odieux désordres que nous aurons prochainement à raconter, le sac

Ce refus, tout en le laissant pressentir dans les conversations officieuses, on en retarda, toujours par le même dessein de ménagement, la manifestation officielle. Enfin, le 17 février, la députation fut reçue en grand apparat au Palais-Royal. Après avoir entendu de la bouche du président l'offre faite à son fils, le Roi répondit d'une voix émue : « Si je n'écoutais que le penchant de mon cœur et ma disposition si sincère de déférer au vœu d'un peuple dont la paix et la prospérité sont également chères et importantes à la France, je m'y rendrais avec empressement. Mais quels que soient mes regrets, quelle que soit l'amertume que j'éprouve à vous refuser mon fils, la rigidité des devoirs que j'ai à remplir m'en impose la pénible obligation, et je dois déclarer que je n'accepte pas pour lui la couronne que vous êtes chargés de lui offrir. Mon premier devoir est de consulter avant tout les intérêts de la France, et, par conséquent, de ne point compromettre cette paix que j'espère conserver pour son bonheur, pour celui de la Belgique, et pour celui de tous les États de l'Europe, auxquels elle est si précieuse et si nécessaire. Exempt moi-même de toute ambition, mes vœux personnels s'accordent avec mes devoirs. Ce ne sera jamais la soif des conquêtes ou l'honneur de voir une couronne placée sur la tête de mon fils, qui m'entraîneront à exposer mon pays au renouvellement des maux que la guerre amène à sa suite, et que les avantages que nous pourrions en retirer ne sauraient compenser, quelque grands qu'ils fussent d'ailleurs. Les exemples de Louis XIV et de Napoléon suffiraient pour me préserver de la funeste tentation d'ériger des trônes pour mes fils, et pour me faire préférer le bonheur d'avoir maintenu la paix à tout l'éclat des victoires que, dans la guerre, la valeur française ne manquerait pas d'assurer de nouveau à nos glorieux drapeaux. »

---

de Saint-Germain l'Auxerrois et de l'archevêché. L'un de ses membres, l'abbé Boucquau de Villeraie, passant dans la rue du Bac, revêtu du costume ecclésiastique que les prêtres français n'osaient alors porter dans Paris, fut insulté par la populace, et celle-ci allait lui faire un mauvais parti, quand il s'écria qu'il était Belge et montra sa cocarde. Cet incident, aussitôt connu en Belgique, ne devait pas augmenter les sympathies pour la France, dans une population en majorité catholique.

Puis s'adressant à la Belgique : « Qu'elle soit libre et heureuse! s'écria le Roi. Qu'elle n'oublie pas que c'est au concert de la France avec les grandes puissances de l'Europe qu'elle a dû la prompte reconnaissance de son indépendance nationale! Et qu'elle compte toujours avec confiance sur son appui pour la préserver de toute attaque extérieure ou de toute intervention étrangère! » Suivaient des conseils presque paternels, donnés à la jeune nation. La scène était imposante. L'émotion de Louis-Philippe gagnait ses auditeurs, et les larmes coulaient sur plus d'un visage [1]. C'est que, suivant le témoignage de M. Guizot présent à cette audience, on sentait dans la parole du Roi, « non pas les hésitations, car il n'avait pas hésité, mais toutes les velléités, tous les sentiments qui avaient agité son esprit : l'amour-propre satisfait du souverain à qui le vœu d'un peuple déférait une nouvelle couronne; le regret étouffé du père qui la refusait pour son fils; le judicieux instinct des vrais intérêts de la France, soutenu par le secret plaisir de comparer son refus aux efforts de ses plus illustres devanciers, de Louis XIV et de Napoléon, pour conquérir les provinces qui venaient d'elles-mêmes s'offrir à lui; une bienveillance expansive envers la Belgique, à qui il promettait de garantir son indépendance après avoir refusé son trône; et au-dessus de ces pensées diverses, de ces agitations intérieures, la sincère et profonde conviction que le devoir comme la prudence, le patriotisme comme l'affection paternelle, lui prescrivaient la conduite qu'il tenait et déclarait solennellement. » L'acte eut un grand retentissement en Europe. C'était un gage éclatant donné aux alliés comme aux adversaires de la nouvelle monarchie de sa modération et de sa prudence. C'était surtout la preuve, alors non superflue, que, derrière et au-dessus de l'agitation révolutionnaire, il y avait en France un pouvoir royal ayant une volonté ferme, persévérante, et en état de la faire prévaloir.

Si l'Europe avait lieu d'être satisfaite, les Belges par contre étaient cruellement désappointés. Dans leur embarras, ils nom-

---

[1] Témoignage d'un historien belge, M. Th. JUSTE, t. I, p. 272.

mèrent un régent qui fut M. Surlet de Chokier. La place du Roi était occupée : son rôle n'était pas rempli. Le régent, vieillard respectable, ne se sentait aucunement en position de diriger ou de contenir l'opinion publique. Celle-ci était plus que jamais en révolte contre les décisions de la Conférence, à laquelle elle reprochait d'avoir changé sa médiation en arbitrage tyrannique. Cette résistance faisait d'autant plus mauvais effet à Londres que le roi des Pays-Bas, changeant au contraire d'attitude, venait, le 18 février, d'adhérer pleinement aux protocoles du 20 et du 27 janvier, fixant les « bases de séparation » entre la Belgique et la Hollande. Dès le lendemain, les plénipotentiaires se réunirent, prirent acte de cette adhésion et établirent non sans solennité, à l'encontre des protestations belges, « le droit de l'Europe » ; — il y avait alors encore une Europe. « Chaque nation, disait le protocole, a ses droits particuliers; mais l'Europe aussi a son droit : c'est l'ordre social qui le lui a donné. Les traités qui régissent l'Europe, la Belgique indépendante les trouvait faits et en vigueur; elle devait donc les respecter et ne pouvait pas les enfreindre... Les puissances devaient faire prévaloir la salutaire maxime que les événements qui font naître un État nouveau ne lui donnent pas plus le droit d'altérer un système général dans lequel il entre, que les changements survenus dans la condition d'un État ancien ne l'autorisent à se croire délié de ses engagements antérieurs. » Le protocole déclarait que les « arrangements » des protocoles du 20 et du 27 janvier étaient « fondamentaux et irrévocables », et que l'indépendance de la Belgique ne serait reconnue qu'aux conditions qui résultaient de ces arrangements. Il constatait le droit des autres États de prendre telles mesures qu'ils jugeraient nécessaires pour faire respecter ou pour rétablir leur autorité légitime dans tous les pays à eux appartenant et sur lesquels les Belges élevaient des prétentions; — c'était reconnaître à la Confédération germanique le droit d'agir militairement contre le Luxembourg; — enfin la Conférence ajoutait que le roi des Pays-Bas ayant adhéré sans restriction aux arrangements relatifs à la séparation de la Belgique d'avec la Hollande, toute entreprise des autorités belges sur le territoire déclaré hollandais serait envisagée comme un renouvellement de la lutte à laquelle les cinq puissances avaient résolu de mettre un terme. L'avertissement, loin d'intimider les Belges, ne fit que les exciter encore davantage. Au congrès, dans les journaux, on ne parla plus que de reprendre immédiatement les hostilités contre les Hollandais; et le régent, s'adressant dans une proclamation solennelle aux habitants du Luxembourg, leur promit « au nom de la Belgique » que « leurs frères ne les abandonneraient pas ». « Nous avons commencé notre révolution, disait-il, malgré les traités de 1815, nous la finirons malgré les protocoles de Londres. » La diplomatie européenne était ouvertement bravée : le scandale fut grand dans la Conférence [1].

Un fait contribuait à encourager la Belgique dans une résistance si téméraire : le ministère français, pour donner des gages aux « patriotes » qui lui reprochaient trop de déférence envers l'Europe, et pour se faire bien voir des Belges au moment où ceux-ci était en recherche d'un souverain, avait refusé de ratifier les protocoles du 20 et du 27 janvier fixant les « bases de séparation ». Le général Sébastiani avait même fait connaître à Bruxelles cette opposition par une lettre à M. Bresson en date du 1er février, lettre qui fut lue et applaudie en plein congrès et qui paraissait reproduire la thèse même des Belges. « Dans la question des dettes, comme dans celle de la fixation de l'étendue et des limites des territoires, disait le ministre, nous avons toujours entendu que le concours et le consentement libre des deux États étaient nécessaires; la Conférence de Londres est une médiation, et l'intention du gouvernement du Roi est qu'elle n'en perde jamais le caractère. » De plus, ordre était donné à M. de Talleyrand de déclarer expressément à la Conférence la non-adhésion du gouvernement français.

[1] Peu après, un envoyé belge, arrivant à Londres, recevait de M. de Bacourt, secrétaire de M. de Talleyrand, l'avis que la proclamation aux Luxembourgeois avait fait dans le monde diplomatique « un effet *épouvantable* ». (Juste, t. II, p. 50.)

Était-ce donc que nous renoncions à la politique de concert européen, primitivement adoptée? Dans les chancelleries étrangères, des bruits inquiétants circulaient sur nos desseins; on notait l'impulsion plus active que jamais donnée à nos armements; à Berlin, on racontait que nous faisions des ouvertures, sans grand succès il est vrai, aux petites puissances allemandes, pour les attirer, en cas de guerre, dans l'orbite de la France et établir avec elles un lien semblable à celui qui, sous Napoléon, unissait la Confédération du Rhin à l'Empire français [1]. En Italie, comme nous le verrons tout à l'heure, un conflit paraissait imminent entre la France et l'Autriche. Il y avait pis encore que l'alarme jetée dans les cours du continent, c'était le mécontentement de l'Angleterre. Celle-ci s'en prenait à nous, beaucoup plus qu'aux Belges, des insolentes bravades de ces derniers [2]. On pouvait se demander si, dans son irritation, lord Palmerston n'allait pas rompre l'entente des deux puissances occidentales si habilement établie par notre diplomatie au lendemain de la révolution, et y substituer l'alliance des quatre anciens coalisés de 1814 contre la France isolée. Précisément, vers cette époque, M. de Flahaut avait été envoyé à Londres avec mission de proposer une alliance secrète offensive; lord Palmerston déclina formellement l'ouverture, déclarant qu'il préférait se placer comme une sorte de médiateur entre les trois puissances et la France, résolu à se prononcer contre celle des deux parties qui romprait la paix; il ajouta que, pour le moment, la France ne lui paraissait pas menacée, et que « s'il y avait danger, il venait plutôt de la France elle-même ». Plus notre résistance aux décisions de la Conférence se dessinait, plus les dispositions naturellement soupçonneuses du ministre britannique trouvaient occasion de se manifester; il ne voyait de notre côté que double jeu, manœuvres souterraines, complots, arrière-pensées de guerre et conquêtes. Comme il l'a dit lui-même peu après, en rappelant les souvenirs de

---

[1] Cf. diverses dépêches citées par HILLEBRAND, *Geschichte Frankreichs,* 1830-1870, t. I, p. 195.
[2] Cf. BULWER, *Life of Palmerston,* t. II, p. 55 et 57.

cette époque, « la politique du ministère Laffitte tendait à écarter l'Angleterre de l'alliance française, et à lui faire comprendre à quel point son intérêt lui commandait de se rapprocher de plus en plus des trois grandes puissances de l'Est[1] ».

M. de Talleyrand ne se faisait pas à l'idée de voir ainsi compromettre non-seulement les résultats obtenus déjà en Belgique, mais la sécurité même de la France en Europe, en un mot de voir ruiner toute son œuvre diplomatique. Aussi, usant d'une liberté que rendaient seuls possible et sa situation personnelle et le relâchement des liens hiérarchiques, il résolut de ne tenir aucun compte des instructions de son ministre. Non-seulement il ne souffla pas mot à la Conférence de la déclaration de non-adhésion que son gouvernement l'avait chargé de faire, mais il signa le protocole du 19 février qui déclarait « irrévocables » les « bases de séparation » fixées antérieurement, affirmait le « droit de l'Europe » et repoussait de haut les protestations belges. L'irritation fut vive à Paris : on parla de rappeler un ambassadeur si hardiment désobéissant ; mais on n'osa. D'ailleurs, les hommes en position de deviner le dessous des cartes soupçonnèrent alors que la hardiesse de M. de Talleyrand venait de ce qu'il se savait au fond d'accord avec la pensée du Roi ; non que celui-ci crût alors possible de l'exprimer tout haut ; il feignait même de partager le mécontentement de son cabinet[2] ; mais les moyens ne lui manquaient pas pour correspondre directement avec l'ambassade de Londres, par-dessus la tête et à l'insu de ses ministres.

En cette circonstance, l'indiscipline de l'ambassadeur et le double jeu du Roi servirent le véritable intérêt de la France. Toutefois, de tels moyens pouvaient-ils être longtemps efficaces, et suffisaient-ils à écarter des difficultés chaque jour plus graves ? Étaient-ils du reste en eux-mêmes de nature à mériter pour la politique française la confiance et la considération de l'Europe ?

---

[1] Lettres à lord Granville du 8, du 15 février et du 31 mai 1831. (BULWER. *Life of Palmerston*, p. 41, 43 et 79.

[2] Lettres de lord Granville à lord Palmerston, en date du 25 février 1831. (*Ibid.*, p. 47.)

Nul n'eût osé le dire, et il était évident qu'une telle situation ne pouvait se prolonger sans mettre en péril et la Belgique et la France.

II

On se ferait difficilement une idée de l'émotion produite à Paris, dans les premiers jours de décembre, par la nouvelle du soulèvement de Varsovie. Sans doute le mouvement belge s'était produit trop près de nous, intéressait trop directement notre politique, pour n'avoir pas inspiré de vives sympathies. La cause de l'indépendance italienne avait aussi pour l'imagination française un charme plein de poésie. Mais tout cela n'était rien à côté de l'effet produit par les événements de Pologne. On ne parlait pas d'autre chose à Paris. Chacun chantait la *Varsovienne* de M. Delavigne, avec non moins de passion que la *Parisienne*[1]. La Fayette pouvait s'écrier : « Toute la France est polonaise », et il mettait en demeure le « gouvernement français » de montrer que lui aussi était « polonais ». «Nous vivions surtout en Pologne », a écrit plus tard M. Louis Blanc. Au service de cette cause, les catholiques n'étaient pas moins enflammés que les démocrates, et le jeune comte de Montalembert faisait écho, dans l'*Avenir*, aux explosions d'Armand Carrel dans le *National*. Tout était réuni d'ailleurs pour expliquer et justifier ces sympathies : admiration pour ces combattants dont la vaillance voilait ce que certains bas-fonds de l'insurrection avaient de moins noble et de moins pur; souvenir indigné de ce meurtre d'une nation, meurtre qui avait été, à la fin du dernier siècle, un crime odieux à la charge de l'Europe

---

[1] Dans ce chant, les Polonais s'écriaient : « A nous, Français ! » Puis rappelant toutes les batailles de l'empire où ils avaient combattu pour nous, ils ajoutaient :

. . . . Pour de vieux frères d'armes,
N'aurez-vous que des larmes?
Frères, c'était du sang que nous versions pour vous.

et pour notre pays un irréparable malheur; vieille tendresse pour ces Français du Nord, encore réchauffée dans l'héroïque fraternité des guerres impériales; enfin le sentiment que, par sa révolte de novembre 1830, la Pologne venait d'arrêter et de détourner sur elle les armées que le Czar réunissait pour les jeter sur la France et sur la Belgique [1]. Et puis, n'y avait-il pas là de quoi flatter et satisfaire ce goût et ce besoin de dramatique qui sont, pour l'esprit français, l'une des premières conséquences de l'excitation révolutionnaire [2]? Au lieu des émeutes bourgeoises de Bruxelles ou des conspirations à huis clos du carbonarisme italien, c'étaient de formidables batailles où s'entre-choquaient, dans les boues et les neiges de Pologne, des armées de cent mille hommes. Dans l'incertitude poignante de l'éloignement, la rumeur d'une victoire, acclamée un jour avec des larmes d'enthousiasme, se trouvait le lendemain cruellement démentie, et les journaux passaient brusquement des dithyrambes de l'illusion aux imprécations du désespoir. Il n'était pas jusqu'à ce fantôme meurtrier et alors nouveau du choléra, qui, s'avançant à la suite des armées russes, ne donnât à ce tableau une couleur plus sinistre encore.

Mais que faire pour répondre au cri parti des rives de la Vistule? La guerre? la guerre à six cents lieues, à travers tout le continent, cette guerre où avait échoué Napoléon dans sa puissance? Il y avait longtemps que le proverbe polonais disait: « Dieu est trop haut, et la France est trop loin. » D'ailleurs, sur ce terrain plus encore que sur tout autre, on était assuré de rencontrer la coalition. Outre la Russie, pour laquelle la conservation de la Pologne était non-seulement un intérêt politique

---

[1] C'est ce qu'exprimait La Fayette, quand il disait : « La guerre était préparée contre nous; la Pologne devait former l'avant-garde; l'avant-garde s'est retournée contre le corps de bataille. » M. de Metternich gémissait de son côté sur ce que la « déplorable révolution polonaise » avait « empêché que l'entente, si nécessaire entre les trois cours, eût pu s'établir dans un sens vraiment utile ». (*Mémoires*, t. V, p. 166, 167.)

[2] Un des amis de M. Guizot lui écrivait à cette époque : « La Pologne est bien plus populaire que la Belgique. Pourquoi? parce que c'est plus dramatique. La France est pour le moment dans le genre sentimental, bien plus que dans le genre rationnel. » (*Mémoires de M. Guizot*, t. II, p. 285.)

et un calcul de gouvernement, mais une passion nationale et populaire, on se heurtait aux deux autres partageants, l'Autriche et la Prusse. Quant à l'Angleterre, le refus qu'elle allait faire bientôt de s'associer à nous pour une simple démarche diplomatique, montrait dans quel isolement elle nous eût laissés en cas de guerre.

Convaincu de son impuissance, le Roi voulut du moins rendre à la Pologne le service de dissiper, dès le premier jour, avec une netteté loyale et humaine, toutes les illusions qui auraient pu lui faire attendre un secours armé de la France, illusions malheureusement créées et entretenues par le langage des hommes politiques de gauche, par les polémiques des journaux, et par les démarches de certains émissaires aussitôt partis de la France pour la Pologne. Peu de jours après la rébellion, notre consul à Varsovie signifia formellement aux insurgés qu'il n'y avait rien à attendre de la France; Sébastiani fit une déclaration analogue à l'envoyé polonais, Wolicki; enfin, des instructions dans le même sens furent données par le Roi à M. de Mortemart, nommé, en janvier 1831, ambassadeur à Saint-Pétersbourg. Le gouvernement français était bien résolu à s'en tenir à l'action diplomatique : encore était-il le premier à se rendre compte que dans les conditions de l'Europe, cette action ne pouvait guère être efficace, et l'entreprit-il avec plus de bonne volonté que d'espoir.

Il chercha surtout à émouvoir le gouvernement autrichien. Le prince de Metternich était sans passion personnelle contre les Polonais. « Croit-on, disait-il à notre ambassadeur, que, comme homme, je puisse être insensible à la vue de tant de courage? Et pense-t-on que, comme ministre, je n'aimerais pas mieux avoir pour voisine une Pologne toujours bienveillante et toujours amie, qu'une Russie toujours envieuse et toujours envahissante[1]? » Une autre fois, causant avec le jeune comte André Zamoyski, le chancelier autrichien reconnaissait les inconvénients du partage, disait qu'il désirait le rétablissement

---

[1] Dépêche du 25 décembre 1830. (*Mémoires de M. de Metternich*, t. V, p. 77.)

du royaume, et ajoutait que, s'il avait la certitude d'y parvenir dans les vingt-quatre heures, il le signerait à l'instant, ne dissimulant pas du reste que, pendant ces vingt-quatre heures, il aurait une grande peur. Mais les liens qui l'unissaient au Czar, la répugnance, la crainte que lui inspirait, surtout au lendemain de la révolution de Juillet, toute extension du droit et du fait insurrectionnel, furent plus forts que les sympathies, les regrets, on pourrait presque dire les remords, dont il faisait l'aveu. Aussi, loin de s'unir à nos démarches, seconda-t-il sur les frontières de Galicie les mesures répressives du gouvernement russe, et proclama-t-il « évidente » la « justice de la cause » défendue par le Czar. Nous eûmes moins de succès encore auprès du gouvernement prussien : malgré les remontrances de la France, il fournissait à l'armée moscovite, coupée de ses communications, des munitions et des vivres, mettait la main sur la réserve considérable déposée à la banque de Berlin par le gouvernement polonais, et confisquait les biens de ses sujets qui prenaient part à l'insurrection. A Londres, lord Palmerston nous refusa tout concours; en chargeant l'ambassadeur anglais à Saint-Pétersbourg de surveiller les événements, il lui recommanda « de ne faire aucune démarche qui pût amener des discussions peu amicales entre lui et le gouvernement russe avec lequel le gouvernement de Sa Majesté était plus que jamais désireux, dans les circonstances actuelles, de conserver les rapports les plus étroits d'amitié [1] ».

Les Polonais eux-mêmes rendirent notre action diplomatique plus difficile encore : ils lui enlevèrent en quelque sorte son point d'appui juridique, le jour où, contrairement à l'avis de leurs chefs les plus courageux et les plus éclairés, obéissant aux clubs de Varsovie, ils ne se bornèrent plus à réclamer les avantages stipulés dans les traités de Vienne pour le royaume de

---

[1] Dépêche du 22 mars 1831. — Niemcewitz demandait à lord Palmerston : Pourquoi ne feriez-vous pas pour nous ce que vous avez fait pour la Grèce? — Avec vous, répondit le ministre, c'est autre chose; la Grèce a lutté pendant cinq ans..., *notre commerce souffrait beaucoup des corsaires.* » — Lord Grey était plus net encore : « Eh bien, lui disait le porte-parole des Polonais, ferez-vous quelque chose pour nous? — Rien. »

Pologne, mais proclamèrent la déchéance des Romanow et l'indépendance absolue de toute l'ancienne Pologne. En janvier 1831, le duc de Mortemart se rendait à Saint-Pétersbourg où il venait d'être nommé ambassadeur. Un peu au delà de Berlin, la nuit, par un froid glacial, il rencontra, au milieu d'une forêt, les agents du gouvernement insurrectionnel de Varsovie, qui s'étaient portés sur son passage, pour l'interroger sur les dispositions de la France. La conférence commencée dans la neige s'acheva dans la voiture de l'ambassadeur. Celui-ci, loyalement soucieux de ne laisser aux Polonais aucune illusion sur ce que nous pouvions pour eux, les pressa de retourner à Varsovie pour y déconseiller toute résolution violente et notamment la déchéance de Romanow. Mais les envoyés, loin de se rendre à ces observations, paraissaient avoir des raisons de n'y attacher aucun crédit. « La démocratie française, disaient-ils, sera maîtresse des événements; et la démocratie française soutiendra la Pologne. Votre Roi et vos Chambres seront forcés par l'opinion publique de nous venir en aide. » Et ils prononcèrent le nom de La Fayette, comme étant l'origine de leurs informations et le fondement de toutes leurs espérances. M. de Mortemart essaya vainement de les désabuser, et ce tragique dialogue se termina ainsi : « Le sort en est jeté, dirent les envoyés, ce sera tout ou rien. — Eh bien, reprit M. de Mortemart, je vous le dis avec douleur, mais avec une profonde conviction : ce sera rien. » La voiture de l'ambassadeur continua son chemin, pendant que les envoyés disparaissaient dans l'ombre de la forêt [1].

Par la situation de l'Europe, par le fait de notre révolution, par les fautes des Polonais, nous étions donc absolument impuissants, et M. Thiers a pu écrire, quelques mois plus tard, quand tout était fini : « La Pologne est restée comme une grande douleur pour nous, et elle ne pouvait être autre chose. »

[1] Nouvion, *Histoire du règne de Louis-Philippe*, t. II, p. 190.

III

L'Italie, mécontente de ses gouvernements rétrogrades et malhabiles, blessée dans sa nationalité par la domination de l'Autriche sur une partie de la Péninsule et par sa suprématie sur le reste, se souvenant d'avoir été déjà une première fois associée aux destinées d'une révolution française, devait nécessairement ressentir le contre-coup des événements de Juillet. Dès le premier jour, de nombreux réfugiés avaient, de France, dirigé sur leur patrie un travail ardent de propagande et même de conspiration; heureux quand ils ne préparaient pas sur notre sol des expéditions de flibustiers comme celles qui furent tentées, sans succès, à la vérité, contre le gouvernement sarde. Ces réfugiés avaient été sous la Restauration en relations étroites avec l'opposition d'alors; non-seulement ses protégés, mais encore ses instructeurs, ils lui avaient un moment donné des leçons de carbonarisme. L'opposition devenue maîtresse de la France, ils croyaient pouvoir compter sur son appui. Ils trouvèrent en effet sympathie dans l'opinion régnante. Par une coïncidence singulière, le jour même où éclatait la révolution de Juillet, l'empereur d'Autriche avait ordonné l'élargissement de Silvio Pellico et des autres jeunes Italiens, détenus depuis plus de huit ans dans les cachots du Spielberg; la plupart étaient venus aussitôt à Paris; leurs récits[1], la vue du corps épuisé et mutilé de l'un d'eux, l'infortuné Maroncelli, avivèrent les sympathies pour les champions de l'indépendance et de la liberté italiennes; on s'attendrissait sur les victimes; on s'indignait contre les bourreaux[2]. Ces sympathies ne demeurèrent pas inactives. Ceux qui travaillaient à révolutionner la Péninsule rencontrèrent des approbateurs et des complices jusque chez

---

[1] Silvio Pellico n'a publié ses *Prisons* que plus tard, en 1833.
[2] Après une conversation avec Maroncelli, Carrel écrivait, le 1er mars 1831, dans le *National,* un article d'une éloquence indignée et brûlante.

des hommes qui touchaient de très-près au gouvernement ou qui en faisaient partie comme La Fayette. Ne se targuaient-ils même pas d'avoir la faveur du jeune prince royal? En Italie, des agents consulaires français croyaient remplir leurs instructions ou tout au moins deviner les intentions de leur gouvernement en secondant les conspirateurs [1].

Cette agitation n'échappait pas à l'Autriche, trop directement intéressée pour n'être pas attentive. Le 4 août 1830, à la nouvelle de la révolution de Juillet, M. de Metternich avait écrit à son souverain : « Un côté vers lequel il faut que, sans tarder, nous dirigions nos regards, c'est le côté italien; c'est l'Italie que les menées révolutionnaires chercheront certainement à gagner [2]. » Le chancelier autrichien songeait à cette contrée, et il ne s'en cachait pas, quand il avait tout de suite protesté si vivement contre le principe de non-intervention. Dès novembre 1830, aux premières menaces de trouble dans les États sardes, il fit savoir à notre ambassadeur à Vienne « qu'une révolution dans le Piémont devant avoir pour suite inévitable un soulèvement dans la Lombardie, il se croirait obligé de prendre, à tout prix, les mesures les plus propres à étouffer dès le principe une tentative de cette nature ». Il ajouta d'une façon plus générale que « toute insurrection voisine des pro-

---

[1] De ce nombre était notre consul à Gênes. En mars 1831, quand M. de Sainte-Aulaire, nommé ambassadeur à Rome, traversa cette ville, le consul vint le trouver; fort étonné que l'ambassadeur n'eût été chargé de lui apporter aucune instruction particulière, il lui apprit en confidence « qu'il avait lié des rapports sur tous les points de l'Italie avec les chefs de l'insurrection ». Il annonça que le Pape allait être chassé de Rome, les Autrichiens de Milan. « Quant aux troupes sardes, ajouta-t-il, j'en fais mon affaire; j'ai déjà pratiqué le commandant de la citadelle de Gênes, qui en ouvrira les portes au premier signal; on n'attend plus que des ordres précis du gouvernement français, et quelque argent nécessaire pour décider les consciences irrésolues. » M. de Sainte-Aulaire, stupéfait, eut beaucoup de peine à faire entendre au consul que sa conduite violait le droit des gens et contredisait la politique du gouvernement français. (*Mémoires inédits de M. de Sainte-Aulaire.*) On comprend dès lors que M. de Metternich pût dénoncer dans tous les mouvements italiens l'action de la propagande française. (*Mémoires de M. de Metternich*, t. V, p. 126, 127, 153, 154.)

[2] *Mémoires de M. de Metternich*, t. V, p. 15. Voir aussi sa lettre du 3 octobre. (*Ibid.*, p. 39.) Le 13 octobre, il écrivait : « L'Italie est encore tranquille, mais il serait dangereux de se laisser tromper par un calme plus apparent que réel. » (*Ibid.*, p. 60.)

vinces lombardes lui créait un danger sur lequel il ne pouvait transiger », et que, « si le principe de non-intervention lui était opposé, il protestait à l'avance de l'impossibilité de le reconnaître, quelles que pussent être d'ailleurs les conséquences de la détermination que lui dictait l'intérêt de la monarchie ». Plus tard, en janvier 1831, ramené au même sujet par la fermentation croissante de l'Italie centrale, M. de Metternich affirma d'abord le droit de l'Autriche de veiller à la sûreté des pays que des conditions de reversibilité attachaient à la couronne impériale, tels que les duchés de Parme et de Modène. Pour le reste de la Péninsule, il n'admettait à son action d'autres limites que celles de l'intérêt autrichien. Il déclarait « que, pour établir le droit d'intervention des gouvernements, il était prêt à s'exposer à l'intervention des peuples, parce qu'alors la question nettement posée deviendrait une question de force ; qu'il aimait mieux périr par le fer que par le poison, car, les armes à la main, il avait du moins une chance que le poison ne lui laissait pas ; qu'en un mot, si l'intervention de l'Autriche en Italie devait amener la guerre, il était prêt à l'accepter. Péril pour péril, il préférait un champ de bataille à une révolution [1]. »

Le gouvernement français était donc averti ; mais il avait alors tant de difficultés sur les bras qu'il négligeait volontiers celles qui n'étaient encore qu'en exspectative. Le Roi cependant, plus prévoyant que ses ministres, comprit tout de suite qu'il importait de limiter le principe de non-intervention, un peu légèrement improvisé et proclamé à l'occasion de la Belgique. Il s'empressa donc de déclarer qu'il ne se croyait pas tenu de prendre les armes pour faire respecter ce principe partout et toujours. « Il faut, ajoutait-il, peser les intérêts et mesurer les distances. » Tel était aussi le langage que, sous son inspiration, le général Sébastiani tenait aux ambassadeurs étrangers. « Le principe de non-intervention, leur disait-il, n'a été prononcé dans sa généralité que pour ne pas spécialiser le cas de la Belgique ; mais la France ne compte pas pousser ce principe

[1] Dépêches de l'ambassadeur de France à Vienne, novembre 1830 et janvier 1831.

au delà d'un certain rayon dans lequel elle ne peut pas voir avec indifférence un mouvement de troupes étrangères [1]. » Quel était ce rayon? Le gouvernement français donnait à entendre tout d'abord qu'en aucun cas il ne tolérerait l'intervention dans les États limitrophes : la Belgique, la Suisse, les États sardes [2]. Pour les autres États de l'Italie, ses résolutions étaient plus difficiles à saisir : peut-être étaient-elles encore incertaines, ou jugeait-il politique de laisser planer sur celles-ci un certain vague. Il apparaissait seulement qu'à ses yeux ces divers États ne devaient pas être placés sur la même ligne. M. Laffitte lui-même, bien que fort engagé en paroles pour le principe de non-intervention, admettait ce système de gradations et de tempéraments, et l'on citait de lui ce propos : « Il y a *possibilité* de guerre si l'on occupe Modène, *probabilité* si l'on entre dans les États romains, *certitude* si l'on envahit le Piémont [3]. »

Ces réserves, que le Roi faisait introduire peu à peu, dans les conversations diplomatiques, étaient prudentes et prévoyantes. Mais l'effet ne s'en trouvait-il pas détruit par le langage qu'au même moment les ministres tenaient à la tribune? Alors en effet, ceux-ci, ne songeant qu'à faire leur cour à l'opinion avancée, n'osaient plus indiquer aucune distinction; ils paraissaient poser un principe absolu. « La France, s'écriait M. Laffitte, le 1er décembre 1830, aux applaudissements de la gauche, ne permettra pas que le principe de non-intervention

---

[1] Dépêche de M. de Werther, du 1er décembre 1830, citée par HILLEBRAND, *Geschichte Frankreichs*, 1830-1870, t. I, p. 150.

[2] Le bruit se répandit dans les chancelleries que, pour les États sardes, nous faisions une distinction entre la Savoie et le Piémont, ne posant de *casus belli* que pour la première : on racontait que le général Sébastiani avait fait une déclaration dans ce sens au comte Apponyi. Mais peut-être celui-ci avait-il essayé de mal entendre. En tout cas, le ministre français démentit le propos qui lui était attribué aussitôt qu'il en fut informé par M. de Barante, notre ambassadeur à Turin. (Cf. la correspondance diplomatique du général Sébastiani et de M. de Barante; *Documents inédits*.) — Le gouvernement français chercha, à cette époque, à faire étendre au Piémont la neutralité qui venait d'être établie pour la Belgique. Sa proposition n'eut pas de succès. On voit mal l'intérêt qu'aurait pu avoir la France à se fermer ainsi la porte de l'Italie, tandis que l'Autriche y conservait une entrée libre.

[3] Plus tard, Casimir Périer, dans une discussion de la Chambre des députés, le 13 août 1831, rappela à M. Laffitte le propos qu'il avait tenu étant ministre.

soit violé. » Et, pour mieux souligner le caractère comminatoire de cette déclaration, il ajoutait, mettant en quelque sorte la main sur l'épée de la France : « Sous très-peu de temps, Messieurs, nous aurons, outre nos places fortes, approvisionnées et défendues, cinq cent mille hommes en bataille, bien armés; un million de gardes nationaux les appuieront, et le Roi, s'il en était besoin, se mettrait à la tête de la nation. Nous marcherions serrés, forts de notre droit et de la puissance de nos principes. Si les tempêtes éclataient à la vue des trois couleurs et se faisaient nos auxiliaires, tant pis pour ceux qui les auraient appelées, nous n'en serions pas comptables à l'univers! » Le président du conseil disait encore le 31 décembre : « Nous avons déclaré établi par nous le principe de la non-intervention ; ce principe a déjà triomphé en Belgique; la France saura le faire triompher toujours et partout. » Il n'était pas jusqu'au général Sébastiani qui ne se laissât entraîner à dire, le 27 janvier 1831 : « La Sainte-Alliance reposait sur le principe de l'intervention, destructeur de l'indépendance des États secondaires. Le principe contraire, que nous saurons faire respecter, assure l'indépendance et la liberté de tous les peuples. » Les ambassadeurs étrangers s'étonnèrent plus d'une fois d'un langage public qui paraissait en contradiction avec celui qui leur était tenu au Palais-Royal ou dans le cabinet du ministre des affaires étrangères; ils demandèrent des explications qu'on avait peine à leur donner satisfaisantes. Après le discours de M. Laffitte du 1ᵉʳ décembre, que nous citons plus haut, le général Sébastiani jugeait nécessaire d'envoyer aussitôt des courriers à Vienne, Berlin et Saint-Pétersbourg, pour y porter des déclarations rassurantes. Nul ne déplorait plus que le Roi ces fanfaronnades de tribune, mais il croyait impossible de les empêcher, et, aux diplomates étrangers qui se plaignaient à lui, il s'excusait en leur confiant qu'il avait eu beaucoup de peine à empêcher ses ministres de dire de bien autres sottises [1].

---

[1] Dépêches de l'envoyé sarde, citées par Hillebrand, *Geschichte Frankreichs*, 1830-1870, t. I, p. 151.

Cependant la fermentation augmentait chaque jour en Italie, principalement au centre de la Péninsule, dans les petits duchés et dans les États de l'Église. Ceux-ci présentaient alors un terrain singulièrement favorable aux conspirations. Pie VIII était mort le 30 novembre 1830, et l'interrègne qui en résulta se prolongea pendant deux mois. Quand le nouveau pontife Grégoire XVI fut enfin élu, le 2 février, l'insurrection était mûre, et, deux jours après, elle éclatait à Modène et à Bologne. De Modène elle gagna Parme. De Bologne elle descendit dans la Romagne et les Marches, et favorisée par l'hostilité de ces populations contre le gouvernement ecclésiastique, elle s'étendit, sans rencontrer l'ombre d'une résistance, jusqu'à Ancône, Pérouse, Spolète et Terni. On put craindre un moment pour Rome, mais le peuple de cette ville était favorable au Pape, le mouvement qu'y tentèrent les conspirateurs échoua piteusement. Les souverains de Modène et de Parme avaient immédiatement demandé le secours des Autrichiens. Grégoire XVI, bien que sans armée, hésita quelques jours avant de faire appel à des protecteurs aussi impopulaires et aussi incommodes. Sa première démarche fut même de demander au chargé d'affaires qui suppléait l'ambassadeur de France non encore désigné, de se porter médiateur entre lui et les insurgés : mais, par malheur, cet agent secondaire, laissé sans instructions, ne se crut pas autorisé à assumer une telle tâche [1]. Le Pape adressa alors directement un appel paternel à ses sujets, protestant de sa bonne volonté réformatrice. C'était bien de réformes qu'il s'agissait! on poursuivait une révolution. La convention, élue par les provinces insurgées, répondit en votant, le 26 février, la déchéance de l'autorité pontificale et en nommant un gouvernement provisoire. « L'hydre romaine, disait une proclamation du chef de ce gouvernement, se débat dans les convulsions de l'agonie... Il ne lui reste plus qu'à tourner ses dents venimeuses contre ses propres entrailles et à mourir enragée. Si elle osait lancer contre nous le reste de sa bave empoisonnée,

---

[1] *Mémoires inédits de M. de Sainte-Aulaire.*

nous saurions l'écraser sous nos pieds. » Devant de tels outrages, le Pape crut n'avoir plus rien à ménager, et il sollicita le secours de l'Autriche.

A Vienne, on avait prévu ces appels des gouvernements italiens et l'on était résolu à y répondre. M. de Metternich ne le cacha pas à notre ambassadeur. « Si cette intervention doit amener la guerre, lui dit-il, eh bien ! vienne la guerre ! nous aimons mieux en courir les chances que d'être exposés à périr au milieu des émeutes. » Cette guerre, cependant, le chancelier était loin de la désirer ; bien plus, il la redoutait fort, et, pour tâcher d'en éloigner la chance, il protestait de son désintéressement, répudiait solennellement toute vue « d'agrandissement territorial ou d'influence politique », se montrait fort désireux de nous être agréable et ajoutait en *post-scriptum* à une de ses lettres au comte Apponyi : « Vous pouvez dire à Sébastiani que si, à Paris, on se conduit bien, nous voterons avec ferveur contre toute chance du duc de Leuchtenberg d'arriver au trône de Belgique [1]. »

La question se posait urgente, inévitable devant le gouvernement français, question de paix ou de guerre ; son embarras était grand. Tout d'abord, à ne voir que les déclarations si légèrement apportées à la tribune depuis trois mois, les seules que connût le public en France et hors de France, déclarations encore accentuées par la presse, ne semblions-nous pas obligés à empêcher par les armes toute intervention ? N'avions-nous pas pris envers les autres et envers nous-mêmes l'engagement formel de faire respecter partout notre nouveau principe ? N'était-ce pas sur la foi de ces déclarations réitérées et après s'être assurés qu'elles les couvraient contre toute attaque de l'Autriche, que les révolutionnaires italiens s'étaient lancés [2] ? Ne pas bouger,

---

[1] Dépêches de l'ambassadeur de France à Vienne, et *Mémoires de M. de Metternich*, t. V, p. 121 et 156.

[2] Quelques mois plus tard, le 15 août 1831, dans un débat rétrospectif à la Chambre française, un député de la gauche, M. Cabet, ajoutait, après avoir rappelé que les réfugiés avaient compris la proclamation du principe de non-intervention comme une garantie du secours de la France contre l'Autriche : « Les Italiens n'ont rien négligé pour bien s'assurer que tel était le sens de ce principe ; il s'en

après avoir parlé si haut et si fort, ne serait-ce pas se faire maudire par l'Italie libérale et moquer par l'Europe conservatrice[1]? Les esprits les plus sages, les plus pacifiques, en venaient à douter de la possibilité d'échapper à la guerre. Ambassadeur à Turin et bien placé pour observer, M. de Barante écrivait, le 5 mars 1831, à son ministre : « Dans les diverses révolutions de Bologne, de Modène et de Parme, on a remarqué plus d'unanimité que d'énergie ; peu de dispositions à faire des sacrifices et des efforts ; peu de moyens de défense et d'armement... Mais la circonstance générale et qu'il nous importe le plus de remarquer, c'est que le fondement unique de ces révolutions, leur seul mobile est le principe de non-intervention proclamé par la France, d'une manière absolue ; du moins on l'a entendu ainsi. D'où Votre Excellence conclura facilement ce que la France perdra dans l'opinion des peuples, s'ils ne trouvent pas en elle cette protection dont ils se sont flattés. Ce sera en même temps un triomphe pour les opinions qui sont hostiles à nous et à notre révolution. Elles y verront non pas de la modération, non pas même un calcul de nos vrais intérêts, mais l'impuissance d'accomplir des menaces jetées en avant et restées sans effet. Je ne dis point que ces considérations doivent décider le gouvernement à préciter la France dans une guerre terrible : ce n'est point lorsqu'on ne voit les questions que sous un point de vue restreint et particulier qu'on peut avoir une opinion complète. Mais il est de mon devoir que Votre Excellence n'ignore pas ce résultat infaillible de l'intervention autri-

---

trouvait un grand nombre à Paris ; ils ont donc consulté les notabilités libérales, et toutes les explications qu'ils ont demandées ont eu pour résultat cette assurance donnée unanimement, que, dans le cas d'une insurrection à Parme, à Modène et dans la Romagne, la France viendrait à leur secours si l'Autriche intervenait. » — De son côté, M. de Metternich répétait sans cesse : « C'est le seul mot de non-intervention qui a donné aux révolutionnaires italiens le courage de se soulever. » (Cf., entre autres, les lettres du 9 et du 12 mars 1831, *Mémoires de M. de Metternich*, t. V, p. 123 et 125.)

[1] M. de Metternich n'était pas disposé à laisser dans l'ombre le démenti qui serait ainsi donné à la parole de la France ; il écrivait, le 12 mars 1831 : « Les révolutionnaires italiens seront détrompés sur le compte de la valeur que le gouvernement français accorde au dogme émis par lui. » (*Mémoires*, t. V, p. 125.)

chienne[1]. » En même temps, dans une lettre intime, le même M. de Barante écrivait, le 5 mars, à M. Pasquier : « Nous opposerons-nous à l'intervention de l'Autriche ? C'est la guerre générale, européenne, guerre entre des principes ennemis, entre des opinions exaltées : c'est la reprise de 1792. Souffrons-nous l'intervention ? C'est la plus complète humiliation. Nous l'avons pris de si haut et d'une façon si absolue, qu'il n'y a pas une couleur possible pour reculer ; ce sera pris comme preuve de faiblesse et d'impuissance... Pesez ces deux hypothèses dans votre sagesse[2]. »

S'il était mortifiant de ne rien faire, n'était-il pas périlleux d'agir ? L'Autriche, tout en ne désirant pas la guerre, s'apprêtait à la soutenir à outrance, car il s'agissait pour elle d'un intérêt vital. « Nous armons jusqu'aux dents, écrivait, le 15 février 1831, M. de Metternich à son ambassadeur à Paris, et je vous prie d'être tranquille sur nos mesures[3]. » Il se montrait résolu à user de toutes les armes, et menaçait la nouvelle royauté, encore mal affermie, de lui jeter dans les jambes le duc de Reichstadt, menace qui, assure-t-on, ne laissa pas de produire quelque effet à Paris[4]. Encore, si tout devait se résumer en un duel avec l'Autriche, la France pouvait l'affronter sans témérité. Mais, comme le disait M. de Barante, la guerre deviendrait tout de suite cette guerre révolutionnaire et générale que, depuis les événements de Juillet, les esprits sages, le Roi en tête, travaillaient courageusement à écarter, la jugeant, dans l'état de la France et de l'Europe, mortelle à la monarchie et à la patrie. Guerre révolutionnaire, car, ayant contre nous tous les gouvernements italiens, y compris celui du Piémont, plus effrayé de la contagion française que séduit par les agrandissements que nous lui faisions entrevoir[5], nous n'avions plus

---

[1] Correspondance inédite de M. de Barante. (*Documents inédits.*)
[2] *Documents inédits.*
[3] *Mémoires de M. de Metternich*, t. V, p. 121.
[4] *Ibid.*, p. 120, 158 et 159. — Cf. aussi HILLEBRAND, *Geschichte Frankreichs, 1830-1870*, t. I, p. 204.
[5] M. de Barante, dans sa correspondance diplomatique, répétait sans cesse que le gouvernement sarde serait, en cas de guerre, l'allié de l'Autriche. (*Documents*

d'autre ressource que de nous faire fauteurs de révolte dans toute la Péninsule. Guerre générale, car, nous attaquant à l'une des dispositions fondamentales des traités de 1815, nous fournissions à l'Autriche occasion de réclamer le concours de ses anciens alliés. Ne devait-elle pas compter sur ce concours? Sans doute la Russie était aux prises avec la Pologne, et la Prusse paraissait avoir presque toute son attention occupée à surveiller Varsovie à l'est, Bruxelles à l'ouest; mais, malgré tout, à Saint-Pétersbourg, on était au moins disposé à toutes les démonstrations, et, de Berlin, on envoyait à Vienne un général chargé de régler les conditions éventuelles d'une coopération militaire [1]. Les petits États de l'Allemagne, en dépit de nos avances, se montraient inquiets et malveillants [2], et la Confédération prenait des mesures pour porter son armée à trois cent mille hommes. De l'Angleterre, le mieux que nous pussions attendre était une neutralité également désapprobative pour les deux parties [3] : le bruit courait dans les chancelleries que le cabinet de Londres opposerait son *veto* à toute tentative de la France d'envahir le Piémont pour atteindre l'Autriche [4]. D'ailleurs, à ce moment, par une coïncidence malheureuse, notre ministère venait lui-même de relâcher les liens qui avaient d'abord uni, dans la conférence de Londres, les deux puissances occidentales. Enfin, tels étaient alors les rapports de la Belgique et de la Hollande, qu'une guerre sur le Pô serait aussitôt le signal d'une guerre sur l'Escaut, guerre dans laquelle la Prusse et l'Allemagne seraient forcément amenées à s'engager.

Cette lutte gigantesque, nous n'avions pas voulu l'entreprendre quand elle avait pour enjeu une large extension de nos frontières, la conquête de la Belgique ou de la rive gauche du Rhin. Y avait-il donc cette fois chance d'un avantage plus con-

---

inédits.) Peut-être même y avait-il traité secret entre les deux puissances. (HILLEBRAND, *Geschichte Frankreichs*, 1830-1870, t. I, p. 34.

[1] HILLEBRAND, *Geschichte Frankreichs*, 1830-1870, t. I, p. 217.
[2] *Ibid.*
[3] BULWER, *Life of Palmerston*, t. II, p. 48 à 52.
[4] HILLEBRAND, *Geschichte Frankreichs*, 1830-1870, t. I, p. 217.

sidérable encore? Lequel? L'affranchissement de l'Italie? On sait aujourd'hui ce qu'y peut gagner notre politique. Et même, sans devancer les leçons que devaient nous apporter les événements, en se plaçant au point de vue des sympathies généreuses qui régnaient alors en France pour la patrie de Silvio Pellico, n'était-il pas manifeste que la cause vraiment française au delà des Alpes n'était pas celle des insurrections mi-partie républicaines et bonapartistes qui venaient d'éclater en Romagne et dans les petits duchés? Il entrait dans notre tradition de combattre l'influence autrichienne en Italie, mais en nous appuyant sur une partie des gouvernements locaux, notamment sur ceux du Piémont, des Deux-Siciles, des États pontificaux, en les habituant à compter sur notre protection et à accepter notre patronage; non pas en secondant un parti révolutionnaire qui s'attaquait pêle-mêle à tous les gouvernements de la Péninsule, aussi bien aux clients naturels de la France qu'à ceux de l'Autriche. La révolution de Juillet n'avait déjà que trop éveillé contre nous les défiances et par suite diminué notre crédit auprès des divers États ultramontains. M. de Barante écrivait de Turin à M. Guizot : « Notre considération et notre influence sont mises en quarantaine. » Et encore : « Les gouvernements italiens qui se défendaient un peu, avant notre révolution, de la suzeraineté autrichienne, aujourd'hui ne demandent pas mieux et cherchent là leur sauvegarde[1]. » Avions-nous intérêt à précipiter cette défection de notre clientèle historique? Ajoutez que le gouvernement le plus immédiatement menacé était celui du Souverain Pontife; or, bien que l'opinion dominante alors en France fût loin d'être dévote et « cléricale », on n'avait pas encore découvert que notre politique fût intéressée à déposséder le Pape; au contraire, parmi les hommes d'État de cette époque, en dehors du parti ouvertement révolutionnaire, pas un seul n'eût voulu abandonner cette protection séculaire du Saint-Siége, qui était l'une des forces principales de la France en Italie et dans le monde chrétien. Toutes les raisons de prudence actuelle et de

---

[1] Guizot, *Mémoires*, t. II, p. 300, 310 et 311.

politique traditionnelle se réunissaient donc pour détourner la France de prendre les armes au service des insurrections ultramontaines. Louis-Philippe le comprenait, et son parti était pris pour la paix. Tel était aussi au fond le sentiment des ministres ; ils n'eussent pas voulu avoir la responsabilité d'une pareille guerre : mais il leur en coûtait de dire tout haut qu'ils ne l'entreprendraient pas. C'est pourtant ce qu'il eût été nécessaire de faire, ne fût-ce que pour dissiper les équivoques nées de leur langage antérieur. Le 26 février, La Fayette, consulté par ses amis de Bologne sur les dispositions du gouvernement français, leur répondait : « Je ne peux que vous référer à ce que le gouvernement a proclamé lui-même à la tribune nationale, et à l'assentiment que trois fois il a donné dans cette Chambre en ne réclamant pas contre mes définitions du système français de non-intervention. J'ajouterai que j'ai eu connaissance de lettres officielles qui étaient d'accord avec ces principes[1]. » Quelles étaient ces « lettres officielles » ? Un peu plus tard, dans la séance du 18 mars, alors que le général Sébastiani était devenu le collègue de Casimir Périer, La Fayette, voulant lui opposer le langage qu'il avait tenu pendant l'administration précédente, lui demanda « s'il était vrai ou s'il n'était pas vrai qu'il eût déclaré officiellement que le gouvernement français ne consentirait jamais à l'entrée des Autrichiens dans les pays actuellement insurgés de l'Italie ». Le général Sébastiani répondit : « Entre ne pas consentir et faire la guerre, il y a une grande différence. » Cette réponse permet d'entrevoir à quelles équivoques des ministres timides avaient recours pour ne pas heurter de front le parti belliqueux.

Quand l'homme de confiance du Roi avait si peu le courage de ses résolutions pacifiques, que ne pouvait-on pas craindre de la faiblesse habituelle de M. Laffitte? Aussi Louis-Philippe n'hésitait-il pas à prendre contre lui des précautions qui jettent un jour curieux sur l'état intérieur du gouvernement. Notre ambassadeur à Vienne, le maréchal Maison, avait

---

[1] *Mémoires de La Fayette*, t. VI.

pris feu en entendant M. de Metternich annoncer l'intervention de l'Autriche en Italie, et il avait aussitôt envoyé à Paris une dépêche belliqueuse pressant le gouvernement français de prendre les devants et de jeter une armée en Piémont. Le Roi, tout en donnant l'ordre au général Sébastiani de verser un peu d'eau froide sur l'imagination trop échauffée de l'ambassadeur, jugea prudent de cacher sa dépêche au président du conseil ; il craignait que celui-ci n'en fût ébranlé dans ses dispositions pacifiques, ou qu'il ne la livrât à sa clientèle démocratique qui s'en serait fait une arme contre le gouvernement. Vaine précaution du reste ; dans ce régime de laisser-aller, l'indiscrétion était partout ; au bout de quelques jours, le *National* faisait allusion à la dépêche ; M. Laffitte apprit ainsi, non sans froissement, et l'existence du document et le mystère qu'on lui en avait fait [1].

Si cet incident montre combien peu sûr était le ministère, il montre également à quel point le Roi était décidé pour la paix. Cela ne l'empêchait pas, il est vrai, d'user de diplomatie pour limiter l'intervention. Il avait pris assez vite son parti de l'occupation de Modène et de Parme par laquelle les Autrichiens se disposaient à commencer ; le droit de reversibilité établi au profit de la cour de Vienne lui paraissait placer ces deux duchés dans une condition spéciale. Mais il eût vivement désiré que cette occupation ne s'étendît pas aux États de l'Église. Il fit alors proposer à la cour de Vienne, comme un remède plus effi-

---

[1] Cet incident devait avoir une suite. En même temps qu'il avait envoyé sa dépêche belliqueuse à Paris, le maréchal Maison avait écrit dans le même sens à son collègue, le général Guilleminot, ambassadeur de France à Constantinople. Celui-ci, persuadé que la guerre allait éclater, remit à la Porte une note la pressant d'armer pour agir de concert avec la France contre l'Autriche et la Russie. Cette démarche, bientôt connue, fit grand scandale dans toutes les chancelleries : M. Périer était alors au pouvoir ; l'ambassadeur fut immédiatement rappelé. De telles démarches trahissent sans doute l'indiscipline qui avait, après la révolution, gagné tous les rangs de la hiérarchie ; mais il faut aussi reconnaître que les déclarations de tribune avaient pu induire en erreur nos représentants à l'étranger sur la politique réelle du gouvernement. C'est ainsi que, vers la même époque, nous voyons M. de Barante obligé de rappeler à l'ordre notre agent à Bologne, qui renvoyait les insurgés aux discours des ministres sur la non-intervention, pour les engager à avoir foi dans l'appui de la France. (Dépêche de M. de Barante au général Sébastiani, en date du 9 mars 1831. *Documents inédits.*)

cace et moins dangereux qu'une intervention armée, l'ouverture à Rome d'une conférence dans laquelle les représentants de l'Autriche et de la France examineraient les griefs des Légations et réuniraient leurs efforts pour obtenir du Pape les réformes nécessaires à la pacification du pays. L'idée n'était pas mauvaise; elle avait le tort de venir trop tard. En même temps, sans s'engager par des menaces trop précises, notre gouvernement cherchait à inquiéter l'Autriche sur les résolutions auxquelles nous obligerait l'entrée de ses troupes dans les États romains. « Si nous pouvons admettre, écrivait le général Sébastiani, qu'à l'égard de Modène et de Parme des circonstances particulières modifient jusqu'à un certain point l'application des principes généraux, il n'en est pas ainsi en ce qui concerne les États de l'Église. La dignité et les intérêts de la France seraient également blessés par une intervention d'une puissance étrangère dans cette partie de l'Italie, et le gouvernement du Roi se verrait réduit, tant par le sentiment de ses devoirs que par l'irrésistible impulsion de l'opinion nationale, à chercher dans des combinaisons nouvelles des garanties pour l'honneur et la sécurité de la France. » Puis il ajoutait en *post-scriptum :* « L'entrée des troupes autrichiennes dans les États de l'Église compromettrait sérieusement la paix de l'Europe. J'aime à croire que M. le prince de Metternich examinera avec sa prudence accoutumée les conséquences d'une pareille entreprise [1]. » Dans ses conversations avec les ambassadeurs étrangers, le ministre s'exprimait plus vivement encore, toujours dans l'espoir de produire un effet d'intimidation. Enfin, pour appuyer ce langage, une ordonnance royale du 10 mars appela à l'activité 80,000 conscrits de la classe de 1830. L'Autriche, cependant, était trop avancée pour reculer. Elle accepta avec empressement la proposition d'une conférence sur les réformes à apporter dans l'administration pontificale ; mais elle était bien décidée, quoiqu'elle eût soin de ne pas le dire tout haut, à ne pas retarder pour cela d'un jour

---

[1] Sur toute cette négociation, cf. les dépêches adressées par le général Sébastiani à M. de Barante (*Documents inédits*), et les *Mémoires inédits de M. de Sainte-Aulaire*.

ses mesures militaires [1]. Le gouvernement français, au contraire, tâcha de se persuader que la réponse favorable de l'Autriche impliquait ajournement de l'intervention, et, pour être en mesure de prendre part à la délibération commune qui allait s'ouvrir auprès du Saint-Siége, il se hâta de pourvoir à l'ambassade de Rome, qui, par une négligence singulière dans une telle crise, n'avait pas eu de titulaire depuis la révolution de Juillet.

Ce poste, devenu si important, fut offert au comte de Sainte-Aulaire. Ce choix était significatif. Gentilhomme accompli, lettré distingué, M. de Sainte-Aulaire s'était trouvé fort engagé dans l'opposition libérale sous la Restauration; mais il était de ceux qui avaient vu avec regret cette opposition aboutir à un renversement de la vieille monarchie. Fort dégoûté de quelques-unes des suites de la révolution de Juillet, et ne se gênant pas pour dire « qu'elle ne pouvait être utilement servie que par ceux qui la détestaient », ses principes politiques comme ses répugnances d'homme du monde ne le disposaient aucunement à se faire le complaisant des révolutionnaires cosmopolites. De plus, ses sentiments religieux ne lui eussent pas permis d'être l'instrument d'une politique hostile au Saint-Siége. A sa première question sur ce qu'on voulait lui donner à faire en Italie, le général Sébastiani lui répondit : « Vous aurez à défendre l'autorité spirituelle et temporelle du Pape. » — « A ces conditions, je partirai quand vous voudrez », reprit M. de Sainte-Aulaire. Avant de se mettre en route, le nouvel ambassadeur eut plusieurs entretiens avec le Roi, avec le président du conseil et avec le ministre des affaires étrangères. On lui donnait mission d'appuyer les négociations déjà ouvertes à Vienne, en vue de substituer à l'intervention armée une sorte de médiation diplomatique des deux grandes puissances catholiques entre les populations des Légations et leur souverain; il devait chercher par quelles transactions, par quelles réformes on pouvait pour le présent pacifier ces contrées, pour l'avenir raffermir l'autorité du Pape. — Mais, demanda-t-il, que faire

---

[1] *Mémoires de M. de Metternich*, t. V.

si l'entrée des Autrichiens dans la Romagne précède mon arrivée à Rome? — Il vit tout de suite que sa question était indiscrète, importune; le gouvernement cherchait à se convaincre que cette hypothèse ne se présenterait pas; en tout cas, il lui déplaisait d'avouer d'avance que, même dans cette hypothèse, il ne ferait pas la guerre. Force était donc pour l'ambassadeur de deviner ce qu'on ne voulait pas lui dire explicitement. Cela ne lui fut pas bien difficile. Il se rendit compte que la partie de ses instructions qui semblait indiquer la résolution de faire respecter à tout prix en Italie le principe de non-intervention, ne devait pas être prise à la lettre, et que si l'intervention s'étendait au territoire pontifical, ce ne serait encore là qu'une question diplomatique à traiter avec fermeté, mais avec mesure. Le danger d'une rupture commencerait seulement au cas, alors nullement à prévoir, où les Autrichiens entreraient en Piémont. « La guerre serait notre ruine, lui déclara le général Sébastiani; nous ne sommes pas en état de la soutenir. » Il n'était pas jusqu'à M. Laffitte qui ne lui dit : « Ne vous préoccupez pas des apparences belliqueuses, et tenez pour certain, quoi qu'il arrive, que tant que le Roi sera roi et aura Sébastiani et moi pour ministres, la paix de l'Europe ne sera pas troublée [1]. »

A vrai dire, les garanties offertes ainsi par le président du conseil étaient fort inégales. On pouvait compter sur la volonté du Roi; mais chacun savait par expérience ce que valait celle de M. Laffitte, et sa présence au ministère, loin d'être rassurante, apparaissait au contraire comme le grand danger de la situation. Les étrangers en jugeaient ainsi; sachant la complaisance du ministre français pour toutes les opinions violentes, augurant de ses dispositions réelles par ses fanfaronnades de tribune et par les menaces plus ou moins voilées de ses communications diplomatiques, ils ne lui croyaient ni la volonté, ni surtout la force de résister au cri de guerre que soulèverait dans la gauche la nouvelle, attendue d'un jour à l'autre, de l'entrée des troupes autrichiennes dans la Romagne.

[1] *Mémoires inédits de M. de Sainte-Aulaire.*

IV

Pendant que la sagesse royale s'efforçait ainsi partout: en Belgique, en Pologne, en Italie, d'écarter l'une après l'autre toutes les tentatives d'aventure téméraire, le parti patriote et belliqueux devenait, dans la presse et dans le Parlement, plus bruyant et plus exigeant que jamais. Son exaltation n'avait pas été seulement l'effet passager du soleil de Juillet; elle se prolongeait en s'aggravant. Chacune des insurrections qui éclataient presque simultanément sur tous les points de l'Europe était une excitation nouvelle et semblait justifier les assertions de ceux qui avaient répété que la France de 1830, en promenant seulement le drapeau tricolore, soulèverait tous les peuples et bouleverserait le vieux monde. Et puis, disait-on, il ne s'agissait plus de prendre l'initiative de ce bouleversement, mais de secourir des insurrections déjà faites, de profiter de l'occasion qui venait à nous, d'accepter les concours, les annexions qui s'offraient. Il faut croire cependant qu'une politique d'action n'était pas si aisée, puisque, dix-huit ans plus tard, en 1848, ces mêmes démocrates, parvenus à leur tour au pouvoir, se sont empressés d'assurer l'Europe de leur fidélité aux traités de 1815, et ont été plus sourds encore que la monarchie de Juillet aux appels de l'Italie et de la Pologne de nouveau soulevées. Mais, en 1830 et en 1831, n'ayant pas encore la responsabilité du gouvernement, ils se livraient à tous les entraînements d'un patriotisme facile pour eux, s'il était périlleux pour leur pays.

A entendre ces diplomates et ces stratégistes tout imbus des souvenirs de la Convention et de l'Empire, rien de plus simple ni de plus légitime que de mettre la main sur la Belgique. Aussi quel cri de colère, quand le Roi n'ose même pas accepter la couronne offerte au duc de Nemours! Il a peur de l'Angle-

terre, dit-on, et alors les journaux attaquent cette nation, la
seule qui soit à peu près notre alliée, avec la plus âpre violence,
comme pour être bien sûrs qu'elle ne manquera pas à la coalition qu'on se plaît à provoquer. Du reste, à quoi bon se gêner
avec l'Angleterre? Les écrivains « patriotes » ne décrètent-ils
pas qu'en proie aux difficultés inextricables de la question
irlandaise, de la réforme électorale et du paupérisme industriel,
sans le sou, à la veille d'une révolution, elle est frappée désormais d'une impuissance radicale? Aucune invective méprisante
n'est épargnée à la conférence de Londres, à ces « représentants
d'une civilisation caduque », à ces « soutiens des spoliations
de 1814 et de 1815 », devant lesquels la fierté clairvoyante des
journalistes rougit de voir M. de Talleyrand « ramper », subalterne et incapable. Pour compléter cette intelligente besogne,
on s'applique à exciter les Belges eux-mêmes contre les « lâchetés » et les « trahisons » de la diplomatie française. Dans
la question italienne, les accusations ne sont pas moins véhémentes : en n'empêchant pas, à main armée, l'Autriche de
réprimer certaines insurrections, le gouvernement viole à la
fois, et les vieilles traditions de la politique française dans la
Péninsule, et son propre principe de non-intervention ; on
interprète ce principe comme un engagement solennellement
pris par la France de soutenir, envers et contre tous, les nations auxquelles il plairait de se soulever, et, au nom des
insurgés de Modène ou des Légations, on prétend nous reprocher un manque de parole. « Trois fois, s'écrie-t-on, avant que
le coq chante, le gouvernement français a renié le grand principe qu'il a proclamé bien haut ! » Pour la Pologne, on ne
prend même pas le temps de discuter et de réfléchir ; tout est
au sentiment : « Appui à nos frères de Varsovie ! » tel semble
être le cri général. Demandez-vous à ces exaltés si c'est par
ballons qu'ils comptent transporter une armée de secours ? il leur
paraît tout simple de répondre en réclamant la reconnaissance
de l'indépendance de la Pologne, l'envoi de généraux, de volontaires et d'armes, ou bien encore le blocus de la Baltique
et un débarquement sur quelque point du duché de Posen. A

croire même un écrivain révolutionnaire, il eût suffi d'expédier des commis voyageurs en démagogie, avec mission d'appuyer, au nom de la France, les clubs de Varsovie, dans la guerre qu'ils avaient déclarée aux chefs politiques et surtout aux généraux de l'insurrection ; une fois le régime de 93 établi là-bas, la Pologne eût été sauvée par la toute-puissance de la révolution.

Ainsi guerre contre la Prusse, la Hollande et l'Angleterre en Belgique, contre l'Autriche en Italie, contre la Russie en Pologne ; et, afin de mieux exciter contre nous non-seulement les gouvernements effrayés de la révolution, mais les peuples jaloux de leur indépendance, on dévoilait des desseins de conquêtes, on parlait couramment de « rentrer dans nos frontières », en reprenant la rive gauche du Rhin. La *Gazette d'État* de Berlin répondait « que les frontières naturelles de la France étaient les Vosges et les Ardennes », opposant ainsi à une déclamation vaniteuse et passagère le cri d'une haine réfléchie et d'une tenace convoitise. Où s'arrêterait d'ailleurs l'imagination diplomatique et guerrière des hommes d'État du parti révolutionnaire ? En un tour de main ou plutôt en un tour de phrase, ils bouleversaient tout, disposaient de tout. Les circonstances, a dit un des leurs, « permettaient aux Français une ambition sans limites ». Cet écrivain croyait voir « la Russie engagée dans des projets trop vastes pour ses ressources, la Prusse en lutte avec les provinces rhénanes, l'Autriche menacée par l'esprit d'indépendance en Italie, l'Angleterre incertaine, inquiète et impuissante, l'Europe entière surprise et éblouie par la révolution de 1830 ». Dès lors, aucun obstacle à notre action. Rien de plus aisé que de dominer à Constantinople et, « par l'empire des sultans raffermis, de sauver la Pologne ». En Italie, « l'uniforme de nos soldats, brillant sur le sommet des Alpes, suffisait pour l'indépendance de la Péninsule ». Aux Belges, « nous offririons, pour prix d'une fraternelle union, la substitution du drapeau tricolore à l'odieux drapeau de la maison d'Orange ». Cela même n'était pas assez : nous intervenions à Lisbonne, pour y détruire la « domination déshonorée de l'Angleterre » ; nous nous « emparions moralement de l'Espagne », en poussant seulement les réfugiés espagnols entre les deux factions monarchiques, ardentes à s'entre-détruire. Puis, après s'être repu de ces chimères, on promettait à cette France, mal guérie des ivresses napoléoniennes, « qu'encore une fois, elle allait gouverner le monde [1] ».

Ces extravagances téméraires n'étaient pas seulement le fait d'irréguliers sans importance. Il était un écrivain qui occupait le premier rang dans la presse de gauche et qu'on ne pouvait, à cette époque, accuser d'animosité contre la monarchie : cet homme nous est connu ; déjà sa fière, âpre et fine figure nous est apparue dans les dernières années de la Restauration, à l'avant-garde de l'opposition, entre M. Thiers et M. Mignet, et nous avons alors tâché de l'esquisser [2] : c'est Armand Carrel. Il n'est pas de témoin plus considérable et moins suspect pour nous faire connaître les idées qui régnaient alors dans la partie supérieure de l'opinion libérale et révolutionnaire : témoin facile à interroger d'ailleurs, puisque, presque chaque matin, il exprimait sa pensée dans un journal qui exerçait une réelle action sur l'esprit public. Aussi bien, quelque déraisonnables que soient les explosions belliqueuses de Carrel, elles sont moins déplaisantes que les déclamations des rhéteurs alors si nombreux dans la gauche; il y a chez lui quelque chose de plus sérieux, de plus profond, un accent plus vibrant : la langue de l'écrivain naturellement froide, sèche, amère, tendue, a, quand il aborde ces sujets, l'élan entraînant, la chaleur communicative et l'éclat presque joyeux d'un clairon de bataille. On sent que, pour être aveuglé, son patriotisme est vrai, que ce n'est pas seulement un motif à phrase, que son épée n'est pas une arme de théâtre, et que, s'il veut follement verser le sang de la France, du moins il ne ménagerait pas le sien propre. Né avec le siècle, il appartenait à cette génération trop jeune pour avoir éprouvé, vers la fin de l'Empire, la souffrance et la lassitude de la guerre, assez âgée pour avoir compris et ressenti la douleur de l'invasion. Il

---

[1] M. Louis Blanc, *Histoire de dix ans*, t. II, p. 166.
[2] Voyez le *Parti libéral sous la Restauration*, p. 466 et suiv.

était obsédé par ce qu'il appelait le « poignant souvenir de Waterloo [1] ». Plus qu'aucun de ses contemporains, il avait été atteint de ce mal, alors si répandu, qu'on a appelé la « maladie de 1815 » : sorte d'hallucination enivrante et douloureuse dans laquelle on évoquait sans cesse les victoires et les défaites passées ; plaie toujours vive de l'humiliation nationale ; inconsolable regret de la gloire perdue ; soif insatiable de la revanche ; impression d'ailleurs singulièrement complexe, où le culte de Napoléon se mêlait à des prétentions libérales, surtout à des passions révolutionnaires, et qui aboutissait presque à proclamer une contradiction entre l'idée de paix et l'honneur français.

Ouvrons donc le *National* de cette époque. Combien peu Carrel cherche à dissimuler ou à tempérer la véhémence belliqueuse de la politique extérieure qu'il prétend imposer à la monarchie nouvelle ! « La révolution, dit-il, doit être l'affranchissement de la France, au dedans et au dehors. » Il déclare que la « patrie n'est pas heureuse quand elle n'est pas suffisamment glorieuse » ; or, « elle n'est pas suffisamment glorieuse, quand elle porte la trace des mutilations que lui font subir des traités humiliants, quand les uhlans font encore l'exercice à six marches de Paris, et que le qui-vive de la Sainte-Alliance retentit contre nous, derrière les Pyrénées, derrière les Alpes, et des montagnes de la Suisse à l'embouchure du Rhin ». Il professe que « le droit public de l'Europe ne peut plus dater de Waterloo, mais de nos journées de Juillet », et que « vouloir la paix aux conditions du traité de Vienne, c'est vouloir la guerre ». Contre ces « infâmes » traités de 1815, acceptés par la « lâcheté des Bourbons », il n'a pas assez d'invectives ; la France, affirme-t-il, « en est déliée » et a le droit d'en exiger la « révision immédiate [2] ». A peine une insurrection éclate-t-elle quelque part, il prend son parti avec emportement, et proclame

---

[1] *National*, article du 17 janvier 1831.
[2] *National*, articles des 5 novembre, 1er et 4 décembre 1830, des 17 janvier et 22 mars 1831.

que la France est obligée à lui porter secours ¹. Pas une puissance à laquelle il ne jette le gant. Son amertume éclate surtout contre l'Angleterre : est-ce un ressentiment d'origine napoléonienne ? Il lui reproche de « ne placer son honneur que dans le déshonneur de la France ». Puis, afin que le patriotisme allemand ne se sente pas moins froissé que l'amour-propre britannique, il ne craint pas d'affirmer qu'entre MM. les Prussiens et la révolution de Juillet, il ne sera signé de paix que quand il n'y aura plus un soldat prussien sur la rive gauche du Rhin, et que les conseils de la France auront repris, parmi les États de la rive droite, l'ascendant qui leur appartient; « le gouvernement, ajoute-t-il, ne peut, sans trahir les intérêts de la France, et les trahir de la manière la plus coupable, la plus lâche, la plus infâme, permettre que la rive gauche du Rhin appartienne à d'autres qu'à lui ou à une nation tout à fait en communauté d'intérêts avec lui ² ». Il ne dissimule pas les conséquences de la politique qu'il conseille : « Que cela ressemble furieusement à la guerre générale, c'est possible; l'opposition ne le nie pas; mais elle se moque de la guerre générale en 1831, qui n'est plus 1793 ni 1815. » Impatient d'entendre le « canon des victoires nationales », il s'écrie : « Faites cette guerre, faites-la au plus vite... Oui, vienne cette lutte que nous appelons de tous nos vœux, et qui peut seule vider la querelle entre la vieille et la nouvelle Europe! » Il repousse dédaigneusement la diplomatie : « A la guerre seule, il appartient de rétablir l'équilibre ³. » Ce baptême de sang lui paraît nécessaire à la jeune monarchie; et rappelant ce qui s'est passé en Angleterre, lors de la révolution de 1688 : « C'est par la guerre, dit-il, que cette révolution s'est établie, comme toutes les révolutions ⁴. » Il n'est pas jusqu'à la misère publique qui ne lui serve d'argument : « Quand

---

¹ Carrel ne se dissimule pas cependant que « soutenir des révolutions accomplies, c'est offrir une prime d'encouragement à toutes les révolutions à naître ». (Article du 21 septembre 1831.)
² *National*, articles du 2 février et du 17 avril 1831.
³ *Ibid.*, 30 novembre, 11 décembre 1830; 9 janvier, 13 avril 1831.
⁴ *Ibid.*, 17 janvier 1831.

la confiance publique est perdue; quand il n'y a plus ni crédit ni commerce possibles; quand la détresse, le désespoir, la passion ont mis les armes à la main de la classe qui vit de son travail dans les temps de sécurité fondée, il faut la guerre [1]...» Du résultat, il ne s'inquiète pas un moment : le succès est certain.

« Si nous sommes en état de vaincre une nouvelle coalition, nous en doutons aujourd'hui moins que jamais [2]. » Cet ancien officier qui autrefois avait fait preuve dans les choses militaires d'un esprit net, froid, peu enclin aux chimères, en est aux phrases de la rhétorique révolutionnaire sur les volontaires de 92 et sur les deux millions de gardes nationaux. La France de Juillet lui apparaît à la fois si séduisante pour les peuples, si terrifiante pour les gouvernements, que l'Europe s'empresserait « de lui accorder, presque sans examen, tout ce qu'elle demanderait [3] ». Puis il ajoute ces fanfaronnades qu'il est aujourd'hui si singulièrement pénible de relire : « Ceux qui n'ont pas craint, dans les rues de Paris, l'élite des troupes royales, n'auront pas peur des régiments prussiens... Vienne le moment où se rencontreront en champ clos une avant-garde prussienne et une poignée de volontaires français, le souvenir des glorieuses luttes de Bruxelles et de Paris sera là pour glacer l'automate dressé à la *schlague* et imprimer aux coups du soldat citoyen une puissance inconnue depuis les beaux jours de l'armée d'Italie [4]. » A ceux que ces promesses de facile victoire laissent encore indécis, il dit qu'après tout la guerre est inévitable, que l'Europe est résolue à nous la déclarer, et « qu'il vaut mieux faire la guerre un peu plus tôt sur le Rhin qu'un peu plus tard aux portes de Paris [5] ». Aussi quels ne sont pas la déception, la colère, le dégoût chaque jour grandissant de Carrel, quand il voit au contraire le gouvernement persister dans une politique modeste, prudente et obstinément pacifique ! On dirait que le

---

[1] *National*, 11 décembre 1830.
[2] *Ibid.*, 9 mars 1831.
[3] *Ibid.*, février 1831.
[4] *Ibid.*, 30 novembre 1830.
[5] *Ibid.*, 30 novembre 1830, 13 mars 1831.

journaliste cherche à piquer et irriter l'amour-propre de la monarchie nouvelle, qu'il veut, à force d'injures, la contraindre à se battre. Il accable de sarcasmes ceux qui « se mettent à genoux devant l'Europe » ; il dénonce avec indignation ceux qui « perdent la France et la livrent à l'étranger », qui « payent sa confiance en déshonneur », qui, « en fait de lâcheté, vont du plus bas à quelque chose qui est plus bas encore ». Le mot de « trahison » revient sans cesse sous sa plume. « Honte, mille fois honte, dit-il, à l'impertinent et lâche système qui veut proclamer l'égoïsme politique de la France ! » Et il s'écrie, dans l'exaspération de son mépris : « Il y avait plus de fierté sous le jupon de la Pompadour[1] ! »

La parole faisait écho à la presse. C'était sur les affaires étrangères que se livraient alors les combats les plus retentissants de la tribune parlementaire, et, à voir l'acharnement des partis, l'émotion passionnée du public, il était manifeste que cette question de paix ou de guerre, déjà si redoutable et si tragique par elle-même, comprenait et résumait toutes les autres ; que sur ce champ de bataille, avait lieu la rencontre décisive de la monarchie et de la révolution. Deux hommes étaient alors les principaux orateurs de la politique belliqueuse, « un soldat déclamateur et un avocat sophiste », le général Lamarque et M. Mauguin. Regardez-les, à la tribune, mettre sur la sellette toutes les chancelleries, faire manœuvrer toutes les armées, contracter des alliances, dénoncer les traités, livrer des batailles, parcourir l'Europe sans fatigue pour leur activité, sans embarras pour leur génie, pénétrer jusqu'en Asie, répéter et dépasser les prodiges de Bonaparte, de César et d'Alexandre, mettre en demeure la royauté de 1830 d'entreprendre, sous peine d'être convaincue de déshonneur et de trahison, la grande croisade révolutionnaire contre toutes les anciennes monarchies. « Lorsqu'un gouvernement nouveau, s'écriait M. Mauguin, s'introduit au milieu des vieilles dynasties de l'Europe, il faut qu'il fasse comme un officier nouveau qui entre dans un régi-

---

[1] *National*, 5 novembre, 11 et 13 décembre 1830 ; 5 et 16 mars, 1er, 7 et 29 avril, 25 septembre 1831.

ment, qu'il fasse ses preuves. » Et défiant les soldats de l'étranger : « Qu'ils viennent, et ils verront si nous avons posé les armes, s'ils sont tous morts, les héros d'Austerlitz et d'Iéna! » Le général Lamarque déclarait la guerre si nécessaire, qu'il eût fallu la faire presque « sans motif [1] » ; puis, après avoir dépeint et flétri l'égoïsme lâche et subalterne du gouvernement, après l'avoir montré s'abaissant devant l'Europe et tremblant de mécontenter l'Angleterre, il s'écriait, aux applaudissements de ces bourgeois qui s'imaginaient avoir vaincu l'Europe, en délogeant les gardes suisses des Tuileries : « Mais pourtant le beffroi de Notre-Dame a tonné le 29 juillet! mais le canon de Paris a fait taire celui de Waterloo! »

Officier distingué des armées impériales, fort engagé dans les Cent-Jours, le général Lamarque avait été, sous la Restauration, l'un des types de cette opposition qui se disait libérale, en étant surtout bonapartiste [2]. Au lendemain de la révolution de Juillet, il se trouva tout à coup en possession d'une de ces renommées passagères que l'histoire ne ratifie pas, et qui sont d'autant moins durables qu'elles sont plus exagérées. On le mettait alors couramment au niveau ou même au-dessus du général Foy. A entendre la voix publique, c'était un « orateur de l'antiquité », un « héros classique », un « grand homme de Plutarque dont on ne savait si les blessures avaient été reçues à Waterloo ou aux Thermopyles ». Quand il apparaissait à la tribune, les joues creuses et pâles, le front sillonné de cicatrices, la voix sépulcrale, récitant un discours écrit avec un certain don de la phrase, la foule croyait voir la figure, entendre la parole du patriotisme souffrant et indigné. C'étaient parfois des explosions d'enthousiasme, difficiles à comprendre pour quiconque relit aujourd'hui ces lieux communs ampoulés. Tel jour, par exemple, une jeune femme, placée dans une des tribunes

---

[1] « La gloire, disait le général Lamarque, est un ciment si puissant, elle fait pousser des racines si profondes à une dynastie nouvelle, qu'il serait peut-être politique de la chercher sans motif. »

[2] En 1815, cependant, il avait publié une brochure où il annonçait la résolution de « s'envelopper dans le drapeau blanc » qui, disait-il, lui servirait de « linceul ». (*Mémoires de M. Dupin*, t. II, p. 197.)

de la Chambre, lançait au général un bouquet de fleurs. Après tout, n'était-il pas juste de le traiter comme un acteur au théâtre ? Non pas, sans doute, qu'il ne fût sincère : ses imprécations contre les traités de 1815 n'étaient pas seulement phrases de rhéteurs ; il croyait réellement la France déshonorée, tant qu'elle n'aurait pas rétabli sa domination militaire sur le monde, comme au lendemain d'Austerlitz, et il se sentait personnellement humilié, tant qu'il serait gouverné par des bourgeois.

C'était pourtant un bourgeois, cet avocat qui rivalisait avec le général Lamarque d'audace diplomatique et d'intrépidité belliqueuse. Parole diserte, abondante, incisive, dirigée avec un art qui allait jusqu'à l'apprêt, sûre d'elle-même à ce point de manquer de saillie et d'imprévu ; voix mélodieuse qui eût enchanté, si l'on n'eût senti que derrière ce merveilleux instrument, l'âme était absente ; manières aimables, facilement doucereuses ; figure régulière, souriante sans gaieté, avec une fatuité déplaisante qui en gâtait tout le charme : tel était M. Mauguin. Indocile et hardi, ambitieux et mobile, avant tout vaniteux, il avait cru d'abord que, d'un seul coup, les journées de Juillet allaient le porter au pinacle ; il s'était flatté de transformer en gouvernement provisoire la commission municipale dont il faisait partie. Ce rêve fut de courte durée ; il ne pardonna pas à ceux qui l'avaient fait évanouir, et sortit de là froidement résolu à pousser l'opposition plus loin que tout autre. Les affaires étrangères lui parurent fournir le thème le plus favorable ; ses prétentions d'homme d'État y trouvaient leur compte. Au bout de quelques semaines, il se crut le plus compétent des diplomates et même un peu stratégiste. Ne parlez plus à cet avocat de problèmes juridiques et législatifs. Fi donc, il n'est pas fait pour ces misères de procureur ; il dispose du monde entier à la tribune, et fût-il seul à croire à son importance, il s'y complaît. Alors le public ne voyait pas, comme il le verra bientôt, le vide de cette rhétorique [1], le faux

---

[1] Jacquemont a écrit dans une de ses lettres : « Mauguin s'annonce de loin comme un orage et passe comme un nuage creux de paroles. »

de ces sophismes, le ridicule de cette infatuation; si déjà M. Mauguin était isolé, sans empire réel sur les autres, du moins il jouait un rôle brillant et bruyant; on l'écoutait et on l'applaudissait.

Le parti belliqueux ne se contentait pas de presser le gouvernement français de faire partout en Europe la croisade révolutionnaire, il appelait, suscitait partout la révolte des peuples contre leurs souverains, violation flagrante de la neutralité dans laquelle il importait tant à la loyauté, à la sécurité de la France de se maintenir. « Ce parti, a dit un peu plus tard M. Guizot, appelait à grands cris la guerre, la guerre générale, la guerre de principe... Quand la guerre lui a manqué, qu'est-ce qu'il a fait? Il l'a faite, cette guerre, mais il l'a faite sous main, il l'a faite sous terre, par la propagande, par les provocations à l'insurrection, au renversement des gouvernements établis. C'est une guerre, cela, messieurs. Il n'est pas loyal d'appeler cela la paix; c'est la guerre non déclarée, déloyale, injuste... Nous avons vu ouvrir des souscriptions en faveur de je ne sais quels projets de révolution qui n'ont pas même eu l'honneur d'avorter; nous avons vu des sociétés anonymes se former pour provoquer au dehors de semblables projets. » On ne s'en cachait pas d'ailleurs; s'adressant aux puissances elles-mêmes, Carrel osait écrire : « Nous chercherons, nous, à soulever les peuples contre les rois pour la liberté du monde; nous le ferons au grand jour par la presse, partout où pénètrent nos feuilles; nous le ferons en secret par nos intelligences, là où il n'est pas plus permis d'imprimer que de penser et d'écrire; c'est notre droit, c'est notre rôle. » Sans doute, le journaliste et ses amis s'inquiétaient peu de contrecarrer ainsi directement l'action de notre diplomatie, de rendre sa tâche plus difficile, plus pénible et plus périlleuse, d'éveiller des espérances qu'elle ne pouvait réaliser, d'encourager des exigences qu'elle devait ensuite combattre, de l'exposer à se faire accuser de manque de parole par les peuples déçus; mais était-ce rendre service aux révoltés eux-mêmes, que les exciter, sans être capable ensuite de les seconder? Qui donc alors devenait vraiment responsable de tant de douloureux avortements? Sur qui devait retomber le sang répandu en vain? M. Guizot était fondé à dire de cette conduite tenue à l'égard des révolutions étrangères : « On a fait comme ces malheureux qui mettent au monde des enfants, sans s'inquiéter de savoir s'ils sont en état de les nourrir et de les élever. »

La Fayette, demeuré pendant toute la première partie du ministère Laffitte l'un des premiers personnages du gouvernement, était le centre de cette diplomatie révolutionnaire. Tous les conspirateurs et insurgés d'Europe avaient des agents accrédités auprès de lui. Sa correspondance le montre occupé à les encourager, et il est assez dans la confidence de leurs projets pour pouvoir souvent annoncer d'avance leurs soulèvements; genre de prophétie qui n'était pas de nature à diminuer les méfiances et les griefs des puissances intéressées. Il abusait de sa situation pour engager le gouvernement français de la façon la plus indiscrète et la plus téméraire. Les agitateurs polonais ou italiens, depuis longtemps en relations étroites avec lui, agissaient d'après ses conseils et ses encouragements. La Fayette, cependant, moins franc ou moins conséquent que le général Lamarque ou M. Mauguin, se défendait de désirer la guerre, de vouloir « cette attaque soudaine, spontanée, impétueuse comme la révolution elle-même, qui, disait-il, était demandée par tant de patriotes » ; mais, par niaiserie, plus que par perfidie, il faisait et disait tout ce qui pouvait compromettre le maintien de la paix. Il ne dénonçait pas les traités, mais se plaisait à les maudire et parlait avec mépris et dédain des conférences diplomatiques. Il ne voulait pas rompre avec la vieille Europe, mais conseillait au gouvernement de « prendre avec elle le ton un peu hautain [1] », la dénonçait comme étant imbue de « principes rétrogrades », en lutte inévitable avec « nos contagieuses libertés », traitait, à la tribune, les souverains étrangers de « tyrans »,

---

[1] « Quand, disait La Fayette, je pris la liberté de proposer au ministère, dès les premiers temps de la révolution, de *prendre le ton un peu hautain* qui pouvait nous convenir avec les puissances étrangères, l'idée ne m'est pas venue de leur déclarer la guerre. »

et se vantait d'être pour eux « un épouvantail ». On ne voit guère ce que gagnaient à un tel langage la sécurité et la dignité de la France. Tout en se disant d'accord avec le gouvernement sur les principes de sa politique extérieure, c'est-à-dire sur la non-intervention, il l'accusait, comme M. Mauguin ou le général Lamarque, d'avoir « fait descendre la France de la hauteur où la révolution de Juillet l'avait élevée ». Il était de ceux que nous avons déjà signalés et qui déclaraient la France obligée, au nom de ce principe de non-intervention, de protéger toutes les insurrections. Ne prétendait-il pas que nous devions empêcher les armées russes d'entrer en Pologne, sous prétexte qu'il y avait là deux nations, deux gouvernements distincts, bien que réunis sur la tête d'un seul prince, et que le Czar n'avait pas le droit de porter secours au roi de Pologne? Il ne semblait pas s'apercevoir que ce principe ainsi interprété ne nous laissait plus qu'un rôle passif, qu'il livrait en réalité la direction de notre diplomatie et la disposition de nos armées aux révolutionnaires de tous pays. C'était le dernier mot de la tactique du « laisser-aller ».

Dans cette question, comme dans les autres, La Fayette était dominé par son entourage. Auprès de lui, s'agitaient des réfugiés de diverses provenances, aventuriers, hâbleurs, déclassés, quelquefois même chevaliers d'industrie, mêlés à des citoyens généreux qui s'étaient sacrifiés pour leur pays et à de touchants exilés qui pleuraient Sion sur le fleuve de Babylone; les meilleurs, en proie à ce trouble d'esprit, à cette illusion impatiente de tout risquer, qui est le propre des émigrés; tous se croyant d'ailleurs le droit de chercher uniquement l'avantage de leur propre patrie, sans s'inquiéter de ce qu'il pourrait en coûter à la France. Nul n'a poussé plus loin que La Fayette et n'a goûté davantage le cosmopolitisme. En Amérique comme en Europe, il avait acquis, auprès des patriotes de chaque nation, une sorte de naturalisation universelle. Citoyen de tous les pays et surtout garde national de toutes les cités, il s'amusait, au moment où la Pologne versait à flots son sang, à se proclamer « le premier grenadier de la garde nationale de Varsovie ». Combien il était heureux de pouvoir écrire : « On vous aura raconté notre dîner allemand et cosmopolite ; j'ai été fort touché d'entendre les *vivat* à mon égard, répétés en sept langues différentes, dont une hongroise [1]. » Plus fier encore, quand il apprenait qu'une révolte avait éclaté en quelque pays, au cri de : Vive La Fayette ! Le plus négligé et le plus compromis, dans ce patriotisme universel, était l'intérêt de la France ; une telle politique nous eût jetés aussi vite dans les aventures que les agressions plus franches, conseillées par Carrel, par M. Mauguin ou par le général Lamarque ; c'était, sinon la guerre sans le dire, ce qui eût été le plus perfide, du moins la guerre sans le vouloir, ce qui était certainement le plus dangereux et le plus sot.

Si la politique belliqueuse, avouée ou non avouée, n'avait été que celle d'une opposition en lutte contre un gouvernement nettement pacifique, le conflit déjà n'eût pas été sans péril ; il eût été à craindre que l'opinion, troublée, intimidée par le tapage des violents, ne se laissât aller à la dérive, sans que la sagesse du Roi parvînt à la retenir. La situation était plus dangereuse encore : les partisans de la guerre, au lieu d'être en hostilité avec le gouvernement et par suite séparés de lui, se trouvaient en quelque sorte mêlés dans les rangs de l'armée ministérielle. M. Laffitte aimait sans doute à déclarer aux diplomates et aux conservateurs que, « lui aussi, il voulait la paix et la bonne intelligence avec les puissances étrangères » ; il condamnait la « propagande » faite pour exciter « des révolutions dans toute l'Europe », et désavouait « ses amis républicains » ; mais s'il était pacifique, il ne l'était qu'avec sa légèreté, sa faiblesse et son inconséquence habituelles. Parmi les « patriotes », il avait beaucoup de ses amis, de ses fonctionnaires, de ses familiers, de ceux à la passion desquels il résistait rarement, à la curiosité desquels il se livrait toujours. C'est pour leur plaire qu'il tenait parfois à la Chambre un langage ou même entraînait le cabinet à des démarches peu

---

[1] Lettre du 30 mai 1832.

en harmonie avec la politique que de son côté le Roi tâchait de faire prévaloir. On a vu quelles complications fâcheuses en étaient résultées notamment dans les affaires de Belgique et d'Italie. Plus le danger approchait, moins le président du conseil paraissait en état de le parer. Loin d'oser enfin rompre avec la gauche belliqueuse, il se montrait d'autant plus timide et caressant qu'elle était plus violente, ne semblant avoir qu'une résolution ferme, celle, quoi qu'il arrivât, de ne jamais se l'aliéner. Si cette gauche n'était pas dès lors tout à fait la maîtresse, elle devait évidemment l'être le lendemain, pour peu que l'on continuât dans la voie où l'on s'était engagé.

Une telle situation ne contribuait pas peu à entretenir et à aggraver les défiances des chancelleries étrangères. Comment ces chancelleries pouvaient-elles accorder grande foi aux assurances diplomatiques, quand le langage de la tribune semblait parfois si différent? De quel poids pouvaient être à leurs yeux les intentions sincèrement pacifiques du Roi, en face des violences belliqueuses d'hommes qu'ils ne parvenaient pas à distinguer des gouvernants ou auxquels ceux-ci ne paraissaient avoir ni la volonté ni la force de résister? Dès le lendemain des journées de Juillet, les cabinets européens avaient été conduits à supposer qu'en France le pouvoir réel était autre que l'autorité nominale. En août 1830, M. de Humboldt, chargé par la Prusse, et aussi, disait-il, « par quelques autres cabinets prépondérants », de s'informer des intentions du gouvernement français, était allé tout droit trouver La Fayette; et, comme celui-ci faisait mine de le renvoyer au ministre des affaires étrangères, M. de Humboldt avait insisté, et déclaré qu'il avait mission de s'adresser au général; alors, sans se faire prier davantage, celui-ci s'était mis à développer l'interprétation singulièrement compromettante qu'il donnait au principe de non-intervention. A tout instant, les efforts diplomatiques du Roi et des ambassadeurs se heurtaient aux alarmes, aux irritations qu'excitaient, chez les puissances, les agressions guerrières de Carrel, de Mauguin, de Lamarque, ou les incartades cosmopolites de La Fayette. Louis-Philippe, par exemple, devait plus d'une fois rassurer lui-même le gouvernement de Vienne sur les projets italiens de La Fayette, et il se trouvait réduit à indiquer, comme motif de sécurité, que le général était trop occupé de la Pologne pour rien tenter de sérieux au delà des Alpes. M. de Barante, rendant compte de ses conversations avec le ministre sarde et avec les diplomates étrangers, écrivait, le 5 mars 1831 : « Les discours de M. de La Fayette, son action, son influence sont le principal thème de toutes les conversations : on ne me dit pas, mais je comprends fort bien que tout ce que notre gouvernement fait de raisonnable, de pacifique, d'amical pour les autres puissances, paraît non pas la suite d'un plan fortement arrêté, mais le résultat d'une oscillation alternative entre une opinion qui se fait craindre et une politique sage et éclairée dont, à regret, l'administration française se voit souvent forcée de s'écarter [1]. » Chaque imprudence de nos patriotes et surtout chaque faiblesse du pouvoir avaient aussitôt leur contre-coup dans la conférence de Londres, et risquaient de faire rompre cette délibération, suprême et unique ressource de la paix européenne. Il ne fallait pas moins de tout le sang-froid de Talleyrand, de son autorité personnelle et même de l'indépendance quelque peu impertinente qu'il affichait à l'égard de son gouvernement, pour écarter les difficultés qui renaissaient sans cesse et faisaient douter du succès. Les hideux désordres qui marquèrent la fin de l'administration de M. Laffitte et que nous raconterons tout à l'heure, n'étaient pas faits pour diminuer les défiances des cabinets étrangers. A Londres même, dans un milieu libéral, la duchesse de Dino constatait que « notre Révolution de Juillet était fort dépopularisée par la série des émeutes et des gâchis de Paris [2] ». De Turin, M. de Barante, dont nous avons déjà cité le clairvoyant témoignage, écrivait à son ministre, le 25 février : « Je commence à voir plus manifestement l'effet de nos troubles de Paris : il est complet et affligeant. Votre Excellence n'a nul besoin que je le décrive, il est assez facile à deviner. Il donne

---

[1] *Documents inédits.*
[2] Lettre à M. de Barante, en date du 31 mars 1831. (*Documents inédits.*)

de la force aux opinions qui nous sont contraires, intimide les hommes sensés qui nous sont favorables, et, ce qui est le plus triste, nuit à notre considération. Je puis déjà entrevoir un changement dans le ton du comte de Latour (le ministre sarde). A ses yeux je ne représente plus qu'un pouvoir variable et incertain. Ce qu'il importe surtout de savoir, c'est qu'on nous craindra d'autant moins qu'on nous supposera livrés à des opinions plus absolues et plus ardentes. » Il ajoutait, le 9 mars: « La tribune, les journaux, les lettres arrivées de Paris apprennent trop bien aux gens les moins clairvoyants tout ce qui est remis en problème. Je dois le dire à Votre Excellence, à aucun moment depuis le premier mois qui s'est écoulé après la révolution de Juillet, le péril de la France n'a été jugé plus grand. La solennité des paroles officielles qui nieraient l'évidence serait de peu d'effet[1]. »

A ce régime, l'inquiétude allait chaque jour croissant en Europe. Dans toutes les chancelleries, on déclarait la guerre imminente. C'était, dans les premiers jours de mars, le propos courant des diplomates étrangers[2], et nos ambassadeurs en recueillaient partout l'écho. De Turin, M. de Barante écrivait : « Ici l'on est fort convaincu de la guerre. » Et M. Molé lui répondait de Paris : « Plus que jamais, la guerre me paraît inévitable[3]. » Ce n'était pas qu'à l'étranger on désirât cette guerre, ni même qu'on soupçonnât seulement les ministres français de la vouloir ; c'est qu'on croyait ces ministres de plus en plus débordés par les violents, de moins en moins capables de leur résister. Là était le danger. Pour rendre confiance aux autres puissances, pour dissiper les illusions des agitateurs cosmopolites, pour dégager notre responsabilité comme notre honneur, pour sauver la paix, il eût fallu prouver clairement au monde que les hommes de gauche n'étaient plus les inspirateurs et les confidents du gouvernement, qu'ils n'étaient plus ses maîtres ou du moins ses coadjuteurs avec succession future et prochaine;

---

[1] *Documents inédits.*
[2] HILLEBRAND, *Geschichte Frankreichs*, t. I, p. 202 et 214.
[3] *Documents inédits.*

il eût fallu un ministère qui non-seulement laissât le Roi vouloir la paix, mais qui la voulût fermement lui-même et surtout osât traiter en adversaires ceux qui ne la voulaient pas. C'est en cela que la question étrangère se trouvait étroitement liée à la question intérieure, et qu'une politique de laisser-aller au dedans mettait en péril au dehors la sécurité de la France.

CHAPITRE VI

LA CHUTE DE M. LAFFITTE

(14 février — 13 mars 1831)

I. Le sac de Saint-Germain-l'Auxerrois et la destruction de l'archevêché. Inaction honteuse du gouvernement. Ses proclamations. Il ratifie l'œuvre de l'émeute. Suppression des fleurs de lys. — II. Scandale produit dans l'opinion. Débat à la Chambre sur ces désordres. Attitude de M. Laffitte. Il n'y a plus de gouvernement. Malaise et anarchie. — III. Il faut en finir. Les regards se tournent vers Casimir Périer. M. Laffitte abandonné par le Parlement, par ses collègues et par le Roi. Difficulté de lui faire comprendre qu'il doit se retirer. Son irritation. Profondeur de sa chute.

II

On peut s'étonner que le pays supportât la honte, la misère et le péril du régime auquel le condamnait le ministère de M. Laffitte; mais c'est l'effet d'un gouvernement de laisser-aller, surtout aux époques troublées et lasses, de déterminer dans l'esprit public une sorte d'abandon. Quoique mécontente et mal à l'aise, l'opinion ne songe pas à réagir. On la dirait gagnée, si ce n'est par l'optimisme des hommes au pouvoir, du moins par leur indifférence incertaine, sceptique et inerte. Tant que la descente se continue progressivement et sans soubresaut, cet état peut durer. Parfois cependant le mal, par son développement naturel, aboutit à quelque immense scandale, à quelque désordre grossier, dont la secousse salutaire réveille les esprits et les intérêts de leur torpeur mortelle; alors il semble que le pays entrevoit pour la première fois, comme à la lueur d'un éclair, jusqu'à quel bas-fond il se laissait entraîner, et de toutes parts s'élève, — Dieu veuille que ce ne soit pas trop tard! — le cri de dégoût, d'effroi et d'indignation d'un peuple qui maudit l'anarchie et implore un gouvernement. Tel est le phénomène qui va se produire à la suite des hideuses émeutes du 14 et du 15 février 1831.

Le prétexte de ces émeutes fut un service célébré à Saint-Germain-l'Auxerrois, pour l'anniversaire du duc de Berry, et la démonstration légitimiste, peut-être imprudente, mais en tout cas fort inoffensive, qui l'accompagna. Aussitôt la foule envahit l'église et le presbytère, brise les autels, les statues, les vitraux, foule aux pieds les crucifix, profane les ornements sacerdotaux dans de sacriléges mascarades, et ne laisse, au bout de quelques heures, que des murs dénudés et des monceaux de débris jonchant le sol. Le lendemain, elle se précipite sur l'archevêché, qu'elle détruit de fond en comble; ne respectant même pas la bibliothèque, la plus riche collection d'ouvrages ecclésiastiques qui fût en France, elle jette pêle-mêle à la Seine les livres rares et précieux. Les croix sont violemment arrachées de presque toutes les églises de Paris [1]. Tout cela, pendant que des masques promènent à travers la ville les burlesques licences du lundi et du mardi gras. Cette sédition a un aspect particulier; aux fureurs sauvages, se mêle je ne sais quoi de railleur qui semble le ricanement de Voltaire dans cette orgie de destruction et d'impiété; parmi les dévastateurs, à côté des acteurs habituels de tous les désordres, beaucoup de bourgeois [2]; beaucoup aussi parmi les curieux, dont l'indifférence souriante et moqueuse a frappé plus d'un témoin [3]. Le

---

[1] Notamment à Saint-Louis, Saint-Gervais, Saint-Paul Saint-Louis, Sainte-Marguerite, Saint-Laurent, Notre-Dame de Bonne-Nouvelle, Saint-Nicolas des Champs, Saint-Merri, Saint-Roch, Saint-Nicolas du Chardonnet. (*Vie de Mgr de Quélen*, par M. D'EXAUVILLEZ, t. II, p. 64.)

[2] Parmi les émeutiers, dit la relation d'un garde national, publiée à cette époque, « il n'y avait pas que des ouvriers en veste, mais des habits et des chapeaux fins ». M. Duvergier de Hauranne, quelques jours plus tard, pouvait affirmer à la tribune que « les ouvriers de Paris n'avaient pris aucune part aux journées de Février »; et il indiquait les jeunes gens des Écoles comme les principaux coupables.

[3] M. Guizot a constaté « l'indifférence moqueuse de la foule des spectateurs », et parlant en termes élevés de « cette révolte, la pire de toutes, qui est celle des

mal s'étend hors de Paris : à Conflans, on pille la maison de campagne de l'archevêque de Paris et le petit séminaire qui y est annexé; à Lille, à Dijon, à Arles, à Nîmes, à Perpignan, à Angoulême, on saccage les séminaires ou les palais épiscopaux.

Cette émeute est bien laide, mais il est une chose plus laide encore, c'est la conduite du pouvoir ou plutôt son inaction. « Pendant deux jours, a dit peu après M. Duvergier de Hauranne à la tribune, on a pu croire que la France n'avait pas de gouvernement. » Bien que prévenue du projet des légitimistes et de la contre-manifestation qui se préparait, l'autorité n'a pris aucune précaution. Quand l'émeute envahit Saint-Germain-l'Auxerrois, pas la moindre répression. Le préfet de la Seine et le préfet de police paraissent un moment sur les lieux, prononcent quelques vaines paroles, mais ne font rien. C'est le maire de l'arrondissement, M. Cadet-Gassicourt, qui, pour obéir à la foule, ordonne d'abattre la croix fleurdelysée surmontant l'église, et cette croix, ainsi administrativement condamnée, s'abat avec un horrible fracas sur l'orgue qu'elle écrase en partie. A la fin de la première journée, les émeutiers se sont donné publiquement rendez-vous, pour le lendemain, à l'archevêché; il n'est que temps d'agir, pour prévenir la répétition de ce qui vient de se passer à Saint-Germain-l'Auxerrois. Le gouvernement se décide en effet à lancer des mandats d'amener : sans doute contre les chefs des dévastateurs? non, contre l'archevêque de Paris, le curé de Saint-Germain-l'Auxerrois, et quelques royalistes notables. Aussi, le second jour comme le premier, l'émeute trouve-t-elle le champ libre. Les quelques gardes nationaux placés à l'archevêché sous le commandement de M. Arago ne sont là que pour assister au sac, impuissants ou indifférents; ils finissent même par se servir des livres qui n'ont pas été jetés à la Seine, pour exécuter, au milieu des ruines, une parodie du combat du Lutrin. Pas plus

---

âmes contre Dieu », il ajoute : « Je ne sais, en vérité, quels sont les plus insensés, de ceux qui s'y livrent avec fureur ou de ceux qui sourient en les regardant. »

de répression en province. A Conflans, les pillards sont si peu gênés qu'ils prennent leur temps; ils emploient trois jours à faire leur sinistre besogne, sans que le maire puisse obtenir de Paris les secours qu'il réclame.

Si inerte qu'il soit pendant les troubles, le gouvernement ne peut garder le silence; mais écoutez-le à la tribune, lisez ses proclamations ou ses journaux officiels; il affecte toujours de ne s'en prendre qu'aux « carlistes », réserve pour eux seuls ses invectives et paraît se vanter des rigueurs qu'il annonce contre eux comme d'un titre à la faveur des passions déchaînées; en même temps, il excuse les démolisseurs et les pillards, qui ont, selon lui, agi sous l'empire d'une « indignation légitime » et « malheureusement trop motivée » ; s'il cherche à leur insinuer qu'ils feraient peut-être mieux de ne plus saccager d'églises et de ne plus détruire de palais épiscopaux, c'est bien timidement, avec force ménagements, au moyen de détours hypocrites et lâches; témoin cette proclamation ministérielle qui feint de ne voir là qu'une question d'architecture et n'ose parler que du « respect dû aux monuments publics [1] ». Carrel lui-même est

[1] Interrogé, le 15 février, à la Chambre, pendant qu'on démolit l'archevêché, le ministère, par l'organe de M. Barthe, n'a pas un mot de blâme ou de menace contre les émeutiers; c'est contre les « carlistes » qu'il se montre résolu à user de rigueur. « L'administration, déclare-t-il solennellement, éprouve le besoin de vous dire que le parti vaincu en Juillet s'agite. » Le ministre de l'intérieur, dans sa proclamation du 15 février au soir, celle qui commence par ces mots : « Respect aux monuments publics! » annonce au peuple, pour désarmer sa colère, que « le gouvernement a saisi et mis sous la main de la justice plusieurs des principaux acteurs de la cérémonie factieuse de Saint-Germain-l'Auxerrois ». Dans une autre proclamation du 16 février au matin, il parle du « mouvement d'indignation malheureusement trop motivé » qui « a produit des désordres affligeants ». La proclamation du préfet de police est plus vive encore contre le parti légitimiste : « Ce parti, dit-il, a pris notre longanimité pour de l'hésitation... Hier il s'est démasqué, à Saint-Germain-l'Auxerrois, par une provocation insensée à la guerre civile. » Puis il ajoute : « Souvenons-nous que, depuis un siècle, le mot d'ordre du jésuitisme est : Haine à la famille d'Orléans. » Le *Moniteur* du 16 février débute ainsi : « Des *pensées* coupables en faveur de la dynastie parjure que la France a repoussée de son sein *ont dû* exciter une indignation générale » ; et il ne voit dans les auteurs de ces hideux désordres que des hommes « égarés par une indignation *légitime* ». Du reste, les esprits sont à ce point dévoyés, que le *Journal des Débats* lui-même, alors conservateur, ne trouve aussi à s'en prendre, le 16 février, après le sac de l'archevêché, qu' « au complot de sacristie » ; et s'adressant aux catholiques et aux royalistes, il leur crie : « Vous n'êtes pas seulement coupables de votre folie, vous êtes coupables de la folie des autres. »

dégoûté de ce qu'il appelle ces « bassesses ». « Qu'on lise, écrit-il, le 16 février, dans le *National,* les proclamations publiées... C'est au peuple qu'on rend compte des arrestations carlistes. Pour calmer l'émeute, on s'humilie devant elle; on lui jure qu'on est gouverné par elle, qu'on obéit à ses inspirations. »

Quand la sédition, satisfaite de sa victoire, se retire de la place publique, le ministère ne reprend pas courage et ne se relève pas de sa posture abaissée. Réparer les ruines de l'église profanée et la remettre en état de servir au culte, il n'y songe pas : ce serait manquer de déférence envers la volonté populaire ; il fait clouer sur la porte fermée de Saint-Germain-l'Auxerrois un écriteau portant ces mots : *Mairie du IVe arrondissement,* semblant ainsi séculariser le monument et ratifier la désaffectation sacrilége accomplie par l'émeute. Dans la journée du 15, une bande de dévastateurs avait tenté, sans succès, d'arracher de l'arc de triomphe du Carrousel les bas-reliefs représentant les épisodes de la guerre d'Espagne, et, dans le tumulte, le colonel Jaqueminot avait été renversé de cheval et fort maltraité; peu de jours après, l'administration, docile, faisait enlever elle-même ces bas-reliefs. Vainement s'agit-il de l'honneur même du Roi, les ministres ne reculent devant aucune humiliation. L'émeute ayant laissé voir que les fleurs de lys de la Maison de France lui déplaisaient presque autant que les croix des églises, M. Laffitte, dès le 16 février, présente à la signature du Roi une ordonnance supprimant ces fleurs de lys dans l'écusson royal et dans le sceau de l'État; Louis-Philippe se refuse d'abord à mutiler son propre blason; mais, trop porté alors à considérer toute résistance comme impossible, il finit par céder aux instances de son ministre; le jour même, les voitures du Roi sortent du palais avec leurs panneaux grattés. Quel autre homme que M. Laffitte aurait eu assez peu le sens de la dignité pour imposer à la royauté nouvelle un pareil sacrifice, et le lui imposer au lendemain d'une sédition? Carrel n'en eût pas fait autant; il raillait, avec une amertume méprisante, ce gouvernement qui disait à la sédition : « Ne brisez pas vous-même les attributs de l'ancienne royauté et du jésuitisme ; c'est nous qui allons briser les croix, effacer les écussons, puisque vous l'exigez » ; et il se demandait quelle était « cette étrange monarchie » qui « s'arrangeait de ces déplorables scènes ». La Fayette lui-même, fort disposé cependant à approuver toutes les concessions, trouvait cette fois le moment mal choisi et disait au Roi qui se plaignait de l'exigence de M. Laffitte : « Vous savez que j'ai toujours souhaité qu'on effaçât ces signes de Coblentz et de la Restauration; je l'aurais fait tous les jours avant et tous les jours après celui où vous l'avez fait. » Pendant ce temps, la Reine écrivait en italien, sur son journal intime, ces admirables paroles : « En sortant sur la terrasse, j'eus la douleur de voir abattre les fleurs de lys qui décoraient les balcons. Peut-être un premier mouvement d'orgueil m'a-t-il rendue trop sensible à cette destruction du blason de ma famille, mais il m'était pénible de voir qu'on cédât ainsi à toutes les volontés populaires. Quand la croix était abattue, tout autre sentiment aurait dû se taire [1]. »

La lâcheté des ministres, en face des émeutes du 14 et du 15 février, est tellement étrange, tellement inouïe, que quelques esprits n'ont pu la croire involontaire. On a prétendu que des politiques peu scrupuleux avaient été bien aises de donner une « leçon » et d'inspirer une « peur salutaire » au clergé et aux « carlistes » ; on a dit aussi que, s'attendant à une explosion des passions révolutionnaires, ils les avaient laissées s'attaquer aux églises et aux séminaires, pour les détourner des boutiques de la bourgeoisie et du palais du souverain [2]. C'eût été un

---

[1] A. Trognon, *Vie de Marie-Amélie*, p. 208.

[2] A l'appui de cette interprétation, on a cité le rôle au moins bizarre joué, dans la journée du 15 février, par M. Thiers, alors sous-secrétaire d'État de M. Laffitte. M. Arago a raconté lui-même, le 13 août 1831, à la tribune de la Chambre, qu'il allait pénétrer dans l'archevêché avec ses gardes nationaux, pour arrêter la dévastation, quand M. Thiers, déclinant sa qualité, intervint très-vivement pour détourner la garde nationale « de se commettre avec le peuple, dans ces circonstances ». « Ses paroles, ajoutait M. Arago, firent impression; on crut y voir la pensée de l'autorité supérieure, et notre mouvement se trouva ajourné. » M. Thiers, pour se justifier, a prétendu que l'incident était sans importance, que le mal était déjà fait lors de son intervention, et qu'il avait voulu seulement empêcher une collision. Des témoins sûrs m'ont en outre rapporté que, le soir du

pauvre calcul et un égoïsme à bien courte vue. L'émeute ne mêlait-elle pas à ses imprécations contre les carlistes et les prêtres les cris de : « A bas la Chambre des députés! Vive la république! » Ne profitait-elle pas de la liberté qu'on lui accordait, pour se porter contre l'hôtel de M. Dupin, toute prête, si cette fois elle n'avait été arrêtée, à le traiter comme le palais de Mgr de Quélen? En réalité, la victoire qu'on lui laissait remporter sans combat était gagnée autant contre la monarchie dont les armes étaient mutilées, que contre la religion dont les croix étaient arrachées. Qu'est-il besoin, d'ailleurs, pour expliquer la conduite du gouvernement, de lui supposer tant de machiavélisme? Cette conduite était tout simplement l'application naturelle, le développement logique, la conclusion prévue de la politique de laisser-aller.

II

Le scandale fut immense. D'après les témoignages contemporains, « ces affreuses journées jetèrent une terreur dans les esprits, une indignation dans les cœurs, qui ne pouvaient se comparer à rien de ce qu'on avait ressenti jusqu'alors [1] ». De ce jour, le ministère fut condamné, et s'il dura encore près d'un mois, ce fut un mois de misérable agonie.

Le 17 février, l'un des membres de la Chambre, M. Delessert, dénonça l'incurie, l'inaction du cabinet [2]; puis élargissant la question, aux applaudissements d'une majorité qui commençait à avoir honte de sa tolérance et conscience de son pouvoir : « Pourquoi, dit-il, les souffrances du commerce augmentent-elles journellement? Pourquoi la confiance est-elle anéantie? Cela ne tient-il pas à la faiblesse du gouvernement? »

---

15 février, dans les salons, M. Thiers parlait de ce qui s'était passé avec une sorte de frivolité satisfaite.

[1] Lettre de madame Swetchine.

[2] Ce débat, commencé le 17 février, se prolongea plusieurs jours.

Le ministre de l'intérieur essaya une apologie fort gênée de sa conduite, s'excusa par « les difficultés inévitables au lendemain d'une révolution qui avait laissé tant de problèmes sociaux à résoudre », et n'aboutit qu'à donner une nouvelle preuve de sa faiblesse, par son affectation à rejeter toute la responsabilité sur les royalistes, et à voiler de métaphores complaisantes la hideuse brutalité de l'émeute [1]; on sentait du moins, à l'honneur du jeune ministre, qu'il était mal à l'aise dans le rôle auquel il se croyait condamné et pour lequel il n'était pas fait. La politique de laisser-aller avait des interprètes plus convaincus et moins embarrassés; tels furent, dans ce débat, le préfet de police, M. Baude, et le préfet de la Seine, M. Odilon Barrot. Bien loin de trouver dans ce qui s'était passé un grief contre le parti révolutionnaire, ils n'y voyaient qu'un signe du mécontentement produit par la mauvaise politique du gouvernement et par l'impopularité de la Chambre. L'émeute devenait, à les entendre, une sorte de « pétition » populaire, à laquelle il fallait se hâter de donner satisfaction. « Ce que la dévastation a d'odieux et de barbare, disait le préfet de police, semble atténué par la leçon qu'elle donne au gouvernement. » Pour ne pas aller à l'encontre de cette leçon, il fallait que le ministère inclinât plus à gauche; il fallait surtout dissoudre immédiatement la Chambre, comme on avait déjà brisé les croix ou gratté les écussons. Seul, « ce témoignage de confiance » pouvait « apaiser le peuple ». Ainsi d'accusée qu'elle était, l'émeute osait se poser en accusatrice, et de plus, dans cette étrange anarchie, elle accusait le pouvoir par la bouche du préfet de la Seine et du préfet de police. Enfin, pour que la figure de ce gouvernement fût plus piteuse encore, les ministres et leurs fonctionnaires, comme il arrive d'ordinaire aux prévenus, se renvoyaient mutuellement une responsabilité dont ils commençaient à sentir le poids écrasant, et qui, en réalité, leur incombait à tous; le procureur général se plaignait de

---

[1] « Nous apprîmes en même temps, disait le ministre, l'offense à la révolution de Juillet et les effets de l'indignation populaire : la foudre était déjà tombée sur Saint-Germain-l'Auxerrois. »

l'inertie du préfet de la Seine; celui-ci se rejetait sur les ordres ou plutôt sur l'absence d'ordres du ministre de l'intérieur; ce dernier, enfin, était réduit, pour se défendre, à engager avec son subordonné une altercation publique. M. Guizot ne laissa pas échapper l'occasion de tirer la morale de cette discussion : « Le ministère, dit-il, ne réunit pas les conditions nécessaires pour défendre la société dans la crise qu'elle traverse; la France demande à être gouvernée et sent qu'elle ne l'est pas. » Il terminait par cette déclaration qui semblait conseiller et même annoncer une attitude nouvelle de la majorité : « Je ne crois pas qu'il soit possible de rester dans cette position. » Ainsi pressé, M. Laffitte balbutia quelques excuses, parla d'une « situation plus forte que les hommes », demanda naïvement à ses contradicteurs s'ils « connaissaient un moyen d'empêcher une émeute d'éclater »; puis, prenant l'offensive, il sembla se venger de ses humiliations sur la Chambre et lui annoncer une prochaine dissolution : « J'aurai l'honneur, disait-il en terminant, de vous faire connaître demain les ordres du Roi. »

Était-ce donc que le ministère fût résolu à se ranger du parti de l'émeute contre la Chambre? Ce serait lui supposer une netteté et une décision qu'il n'avait pas, même pour le mal. Le lendemain, on attendit vainement que M. Laffitte vînt « faire connaître à la Chambre les ordres du Roi ». Bien au contraire, comme pour donner des gages d'un autre côté, il annonça, dans le *Moniteur,* le remplacement de M. Odilon Barrot et de M. Baude par M. de Bondy et M. Vivien, et les nombreux projets de loi qu'il présenta semblaient révéler le désir, non de brusquer, mais de retarder la dissolution. Indécision et incohérence qui n'aboutissaient qu'à augmenter le discrédit du cabinet!

D'ailleurs, ne suffisait-il pas alors de regarder le gouvernement et le pays, pour apprécier ce qu'en avaient fait quelques mois de ce régime de laisser-aller? Triste spectacle, en vérité! Partout la désorganisation politique et administrative; un ministère impuissant et méprisé, ne sachant plus dissimuler ses divisions intestines, ni obtenir de ses subordonnés l'obéissance même apparente ; les municipalités des grandes villes ne se gênant pas pour signifier au ministre de l'intérieur que « le gouvernement, qui devait tout au peuple, avait renié son origine », et qu' « en s'appuyant sur une Chambre sans pouvoirs et objet de l'animadversion générale, il devait faire rejaillir sur lui la haine et le mépris dont cette Chambre était entourée » ; les fonctionnaires s'affiliant à l' « Association nationale », sorte de gouvernement extralégal, par lequel le parti révolutionnaire prétendait surveiller, dominer, suppléer le gouvernement nominal jusque dans la politique étrangère; une presse factieuse contre laquelle on n'osait aucune répression judiciaire; la sédition presque quotidienne à Paris et en province, si bien que M. Duvergier de Hauranne pouvait dire à la tribune[1] : « Les émeutes ont succédé aux émeutes; on dirait qu'elles sont devenues l'état habituel de notre ordre social » ; la détresse croissante de l'industrie et du commerce, les faillites multipliées dans des proportions inouïes, et la presse de gauche demandant avec angoisse ce qui pourrait « arrêter, sur le penchant de leur ruine, des milliers de fortunes qui croulent tous les jours [2] » ; les classes ouvrières en proie aux souffrances comme aux tentations du chômage, et, certaine nuit de bal à la cour, une bande de prolétaires assaillant le Palais-Royal et venant mêler aux mélodies de l'orchestre ce hurlement sinistre : « Du travail ou du pain ! » le crédit public de plus en plus gravement atteint[3], la résistance à l'impôt devenue générale, le déficit mensuel s'élevant à plusieurs millions, le Trésor à la veille de cesser ses payements[4], en un moment où la nécessité de soulager les misères intérieures et de parer aux difficultés extérieures obligeait à des dépenses extraordinaires ; le trouble des âmes et des intelligences venant s'ajouter à celui des insti-

---

[1] Séance du 10 mars 1831.

[2] *National* du 13 mars 1831.

[3] La rente 5 pour 100 s'offrait à 82 fr. 50, sans trouver acquéreur; et le 3 pour 100, à 52 fr. 70. Baisse d'autant plus remarquée que l'état financier était des plus prospères dans les derniers temps de la Restauration.

[4] « Savez-vous, disait alors M. Casimir Périer à M. Dupin, qui le pressait de prendre le pouvoir, savez-vous que le Trésor est à la veille de cesser ses payements? » (*Mémoires de M. Dupin*, t. II, p. 301.)

tutions, des partis et des intérêts; le danger du dehors peut-être plus redoutable encore; les puissances étrangères, sous le coup des événements du 14 et du 15 février, se refusant plus que jamais à faire fond sur la fermeté ou la puissance du gouvernement[1], et se préparant à une guerre qui leur paraissait proche et inévitable; le parti révolutionnaire se plaisant d'ailleurs à bien montrer à l'Europe qu'elle était la première menacée par les désordres intérieurs, témoin cette émeute qui, à la nouvelle d'une défaite des Polonais, jetait des pierres et tirait des coups de feu contre les fenêtres de l'ambassade russe, et, après ce bel exploit diplomatique, « échangeait de patriotiques politesses » avec le général La Fayette[2]; aussi partout, en France et au dehors, un sentiment de malaise, d'angoisse, de dégoût et d'effroi, et comme l'impression, chaque jour plus présente, d'un péril immense et immédiat.

Écoutez les aveux et les plaintes des contemporains. Un mot s'impose à eux qui résume exactement ce qu'ils ont sous les yeux, celui d'anarchie; ce mot, M. Duvergier de Hauranne le prononçait alors à la tribune[3]; longtemps après, il revenait sans cesse sous la plume de M. de Montalivet, recueillant les souvenirs de cette époque, et l'ancien collègue de M. Laffitte concluait avec une conviction désolée : « C'était bien l'anarchie, hélas[3] ! M. Molé écrivait à M. de Barante, le 7 mars : « L'esprit public a subi une détérioration profonde depuis les hideuses journées de février. Toutes les nuances d'opinion sont à peu près également mécontentes, toutes également inquiètes de ce qui succédera... Je n'ai vu d'analogue que la fin du Directoire, le temps qui précéda le 18 brumaire. Mais le génie et l'épée qui firent le 18 brumaire n'y sont pas[4]. » Les jeunes hommes qui avaient nourri les plus orgueilleuses illusions, qui avaient salué dans la révolution de Juillet « le rajeunissement

[1] 9 mars 1831.
[2] Le 10 mars 1831, M. Duvergier de Hauranne dénonçait à la Chambre « l'anarchie qui des esprits a passé et se propage dans les choses ».
[3] Étude de M. le comte de Montalivet, sur la *Politique conservatrice de Casimir Périer.* (*Revue des Deux Mondes*, 15 mai 1874.)
[4] *Documents inédits.*

de l'humanité », reconnaissaient que « tout allait bien mal[1]. »
Symptôme grave entre tous, ce n'était pas seulement le ministère
dont on était mécontent, c'était le Roi lui-même dont on doutait :
ce doute se trahit dans les correspondances intimes des contemporains, et la duchesse de Broglie ne faisait qu'exprimer le sentiment régnant autour d'elle, quand elle écrivait, le 3 mars, à
M. de Barante : « L'idée de la faiblesse du Roi se répand beaucoup, peut-être plus qu'il n'est juste ; je crois qu'il cherche trop
à ménager et ne prend son parti de renoncer à personne[2]. »
M. de Salvandy montrait « toute la nation inquiète et malade, comme à la veille des grandes catastrophes qui trou-
blent à la fois la terre, les eaux, le ciel », et il ajoutait que
« l'ordre social tremblait sur ses fondements[3] ». Le sentiment général semblait être que l'édifice construit en Juillet
allait s'écrouler. Les ennemis, républicains, légitimistes ou
bonapartistes, s'agitaient pour occuper la place qu'ils s'attendaient à voir bientôt vacante. Les amis eux-mêmes n'avaient
plus confiance : l'un des personnages les plus engagés dans la
fondation de la dynastie, M. Thiers, avouait, quelques mois
plus tard, le doute poignant qui avait saisi alors les plus opti-
mistes : « C'était une question, écrivait-il, et une question
effrayante, de savoir si, au milieu de cette tourmente épouvantable, la monarchie pourrait subsister. » Et après avoir
dépeint cette anarchie dans un tableau rapide, il reprenait :
« Tout cela étant, il était bien naturel de se demander si la
nouvelle monarchie pourrait subsister; les gens honnêtes se
désespéraient, ils entrevoyaient de nouveaux bouleversements. » Enfin, M. Thiers ajoutait ce dernier trait, qui n'était
pas le moins alarmant : « L'Europe inquiète songeait à se
prémunir contre l'incendie[4]. »

[1] *Passim*, dans la correspondance de Victor Jacquemont.
[2] *Documents inédits*.
[3] *Seize mois, ou la Révolution et les révolutionnaires*, par M. DE SALVANDY.
[4] *La Monarchie de 1830*, p. 125 à 127.

III

De toutes parts, s'élevait le cri qu'il fallait en finir avec une telle politique[1]. Le besoin d'ordre, de sécurité, de gouvernement, était tel, qu'on a pu comparer cet état de l'opinion à celui qui avait précédé le 18 brumaire : seulement, point de Bonaparte revenant vainqueur d'Égypte. A défaut d'un général, tous les regards des gens d'ordre se fixaient sur un vétéran des luttes parlementaires, alors président de la Chambre, M. Casimir Périer. Stimulés et soutenus par cette disposition de l'esprit public, les conservateurs de l'Assemblée sortaient peu à peu de leur réserve intimidée et indécise, de leur tolérance attristée; ils envisageaient désormais comme possible la formation d'un ministère de résistance dont le chef leur était désigné par l'opinion, et ils se décidaient à manifester plus nettement leur défiance contre M. Laffitte. L'hostilité du Parlement devint même à ce point visible, que pour obtenir le vote d'un projet financier nécessaire aux besoins de l'État, le président du conseil fut réduit à déclarer, avec une humilité sans précédent, qu'il demandait ce vote non pour lui, mais pour ses successeurs[2]. La gauche, à un point de vue opposé, n'était pas moins impatiente de voir remplacer le cabinet; Carrel déclarait que le « malaise profond de la France » était dû à l' « inconséquence » de ceux qui occupaient le pouvoir, et il demandait à avoir enfin des ministres qui apportassent des

---

[1] Un sous-lieutenant qui devait devenir maréchal de France, le jeune de Saint-Arnaud, écrivait alors de Brest : « En général, en province, on est bien mécontent des troubles de Paris. Il n'y a qu'une voix pour dire qu'il faut en finir. Si cela se répétait, je ne serais pas surpris de voir les provinces marcher sur Paris. Voilà le résultat de ce que j'ai entendu partout sur la route. »

[2] Séance du 11 mars 1831. — Voici, du reste, les propres paroles de M. Laffitte : « Messieurs, il serait pénible pour les ministres de demander une confiance que vous pourriez leur refuser. Cette confiance, je ne la demande pas, moi, comme ministre; je la demande comme citoyen, parce que l'intérêt de l'État l'exige; et ce n'est probablement pas pour moi que je la demande. »

« affirmations [1] ». Tous les partis approuvaient, au moins tout bas, M. Berryer, quand il s'écriait en parlant des ministres : « Funestes aux étrangers, funestes à nos concitoyens, impuissants pour la paix, impuissants pour la guerre, ces hommes ont aussi mal gouverné nos affaires au dehors qu'au dedans; ils ont également compromis et la fortune, et le repos, et l'honneur de la France [2]. » Dans le sein même du cabinet, se produisaient des signes de dissolution; M. Mérilhou avait donné sa démission [3], pour se dégager d'une administration moribonde et dans l'espoir que sa retraite serait un titre à la faveur de la gauche; par contre, un autre ministre, M. de Montalivet, faisait des démarches actives pour amener la formation d'un cabinet conservateur sous la présidence de M. Périer, déclarant au général de Ségur, qui l'aidait dans ces démarches, que s'il ne se retirait pas tout de suite, c'était seulement « pour disputer à M. Laffitte le Roi et la France ».

Cette conduite de M. de Montalivet avait une importance particulière ; étant donné ses relations avec le Roi, il ne pouvait agir ainsi que par son ordre ou en tout cas avec son assentiment. Ce n'était pas sans hésitation que Louis-Philippe en était venu là. La retraite de La Fayette et de M. Dupont de l'Eure, en le débarrassant d'un protecteur humiliant et d'un conseiller gênant et discourtois, lui avait laissé seulement M. Laffitte, pour lequel il avait une sympathie reconnaissante, dont il goûtait, sinon les opinions, du moins le caractère, et qui, par son insouciance même, lui paraissait « un ministre commode » : le mot est de M. de Montalivet. Très-jaloux de gouverner lui-même, le Roi avait profité de la légèreté facile du chef du cabinet pour mettre complétement la main sur les affaires étrangères. Il se flattait d'arriver peu à peu à un résultat pareil pour les affaires intérieures. N'avait-il pas fait un premier pas dans ce sens, le jour [4] où, recevant une députa-

---

[1] *National* du 13 mars 1831.
[2] Discours du 10 mars 1831.
[3] 8 mars 1831.
[4] 29 janvier 1831.

tion, il avait tenté de donner la formule de sa politique personnelle, de « son système », comme il dira plus tard, et avait employé, pour la première fois, cette expression de « juste milieu » qui, aussitôt vivement commentée, relevée par l'opposition, devait servir de sobriquet pour désigner le Roi lui-même? M. Casimir Périer lui semblait, non sans raison, devoir être un ministre bien moins « commode », aussi jaloux de faire sentir son autorité à la couronne qui ne le désirait pas, qu'au pays qui en avait besoin. D'ailleurs, par sa disposition à s'exagérer la force de la révolution et la faiblesse de sa monarchie, Louis-Philippe redoutait le moment d'une rupture ouverte avec les partis avancés; il tâchait de le retarder, en usant d'expédients : il eût souhaité au moins attendre le résultat des élections générales, se flattant, pour excuser cette défaillance, que prolonger l'épreuve du laisser-aller serait préparer pour l'avenir une réaction plus forte. Ne semblait-il pas même résigné à prendre un ministère plus à gauche, à « avaler Salverte et Dupont tout crus », comme il le disait dans la familiarité un peu intempérante de ses conversations? Ces hésitations et ces timidités ne purent cependant tenir longtemps devant le mouvement chaque jour plus prononcé de l'opinion, qui indiquait si nettement et la politique à suivre et l'homme de cette politique. Le Roi était trop clairvoyant pour ne pas comprendre où était, en dehors et au-dessus des petites questions d'agrément personnel, le véritable et grand intérêt de la monarchie et du pays. Dans les premiers jours de mars, il prit son parti, non sans regret, ni sans terreur, mais sans hésitation. « Je ne puis plus garder Laffitte, dit-il à M. Dupin; il ménage le parti qui cause tous nos embarras et auquel il est bien temps de résister. D'ailleurs, on me dit que le Trésor est aux abois [1]. »

Ainsi, après avoir été condamné par l'opinion, aussi bien par celle de gauche que par celle de droite, après avoir été délaissé par ses propres collègues, M. Laffitte était abandonné par le Roi. Bien plus, par une coïncidence du reste fort expli-

---

[1] *Mémoires de M. Dupin*, t. II, p. 300.

cable, la déconfiture de l'homme d'affaires s'ajouta à la déroute du ministre, et il fut réduit à mettre en liquidation sa maison de banque. Pour cet homme, naguère au comble des richesses, de la popularité et du pouvoir, c'était un écroulement complet : réalisation de cette prophétie faite, plus de dix ans auparavant, par le duc de Richelieu : « Ce banquier ambitieux se croit le roi des Halles, et ce n'est qu'un écervelé ne sachant ni ce qu'il veut, ni ce qu'il fait, capable de ruiner la France et de se ruiner lui-même par vanité. »

Seul, M. Laffitte semblait ne pas s'apercevoir que son règne était fini. Rien n'atteignait son vaniteux optimisme. Il se cramponnait à ce pouvoir dont pourtant il usait si peu. Dans l'importance que lui avait donné son rôle en Juillet, il s'était imaginé que l'ordre de choses nouveau ne pourrait subsister sans qu'il fût à la tête des affaires. Vainement avait-il raillé parfois la présomption de La Fayette, la chute de ce dernier ne lui avait rien appris. Il ne faisait pas difficulté d'admettre que le ministère pouvait être usé, mais la seule conclusion qu'il en tirait était qu'il aurait à grouper autour de lui d'autres collègues; dans ce dessein, il faisait engager des pourparlers avec les chefs de la gauche, si bien que, jusqu'à la dernière heure, le *National* crut que le résultat de la crise serait de remplacer des « hommes du milieu » par des personnages d'opinion plus avancée. Les avertissements ne manquèrent cependant pas à M. Laffitte : on en vint à le faire prévenir, par son propre sous-secrétaire d'État, M. Thiers, qu'aux yeux du Roi le ministère du 3 novembre avait accompli sa tâche. M. Laffitte, obstinément fermé aux nouvelles déplaisantes, se montra incrédule et alla trouver Louis-Philippe. Doit-on croire que celui-ci, gêné d'avoir à détruire des illusions si confiantes, s'expliqua peu clairement? Toujours est-il que le ministre le quitta plus rempli que jamais d'espérance, plus sûr d'avoir l'avenir à lui. Il fallut bien enfin que la vérité brutale se fît jour : le 11 mars, après des pourparlers dont on racontera plus tard les dramatiques vicissitudes, M. Casimir Périer reçut et accepta la mission de former un cabinet[1]. Déception d'autant plus amère pour M. Laffitte, qu'il s'y attendait moins. Les démonstrations affectueuses du Roi furent impuissantes à l'adoucir. Le ministre déchu ne vit rien des causes qui, en réalité, l'avaient déjà fait tomber du pouvoir, bien avant que Louis-Philippe se décidât tardivement à le congédier; il se crut et se proclama une victime de l'ingratitude royale.

Ainsi finit M. Laffitte. Il finit, de l'aveu des écrivains qui lui étaient le plus favorables, « sans honneur, impuissant et déconsidéré[2] ». Au lendemain même de cette chute, que reste-t-il de cet homme qui a occupé tant de place depuis huit mois? Il disparaît, en quelque sorte, sans laisser de vide : disparition si subite, si complète et si définitive, qu'on en chercherait vainement une pareille dans l'histoire des partis. Pendant que de hauts esprits et de grands caractères s'épuisent à réparer le mal qu'il a fait et laissé faire, ruiné financièrement et politiquement, dépouillé de sa popularité comme de son opulence, ayant perdu dans l'aigreur de sa disgrâce jusqu'à l'aménité heureuse de son humeur, désespéré, humilié, oublié de tous, n'étant estimé de personne, M. Laffitte descend de jour en jour plus bas sur la pente démagogique; il maudit son œuvre et ses amis, demande, du haut de la tribune, en juin 1836, « pardon à Dieu et à ses concitoyens » d'avoir fait la monarchie de Juillet, et écrit, le 11 mars 1837, à « son cher » Béranger: « Quelle canaille que la plupart de nos amis de quinze ans[3]! ». Toutefois, si la postérité le frappe d'une note particulièrement sévère, ce n'est pas à cause de cette fin qui, dans l'obscurité et le discrédit où il est tombé, n'a guère fait de tort qu'à lui-même; c'est pour avoir été, au jour de la fortune et du pouvoir, la personnification de la politique de laisser-aller, de défaillance, de lâcheté, en face de la révolution. Leçon qu'on ne saurait trop recommander aux réflexions des hommes

---

[1] Les ordonnances, portant nomination des nouveaux ministres, furent signées le 13 mars.

[2] CARREL, dans le *National* du 12 mars 1831.

[3] Allusion à l'« Opposition de quinze ans », sous la Restauration.

d'État! Tandis que tant d'autres ministres, proclamés impopulaires de leur vivant, parce qu'ils résistaient, grandissent chaque jour davantage dans l'histoire, aucun n'a laissé une mémoire plus universellement condamnée que celle de M. Laffitte, et ce nom seul appliqué à une politique est devenu un terme de mépris.

CHAPITRE VII

LA RÉACTION ANTIRELIGIEUSE APRÈS 1830

I. Trouble et excitation des esprits. Violences antireligieuses pendant les journées de Juillet. Ces violences continuent après le combat fini. L'irréligion dans la presse, dans la caricature et au théâtre. L'impiété est plus bourgeoise encore que populaire. — II. Attitude du gouvernement dans la question religieuse. Bonnes intentions et défaillances. Vexations nombreuses contre le clergé. Le pouvoir ne veut pas se compromettre pour le clergé. L'irréligion officielle. On prédit la chute prochaine du catholicisme. — III. Par quoi remplacer le catholicisme? Éclosion de religions nouvelles, provoquée par la révolution. L'Église française de l'abbé Chatel.

I

On aurait une idée fort incomplète des conséquences de la révolution de 1830, si l'on ne les observait que dans la politique proprement dite. Aussi bien, n'est-ce peut-être pas dans les chartes et les lois, mais dans les idées et les mœurs, que la secousse a été le plus forte et le changement le plus radical. Rarement l'esprit humain a subi un tel ébranlement. Il semble que tous les cerveaux aient alors reçu le coup du soleil de Juillet. De là, à la fois, un trouble et une excitation extraordinaires. Ceux qui, en quelques jours, venaient de renverser une dynastie vieille de plusieurs siècles et d'en improviser une autre, étaient comme étourdis par le vertige de cette ruine et grisés par l'orgueil de cette création. Tout leur paraissait avoir été détruit et remplacé, ou devoir l'être. Aucune nouveauté n'était jugée impossible. On eût dit une immense chaudière où les idées de toute sorte, les chimères, les sophismes, les croyances, les passions, étaient jetés pêle-mêle, bouillonnaient et fermentaient; et chacun se flattait d'en voir sortir, non plus seulement une charte revisée, mais un monde intellectuel et moral, purifié, rajeuni, transformé, dont l'ère daterait des barricades de 1830.

Cette prétention de tout détruire et de tout remplacer apparaissait d'abord dans l'ordre religieux. On sait comment, sous la Restauration, par l'imprudence des uns et par la perfidie des autres, le catholicisme avait paru solidaire du parti royaliste; comment l'opposition libérale avait été infectée d'impiété voltairienne, ou tout au moins, sous couleur de gallicanisme, imbue de prévention contre le « parti prêtre [1] ». Dans les journées de Juillet, l'Église sembla donc vaincue au même titre que la vieille royauté, l'irréligion victorieuse au même titre que le libéralisme, et victorieuse avec cette excitation troublante, avec cette présomption aveuglée, qui étaient la suite et la marque de la révolution. En même temps que le peuple de Paris s'emparait des Tuileries, il dévastait une première fois l'archevêché, profanait les sacristies de Notre-Dame avec mille grossièretés sacriléges, saccageait la maison des missionnaires dans la rue d'Enfer, celle des Jésuites à Montrouge, détruisait le calvaire du mont Valérien. Il fallait fermer toutes les églises de Paris; à peine osait-on les rouvrir pour les offices du dimanche 1er août. A Reims, Nancy, Châlons, Chartres, Orléans, Bourges, Nevers, Niort, Narbonne, Toulouse, le triomphe de l'insurrection se manifestait par les mêmes accès d'impiété dévastatrice. En beaucoup d'endroits, les croix étaient publiquement, presque officiellement, renversées[2]. La violence n'épargnait pas le

---

[1] On nous permettra de renvoyer, pour ce qui regarde ce caractère particulier des luttes politiques de 1815 à 1830, à ce que nous avons dit dans *Royalistes et Républicains*, et dans le *Parti libéral sous la Restauration*. Voy. notamment, dans ce dernier volume, p. 319 à 392.

[2] Parfois cependant les croix étaient sauvées par la présence d'esprit du curé. Dans un village des environs de Paris, les esprits forts se précipitaient vers l'église avec des échelles et des marteaux pour abattre la croix qui était au sommet du clocher. Le curé paraît : « Que faites-vous? vous voulez abattre cette croix? J'en sais d'autres qui sont plus faciles à faire disparaître et par lesquelles vous devriez commencer. — Où sont-elles? hurle la foule. — Suivez-moi! » Le curé les mène au cimetière, et il leur montre les croix noires qui ombragent les tombes de leurs parents et de leurs amis. L'effet fut prodigieux; ces malheureux baissèrent la tête et s'éloignèrent sans rien dire.

clergé lui-même : l'archevêque de Paris, Mgr de Quélen, était obligé de se cacher [1] ; à Reims et à Nancy, le cardinal de Latil et Mgr de Forbin-Janson, chassés par l'émeute, se réfugiaient, l'un en Angleterre, l'autre en Amérique. Dans plus d'une petite paroisse, les curés étaient insultés, maltraités, expulsés de leur presbytère.

Quand le combat fut fini et le nouveau gouvernement installé, la religion ne trouva pas pour cela paix et sécurité. « A cette époque, écrit le feu duc de Broglie, commençait la chasse aux robes noires et aux chapeaux clabauds, aux Jésuites, aux Capucins, aux Frères de la Doctrine et jusqu'aux pauvres Sœurs de la Charité ; les processions étaient poursuivies à coups de pierres, les croix de mission culbutées et traînées dans la boue ; il ne faisait pas trop bon à un évêque de sortir de sa cathédrale [2]. » Pas un prêtre n'eût osé se montrer dans la rue en soutane ; les journaux racontaient, en raillant, que les revendeurs n'avaient pas assez de vieux habits pour satisfaire cette clientèle imprévue d'ecclésiastiques obligés de se travestir. Il suffisait parfois qu'un passant eût une redingote de couleur sombre pour être insulté ; s'il se plaignait : « Ah ! pardon, lui répondait l'insulteur, je vous prenais pour un prêtre. » L'inconnu contre lequel un gamin jetait le cri terrible : « Au Jésuite ! » risquait fort d'être saisi et jeté à l'eau. Les saint-simoniens ne se plaignaient-ils pas qu'à Versailles on eût provoqué contre eux une sorte d'émeute, en les qualifiant de Jésuites [3] ? Suspectés dans leurs moindres démarches, à la merci des dénonciations les plus niaises, des perquisitions les plus arbitraires, les curés

---

[1] Il commençait à sortir de sa cachette vers janvier 1831, quand l'émeute du 14 et du 15 février l'obligea de nouveau à se dérober. Le choléra seul lui permettra, en 1832, de se montrer dans des conditions à peu près normales.

[2] *Souvenirs* du feu duc de Broglie.

[3] Voici comment des placards affichés dans la ville avaient dénoncé la réunion saint-simonienne : « Un rassemblement de Jésuites doit avoir lieu vendredi soir, 18 février 1831, au Gymnase, avenue de Saint-Cloud. J'engage les bons patriotes de cette ville à vouloir bien se munir d'armes à feu et à se transporter au lieu de la conspiration, afin de détruire toute cette canaille-là ; ce qui servira de bon purgatif à Versailles, car il en est empoisonné. On craint très-fort la peste. A bas les Jésuites ! » (*OEuvres de Saint-Simon et d'Enfantin*, t. III, p. 97.)

étaient trop souvent poursuivis, arrêtés sans raison. Ils ne pouvaient visiter un de leurs collègues sans être prévenus de nouer quelque conspiration. Le principal organe de l'Église de France déclarait que le clergé était frappé « d'une sorte de mort civile [1] ». Plusieurs séminaires avaient été envahis par l'émeute et demeuraient fermés, au risque d'arrêter entièrement le recrutement du clergé. Des églises étaient de même enlevées au culte. Le plus absurde soupçon suffisait à la foule ou à la garde nationale pour venir troubler violemment les exercices religieux dans l'intérieur même des temples. Que d'édifices, que de maisons, forcés et pillés sous prétexte d'y chercher les armes que les Jésuites y auraient cachées ! D'ailleurs, pour voir combien, plusieurs mois après la révolution de Juillet, les passions étaient demeurées vivaces et terribles, il n'est besoin que de rappeler la hideuse émeute du 14 et du 15 février 1831, le sac de Saint-Germain-l'Auxerrois et la destruction de l'archevêché. La situation était telle que, dans plus d'un diocèse, les curés effrayés et découragés songeaient à quitter leurs paroisses, et que leurs évêques devaient les en détourner [2].

Les moyens les plus divers étaient employés pour tenir en éveil les haines irréligieuses. Des brochures pullulaient, dont les titres suffiraient à faire apprécier l'ignominie [3]. Tout était prétexte aux journaux pour ameuter les esprits contre le clergé. Pas un désordre, pas une émeute dont ils ne l'accusassent d'être l'instigateur; peu importe qu'il en eût été la victime; c'était de sa part une dissimulation et une perfidie de plus. On ne reculait devant aucune calomnie, si absurde fût-elle. « Les prêtres, disait-on, trament des complots, donnent de l'argent pour

---

[1] *Ami de la religion*, 2 juillet 1831.
[2] Tel est notamment l'objet d'une lettre pastorale écrite alors par l'évêque d'Orléans.
[3] Voici quelques-uns de ces titres : *Histoire scandaleuse, politique, anecdotique et bigote du clergé de France. — Infamie des prêtres dévoilée. — La Chemise de femme et correspondance galante trouvée dans l'oratoire de l'archevêque de Paris, par un « séminariste qui a jeté le froc aux orties ». — L'archevêque de Paris accusé d'assassinat sur la personne de Sœur Véronique, pharmacienne de Saint-Cyr. — La Religion dévoilée, la France sauvée, les prêtres tombés. — Infamies des prêtres, ou Correspondance des évêques sur les événements de Juillet*, etc., etc.

les armées étrangères, s'exercent eux-mêmes aux manœuvres militaires, remplissent leurs presbytères et leurs églises d'armes, de munitions et de soldats [1]. » L'*Ami du peuple* révélait que le clergé avait prémédité une immense Saint-Barthélemy. « Des milliers de poignards empoisonnés, racontait-il gravement, ont été trouvés dans les mains des Frères Ignorantins, dans les séminaires et jusque dans le palais de notre premier prélat. Les prêtres les plus fanatiques de nos campagnes avaient été invités à se rendre à Paris, le 30 août, pour l'exécution de cet infernal projet. » Ce journal ajoutait que les massacreurs en soutane devaient être aidés par des forts de la halle, des charbonniers et « autres congréganistes salariés ». Dans les rues de Paris, on criait et l'on affichait un placard ainsi conçu : « Peuple, la commission chargée de réparer les désastres causés dans les journées de Juillet accorde une indemnité de 200,000 francs à M. l'archevêque de Paris. Le pauvre homme! C'est sans doute pour le dédommager de la perte des poignards et des barils de poudre trouvés dans son palais [2]. » La caricature était à l'avenant ; à cette époque, elle n'avait pas encore dirigé son crayon meurtrier contre Louis-Philippe; elle se bornait, avec sa vaillance et sa chevalerie accoutumées, à traîner dans la boue les vaincus du moment, principalement le clergé. Froidement haineuse, elle cherchait à glisser une calomnie dans chacun de ses éclats de rire : tel ce dessin qui représentait un patriote découvrant, dans l'archevêché, un corset de femme au milieu des ornements sacerdotaux, et s'écriant : « L'archevêque a toujours été un farceur ! » Plusieurs de ces caricatures sont tellement ignobles qu'on ne peut les décrire.

Et le théâtre! A la Gaîté, on joue le *Jésuite;* au Vaudeville, le *Congréganiste;* à l'Ambigu, les *Dragons et les Bénédictines,* de Pigault-Lebrun ; à la Porte-Saint-Martin, les *Victimes cloîtrées,* exhumées de 1793 ; ailleurs, le *Dominicain, l'Abbesse des*

---

[1] Mgr Devie, évêque de Belley, a fait mention de ces accusations dans une circulaire épiscopale écrite au commencement de 1831. (*Vie de Mgr Devie,* par M. l'abbé Cognat, t. II, p. 3 et 19.)

[2] *Vie de Mgr de Quélen,* par M. d'Exauvillez, t. II, p. 49.

Ursulines, la *Papesse Jeanne,* avec accompagnement de couplets obscènes et impies ; *Frà Ambrosio,* qui dégoûte tellement le public que celui-ci fait baisser la toile. Chaque théâtre a dû ajouter à son magasin de costumes et d'accessoires un assortiment complet de robes de cardinaux, de rochets, de soutanes, de surplis, de frocs, de croix, de bannières d'église. On fait parader, sur les tréteaux d'une scène bouffonne, les saints, les anges, la cour céleste tout entière, traitant à peu près les vérités chrétiennes comme, de notre temps, les auteurs d'opérettes ont parodié les légendes de la mythologie. Une pièce avait été préparée, avant les journées de Juillet, au théâtre des Nouveautés, sous ce titre : *la Contre-lettre;* il s'agissait d'une affaire d'héritage dans laquelle intervenait un parent fourbe et cupide ; la révolution éclate : aussitôt les auteurs revêtent expéditivement ce personnage d'une soutane ; ils en font un abbé Serinet, doucereux, mielleux et perfide, sous les traits de Bouffé. D'autres vont chercher au bagne, où il subit sa peine, un misérable prêtre qui, après avoir tenté de violer une femme, l'avait assassinée, puis coupée par morceaux ; de ces crimes d'hier, ils font, pour le théâtre du Cirque Olympique, le drame du *Curé Mingrat;* le rideau se baisse tout juste au moment où le crime va se consommer. L'*Incendiaire, ou la Cure et l'Archevêché,* joué à la Porte-Saint-Martin, le 24 mars 1831, quelques semaines après le sac du palais épiscopal, prétend donner l'explication des incendies mystérieux qui avaient désolé certaines provinces, à la fin de la Restauration, et où les imaginations troublées avaient cru entrevoir une manœuvre de parti. Dans un département innomé règne un archevêque débauché, ambitieux, auquel sont subordonnées toutes les autorités ; en face de lui, un curé libéral, abonné au *Constitutionnel.* L'archevêque, recevant en pleine scène la confession d'une jeune fille qui s'accuse d'un péché d'amour, met à l'absolution cette condition que la pénitente ira incendier la ferme d'un cultivateur « libéral » ; il compte ainsi enlever à ce dernier ses droits électoraux. Après des incidents divers où l'archevêque apparaît de plus en plus odieux, la jeune fille, affolée de remords, finit par se tuer. Et ce drame aussi calomnieux que misérable est joué par des acteurs d'élite : Provost, Bocage, Laferrière, madame Dorval.

L'irréligion avait alors ce caractère d'être plus bourgeoise encore que populaire; elle dominait dans les « classes dirigeantes ». Au dire des contemporains, rien n'était plus rare qu'un homme du monde s'avouant chrétien. La rencontre d'un jeune homme dans une église, a dit M. de Montalembert, « produisait presque autant de surprise et de curiosité que la visite d'un voyageur chrétien dans une mosquée d'Orient ». — « Dans la ville que j'habitais, raconte un autre témoin, il y avait sans doute d'honnêtes gens ; il n'y avait pas un homme à ma connaissance, pas un ! ni fonctionnaire, ni professeur, ni magistrat, ni vieux, ni jeune, qui remplît ses devoirs religieux[1]. » N'a-t-on pas constaté combien il y avait de bourgeois, de « messieurs bien mis », parmi les dévastateurs sacrilèges de Saint-Germain-l'Auxerrois, et parmi ceux qui assistaient souriants et satisfaits à cette profanation? Jules Janin, qui n'était cependant pas un révolutionnaire, qui faisait même alors une campagne courageuse contre les scandales du théâtre, ne croyait choquer personne en racontant les scènes hideuses du 14 et du 15 février, du ton dont Boileau avait chanté le combat du Lutrin. D'autres trouvaient tout naturel de proposer la fondation d'une imprimerie officielle, qui eût été une sorte d'atelier national ouvert aux ouvriers sans travail, et où l'on se fût attaché à réimprimer les écrits du dix-huitième siècle, Voltaire, Rousseau, les encyclopédistes. Le gouvernement refusa, par ce motif curieux, « que de pareils livres n'auraient point d'écoulement, puisqu'ils étaient des armes dont les libéraux n'avaient plus besoin après la bataille[2] ». Aucun signe qu'on fût dans une société chrétienne; partout une impiété pratique telle, qu'elle étonnait presque le plus hardi sceptique de ce temps, Henri Heine, qui écrivait à un journal allemand : « Ce peuple vraisemblablement ne croit même plus à la mort[3]. »

[1] Louis VEUILLOT, *Rome et Lorette*, t. I, p. 39.
[2] Louis BLANC, *Histoire de dix ans*, t. I, p. 452.
[3] H. HEINE, *De la France*, p. 210.

II

Pour n'être pas plus dévote que la nation, la monarchie nouvelle n'avait cependant aucun parti pris d'agression ni de persécution contre la religion ; si, par faiblesse, elle laissait trop souvent le champ libre ou même obéissait aux passions impies, du moins, alors, rien de pareil à ce qu'on verra plus tard sous un autre régime, où le signal de la guerre à Dieu sera donné par le pouvoir. Quelques-uns même, parmi les hommes de 1830, avaient en ces matières des vues hautes et justes. Dans une circulaire aux préfets, M. Guizot se défendait d'avoir prescrit la destruction des croix de mission. « La liberté des cultes, disait-il, doit être entière, et sa première condition, c'est qu'aucun culte ne soit insulté. Il ne faut fournir à nos ennemis aucun prétexte de nous taxer d'indécence et de tyrannie. Je ne souffrirais pas que mon administration donnât lieu à un tel reproche. » Le duc de Broglie, chargé, dans le premier ministère, du portefeuille de l'instruction publique et des cultes, évitait, par sa prudente modération, l'embarras et le péril de plusieurs conflits, où l'impatience de quelques-uns de ses collègues aurait voulu jeter la monarchie naissante. Il détournait le Roi de « s'enferrer dans quelques-unes de ces querelles théologiques, où, disait-il, on ne tarde pas à voir contre soi toutes les bonnes âmes, pour soi tous les vauriens ». — « Vous avez bien raison, interrompait Louis-Philippe ; il ne faut jamais mettre le doigt dans les affaires de l'Église, car on ne l'en retire pas : il y reste[1]. » Mais ces clairvoyants étaient rares, et d'ailleurs, en ce temps troublé, les meilleurs sacrifiaient aux passions du jour. M. Guizot contre-signait l'ordonnance qui enlevait le Panthéon au culte chrétien, faiblesse qu'il devait du reste, plus tard, noblement confesser et regretter. Les Chambres retiraient aux cardinaux l'allocation qui leur avait été jusqu'alors accordée, et

---

[1] *Souvenirs* du feu duc de Broglie.

diminuaient le traitement des évêques; les préfets supprimaient arbitrairement celui des curés ou desservants suspects d'hostilité politique. Parmi les nouveaux fonctionnaires, plusieurs étaient imbus de préjugés haineux contre le clergé et profitaient de l'anarchie pour les satisfaire : de là plus d'une vexation locale; ceux qui eussent été mieux disposés croyaient devoir cacher leurs sentiments et n'osaient même rendre visite à quelqu'un portant soutane. Les délateurs du clergé étaient à peu près assurés d'être toujours écoutés, et sur plus d'un point les prêtres se voyaient placés comme des criminels sous la surveillance permanente de la gendarmerie. On allait jusqu'à supprimer l'antique messe du Saint-Esprit, à la rentrée des tribunaux, et à arracher les crucifix des salles d'audience, où ils ne devaient être rétablis que huit ans après.

Ces défaillances sont-elles faites pour surprendre? Si les gouvernants ne savaient pas résister dans les questions politiques qui leur tenaient à cœur, à plus forte raison ne songeaient-ils pas à le faire dans les questions religieuses qui leur étaient pour le moins indifférentes. S'ils n'osaient se défendre eux-mêmes, comment s'attendre qu'ils se compromissent pour protéger ce clergé, chez lequel ils voyaient un ennemi vaincu? Jusqu'où pouvait conduire cette faiblesse, on s'en rendit compte pendant et après les émeutes du 14 et du 15 février, quand les autorités, non contentes d'avoir laissé saccager l'église et l'archevêché, s'empressèrent, pour ainsi dire, de sanctionner et de ratifier la dévastation. Certains politiques s'imaginaient qu'en dirigeant les passions révolutionnaires contre la religion, ils les écartaient du gouvernement, pareils à ces censeurs qui, jugeant prudent de supprimer dans un drame ces mots : « damné ministre », croyaient faire une habile diversion, en les remplaçant par ceux-ci : « damné cardinal ». D'ailleurs, on était alors persuadé que, pour ne pas tomber comme Charles X, il fallait suivre dans les questions religieuses une conduite diamétralement opposée. Si le nouveau gouvernement n'osait même pas assurer au clergé protection et justice contre ses ennemis, c'était pour ne pas être accusé de s'appuyer sur le

« parti prêtre ». Par réaction contre un souverain qui avait été blâmé de suivre les processions dans la rue, un cierge à la main, le nouveau Roi s'attachait à ne faire aucune manifestation extérieure de christianisme[1]. Dans la solennité du couronnement, contrairement à l'usage universel, aucune part n'avait été faite à la religion. « Cela convient, disait le *Globe*, à un pouvoir qui n'a plus rien de mystique. » C'est un « couronnement protestant », écrivait M. de Vigny, dans son journal intime : expression peu juste, car, en pays protestant, la religion n'est pas exclue de pareilles cérémonies. Les contemporains notaient, dans les allocutions officielles, une affectation de ne plus prononcer comme autrefois les mots de « Providence », de « religion[2] », et l'on se félicitait publiquement d'avoir enfin « un gouvernement qui ne faisait pas le signe de la croix[3] ». Comme l'écrivait M. de Salvandy, « il y a quelques mois, on mettait partout le prêtre ; aujourd'hui, on ne met Dieu nulle part ». Et M. de Montalembert ajoutait que « jamais on n'avait vu une nation aussi officiellement irréligieuse ».

Aussi chacun disait alors que la révolution de Juillet marquait la fin de la vieille religion : les témoins les plus divers venaient déposer de cette universelle conviction. M. Dubois, visitant, comme inspecteur général de l'Université, le collége de Rennes, rendait au catholicisme un hommage plein d'une bienveillance hautaine et dédaigneuse, puis il ajoutait : « Messieurs, nous marchons vers une grande époque, et peut-être assisterons-nous aux funérailles d'un grand culte[4]. » M. Jules Janin, sans passion personnelle, simple écho du monde litté-

---

[1] L'ambassadeur de Sardaigne, suspect, du reste, de quelque malveillance, écrivait à son gouvernement : « Le Roi affecte de n'avoir pas de religion, de ne pas assister aux cérémonies de l'Église, de faire travailler le dimanche dans son palais. » (*Geschichte Frankreichs*, 1830-1870, par HILLEBRAND, t. 1, p. 50.) Louis-Philippe cependant assistait chaque dimanche à la messe dans une chapelle intérieure de son palais, mais sans bruit et sans cérémonial.

[2] LESUR, *Annuaire* pour 1831, p. 3. — Un peu plus tard, Louis-Philippe ayant placé dans un discours aux Chambres le nom de la « Providence », le *Constitutionnel* accusa « le gouvernement de Juillet de tendre au mysticisme ».

[3] « C'est un gouvernement philosophique », disait aussi M. Dupin, qui eût été probablement embarrassé de donner de cette formule une explication raisonnable.

[4] *Ami de la religion*, 4 août 1831.

raire, déclarait qu'on était à « un instant misérable de décomposition religieuse, morne, éteint, flasque, sans poésie, sans style, sans couleur, sans énergie » ; le catholicisme est à son avis une « religion qui ne va plus » ; et il ajoutait : « Depuis la grande secousse de 89, cette religion était bien malade; la révolution de Juillet l'a tuée tout à fait[1]. » Rappelant ses souvenirs de cette époque, M. Louis Veuillot a dit plus tard : « Je lisais et je croyais très-volontiers que le christianisme était mort; rien autour de moi ne me disait qu'il vécût[2]. » Et Henri Heine, rendant compte, peu après 1830, de l'état psychologique de la France, écrivait à une gazette d'outre-Rhin : « La vieille religion est radicalement morte, elle est déjà tombée en dissolution; la « majorité des Français » ne veut plus entendre parler de ce cadavre, et se tient le mouchoir devant le nez, quand il est question de l'Église[3]. »

III

Après avoir constaté la défaite, le délaissement, la mort du catholicisme, les hommes de 1830 se trouvaient en face de cette question redoutable : Par quoi le remplacer? C'est l'interrogation désolée du poëte, dans *Rolla :*

Qui de nous, qui de nous va devenir un Dieu?

« Était-il possible, disait un écrivain révolutionnaire[4], que le gouvernement de l'esprit restât vacant, sans que la marche de l'humanité fût suspendue? Un vide immense venait de se faire dans le monde : ce vide, il le fallait remplir. Mais comment? Par qui et sur quelles bases reconstituer le pouvoir spirituel? » Coïncidence curieuse! en même temps que l'intelli-

---

[1] *Livre des Cent un.*
[2] *Rome et Lorette*, t. I, p. 30.
[3] *De la France*, p. 210.
[4] M. Louis Blanc.

gence humaine paraît arrivée au paroxysme de l'impiété rebelle et destructive, elle a tellement besoin de religion, que, pour se satisfaire, elle ne recule pas devant la fondation de cultes nouveaux. « Le sentiment religieux, écrivait vers ce temps M. Saint-Marc Girardin, semble aujourd'hui errer dans la société comme un exilé qui va frapper à toutes les portes. La philosophie du dix-huitième siècle l'avait chassé des églises; mais elle n'a pu l'anéantir, et nous le voyons qui cherche maintenant où se prendre, où s'abriter, où se repaître, demandant partout un asile. » Un autre observateur, non moins clairvoyant, M. Sainte-Beuve, disait alors : « L'humanité attend, elle se sent mal » ; puis il signalait comme « un des traits les plus caractéristiques de l'état social en France », ces essais de religion nouvelle, cette « quantité de systèmes généraux et de plans de réforme universelle qui apparaissent de toutes parts et qui promettent chacun leur remède aux souffrances de la société ».

De tout temps, sans doute, il y a eu des utopies et des chimères de ce genre. On avait vu, par exemple, à la fin du dix-huitième siècle, les théophilanthropes ou les illuminés. Mais, en 1830, les tentatives sont autrement nombreuses et éclatantes ; elles se produisent avec un succès relatif, une hardiesse, une publicité et surtout avec une absence de respect humain qui révèlent un état d'esprit tout particulier. Ce ne sont plus des initiations de sociétés secrètes, des prédications dans le huis clos d'une petite école. Ne dirait-on pas que les apôtres sont redescendus sur la place publique, comme aux jours de saint Paul? L'explication d'un phénomène si étrange, où la chercher, si ce n'est dans la révolution de Juillet? C'est la révolution qui, par sa secousse même, par la rapidité, l'étendue et, pour ainsi parler, par la matérialité des ruines qu'elle a faites, donne à l'esprit humain, avec le sentiment effrayé et douloureux du vide produit, le désir inquiet de le remplir par une doctrine, un culte, une foi quelconque. C'est la révolution qui porte le trouble, la témérité, et surtout l'orgueil de certaines intelligences au degré nécessaire pour leur faire oser la fondation d'une religion nouvelle [1]. C'est la révolution qui a préparé à ces prédicateurs de chimères un public approprié, enfiévré, affolé, altéré de nouveau et d'extraordinaire, ayant pris l'habitude de la révolte même contre le bon sens et le bon goût, disposé par suite à écouter, à accompagner et à croire ceux devant lesquels, en d'autres temps, il eût passé en levant les épaules.

On nous dispensera de mentionner les divers messies qui surgirent alors, les dieux en chambre qui relèvent plutôt de la chronique que de l'histoire. L' « Église française » de l'abbé Chatel ne mérite guère davantage de nous arrêter, bien qu'elle ait fait un moment quelque bruit. Dans une époque moins étrangement troublée, on n'eût pas pris un seul moment au sérieux ce prêtre obscur, de petite valeur morale, d'intelligence médiocre, et son schisme sans raison, sans doctrine, dont le principal attrait était de supprimer la confession pour les laïques et le célibat pour les clercs; on n'eût pas trouvé des fidèles pour remplir ces hangars ou ces salles de bal transformés en temples, où étaient inscrits dans un cartouche, comme les noms des trois plus grands hommes de l'humanité : Confucius, Parmentier, Laffitte; le fondateur du nouveau culte n'eût pas eu assez de succès pour établir plusieurs succursales dans la ville ou la banlieue, et n'eût pu recruter, pour les desservir, des déclassés du sacerdoce; il n'eût pas obtenu de Casimir Delavigne qu'il composât exprès un cantique pour ces cérémonies sacriléges et ridicules, et de Nourrit qu'il vînt le chanter; personne n'eût consenti à écouter jusqu'au bout ces prétendus sermons, où, quand on ne dénonçait pas les crimes des papes et les vices du clergé, on dissertait sur l'histoire profane et même sur la politique du jour. Daumier pensait évidemment à l'abbé Chatel, lorsqu'il montrait, dans une de ses caricatures, Robert Macaire disant un matin à Bertrand : « Le temps de la commandite est passé, occupons-nous de ce qui est éternel. Si nous faisions une religion? — Une religion, ce n'est pas facile, répond Bertrand. — On se fait pape, on loue une boutique, on

---

[1] Madame Swetchine écrivait alors : « Nous assistons à la grande crise de l'orgueil humain. »

emprunte des chaises, on fait des sermons sur Napoléon, sur Voltaire, sur la découverte de l'Amérique, sur n'importe quoi. Voilà une religion, ce n'est pas plus difficile que cela. »

Le parti républicain et révolutionnaire semblait avoir pour l'« Église française » une bienveillance qu'il refusait au catholicisme; il faisait au culte nouveau l'honneur peu enviable de se servir de lui pour ses manifestations. Il commandait des messes dans les temples de l'abbé Chatel, tantôt pour la Pologne, tantôt à l'occasion du décès du duc de Reichstadt ou pour l'anniversaire de la mort de Napoléon, tantôt aux dates illustrées par quelque récente émeute. Quelques années plus tard, les deux complices de Fieschi, Morey et Pépin, assistaient, la veille de leur attentat, à un service de l' « Église française » en l'honneur des « martyrs des trois journées ». On voulut célébrer, dans la même église, l'anniversaire de l'exécution de ces deux criminels; les lettres de convocation étaient ainsi rédigées : « Vous êtes invité à assister au service des citoyens Pépin et Morey, décapités par les thermidoriens, l'an XLIV de la république. » A cette époque, — cinq ou six ans après la révolution de Juillet, — le schisme était déjà aux abois. Il succomba bientôt, de la façon la plus piteuse, sous les poursuites des créanciers. L'abbé Chatel disparut, jusqu'à ce que le trouble de 1848 le fît, un moment seulement, remonter à la surface. Rien ne resta de cette tentative qui avait été pourtant un signe du temps. Inutile donc de s'y arrêter davantage : aussi bien, peut-on observer alors un essai de religion plus curieux, plus significatif, et dont le retentissement comme les conséquences furent autrement considérables : nous voulons parler du saint-simonisme [1].

[1] Il pourrait aussi être question des écoles de Fourier ou de Buchez, qui se ressentirent de l'excitation de 1830. Mais elles n'eurent que plus tard un rôle vraiment actif et public. Nous attendrons donc pour en parler. Au lendemain de la révolution, le saint-simonisme tient seul le haut du pavé.

CHAPITRE VIII

LE SAINT-SIMONISME

I. Saint-Simon. Les saint-simoniens avant 1830. Effet produit sur eux par la révolution. Ils s'organisent. Bazard et Enfantin. Leurs moyens de propagande. Ils sont en contradiction avec les idées dominantes. Leur succès. Raisons de ce succès. — II. La « réhabilitation de la chair ». Scandale et déchirement dans la nouvelle Église. La religion du plaisir. Défections et décadence. La retraite à Ménilmontant. — III. Procès des saint-simoniens. Leur dispersion. Enfantin en Égypte. Il finit par se séculariser à son tour. Que reste-t-il de ce mouvement? Part du saint-simonisme dans nos maladies sociales.

I

Quand éclata la révolution de 1830, il y avait cinq ans qu'était mort ce personnage étrange dont les disciples ont osé écrire : « Le monde attendait un sauveur... Saint-Simon a paru; il a résumé Moïse et Jésus-Christ. » Descendant de cette race qui avait donné à la France un écrivain de génie, et fils d'une mère folle, le comte de Saint-Simon avait l'esprit actif, hardi, brillant, mais si mal équilibré, qu'on avait souvent lieu de douter de sa raison. Fou surtout d'orgueil et de présomption [1], il se croyait appelé à jouer les premiers rôles, et avait ordonné à son valet de le réveiller chaque matin par ces mots : « Levez-vous, monsieur le comte, vous avez de grandes choses à faire. » Ces « grandes choses », il ne les avait pas cherchées,

---

[1] Saint-Simon alla faire un jour visite à madame de Staël, à Coppet; à peine entré : « Madame, dit-il, vous êtes la femme la plus extraordinaire du monde, comme j'en suis l'homme le plus extraordinaire : à nous deux, nous ferions sans doute un enfant plus extraordinaire encore. » Madame de Staël prit le parti de rire.

du premier coup, dans l'organisation d'une société et d'une religion nouvelles. Sa vie avait été d'abord celle d'un aventurier en quête d'argent et de gloire, rêvant en Amérique le percement de l'isthme de Panama, se livrant en France à des agiotages suspects sur les biens nationaux, menant de front les plaisirs et les affaires. Sous prétexte même de tout connaître et « d'arriver à la plus haute vertu par le chemin du vice », chemin au moins très-détourné, il s'était jeté dans les débauches et les orgies les plus extravagantes; il en était sorti ruiné de toutes façons, réduit à une telle misère morale et matérielle, que, dans une heure de désespoir, il se tira un coup de pistolet dans la tête. La mort n'ayant pas voulu de lui, il eut alors, pour la première fois, l'idée de faire des livres, de recruter des disciples et de se poser en fondateur de système. Écrivain médiocre, d'une instruction superficielle et incomplète, il avait cependant, de temps à autre, comme des regards de voyant, et il était doué d'une réelle puissance d'impulsion et de prosélytisme. Ses idées, pratiques ou chimériques, il les jetait pêle-mêle, les modifiait souvent, si bien qu'elles sont assez malaisées à définir. Saint-Simon partait de ce point, que la vieille société « chrétienne et féodale » était définitivement détruite, et qu'il fallait en reconstruire une autre : après l'époque critique, l'époque organique. Dans la société nouvelle, le pouvoir temporel devait appartenir aux industriels; le spirituel, aux savants. Du reste, chez le réformateur, aucun indice de révolte contre la royauté ou le capital; il demandait au roi Louis XVIII et aux riches banquiers de se mettre à la tête de cette reconstruction sociale, aimant mieux, disait-il, la voir accomplir par la dictature que par la révolution. Ses idées n'étaient guère au début qu'une spéculation économique, une rêverie de théoricien; avec le temps, il affecta de leur donner un caractère de propagande philanthropique et d'apostolat populaire. Bientôt même, dans ses derniers écrits, notamment dans son *Nouveau Christianisme*, sans vouloir formuler un dogme et encore moins organiser un culte et un sacerdoce, il laissa entrevoir la prétention de faire de sa doctrine toute une religion. Après une vie agitée et stérile, où l'on ne sait pas trop comment faire la part du charlatanisme et de l'illuminisme, de la rouerie et de la générosité, de la droiture et de la corruption, il mourut en 1825 ; sa disparition ne laissa pas de vide et ne fit pas grand bruit; mais, jouant son rôle jusqu'au bout, il avait dit aux disciples réunis autour de son lit : « La poire est mûre, vous pouvez la cueillir. »

Il se trompait, l'heure de la récolte n'était pas encore venue, et dans les années qui suivirent la mort du maître, le saint-simonisme ne sortit pas de sa demi-obscurité. Son organe, le *Producteur,* succombait dès décembre 1826, et plusieurs de ceux qui avaient paru mordre à la nouvelle doctrine, en collaborant à cette feuille, se dispersaient dans des directions différentes : tels Auguste Comte, Augustin Thierry, Charles Comte, Dunoyer, Adolphe Garnier, Armand Carrel. L'influence croissante que prirent alors, dans la nouvelle école, Bazard et surtout Enfantin, leur prétention, chaque jour plus visible, de transformer en une sorte de secte le groupe, jusqu'alors peu délimité, des amis de Saint-Simon, étaient faites d'ailleurs pour éloigner les esprits indépendants. L'*Organisateur* vint bientôt remplir le vide laissé par le *Producteur*, et, en 1828, dans une salle de la rue Taranne où se réunissaient aussi d'autres sociétés, Enfantin et Bazard commencèrent un enseignement oral de la « doctrine ». Celle-ci s'était peu à peu précisée. A côté de vues nouvelles, bien que déjà téméraires, sur le rôle de l'industrie et de la science dans la société moderne, ou sur le jeu des emprunts d'État, apparaissaient des idées qui devaient se retrouver dans toutes les écoles socialistes. La concurrence était dénoncée comme la cause de tout le désordre économique. Jusqu'alors, disait-on, la loi de l'humanité avait été l' « exploitation de l'homme par l'homme », exploitation qui avait eu trois phases : l'esclavage, le servage, et enfin le prolétariat, servage déguisé où l'ouvrier était exploité par le bourgeois propriétaire ou capitaliste; il fallait désormais y substituer l' « exploitation de la nature par l'homme associé à l'homme ». Pour atteindre ce but, on n'hésitait pas à s'attaquer au capital et à la propriété : on refusait à l'oisif tout droit au revenu de son bien; l'héritage, moyen d'acquérir sans labeur, était condamné; à la mort du propriétaire, les fonds de terre et les capitaux devaient revenir à l'État, qui, n'y voyant que des instruments de travail, les répartirait comme il fait des fonctions publiques : donc, dans la société transformée, plus de propriétaires, mais une immense hiérarchie de fonctionnaires, tous ouvriers ou employés au service de l'État, seul industriel et commerçant. En attendant l'heure où ces principes seraient pleinement appliqués, on proposait, comme moyens transitoires, la limitation des successions collatérales, l'augmentation des droits de mutation, la mobilisation de la propriété foncière. Une autre face de la doctrine saint-simonienne était la réhabilitation de la chair et de la matière, la légitimation des passions et des appétits sensuels, la sanctification du plaisir, le bonheur cherché uniquement sur terre : résurrection d'une sorte de paganisme qu'on prétendait opposer à la thèse chrétienne sur le renoncement et la mortification. La vie future était passée sous silence ou réduite à une vie idéale qui ne se perpétuait que dans la pensée et l'amour des hommes. De ces principes, on commençait à déduire, pour le mariage et la famille, des conséquences encore mal définies, mais déjà fort suspectes : émancipation de la femme, divorce, tendance vers l'amour libre et la polygamie successive, si ce n'est même simultanée.

Les dernières années de la Restauration étaient une époque curieuse, où toute nouveauté éveillait l'attention; une époque féconde, où tout germe fructifiait; une époque sonore, où toute parole avait de l'écho; aussi le nouvel enseignement trouvait-il des auditeurs, même des adhérents. La plupart venaient des écoles savantes. « L'École polytechnique donne à force », écrivait Enfantin, en 1829. La secte était cependant encore bien peu nombreuse et ne parvenait pas à faire grand bruit. Elle en faisait d'autant moins, qu'elle était en dehors du mouvement libéral alors dominant, et affectait un certain dédain pour ce qu'elle appelait les « petits combats politiques ». Ce défaut de retentissement trompait l'espoir des jeunes apôtres; aussi, quelle qu'eût été leur première ardeur, ressentaient-ils parfois une tentation de défaillance et de découragement; l'un des ouvriers de la première heure, Rodrigues, écrivait à Enfantin, le 11 septembre 1829 : « Un sommeil léthargique s'étend sur nos paupières. »

C'est dans cet état que les saint-simoniens sont surpris par les événements de Juillet. Chez eux, l'effet est considérable; plus que tous les autres, ils sont préparés à subir la contagion de l'exaltation générale. Du « sommeil léthargique » ils passent subitement à l'agitation fébrile. Le succès, que naguère ils voyaient si lent et si lointain, leur apparaît certain et immédiat. Ne sont-ils pas persuadés que la révolution a été faite pour eux, qu'elle a été la destruction nécessaire, le déblayement providentiel, qui devaient précéder leur grande reconstruction? Voyez-les sortir aussitôt de leur étroit cénacle et parler à la foule qui remplit les rues. Dès le 29 juillet, leurs chefs, Bazard et Enfantin, adressent, au nom du saint-simonisme, une proclamation au peuple de Paris. Un moment même, ils espèrent, en se mêlant au mouvement révolutionnaire de l'Hôtel de ville, le détourner à leur profit et le faire aboutir à la transformation sociale qu'ils rêvent. Dans ce dessein, les plus jeunes d'entre eux se répandent dans les clubs républicains, et Bazard va trouver La Fayette qu'il avait connu autrefois dans les sociétés secrètes, pour le pousser à prendre la dictature et à la mettre au service de la doctrine nouvelle. Mais ils s'aperçoivent bien vite que, de ce côté, on ne les écoute ni ne les comprend; ils constatent, avec une sorte de dédain amer, que, cette fois encore, « les bourgeois peuvent dormir en paix », que le peuple se contentera « de belles paroles et de belles parades libérales », et s'en tiendra « au pur sentiment de la révolution de 1789 ». Du reste, s'il leur faut renoncer au coup de théâtre qui eût fait sortir des barricades de Juillet la papauté saint-simonienne au lieu de la monarchie orléaniste, ils n'en demeurent pas moins convaincus que ces événements ont été pour eux décisifs, et qu'ils leur ont ouvert une ère absolument nouvelle. En présence de la ruine des vieilles idées et de la banqueroute des nouvelles, de l'ancien régime détruit, de la royauté et de l'Église vaincues, du libéralisme embarrassé dans sa victoire, impuissant à sortir de la critique et de la négation, ils prétendent être seuls à apporter une affirmation, seuls capables de donner la formule de la société nouvelle. Laissant les partis politiques qui n'ont pas voulu les écouter, ils s'adressent directement aux prolétaires; ils engagent ceux-ci à répudier les « chimères libérales », pour s'occuper du seul sujet fait pour les intéresser, la création d'institutions humaines leur assurant ce pain quotidien qu'ils n'auront plus besoin de demander à Dieu. Ils se plaisent à montrer le contraste irritant « des classes nombreuses qui produisent tout et ne possèdent rien, et de la minorité privilégiée qui ne produit rien et qui jouit de tout ». Ce sont là, disent-ils, les deux grands partis dont la lutte doit remplacer les vaines controverses de la politique. Ces appels aux prolétaires ont parfois un accent si échauffé et si menaçant, qu'on dirait presque le préambule d'une guerre sociale; mais c'est pur effet de rhétorique; les saint-simoniens se défendent sincèrement de tout recours à la force et se piquent de ne rien attendre que du progrès pacifique.

L'occasion offerte par la révolution leur paraît si favorable que, pour la saisir, ils précipitent leur organisation, jusque-là fort imparfaitement ébauchée. Ils ne veulent plus être seulement une école, mais une « famille » qui pratique la vie en commun, une « église » qui se constitue avec ses divers « degrés » d'initiation, ses dignitaires, ses « pères », ses « mères », son « collége », et son « père suprême » ou « pape », objet d'une sorte de vénération dévote et exaltée. Ils cherchent à établir un culte, avec prédications, fêtes diverses, baptêmes, confessions publiques ou privées, communions spirituelles[1]. Tout est réglé, jusqu'au costume qui doit être bleu : bleu clair pour le père suprême, et plus foncé, jusqu'au bleu de roi, à mesure qu'on descend dans la hiérarchie. Les membres de cette hiérarchie prétendent si bien former un clergé, qu'ils refusent, à ce titre, le service de la garde nationale; cela leur vaut, il est

---

[1] *OEuvres de Saint-Simon et d'Enfantin*, t. III, p. 176 et *passim*.

vrai, des poursuites devant le conseil de discipline, et les martyrs du nouveau christianisme se voient impitoyablement condamnés, par les proconsuls du moderne Dioclétien, à faire un séjour de vingt-quatre heures dans la joyeuse prison, tant de fois chantée par les réfractaires de la milice citoyenne [1]. Cette église doit être aussi, dans leur pensée, un gouvernement temporel. Le dernier mot du saint-simonisme est de remettre la direction universelle des âmes comme des corps, de la religion comme de la politique, du culte comme de l'industrie et du commerce, entre les mains du « père suprême » : théocratie d'autant plus formidable, que ce pape gouvernera non d'après des lois écrites, mais d'après la « loi vivante de sa volonté et de son amour ».

Pour le moment, leur pape est en deux personnes, Bazard et Enfantin [2] : dualité bizarre, qui affecte de parler et d'agir comme un seul homme et qui signe « le Père ». Ce sont pourtant deux natures bien différentes et, on le verra prochainement, tout à fait inconciliables. Bazard, ancien carbonaro, fort mêlé aux conspirations sous la Restauration, est demeuré homme d'action et d'organisation pratique, plus enclin et plus propre à former un parti qu'une église, d'un fanatisme ardent, contenu cependant par l'habitude que la politique lui a fait prendre de compter avec l'opinion. Enfantin n'a rien du tribun ; il pose pour l'apôtre, presque pour le thaumaturge, trompant les autres et se trompant à demi lui-même. Son orgueil et sa vanité sont poussés à ce point extrême où le respect humain disparaît avec le sentiment du ridicule. A son ambition sans mesure, il ne suffit pas d'être empereur ou pape ; il lui faut être les deux à la fois : bien plus, ne rêve-t-il pas d'être Dieu? Descendant d'une famille de finance, entré dans une maison de banque au sortir de l'École polytechnique, son instruction est étroite et limitée ; ni écrivain, ni orateur, ni philosophe, d'autant plus audacieux dans ses théories qu'il est plus ignorant, il remplit ses discours et ses écrits d'idées obscures ou bizarres, odieuses ou absurdes, exprimées dans

---

[1] OEuvres de Saint-Simon et d'Enfantin, t. IV, p. 39 et suiv.
[2] Bazard avait trente-neuf ans; Enfantin, trente-cinq.

un jargon aussi ennuyeux que prétentieux. Et cependant, — est-ce une leçon d'humilité à l'adresse de la raison humaine? — des esprits très-distingués ont accepté d'être ses disciples; il avait même sur eux une action étrange, qui semblait tenir moins de la prépondérance intellectuelle que d'une sorte de magnétisme sensuel, s'exerçant par la voix, par le regard, par la beauté et le calme extatique du visage : de là parfois, chez ses jeunes disciples, des phénomènes d'exaltation qui relèvent presque autant de la physiologie que de la psychologie. A défaut d'intelligence supérieure, Enfantin possédait une volonté obstinée, dominatrice, et aussi cet égoïsme immense et impassible qui est parfois une façon de provoquer les dévouements les plus passionnés. Le je ne sais quoi de tortueux et de retors, l'habitude du mensonge conscient et inconscient, qui se mêlaient bizarrement à cette audacieuse exaltation, la sensualité malsaine qui apparaissait trop souvent derrière la sérénité mystique, le masque câlin et cafard dont le tout était recouvert, faisaient de ce personnage l'une des figures les plus déplaisantes que l'on pût rencontrer dans la longue galerie des charlatans et des sophistes.

Si l'église nouvelle cherchait à se constituer, c'était pour agir au dehors. Dès le lendemain de la révolution, la propagande se faisait avec un éclat et un retentissement tout nouveaux. Les saint-simoniens s'emparaient du *Globe,* menacé de périr dans la victoire même de l'école dont il avait été le brillant organe; à partir du 18 janvier 1831, ils y ajoutaient ce sous-titre : *Journal de la Doctrine de Saint-Simon.* Michel Chevalier, disciple favori du maître, était rédacteur en chef, sous l'inspiration supérieure d'Enfantin et de Bazard. Le journal avait peu d'abonnés, cinq cents au plus; mais on en distribuait gratuitement chaque jour deux ou trois mille exemplaires. Des publications de toutes sortes venaient s'y joindre. On a calculé que de 1830 à 1832, les saint-simoniens avaient publié près de dix-huit millions de pages. Un moyen plus puissant encore était la parole publique. Des enseignements permanents se donnaient au Prado, à l'Athénée, à la salle de la Redoute. Une sorte d'office était célébré tous les dimanches, rue Taitbout, dans une salle de spectacle; on y faisait des « prédications », c'était le mot employé; la foule se pressait, curieuse, pour entendre Laurent, Charton, Transon, et surtout Barrault, le plus éloquent, le plus enflammé de tous. Souvent les auditeurs, froids, ironiques au début, peu à peu échauffés par cette parole de feu, se prenaient à applaudir avec enthousiasme, bientôt même éclataient en sanglots, ou s'embrassaient avec transport, donnant aux jeunes apôtres l'illusion qu'ils venaient de conquérir des âmes[1]. D'autres membres de la « famille » partaient en « mis-

---

[1] Veut-on connaître un spécimen de ces prédications? Qu'on lise ce fragment d'un discours de Barrault (10 juillet 1831) : « ...Ah! je vous ai dit naïvement qui j'étais, qui je suis, qui je veux être... A mon tour je vous demanderai qui vous êtes. Hélas! le savez-vous? Êtes-vous des chrétiens, aveugles adorateurs de la croix solitaire? Êtes-vous des philosophes, dévots d'incrédulité? Êtes-vous des partisans obstinés de toutes les légitimités surannées? Êtes-vous des libéraux, révoltés à la seule pensée d'une hiérarchie, et rêvant les chimériques douceurs de l'individualisme? Êtes-vous enfin de ces hommes qui s'épouvantent de toute idée nouvelle, et ont sans cesse le frisson du progrès? Non! si vous professiez sincèrement l'une de ces diverses opinions, ne serait-ce pas folie à vous de venir, avec une religieuse attention, nous écouter? Qui êtes-vous donc? Des gens qui ne croyez plus fermement à rien de ce que l'on croit encore aujourd'hui, et qui venez ici nous apporter votre scepticisme, vos dégoûts, votre ennui, votre indifférence, votre incertitude : gens malades qui vous traînez auprès de la piscine salutaire, et, comme le paralytique, n'avez pas même la force de vous y plonger. Hélas! qu'attendez-vous? Est-ce le révélateur nouveau? Déjà, déjà vous avez entendu sa voix; mais, et c'est là un des symptômes de votre maladie, vous dissertez, vous discutez, vous approfondissez tout, et jamais vous n'agissez. Quoi donc! pendant que votre raison pèse avec une orgueilleuse lenteur, scrute avec une minutieuse complaisance les moindres détails de l'ordre social que nous apportons, n'entendez-vous pas les cris de douleur ou de rage, les gémissements, les soupirs étouffés et le râle de tant d'infortunés qui souffrent, se désolent, languissent, expirent? Écoutez, écoutez, enfin! Chez les Hébreux, lorsque, sur le bord de la route, était trouvé un cadavre, les habitants de la cité voisine, la main étendue sur le corps inanimé, juraient qu'ils n'avaient point trempé dans cet homicide. Eh bien! je vous adjure ici de m'entendre. A la vue de ce peuple entier, que vous voyez dans la fange de vos rues et de vos places, sur de misérables grabats, au milieu de l'air fétide des caves et des greniers, dans des hôpitaux encombrés, dans des bagnes hideux, se mouvoir, pâle de faim et de privations, exténué par un rude travail, à moitié couvert de haillons, livré à des agitations convulsives, dégoûtant d'immoralité, meurtri de chaînes, vivant à peine, je vous adjure tous, enfants des classes privilégiées, levez-vous, et la main appuyée sur ces plaies putrides et saignantes, enfants des classes privilégiées, qui vous engraissez de la sueur de cette classe misérable, exploitée à votre profit, jurez que vous n'avez aucune part à ses souffrances, à ses douleurs, à ses agonies. Jurez!... Vous ne l'oseriez pas! » Enfantin, rendant compte de cette séance à un de ses disciples, écrivait

sion », chargés de prêcher au loin le nouvel évangile et de
« fonder des églises », dans la province ou à l'étranger : en
1831, il y en avait déjà cinq.

A ce siècle qui semblait arrivé au dernier période de l'irréligion ou tout au moins de l'indifférence sceptique, le saint-simonisme se présentait hardiment avec ses dogmes, ses prêtres, son culte. Bien éloigné de ces idées qu'on appelle aujourd'hui « laïques », il proclamait la religion nécessaire, lui subordonnait l'ordre social, se refusait à en séparer non-seulement la morale, mais la politique, et réclamait pour son clergé une autorité qui allait jusqu'à la théocratie. Sur tous les points, d'ailleurs, il prenait le contre-pied de l'opinion victorieuse. Aux entraînements belliqueux du moment, le *Globe* opposait l'alliance pacifique de toutes les nations pour le développement de l'industrie. Le « libéralisme » était à son apogée : les saint-simoniens s'en déclaraient l'ennemi, et prétendaient, dans son triomphe même, le convaincre de caducité. « Plus que jamais, disait l'un d'eux, à la salle Monsigny, le 22 août 1830, le libéralisme éprouve, au milieu de ses succès, le vide et l'impuissance organique de ses doctrines. Douter, soupçonner, craindre, accuser, gémir, c'est à peu près tout ce qu'il sait faire, depuis qu'il a remporté la plus mémorable des victoires [1]. » « Égoïstes », « bourgeois » ou « libéraux » étaient, dans la langue saint-simonienne, des synonymes également méprisants. Les nouveaux apôtres ne se gênaient point pour soutenir que les libertés de la tribune, de la presse, et surtout la liberté de conscience, étaient bonnes seulement dans la période provisoire de la critique et de la destruction nécessaire, mais qu'elles devaient disparaître dans la période organique. Pleins de dédain pour le « représentatif, vieille machine usée qui craque et qui va se briser », ils annonçaient que « la France, lasse de désordres et avide de bien-être,

le lendemain : « Hier, effet prodigieux de Barrault sur le public, applaudissements à tout rompre quand il a dit de jurer. Sanglots, larmes, embrassements, tout le monde en émoi ! »

[1] Sur ce point, il n'y avait jamais eu d'hésitation. Dès le 29 juillet 1830, en pleine révolution, Enfantin déclarait que « le saint-simonisme se perdrait en se faisant niaisement libéral ».

aurait besoin de se jeter dans les bras d'un sauveur »; et cette perspective ne leur déplaisait pas, pourvu que le sauveur consentît à appliquer leurs idées[1].

Et cependant, malgré tant de contradictions aux idées régnantes, l'effet produit était considérable. Le peuple, sans doute, ne venait pas, bien qu'on lui fît directement et particulièrement appel. Mais des hommes distingués, banquiers, littérateurs, artistes, surtout ingénieurs, embrassaient la doctrine, foulant au pied le respect humain, bravant les railleries de la petite presse, et confessant courageusement leur foi nouvelle. Combien d'autres, sans se livrer définitivement, se rapprochaient plus ou moins du saint-simonisme, par désarroi d'âme, curiosité intellectuelle, ou généreux entraînement! Tels étaient, pour ne nommer que les notables, Lherminier, Sainte-Beuve[2], Lamoricière[3]. Plus de 300,000 francs étaient apportés par les adhérents, pour subvenir aux frais de la vie commune et de la propagande. On évaluait à plus de quarante mille le nombre de ces adhérents. Les journaux de toute nuance, si absorbés qu'ils fussent alors par les agitations de la politique,

---

[1] Dans le *Globe*, M. Michel Chevalier demandait, en ces termes, « un coup d'État industriel » : « Il faut des mesures extraordinaires qui frappent le peuple, l'exaltent et l'emplissent d'espérance; il faut que des actes, d'une haute portée, soient produits. Mais comment la chose se ferait-elle sans détermination extra-légale, c'est-à-dire sans coup d'État? car les Chambres sont à la débandade, et on est obligé d'agir sans elles. D'ailleurs, les Chambres, surtout celle des députés, n'ont pas le sens de ce qui est grand et opportun. Il faut un coup d'État, un coup d'État industriel. Au théâtre, on berne les médecins, qui se consolent d'avoir tué leurs malades, parce qu'ils les ont tués selon les règles de l'art; ceux qui tiendraient obstinément aujourd'hui aux règles de la légalité seraient aussi ridicules que ces médecins. Le système parlementaire a été institué pour entraver l'action du gouvernement, parce que le gouvernement était supposé mauvais *à priori*; et, en effet, les gouvernements modernes prêtent à cette supposition; d'où il résulte qu'un gouvernement qui se renferme dans les bornes du système parlementaire s'interdit toute action étendue; or, il faut au pouvoir, dans la circonstance présente, une action très-étendue. »

[2] Les saint-simoniens ont cru, un moment, avoir fait la conquête de M. Sainte-Beuve : il est vrai qu'à la même époque les catholiques de l'*Avenir* avaient une illusion analogue. Enfantin écrivait « qu'on pouvait déjà tout à fait compter sur lui ». Plus tard, M. Sainte-Beuve a désavoué cette faiblesse passagère. « J'ai pu m'approcher du lard, a-t-il écrit, mais je ne me suis pas pris à la ratière. »

[3] Lamoricière, alors en Afrique, paraît avoir été séduit de loin. (*Œuvres de Saint-Simon et d'Enfantin*, t. V, p. 61.)

s'occupaient de l'apparition et des progrès de cette doctrine comme de l'un des événements marquants de l'époque. Le public se pressait, chaque jour plus nombreux, aux « prédications » de la salle Taitbout. Sans doute, son émotion, si vive qu'elle fût, demeurait souvent superficielle ; les nerfs étaient plus excités que les âmes n'étaient remuées, et Enfantin lui-même écrivait à un de ses disciples, après l'un des grands succès oratoires de Barrault : « Qu'en sort-il souvent? Jusqu'ici du vent[1] ! » Cependant ce mouvement n'en avait pas moins un retentissement et un éclat qui contrastaient singulièrement avec l'obscurité silencieuse du saint-simonisme avant les journées de Juillet. Le changement avait été subit, car, dès la fin d'août 1830, Enfantin disait : « Le bruit que fait la doctrine est prodigieux ; on en parle partout » ; et en septembre : « Nous marchons avec une rapidité qui nous paraît à nous-mêmes extraordinaire. »

Quelles étaient les causes d'un succès si rapide et si nouveau? Déjà nous les avons fait entrevoir. Elles étaient multiples, presque contradictoires, mais toutes venaient plus ou moins de la révolution de 1830 : orgueil de l'esprit humain, qui se sentait enhardi à remplacer la vieille religion par la facilité avec laquelle il avait remplacé la vieille monarchie, et qui souriait à l'idée de se faire un dieu comme il s'était fait un roi, mais aussi souffrance de la déception, effroi de la ruine, angoisse du vide, faisant subitement comprendre la nécessité d'une religion dont on avait cru pouvoir se passer aux jours tranquilles ; instinct de révolte contre toutes les traditions, désir de compléter la révolution politique par une révolution sociale, mais aussi besoin tel d'autorité, qu'on acceptait la plus étrange des théocraties ; effervescence des appétits sensuels, vilainement caressés par certains côtés de la doctrine, convoitises matérialistes, auxquels les apôtres faisaient un appel trop facilement entendu, quand ils proclamaient « la réhabilitation et la sanctification de la Bourse », et faisaient miroiter, aux yeux du public, les merveilles

[1] Lettre du 11 juillet 1831. (*OEuvres de Saint-Simon et d'Enfantin*, t. III, p. 229.)

industrielles et financières de leur société idéale [1], mais aussi soif de croyance, d'amour et de sacrifice, attrait d'un mysticisme exalté en réaction contre le prosaïsme bourgeois, désir de se dévouer aux petits et aux souffrants, hardiesse joyeuse à rompre avec la frivolité et l'égoïsme mondains, à confesser sa foi, à souffrir pour elle, et à goûter ainsi cette jouissance surhumaine que des âmes généreuses et troublées cherchent parfois et trouvent momentanément jusque dans l'erreur. Ce côté religieux du saint-simonisme frappait les catholiques eux-mêmes, et le jeune Charles de Montalembert écrivait alors dans l'*Avenir* : « N'est-ce pas la foi, incomplète, incertaine, égarée, mais toujours elle, qui reparaît dans ce groupe d'hommes nouveaux, parmi ces saint-simoniens, qui, tout bafoués qu'ils sont, et quelque répugnance qu'ils nous inspirent, méritent au moins notre étonnement, puisqu'ils viennent parler au monde de foi, et qu'ils se disent prêts à affronter le martyre, oui, le martyre, le cuisant et impitoyable martyre de notre siècle, le ridicule [2] ? »

II

Une révolution morale et religieuse allait-elle donc s'accomplir ? Le monde assistait-il, comme on l'affirmait avec une si folle présomption, à l'éclosion d'un « nouveau christianisme » ? Si quelques-uns ont pu le croire, trompés par un succès passager et superficiel, leur illusion fut courte. Le vice propre de la doctrine ne tarda pas à se manifester, avec une laideur qui est une leçon mortifiante et salutaire pour l'orgueil de la raison. Sur ce corps qui se prétendait divin, apparut, comme la marque hideuse d'une bassesse tout humaine, le chancre de l'impureté.

Même au jour de sa plus grande vogue, Enfantin s'était sou-

---

[1] Voy. notamment certains articles du *Globe*, qui sont comme l'Apocalypse du chemin de fer et de la banque. Plusieurs de ces articles sont de M. Michel Chevalier.

[2] *Avenir* du 3 août 1831.

vent plaint que les femmes ne fussent pas attirées au saint-simonisme. Celles-ci, avec la délicatesse clairvoyante de leur pudeur, pressentaient-elles ce que cachait la thèse sur la réhabilitation de la chair? Ce côté de la doctrine avait été d'abord prudemment laissé dans l'ombre; mais Enfantin ne pouvait longtemps se prêter à dissimuler celui des dogmes nouveaux qui lui tenait le plus à cœur, et, vers le mois d'août 1831, il commença à exposer quelles étaient, dans les rapports de l'homme et de la femme, les conséquences pratiques du principe saint-simonien. Il distinguait deux sortes de caractères, « les uns à affections durables, les autres à affections changeantes ». En vertu de la réhabilitation de la chair, tous les tempéraments devaient trouver leur satisfaction; dès lors il fallait admettre « deux formes de la religion de l'amour », le mariage perpétuel et le mariage changeant ou polygamie successive : c'était la régularisation de l'amour libre. Il y avait d'autres conséquences qu'on éprouve quelque embarras à indiquer décemment : nous voulons parler du rôle attribué au couple pontifical dans cette religion de l'amour, de cette étrange mission, qui sera confiée au prêtre ou à la prêtresse, d'exercer sur chacun des mariés, non-seulement une direction spirituelle, mais « une influence charnelle »; on nous dispensera de pénétrer davantage dans les mystères de cette sorte de prostitution sacerdotale. Enfantin y revenait sans cesse. Tartufe courtisant Elmire n'approche pas de la sensualité mystique, de la dévote obscénité, avec lesquelles le grand prêtre du saint-simonisme se plaisait à disserter sur cette partie de la doctrine.

Le scandale fut grand dans le sein de la nouvelle église. Quelques-uns s'élevèrent contre ce qu'ils ne craignaient pas d'appeler la « réhabilitation du vice », la « réalisation d'un monde de boue »; ils accusèrent Enfantin de « prendre sa propre immoralité comme théorie ». A la tête des protestants était Bazard, l'autre moitié du pape; il était marié, et sa femme le retenait. Ce fut une crise terrible, singulièrement poignante pour les âmes sincères qui s'étaient flattées de trouver la vérité et la paix dans la nouvelle église, et que surprenait cette explosion si prompte de corruption et d'anarchie. La lutte, qui éclata d'abord entre les deux « Pères », s'étendit dans le « collége », et jusque dans la « famille »; elle dura plusieurs mois, dans des conditions étranges d'exaltation morale et de surexcitation nerveuse : discussions se prolongeant pendant des nuits entières, avec des scènes dignes des convulsionnaires; imprécations désespérées des uns et larmes de tendresse chez les autres; celui-ci tombant sans connaissance, à demi mort de fatigue et d'émotion, tandis que celui-là, en proie à l'extase ou au délire, se mettait à prophétiser; et, dans ce trouble si douloureux, Enfantin conservant le calme de son égoïsme souverain, indifférent aux angoisses et aux déchirements dont il était l'auteur, obstiné dans sa volonté impure. Bazard fut vaincu : épuisé physiquement et moralement, il se retira en novembre 1831, maudissant son rival, et l'accusant de « fonder son gouvernement sur la corruption, la séduction et la fraude »; il devait mourir peu après. D'autres s'éloignèrent aussi. Enfantin réalisa son dessein d'être seul maître; mais il fut maître d'une église mutilée, déchirée, et dont l'ignominie était dénoncée par une partie même de ses anciens fidèles. Il n'en affecta pas moins la même sérénité orgueilleuse et confiante, prenant plus que jamais le ton révélateur et hiératique, se proclamant l'homme de l'avenir, l'interprète de Dieu, la « loi vivante », s'égalant à Jésus ou tout au moins à Mahomet, et rencontrant d'ailleurs, chez les disciples demeurés fidèles, une soumission attendrie qui, de plus en plus, devenait une sorte d'adoration publique [1].

Dès lors la décadence fut rapide. Le saint-simonisme se vit envahir par un sensualisme qui ne se contenta plus d'être théorique. L'hiver de 1832 fut, pour la « famille » installée rue Monsigny, une longue et brillante fête, suite de festins, de concerts, de bals, de réjouissances variées, auxquels tout Paris était invité. La fumée du punch s'élevait comme le sacrifice du culte nouveau; la voluptueuse mélodie des valses était son chant

---

[1] Parmi ceux qui restèrent alors fidèles à Enfantin, signalons MM. Michel Chevalier, Barrault, Duveyrier, G. d'Eichthal, H. Fournel, Isaac Pereire, Flachat, Lambert, Lemonnier, Guéroult, Félicien David, etc.

liturgique; les prêtres comme les néophytes, revêtus de leur élégant costume, paraissaient célébrer, avec une dévotion singulièrement ardente, les rites de cette religion du plaisir. Ne fallait-il pas faire passer de la spéculation dans la pratique le principe qui déclarait saints tous les appétits? Ne fallait-il pas aussi attirer et découvrir « la femme », celle dont on laissait la place vacante à côté du Père suprême, dont la présence était nécessaire pour former le couple sacerdotal, et qui devait seule rendre définitive et parfaite la révélation nouvelle? Cette recherche de « la femme » devenait en effet la grande affaire du saint-simonisme. Le *Globe* prenait ce sous-titre : *Appel aux femmes*. Il ne paraissait pas que cet appel fût entendu; les fêtes de la rue Monsigny attirèrent des femmes élégantes, frivoles, avides de gaieté et de plaisir, dansant pour danser, qui ne semblaient pas se douter qu'elles accomplissaient ainsi une fonction religieuse et une révolution philosophique; mais « la femme » ne vint pas. Son absence laissait la religion boiteuse. Enfantin, du reste, trouvait là une réponse à certains reproches. Quelques incidents trop peu austères risquaient-ils de scandaliser un public encore peu habitué à toutes les conséquences de la réhabilitation de la chair, il répondait que « la femme » seule pourrait donner le code de la délicatesse et de la pudeur. Était-il trop pressé d'objections sur les absurdités ou les monstruosités de sa doctrine, il échappait en déclarant que, jusqu'à l'avénement de « la femme », la doctrine n'était pas définitive et absolue, surtout « dans les choses de l'amour ».

Cependant ces vulgarités malsaines décourageaient et rebutaient la curiosité élevée et généreuse qui avait, un moment, poussé tant d'esprits vers le saint-simonisme. Les défections se multipliaient, souvent accompagnées de polémiques et de récriminations qui n'augmentaient pas le crédit de la doctrine. A ce moment, sous l'action vigoureuse de Casimir Périer, le gouvernement avait arrêté la descente révolutionnaire et faisait peu à peu remonter la société vers un régime régulier; par cela même, les extravagances intellectuelles et morales paraissaient plus choquantes et devenaient d'une contagion moins facile. Ajoutez des embarras et des misères d'un autre genre : les saint-simoniens avaient voulu sortir de l'enseignement théorique et résoudre en fait la question sociale, en établissant des ateliers d'ouvriers d'après leurs nouveaux principes; c'était la première tentative de l'« organisation du travail », formule qui devait se retrouver dans toutes les écoles socialistes, mais qui était d'origine saint-simonienne; l'échec fut prompt, complet et ruineux; il acheva de vider la caisse, déjà fort entamée par l'impression du *Globe* et par les fêtes de la rue Monsigny. La source des dons volontaires était tarie. Une tentative d'emprunt, hypothéqué sur l'avenir saint-simonien, avorta ridiculement. Les dettes devenaient criardes. Comme un dissident l'écrivait durement à Enfantin, la situation se résumait en un mot : « Banqueroute : banqueroute d'hommes et d'argent. »

A bout d'expédients, le pontife voulut au moins colorer une retraite nécessaire. Le vendredi saint 20 avril 1832, le *Globe* publia un manifeste plus messianique que jamais, qui commençait ainsi : « Au monde, Moi, Père de la famille nouvelle. » Enfantin faisait connaître la suppression du *Globe;* il déclarait ne cesser de « parler » que pour « agir »; seulement, obligé de « se reposer » pendant un temps, il annonçait « sa retraite avec ses enfants ». « Ce jour où je parle, s'écriait-il, est grand depuis dix-huit siècles dans le monde; en ce jour est mort le DIVIN LIBÉRATEUR DES ESCLAVES. Pour en consacrer l'anniversaire, que notre sainte retraite commence; et que du milieu de nous, la dernière trace du SERVAGE, la DOMESTICITÉ, disparaisse. » Pour parler plus clair, cette « retraite », si solennellement annoncée « au monde », consistait à chercher, pour la « famille » mutilée et ruinée, un refuge à Ménilmontant, dans une propriété appartenant à Enfantin. Dès lors, l'histoire du saint-simonisme semble relever plutôt de la caricature que de l'histoire. Les quarante jeunes hommes qui avaient suivi le Père dans cette dernière étape revêtirent solennellement, avec des cérémonies symboliques, un costume spécial : toque rouge, justaucorps bleu, pantalon blanc, ceinture de cuir verni, counu, cheveux longs et barbe à l'orientale. Leur existence était, comme l'écrivait un dissident [1], « un appareil factice de la vie ouvrière » ; on eût dit aussi une contrefaçon ridicule et stérile de ces monastères qui avaient défriché jadis l'Europe barbare. Divisés en pelleteurs, brouetteurs et remblayeurs, ils remuaient en cadence, avec des mouvements combinés d'avance, au son des hymnes composés par leur frère Félicien David, la terre de leur petit jardin. Le public assistait railleur et indifférent à cette parade.

III

Le saint-simonisme en était à ce point qu'il ne savait plus comment finir. Le gouvernement lui rendit le service de brusquer son agonie. Dès janvier 1832, au moment où les doctrines d'Enfantin sur l'amour et le mariage éclataient avec scandale, des poursuites judiciaires avaient été commencées; au mois d'août, Enfantin, Michel Chevalier, Duveyrier, Rodrigues et Barrault furent cités en cour d'assises, sous l'accusation d'outrage à la morale publique. Ils se rendirent processionnellement au Palais de justice, revêtus de leur costume d'opéra-comique; Enfantin portait sur sa poitrine un écriteau où on lisait ces mots : « le Père. » Usant d'un procédé alors général, ils voulurent transformer leur sellette d'accusé en une tribune, d'où ils se porteraient à leur tour accusateurs contre la société, en une chaire qui leur servirait à proclamer leur doctrine. Mal leur en prit. Leur pathos inintelligible, l'attitude pontificale d'Enfantin, répondant : « Oui, monsieur », au président qui lui demandait s'il était le « père de l'humanité » et la « loi vivante » ; ses longues pauses entre chaque phrase, pour essayer, disait-il, sur les magistrats la « puissance de son regard » et leur donner un commentaire pratique de sa doctrine sur

---

[1] Jean Reynaud.

l'influence de la chair, tout cela fit l'effet d'une bouffonnerie prétentieuse et ridicule; le public s'en alla en haussant les épaules. La condamnation à un an de prison qui frappa trois des accusés n'eut pas même le résultat accoutumé de les faire regarder avec plus de sérieux et de faveur. D'ailleurs, au lendemain des émeutes de juin 1832, l'opinion avait besoin de repos, et elle était peu sympathique à une excentricité doctrinale où elle voyait trop clairement une conséquence et une forme du désordre révolutionnaire. Le procès n'avait pas tué le saint-simonisme : jamais un procès ne tue une doctrine; mais le saint-simonisme était déjà auparavant si mortellement atteint, que le procès n'avait pu le ranimer, et la condamnation, en dispersant matériellement ces cénobites embarrassés de leur propre entreprise, avait fait disparaître la dernière trace de la nouvelle église. Vainement Enfantin tâchait-il de jouer au martyre et avait-il l'impudence sacrilège de se comparer au Christ, un de ses anciens fidèles, Jean Reynaud, qui, pour l'avoir quitté, n'était pas cependant revenu au christianisme, lui écrivait : « Je respecte trop la Passion de Jésus-Christ, pour ne point éprouver du dégoût et de la douleur aux parodies et aux plagiats que vous en essayez [1]. »

Les apôtres dispersés se sécularisèrent. Le plus ardent de tous, Michel Chevalier, faisait ainsi ses adieux à son maître : « Paris est endormi, qu'il sommeille en paix; mieux vaut dormir que souffrir! Dieu donne le sommeil au travailleur pour réparer ses forces. Qu'il sommeille, ce grand Paris, sur sa couche de fange et de marbre, recouvert de paille infecte et de tissus d'or; qu'il sommeille, épuisé de fatigue, ivre de prostitution. Vous le réveillerez un jour, du bruit de votre char de triomphe où vous ne serez pas SEUL. » En attendant ce réveil, le futur sénateur de l'empire jugeait prudent de rentrer dans la société maudite, pour y faire son chemin et y conquérir le rang et la fortune auxquels sa capacité, d'ailleurs, lui donnait droit; bientôt il pouvait se vanter « d'avoir pied dans beaucoup de journaux »,

---

[1] OEuvres de Saint-Simon et d'Enfantin, t. IX, p. 15.

et jouait un rôle actif dans le monde des grandes affaires. Plusieurs autres suivaient son exemple, avec même succès d'ambition et d'argent, employant à leur bien-être personnel le zèle qu'ils n'avaient pu faire servir au bien-être de tous. Quelques-uns, trop échauffés pour revenir aussi vite à la vie pratique, partirent pour l'Orient, à la suite de M. Barrault, avec mission d'y prêcher le nouvel évangile et de chercher, jusque derrière les grilles du sérail, la femme attendue. « Tu peux *M'annoncer* à l'Orient, écrivait Enfantin à Barrault, et y *appeler* la MÈRE. » Vainement les missionnaires poussèrent-ils jusqu'à l'Himalaya, personne ne répondit à leur appel, et le plus clair de leur campagne fut la conversion de Garibaldi, rencontré par hasard sur un navire. Peu après, Enfantin, ne sachant pas quelle figure faire en France, crut trouver dans l'Égypte de Méhémet-Ali un terrain favorable à sa doctrine religieuse et aux entreprises industrielles qu'il y mêlait si étrangement. Installé aux bords du Nil, il appela auprès de lui plusieurs de ses disciples; mais iléchoua misérablement, et dans son apostolat, et dans ses spéculations. Isolé, réduit à l'impuissance et au dénûment, il rentra en France, si dépourvu de toutes ressources, qu'on dut recueillir, parmi les anciens fidèles, le « denier de Saint-Simon », pour faire une « liste civile » au pontife en déconfiture. Une idée bizarre traversa alors son cerveau : il essaya de convertir le duc d'Orléans et d'en faire le César démocratique et théocratique qu'il rêvait d'avoir à son service; mais le prince répondit à celui qui se croyait l'émule de Moïse et de Jésus, par l'offre quelque peu mortifiante d'une place de sous-préfet.

Une seule chose demeurait intacte, au milieu de ces échecs successifs et chaque jour plus complets : l'orgueil du prophète. Était-il acculé dans quelque impasse, il se retournait, annonçait un nouveau programme, parlait de « montrer une autre de ses faces au monde ». « Lorsqu'un de mes désirs ne se réalise pas, écrivait-il alors, vous savez bien que cela m'indique tout de suite que c'est un nouveau désir que je dois former; ma vie a toujours été ainsi; mes insuccès ne m'ont jamais dérouté. » Et il ajoutait cette déclaration mémorable : « Pour faire ce que j'ai fait jusqu'ici, il a fallu que ma foi en Dieu se manifestât surtout par ma foi en moi. » Il méritait vraiment qu'un de ses plus dévots disciples lui écrivît naïvement : « D'autres vous reprochent de vouloir toujours poser; je suis de votre avis, en pensant, avec vous, que c'est votre nature, votre mission, votre capacité [1]. » Mais l'indifférence croissante du public, la fatigue et le délaissement de ses derniers fidèles, ne lui permettaient pas de soutenir indéfiniment un tel rôle. Il fallut bien que le pontife prît, à son tour, le parti de rentrer dans le monde. On le vit, en 1839, solliciter et obtenir du gouvernement d'être attaché à une mission en Algérie; ce ne fut qu'un début, et bientôt il sut se faire une place lucrative dans les entreprises industrielles et financières : fin peu héroïque de ce nouveau Messie, qui devait écrire plus tard à un de ses amis, en évoquant son temps d'apostolat : « J'en ai tant avalé de toutes les couleurs, des embêtements, des insultes, des huées! C'est à faire trembler. Adieu, mon vieux camarade; nous rirons bien... un jour [2]. »

Que restait-il donc de tout ce mouvement qui, sous l'impulsion factice et éphémère de la révolution de Juillet, avait un moment fait illusion? L'église était dissoute, dispersée, et ses pontifes sécularisés n'officiaient plus que dans les sanctuaires de la finance. Devait-on, du moins, au saint-simonisme un progrès de l'esprit humain, une vérité nouvelle, un accroissement de vertu, une leçon de sainteté ou de dévouement? Non: partout la banqueroute intellectuelle, en dépit de la capacité de quelques-uns des adhérents; l'impuissance morale révélée, dès le début, par ce seul fait qu'on n'avait pu attirer, fût-ce un jour, les femmes et les pauvres; la stérilité, qui est la marque de toutes les œuvres révolutionnaires. Enfantin et ses amis se sont vantés d'avoir été les précurseurs des grandes innovations économiques, les initiateurs des chemins de fer, du canal de Suez et de la rue de Rivoli. Mais, même sur ce terrain inférieur, ont-ils fait vraiment œuvre créatrice? L'Angleterre, qui n'a pas

---

[1] Œuvres de Saint-Simon et d'Enfantin, passim.
[2] Lettre de 1859. (Œuvres de Saint-Simon et d'Enfantin, t. XIII, p. 47.)

entendu ces apôtres, nous a devancés dans les chemins de fer. S'il fallait chercher l'action propre et réelle du saint-simonisme, on la trouverait dans cette sorte de matérialisation de l'idée civilisatrice, dans cette tendance à faire de la spéculation industrielle et financière, de la recherche du bien-être et de la richesse, l'occupation principale, unique, la fin dernière de l'humanité : véritable résurrection de la religion du veau d'or, avec la Bourse pour temple. Stérile pour le bien, le saint-simonisme ne l'a pas été en effet pour le mal ; il a laissé un virus malsain, qui n'a pénétré que trop profondément dans les veines de la nation.

Combien de fois, depuis lors, on a pu retrouver dans nos maladies sociales la part de cette infection première ! Il est deux époques, entre autres, où elle est apparue clairement. Qu'est-ce que ce socialisme qui a commencé à fermenter en 1840, et a fait explosion en 1848, sinon un enfant posthume du saint-simonisme ? Remplacer le renoncement chrétien et l'attente des compensations de la vie future par l'impatiente convoitise du bien-être immédiat et par l'idée que le bonheur ne doit être cherché et ne peut être trouvé qu'ici-bas ; allumer, chez les victimes, chaque jour plus nombreuses, du prolétariat industriel, la soif irritée de la jouissance ; proclamer que les inégalités et les souffrances sont imputables à un vice du mécanisme social, que pour les faire disparaître, il suffit que le gouvernement remanie ce mécanisme, qu'il peut, dans ce dessein, disposer des individus, de leurs idées, de leurs droits, de leurs biens, prononcer sur leurs aptitudes et leurs vocations, répartir entre eux les fruits du travail et les revenus du capital, n'était-ce pas à la fois la doctrine d'Enfantin et le fond commun de toutes les sectes socialistes ? Un peu plus tard, sous le second empire, cette prétention d'un César, s'appuyant sur les classes ouvrières, en leur faisant espérer le bien-être par l'action d'un pouvoir à la fois despotique et socialiste ; ce mépris de la liberté politique et du régime parlementaire ; cet effort pour détourner l'esprit public vers les spéculations industrielles et financières ; cette témérité impatiente dans les emprunts d'État, les travaux publics et les réformes économiques; cette politique chimérique, à laquelle il ne suffisait pas de rêver le remaniement de la carte de l'Europe, mais qui s'égarait, indécise et périlleuse, jusque dans le Nouveau Monde, tout cela avait par plus d'un côté une origine saint-simonienne. Il eût été, d'ailleurs, facile de découvrir alors, parmi les conseillers ou les favorisés du pouvoir, les anciens chefs de la doctrine : ne seraient-ce que M. Michel Chevalier, avec les traités de commerce; MM. Péreire, avec le Crédit mobilier; M. Guéroult, avec la thèse des nationalités. Aussi Enfantin saluait-il dans l'Empereur l'auxiliaire, presque le patron qu'il avait vainement cherché parmi les princes d'Orléans. Il ne dissimulait pas sa préférence et sa sympathie : « Bien des gens, écrivait-il en 1861, ont cru que nos deux Napoléon, au lieu de faire des 18 brumaire ou des 2 décembre, auraient dû donner à la France toutes les libertés imaginables... Ce n'est pas de *liberté* que nous avons le plus besoin aujourd'hui, c'est d'*autorité intelligente, sachant l'avenir.* » Est-ce à dire qu'aujourd'hui les saint-simoniens ne se trouveraient pas en sympathie et en affinité avec ce qu'on nous donne sous le nom de république scientifique? Non certes. Ils n'auraient pas sujet de reprocher à cette république de relever l'âme de la nation et de la ramener vers les chimères spiritualistes; en tout cas, ils lui sauraient gré de la façon dont elle traite la liberté qu'ils ont toujours méprisée, et le christianisme auquel ils en voulaient d'autant plus qu'ils avaient été plus ridiculement impuissants à le remplacer.

CHAPITRE IX

LE JOURNAL *L'AVENIR*

I. L'*Avenir*. Lamennais, Lacordaire et Montalembert. Les autres rédacteurs. — II. Devise du nouveau journal : Dieu et la liberté. Le parti catholique. L'union désirée des catholiques et des libéraux. — III. Exagérations qui se mêlent aux idées justes. Rupture trop violente avec les légitimistes. Attaques sans mesure contre le gouvernement de Juillet. Libéralisme hardi, généreux, mais excessif. L'*Avenir* et les insurrections de Belgique, de Pologne et d'Italie. Rêve d'une grande révolution catholique. Ultramontanisme théocratique. Rupture du Concordat et renonciation au budget des cultes. — IV. L'*Agence pour la défense de la liberté religieuse*. Lamennais et Lacordaire en cour d'assises. Le procès de l'école libre. Sympathies ardentes éveillées par l'*Avenir*. — V. Le nouveau journal se heurte à l'opposition des évêques. Il suspend sa publication. — VI. Lamennais, Lacordaire et Montalembert se rendent à Rome. Dispositions du Pape. Attitude différente de Lamennais et de Lacordaire. Lamennais oblige le Pape à parler. Encyclique *Mirari vos*. Suppression de l'*Avenir*. — VII. Chute de Lamennais. C'est la révolte politique qui le conduit à la révolte religieuse. Ce que deviennent les autres rédacteurs.

I

Pendant qu'au lendemain des journées de Juillet, la raison humaine dévoyée s'épuisait vainement à remplacer le catholicisme qu'elle croyait mort, celui-ci donnait un signe inattendu de sa vitalité et de sa fécondité. Le 15 octobre 1830, paraissait le premier numéro d'un journal religieux dont le titre seul était une nouveauté significative en un temps où les croyants semblaient plus habitués à regarder en arrière qu'en avant : il s'appelait l'*Avenir*. Ce ne fut pas l'un des épisodes les moins extraordinaires et les moins intéressants de cette époque agitée. A voir l'attitude des chrétiens en face de la révolution victorieuse, on eût cru d'abord que tous se laissaient entraîner passifs dans la déroute de la vieille monarchie ; ils n'osaient ni se grouper, ni se montrer ; « mesurant la force de la religion sur la faiblesse de la royauté, ils étaient tombés dans un abattement qui eût convenu tout au plus à des moutons en présence du boucher [1] » ; les évêques eux-mêmes, intimidés et comme accablés, « demeuraient cois [2] », recommandant à leurs prêtres de s'effacer et de se taire : « On veut se passer de nous, messieurs, leur disaient-ils ; eh bien ! tenons-nous calmes, dans cette espèce de nullité [3]. » C'est à ce moment que surgissent tout à coup, du milieu des catholiques, des hommes impatients de déployer hardiment leur drapeau ; qui, loin de se résigner à demeurer parmi les vaincus, veulent s'en dégager avec éclat ; qui n'implorent pas des vainqueurs une sorte de pardon ou de pitié pour la religion, mais revendiquent, au nom des principes nouveaux qu'ils acceptent, une part du droit commun et des libertés générales ; qui enfin prétendent ainsi non quêter, mais conquérir pour leur foi une popularité bien autrement fructueuse que la faveur royale dont on venait d'éprouver l'impuissance et le péril. Tentative remarquable ! On y reconnaît cette sorte de souplesse dont l'Église a donné tant de preuves depuis la chute de l'empire romain, et qui lui a permis, sans rien abandonner de son immutabilité divine, de s'adapter, lors de chaque grande révolution, aux états nouveaux de la société

---

[1] Expression de l'*Avenir*, 23 octobre 1830.
[2] Louis Veuillot, *Rome et Lorette*, t. I, p. 39.
[3] Lettre de l'évêque de Belley, au printemps de 1831. (*Vie de Mgr Devie*, par l'abbé Cognat, t. II, p. 19.) — L'évêque de Saint-Dié écrivait, de son côté, en décembre 1830 : « Gardez, sur les objets politiques, un silence absolu dans vos instructions et la réserve la plus sévère dans tous vos discours ; n'essayez même pas, dans ce moment, d'apologie qui tendrait à vous montrer favorables aux idées de vos antagonistes ; car la prévention de certains hommes est si forte, et ils sont si résolus à vous faire paraître coupables, qu'ils vous accuseraient d'hypocrisie, plutôt que de rendre justice à vos sentiments. Laissez donc au temps à dissiper les nuages, et vous qui avez vu nos premières épreuves, souvenez-vous de celui qu'il a fallu pour nous rendre la confiance. » L'évêque d'Orléans écrivait, dès le 18 août 1830 : « Prenez soin de ne rien dire qui ait du rapport avec l'ordre présent des affaires publiques. Portez cette attention même dans vos entretiens avec vos amis... Le silence, si profitable en toutes rencontres, est un devoir dans le temps présent. » Les archevêques de Tours, de Sens, les évêques d'Angers, de Strasbourg, de Troyes, tenaient un langage analogue.

politique; mais on ne tardera pas aussi à y discerner ce je ne sais quoi d'excessif et de troublé, marque du mal révolutionnaire qui, en 1830, envahit tout, gâte tout, fait tout avorter.

A la tête de ce mouvement était le personnage le plus illustre alors du clergé français, Lamennais [1]. Beaucoup furent surpris de l'y voir. Il apparaissait toujours au public tel qu'il s'était montré à ses débuts, royaliste d'extrême droite, contempteur des nouveautés libérales, dogmatisant sur l'union du trône et de l'autel, rêvant le pouvoir à la fois absolu et paternel d'une monarchie chrétienne que limiterait seulement la prééminence du Pape [2]. Cependant, à bien lire ses récents ouvrages, notamment le dernier, publié en 1829, sur les *Progrès de la révolution et de la guerre contre l'Église,* on eût pu déjà noter une modification de ses idées premières. Si son idéal et son but étaient toujours la théocratie, il cherchait désromais à y arriver par les peuples, non par les rois; parlait, avec une confiance hardie, des libertés publiques où il voyait, sinon un terme, du moins un instrument; blâmait amèrement les membres du clergé qui identifiaient la cause religieuse avec celle du parti alors régnant; les poussait à se dégager au contraire de la royauté compromise, pour s'unir à la démocratie et tâter de la popularité libérale; saluait enfin, dans la révolution, le préliminaire indispensable et providentiel d'un nouvel état social qui serait le triomphe de l'Église. Quel avait été le secret de cette révolution? La royauté, peu disposée à accepter le rôle que lui offrait Lamennais, lui avait répondu en faisant censurer un de ses ouvrages par les évêques encore gallicans, et même en le déférant aux tribunaux correctionnels. Le dépit qu'en avait ressenti l'âme si irritable et si impérieuse du fougueux polémiste, l'avait aidé à prendre son parti de la chute des Bourbons, qu'il prévoyait et prédisait avec une singulière précision, et à reconnaître la puissance des idées libérales qu'il déclarait vouloir « catholiciser ». En rêvant d'une alliance entre la religion et

---

[1] Lamennais avait quarante-huit ans en 1830.
[2] Sur le rôle de Lamennais sous la Restauration, voir *Royalistes et républicains*, p. 255 et suiv.

la liberté, il n'était pas d'ailleurs aussi novateur qu'on pouvait le croire. Cette alliance ne venait-elle pas de se produire en Irlande, où O'Connell arrachait à l'Angleterre l'émancipation des « papistes » ; en Belgique, où se fondait, pour combattre l'oppression hollandaise, l' « Union » nouvelle et féconde des catholiques et des libéraux? Ces événements, mal connus alors ou peu compris en France, avaient frappé Lamennais et n'avaient pas peu contribué à modifier ses idées. Les journées de Juillet n'étaient pas faites pour arrêter cette conversion libérale et démocratique : elles la précipitèrent au contraire. Dans ces redoutables événements, Lamennais vit avec orgueil la réalisation de ses prophéties, et, au milieu des foudres du Sinaï révolutionnaire, il crut entendre une voix divine qui le confirmait dans ses doctrines nouvelles, l'échauffait, l'exaltait. Tel était son état d'esprit, quand, en septembre 1830, quelques catholiques lui offrirent de prendre la direction de l'*Avenir*.

Il trouva, pour le seconder, deux jeunes gens, inconnus alors, bien qu'appelés à une très-prochaine illustration; venus de régions fort opposées, l'un plébéien et enfant du siècle, l'autre gentilhomme et fils d'émigré, le premier prêtre, le second homme du monde; étrangers jusqu'ici l'un à l'autre, mais se rencontrant dans l'amour commun de l'Église et de la liberté, et destinés à nouer, dans les bureaux du nouveau journal, les liens d'une amitié immortelle : chacun a nommé Henri Lacordaire et Charles de Montalembert. Ce dernier, recueillant plus tard ses souvenirs, a dit comment lui était apparu le jeune Lacordaire, à l'âge de vingt-huit ans, la taille élancée, les traits fins, l'œil noir et étincelant, le port souverain de la tête, la démarche fière, élégante, en même temps que modeste, la voix vibrante; révélant, par tout son être, ce que son âme avait de virginal et de viril, de doux et de franc, d'austère et de charmant, d'ardent et de tendre; amoureux de tout ce qui était grand et bon, saint et généreux; homme de pénitence et d'enthousiasme, de piété et de courage, de liberté et d'honneur, vraiment né pour combattre et pour aimer. Il n'avait pas trouvé jusqu'alors l'emploi de sa vie. Sorti du collège, incrédule et libéral, l'impuissance du monde à remplir une âme haute et large l'avait conduit au christianisme, et aussitôt au sacerdoce. Prêtre, il était demeuré libéral, aimant son temps, ouvert et attaché à toutes ses idées nobles. De là, au milieu du clergé de la Restauration, une sorte d'isolement, chaque jour plus douloureux, si bien qu'à la veille de 1830, il était sur le point de partir pour l'Amérique. Il avait peu vu Lamennais, ressentait même pour l'homme, pour ses doctrines, pour son entourage, plus de répugnance que d'attrait, et n'avait consenti à la fin à se rapprocher de lui que par souffrance de sa solitude, par besoin de trouver un peu d'appui, ou tout au moins de voisinage. La révolution ne l'avait pas d'abord détourné de son projet d'émigration. Mais, quand l'abbé Gerbet vint lui offrir de combattre, dans l'*Avenir*, pour l'affranchissement de la religion par la liberté, pour le rapprochement du catholicisme et de la France moderne, cette tâche le séduisit aussitôt; il accueillit cette proposition « avec une sorte d'enivrement », a-t-il écrit lui-même; oubliant momentanément ses méfiances contre Lamennais, il se persuada qu'il l'avait mal jugé, et ne voulut voir en lui que l'O'Connell des catholiques français.

Fils d'un pair de France et d'une mère anglaise, Charles de Montalembert n'avait alors que vingt ans. Ce fut en Irlande, où il était allé voir de près le grand agitateur catholique, qu'il lut les premiers numéros de l'*Avenir*. Il n'avait eu auparavant aucun rapport avec Lamennais. Attaché à l'Église, non-seulement par une foi tendre et pieuse [1] qui n'avait jamais défailli et qui avait gardé la pureté de son adolescence, mais aussi par le besoin chevaleresque de se dévouer aux grandes causes vaincues; aimant la liberté d'un amour fier, qui s'inspirait autant de ses traditions d'indépendance aristocratique que des idées nouvelles auxquelles sa jeune âme s'était ouverte; plein de cette fougue généreuse, de ce goût des initiatives hardies qu'il conservera jusqu'à son dernier soupir, il ressentit aussitôt un impa-

---

[1] Il avait une « piété d'ange », écrivait de lui Lamennais.

tient désir de s'enrôler dans la petite armée de l'*Avenir*. Il avait déjà publié quelques articles dans le *Correspondant*[1], mais la sagesse prudente de ce recueil, qu'il trouvait « trop vieux », gênait son ardeur. Il écrivit à Lamennais pour solliciter l'honneur de combattre sous ses ordres, et peu de jours après, Il arrivait dans les bureaux du nouveau journal, brillant de grâce et de distinction, portant sur son front élevé ce je ne sais quoi d'intrépide, d'héroïque et de pur qui donne à la jeunesse un irrésistible charme et une beauté supérieure.

La rédaction était peu nombreuse : elle comprenait, avec les personnages déjà nommés, l'abbé Gerbet, l'abbé de Salinis et l'abbé Rohrbacher, tous trois attachés depuis quelques années à Lamennais; le premier mourra évêque de Perpignan, le second, archevêque d'Auch ; ajoutez M. Harel du Tancrel qui avait eu la première idée du journal, MM. de Coux, d'Eckstein, Bartels, Daguerre, d'Ault-Dumesnil, d'Ortigue et Waille. Bien petite armée, en vérité, pour en imposer à la fois aux libéraux alors tous voltairiens, et aux catholiques dont presque aucun ne songeait à se dégager du parti vaincu ou du moins ne le croyait possible. Ces quelques hommes, tous inconnus à l'exception de Lamennais, prétendaient non suivre un mouvement d'opinion, mais le créer. Comment seulement faire entendre leur voix, dans le tumulte de ces jours troublés, au milieu de ces bruits d'émeutes et de ces menaces de guerre? Ils osèrent cependant l'entreprendre. Après tout, nul journal ne réunissait

---

[1] Fondé, en mars 1829, par MM. de Carné, Cazalès, Foisset, d'Eckstein, de Champagny, Dubois, Augustin de Meaux, Gouraud, Wilson, etc., le *Correspondant*, feuille semi-hebdomadaire, sorte de *Globe* catholique, avait pris pour épigraphe le mot de Canning : « Liberté civile et religieuse par tout l'univers. » Il voulait dissiper les préventions qui séparaient le catholicisme et les idées modernes. En cela, il avait devancé l'*Avenir*, avec plus de sagesse, mais avec moins d'éclat. Lamennais n'aimait pas le *Correspondant*. Il reprochait à ces jeunes gens leur mesure et leur modération, où son esprit violent voyait tiédeur, pâleur et timidité; il leur reprochait aussi de tenir pour ces idées tempérées du libéralisme parlementaire, les seules peut-être qu'il n'ait jamais traversées, dans ses nombreuses pérégrinations intellectuelles. Le *Correspondant* subsista un moment, à côté de l'*Avenir*, mais bientôt, à la fois compromis et éclipsé, il dut suspendre sa publication : c'est plus tard, en 1843, qu'il reparut sous forme de revue.

alors des écrivains d'un tel talent : c'était Lamennais, avec cette langue qui faisait de lui presque l'égal de M. de Chateaubriand et de M. de Maistre, avec cette véhémence sombre, terrible, qui tenait à la fois du tribun populaire et du prophète biblique, inflexible dans sa dialectique, amer et dédaigneux dans son ironie, manquant souvent de mesure et de goût, mais n'en demeurant pas moins l'un des rhéteurs les plus éclatants et l'un des plus redoutables polémistes de ce temps; Lacordaire, plus sympathique, parfois sans doute emporté, déclamatoire, mais si plein de fraîcheur et de verve, d'un accent si vrai et si généreux, ayant, dans tout ce qu'il écrivait, je ne sais quoi de vibrant comme le timbre de sa voix, avec une originalité inattendue, une désinvolture hardie et gracieuse qui surprend, parfois même inquiète, mais saisit, attache, et finit par séduire; Montalembert, le plus jeune de tous, qui ne pouvait posséder, à vingt ans, la plénitude de son talent, mais en offrait déjà les brillantes prémices, d'un enthousiasme facilement excessif, entraînant tous les cœurs par sa chevaleresque et juvénile vaillance; l'abbé Gerbet, moins original et moins nouveau, qui se plaisait à exposer, dans un langage noble et élevé, d'éloquentes généralités; les autres rédacteurs, reflet plus ou moins effacé de leurs brillants compagnons; chez tous, un entrain, une vie, une chaleur tels, qu'après un demi-siècle ces articles ne semblent pas refroidis. Aussi, malgré des exagérations aujourd'hui plus visibles et une rhétorique parfois un peu démodée, ne saurait-on parcourir sans émotion et sans frémissement ces feuilles jaunies par le temps [1].

II

Dieu et la liberté! telle est la noble devise de l'*Avenir* et le résumé de son programme. Dieu d'abord! En face de cette

[1] L'*Avenir* paraissait tous les jours. Son format était celui des journaux du temps, environ 43 centimètres de hauteur sur 30 de largeur. La plupart des

société hostile ou indifférente aux idées religieuses, ces écrivains se plaisent à confesser leur foi, d'autant plus tendres envers leur Église qu'elle est plus outragée, d'autant plus fiers qu'on prétend davantage l'abaisser. Avec quelle vénération émue ils baisent publiquement les croix de toutes parts renversées et profanées! « Nous ramassons avec amour, s'écrie Montalembert au lendemain du sac de Saint-Germain-l'Auxerrois, les débris de la croix, pour lui jurer un culte éternel. On l'a brisée sur nos temples; nous la mettrons dans le sanctuaire de nos cœurs; et là, nous ne l'oublierons jamais. De la terre où on l'a détruite, nous la replaçons dans le ciel; et là, nous lisons encore une fois autour d'elle la parole divine : *In hoc signo vinces*[1]. » Nous en avons dit assez de l'état religieux de la France de 1830, pour qu'on puisse comprendre la nouveauté courageuse d'un tel langage, tenu pour ainsi dire en pleine place publique. L'*Avenir* n'admet pas que le *Globe*, organe des saint-simoniens, parle de la « décadence » du catholicisme. Il répond fièrement, en signalant les faits qui révèlent au contraire les progrès de la vraie religion par tout l'univers : « Nous marcherons, dit Lacordaire, devant ceux qui nient notre mouvement, et, puisque nous sommes jeunes les uns et les autres, nous donnons rendez-vous au *Globe*, à la cinquantième année du siècle dont nous sommes les enfants[2]. » Lacordaire se retrouvera à ce rendez-vous donné avec une foi prophétique : en l'année même qu'il a fixée vingt ans à l'avance, il verra une assemblée républicaine voter la loi sur la liberté de l'enseignement, le plus grand succès des catholiques dans ce siècle; il

articles n'étaient pas signés, sauf ceux de Lamennais; quelques-uns étaient suivis d'initiales.

[1] *Avenir* du 21 février 1831. — C'est dans cet article que se trouvait ce morceau, plusieurs fois cité : « S'il nous eût été donné de vivre au temps où Jésus vint sur la terre, et de ne le voir qu'un moment, nous eussions choisi celui où il marchait couronné d'épines et tombant de fatigue vers le Calvaire; de même nous remercions Dieu de ce qu'il a placé le court instant de notre vie mortelle à une époque où sa sainte religion est tombée dans le malheur et l'abaissement, afin que nous puissions la chérir dans notre humilité, afin que nous puissions lui sacrifier plus complètement notre existence, l'aimer plus tendrement, l'adorer de plus près. » — Voir aussi un article sur la Foi dans l'*Avenir* du 3 août 1831.

[2] *Ibid.* du 7 janvier 1831.

entendra les anciens libéraux de 1830, détrônés à leur tour, confesser l'erreur de leur irréligion et le besoin qu'ils ont du christianisme pour sauver la société en péril.

Après Dieu, la liberté! Mot qui avait alors une merveilleuse sonorité, mais qu'on était désaccoutumé de voir rapproché du nom de Dieu! C'est dans la liberté seule que l'*Avenir* engage les catholiques, vaincus, déçus, désorientés, à mettre désormais leur amour et leur confiance. « Catholiques, dit-il, comprenons le bien, nous avons à sauver notre foi, et nous la sauverons par la liberté... Il n'y a de vie désormais que dans la liberté, dans la liberté entière pour tous, égale pour tous. » Il veut apprendre aux catholiques à se servir virilement de ces armes nouvelles : « Quand on veut être libre, leur dit-il, on se lève un jour, on y réfléchit un quart d'heure, on se met à genoux en présence de Dieu qui créa l'homme libre, puis on s'en va tout droit devant soi, mangeant son pain comme la Providence l'envoie... La liberté ne se donne pas, elle se prend [1]. »

Le premier, l'*Avenir* parle du « parti catholique » dont il formule la tactique électorale : « Il est, dit-il, une vénalité permise; que les électeurs catholiques se mettent partout et publiquement à l'enchère, et qu'ils se livrent à quiconque les payera le plus cher en *libertés* [2]. » Dans les luttes pour la religion, le nouveau journal est à l'avant-garde, mais avec la préoccupation, alors nouvelle chez les défenseurs du catholicisme, de parler au siècle son propre langage, invoquant, non des doctrines théologiques que l'ignorance du temps n'eût pas comprises ou qui même eussent effarouché ses préjugés, mais ces principes de liberté générale pour lesquels les vainqueurs du jour prétendaient avoir combattu, et dont ils se piquaient d'avoir assuré le plein triomphe. L'union des catholiques et des vrais libéraux est l'ardent désir de l'*Avenir* [3]. Il se flatte de voir ébranler, de part et d'autre, les préjugés qui s'y opposaient. « A force de combattre, dit-il, on a quelquefois presque

---

[1] *Avenir* des 15, 18, 31 octobre 1830.
[2] *Ibid.* du 6 juin 1831.
[3] *Ibid.* du 26 novembre 1830.

l'air de haïr, et cette pensée seule nous est amère. Aussi éprouvons-nous un inexprimable besoin de semer autour de nous des paroles de paix et de fraternité, comme un germe de la réconciliation future. Les héros d'Homère suspendaient leurs coups pour échanger des outrages. Nos pères nous ont légué un autre exemple, la trêve de Dieu... Parmi ceux qui se croient nos ennemis, combien qui n'ont besoin que de nous connaître pour etre a nous ou du moins avec nous! Il y a entre nous et eux non pas un mur, mais seulement un voile [1]. »

C'est ainsi qu'au milieu des luttes de chaque jour, des fatigues, des périls, des déceptions même, l'âme des rédacteurs de l'*Avenir* s'exaltait et s'attendrissait au double nom de Dieu et de la liberté, et M. de Montalembert s'écriait, avec une chaleur un peu jeune, une confiance un peu naïve, mais avec une émouvante sincérité : « Dans un temps où nul ne sait que faire de sa vie, où nulle cause ne réclame ni ne mérite ce dévouement qui retombait naguère comme un poids écrasant sur nos cœurs vides, nous avons enfin trouvé une cause qui ne vit que de dévouement et de foi. Quand notre poussière sera mêlée à celle de nos pères, le monde adorera ce que nous adorons déjà, le monde se prosternera devant ce que nous portons déjà avec amour dans nos âmes, devant cette beauté qui a tout le prestige de l'antiquité et tout le charme de la jeunesse, cette puissance qui, après avoir fondé le passé de l'homme, fécondera tous les siècles futurs, cette consolation qui peut seule réconcilier l'homme à la vie, la terre au ciel, cette double et sublime destinée : le monde régénéré par la liberté, et la liberté régénérée par Dieu [2]. »

III

Les idées étaient neuves, généreuses et fécondes. Pourquoi faut-il qu'il s'y mêle aussitôt de compromettantes exagérations?

---

[1] *Avenir* du 15 janvier 1831.
[2] *Ibid.* du 6 mars 1831.

C'est, nous l'avons déjà dit, une forme nouvelle de cette exaltation révolutionnaire qu'on retrouve partout à cette époque, et à laquelle devaient difficilement échapper des têtes jeunes et chaudes, comme celles de la plupart des rédacteurs de l'*Avenir*. Il eût appartenu à l'âge et à l'expérience de Lamennais de retenir ses collaborateurs. Mais comment attendre une influence modératrice et pacifiante de cet esprit absolu qui naturellement poussait tout à l'extrême et ressentait comme un « dégoût » de la modération ; de ce cœur malade qui apportait d'autant plus d'âpreté dans la guerre faite aux autres qu'il n'avait jamais pu trouver pour lui-même la paix intérieure ; de cette âme d'orgueil et de colère qui avait toujours employé, au service de ses convictions aussi impérieuses que changeantes, le mépris, l'outrage et la malédiction ? Par son tempérament moral et même physique, il était fait pour ressentir plus fort que tout autre la fièvre de Juillet. Aussi, bien loin de calmer ses jeunes amis, les excitait-il encore, et surtout donnait-il aux excès de doctrines je ne sais quoi de triste, d'aigri et d'irritant, qu'on n'eût jamais rencontré dans les plus grands emportements de Lacordaire et de Montalembert.

Sur presque toutes les questions, apparaît, dans l'*Avenir*, cette exagération qui fausse les idées les plus justes, compromet les entreprises les plus utiles. Ainsi ce journal a raison de vouloir dégager la religion de la solidarité qui la confondait presque avec le parti royaliste ; dans cet ordre d'idées, bien des imprudences avaient été commises, contre lesquelles il importait de réagir, bien des maladresses qu'il fallait réparer ; mais l'habileté comme la justice conseillaient d'accomplir cette séparation d'une main légère et bienveillante, avec force ménagements pour des hommes respectables dont le concours était précieux et qu'il s'agissait de convertir ; non d'excommunier. L'*Avenir* manque gravement à cette justice et à cette habileté, quand il adjure les catholiques de rompre pour toujours avec un parti qui « sacrifie Dieu à son roi » ; quand il flétrit « le régime absurde et bâtard qu'avait organisé la Charte en 1814 » ; quand il montre, sous ce régime, la religion « opprimée, avilie » et condamnée à une mort dont l'a seule sauvée la révolution de Juillet ; quand il qualifie la royauté déchue de « tyrannie sans échafauds », d' « absolutisme sans volonté », de « misérable compromis entre le pouvoir matériel et la justice » ; quand il ajoute enfin ces imprécations vraiment extravagantes, où l'on reconnaît la rhétorique habituelle de Lamennais : « Qui n'a pas été meurtri par ses fers? Qui ne s'est pas plaint de son oppression? Oppression stupide, qui ne profitait qu'à quelques hommes vendus... Dans l'enfer légal qu'on nous avait fait, nous ressemblions à ces malheureux que Dante a peints se traînant et haletant sous des chapes de plomb, et, comme eux, nous n'apercevions devant nous que cette éternité[1]. »

Ce n'est plus seulement à la justice, c'est à la générosité que manque l'*Avenir*, quand, au lendemain du sac de Saint-Germain-l'Auxerrois, faisant écho aux proclamations officielles et aux dénonciations des feuilles libérales, il impute avec colère aux provocations des « carlistes » l'attentat dont la religion vient d'être victime.

M. de Montalembert n'avait pas été royaliste comme Lamennais; mais le seul sentiment de l'honneur suffisait à lui faire réprouver ces outrages jetés à un parti vaincu. Il essaye d'en corriger l'effet, dans un article intitulé : *A ceux qui aiment ce qui fut;* sans rien abandonner du fond de la thèse, il parle aux légitimistes un langage plus respectueux, plus tendre, plus digne d'eux et de lui-même : « Nous vous le disons dans notre simplicité et dans notre bonne foi : si vous saviez combien nous respectons les affections malheureuses,... combien surtout la foi qui nous est commune avec vous excite notre sympathie, vous regretteriez les dissentiments qui nous séparent, vous reconnaîtriez en nous les enfants d'un même père... Catholiques de tous les partis, ce que nous vous demandons, nous l'avons fait. Il y a longtemps que nous luttons devant Dieu, pour sacrifier les intérêts du temps à une cause éternelle et céleste. Aujourd'hui, la lutte est

---

[1] *Avenir* des 16 octobre, 9 novembre 1830, 27 janvier, 12 février et 28 juin 1831.

finie, le sacrifice est consommé. Comme vous, nous avons gémi, nous avons pleuré sur les ruines de nos affections, sur de légitimes ambitions cruellement déçues, sur de bien chères espérances indignement trompées. Mais aujourd'hui, réunis au pied des autels qui nous restent, nous reprenons courage, et nous nous réjouissons de la sainte joie qui faisait tressaillir nos pères, avant de marcher aux combats de la foi [1]. » Il était trop tard ; le mal était déjà accompli. La blessure faite par les âpres violences de Lamennais avait pénétré trop avant dans les cœurs royalistes, pour que le baume versé par M. de Montalembert pût la cicatriser. Cette blessure devait rester longtemps saignante. De là, des ressentiments qui persisteront contre les hommes de l'*Avenir*, et qui poursuivront Lacordaire jusque dans la chaire de Notre-Dame.

L'*Avenir* sait-il mieux demeurer dans la mesure de la justice, quand il s'agit des vainqueurs de Juillet? Sans doute, il n'a que trop souvent raison, lorsqu'il dénonce la conduite du nouveau gouvernement envers les catholiques, lorsqu'il l'accuse de refuser à la religion, par hostilité ou par faiblesse, la protection, la liberté et la justice auxquelles elle avait droit, ou même de prendre contre elle des mesures agressives et vexatoires. Il le fait avec un courage, un entrain, une fierté d'accent, propres, sinon à en imposer aux gouvernants, du moins à ranimer les catholiques abattus, intimidés [2]. Mais ne dépasse-t-il pas toute

---

[1] *Avenir* du 6 mars 1831.

[2] Un jour, par exemple, il s'agit d'un sous-préfet qui a ouvert de force une église, pour y faire des funérailles religieuses à la dépouille d'un homme mort en dehors de la communion de l'Église ; de tels incidents étaient alors assez fréquents : les libres penseurs se montraient aussi passionnés à exiger le concours du clergé aux enterrements, qu'ils le sont aujourd'hui à l'écarter, et l'administration se croyait le droit de contraindre le clergé à ce prétendu service public; Lacordaire s'écrie : « Catholiques, un de vos frères a refusé à un homme mort les paroles et les prières de l'adieu suprême des chrétiens. Il a laissé le soin d'honorer des cendres étrangères à ceux qui pouvaient leur dire : « Vous nous avez aimés « pendant la vie, aimez-nous encore au delà. » Votre frère a bien fait; il s'est conduit en homme libre, en prêtre du Seigneur... Sommes-nous les fossoyeurs du genre humain? Avons-nous fait un pacte pour flatter ses dépouilles, plus malheureux que les courtisans à qui la mort du prince rend le droit de le traiter comme le méritait sa vie? Votre frère a bien fait. Mais une ombre de proconsul a cru que tant d'indépendance ne convenait pas à un citoyen si vil qu'un prêtre

mesure, quand, à propos d'un grief, d'ailleurs fondé, il dit des ministres qui occupent le pouvoir avec Casimir Périer, que ce sont des « lâches » qui se « baignent le front dans la boue[1] »?

L'*Avenir* aime ardemment la liberté. En cette matière, il est souvent en avance sur son temps. Il réclame la liberté départementale et communale à une époque où le vieux libéralisme est encore imbu des idées centralisatrices de la Convention et de l'empire, et où la loi commence à peine à rendre électifs les conseils généraux et les conseils municipaux[2]. Avant Tocqueville, il dénonce dans l'individualisme l'un des périls d'un État démocratique : « Une société, dit-il, qui se réduit à une collection d'individualités n'est que l'égoïsme humain s'exprimant sous des formes infiniment multipliées. » Comme remède à ce mal, il propose cette liberté d'association que notre législation repoussait et qu'aujourd'hui même on n'ose pas établir[3]. Enfin, l'un des premiers du côté catholique[4], il pousse le cri de la liberté d'enseignement, ayant ainsi l'honneur d'ouvrir une campagne qui devait être si glorieuse et si profitable[5].

Dans cette revendication de toutes les libertés, il apporte une hardiesse dont la confiance extrême et presque naïve fait parfois un peu sourire notre expérience plus sceptique, mais aussi une sincérité généreuse et passionnée, qui donne à son langage un accent particulier. Écoutez, par exemple, Lacordaire, parlant de la liberté de la presse : « Catholiques, croyez-moi, lais-

---

catholique. Il a ordonné que le cadavre serait présenté devant les autels, fallût-il employer la violence pour l'y conduire et crocheter les portes de l'asile où repose, sous la protection des lois de la patrie, sous la garde de la liberté, le Dieu de tous les hommes et du plus grand nombre des Français. Sa volonté a été accomplie; la force et la mort ont violé le domicile de Dieu... Un simple sous-préfet, un salarié amovible, du sein de sa maison, a envoyé dans la maison de Dieu un cadavre! Il a fait cela, devant la loi qui déclare que les cultes sont libres; et qu'est-ce qu'un culte libre si son temple ne l'est pas, si son autel ne l'est pas, si l'on peut y apporter de la boue, les armes à la main? Il a fait cela à la moitié des Français, lui, ce sous-préfet! »

[1] *Avenir* des 26 et 29 novembre 1830, 1er et 12 juillet 1831.
[2] *Ibid.* du 7 décembre 1830, des 3 janvier, 7 février, 29 mai 1831.
[3] *Ibid.* des 17 octobre, 7 décembre 1830 et 24 mars 1831.
[4] Rappelons toutefois que l'*Avenir* avait été devancé, sur ce point comme sur beaucoup d'autres, par le *Correspondant*.
[5] *Avenir* des 17, 18, 25 octobre 1830.

sons à ceux qui n'ont foi qu'aux princes de la terre les espérances de la servitude. Laissons-les dire que tout est perdu si la presse parle... Ce sont des enfants d'un jour qui n'ont pas encore vu d'éclipse, et qui se tordent les mains en invoquant je ne sais quels dieux. Pour nous, voyageurs depuis longtemps sur cette terre, ne nous troublons pas de si peu, et, notre crucifix sur la poitrine, prions et combattons. Les jours ne tuent pas les siècles, et la liberté ne tue pas Dieu [1]. » Nobles paroles, mais où l'on peut déjà entrevoir cette exagération, cette manie de l'absolu, qui devaient faire condamner le libéralisme de l'*Avenir*. Celui-ci n'en venait-il pas à déclarer que le régime de la presse, en 1830, ce régime dont les auteurs des lois de septembre estimeront bientôt nécessaire de restreindre la licence, était une insupportable tyrannie? « Nous voulons la licence de la presse [2] », disait l'*Avenir*. Mêmes excès pour toutes les autres libertés. La décentralisation, au point où la pousse ce journal, serait la pure anarchie. Traite-t-il de la liberté de conscience, au lieu de s'en tenir aux nécessités incontestables de son temps et de son pays, il se lance dans des théories, au moins inutiles et imprudentes, sur le droit de coercition. Quelles que soient les questions politiques qui se soulèvent, l'*Avenir* met son point d'honneur à adopter les idées qui règnent alors dans la démocratie la plus avancée ; il réclame, comme étant le corollaire de la révolution de Juillet, la suppression des armées permanentes, de la pairie héréditaire et même de toute Chambre haute, l'établissement du suffrage universel, tempéré, il est vrai, par l'élection à plusieurs degrés. En théorie du moins, il se proclame républicain ; Lamennais déclare « qu'un seul genre de gouvernement peut exister aujourd'hui en France : la république » ; on n'a le choix, ajoute-t-il, « qu'entre deux régimes : celui du sabre ou celui de l'opinion, le despotisme mili-

---

[1] *Avenir* du 7 décembre 1830, des 21 mars, 12 et 17 juin 1831.

[2] L'*Avenir* ajoutait : « Nous n'entendons pas dire que ce genre d'abus n'est pas un très-grand crime. Seulement, nous croyons que ce crime est, comme beaucoup d'autres, spécialement du ressort de la loi divine. Il en est, suivant nous, du libelliste comme du parjure, que le législateur ne peut utilement atteindre que dans de rares occasions. »

taire ou la république ». Il veut bien, cependant, comme La Fayette et ses amis, conserver une royauté nominale; tant que le Roi, dit-il, « ne sera que ce qu'il doit être, l'exécuteur des ordres souverains de la nation réellement représentée, son hérédité, loin d'être à craindre, ne sera qu'une garantie de plus pour la durée de la liberté; point de cour, une liste civile modeste, et il ne nous restera rien à désirer de ce côté [1] ».

A l'extérieur, l'*Avenir* se passionne pour toutes les causes généreuses qui font alors battre le cœur de la France libérale. Nul ne suit d'un cœur plus vraiment ému l'Irlande, la Belgique ou la Pologne. C'est un des sujets les plus fréquemment traités par les rédacteurs. Que d'angoisses aux heures critiques ou obscures! Que de cris de joie pour saluer les succès! Que de larmes de douleur et de colère versées sur les défaites! Dieu nous garde de disputer, avec ces esprits jeunes et chauds, sur la mesure de leur enthousiasme ou de leur douleur! Condamnés aujourd'hui, par patriotisme, à plus de froideur et d'égoïsme, respectons du moins, envions même les sympathies peut-être trop expansives d'une génération plus heureuse. Mais où notre critique commence, c'est quand, à la suite de Carrel, de Mauguin, de Lamarque, l'*Avenir* vient combattre et flétrir la politique pacifique et prudente du gouvernement, la qualifie de « honteuse suite de bassesses et de lâchetés qui auraient à jamais déshonoré la France au dehors, si la France en était complice »; quand il pousse au renversement de « l'œuvre impie des traités de Vienne », et entrevoit, avec complaisance, « la purification » de la patrie « au feu d'une effroyable guerre ». A l'entendre, nous devrions le secours de nos armes à tous les peuples insurgés. « Pouvions-nous, dit-il, faire ce que nous avons fait, sans que la liberté comptât partout sur notre concours? » Il n'a que raillerie et mépris pour notre diplomatie dans l'affaire belge, pour ce qu'il appelle « les infâmes intrigues et la révoltante duplicité » de nos ministres. Ne va-t-il pas jusqu'à affirmer que ces ministres ne veulent pas d'une Belgique libre, catholique et indépendante, par crainte de la comparaison; que leur des-

[1] *Avenir* du 17 octobre 1830, des 27 janvier et 9 mars 1831.

sein secret est de la rendre à la Hollande, et n'engage-t-il pas les Belges à se défier et à se débarrasser de notre « protection » ! En face de la Pologne non secourue dans sa défaite, l'*Avenir* n'a pas assez d'imprécations contre ces gouvernants, « devenus comme ces statues de bronze que les peuples arrosaient de sang pour les attendrir, mais qui n'avaient point de cœur et qui ne rendaient d'oracles qu'en faveur de la victoire » ; il flétrit ceux qui ont « abandonné nos vieux frères d'armes » et se sont ainsi « rendus coupables du sang des enfants de la Pologne, sang qui retombera sur eux et les marquera d'un signe d'opprobre et de malédiction ». Les sympathies de l'*Avenir* sont d'autant plus ardentes que, par une singulière coïncidence, plusieurs des mouvements populaires qui agitent alors l'Europe, ont un caractère plus catholique que les gouvernements de cette époque : ainsi en Irlande, avec O'Connell; ainsi en Belgique, avec Félix de Mérode; ainsi en Pologne, où les armées chantent des hymnes à la Vierge, où les curés marchent au combat, en tête de leurs paroissiens, où les religieux revêtent les vieilles armures trouvées dans leur couvent, et forment des compagnies de cavalerie. Dans d'autres pays, sans doute, en Allemagne, en Espagne, en Italie, les agitateurs en veulent autant à l'Église qu'au pouvoir civil; l'*Avenir*, sympathique à leur cause politique, mais rebuté par leur irréligion, est visiblement embarrassé. « Tant que ceux qui conspirent pour la liberté de l'Espagne et de l'Italie, dit-il, regarderont la foi catholique comme leur principal obstacle, nous ne pourrons applaudir à leurs efforts ; nous reconnaîtrons ce qu'il y a de juste dans leurs plaintes, de sacré dans l'espérance des peuples ; mais nous nous souviendrons qu'il appartient à des âmes plus pures de poser les fondements de la liberté d'un pays. » Aussi détourne-t-il bientôt ses regards de ces contrées « où la liberté est ennemie de Dieu », pour les fixer au contraire, avec complaisance, sur ces terres d'Irlande, de Belgique et de Pologne, où il croit voir l'application de ses idées et l'exemple proposé aux autres nations [1].

---

[1] *Avenir* des 17 décembre 1830, 1er, 5, 18, 29 janvier, 1er, 10 mars, 16, 17, 23 avril, 10 mai, 9, 13 juin, 1er et 20 juillet 1831.

Dans la fascination troublante d'une telle contemplation, ces insurrections partielles apparaissent à l'*Avenir* comme le prologue d'un immense bouleversement, nécessaire à la régénération de la société. Cette vision obsédait depuis longtemps l'imagination de Lamennais, et c'est sur ce sujet que s'était exercée le plus volontiers sa verve prophétique. A force de prévoir, d'attendre cet universel soulèvement, l'*Avenir* semble l'appeler, le provoquer, le désirer. Est-ce pour le justifier d'avance qu'il rappelle aux peuples la doctrine des théologiens du moyen âge sur le droit de sédition et examine soigneusement le cas de conscience de l'émeute? Trompé par ce qu'il voit à Dublin, à Bruxelles, à Varsovie, il se flatte que partout les peuples placeront la croix sur le drapeau de leur révolte, et cette illusion met à l'aise sa conscience, quand il lance contre les rois des invectives qui semblent parfois presque renouvelées des rhéteurs de la Convention [1]. Cette révolution attendue « part de Dieu », dit l'*Avenir;* elle est « une œuvre divine »; dans le catholicisme est le principe de ce mouvement. « N'est-ce pas en effet, demande Lamennais, partout les peuples catholiques qui s'émeuvent, comme si les premiers ils eussent eu la vision des destinées futures réservées au genre humain? Quelque chose les attire, de doux comme l'espérance; quelque chose les presse, de puissant comme Dieu. » Et le nouveau prophète ajoute : « Je vous le dis, le Christ est là. » Ce serait un crime et une folie de lutter contre une aussi sainte et aussi inévitable révolution; ce serait résister « à ce que Dieu même a rendu nécessaire; et le mal en soi, le mal essentiel n'est que cette opposition à Dieu ».

---

[1] « Nous n'attendons rien des rois; mais nous attendons beaucoup des peuples, qui nous semblent être les instruments choisis de Dieu, pour rétablir son règne sur la terre. » (Lamennais.) — « Les rois ont été bien coupables, et chaque jour ils ajoutent à leur faute contre la religion et la liberté des fautes qui font pressentir que leur réprobation s'accomplira peut-être jusqu'au bout, et que la tribune de France aura prophétisé quand elle disait : Les rois s'en vont... Que les rois descendent en paix dans leur tombe; leur sort est accompli... Nous voulons séparer notre cause de la leur. » (Lacordaire.) — « Rois de l'Europe, rois sans foi, sans amour, rois qui avez oublié Dieu, tous vous serez atteints; tous vous connaîtrez la faiblesse de ces trônes où vous avez cru vous asseoir sans lui. » (Montalembert.)

sorte de fatalisme, familier à Lamennais, et dont on voit tout de suite le péril et l'immoralité. Bien loin de s'opposer à ces mouvements populaires, le clergé et la papauté doivent se mettre à leur tête, afin de les régler et les purifier. Rompre avec les rois pour faire alliance avec la démocratie, abandonner les débris terrestres d'une grandeur ruinée, reprendre la houlette du pasteur et, s'il le faut, la chaine du martyr, accepter toutes les chances de la guerre déclarée entre les peuples et les souverains, braver l'hostilité ou les persécutions de ces derniers, dans l'espérance que la liberté religieuse sortira de la liberté générale, tel est, de l'aveu même de Lamennais [1], le programme que l'*Avenir* prétend imposer à l'Église. De telle sorte qu'après avoir conseillé fort sagement au clergé de rompre la solidarité qui paraissait l'unir à la royauté, on le poussait à contracter avec la révolution une alliance bien autrement périlleuse et injustifiable [2].

Ainsi, sur presque toutes les questions intérieures et extérieures, l'*Avenir*, sans s'inféoder au parti de l'Hôtel de ville, en arrive cependant à soutenir les mêmes thèses. Il souscrit pour aider la *Tribune* à payer ses amendes. Il est devenu l'adversaire des hommes de « la résistance », qu'il qualifie de « je ne sais quels échappés de tous les despotismes qui ont tour à tour écrasé la France » ; leur politique lui paraît « un système inepte, contraire à notre honneur au dehors, à nos droits au dedans ». Peu à peu, son langage change complétement à l'égard de la monarchie, qu'il avait d'abord bien accueillie. Avec tous les journaux d'extrême gauche, il reproche au gouvernement de Juillet de méconnaître la révolution de 1830, qui doit être tout autre chose qu'une simple substitution de roi. « En disputant à l'opinion, dit-il, ses plus nobles et ses plus belles conquêtes, en l'irritant par ses lenteurs, en l'effrayant par ce qu'il laisse soupçonner de ses desseins, le pouvoir expose non-seulement sa considération, mais son existence même. » « La société ne

---

[1] Voir *Affaires de Rome*, par LAMENNAIS, p. 27.
[2] *Avenir* des 27 octobre, 17 décembre 1830, 12 février, 21 avril, 29 mai, 9, 28, 29 juin, 1ᵉʳ juillet 1831.

recule pas, s'écrie encore l'*Avenir*, ne tentez pas ce qui en a
perdu déjà d'autres; votre force, c'est obéir au vœu national;
vous n'avez que celle-là. » Il se plaît à rappeler que la monarchie repose sur un contrat synallagmatique, dont il menace de
faire prononcer la nullité pour inexécution des conditions. De
jour en jour, le ton devient plus agressif, plus injurieux [1].

Même intempérance dans les questions plus exclusivement
religieuses. L'*Avenir* répudie le vieux gallicanisme, auquel il
reproche, non sans raison, d'être à la fois trop indépendant à
l'égard du Pape et trop dépendant à l'égard du pouvoir civil;
mais pourquoi le faire avec une colère outrageante? « Nous repoussons avec dégoût, dit-il, les opinions qu'on appelle gallicanes. »
Et il accable de sarcasmes « la religion de Louis XIV et de Bossuet, tuée, le 28 juillet 1830, à la cent quarante-huitième année
de son âge [2] ». Il prétend y substituer un ultramontanisme exces-

---

[1] *Avenir* des 17 octobre, 29 novembre 1830, 27 janvier, 12 février, 7 avril,
28 mai, 9 juin, 28 juin, 1ᵉʳ juillet 1831. — Dans l'âme violente et malade de
Lamennais, l'hostilité et le mépris contre le gouvernement de juillet dépassent
bientôt toutes les bornes. Lisez ce qu'il écrivait dans ses lettres intimes, vers la
fin de l'*Avenir* : « Lâcheté au dehors, tyrannie au dedans, voilà pour le gouvernement, parjure à toutes ses promesses, ne concevant rien que le despotisme. »
(Lettre du 8 novembre 1831.) « Le gouvernement se jette à corps perdu dans le
despotisme ; il appelle cela « faire du pouvoir » et se croit fort quand il a juré. Il
me semble voir un Vitellius faisant atteler six chevaux à son char, pour arriver
plus vite aux Gémonies. Nos gens s'y rendent au grand galop, et je leur souhaite
bon voyage. » (Lettre du 9 novembre 1831.) Or, ne l'oublions pas, à cette
époque, le pouvoir était aux mains de M. Casimir Périer. Lamennais était parvenu
à faire partager son trouble et sa colère à son jeune ami M. de Montalembert.
Celui-ci, dans une sorte d'égarement douloureux, causé par l'abandon de la Pologne, écrivait, sous forme de préface au *Livre des pèlerins polonais* par Mickiewicz, une diatribe d'une véhémence inouïe contre les « lâches » et les
« despotes » qui gouvernaient et « déshonoraient » la France; il montrait celle-ci « livrée à d'effrontés jongleurs, exploitée par une horde d'administrateurs éclos
du despotisme impérial, par une magistrature qui semble commissionnée pour
tuer la loi dans l'estime des hommes, par des parquets tenant à la fois de la nature
du laquais et de celle du bourreau... On dirait que des eunuques ont été chargés
de lui faire subir l'antique supplice de la femme adultère : ils l'étouffent dans
la boue. » Ajoutons d'ailleurs que, plus tard, M. de Montalembert a noblement
répudié ce péché de jeunesse, et qu'en publiant ses œuvres complètes, il en a
volontairement exclu ce morceau.

[2] « Elle naquit à Paris, dit l'*Avenir*, le 19 mars 1682. Bossuet la porta, dans
son berceau, à Louis XIV, qui la trouva bien et le dit à madame de Maintenon.
Madame de Maintenon fut de son avis. C'était naître sous d'heureux auspices, et
le sourire du plus grand roi d'Europe valait bien le souffle du Saint-Esprit. Tout

sif, provoquant, qui n'est nullement conforme aux doctrines ni surtout aux procédés de l'Église romaine. Par moments même, quand Lamennais tient la plume, l'*Avenir* semble aller jusqu'à la théocratie et rêver pour le Souverain Pontife une sorte de prééminence politique; tel lui paraît être le terme de la révolution universelle tant annoncée, et déjà l'impatient journal salue le nouveau Grégoire VII, dont la parole et la volonté changeront la constitution du monde et « fonderont la dernière époque de la société humaine ici-bas [1] ».

Dans sa réaction contre la dépendance civile qui était une des faiblesses du clergé gallican, l'*Avenir* ne se contente pas de vouloir l'Église indépendante; il la veut séparée complétement de l'État. Avec cette logique absolue et aveugle qui est une des formes de l'esprit révolutionnaire, il dénonce le Concordat et supprime le budget des cultes; cette suppression est même une des thèses que le journal développe avec le plus de persistance et d'éclat. « Quiconque est payé, dit-il, dépend de qui le paye... Le morceau de pain qu'on jette au clergé est le titre de son oppression... Un jour viendra qu'un prêtre se présentant au Trésor, le dernier employé lui fera baisser les yeux, et j'ose dire que la chose arrive déjà. » Le clergé doit non-seulement renoncer au traitement qui est la représentation de ses biens confisqués, mais évacuer les vieilles églises qu'il a bâties depuis des siècles [2].

---

le monde le crut, excepté le Pape : vieillard opiniâtre, qui s'imaginait qu'une religion ne pouvait pas venir au monde sans qu'il en sût quelque chose... » L'article continue sur ce ton.

[1] *Avenir* des 16, 18 octobre, 9 novembre, 27 décembre 1830.

[2] Un jour qu'une de ces églises venait d'être violée par ordre administratif, Lacordaire s'écriait, dans un langage singulier où l'éloquence se mêle à la déclamation : « Maintenant que ferez-vous, catholiques? Que dirai-je de votre part à vos oppresseurs? Pour moi, je ne puis me défendre d'une réflexion, c'est que si vous mettiez vos autels dans une grange qui fût à vous, au lieu de les mettre dans un édifice qui appartient à l'État de près ou de loin, vous seriez libres à jamais de ces orgies du pouvoir. Quelques bottes de paille vous défendraient mieux que les colonnes et les marbres qu'on vous a volés, pour avoir le droit de vous donner une hospitalité sans regret et sans compassion. Qu'y a-t-il dans ces murailles qui vous attache si fort? Vos pères les ont bâties; mais vos pères n'y sont plus; on n'y a pas même laissé leur poussière. Monuments magnifiques et vides, une chose restait qui aurait pu les rendre sacrés et dignes de Dieu, une chose qui est partout sur le sol de France, la liberté. Eh bien, la liberté n'est plus au coin de l'autel; on vient d'y accorder un droit d'asile éternel à la ser-

Quant aux difficultés pratiques, l'*Avenir* croit qu'il suffit, pour les résoudre, d'un éclat de rhétorique généreuse. Comment l'Église vivra-t-elle sans sa dotation? Et quand je l'ignorerais, répond-il, j'ignore bien davantage comment elle vivra sans liberté. « La pauvre Irlande ne nourrit-elle pas ses prêtres? n'a-t-elle pas refusé l'argent offert par l'Angleterre, craignant que ce ne fût le prix de sa liberté? Le clergé sera dans l'indigence, mais il a les promesses de l'Évangile; or nous ne savons du lendemain qu'une chose, c'est que la Providence se lèvera plus matin que le soleil. » L'*Avenir* ajoute : « Vous serez comme le prolétaire, avec Dieu de plus pour patrimoine, avec l'espérance qui ne trompe pas, avec des millions d'âmes qui vous aiment. Votre maître n'en avait pas tant, et il a vécu. Ne pouvez-vous conquérir une seconde fois le monde, et si vous ne le pouvez pas, pourquoi voulez-vous que le monde entretienne à grands frais une ombre décédée? Votre tombeau lui coûte trop cher, si la vie n'y est pas[1]. »

De toutes les témérités de l'*Avenir*, nulle ne fut plus déraisonnable, nulle ne porta davantage la marque du trouble alors régnant que celle qui lui faisait faire ainsi table rase de tout l'établissement de l'Église, pour la ramener en quelque sorte aux catacombes et la jeter dans l'inconnu et le péril d'une conquête nouvelle. Nulle n'eut alors plus de retentissement et ne causa plus d'émotion, de scandale, surtout parmi les autorités ecclésiastiques, justement surprises et irritées de voir de simples prêtres ou même des laïques, faire ainsi, en leur nom, un abandon qu'elles ne leur avaient pas donné mandat de faire.

---

vitude. Fermons donc les portes, et que la servitude y dorme en paix sous la garde des sous-préfets. Un jour, quand les âges et la solitude auront noirci nos dômes, fait pencher nos flèches, brisé nos vitraux, abattu à demi nos croix; quand la lumière des nuits, faisant tomber peu à peu nos pierres bénies, éclairera les ruines du sanctuaire à travers les voûtes; un jour, les peuples passant à côté, leurs enfants à la main, ceux-ci leur diront : Qu'est-ce que ces vieilles tours et ces pans qui s'en vont? Les pères regarderont; ils prendront leurs petits, et les élevant jusqu'à la fenêtre pour qu'ils voient, ils leur diront : C'est qu'il y eut là autrefois des hommes qui priaient Dieu, et qui s'en allèrent parce qu'on en chassa la liberté. »

[1] *Avenir* des 18, 27, 30 octobre, 2, 29 novembre 1830, 6 janvier, 27 avril 1831.

Tel fut l'*Avenir*, singulier mélange d'éloquence et de déclamation, de générosité enthousiaste et de passion parfois sans justice comme sans justesse, de vues nouvelles et de chimères téméraires, de fécondes prévisions et d'erreurs stérilisantes!

IV

Les fondateurs de l'*Avenir* ne se contentaient pas d'agir par la presse. Ils instituèrent à Paris une *Agence générale pour la défense de la liberté religieuse,* à laquelle se rattachaient des comités locaux. Cette agence réunit, en six mois, 31,513 francs. Sous son impulsion, plusieurs journaux se fondèrent en province, à Nantes, à Strasbourg, à Nancy; des pétitions, revêtues de quinze mille signatures, furent adressées aux Chambres, pour réclamer la liberté d'enseignement; une souscription pour l'Irlande affamée produisit 70,000 francs. L'*Agence* avait surtout en vue la résistance légale et judiciaire aux mesures oppressives; elle soutint plusieurs procès : il s'agissait tantôt d'un modeste citoyen ou d'un curé, poursuivis pour avoir ouvert une école; tantôt d'une communauté religieuse, inquiétée dans son existence. Elle engagea une triple instance à l'occasion de l'expulsion des Trappistes de la Meilleraye. Lacordaire avait particulièrement le goût de ces luttes à la barre des tribunaux; il estimait que, dans les pays libres, les grandes causes se traduisent, comme à Rome et en Angleterre, en procès débattus au grand jour de la publicité judiciaire. Plusieurs fois, jusqu'à ce qu'il en fût empêché par une décision du conseil de discipline, le jeune abbé plaida, comme avocat, à l'audience de la police correctionnelle, dans des contestations qui avaient pour objet l'émancipation du prêtre et du citoyen catholiques. « Je me rappelle, a écrit plus tard M. de Montalembert, la surprise d'un président de Chambre, découvrant un jour, sous la robe d'avocat, ce prêtre dont le nom commençait à poindre. En fouillant dans les journaux du temps, on trouverait bien quelques rayons de cette parole, déjà si virile, qui semait le trouble dans les rangs des substituts et qui électrisait l'auditoire. Un jour, en répondant à un avocat du Roi qui s'était hasardé à lui dire que les prêtres étaient les ministres d'un pouvoir étranger, Lacordaire s'était écrié : Nous sommes les ministres de quelqu'un qui n'est étranger nulle part, de Dieu! Sur quoi l'auditoire, rempli de ce peuple de Juillet si hostile au clergé, se mit à applaudir. On lui criait : Mon prêtre, mon curé, comment vous nommez-vous? Vous êtes un brave homme [1] ! » Une autre fois, d'une voix frémissante, il jetait au tribunal l'appel de saint Paul, *Cæsarem appello,* qu'il traduisait hardiment, aux applaudissements passionnés de l'auditoire : J'en appelle à la Charte.

Le gouvernement fournit lui-même l'occasion d'un débat judiciaire plus éclatant encore, en déférant à la cour d'assises deux articles de l'*Avenir,* l'un de Lamennais, l'autre de Lacordaire. Les deux prêtres comparurent, le 31 janvier 1831, entourés de leurs amis. Le public vint, nombreux, généralement sympathique. Lamennais était assisté par un avocat non catholique, mais libéral, M. Janvier. Lacordaire se défendit lui-même : de touchants retours sur sa jeunesse, la hardiesse et l'originalité de ses idées, son talent intéressèrent et émurent l'auditoire. « Mon devoir est accompli, dit-il en terminant; le vôtre, messieurs, est de me renvoyer absous de cette accusation. Ce n'est pas pour moi que je vous le demande; il n'y a que deux choses qui donnent du génie, Dieu et un cachot; je ne dois donc pas craindre l'un plus que l'autre. Mais je vous demande mon acquittement comme un pas vers l'alliance de la foi et de la liberté, comme un gage de paix et de réconciliation... Je vous le demande encore, afin que ces despotes subalternes, ressuscités de l'Empire, apprennent, au fond de leurs provinces, qu'il y a aussi une justice en France pour les catholiques, et qu'on ne peut plus les sacrifier à de vieilles préventions, à des haines d'une secte désormais finie. Voilà donc,

---

[1] *Le Père Lacordaire,* par M. DE MONTALEMBERT.

messieurs : je vous propose d'acquitter Jean-Baptiste-Henri Lacordaire, attendu qu'il n'a point failli, qu'il s'est conduit en bon citoyen, qu'il a défendu son Dieu et sa liberté; et je le ferai toute ma vie, messieurs. » Des applaudissements accueillirent cette péroraison. L'audience durait depuis près de douze heures, et l'agitation de l'auditoire allait croissant. Enfin, à minuit, le jury rentra dans la salle, apportant un verdict d'acquittement. Les disciples de Lamennais le couvrirent d'embrassements; le public prenait part à leur joie et à leur triomphe. Lacordaire revint seul avec Montalembert. « Sur le seuil de sa porte, raconte ce dernier, je saluai en lui l'orateur de l'avenir : il n'était ni enivré, ni accablé de son triomphe. Je vis que pour lui, ces petites vanités du succès étaient moins que rien, de la poussière dans la nuit. Mais je le vis avide de répandre la contagion du dévouement et du courage, et ravi par ces témoignages échangés de tendresse désintéressée et de foi mutuelle, qui valent mieux, dans les cœurs jeunes et chrétiens, que toutes les victoires. »

Ce succès encourageait les rédacteurs de l'*Avenir* à porter la lutte sur le terrain judiciaire. Ainsi leur vint l'idée de ce qu'on a appelé le « procès de l'école libre ». La Charte avait promis la liberté d'enseignement, mais l'Université n'en maintenait pas moins toutes les rigueurs de son monopole. Le recteur de Lyon ne venait-il pas d'enjoindre aux curés de cette ville de renvoyer les enfants de chœur auxquels ils donnaient gratuitement des leçons? Les directeurs de l'*Agence* estimèrent qu'en telle matière, des articles de journaux et des pétitions ne suffisaient pas, qu'il fallait saisir plus vivement le pays de cette question. Le 29 avril 1831, ils annoncent que trois d'entre eux, MM. Lacordaire, de Montalembert et de Coux, vont ouvrir à Paris une école libre gratuite. « La liberté se prend et ne se donne pas, disent-ils dans leur manifeste... L'Université poursuit la liberté de l'enseignement jusque dans les enfants de chœur; eh bien, nous la mettrons aux prises avec des hommes. » Un local est loué, rue des Beaux-Arts; le commissaire de police est prévenu, et, le 7 mai 1831, l'école s'ouvre. Les élèves sont neuf enfants appartenant aux familles pauvres du voisinage. Des hommes de lettres, des personnages politiques appartenant à l'opinion libérale assistent à cette inauguration. Lacordaire débute par un discours très-vif contre l'Université; puis les classes commencent. Survient la police qui déclare l'école fermée et ordonne aux enfants de sortir; Lacordaire, au nom de l'autorité paternelle, les somme de rester; et ces écoliers, sans avoir probablement une parfaite intelligence de la grande cause pour laquelle ils combattent, s'écrient à plusieurs reprises : « Nous resterons! » Les maîtres prolongent la résistance dans la mesure nécessaire pour établir qu'ils cèdent seulement à la force. Peu de temps après, les instituteurs improvisés sont cités en police correctionnelle : c'est le procès qu'ils attendaient et désiraient. Ils demandent à être traduits devant le jury. Pendant ces débats préliminaires, le jeune Montalembert est appelé à la pairie, par le décès de son père, en vertu du principe mourant de l'hérédité; aussitôt il revendique, pour lui et ses coaccusés, la juridiction des pairs. Les trois prévenus comparaissent devant la haute Chambre, en septembre 1831. Heureux d'avoir une telle tribune pour proclamer leurs idées, ils se défendent eux-mêmes avec l'audace de leur jeunesse et de leur conviction; leurs discours sont moins un plaidoyer qu'un appel à l'opinion et une éclatante profession de leur foi religieuse et libérale; ce langage si nouveau est écouté par les pairs avec une surprise qui n'est pas sans bienveillance. La loi était formelle; les accusés sont condamnés, mais seulement à cent francs d'amende.

L'âme vaillante des jeunes amis de Lamennais jouissait singulièrement de ces nobles combats pour « Dieu et la liberté ». Le 29 octobre 1831, Lacordaire écrivait à son plus cher compagnon d'armes : « Si court que soit le temps, il n'ôtera rien aux délices de l'année qui vient de passer; elle sera éternellement dans mon cœur comme une vierge qui vient de mourir. » Bien longtemps après, le souvenir de cette époque demeurait tout brûlant chez ceux qui avaient vécu d'une telle vie : « Jours à la fois heureux et tristes, disait encore Lacordaire peu avant

de mourir, jours comme on n'en voit qu'une fois dans sa vie ! »
Et M. de Montalembert s'écriait, au seul rappel de ces lettres :
« Quelle vie dans les âmes ! Quelle ardeur dans les intelligences !
Quel culte désintéressé de son drapeau, de sa cause ! Que de
sillons profonds et féconds, creusés dans les jeunes cœurs
d'alors, par une idée, par un dévouement, par un grand
exemple, par un acte de foi ou de courage !... Pour savoir ce
qu'il éclata alors d'enthousiasme pur et désintéressé, dans les
presbytères du jeune clergé et dans certains groupes de francs
et nobles jeunes gens, il faut avoir vécu dans ce temps, lu dans
leurs yeux, écouté leurs confidences, serré leurs mains frémissantes, contracté, dans la chaleur du combat, des liens que la
mort seule a pu briser [1]. »

La petite armée de l'*Avenir* rencontrait en effet d'ardentes
sympathies, surtout dans le jeune clergé [2]. Les abonnés du
journal n'atteignirent jamais trois mille ; mais, à cette époque,
ce chiffre était relativement plus considérable qu'aujourd'hui.
Les rédacteurs recevaient des lettres flatteuses de tous les pays :
c'était tantôt un séminaire bavarois, tantôt un couvent de
femmes, qui leur envoyait des adresses de félicitations. Les
catholiques belges, encore frémissants de leur révolution, les
acclamaient. Une souscription ouverte pour payer les frais d'un
de leurs procès produisait, en quelques jours, plus de
20,000 francs, bien que la majorité des donateurs ne figurassent que pour cinq centimes : des paroisses entières avaient
souscrit, leurs curés en tête. En mai 1831, l'*Avenir*, ayant
annoncé ses embarras financiers, recevait immédiatement, de
France et de Belgique, 70,000 francs. Au mois d'octobre suivant, M. de Montalembert, qui faisait, entre Lyon et Marseille,
un voyage de propagande, rencontrait partout un accueil enthousiaste. En dehors des catholiques, parmi les libéraux jeunes et

---

[1] *Le Père Lacordaire*, par M. DE MONTALEMBERT.

[2] L'abbé Dupanloup, fort animé contre l'*Avenir*, écrivait au cardinal de Rohan :
« Le jeune clergé est terriblement accessible à ces doctrines de schisme, d'orgueil
et de liberté effrénée. » Et encore : « M. de La Mennais est l'idole des jeunes
prêtres qu'il entraîne dans l'indépendance politique et la rébellion religieuse. »
(*Vie de Mgr Dupanloup*, par l'abbé LAGRANGE, t. I, p. 130, 132.)

sincères, l'impression était celle d'un étonnement sympathique. Pendant que la robe d'un prêtre ne pouvait se montrer dans la rue sans être insultée, Lacordaire la faisait applaudir à la barre des tribunaux, et ceux-là même qui venaient peut-être de crier : A bas les Jésuites! demandaient aux journalistes catholiques de leur faire des cours sur les diverses branches des sciences politiques et religieuses. Sans doute, on était encore loin de l'union rêvée par l'*Avenir*, entre les libéraux et les catholiques; toutefois un premier pas était fait, et l'espérance semblait permise.

V

Malgré ce succès en apparence si brillant, l'*Avenir* se heurtait à un obstacle sur lequel il devait se briser. Nous ne parlons pas du mécontentement du pouvoir, mécontentement naturel, mais, somme toute, assez inoffensif, et n'ayant abouti jusqu'ici qu'à fournir à Lamennais et à Lacordaire l'occasion d'un petit triomphe judiciaire. Nous ne parlons même pas de l'hostilité, plus grave cependant, des légitimistes, qui formaient alors une partie considérable des catholiques. L'obstacle était surtout dans l'Église elle-même, dans l'autorité ecclésiastique. Les évêques, nommés presque tous sous la Restauration, généralement royalistes et de tendance gallicane, plus préparés à monter l'escalier des rois qu'à descendre sur la place publique, à solliciter discrètement l'appui des gouvernements qu'à faire bruyamment appel à l'opinion, auraient eu déjà grand'peine à accepter les doctrines et les procédés de l'*Avenir*, même si celui-ci avait évité toute exagération. Que devait-ce donc être en présence d'excès de fond et de forme, bien faits non-seulement pour effaroucher leurs habitudes et leurs préjugés, mais aussi pour inquiéter leur sagesse! Pouvaient-ils approuver ou seulement tolérer qu'on demandât, en leur nom, la suppression du Concordat et du budget des cultes? La presse religieuse était alors une nouveauté. Les évêques n'étaient pas accoutumés à s'entendre donner des conseils ou des leçons par des écrivains qui n'avaient pas leur place dans la hiérarchie ; il ne pouvait leur plaire qu'un journal prétendît diriger chaque matin leur clergé par-dessus leurs têtes et disposer, en dehors d'eux, de l'attitude et des destinées de l'Église. Le nom de Lamennais n'était pas fait d'ailleurs pour atténuer leurs défiances. Aucun sentiment n'avait paru jusqu'alors plus étranger à ce prêtre que le respect de l'autorité épiscopale. Déjà, à plusieurs reprises, dans ses polémiques sous la Restauration, il l'avait maltraitée publiquement, avec une audace méprisante. Il la ménageait encore moins dans sa conversation et sa correspondance ; les prélats ne l'ignoraient pas, et l'on conçoit que plusieurs fussent disposés à voir dans ce langage une menace de faction et de révolte. Faute grave de la part de Lamennais, faute non-seulement contre la loi chrétienne, mais contre l'humaine prudence. Que sa passion et son orgueil lui fissent dédaigner ces évêques dont les idées pouvaient être un peu vieillies, il n'en restait pas moins que, sans eux, rien ne pouvait être fait, dans l'ordre religieux, de sérieux, de normal et de durable. C'est leur concours qui, plus tard, de 1841 à 1850, fera la force et le succès de la campagne, reprise par M. de Montalembert, pour la liberté d'enseignement. Mis de côté ou bravés par Lamennais, avec un sans gêne qui n'était pas le moindre signe de ce qu'il y avait de révolutionnaire dans son entreprise, les évêques ne dissimulaient pas leur mécontentement ou leur opposition. Non-seulement leur organe, l'*Ami de la religion*, était en polémique ouverte avec l'*Avenir*, mais plusieurs d'entre eux interdisaient la lecture du nouveau journal à leurs prêtres, le blâmaient dans leurs mandements. A en croire Lamennais, des ecclésiastiques étaient disgraciés, des jeunes gens éloignés des ordres sacrés, parce qu'ils étaient connus pour être ses partisans. Enfin, démarche plus grave, treize prélats, à la tête desquels était Mgr de Clermont-Tonnerre, archevêque de Toulouse, rédigèrent secrètement une censure des doctrines de l'*Avenir* et l'envoyèrent à Rome. Ceux même qui avaient le plus d'amitié pour Lamennais s'inquiétaient de ses témérités; l'archevêque d'Amasie, administrateur du diocèse de Lyon, le suppliait, dans les termes les plus affectueux, de ne pas se mettre en lutte avec tout l'épiscopat : « Comment, lui disait-il, ne pas être épouvanté, mon cher ami, de ce *Væ soli!* des divines Écritures qui retentirait à vos oreilles, porté par les voix si imposantes des évêques de l'Église de France et du Saint-Siége[1]? »

Cette opposition croissante et venant de si haut rendait la situation de l'*Avenir* chaque jour plus difficile. Le nombre des abonnés diminuait, les ressources financières s'épuisaient, le crédit moral surtout était gravement atteint. Les rédacteurs eux-mêmes, si vaillants, si passionnés qu'ils fussent, comprenaient l'impossibilité de continuer. « Hélas! écrivait alors Lamennais, ce n'est pas le courage que je perds, c'est la voix; je prévois que bientôt elle nous manquera. Aucun moyen de résister à l'oppression épiscopale... A chaque trimestre, de nombreux abonnés nous quittent en pleurant, pour ne pas être obligés de quitter, qui son professorat, qui sa cure[2]. » Plus tard, Lacordaire, rappelant ses souvenirs, a mieux résumé la situation : « Ce mouvement n'avait pas une base assez étendue, il avait été trop subit et trop ardent, pour se soutenir pendant une longue durée... Nous apparaissions au clergé, au gouvernement, aux partis, comme une troupe d'enfants perdus sans aïeux et sans postérité. C'était la tempête venant du désert, ce n'était pas la

---

[1] Plus tard, en 1841, quand cette prédiction se sera réalisée, Lamennais, le cœur débordant de tristesse et d'amertume, donnera lui-même le commentaire poignant de cette malédiction : « Il a dit : *Væ soli!* et cela est vrai en plus d'un sens. La solitude devient pesante, surtout à mesure que l'on vieillit. Jeune, on porte en soi tout un monde; mais ce monde s'évanouit bientôt. L'âme alors s'en va, errant sur des ruines qui peu à peu s'effacent elles-mêmes, vaine poussière que disperse le souffle du temps. Plus d'illusions, de douces chimères, d'espérances lointaines, plus même de désirs. La vie est une terre sans horizon. On s'assied là, sur la roche aride, au pied d'un vieil arbre creux et dépouillé, et, en regardant le nuage qui passe, on voudrait passer avec lui, être emporté comme lui, dans ces régions où le pousse la tempête; on voudrait se perdre dans les abîmes inconnus des mers, avec l'eau du torrent qui gronde et gémit au fond de la vallée stérile. » (*Discussions critiques et pensées diverses*, CCLXXV.)

[2] Lettre du 9 novembre 1831.

pluie féconde qui rafraîchit l'air et bénit les champs. Il fallut donc, après treize mois d'un combat de chaque jour, songer à la retraite. Les fonds étaient épuisés, les courages chancelants, les forces diminuées par l'exagération même de leur emploi [1]. »
Le 15 novembre 1831, l'*Avenir* annonça qu'il suspendait sa publication.

VI

Si Lamennais s'en fût tenu là, il n'y eût eu que demi-mal. Ce que les idées de l'*Avenir* avaient de bon, de fécond, eût germé peu à peu dans les esprits; les exagérations eussent été oubliées, comme l'excentricité passagère d'une heure de révolution; et, plus tard, assagis, mûris, les promoteurs du mouvement auraient pu en reprendre la direction. Mais, tout en faisant connaître que sa publication était interrompue, l'*Avenir* annonça, dans un langage où une exaltation alarmante se mêlait aux promesses de soumission, que ses trois principaux rédacteurs, Lamennais, Lacordaire et Montalembert, se rendaient à Rome, pour soumettre leur œuvre au jugement du Pape. « Si nous nous retirons un moment, disait-il, ce n'est point par lassitude, encore moins par découragement, c'est pour aller, comme autrefois les soldats d'Israël, consulter le Seigneur en Silo. » Les motifs qui avaient déterminé les rédacteurs de l'*Avenir* étaient complexes : chez quelques-uns, peut-être, le besoin de couvrir leur retraite, d'éviter le ridicule d'un échec banal, et, en langage vulgaire, de faire une fin; chez les plus pieux, chez Lacordaire certainement, le désir de protester de leur orthodoxie, de rassurer leur conscience et de consoler leur cœur, en se jetant dans les bras de leur père; chez Lamennais, la prétention de continuer de plus près cette sommation dont il fatiguait le Pape, depuis tant d'années, au nom de doctrines si changeantes, et l'orgueilleuse confiance que l'autorité

---
[1] *Testament du Père Lacordaire*, p. 58.

pontificale, ainsi pressée, ne pourrait lui résister. « Mais si nous étions condamnés, demanda un jour Montalembert, que ferions-nous? — Nous ne pouvons être condamnés », se contenta de répondre Lamennais [1].

L'Église n'a jamais permis, même à de grands génies, de lui dicter une politique. Elle se méfie des systèmes et ne veut pas s'enfermer dans les étroites limites d'un parti, elle qui doit durer toujours et s'étendre partout. L'*Avenir*, — d'ailleurs eût-il même été mieux dégagé qu'il ne l'était de toute exagération et de toute erreur, — n'était guère fait pour plaire à la Rome de 1831. Grégoire XVI et ses ministres étaient peu portés vers les nouveautés libérales et démocratiques : celles-ci ne leur apparaissaient guère que sous la forme des insurrections qui venaient d'éclater dans les Légations. Le Pape se sentait menacé par la révolution à laquelle on prétendait lui faire tendre la main, et se soutenait avec l'appui des gouvernements qu'on lui ordonnait de maudire. Ces gouvernements réclamaient la condamnation du nouveau journal dans leurs notes diplomatiques, et les légitimistes, qui avaient des intelligences à la cour romaine, agissaient dans le même sens. Tout concourait donc à faire échouer les rédacteurs de l'*Avenir*, les permanentes exigences de la vérité comme les intérêts passagers de la politique, la sagesse supérieure de l'Église comme les opinions particulières des hommes qui la représentaient en ce moment. Tels étaient les obstacles dont s'imaginaient triompher facilement trois voyageurs qui arrivaient à Rome, précédés par les dénonciations des puissances et par les censures des évêques.

Le Pape ne demandait qu'à se taire. Malgré les sollicitations des adversaires de l'*Avenir*, il avait jusqu'ici refusé de se pro-

---

[1] En 1829, alors que les gallicans demandaient au Pape de censurer le livre des *Progrès de la révolution*, Lamennais ajoutait, après avoir exprimé la certitude où il était de n'être pas condamné : « Il y a des choses qui ne peuvent avoir lieu, *sans quoi les promesses manqueraient.* » Donc, s'il y a contradiction entre ses doctrines et l'infaillibilité, c'est l'infaillibilité qui doit succomber. Voilà tout l'homme. S'il repoussait alors toute idée de révolte, ce n'était pas qu'il fût prêt à se soumettre, c'est qu'il ne croyait pas à la possibilité d'une censure.

noncer contre lui. Il répugnait à infliger un blâme à des esprits que l'excitation révolutionnaire avait momentanément troublés, mais qu'il savait généreux, vaillants et dévoués à l'Église. Avec cette patience romaine qui connaît la force du temps, il comptait sur la discussion et l'expérience pour tempérer ce qu'il y avait d'excessif, et corriger ce qu'il y avait de faux dans cette œuvre. N'est-il pas étrange que ceux-là même qui étaient le plus intéressés à lui voir garder cette sorte de neutralité, le missent en demeure d'en sortir? Grégoire XVI y persista cependant, à la fois réservé pour dissiper les illusions des trois pèlerins, et bienveillant pour prévenir leur révolte; évitant soigneusement tout acte public qui eût pu les mortifier, sans leur laisser ignorer qu'au fond il ne les approuvait pas; les détournant d'insister pour une décision qui ne pouvait être favorable, en tâchant de leur faire comprendre qu'on « laisserait le temps couvrir de ses plis leurs personnes et leurs actes [1] » ; résolu, en un mot, à n'épargner aucun ménagement pour sauver ces téméraires. Plusieurs mois s'écoulèrent ainsi, sans lasser la temporisation silencieuse et la paternelle inaction du Pape.

Lamennais ne comprit pas ou ne voulut pas comprendre. « On ne peut pas me condamner », répétait-il dans ses lettres; il croyait que, forcé de parler, le Saint-Siége n'oserait blâmer l'*Avenir*. D'ailleurs, son orgueil trouvait peut-être plus humiliant d'accepter que de subir une défaite. Après un départ si solennel, comment revenir piteusement, sans avoir pu même arracher une parole au pontife? Depuis longtemps, Lamennais attendait impatiemment que la papauté obéît à ses impérieux conseils; las, irrité de cette attente, dût-il échouer, il voulait en finir. Son âme était plus aigrie que jamais; il ne voyait Rome qu'à travers ses tristesses et ses amertumes, ne fréquentait que les détracteurs de l'autorité pontificale, et aspirait à « sortir de ce grand tombeau où l'on ne trouve plus que des vers et des ossements... de ces vieilles ruines sur lesquelles rampent, comme d'immondes reptiles, dans l'ombre et le silence, les plus viles

---

[1] *Testament du Père Lacordaire*, p. 64.

passions humaines [1] ». D'ailleurs, dans le trouble de cet esprit malade, la foi elle-même commençait à être gravement atteinte [2].

Tout autre fut l'effet du séjour à Rome sur Lacordaire : il avait été, dans l'excitation de la lutte, l'un des plus exaltés, des plus téméraires, des plus compromis ; mais grâce au calme religieux de la ville pontificale, il se fit en lui une grande paix et une grande lumière. « Dans cette patrie des souvenirs, a dit éloquemment le prince Albert de Broglie, l'image de l'Église lui apparaissait, assise sur le sépulcre des sociétés disparues et regardant couler à ses pieds le fleuve des institutions humaines ; et il quittait le dessein téméraire de troubler, par des questions de politique éphémère, ce calme où des yeux aveugles voient l'engourdissement de la mort, mais qui n'est que la patience de l'éternité [3]. » Une claire vision du devoir illumina cette âme droite qui ne connaissait pas les aveuglements volontaires, cette âme pure que n'obscurcissait aucune passion mauvaise. L'ardent combattant de la veille comprit ce qu'il y avait de miséricorde et de sagesse dans le silence du Pape. Il déclara, sans hésitation, qu'il fallait s'incliner et retourner en France. Mais vainement chercha-t-il à vaincre l'obstination de Lamennais. Ce lui fut une douleur plus grande encore de ne pouvoir persuader le jeune Montalembert, alors dominé et fasciné par celui qu'il appelait son « maître » et son « père ». Lacordaire dut partir pour Paris, seul, le cœur déchiré.

---

[1] Lettre du 10 février 1832. — Quelques mois plus tard, le 1ᵉʳ novembre 1832, Lamennais écrivait : « Je suis allé à Rome, et j'ai vu là le plus infâme cloaque qui ait jamais souillé des regards humains. L'égout gigantesque de Tarquin serait trop étroit pour donner passage à tant d'immondices. Là, nul autre dieu que l'intérêt. On y vendrait les peuples ; on y vendrait les trois personnes de la sainte Trinité, l'une après l'autre ou toutes ensemble, pour un coin de terre ou pour quelques piastres. J'ai vu cela, et je me suis dit : Le mal est au-dessus de la puissance de l'homme ; et j'ai détourné les yeux avec dégoût et avec effroi. »
« M. de Lamennais a blasphémé Rome malheureuse, écrivait alors Lacordaire à son ami Montalembert ; c'est le crime de Cham, le crime qui a été puni sur la terre, de la manière la plus visible et la plus durable, après le déicide. » (Décembre 1832.)

[2] Voy. la lettre précitée du 10 février 1832 et celle du 1ᵉʳ mai suivant.

[3] Discours de réception à l'Académie française.

Cependant, Lamennais, demeuré à Rome ou dans les environs, persistait à sommer le Pape de parler. Celui-ci se taisait toujours. Il y avait plus de six mois que cette situation se prolongeait. Enfin, en juillet 1832, Lamennais quitte Rome. « Puisque l'on ne veut pas me juger, dit-il, je me tiens pour acquitté. » Et il annonce son intention de reprendre la publication de l'*Avenir*. Lacordaire, alors à Paris, apprend avec terreur cette résolution. « Agité, torturé, n'ayant plus de route, sentant sur sa tête la destinée d'un autre homme, qu'il ne peut conjurer et qui va le briser quoi qu'il fasse, il s'enfuit en Allemagne, afin de n'être pas là quand la foudre tombera sur ce Prométhée [1]. » Le 30 août, il se trouve à Munich ; à son grand étonnement, il y rencontre Lamennais et Montalembert arrivant d'Italie. La Providence les rassemblait pour les soumettre tous trois à une redoutable épreuve. L'encyclique *Mirari vos*, datée de Rome le 12 août, leur parvenait le jour même de cette réunion fortuite.

Obligé, par les menaces de Lamennais, à rompre le silence qu'il eût désiré garder, Grégoire XVI, par un dernier ménagement, avait évité, dans l'encyclique, de nommer aucun écrivain et de désigner aucun écrit [2]. La condamnation ne frappait que certaines doctrines sur la liberté de conscience, la liberté de la presse, les rapports de l'Église et de l'État, les obligations des peuples vis-à-vis des souverains ; elle le faisait, il est vrai, avec une véhémence toute biblique, et, ce qui était plus grave, les esprits superficiels, peu habitués à analyser, avec une précision théologique, les formules un peu oratoires de la chancellerie pontificale, pouvaient croire que la condamnation atteignait toutes les libertés modernes. Combien, depuis lors, parmi

---

[1] Expressions de Lacordaire, dans une lettre adressée à madame Swetchine, le 15 septembre 1835.

[2] Le cardinal Pacca écrivait à Lamennais, en lui adressant l'encyclique : « Le Saint-Père, en remplissant un devoir sacré de son ministère apostolique, n'a cependant pas voulu oublier les égards qu'il aime à avoir pour votre personne, tant à cause de vos grands talents que de vos anciens mérites envers la religion. L'encyclique vous apprendra, Monsieur l'abbé, que votre nom et les titres mêmes de vos écrits, d'où l'on a tiré les principes réprouvés, ont été tout à fait supprimés. »

les catholiques absolutistes ou parmi les libéraux irréligieux, ont ainsi interprété cette fameuse encyclique! C'était un contre-sens, volontaire ou non. A y regarder de plus près, le Pape ne blâmait que les exagérations évidentes de l'*Avenir*, le caractère trop absolu de ses thèses, sa revendication de libertés « immodérées », « sans bornes », ses excitations révolutionnaires adressées aux peuples au nom du catholicisme, et sa prétention de poursuivre, sous le mot de « séparation », la désunion de l'Église et de l'État. Mais, en dehors de ces excès déraisonnables que le bon sens réprouve autant que la théologie, il ne condamnait pas les libertés elles-mêmes, sainement, raisonnablement et pratiquement entendues. Grégoire XVI, personnellement, pouvait n'être pas un libéral et ne pas goûter les libéraux, mais il n'interdisait point aux catholiques de notre temps et de notre pays d'accepter, s'il leur convenait, et de pratiquer loyalement les « libertés modernes ». Cette explication a été donnée par des interprètes trop autorisés pour qu'il soit besoin d'y insister davantage [1].

Quoi qu'il en soit de ces distinctions sur lesquelles la pleine lumière ne devait se faire qu'avec le temps, l'*Avenir* ne pouvait résister à un pareil coup. Dès le 10 septembre 1832, Lamennais, Lacordaire, Montalembert, l'abbé Gerbet et M. de Coux adressèrent aux journaux une déclaration dans laquelle ils annoncèrent leur soumission, ainsi que la suppression définitive de l'*Avenir* et de l'*Agence religieuse*.

VII

Être parti avec une si superbe confiance, et revenir désavoué et condamné, avoir longtemps dirigé le combat, aux applaudissements de la foule, et n'être plus qu'un soldat désarmé et flétri

---

[1] Nous pourrions citer beaucoup de ces commentaires. Bornons-nous à indiquer celui que Mgr Parisis a donné, quelques années plus tard, dans les divers écrits qu'il a publiés précisément pour établir que l'Église n'était nullement

par le général sur le champ de bataille, c'est une dure épreuve. Amers ressentiments de l'orgueil blessé, incertitudes de l'esprit frappé dans ses convictions, défaillances du cœur trompé dans ses plus chers espoirs, tout se réunit pour troubler et obscurcir la conscience. C'est l'heure de la grande tentation, tentation du découragement et de la révolte. Lamennais devait finir par y succomber. La perte d'une âme viendra assombrir davantage encore le dénoûment de cette entreprise si brillamment et si allègrement commencée. Raconter les phases de cette chute navrante, en scruter les causes complexes, y marquer ce qui tenait au vice originaire d'une nature physiquement et moralement maladive, à l'angoisse désespérée d'un prêtre sans vocation véritable, à l'excitation troublante d'une vie si batailleuse, au dépit ulcéré d'un esprit hautain, violent, impatient de toute résistance et de tout échec, c'est l'histoire particulière d'une âme, ce n'est plus l'histoire générale dont seule il convient de s'occuper ici.

Toutefois, parmi les causes diverses de cette apostasie sacerdotale, il en est une qu'il peut être intéressant de noter, car elle rentre dans notre sujet : c'est l'exaltation révolutionnaire née de 1830. Cette exaltation, bien loin de s'apaiser chez Lamennais, à mesure que le calme et l'ordre se rétablissent autour de lui, s'enflamme et s'aigrit chaque jour davantage. Il ne se contente plus d'être républicain, il devient démagogue, maudit tous les rois, toutes les autorités sociales, toute « la hiérarchie ». La répression, cruelle en effet, des insurrections de Pologne ou d'Italie, a fait passer devant ses yeux une vision de prisons, de supplices, de rois opprimant et massacrant les peuples; c'est ce qu'il dénonce comme « le 93 des princes ». Pas d'exception : il croit voir « une mare de sang qui s'étend de Cadix à Saint-Pétersbourg ». En France, Louis-Philippe est un « despote »; ses ministres sont « infâmes parmi les infâmes »; M. Guizot et le duc de Broglie n'ont plus qu'à

---

l'ennemie des libertés modernes, et notamment dans ses *Cas de conscience à propos des libertés exercées ou réclamées par les catholiques, ou Accord de la doctrine catholique avec la forme des gouvernements modernes*.

« cuver le sang qu'ils ont bu »; les odieuses et stupides émeutes qui éclatent alors à Paris ou à Lyon sont les soubresauts héroïques d'un peuple tyrannisé; le plus inoffensif gendarme devient un sbire cruel; notre état politique est un mélange infect de « boue » et de « sang ». A lire les imprécations quotidiennes de la correspondance de Lamennais, on se demande dans quel temps il a vécu, ou plutôt quelle couleur étrange les événements prenaient dans son imagination troublée. Comme conclusion, il attend à bref délai, il appelle de ses vœux impatients une guerre générale, un immense bouleversement, et enfin « un ordre nouveau qui s'établira sur les ruines du monde ancien, après d'effroyables calamités ». On conçoit qu'avec de telles idées, il doive se trouver moins que jamais d'accord avec l'auteur de l'encyclique de 1832. Par là surtout, il tend à se séparer du chef de l'Église, à lui refuser son obéissance et son adhésion. Il lui reproche de faire cause commune avec les rois bourreaux contre les peuples victimes, et s'il commence à comprendre la papauté dans ses malédictions, c'est qu'il voit en elle la complice des gouvernements. « La vieille hiérarchie politique et ecclésiastique, écrit-il alors, s'en vont ensemble; ce ne sont déjà plus que deux spectres qui s'embrassent dans un tombeau. » La révolte purement religieuse, si elle se présentait à lui tout d'abord, l'effrayerait probablement et le ferait reculer; mais il y glisse par la pente de la révolte politique, et c'est la passion démagogique qui le conduit bientôt à renier sa foi et son Église[1].

Tels sont les sentiments tumultueux qui font explosion dans les *Paroles d'un croyant* : œuvre bizarre, mélange de pastiche déclamatoire et de saisissante éloquence, hymnes de douleur et de haine, prophéties menaçantes, sombres paraboles, visions lugubres qui se succèdent comme le cauchemar d'une nuit de fièvre, *ægri somnia;* puis, à côté de cette rhétorique qui se surmène pour peindre d'horribles banquets où rois et pontifes

---

[1] Il faudrait lire toute la correspondance de Lamennais, à cette époque, pour bien connaître cet état d'esprit. Voir notamment les lettres des 15 septembre, 9 octobre, 15 décembre 1832, 5 février, 25 mars, 29 juillet et 4 décembre 1833.

couronnés boivent du sang dans des crânes humains, des morceaux pleins de tendresse et de charme, des chants de mansuétude et d'amour, « îles fortunées, semées dans un océan de colère [1] »; mais ce n'est qu'un repos d'un instant : bientôt l'effroyable sabbat recommence, et ce qui sort de ces pages enflammées est un anathème contre les rois, contre les riches et contre l'Église, leur complice. L'autorité, sous toutes ses formes, étant ministre de Satan, cet étrange prophète appelle contre elle la révolte du peuple-Christ.

Depuis lors, Lamennais ne fait plus que descendre. Ce qui lui reste de foi chrétienne s'évanouit bientôt complétement. Mais c'est toujours la révolte politique qui semble précéder, dominer, entraîner la révolte religieuse. Il dépense et abaisse son talent dans des pamphlets démagogiques, où son principal effort paraît être de trouver l'expression la plus violente, la métaphore la plus lugubre [2]. Il pousse les peuples à briser « cette double chaîne spirituelle et temporelle qui fait craquer les os populaires ». De la révolution seule, il attend désormais ce qu'il avait si longtemps demandé à l'Église, un coup de théâtre qui transforme la société; il prédit cette transformation, croit par moments l'entrevoir, montre, d'un geste fatidique, la lueur d'une douteuse aurore; puis, trompé dans son impérieuse impatience, il maudit avec plus de colère encore le vieux monde qui tarde trop à s'écrouler et à disparaître. Mais on se lasse de cette violence sans mesure et sans variété. Le parti même, qui a un moment flatté le prêtre démocrate, pour encourager sa révolte, le délaisse bientôt. « Que dites-vous de Lamennais,

---

[1] Expression employée par M. Renan, dans son étude sur Lamennais.

[2] Les ratures de ses manuscrits, observées par Hippolyte Rigaud, révèlent cet effort pour charger son style. Tel jour, par exemple, il avait écrit des rois : « Ils font couler des *ruisseaux* de sang »; il efface *ruisseaux*, pour mettre d'abord *rivières* et ensuite *torrents*. Voici, du reste, un spécimen de ces pamphlets : « Jamais les peuples ne furent broyés sous une meule plus dure : biens, corps, âmes, elle écrase tout, elle réduit tout en je ne sais quelle poussière, qui, pétrie avec des larmes et du sang, et bénie par le prêtre, sert à faire le pain des rois. Ce pain est doux à leur palais, ils s'en gorgent, ils en ont faim et toujours faim. Mangez, ô rois, engloutissez; faites vite, point de repos; la terre vous en conjure, car ce qui descend dans vos entrailles, avec cette nourriture exécrable, ce n'est pas la vie, c'est la mort. »

journaliste politique? écrivait Béranger, dès le 28 février 1837. Ce n'est pas de ma faute, mais le brave homme a perdu la boussole... C'est un enfant dont les intrigants et les fous se font un moyen, et qu'ils abandonneront, après l'avoir usé. » Chaque jour, plus amer, plus triste, plus seul, le prêtre rebelle a perdu sa gloire, en même temps que sa foi.

Il n'a du moins entraîné personne dans son apostasie. Lacordaire le premier s'était séparé de lui, avec une droiture héroïque. Montalembert, tiraillé quelque temps entre les angoisses de sa conscience et les tendresses de son cœur, n'a pas hésité quand la révolte s'est montrée à nu. De même, tous les autres disciples. Mais en quel état gisaient-ils, sur le champ de bataille, meurtris, découragés d'eux-mêmes et suspects aux autres? « Tout croulait autour de moi, a dit Lacordaire, et j'avais besoin de ramasser les restes d'une secrète énergie naturelle, pour me sauver du désespoir. » Montalembert déclarait que « tout était fini pour lui », que « sa vie était à la fois manquée et brisée ». Les idées que ces jeunes hommes avaient aimées et pour lesquelles ils avaient combattu, semblaient avoir été enveloppées dans ce désastre, les bonnes aussi bien que les mauvaises, les généreuses comme les chimériques. Sans doute, le mal n'était pas aussi étendu et irréparable, l'effort n'avait pas été aussi vain et stérile qu'on se l'imaginait alors, dans l'émotion de cette ruine. Ne seront-ils donc pas pour beaucoup dans la renaissance religieuse qui va bientôt se manifester avec un éclat si inattendu, ces catholiques qui les premiers, en face d'adversaires victorieux et méprisants, avaient essayé de tuer le respect humain par la hardiesse de leur foi, de désarmer les préjugés par la largeur de leur libéralisme? Lacordaire, du haut de cette chaire de Notre-Dame où il montera dans quelques années, n'aura-t-il pas l'honneur mérité de donner le signal de cette renaissance? Bien plus, lui et Montalembert, recueillant la récompense de leur fidélité, pourront reprendre un jour, avec plus de sagesse et de succès, l'œuvre de liberté dans laquelle le trouble et l'excitation d'un lendemain de révolution les avaient fait échouer. Toutefois, qui pourrait dire qu'ils n'aient pas souffert, jusqu'au dernier jour, du faux départ de 1830 ; que les difficultés, les malentendus, les défiances, qui en étaient résultés, n'aient pas longtemps entravé, n'entravent pas encore, même aujourd'hui, ce rapprochement, généreusement rêvé par l'*Avenir*, entre la liberté et la foi, entre la société moderne et le catholicisme ?

CHAPITRE X

LA RÉVOLUTION DE 1830 ET LA LITTÉRATURE

I. Stérilité littéraire de la révolution de 1830. Les *Iambes* de Barbier. Ce que devient, sous le coup des événements de Juillet, le mouvement intellectuel, commencé sous la Restauration. Leur action sur l'école romantique. — II. Lamartine. Sa décadence après 1830. Il abandonne la poésie pour la politique. Regrets exprimés par les critiques du temps. — III. Victor Hugo. Changement fâcheux qui se produit en lui par l'effet de la révolution. Esprit de révolte dans ses œuvres. Ses drames et leur échec. Déception constatée par les contemporains. — IV. Le théâtre après la révolution. Sophismes, violences et impureté. Son influence perverse. — V. Le roman. George Sand. Révolte morale et sociale qui fermente dans ses œuvres. En quoi l'auteur a subi l'influence de 1830 et préparé 1848. — VI. Balzac. Par la forme et par le fond, il est un révolutionnaire. Sa désillusion cynique. Son influence pernicieuse sur les lettres et sur les mœurs privées ou publiques. Balzac et la Commune. — VII. Après la fièvre de 1830, désenchantement visible chez tous les écrivains, chez Lamartine, Mérimée, Alfred de Vigny, Alfred de Musset. Effet produit par la révolution sur le poëte à ses débuts. Révolte sans frein, puis désespérance sans consolation, et enfin stérilité. — VIII. Le scepticisme et la désillusion gagnent la foule. Popularité de Robert Macaire. — IX. Comparé à l'époque actuelle, l'état des lettres était encore fort brillant; mais décadence évidente si l'on se reporte aux espérances de la Restauration. Cette sorte de faillite constatée par les contemporains et attribuée par eux à la révolution de Juillet. — X. Autres conséquences fâcheuses de cette révolution. Aveu de M. Prévost-Paradol. Conclusion.

I

« Après 1830, — a dit M. de Rémusat, en parlant des écrits de cette époque, — il ne s'est guère développé que les semences jetées en terre, durant la Restauration. » Dans les lettres, en effet, la révolution de Juillet n'a, par elle-même, rien créé. Parmi les cent soixante-dix-huit œuvres poétiques que la statistique relève comme ayant été publiées à l'occasion des « trois journées », en est-il qui méritent seulement d'être nommées ? On ne nous demandera pas de faire exception pour la *Parisienne*, de Casimir Delavigne, sorte de cantate, faite, sur commande, par un poëte plus souple qu'inspiré; tout le monde la chantait alors; personne aujourd'hui ne s'en souvient, ni ne songerait à la relire. Encore moins faudrait-il aller ramasser, dans les ruisseaux du temps, tant d'ignominieux pamphlets, productions souvent plus mercantiles que politiques, en tout cas nullement littéraires. M. Jules Janin en connaissait bien les auteurs, quand il les appelait alors, avec colère et dégoût, « ces bandits de la parole écrite ou parlée, ces mécréants de la grammaire et de la morale publique, ces assassins de la plume et du paradoxe, à demi éclos dans le bourbier de l'émeute ». Une seule œuvre, vraiment née de la révolution, vaut la peine qu'on la signale : ce sont les *Iambes* de Barbier, dont le premier, *la Curée*, publié le 22 septembre 1830, eut un retentissement violent. Chez ce nouveau satirique, énergie exorbitante et tapageuse, brutalité voulue, profusion de mots grossiers, d'images éhontées; « le cynisme des mœurs doit salir la parole », dit-il dans son prologue. L'originalité est peut-être plus apparente que réelle, les procédés un peu factices, mais le mouvement est parfois puissant, la verve furieuse; le rhythme, copié d'André Chénier, est saisissant. C'est le poëme des barricades :

> Il est beau, ce colosse, à la mâle carrure,
> Ce vigoureux porte-haillons,
> Ce maçon qui, d'un coup, vous démolit des trônes,
> Et qui, par un ciel étouffant,
> Sur les larges pavés, fait bondir les couronnes,
> Comme le cerceau d'un enfant!

Cette émeute, que l'auteur semble vouloir montrer si héroïque, il la compare cependant ailleurs à « une femme soûle ». Il se pique de chanter

> La grande populace et la sainte canaille.

Et quand il veut personnifier la liberté, il imagine une sorte de tricoteuse de la Terreur ou de pétroleuse de la Commune, une « forte femme » à « la voix rauque »,

> Qui ne prend ses amants que dans la populace.
> . . . . et qui veut qu'on l'embrasse
> Avec des mains rouges de sang.

Quel était le dessein de Barbier? Voulait-il inspirer, pour la démagogie, une sorte d'admiration mêlée d'épouvante? Ou bien, comme certains satiriques, montrait-il le mal sans voile, pour soulever le dégoût? Eût-il pu lui-même préciser sa pensée, et cherchait-il autre chose que l'effet littéraire? Quoi qu'il en fût de ses intentions, ce qui passait dans ses vers, c'était bien le souffle de la révolution, l'exaltation de la barricade, le mugissement de l'émeute. Chose étrange, ce poëte, de nature plutôt un peu chétive, de goûts plus aristocratiques que populaires, avait jusqu'alors tâtonné sans trouver sa voie, et, après cette explosion, il s'est tu ou n'a laissé échapper que des vers hésitants, pâles, qui ne firent aucun bruit; quand, sous le second Empire, le souvenir des *Iambes* fit prononcer le nom de leur auteur pour l'Académie française, quelques-uns des Quarante demandèrent s'il n'était pas mort. Barbier avait eu, pendant un moment, son coup de soleil de Juillet et, pour parler sa langue, son jour de « sublime ribote ».

En dehors de cette inspiration isolée et éphémère, on chercherait vainement quelles œuvres remarquables, quelles écoles nouvelles sont issues de la révolution de 1830. Celle-ci n'en a pas moins marqué une date importante dans l'histoire intellectuelle de ce siècle; elle a eu une influence plus considérable qu'heureuse sur le mouvement littéraire commencé avant elle, pendant la Restauration. Déterminer le caractère et l'étendue de cette influence, tel est notre dessein.

On sait quel avait été l'éclat, l'ardeur, l'élan de cette génération de 1820, si pleine à la fois d'orgueil et de générosité, qui se précipitait dans toutes les directions de l'esprit humain, qui prétendait tout renouveler, l'art et la poésie par le romantisme, la philosophie, l'histoire, la critique et la politique par les idées du *Globe*[1]. Période éclatante entre toutes, admirablement riche en longues et enthousiastes espérances. En 1830, ce mouvement était, comme a dit M. Sainte-Beuve, « au plus plein de son développement et au plus brillant de son zèle » ; et quelques semaines avant la révolution, M. de Lamartine pouvait s'écrier en pleine Académie : « Que si mon regard se porte sur la génération qui s'avance, je le dirai avec une intime et puissante conviction, dussé-je être accusé d'exagérer l'espérance et de flatter l'avenir heureux de ceux qui viennent après nous : tout annonce pour eux un grand siècle, une des époques caractéristiques de l'humanité. Le fleuve a franchi sa cataracte, le flot s'apaise, le bruit s'éloigne; l'esprit humain coule dans un lit plus large ; il coule libre et fort... »

C'est alors qu'éclatèrent les événements de Juillet. Leur premier effet fut d'affaiblir et, pour ainsi dire, de débander l'armée littéraire, en poussant vers la politique beaucoup d'écrivains et non des moindres ; d'abord les membres de l'illustre triumvirat, MM. Guizot, Cousin, Villemain; à leur suite et dans des mesures variées, presque tous les rédacteurs du *Globe*, MM. Jouffroy, de Rémusat, Dubois, Duchâtel, Vitet, Duvergier de Hauranne; à côté d'eux, M. Thiers et son ami M. Mignet, qui ne se laissa cependant entraîner qu'à demi dans cette région nouvelle[2]. Sans doute, ces hommes, jeunes encore et dans la force de leur talent, ne renonçaient pas pour toujours aux lettres, mais la plupart cessaient d'y voir l'objet principal de leur vie; ce n'était désormais qu'une distraction secondaire, ou la consolation d'une retraite momentanée; il ne fallait plus compter sur eux pour former ou diriger une école. Vide considérable, qui ne pouvait se produire, surtout si brusquement, sans dommage pour l'équilibre intellectuel. Les rares esprits

---

[1] Voyez, sur ce mouvement des esprits, le *Parti libéral sous la Restauration*, p. 197 et suiv.

[2] La monarchie de Juillet est sans contredit le régime où l'on vit le plus d'hommes de lettres ministres. Citons MM. Guizot, Thiers, Villemain, Cousin, de Salvandy, Duchâtel.

demeurés fidèles aux lettres, comme M. Augustin Thierry, déploraient la perte qu'elles avaient faite. Plus tard, en 1837, M. Sainte-Beuve définissait l'effet qu'avait produit, après 1830, la « brusque retraite » de tant d'écrivains : elle « a fait lacune », disait-il, et, « par cet entier déplacement de forces, il y a eu, on peut l'affirmer, solution de continuité, en littérature plus qu'en politique, entre le régime d'après Juillet et le régime d'auparavant ; les talents nouveaux et les jeunes esprits n'ont plus trouvé de groupe déjà formé et expérimenté auquel ils se pussent rallier ; chacun a cherché fortune et a frayé sa voie au hasard [1] ».

Si les lettres perdaient à cet exode des littérateurs vers la politique, celle-ci n'y gagnait pas toujours, et l'on sait la part qu'auront l'imagination et la vanité d'un poëte dans la révolution de 1848. D'ailleurs, la rapide et souvent légitime fortune parlementaire de certains écrivains risquait de tourner bien des têtes. Il n'était pas un homme de lettres qui ne se crût l'étoffe et ne se sentît l'ambition d'un homme d'État. Jusqu'à ce grand enfant d'Alexandre Dumas qui rêva de jouer son rôle. On le vit tout à coup, après 1830, se poser en démocrate et en républicain, exalter Robespierre et la Terreur, et quitter avec fracas, en février 1831, une petite place qu'il avait obtenue, sous la Restauration, dans l'administration des forêts du duc d'Orléans. « Sire », écrivait-il à Louis-Philippe, avec ce ridicule où la vanité fait parfois trébucher les gens d'esprit, « il y a longtemps que j'ai écrit et imprimé que, chez moi, l'homme littéraire n'était que la préface de l'homme politique... J'ai la presque certitude, le jour où j'aurai trente ans, d'être nommé député ; j'en ai vingt-huit, Sire. » Il est vrai que, quelques années plus tard, Alexandre Dumas n'était pas député, mais qu'il était le familier libéralement subventionné des fils du Roi. Ce mal de la politique devint si visible, que bientôt une réaction se produisit. Dans une partie de la jeune école, il devint de bon ton de dédaigner ou de maudire la politique, et l'on érigea en système

---

[1] *Portraits contemporains*, t. II, p. 452.

une sorte d'indifférence épicurienne pour la chose publique. C'était Théophile Gautier, chantant :

> Les poëtes rêveurs et les musiciens
> Qui s'inquiètent peu d'être bons citoyens,
> Qui vivent au hasard et n'ont d'autre maxime,
> Sinon que tout est bien, pourvu qu'on ait la rime,
> Et que les oiseaux bleus, penchant leurs cols pensifs,
> Écoutent le récit de leurs amours naïfs.
> . . . .
> Qu'importent à ceux-là les affaires du temps,
> Et le grave souci des choses politiques?

Ou Alfred de Musset :

> La politique, hélas ! voilà notre misère.
> Mes meilleurs ennemis me conseillent d'en faire.
> Être rouge ce soir, blanc demain, ma foi, non.
> Je veux, quand on m'a lu, qu'on puisse me relire.
> Si deux noms, par hasard, s'embrouillent sur ma lyre,
> Ce ne sera jamais que Ninette ou Ninon.

La révolution de Juillet eut un effet plus fâcheux encore : elle mit l'anarchie — le mot est de M. Sainte-Beuve — dans le monde intellectuel, ainsi qu'elle avait fait dans la société politique. Dans la république des lettres, comme dans les autres, la liberté ne suffit pas; il faut une règle et un frein. L'histoire dit assez haut que les grands siècles littéraires sont ceux où des autorités, soit individuelles, soit collectives, dirigent, rallient, contiennent les inspirations et les fantaisies particulières. Sous la Restauration, ces autorités n'avaient pas pleinement disparu; il y avait des juges d'élite dont la compétence et le prestige étaient reconnus; tels étaient, dans le monde royaliste, M. de Chateaubriand; dans le monde libéral, les trois grands professeurs de la Sorbonne, ou le groupe du *Globe;* tels étaient, agissant sur des milieux divers, un certain nombre de salons, les uns, débris de l'ancien régime, les autres, création du nouveau. « Jamais, a dit M. Sainte-Beuve, les grands talents qui se sont égarés depuis ne se seraient permis de telles licences, s'ils étaient restés en vue de ce monde-là. » « Sous la Restauration », a écrit ailleurs le même critique, en comparant cette époque avec celle qui a suivi, « il y avait plus de régularité et de prudence, même dans l'audace; ce qui faisait scandale était encore relativement décent; entre les cercles littéraires, c'étaient des batailles à peu près rangées [1]. » Après les journées de Juillet, quel changement! Devant la confusion et le désordre qui se produisent aussitôt, un critique, nullement ennemi de la monarchie nouvelle, M. Jules Janin, écrit : « A l'heure même où l'émeutier, de sa main violente, arrache à la constitution de ce pays les pages qui lui déplaisent, l'écrivain, mettant à profit les ruines d'alentour, s'affranchit aussitôt des règles communes, brise le joug qui lui pèse, et, dans son petit domaine de prose ou de vers, de comédie ou de roman, de philosophie et d'histoire, accomplit obscurément, à son usage, sa petite révolution de Juillet [2]. » Il semble que les trois journées marquent la date d'une émancipation littéraire. « L'art est libre », s'écrie-t-on avec le sentiment d'un opprimé qui brise ses fers; c'est-à-dire plus de règle, plus de frein, plus de royauté littéraire ni d'aristocratie intellectuelle! Le champ est ouvert au caprice, à l'orgueil et souvent à l'extravagance individuels. Non-seulement la révolte gagne tous les esprits, mais les autorités qui eussent pu la contenir se sont comme dissoutes d'elles-mêmes. M. de Chateaubriand, vieilli, découragé, morose, se sent le survivant d'une époque finie; il se renferme en lui-même, et quand il en sort, il paraît moins vouloir redresser l'esprit nouveau, en lui parlant en maître, qu'essayer de lui faire sa cour. On a vu comment les fonctions publiques ou parlementaires avaient absorbé les grands noms de la littérature libérale, comment avait été dispersée l'école du *Globe*. Rien non plus désormais qui ressemble à ces salons, où des invités choisis s'occupaient des choses de l'intelligence et dirigeaient le goût; une politique violente, exclusive, a tout envahi et faussé; la cohue démocratique a tout rabaissé. Depuis lors, n'avons-nous pas vu ce mal s'aggraver encore, si bien qu'aujourd'hui on peut dire qu'il n'y a jamais eu tant d'écrivains, mais jamais aussi une telle absence de suprématie et de

---

[1] SAINTE-BEUVE, *Lundis*, t. I, p. 43, 44; *Portraits littéraires*, t. III, p. 87, 88.
[2] Jules JANIN, *Littérature dramatique*, t. I, p. 154.

direction intellectuelles, soit dans la société, soit dans les lettres elles-mêmes?

D'ailleurs, quoi de moins favorable à la littérature qu'un état révolutionnaire, comme celui qui s'est prolongé quelque temps après les événements de Juillet? Toutes les délicatesses de l'idéal ne risquent-elles pas de s'altérer dans cette atmosphère troublée? Pour un Barbier que l'émeute met en verve, combien de muses craintives et charmantes que le hurlement de la *Marseillaise* avinée et que le crépitement de la fusillade suffisent à faire envoler [1]! A quels effets violents ne faut-il pas avoir recours, pour être seulement entendu dans ce tapage? Qu'inventer pour intéresser la curiosité, quand l'anxiété réelle du drame de la rue surpasse, en émotion poignante, toutes les créations de l'imagination? Devant de tels spectacles, le sens moral lui-même n'est-il pas trop souvent atteint et faussé chez les hommes de lettres? L'apothéose de la force, le respect devenu une vieillerie ridicule, le mépris des traditions et des principes, un mélange de fatalisme et de matérialisme, le souci de la gloire lointaine et durable faisant place à l'impatience des succès rapides et des jouissances immédiates, l'égoïsme des convoitises substitué aux aspirations généreuses et désintéressées de la génération précédente, la recherche de l'idéal disparaissant devant ce que M. Sainte-Beuve appelait « la littérature industrielle », tous ces vices qu'on relève alors chez trop d'écrivains, ne sont-ce pas, dans une certaine mesure, les fruits de la révolution [2]?

Une partie du monde littéraire se trouvait plus préparée

---

[1] « Cette époque est dure pour les poëtes, disait un critique pourtant assez engagé alors dans le mouvement politique de 1830; ce temps-ci est peu propre aux poésies consciencieuses, au culte de l'art du dix-septième siècle. Nous trouvons que l'atmosphère en est lourde, qu'on respire mal dans cette poussière d'opinions et de croyances... » (NISARD, *Victor Hugo en* 1836. Ce morceau a été inséré dans les *Portraits et Études d'histoire littéraire*.)

[2] George Sand écrivait en 1833 : « Les ambitions ont pris un caractère d'intensité fébrile ; les âmes surexcitées par d'immenses travaux ont été éprouvées tout à coup par de grandes fatigues et de cuisantes angoisses. Tous les ressorts de l'intérêt personnel, toutes les puissances de l'égoïsme, tendus et développés outre mesure, ont donné naissance à des maux inconnus auxquels la psychologie n'avait pas encore assigné de place dans ses annales. »

que toute autre à ressentir les effets fâcheux de cette perturbation : c'était l'école romantique. Par elle-même, elle n'était déjà que trop agitée, trop émancipée, trop déréglée. Son origine avait été plutôt royaliste et chrétienne; elle était apparue tout d'abord comme la revanche du moyen âge, de la cathédrale gothique, de l'art chrétien, contre le néo-paganisme du dix-huitième siècle, de la Révolution et de l'Empire; elle avait même été soutenue un moment par la *Quotidienne*, contre la colère et les sarcasmes des Arnault, des Jay, des Étienne, et autres coryphées de la presse libérale; mais, dans cet effort pour se soustraire aux lois alors régnantes, pour répudier les autorités reconnues, elle avait pris des habitudes, des goûts qui, par bien des côtés, paraissaient révolutionnaires et qui, en tout cas, pouvaient facilement le devenir. On conçoit l'effet des journées de Juillet sur de tels esprits. Aussitôt le romantisme ne se proclame plus seulement « le libéralisme », mais « la révolution en littérature ». Ses qualités réelles et brillantes s'obscurcissent, et il se voit poussé, comme par un vent violent, sur la pente de ses vices. La liberté si grande qu'il a déjà prise avec toutes les convenances, avec toutes les autorités, dégénère en une licence sans mesure. Partout l'excitation, nulle part le frein. Ceux qui ont débuté sous la Restauration perdent bientôt ce que leur inspiration avait d'abord de catholique et de monarchique; les nouveaux venus n'ont, sous ce rapport, rien à perdre. A chaque bande qui accourt prendre sa part dans cette sorte d'assaut contre la tradition et le bon sens, c'est une enchère d'extravagance tapageuse. Il n'y a progrès que dans les défauts. Jamais on n'a vu le talent à ce point gaspillé. Aussi, après quelques heures d'éclat et de verve, cette effervescence ambitieuse n'aboutit trop souvent qu'à l'agitation dans le vide, à l'exaltation dans l'impuissance. Stérilité précoce, décrépitude au sortir de la jeunesse, épuisement sans avoir rien produit. Il semble même parfois qu'un vent de folie passe dans les cerveaux, phénomène physiologique habituel, du reste, après les grandes commotions politiques [1]. Plus d'un

---

[1] M. Esquirol dit quelque part : « L'influence de nos troubles politiques a été

de ces hommes de lettres finit dans une maison de santé. D'autres, désespérés de leur impuissance, se réfugient dans la mort. Les Chatterton se tuent ailleurs que sur la scène. Ne voit-on pas alors le suicide d'enfants de vingt ans qui, comme Escousse et Lebras, au lendemain d'une pièce sifflée, se disent las de la vie, désabusés de la gloire, victimes de la société, et ne paraissent préoccupés, même en face de leur réchaud, que de poser devant le public, et de faire, morts, le bruit qu'ils n'ont pu faire, vivants? Voilà donc ce qu'est devenue, en quelques années, cette génération si brillante et si fière à ses débuts. Peut-être déjà, avant 1830, avait-elle en soi de quoi se perdre; mais il n'en est pas moins certain que la fièvre de Juillet aggrava, précipita sa déviation et sa chute, qu'elle la fit plus promptement échouer dans cette faillite qui est le terme fatal de tout mouvement révolutionnaire [1].

II

La maladie qui, venue de la révolution, sévissait sur la littérature, n'empêchait pas sans doute que celle-ci ne comptât alors beaucoup de renommées éclatantes, étoiles anciennes qui con-

si profonde, que je pourrais donner l'histoire de notre révolution, depuis la prise de la Bastille jusqu'à la dernière apparition de Bonaparte, par celles de quelques aliénés dont la folie se rattache aux événements qui ont signalé cette période de notre histoire. »

[1] Un critique distingué de l'école démocratique et libre penseuse, M. Schérer, a écrit à ce propos : « Le romantisme a été une révolution, et l'on peut demander de lui, comme de la plupart des révolutions, s'il a fait ses frais. Comme la plupart des révolutions, il a détruit plus qu'il n'a édifié. Il a été un 92 littéraire, 92 suivi d'un 93, et 93 suivi d'un Directoire. Il a eu son Mirabeau, ses girondins, ses terroristes et enfin ses muscadins. » — S'il fallait en croire certains esprits, ce ne serait pas seulement en littérature que le romantisme aurait été un 93. M. John Lemoinne, dans son discours de réception à l'Académie, a raconté l'anecdote suivante : « Je me rappelle qu'un matin, dans les plus mauvais jours de 1871, M. Thiers, que j'étais allé voir à Versailles, m'ayant demandé des nouvelles de M. de Sacy, je lui répondis qu'il continuait à être amoureux de ses vieux livres et à ne pas connaître les romantiques. Et M. Thiers me dit, avec cette vivacité dont vous avez le souvenir : Ah! il a bien raison, Sacy; les romantiques, c'est la Commune! »

tinuaient à briller, étoiles nouvelles qui montaient étincelantes à l'horizon. Ce n'est certes pas nous qui, dans notre pauvreté actuelle, pourrions ne pas faire cas de tant de richesses. Pour ne parler que de la poésie, cette forme supérieure et presque divine de l'art, ce don le plus rare et le plus éminent du génie humain, quel temps que celui où l'on conservait Lamartine et Victor Hugo, et où l'on voyait s'élever Alfred de Musset, sans compter tant d'autres talents alors secondaires, et qui aujourd'hui se trouveraient au premier rang! Seulement, chez presque tous, même chez les plus illustres, on pouvait observer après 1830, dans une mesure plus ou moins grande, mais toujours visible, un changement, une déviation, un trouble, dont la révolution est, sinon la cause unique, du moins l'une des causes importantes. A ce point de vue particulier, il peut n'être pas sans intérêt de considérer un moment quelques-uns de ces écrivains. Toutefois qu'on nous permette une observation préalable. Quand nous parlons ainsi de la révolution de Juillet, nous n'entendons pas parler uniquement de la substitution de la branche cadette des Bourbons à la branche aînée, changement qui en lui-même n'aurait eu qu'une influence restreinte sur la littérature. On a vu qu'en 1830, il y eut une crise bien autrement profonde et générale; la société fut plus atteinte encore que l'État, l'ordre moral plus que l'ordre politique; les troubles de la rue avaient gagné les intelligences; les traditions, les respects, les croyances semblaient avoir été déracinés en même temps qu'une antique dynastie. Telle est la révolution qui a pu agir sur la littérature, et dont il y a lieu de rechercher le contre-coup sur les principaux écrivains de ce temps.

Lamartine était le premier astre qui se fût levé, en cette époque unique de 1820, au ciel de la poésie nouvelle. Jamais on n'avait vu aurore plus radieuse, plus pure et plus charmante. Journées incomparables, où le poëte de trente ans lisait, de sa voix harmonieuse, dans quelque salon privilégié, ses *Méditations*, et trouvait « des soupirs pour écho, des larmes pour applaudissements »; où M. Villemain, ne pouvant se contenir, s'élançait vers ce lecteur, inconnu la veille, et le saisissant au collet avec un enthousiasme qui ressemblait presque à de la colère : « Jeune homme, lui criait-il, qui êtes-vous ? D'où venez-vous, vous qui nous apportez de pareils vers ? » Tout avait souri à Lamartine. Ayant reçu, en naissant, la beauté, la noblesse, la fortune et, à profusion, tous les dons du plus facile génie, entouré de tendresses vigilantes qui avaient laissé ignorer à son enfance « ce qu'était une amertume de cœur, une gêne d'esprit, une sévérité du visage humain [1] », il était entré dans la gloire d'un seul coup, sans effort ; et, à voir le caractère de l'admiration qu'il avait éveillée dans les jeunes générations, surtout chez les femmes, on eût presque dit que c'était de l'amour. La société de la Restauration formait un cadre merveilleusement approprié à ce poëte gentilhomme, d'inspiration religieuse et royaliste ; il s'y épanouissait, tout en restant étranger aux exagérations de l'esprit de parti et aux amertumes des querelles politiques. Aussi, en dépit de la mélancolie littéraire de certaines de ses poésies, pouvait-on le saluer comme l'incarnation du génie heureux. En 1830, aux derniers jours de l'ancienne royauté, il avait quarante ans, était dans la plénitude de son talent, publiait ses *Harmonies religieuses* et recevait, en entrant à l'Académie, les hommages de la vieille littérature, vaincue par sa jeune gloire.

C'est alors que les événements de Juillet renversèrent ces princes qu'il aimait, découronnèrent cette société à laquelle il avait cherché à plaire, fermèrent ces salons où il avait trouvé une tribune. Il en fut comme désorienté. De lui surtout était vrai ce que Béranger disait, en janvier 1832, à M. Napoléon Peyrat : « Tous ces poëtes de la vieille monarchie et du catholicisme, Chateaubriand, Lamennais, Lamartine, Hugo, Vigny, sont comme des oiseaux dont l'arbre est tombé et qui ne savent plus où percher. » Cette âme délicate et faible devait souffrir plus qu'une autre de perdre son abri ; cet esprit mobile et flottant n'était pas impunément exposé au grand vent de la révolution.

---

[1] Expressions de Lamartine.

Tout ouvert aux impressions du dehors, avide d'applaudissements, la dispersion de l'élite qui l'avait jusqu'ici flatté, entouré, protégé, le livrait aux excitations d'en bas et aux tentations des popularités subalternes. D'autre part, l'isolement où il se trouvait, dans l'universelle dissolution, le poussait davantage à cette contemplation et à cette admiration de soi qui laissent l'écrivain sans clairvoyance et sans résistance en face de ses propres défauts.

Le mal qui va grandir chez Lamartime existait déjà en germe dans ses premières œuvres. Un observateur attentif eût pu discerner, dans les *Harmonies*, à côté d'inspirations sublimes et chrétiennes, quelques symptômes d'une religiosité équivoque qui tournait au panthéisme ; à côté des plus beaux vers que le poëte ait écrits, des passages où la pensée vague et molle, la forme facile et hâtive, trahissaient déjà la fatigue et la négligence. Après 1830, ce double mal se développa rapidement. A lire le *Voyage d'Orient* (1835), où l'auteur affectait d'embrasser toutes les religions du monde dans une sorte de synthèse indécise, aboutissant en réalité à l'indifférence, où il tendait à remplacer le christianisme positif par le rêve d'une démocratie humanitaire ; à lire ensuite, dans *Jocelyn* (1836), l'histoire de ce prêtre chez lequel un catholicisme énervé, plus ou moins renouvelé du Vicaire savoyard, était par moment si étrangement mêlé de rêveries panthéistes et terni par la malsaine vapeur d'une passion tout humaine ; à lire enfin ce poëme de la *Chute d'un ange* (1838), où le rationalisme, le panthéisme et le sensualisme, définitivement vainqueurs dans l'âme du poëte, s'étalaient en quelque sorte sans voile, on pouvait constater, chez Lamartine, l'affaiblissement, la déviation et bientôt la ruine de la foi première ; on pouvait aussi mesurer ce que, par suite, la pensée perdait de sa netteté, de sa vigueur et de sa pureté. Chaque année, on le voyait payer un tribut plus large aux maladies du temps. Au seul point de vue littéraire, la déchéance était incontestable. Dans le *Voyage en Orient*, dans *Jocelyn*, il y avait encore de très-belles parties, mais la musique des mots, l'abus des images impropres, l'étendue disproportionnée des épisodes ou des amplifications parasites, cachaient mal l'incertitude et le vide de l'idée, le relâchement ou l'impuissance de l'écrivain. Avec la *Chute d'un ange,* la décadence fut si marquée, que le public appliqua à l'auteur lui-même le titre de l'ouvrage. « Fond et forme, écrivait alors Béranger, tout m'y semble détestable et ennuyeux. » Et M. Doudan ajoutait : « La chute de son ange est déplorable ; cet ange tombe dans le vide. » Lamartine lui-même ne paraissait pas se faire grande illusion : « C'est détestable », écrivait-il de son propre livre, au moment où il était publié. En bien peu d'années, quelle descente depuis les grandes œuvres d'avant la révolution, depuis les *Méditations* et les *Harmonies!*

Cette décadence venait en partie de ce que Lamartine, après 1830, s'était jeté dans la politique. Déjà, à la fin de la Restauration, il avait paru plus ou moins sourdement travaillé du désir de l'action publique, à ce point que M. Cuvier, en le recevant à l'Académie, avait cru devoir le mettre en garde contre cette tentation. Les événements de Juillet le poussèrent violemment du côté où il penchait. Seulement, il ne s'agissait plus pour lui, comme naguère, de solliciter une ambassade de second ordre. Dans cette France politique, où l'on venait de faire table rase, il lui paraissait que des routes sans barrière et un horizon sans bornes s'ouvraient à son ambition, et le poëte s'y élançait avec toute la puissance d'une imagination qui lui avait été donnée pour autre chose. L'isolement même où l'avait mis la révolution, contribuait à l'émanciper : détaché de tout, quitte envers le passé qu'il saluait avec une politesse émue, libre avec le présent qu'il subissait par raison sans livrer son cœur, aucune affection, aucune tradition, aucune convenance de société, aucun lien de parti, aucun point d'honneur ne l'obligeait à se contenir ni ne l'aidait à se diriger. Ce que sera cette vie politique, quel orbite imprévu décrira cette brillante comète, par quel singulier mélange de sensibilité excessive aux impressions du dehors et d'imagination égoïste, de rêves généreux et d'insatiable ambition, de rancunes vaniteuses et d'imprévoyance superbe, de recherche de l'effet littéraire et dramatique, d'ivresse d'improvisateur, de susceptibilité d'acteur et d'infatuation d'artiste, l'ancien royaliste deviendra l'historien des *Girondins*, criant : Hosanna ! à la révolution du passé et : En avant ! à la révolution du lendemain, c'est ce qu'il conviendra de raconter ailleurs. Pour le moment, il s'agit moins de prévoir le mal trop réel que le poëte fera bientôt à la politique, que de mesurer le tort causé, dès maintenant, par la politique au poëte.

Ce tort fut grand : la poésie fut dédaignée, négligée, bientôt même écartée par Lamartine, comme une distraction frivole qui avait pu être l'accident de sa jeunesse, mais qui n'avait plus de place dans sa vie d'homme. La gloire des *Méditations* ou des *Harmonies* lui était même une gêne ; dès les premières élections après la révolution, en 1831, il avait posé sans succès sa candidature ; il attribua son échec à la mauvaise note que lui donnait auprès des électeurs son renom de poëte, et il se prit à [« maudire la malheureuse notoriété des vers qu'il avait écrits dans l'oisiveté de sa jeunesse [1] ». Lisez sa correspondance de 1830 à 1848 [2] : vous le verrez à peu près uniquement occupé de son rôle et de ses rêves politiques, de discours, d'articles de journaux, de l'effet qu'il croit produire sur les partis. Où trouver, dans une telle obsession, place pour la poésie? « Je ne puis écrire de vers par trop plein des idées politiques », écrit-il le 15 février 1832. D'ailleurs, les succès bruyants, immédiats, mais éphémères, d'une improvisation oratoire, l'importance qu'il acquérait ainsi dans le monde parlementaire, flattaient sa vanité, amusaient son imagination, tout en exigeant peu d'efforts de son indolente facilité. « Adieu les vers, disait-il en août 1837 ; j'aime mieux parler ; cela m'anime, m'échauffe, me dramatise davantage, et puis les paroles crachées coûtent moins que les stances fondues en bronze. » Cet adieu ne fut malheureusement pas une vaine parole. La *Chute d'un ange* (1838) et les *Recueillements* (1839) marquèrent le terme de sa carrière poétique. Depuis lors, il n'a plus publié de vers. Le politique

---

[1] Voyez la *Préface* que Lamartine a mise en tête de ses *Discours* (1849).
[2] *Correspondance de Lamartine*, t. IV, V, VI.

avait tué en lui le poëte, et l'œuvre de l'un n'est pas faite pour nous consoler de la mort de l'autre.

Cette décadence n'échappait pas aux contemporains, et, peu d'années après 1830, les esprits indépendants la constataient déjà. « Que restera-t-il de M. de Lamartine? » demandait M. Nisard, dans la *Revue de Paris*, en 1837, avant même la publication de la *Chute d'un ange*. « Il restera le souvenir de grandes facultés poétiques, supérieures à ce qui en sera sorti; il restera le nom harmonieux et sonore d'un poëte auquel son siècle aura été trop doux et la gloire trop facile, et en qui ses contemporains auront trop aimé leurs propres défauts. » Et le critique se désolait de voir « retenu, dans la région inférieure des talents de second ordre, un poète doué assez pour s'élever jusqu'au rang des hommes de génie[1] ». Deux ans plus tard, au lendemain des *Recueillements poétiques*, M. Sainte-Beuve, comparant le Lamartine d'avant et d'après 1830, notait un changement « analogue à celui qui, à la même époque, s'était opéré chez Lamennais »; puis, cherchant la cause et la date de ce changement : « La révolution de Juillet, disait-il, ne l'avait pas désarçonné comme tant d'autres; mais, en ne le désarçonnant pas visiblement, au moment du saut du relais imprévu, elle l'avait pris, pour ainsi dire, et porté du bond, sans qu'il eût le temps de s'en douter et sans qu'il y parût, sur un cheval nouveau. » Lamartine s'était alors remis à courir, mais « dans une direction différente »; de là cette décadence que, depuis lors, on remarquait à chaque œuvre nouvelle; le dernier volume, celui des *Recueillements poétiques*, ajoutait M. Sainte-Beuve, « affiche de plus en plus les dissipations d'un beau génie; il est temps de le dire; au troisième chant du coq, on a droit de s'écrier et d'avertir le poëte le plus aimé qu'il renie sa gloire »; et il concluait par cette réflexion plus générale et d'un accent singulièrement triste : « En acceptant ce pénible rôle de noter les arrêts, les chutes et les déclins avant terme de tant d'esprits que nous admirons,

---

[1] *M. de Lamartine en 1837*, par M. Nisard, étude publiée par la *Revue de Paris*, et reproduite depuis dans les *Portraits et Etudes d'histoire littéraire*.

nous voulons qu'on sache bien qu'aucun sentiment en nous ne peut s'en applaudir. Hélas! leur ruine (si ruine il y a) n'est-elle pas la nôtre, comme leur triomphe, tant de fois prédit, eût fait notre orgueil et notre joie? Le meilleur de nos fonds était embarqué à bord de leurs renommées, et l'on se sent périr pour sa grande part dans leur naufrage[1]. »

III

Victor Hugo moins que tout autre était capable de se roidir contre le souffle de 1830. Avec son imagination flottant à tous les vents, se teignant tour à tour de tous les reflets, il était à la merci des impressions changeantes du dehors, constamment à la suite de ce qui réussissait, empressé à flatter la popularité régnante, rarement créateur d'une idée originale, plutôt héraut des idées des autres, décorant et colorant richement les lieux communs du jour, « écho sonore », comme il s'est défini lui-même, de ce qui faisait du bruit autour de lui[2]. Sous la Restauration, quand le royalisme était dans son éclat et sa puissance, Victor Hugo avait été royaliste; il avait senti couler dans ses veines le sang vendéen, et chantait avec enthousiasme le trône et l'autel. Lorsqu'un peu plus tard, dans les dernières années de Charles X, le royalisme devint impopulaire, et que la vogue fut au libéralisme plus ou moins mélangé d'idées napoléoniennes, Victor Hugo se rappela à propos qu'il était le fils d'un soldat de la République et de l'Empire, fit des vers magnifiques sur Napoléon et la colonne Vendôme, proclama solennelle-

[1] Article sur les *Recueillements poétiques* (1839), inséré dans les *Portraits contemporains*, t. I, p. 349.
[2] N'est-ce pas Victor Hugo qui disait, précisément en 1830, dans la pièce qui sert de préface aux *Feuilles d'automne* :
C'est que l'amour, la tombe, et la gloire et la vie,
L'onde qui fuit, par l'onde incessamment suivie,
Tout souffle, tout rayon, ou propice ou fatal,
Fait reluire et vibrer mon âme de cristal,
Mon âme aux mille voix, que le Dieu que j'adore
Mit au centre de tout comme un écho sonore.

ment que « le romantisme était le libéralisme en littérature », et, par un autre emprunt au langage politique, appela les classiques des « ultras ». D'ailleurs il avait alors contre la royauté, un de ces griefs personnels qui décidaient souvent de ses opinions : la censure, en 1829, avait interdit la représentation de *Marion Delorme;* elle avait eu beau laisser jouer *Hernani*, au commencement de l'année suivante, et fournir ainsi, aux tribus chevelues du jeune romantisme, groupées, en rangs serrés, au parterre du Théâtre-Français, l'occasion d'un combat légendaire contre les « bourgeois » des loges, elle n'avait pu faire oublier et pardonner l'injure de la première interdiction. Survint la révolution de Juillet; Victor Hugo n'eut aussitôt qu'une préoccupation : apporter ses hommages à la démocratie victorieuse. Un biographe intime, qui a écrit sous ses yeux et probablement sous sa dictée, a dit à ce propos : « Les grandes commotions retentissent profondément dans les intelligences. M. Victor Hugo, qui venait de faire son insurrection et ses barricades au théâtre, comprit que tous les progrès se tiennent, et qu'à moins d'être inconséquent, il devait accepter en politique ce qu'il voulait en littérature [1]. » Pour faire oublier ses poésies royalistes, il s'empressa de chanter « la Jeune France » et les morts de Juillet. Par moments même, on eût dit qu'il allait jusqu'à la république. Dans ce *Journal d'un révolutionnaire de 1830* [2], où il notait, au jour le jour, ses idées et ses impressions, il définissait ainsi l'état de sa mue politique : « J'admire encore la Rochejaquelein, Lescure, Cathelineau, Charette même; je ne les aime plus. J'admire toujours Mirabeau et Napoléon; je ne les hais plus. » Du reste, que la monarchie nouvelle se permette, à son tour, en 1832, d'interdire la représentation du *Roi s'amuse* : aussitôt le poëte irrité sent s'aviver ses convictions et ses ardeurs démocratiques; il menace le gouvernement de son opposition, avec une arrogance plus ridicule qu'inquiétante [3]. Ce qui ne l'empêchera pas, plus tard,

---

[1] *Victor Hugo raconté par un témoin de sa vie.*
[2] Ce *Journal* fut publié en 1834.
[3] Ce n'est pas que les avances de Victor Hugo aient été alors aimablement

quand il croira cette monarchie bien assise, d'accepter la pairie des mains de Louis-Philippe.

Quoi qu'il en soit des variations de l'homme politique, il est certain qu'après 1830, il se produit dans les idées, et bientôt même dans le talent de l'écrivain, un changement analogue à celui que nous avons déjà noté chez Lamartine. Tout ce qui a fait l'inspiration haute, saine, fortifiante, de ses premières poésies, s'écroule ou au moins s'ébranle. La foi religieuse s'évanouit, et avec elle la netteté et l'élévation morales qui en sont la conséquence : à la place, une sorte de panthéisme qui ne se définit pas lui-même et se berce de mots et d'images. Dès 1831, appréciant une des publications récentes du poëte, M. Sainte-Beuve constatait ainsi ce résultat : « De progrès en croyance religieuse, en certitude philosophique, en résultats moraux, le dirai-je? il n'y en a pas. C'est là un mémorable exemple de l'énergie dissolvante du siècle et de son triomphe à la longue sur les convictions individuelles les plus hardies. On les croit indestructibles, on les laisse sommeiller en soi comme suffisamment assises, et, un matin, on se réveille, les cherchant en vain dans son âme; elles s'y sont affaissées comme une île volcanique sous l'Océan. » Victor Hugo écrivait lui-même, dans son *Journal d'un révolutionnaire* de 1830 : « Mon ancienne conviction royaliste catholique de 1820 s'est écroulée pièce à pièce, depuis dix ans, devant l'âge et l'expérience. Il en reste pourtant encore quelque chose dans mon esprit, mais ce n'est qu'une religieuse et poétique ruine. Je me détourne quelquefois pour la considérer avec respect, mais je n'y viens plus prier. »

Sans doute, le talent est encore bien grand ; il suffit de rap-

---

accueillies par le parti républicain. Celui-ci se méfiait politiquement; et, littérairement, les journaux de gauche, notamment le *National* et la *Tribune*, tenaient pour l'école classique. Quand Victor Hugo publia, en 1832, la préface dans laquelle il menaçait le gouvernement, à raison de l'interdiction du *Roi s'amuse*, la *Tribune* lui déclara assez sèchement « qu'il s'exagérait l'importance de son œuvre et la sympathie qu'elle excitait, en pensant qu'il pourrait y avoir là sujet d'émeute ». — Henri Heine écrivait, à la même époque, en parlant de Victor Hugo : « Les républicains suspectent son amour pour la cause populaire; ils éventent, dans chaque phrase, une secrète prédilection pour l'aristocratie et le catholicisme. » (*De la France*, p. 295.)

peler que les *Feuilles d'automne* sont de cette époque. Mais les *Chants du crépuscule* vont suivre, marquant un déclin et, suivant l'expression d'un critique contemporain, « désespérant les amis de M. Victor Hugo ». Les défauts, qu'on y voit, sinon naître, du moins se développer, sont le plus souvent la conséquence de l'ébranlement moral qui s'est produit dans l'âme du poëte, et le signe manifeste d'une littérature en décadence, alors même qu'elle demeure encore brillante : poésie en quelque sorte toute matérielle ; prédominance du son, du décor, de l'image physique ; profusion descriptive, vague déclamation, répétitions essoufflées, révélant le vide de l'idée et l'impuissance de celle-ci à se préciser et à se renouveler ; absence de goût et de mesure, grossissements disproportionnés et monstrueux, erreurs d'un esprit où le trouble intérieur et extérieur a détruit tout frein et tout équilibre ; épuisement et stérilité précoces d'un art qui n'est qu'imagination et sensation, au lieu d'être fondé sur la raison ; par-dessus tout, incertitude et malaise de la pensée, confessés par l'auteur lui-même, quand il écrit, à cette époque, dans la préface des *Chants du crépuscule* : « La société attend que ce qui est à l'horizon s'allume tout à fait ou s'éteigne complètement. Il n'y a rien de plus à dire. Ce qui est peut-être exprimé dans ce recueil, c'est cet étrange état crépusculaire de l'âme et de la société, dans le siècle où nous vivons. De là, dans ce livre, ces cris d'espoir mêlés d'hésitation, ces troubles intérieurs... cette crainte que tout n'aille s'obscurcissant... »

Le mal de 1830 est marqué d'une façon plus particulière encore par l'esprit de révolte qui domine alors dans toutes les œuvres de Victor Hugo. Se fondant, à défaut de faits, sur des hypothèses qui n'ont pas même de vraisemblance artistique, il poursuit la revanche de ce qui est bas contre ce qui est élevé, de ce qui est méprisé contre ce qu'on respectait, de la laideur contre la beauté, de ce qui est misérable contre toute puissance et toute autorité ; antithèse monstrueuse, d'où il ressort que la hiérarchie sociale est au rebours de la hiérarchie morale ; sorte de socialisme plus ou moins conscient, où la pitié même devient malfaisante et où la philanthropie se tourne en menace. Il s'agit de prouver, dit quelque part le poëte, que « le fait social est absurde » et, par suite, responsable des fautes des hommes. N'est-ce pas là l'inspiration principale de cette *Notre-Dame de Paris*, que Victor Hugo commence précisément à écrire au bruit des fusillades de Juillet, et où il réserve le beau rôle à la bohémienne et au monstre, le vilain au prêtre et au gentilhomme? En même temps, il plaide, en vers éloquents, pour les malheureuses qui rôdent le soir autour de la place de Grève, contre les femmes en grande toilette qui vont danser au bal donné par la Ville au nouveau roi. A cette époque également, non content de rééditer le *Dernier Jour d'un condamné*, il publie *Claude Gueux*, où, prenant en main la cause d'un prisonnier qui a assassiné d'un coup de ciseau le directeur de la prison, il donne tort à la justice publique et à la loi pénale; tel est son parti pris de sophisme que, pour arriver à sa conclusion, il altère audacieusement un fait notoire, un épisode récent de cour d'assises : première apparition de cette gageure antisociale qui aboutira au Jean Valjean des *Misérables*.

C'est pis encore dans ses drames. Déjà, avant 1830, *Hernani* avait montré une sorte de bandit tenant tête à Charles-Quint; dans *Marion Delorme*, Louis XIII, Richelieu, la magistrature, étaient abaissés devant une courtisane; mais l'auteur laissait encore à la royauté quelque grandeur. Après 1830, ce reste de respect pour la vérité historique et morale disparaît. Voyez *Le Roi s'amuse, Lucrèce Borgia, Marie Tudor, Angélo, Ruy-Blas*, qui se succèdent en quelques années : plus de mesure dans le déshonneur, le crime, la honte des rois et de tous ceux qui personnifient l'autorité ou la tradition; par contre, les héros sont des bouffons pourvoyeurs des plaisirs royaux, des laquais, des courtisanes surtout, comme pour humilier davantage les grandeurs sociales par l'abjection et l'infamie de ce qu'on leur oppose. Ce n'est pas seulement fantaisie de dramaturge en quête d'antithèses littéraires; l'auteur se vante de connaître la force de propagande du théâtre et prétend faire œuvre d'apôtre et de réformateur. « Le drame, écrit-il, doit donner à la foule une philosophie, aux idées une formule... à chacun un conseil, à tous une loi ! » Présomption fastueuse qui cache mal la faiblesse de cet homme ; la vérité est qu'il cherche à plaire aux passions régnantes, à flatter ces instincts de révolte, d'envie, d'orgueil, que la révolution a éveillés et fait fermenter, non-seulement dans le peuple, mais même dans une partie de la bourgeoisie ; il tente au théâtre ce que d'autres courtisans de la foule font, au même moment, dans la presse ou à la tribune. Ne se pique-t-il pas d'ailleurs de se mettre par là en harmonie avec le mouvement politique ? « Il faut, dit-il marcher avec son siècle et ses institutions ; ainsi le théâtre, de nos jours, doit être démocratique. » — « Je voudrais au moins, répondait M. Briffaut, qu'il ne fût pas sans-culotte. »

L'art gagnait-il à cette évolution « démocratique » du théâtre ? On sait aujourd'hui que penser de ce genre faux et court dans sa violence surmenée, où tout est énorme et où rien n'est grand ; de ces compositions dramatiques, où les caractères ne sont trop souvent que des costumes, les passions des instincts, les émotions des convulsions physiques affectant le système nerveux plutôt que l'âme, où les vicissitudes et les dénoûments paraissent naître, non de la liberté humaine ou des desseins justifiés de la Providence, mais des accidents du hasard et de la fantaisie de l'écrivain ; de cette prétendue vérité du langage, qui cache mal une afféterie déclamatoire ; de ces effets de style qui sont surtout des cliquetis de mots bruyants ou sinistres ; de ces jeux de scène qui répètent les procédés les plus usés du vieux mélodrame, ficelles mal dissimulées qui font mouvoir de lugubres marionnettes. Du reste, dès cette époque, l'échec était visible. En dépit du talent des acteurs, en dépit des efforts de la jeune bohème qui se portait aux premières représentations comme à une émeute, en chantant la *Marseillaise* et la *Carmagnole*, plus on allait, moins les applaudissements étaient vifs et plus les sifflets l'emportaient ; seule, *Lucrèce Borgia* eut un certain succès. Cette campagne devait aboutir, en 1843, à la déroute définitive des *Burgraves*, qui, malgré de belles parties poétiques, succombèrent à la scène, moins devant la passion des adversaires que devant l'ennui des indifférents. A cette même époque,

M. Sainte-Beuve, qui avait été, en 1830, l'un des hérauts du drame romantique, n'hésitait pas à en confesser la banqueroute; il écrivait dans une revue suisse, où, sous le voile de l'anonyme, la sincérité complète lui était plus facile : « Le théâtre, ce côté le plus invoqué de l'art moderne, est celui aussi qui, chez nous, a le moins produit et a fait mentir toutes les espérances. » Voulait-il résumer l'impression définitive du public, il ne trouvait que ces mots : « un lourd assommement ». « On est las », ajoutait-il. Se rappelant ce qu'il avait fait, avec d'autres critiques, pour préparer la voie au nouveau drame, il se déclarait presque « honteux de voir pour qui il avait travaillé », et il concluait : « Le faux historique, l'absence d'étude dans les sujets, le gigantesque et le forcené dans les sentiments et les passions, voilà ce qui a éclaté et débordé; on avait cru frayer le chemin et ouvrir le passage à une armée chevaleresque, audacieuse, mais civilisée, et ce fut une invasion de barbares. Après douze ou quinze ans d'excès et de catastrophes de tous genres, le public en est venu à ne plus aspirer qu'à quelque chose d'un peu noble, d'un peu raisonnable et de suffisamment poétique [1]. » C'est cet état d'esprit qui fit alors le succès si retentissant et quelque peu exagéré de la *Lucrèce* de M. Ponsard, succès d'autant plus remarqué qu'il coïncidait avec la chute des *Burgraves* [2]. A la fin de la monarchie de Juillet, il semble donc que le principal résultat de cette révolution théâtrale, si orgueilleusement entreprise, ait été de préparer, par le dégoût et la réaction même qu'elle a provoqués, le triomphe passager du semi-classicisme de l'« école du bon sens » et du « juste milieu poétique ». Notons aussi, comme signes du même temps, la vogue de la vieille tragédie ressuscitée par le talent de Rachel, et les applaudissements donnés, en Sorbonne, par la jeunesse des écoles, à la critique sensée, froide et fine, de M. Saint-Marc Girardin contre le drame moderne. Quand on voulut alors reprendre *Marion Delorme*, l'échec fut complet, et un homme d'esprit

---

[1] SAINTE-BEUVE, *Chroniques parisiennes*, p. 23, 24, 31, 317 à 320.
[2] Victor Hugo, fort mortifié de ce succès, disait jalousement, en parlant de *Lucrèce* : « La chose que l'on joue à l'Odéon. » (SAINTE-BEUVE, *Chron. par.*, p. 49.)

put dire, en comparant cette pièce à *Athalie* : « Marion Delorme est bien plus vieille que si elle avait deux cents ans; elle en a quinze. »

Donc, qu'il s'agisse du poëte lyrique, du romancier, du dramaturge, il semble que ce soient plutôt les défauts que les qualités qui ont grandi. La critique contemporaine, en dépit de ses premiers éblouissements ou de ses partis pris de coterie, ne pouvait pas ne pas s'en apercevoir. On vient de voir ce que disait M. Sainte-Beuve du théâtre. Dès 1836, dans un article remarqué de la *Revue de Paris*, M. Nisard, se plaçant à un point de vue plus général, prononçait le mot de « décadence ». Admirateur des débuts du poëte, il ne pouvait cacher la surprise inquiète que lui causaient ses œuvres plus récentes, et il posait, non sans douleur, cette question : « Le jeune homme encore vigoureux, qui est né avec ce siècle, qui a donné tant d'espérances, qui a été admiré par ceux mêmes qui ne l'aimaient point, en serait-il arrivé au radotage des vieillards? Cette poésie exténuée, où la pensée est si rare et les mots si abondants, où M. Victor Hugo semble n'être plus, en vérité, que le compilateur et le regrattier de ses premières poésies, serait-elle le dernier mot du poëte?... C'est une chose triste pour tout le monde qu'une décadence prématurée, qu'une chute dans l'âge des succès, qu'une mort au plus beau moment de la vie. » Puis, après avoir analysé les défauts des œuvres publiées par M. Victor Hugo, depuis 1830, M. Nisard concluait : « Ce que nous paraissions craindre, au commencement de cet article, comme une chose possible, est peut-être une chose prochaine et inévitable : c'est à savoir, la mort littéraire de M. Victor Hugo. Il y a deux manières de finir pour l'écrivain : il y a la manière commune, qui est lorsque l'esprit et le corps finissent ensemble et que l'écrivain subit le sort de tous; il y a ensuite la manière morale, qui est lorsque l'esprit finit avant le corps, soit par une stérilité soudaine, soit par une fécondité sans progrès, où l'auteur perd de sa gloire en proportion de ce qu'il ajoute à son bagage. Ce serait là, nous voudrions bien nous tromper, l'espèce de fin réservée à M. Victor Hugo. On remarque dans sa carrière littéraire un symptôme particulier qui inquiète même ses plus aveugles amis; c'est que, dans la prose comme dans la poésie, ses premiers écrits valent mieux que les derniers, sauf quelques parties d'ouvrage où le dernier rompt la loi ordinaire en n'étant que l'égal du premier... On dirait que M. Victor Hugo a été condamné à n'être, en effet, qu'un *enfant de génie,* comme l'appelait M. de Chateaubriand. Les œuvres de l'homme font honte aux œuvres de l'enfant... Pourquoi donc n'avons-nous pas un Prytanée pour nourrir les *enfants de génie,* ces vieillards de trente ans, qui ont gagné leurs invalides à l'âge où ceux qui doivent être des hommes de génie ne sont encore que des jeunes gens qui promettent[1]?»

Depuis lors le temps a marché; Victor Hugo a beaucoup produit et il a été encore plus applaudi. Il est sans doute, dans ses œuvres, plus d'une page remarquable où le génie natif a triomphé des déviations du goût et des perversions de l'intelligence. Mais on y retrouve aussi le développement presque monstrueux des défauts signalés au lendemain de 1830. Ces défauts n'obligent-ils pas déjà le bon sens et le bon goût de la vraie postérité à réagir contre les apothéoses que l'esprit de parti avait prodiguées à la vieillesse du poëte ou plutôt du démagogue?

IV

Ce que nous avons dit des drames de Victor Hugo a pu donner une idée de ce que devint le théâtre, dans le trouble et l'excitation de 1830. La suppression de la censure, conséquence immédiate de la révolution, avait eu pour effet, non

---

[1] *Victor Hugo en* 1836. Cet article a été reproduit, il y a quelques années, par M. Nisard, dans un volume de *Portraits et Études d'histoire littéraire.* Cette opinion n'était pas isolée : deux ans plus tard, dans la *Revue des Deux Mondes* du 15 mars 1838, M. Gustave Planche s'exprimait ainsi : « M. Victor Hugo touche à une heure décisive : il a maintenant trente-six ans, et voici que l'autorité de son nom s'affaiblit de plus en plus. »

d'assurer à l'art dramatique une féconde liberté, mais d'ouvrir la porte à toutes les licences. On a vu déjà comment, au lendemain des journées de Juillet, la religion fut traitée sur la scène, les prêtres livrés à toutes les calomnies, à tous les outrages, à tous les sarcasmes, les croyances flétries et menacées, les choses saintes vilipendées dans les plus indécentes bouffonneries. Les autres autorités ne furent pas plus respectées. Alexandre Dumas lui-même ne se contentait plus d'amuser le public dans ses drames superficiels et puissants, où l'intérêt de l'intrigue et un mouvement endiablé faisaient oublier l'absence de caractères et d'idées; il y soutenait des thèses antisociales et flattait les haines révolutionnaires. Ainsi *Antony*, qui fit alors grand bruit, était le bâtard, en état de révolte légitime, de vengeance justifiée contre la société, foulant aux pieds, du droit de ses souffrances ou de ses passions, les lois divines ou humaines, blasphémant la Providence, niant la morale, bafouant ou flétrissant toutes les institutions, grisé de sophismes, en proie au délire des appétits brutaux, se faisant un jeu de l'adultère, du viol, de l'assassinat, et cependant demeurant le héros pour lequel on sollicitait la sympathie, presque l'admiration du public. Vers la même époque, Dumas fit jouer le drame de la *Tour de Nesle*, où il traitait l'histoire avec plus de sans gêne et la royauté avec moins de respect encore que l'auteur du *Roi s'amuse;* là, au milieu des tirades faites pour courtiser la mauvaise démocratie, figurait une reine qui noyait chaque matin ses amants de la nuit, assassinait son père et ne reculait pas devant le plus monstrueux inceste. Le gouvernement britannique donna une leçon mortifiante à notre patriotisme, quand il interdit la représentation de ce drame, regardé par lui comme outrageant pour la France alliée de l'Angleterre. Alexandre Dumas poussa si loin ses audaces, qu'il lassa la faveur du public, éveilla son dégoût, et les sifflets qui accueillirent telle de ses pièces, le *Fils de l'émigré*, par exemple, l'avertirent de s'arrêter.

Telle était la force contagieuse du mal, que les esprits délicats ou timides en étaient atteints. Alfred de Vigny donnait alors au Théâtre-Français *Chatterton*[1], œuvre maladive, qui, sous des formes moins grossières, était encore une condamnation de la société au nom de l'orgueil individuel. Scribe lui-même, dans une pièce intitulée : *Dix ans de la vie d'une femme*, faisait descendre à une grande dame tous les degrés du vice jusqu'à la prostitution, et cela avec un cynisme à faire rougir un Rétif de la Bretonne. Quand les modérés en étaient là, on peut deviner ce que se permettaient les violents. Dans le drame d'*Ango*, François Ier était représenté comme un misérable et un lâche; un bourgeois de Dieppe, dont il avait odieusement outragé la femme, le faisait s'évanouir en lui montrant seulement son épée, et criait aux courtisans : « Ramassez votre roi, il a tout perdu, même l'honneur. » L'écrivain qui débutait ainsi devait acquérir une hideuse notoriété : il s'appelait Félix Pyat[2]. En même temps que la royauté et les classes qu'on appelait alors dirigeantes étaient traînées dans la boue, des drames faisaient revivre et exaltaient Camille Desmoulins, Marat, Saint-Just, Fouquier-Tinville et autres sinistres personnages de la Terreur; au lendemain de 1830, Robespierre paraissait sur la scène presque aussi souvent que Napoléon, et ce n'est pas peu dire. Il n'était pas jusqu'au Théâtre-Français qui ne s'ouvrît alors à ces réhabilitations de 1793. Dans telle de ces pièces, on poussa le réalisme révolutionnaire jusqu'à faire figurer, au dénoûment, un échafaud sur la scène, si bien que le parterre, dégoûté, cria : « Otez l'échafaud! »

Les auteurs ne savaient, du reste, qu'imaginer, dans cette enchère d'émotions violentes, de sensations brutales et atroces, où l'art n'avait plus aucune part. Le drame marchait chaque jour plus avant dans la boue et le sang, parlant l'argot et blas-

---

[1] La première représentation de *Chatterton* eut lieu le 12 février 1835. Ce fut le plus grand succès de M. de Vigny.
[2] Ce n'est pas la seule pièce de M. Pyat qui ait fait quelque bruit. Cet écrivain devait donner, en 1847, le drame du *Chiffonnier de Paris*, abominable et absurde intrigue, où un chiffonnier héroïque et philosophe protégeait l'innocence populaire contre le vice aristocratique. Le public applaudissait. Il est vrai que quelques mois plus tard, au lendemain du 24 février 1848, la même pièce était froidement reçue : on avait vu à l'œuvre les chiffonniers de M. Pyat.

phémant, trichant au jeu, volant à main armée, assassinant. L'enfance même n'était pas respectée; on la montrait corrompue, cynique et fourbe. Tel vaudevilliste trouvait piquant de représenter le dortoir où paraissaient, en chemise, les jeunes filles de la maison de la Légion d'honneur à Saint-Denis. L'impureté, cynique ou raffinée, compagne ordinaire du désordre révolutionnaire, régnait en maîtresse sur la scène, et le respect de nos lecteurs nous empêche d'indiquer, même d'une façon voilée, quelles furent alors ses audaces. On était sur la voie qui avait conduit les Romains à brûler un esclave et à violer une femme sur la scène, et un Tertullien eût pu s'écrier de nouveau : *Tragœdiæ... scelerum et libidinum actrices cruentæ et lascivæ.*

Aussi les honnêtes gens du temps poussaient-ils un cri d'alarme et de dégoût. « Jusqu'à quand, écrivait M. Jules Janin en février 1831, veut-on nous promener à travers ces tortures, et n'avons-nous pas assisté, depuis six mois, à ces drames d'échafaud et de sang, où le bourreau joue le grand rôle, où Danton, Robespierre, Marat, Saint-Just apparaissent sur la scène, avec les grandes phrases de leur temps!... Vraiment, sommes-nous bien encouragés, par ce qui se traîne aujourd'hui dans nos rues, à soulever les poussières des mauvais jours? Hélas! vous le voyez déjà, ces passions retombent sur nous, cendres brûlantes d'un volcan que nous pensions refroidi. » Dans cette même année, M. de Salvandy se demandait ce qu'avaient produit, au théâtre, la suppression de la censure et ce qu'on appelait l'inspiration révolutionnaire. « Otez, disait-il, le petit chapeau, la redingote grise [1], les soutanes, des gravelures et le bourreau, que reste-t-il de l'expérience que nous venons de tenter? Il reste, dans Paris, dix ateliers de corruption, dix places de guerre dont le feu bat, chaque soir, l'ordre, le goût et la morale [2]. » En 1833, M. Nisard faisait son « manifeste » contre le théâtre de cette époque, et, après en avoir dénoncé les misères, les « hontes », les « orgies », il demandait qui pou-

---

[1] Allusion aux pièces innombrables où figurait Napoléon.
[2] *Seize Mois, ou la Révolution et les révolutionnaires*, par M. DE SALVANDY.

vait avoir plaisir à y « aller se donner des cauchemars de faux scélérats et de filles-mères, et à s'indigérer (qu'on me passe le mot) de mauvaises mœurs et de mauvais langage [1] ». Le poëte de la révolution, Barbier, avait consacré un de ses Iambes, *Melpomène*, à flageller cette corruption :

> Les théâtres partout sont d'infâmes repaires,
> Des temples de débauche, où le vice éhonté
> Donne, pour tous les prix, leçon d'impureté.

Et Musset, qui n'était pourtant pas timoré en ces matières, faisait écho, quatre ans plus tard, à l'invective de Barbier :

> Oui, c'est la vérité, le théâtre et la presse
> Étalent aujourd'hui des spectacles hideux,
> Et c'est, en pleine rue, à se boucher les yeux.

Aussi, en 1835, le duc de Broglie pouvait dire, à la tribune de la Chambre : « Qu'est-ce maintenant que le théâtre en France? Qui est-ce qui ose entrer dans une salle de spectacle, quand il ne connaît la pièce que de nom? Notre théâtre est devenu non-seulement le témoignage éclatant de tout le dévergondage et de toute la démence auxquels l'esprit humain peut se livrer lorsqu'il est abandonné sans aucun frein, mais il est devenu encore une école de débauche, une école de crimes [2]. » Les étrangers étaient frappés et scandalisés d'un tel désordre. « En somme, écrivait l'Américain Ticknor, je ne sais rien qui mérite plus le reproche d'être immoral et démoralisateur que les théâtres de Paris [3]. »

L'action délétère de ce théâtre sur les mœurs du temps n'a été, en effet, que trop visible. Certains drames ont peut-être alors plus contribué que ne le feront bientôt les dissertations de Proudhon et de M. Louis Blanc à préparer la prochaine explosion du socialisme. Que de sophismes jetés dans les cerveaux déjà troublés! Après la représentation de *Chatterton*, par exemple, que de jeunes génies incompris, rêvant de suicide! M. Thiers,

---

[1] *Manifeste contre la littérature facile*, et *Un amendement à la définition de la littérature facile*. (Revue de Paris. décembre 1833 et février 1834.)
[2] *Écrits et Discours du duc de Broglie*, t. II, p. 470.
[3] *Life, Letters and Journal* de G. Ticknor, t. II, p. 140.

ministre de l'intérieur, recevait tous les jours lettres sur lettres des Chatterton en herbe qui lui écrivaient : « Du secours, ou je me tue ! » « Il me faudrait renvoyer tout cela à M. de Vigny », disait le jeune ministre. Un jour, un chirurgien de marine assassinait sa maîtresse, femme mariée, mère de plusieurs enfants, et cherchait ensuite à se tuer, scène qui paraissait copiée de quelque drame ou de quelque roman. Il fut traduit en cour d'assises. Pour excuser son client, l'avocat ne trouva rien de mieux que de dénoncer « le romantisme, les livres antisociaux, les représentations dramatiques », et il s'écria : « Tout cela ne tend-il pas à entretenir dans les esprits le feu, la fièvre qui les dévorent? Eh bien! vous, organe de la société, vous, ministère public, que ne brûlez-vous tous ces livres, que ne demandez-vous le renversement de cet édifice, où les scènes les plus effrayantes sont représentées? Avez-vous le droit de punir le mal né du mal même que vous laissez faire? Oh! vous ne pouvez pas demander à la victime les réparations du mal qui est votre ouvrage! » Le jury trouva sans doute que l'avocat avait raison, car il acquitta l'accusé [1]. Quelques années plus tard, la cour d'assises de la Seine jugeait à huis clos un hideux procès, dit *de la Tour de Nesle* : il s'agissait de femmes entraînées, de force ou par ruse, dans un misérable appartement du faubourg Saint-Marceau, où de jeunes ouvriers, qui s'étaient distribué les noms du fameux drame d'Alexandre Dumas, leur faisaient subir les plus infâmes violences ; sur neuf accusés, quatre furent condamnés pour viol. Le duc de Broglie ne se trompait donc pas, dans le discours que nous citions tout à l'heure, lorsque, après avoir qualifié le théâtre « d'école de débauches et de crimes », il ajoutait : « École qui fait des disciples que l'on revoit ensuite, sur les bancs des cours d'assises, attester par leur langage, après l'avoir prouvé par leurs actions, et la profonde dégradation de leur intelligence, et la profonde dépravation de leur âme. »

[1] Procès Saint-Bancal, juillet 1835.

V

Le théâtre n'était pas le seul grand coupable. Précisément à cette époque, il est un genre qui commence à prendre, dans notre littérature, une importance dont l'exagération est peut-être à elle seule un signe de décadence : c'est le roman. Pour n'être pas tout de suite tombé aussi bas que nous le voyons aujourd'hui, le roman subit cependant, en 1830, une première déchéance, et, dès le lendemain de la révolution, il apparaît bien plus déréglé, bien plus audacieusement immoral qu'il n'aurait osé se montrer auparavant. Là, comme dans le drame, il semble qu'il y ait encouragement à toutes les licences ; on ne sait bientôt plus qu'imaginer pour piquer la curiosité blasée et corrompue ; les auteurs ont, pour ainsi dire, usé toutes les inventions malsaines et cyniques. En 1834, dans ce « manifeste » déjà cité, M. Nisard peut écrire : « Le roman est simplement une industrie à bout qui a commencé par la fin, c'est-à-dire par les grands coups, par les passions furieuses, par les situations folles, et qui, ayant fait hurler ses héros dans tous les sens, tourné et retourné de cent façons le thème banal des préliminaires de la séduction,... demande qu'on lui permette de dire les choses qui ne doivent pas être dites, *tacenda*, sous peine de mourir d'inanition [1]. » Laissons même les œuvres inférieures, éphémères, souvent ignominieuses, de la littérature courante ; le mal n'y est que trop manifeste. Ne nous attachons qu'aux deux romanciers qui, à cette époque même, font leur entrée avec tant d'éclat, et qui depuis lors ont gardé une importance et une influence parfois néfastes, mais en tout cas incontestées : nous voulons parler de George Sand et de Balzac.

Ceux qui étaient jeunes au lendemain de 1830 n'ont pas oublié l'impression si vive, à la fois charmante et troublante, qu'ils ressentirent, quand, en 1832, leur tomba sous la main

[1] *Manifeste contre la littérature facile.* (*Revue de Paris*, janvier 1834.)

un volume que rien n'avait annoncé; sur la couverture, ce titre bizarre : *Indiana*, et pour signature le nom, alors absolument inconnu, de George Sand. Dans un article publié à cette époque même, Sainte-Beuve raconte qu'on s'abordait en se disant : « Avez-vous lu *Indiana?* Lisez donc *Indiana*. » De l'auteur, on sut bientôt que c'était une jeune femme, en rupture de ban matrimonial, aux allures excentriques, qui demeurait dans une maison du quai Saint-Michel, s'habillait souvent en homme, fréquentait les cabinets de lecture et les cafés du quartier latin. De nouveaux romans succédèrent rapidement au premier, *Valentine*, *Lelia*, *Leone Leoni*, *Jacques*, *André*, *Lavinia*, etc., tous écrits dans une langue harmonieuse et éloquente, où chantait la poésie de la passion et de la nature [1]. Le succès fut grand. Ces volumes se répandirent en province comme à Paris, pénétrèrent dans les ateliers comme dans les salons, portant partout leur charme, mais aussi leur poison.

C'est qu'en effet, derrière cette poésie, fermente la révolte morale et sociale que nous avons signalée tant de fois comme le mal propre de cette époque troublée par une révolution. Dans ces romans, non moins que dans les drames de Victor Hugo, le parti est pris de donner le rôle abaissé et odieux à toutes les suprématies sociales, au rang, à la noblesse, à la fortune, et de leur opposer les roturiers, les bâtards, les révoltés, les *outlaws* de la société et de la morale. Lois humaines et divines, devoir et conscience, y sont niés au nom du caprice, de l'orgueil et de la passion. Partout, ce que Chateaubriand a appelé, dans ses Mémoires, « l'insulte à la rectitude de la vie ». L'intérêt du drame, le prestige des tableaux, le jeu pathétique des passions, tout cela ne sert qu'à encadrer, à faire vivre une thèse subversive et corruptrice, sorte de vêtement et d'ornement qui l'aident à pénétrer là où elle ne serait pas reçue toute nue. Un esprit délicat, peu porté aux exagérations, M. Doudan, écrivait à ce propos : « C'est une tentative de créer la poésie du mal, et cela

---

[1] Rappelons à ceux qui voudraient étudier de plus près l'œuvre de George Sand, la brillante et fine étude que M. le vicomte Othenin d'Haussonville a publiée, en 1878, dans la *Revue des Deux Mondes*.

a pour devise : Le diable n'est pas si noir que vous croyez! Et toutes les séductions de la nature sont employées à démontrer ou à déguiser cette thèse. Les fleurs de la vallée, — les rochers des Alpes, — les chamois qui effleurent la neige de leur course légère, — les magnificences de la nuit et sa mélancolie, — le grand silence des bois, — la tristesse mystérieuse des ruines, — Venise et la Jungfrau, tout est appelé en témoignage. Au fond, c'est l'entreprise du temps présent de rechercher si le mal ne serait point par hasard le bien, et d'essayer de parer cette figure un peu repoussante du mal de tout ce qu'il y a dans l'écrin étincelant de l'imagination [1]. » Par eux-mêmes, les sophismes eussent été souvent trop visiblement insoutenables pour trouver grand crédit; mais ce qui était plus dangereux, c'était l'atmosphère malsaine où ces romans emportaient les imaginations; ce parfum capiteux, énervant, égarant, qui irritait les sens en même temps qu'il endormait les consciences; cette sorte de rêve, où le vice se colorait de poésie, de mysticisme et presque de vertu.

Madame Sand s'attaque surtout au mariage; elle le fait avec une persistance et une amertume qui dénotent une rancune personnelle. A la place, elle prétend mettre les droits de l'amour ou plutôt les entraînements d'un sensualisme grossier. L'adultère est légitimé, l'amour libre érigé en théorie, et ce que l'auteur appelle « la religion du plaisir » substitué au dévouement et au sacrifice, fondements de la famille. « Il n'y a pas de crime là où il y a de l'amour sincère; — nos femmes sont aussi libres envers nous que nos amantes » : telles sont les maximes qu'on trouve dans *Jacques* ou *Consuelo*. Et toutes les fois que la passion révoltée rencontre quelque obstacle dans les mœurs, dans les lois, dans les faits, l'auteur s'en prend à la société elle-même, prononce contre elle une condamnation doctrinale ou lui jette une haineuse imprécation. Il écrit de deux amants, héros de l'un de ses romans : « L'un était nécessaire à l'autre;... mais la société se trouvait là, entre eux, qui rendait ce choix mutuel

---

[1] *Lettres de X. Doudan*, t. I, p. 298.

absurde, coupable, impie. La Providence a fait l'ordre admirable de la nature, les hommes l'ont détruit. Faut-il que, pour respecter la solidité de nos murs de glace, tout rayon de soleil se retire de nous? » Ailleurs, dans *Indiana :* « Toute votre morale, tous vos principes, ce sont les intérêts de votre société que vous avez érigés en lois et que vous prétendez faire émaner de Dieu même, comme vos prêtres ont institué les rites du culte pour établir leur puissance et leurs richesses sur les nations ; mais tout cela est mensonge et impiété. » Dans *Valentine :* « Société, institutions, haine à vous! haine à mort! Et toi, Dieu, qui livres le faible à tant de despotisme et d'abjection, je te maudis. » Ne nous reprochez pas d'attribuer à tort au romancier lui-même les pensées que la fiction le conduisait à mettre dans la bouche de ses personnages. Madame Sand n'écrivait-elle pas, dès 1833, dans une lettre intime à M. Sainte-Beuve : « Vous êtes moral, vous, mon ami. Le suis-je aussi, ou ne le suis-je pas? Je ne sais pas ce que c'est. Je crois qu'être moral, c'est espérer : moi, je n'espère pas. J'ai blasphémé la nature et Dieu, peut-être, dans *Lélia*. Dieu, qui n'est pas méchant et qui n'a que faire de se venger de nous, m'a fermé la bouche, en me rendant la jeunesse du cœur et en me forçant d'avouer qu'il a mis en nous des joies sublimes. Mais la société, c'est autre chose : je la crois perdue, je la trouve odieuse, et il ne me sera jamais possible de dire autrement. Avec cela, je ne ferai jamais que des livres qu'on appellera méchants et dangereux, et qui le seront peut-être. Comment faire, dites-moi [1]? »

L'effet de ces romans fut considérable. Les quelques protestations qui dénonçaient le scandale étaient étouffées par l'enthousiasme des admirateurs. Il n'était pas jusqu'à M. Jouffroy, le grave et mélancolique philosophe, qui ne fût séduit; et le plus revêche des critiques, Gustave Planche, se battait en duel pour la cause du romancier. Madame de Girardin opposait, d'ailleurs, une fin de non-recevoir aux reproches d'immo-

---

[1] Sainte-Beuve, *Portraits contemporains*, nouvelle édition, t. I, p. 517.

ralité : « Un poëte, écrivait-elle, n'est poëte que parce qu'il chante ce qu'il éprouve, et il n'est pas responsable de ses impressions... S'il gémit, s'il blasphème, s'il attaque la société, c'est que l'heure est venue où la société a abusé de toutes choses. » Chacun voulait lire ces romans. Leur mérite littéraire servait même parfois à dissiper quelques scrupules, et plusieurs se flattaient de ne rechercher qu'un plaisir intellectuel, qui souvent cédaient à des attraits beaucoup moins délicats. La sensualité, qui imprégnait pour ainsi dire toutes les pages du livre, était assez voilée pour tromper les répugnances, endormir les pudeurs, assez réelle pour piquer les curiosités malsaines, exciter les bas appétits. Jeunes hommes à peine échappés du collége, jeunes femmes émancipées par le mariage, tous s'empressaient à dévorer ces livres, à s'enivrer du venin subtil et délétère qui se dégageait de ces fleurs si brillantes et si parfumées. Propagande redoutable et perfide, qui se glissait jusqu'au plus intime du foyer, ébranlant par ses sophismes les fondements mêmes de la famille, légitimant, surtout poétisant les chutes les plus vulgaires, et transportant, plus d'une fois, dans la vie de chaque jour, les désordres et les révoltes imaginés par le romancier [1].

Madame Sand ne se rattachait pas à l'école romantique : à chercher sa filiation littéraire, il faudrait plutôt remonter à Jean-Jacques Rousseau. Si, par là, elle est isolée au milieu de ses contemporains, sous un autre rapport elle est bien de son temps, et, plus que personne, elle porte la marque de 1830, de cette époque où toutes les audaces semblent encouragées, toutes les révoltes légitimes, toutes les destructions prochaines, toutes les chimères réalisables. En aucun temps, sans doute, madame Sand n'eût eu un esprit juste et une imagination pure. Il s'était produit en elle une déviation indépendante des événe-

---

[1] Sur le côté malsain et corrupteur des romans de George Sand, nous connaissons peu d'études plus vigoureuses et plus sévères que celle qui a été publiée par M. de Mazade, dans la *Revue des Deux Mondes* du 15 mai 1857. La chose est d'autant plus piquante que la plupart de ces romans, et non les moins dangereux, avaient été insérés dans cette revue. Mais, en 1857, il y avait brouille momentanée entre M. Buloz et madame Sand. De là, la liberté laissée au critique.

ments politiques. Mais, sans l'excitation de 1830, elle n'aurait probablement pas eu, au même degré, la hardiesse de battre en brèche la société et la morale, ni la prétention de les refaire ; en tout cas, elle n'eût pas autant rencontré la faveur et la complicité d'un public troublé lui-même, ayant pris le goût et l'habitude du renversement. Combien il eût été heureux pour elle que ses révoltes intimes fussent contenues, au lieu d'être excitées par les influences extérieures ! L'art même y eût gagné. Au seul point de vue littéraire, c'était un mal que cet envahissement du roman par la thèse, par le sophisme déclamatoire ; le récit en était alourdi, les caractères et les situations faussés. Encore, au commencement, madame Sand essayait-elle de résister quelque peu à la tentation. « L'art seul est simple et grand, écrivait-elle ; restons artistes et ne faisons pas de politique. » Mais plus elle ira, moins elle saura tenir cette résolution. Elle laissera, chaque jour davantage, l'esprit de système et de parti obscurcir et dévoyer son talent. Tel de ses romans en deviendra à peu près illisible. Nous la retrouverons plus tard enrôlée dans la bande socialiste, en compagnie d'Eugène Suë, et après l'avoir vue, à ses débuts, subissant les conséquences de la révolution de 1830, il faudra la montrer contribuant à préparer celle de 1848, toujours au grand péril de l'ordre social et au grand détriment de son art.

VI

« Balzac est né depuis la Restauration », a écrit M. Sainte-Beuve en 1840. Les nombreux romans qu'il avait publiés avant 1830, et qui, du reste, pour la plupart, n'étaient pas signés de son nom, l'avaient laissé à peu près inconnu ; il n'avait pas encore trouvé sa voie et son public. Arrive la secousse de Juillet, et presque aussitôt, avec la *Peau de chagrin* (1831), il devient célèbre. Il n'est d'aucune école ; plus encore que George Sand, il est un isolé, et un isolé grondeur, hargneux, en querelle avec les autres hommes de lettres, notamment avec les romantiques; son orgueil touche à la folie[1]. Mais, en dépit de son méchant caractère et de l'hostilité des coteries régnantes, sa popularité augmente rapidement, et, dès 1834, M. Sainte-Beuve l'appelle « le plus en vogue des romanciers contemporains, le romancier du moment par excellence ». La révolution n'est pas étrangère à ce succès si subit et si étendu. Balzac a beau affecter des opinions royalistes, absolutistes surtout, regretter publiquement que Charles X n'ait pas réussi dans son coup d'État; il a beau se poser parfois en catholique, même en théocrate; il a beau dire, dans la préface de la *Comédie humaine* : « J'écris à la lueur de deux vérités éternelles, la religion et la monarchie » : il n'en est pas moins, par son talent comme par ses idées, un révolutionnaire.

Et d'abord cet art puissant, mais brutal, excessif, inégal, cynique, ce je ne sais quoi de surchauffé, de démesuré, d'intempérant et de monstrueux; ce monde étrange et faux auquel l'imagination de l'auteur a donné une vie à la fois si intense et si factice, ces situations forcées, ces caractères poussés à outrance, ces figures trop souvent grimaçantes dont les traits sont plus marqués, les expressions plus violentes que dans la nature, et qui s'agitent dans une sorte de cauchemar douloureux; ce manque de sobriété et de proportion qui laisse envahir les parties supérieures de l'œuvre par le fouillis du détail matériel, fait dégénérer les portraits en photographies ou même en dissections anatomiques, les descriptions en inventaires de commissaires-priseurs ou, pour emprunter un mot créé par Balzac, en « bricabraquologie »; cette confusion et cette incohérence morales où se mêlent si étrangement le scepticisme et l'illuminisme, le mysticisme précieux et le matérialisme grossier, le paradoxe autoritaire et la haine subversive, ne sont-ce pas là les signes et les fruits d'une époque où l'équilibre et la

---

[1] Il avait dans son cabinet une statuette de Napoléon. On lisait sur le fourreau de l'épée de l'Empereur : « Ce qu'il n'a pu achever par l'épée, je l'accomplirai par la plume. *Signé* : Honoré DE BALZAC. »

discipline des intelligences et des consciences ont été dérangés par une grande secousse, où il y a comme une licence de tout oser, et dans laquelle ne règnent plus ce bon goût et ce bon sens, qualités maîtresses des temps bien ordonnés? De là, notamment, tant de hardiesses impudiques; le romancier, disait M. Sainte-Beuve, « a saisi à nu la société, dans un quart d'heure de déshabillé galant et de surprise: les troubles de la rue avaient fait entr'ouvrir l'alcôve, il s'y est glissé ». Sous la Restauration, subsistait encore une certaine loi des convenances, et l'écrivain qui la violait se trouvait mis au ban de la bonne société littéraire. Si cette loi n'eût été emportée, avec tant d'autres, par la bourrasque de 1830, Balzac se serait-il vanté, comme il l'a fait, « de fouiller, avec l'avide scalpel du dix-neuvième siècle, les coins du cœur que la pudeur des siècles précédents avait respectés »? aurait-il pu, avec un tel sans gêne, faire brusquement entrer dans le roman toutes les réalités hideuses et basses, toutes les mauvaises compagnies, et ce que M. Taine a appelé la « vermine sale d'insectes humains », née dans la pourriture des grandes villes? Envahissement pareil à ce que serait celui d'un salon par toute une bande de bohèmes, d'usuriers, d'escrocs, de forçats, de filles et d'entremetteuses. Nous avons connu, depuis, un tel « réalisme » et un tel « naturalisme », que nous ne comprenons peut-être pas, sans quelque peine, quel a été alors le scandale des innovations de Balzac. Les contemporains s'en rendaient mieux compte, et, devant les premières audaces de ces romans, M. Sainte-Beuve écrivait : « Il y a eu évidemment, sous le coup de juillet 1830, quelque chose, en fait d'étiquette, qui s'est brisé et a disparu. » Le critique ajoutait, avec une grande vérité d'observation, que ce changement s'était manifesté surtout « dans la condition de la femme ». Là, en effet, est la pierre de touche; et si l'on veut mesurer le chemin parcouru, ou, pour mieux dire, le saut fait, il suffit de comparer aux femmes de Balzac les héroïnes où s'était complu la littérature de l'époque précédente, l'Atala et la Velléda de Chateaubriand, la Corinne de madame de Staël, l'Elvire de Lamartine.

Par le fond de ses idées et par l'enseignement qui ressort de ses ouvrages, Balzac porte également la marque de son temps. Qu'importe qu'il n'affiche pas, comme George Sand, des thèses contre le mariage et la morale, si, en fait, ses récits et ses peintures apprennent à les mépriser, excitent la révolte contre leurs lois? Est-il un livre qui outrage et salisse davantage l'union conjugale que la prétendue *Physiologie du mariage,* avec son pédantisme libertin, son sensualisme médical et sa honteuse casuistique? « Ce n'est plus, a-t-on écrit, le poëte dérobant les fins mystères; c'est le docteur indiscret des secrètes maladies. » Dans la plupart de ces romans, l'adultère se montre à visage découvert, sans pudeur, sans lutte, sans remords; presque pas une de ses femmes du monde qui n'ait un amant et ne lui sacrifie sa fortune, son mari, jusqu'à ses enfants. Des épouses d'hier, qui n'ont pas encore eu le temps de manquer à leur foi, dénoncent le mariage comme une odieuse tyrannie, et s'écrivent l'une à l'autre : « Il y a cela d'admirable que le plaisir n'a pas besoin de religion, d'appareil ni de grands mots; il est tout par lui-même, tandis que pour justifier les atroces combinaisons de notre esclavage et de notre vassalité, les hommes ont accumulé les théories et les maximes. » Peut-être est-ce pis encore, quand, par exception, ces femmes mettent l'amour dans le mariage; elles n'y voient alors qu'une volupté qui, pour être légale, n'en est pas moins impure, et elles en dissertent entre elles avec d'étranges raffinements. La main brutale et salement curieuse du romancier va jusqu'à déchirer les rideaux qui couvrent les premières amours des « jeunes mariées » ; et, grand Dieu! que deviennent-elles sous sa plume! C'est à regretter qu'il ait, pour un moment, cessé de nous peindre des passions illégitimes. La chasteté même, chez lui, est corrompue, et ses « amours séraphiques », comme celui de madame de Mortsauf, l'héroïne du *Lys dans la vallée,* cachent mal la réalité toujours présente d'un sensualisme lascif. On dirait d'un de ces voiles transparents qui sont plus provocants et plus indécents que la nudité brutale. Balzac est à peu près incapable de créer un type pur de femme et surtout de jeune fille; ses essais dans ce genre sont rares et toujours imparfaits; les plus vertueuses ont, avec lui, de vilaines taches, et, à ses foyers les plus honnêtes, on sent trop souvent comme une odeur de mauvais lieu. N'a-t-il pas trouvé moyen de sensualiser et, par suite, de dégrader jusqu'à l'amour paternel, dans ce *Père Goriot* qu'il ose appeler le « Christ de la paternité » ? Quelque sujet qu'il traite, tout respire la concupiscence d'un tempérament grossier, ayant besoin parfois de pousser l'obscénité à des audaces que depuis on n'a guère dépassées. Il semble que sa morale aboutisse à mettre le dernier mot du bonheur, non plus seulement dans le plaisir, mais dans l'orgie. Le dégoût et comme une nausée, voilà souvent ce qu'on éprouve au sortir de telles lectures. « C'est drôle, disait M. Ampère, quand j'ai lu ces choses-là, il me semble toujours que j'ai besoin de me laver les mains et de brosser mes habits. »

Balzac n'a pas, comme George Sand ou Victor Hugo, un parti pris d'humilier les classes supérieures. Bien au contraire, il s'est donné à lui-même la particule en 1830, — quelques-uns disent sans droit, — et il aime à placer ses héros dans le grand monde. Ceux de ses personnages qui sont empruntés à la petite bourgeoisie, alors régnante, sont le plus souvent peints avec une singulière puissance de satire et de mépris. Et cependant, pour la noblesse, mieux vaudrait être attaquée qu'être ainsi défigurée. Ces gentilshommes de la *Comédie humaine*, types préférés du romancier, les Rastignac, les Rubempré, les de Trailles, les Marsay, que sont-ils, sinon des dépravés sans honnêteté et même sans honneur, souvent de purs chevaliers d'industrie, quelquefois pis encore? Le baron de Nucingen, incarnation de la haute finance, est un misérable digne des galères. Camusot, qui paraît personnifier la magistrature, ne représente que la prévarication. Et que dire des femmes, ces prétendues grandes dames, duchesses de Langeais, de Maufrigneuse, de Chaulieu, vicomtesse de Beauséant, marquise d'Espard, êtres faux, malfaisants, venimeux, courtisanes déguisées, dont on a pu dire qu'elles avaient pris leurs blasons à la préfecture de police? Pour avoir imaginé et peint tous ces personnages, sans haine systématique et peut-être sans se douter à quel point ils étaient odieux, Balzac n'en est pas moins inconsciemment l'un des plus grands diffamateurs des vieilles classes dirigeantes. D'ailleurs, cédant à la manie régnante, en même temps qu'il avilissait ce qui était en haut, lui aussi, il prétendait relever ce qui était en bas. Comme Victor Hugo, il tentait la réhabilitation de la fille publique; longtemps avant les *Misérables* et Jean Valjean, il créait, couvait, choyait avec une prédilection particulière ce type de Vautrin, le forçat incompris, vicieux et fort, cynique et héroïque, le seul à peu près de ses personnages qui ait du cœur, tenant entre ses mains tous les secrets et toutes les intrigues du grand monde, étrange intermédiaire entre le bagne et le faubourg Saint-Germain, planant, dans ces diverses « incarnations », au-dessus de la société, luttant contre elle, la narguant, la jugeant au nom des faibles, des pauvres, des déclassés, et la dominant de toute la hauteur de son mépris, de toute la supériorité de son caractère.

Cette société, Balzac n'annonce pas solennellement, comme d'autres, le dessein de la détruire, mais il la peint si laide, qu'il donne raison à ses plus mortels ennemis. A le croire, c'est un assemblage de bassesses, de fraudes, d'hypocrisies, de violences, un « enfer », le mot est de lui; pas d'autre loi que l'égoïsme, d'autre habileté que la ruse, d'autre morale que le succès, d'autre mal que la pauvreté, d'autre autorité que la force, d'autre providence que la police, d'autre but que la satisfaction des appétits et surtout la possession de cet argent dont la vision a été l'obsession et le supplice perpétuel de ce romancier à la fois affamé de richesse et écrasé de dettes. Ceux qu'il nous invite, sinon à approuver, du moins à regarder et admirer, ceux qu'il se plaît à mettre en scène, à analyser, à faire parler, à grandir outre mesure comme pour les faire échapper à la laideur par la puissance, ce sont ces « hommes forts », insensibles à la pitié, indifférents à la justice, qui considèrent la faiblesse et la misère comme une maladresse, la vertu et le sacrifice comme une sottise; ces héros frelatés, qui arrivent *per fas et nefas*, en vendant leur honneur, en exploitant des filles ou en se livrant à des galériens, qui se piquent de dompter la société au lieu d'obéir à ses lois, qui l'obligent, à force d'impudeur et d'impudence, à leur livrer le pouvoir, l'opulence et les plaisirs. Ce sont eux qui, raisonnant ou maximant leur conduite, disent, avec Rastignac ou tel autre de ses pareils : « Il faut égoïser adroitement. Les imbéciles nomment cela *intrigue;* les gens à morale le proscrivent sous le nom de vie dissipée... La dissipation est un système politique. — La société vit d'or et de moquerie. Mort aux faibles ! — Les lois et la morale sont impuissantes chez les riches; la fortune est l'*ultima ratio mundi*. — Il faut entrer dans le monde comme un boulet de canon ou s'y glisser comme une peste. L'honnêteté ne sert à rien... Aussi l'honnête homme est-il l'ennemi commun. Je ne vous parle pas de ces pauvres ilotes qui partout font la besogne, sans être jamais récompensés de leurs travaux, et que je nomme la sainte confrérie des savates du bon Dieu. Certes, là est la vertu, dans toute la fleur de sa bêtise; mais là est la misère... Voilà la vie telle qu'elle est ; ça n'est pas plus beau que la cuisine, ça pue autant, et il faut se salir les mains pour fricoter. Sachez seulement vous bien débarbouiller : voilà toute la morale de notre époque. — Quelque mal que l'on te dise du monde, crois-le. Il n'y a pas de Juvénal qui puisse en peindre l'horreur couverte d'or et de pierreries. » Ce que ces tristes héros professent au milieu des verres cassés de leurs orgies, c'est la philosophie du dégoût. Comme l'a dit fortement M. Taine : « Ils jugent la vie laide et sale, et ils jettent de la boue, avec colère et avec plaisir, contre l'essaim brillant des beaux songes qui viennent bourdonner et voltiger au seuil de la jeunesse. » C'est une raillerie immense, brutale et sinistre. Quand Balzac a voulu choisir un titre général pour toute une série de ses romans, ne l'a-t-il pas appelée la *Comédie humaine?* triste comédie, en vérité, dont le ricanement est sans gaieté et dont le dernier mot est une désillusion amère, haineuse, méprisante. On cherche vainement quelle imprécation ouvertement et dogmatiquement socialiste eût pu être plus irritante et plus dangereuse. En 1850, M. Victor Hugo prononçait, sur la tombe du romancier, une oraison funèbre emphatique, où il exaltait son œuvre, « livre merveilleux qui dépasse

Tacite et va jusqu'à Suétone, qui traverse Beaumarchais et va jusqu'à Rabelais » ; au moins ne se trompait-il pas, quand il ajoutait ce qui alors, dans sa bouche, était devenu un éloge : « A son insu, qu'il le veuille ou non, qu'il y consente ou non, Balzac est de la forte race des écrivains révolutionnaires. Il va droit au but. Il saisit corps à corps la société moderne; il arrache à tous quelque chose, aux uns l'illusion, aux autres l'espérance. »

Sous la monarchie de Juillet, bien qu'ils s'aveuglassent volontiers sur les dangers qui n'avaient pas une forme matérielle, les gouvernants eurent, par moments, l'instinct du péril contenu dans l'œuvre de Balzac. C'est ainsi qu'en 1840 fut interdite la représentation du drame de *Vautrin;* l'auteur de cette mesure était cependant un esprit assez peu timide pour ne pas s'alarmer à la légère, et en même temps trop irrésolu pour prendre facilement son parti d'une répression : c'était M. de Rémusat. Les événements ont donné raison à ses inquiétudes; l'influence exercée par Balzac, plus considérable encore et surtout plus étendue que celle de George Sand, a témoigné de la malfaisance autant que de la puissance de son talent. Né lui-même de la décadence littéraire, il l'a précipitée. Par l'action desséchante de ses mépris, de son scepticisme et de son matérialisme, il a contribué à tarir la source des vraies et grandes inspirations, de celles qui jaillissaient si abondantes au commencement du siècle, et où les âmes s'abreuvaient d'enthousiasme, de foi et d'idéal. Il suffit d'ailleurs de considérer combien d'écrivains le revendiquent comme leur ancêtre, leur modèle, leur inspirateur, et quels sont ces écrivains. Sans parler des bohèmes de la basse littérature, dont il n'est presque pas un, depuis quarante ans, qui n'ait eu la prétention de se rattacher à l'auteur de la *Comédie humaine*, n'est-ce pas de lui que descend, avec une dégénérescence visible, mais par une filiation incontestable, toute cette école réaliste qui, en passant par M. Gustave Flaubert, a abouti à M. Zola? L'action de Balzac sur les mœurs n'a été ni moins évidente ni moins funeste. Que de jeunes gens, de femmes, dont la santé morale n'a pas résisté au mauvais air qui se dégageait de ses livres ! Il y a eu certainement de nos jours, a dit un écrivain de la *Revue des Deux Mondes*, des romans qui ont fait plus de scandale que ceux de M. de Balzac, il n'en est peut-être pas qui aient fait plus de mal, un mal plus profond et plus durable aux âmes [1]. » « Un magistrat m'a raconté, dit quelque part M. Sainte-Beuve, qu'ayant dû faire arrêter une femme mariée qui s'enfuyait avec son amant, il n'en avait rien pu tirer, à l'interrogatoire, que des pages de Balzac qu'elle lui récitait tout entières [2]. » Plus d'une « cause célèbre », jugée en cour d'assises, a pu paraître une sorte de traduction réelle des fictions du roman.

D'ailleurs, ceux que l'écrivain a perdus n'ont-ils pas élevé la voix pour l'accuser? Lisez les *Réfractaires* de M. Jules Vallès, livre étrange et maladif, tout imprégné de misère envieuse et révoltée en même temps que de soif d'argent, de paresse impuissante et de féroce orgueil, où la déclamation prend parfois un accent si singulièrement poignant et sinistre; ce n'est pas l'observation plus ou moins exacte d'un curieux qui, des hauteurs heureuses et saines de la société, regarde l'abîme, c'est le témoignage de l'homme qui vit au milieu du mal, le cri de détresse et de douleur de celui qui en souffre, on dirait presque la malédiction d'un des naufragés de la vie, la confession désespérée d'un suicidé. M. Vallès se demande d'où vient la grande armée des « réfractaires » en rupture de ban social, « armée qui compte dans ses rangs moins de fils du peuple que d'enfants de la bourgeoisie ». Ce sont tous des « victimes du livre », répond-il; « cherchez la femme, disait un juge; c'est le volume que je cherche, moi, le chapitre, la page, le mot ». Et parmi ces livres meurtriers, ceux peut-être qui ont fait le plus de victimes, M. Vallès nous le dit, sont les romans de Balzac. « Ah! sous les pas de ce géant, écrit-il, que de consciences écrasées ! que de boue! que de sang! Comme il a fait *travailler* les juges et pleurer les mères! Combien se sont perdus, ont *coulé*, qui agitaient, au-dessus du bourbier où ils allaient mourir, une

---

[1] Article de M. Eugène Poitou, *Revue des Deux Mondes* du 15 décembre 1856.
[2] *Portraits contemporains*, t. III.

page arrachée à quelque volume de la *Comédie humaine!*... On ne parle que par millions et par ambassades là dedans... La patrie tient entre les mains de quelque farceurs, canailles à faire plaisir, spirituels à faire peur, qui allument des volcans avec le feu de leur cigare, écrasent vertu, justice, honneur, sous la semelle de leurs bottes vernies... Il s'est trouvé des gens, — des conscrits, — pour prendre le roman à la lettre, qui ont cru qu'il y avait comme cela, de par le monde, un autre monde où les duchesses vous sautaient au cou, les rubans rouges à la boutonnière, où des millions tombaient tout ficelés et les grandeurs toutes rôties, et qu'il suffisait de ne croire à rien pour arriver à tout..... Le sermon de Vautrin, coupé par le célèbre jet de salive! Et les pauvres garçons d'en faire un évangile, crachant comme lui, en homme supérieur (voyez la page), au nez de la société qui les a laissés s'embarrasser dans leurs ficelles et tomber — de ces chutes dont quelquefois on porte la marque sur l'épaule... *Les grands hommes de province à Paris!* J'ai vu s'en aller un à un, fil à fil, leurs cheveux et leurs espérances, et le chagrin venir, quelquefois même le châtiment, en voiture jaune, au galop des gendarmes. Qu'on en a reconduit de brigade en brigade, de ces *illusions perdues!* Les plus heureux jouent au *la Palférine* dans les escaliers de ministères, les antichambres de financiers, les cafés de gens de lettres, et font des mots, n'ayant pu faire autre chose! Ils attendent l'heure de l'absinthe, après avoir passé celle du succès. »

Un tel mal n'atteignait pas seulement les mœurs privées; la citation même que nous venons de faire laisse entrevoir à quel point les mœurs publiques devaient s'en ressentir. Il y aurait toute une histoire à faire de l'influence sociale et politique de Balzac. On pourrait suivre sa trace, sous nos régimes successifs, aussi bien parmi les césariens que parmi les jacobins. Ne portent-ils pas sa marque, ces « faiseurs » et ces « jouisseurs », dont l'égoïsme positif et blasé tend de plus en plus à remplacer les illusions naïvement généreuses de 1789 ou de 1820, et qui, sous des étiquettes différentes, mais avec les mêmes appétits et la même perversion, ont exploité le second Empire ou exploitent maintenant la troisième République ; ces politiciens et ces boursiers, si étrangement mêlés depuis trente ans, adorant, de quelque côté qu'ils les trouvent, la force et l'argent, raillant les scrupules, opposant les « résultats » aux principes, méprisant le peuple qu'ils flattent et dont ils se servent, fondant leur succès sur la corruption et traitant de « vieilles guitares » tous ces grands mots de liberté, de droit, de justice, qui faisaient battre le cœur de nos pères ; faciles à se consoler même de la ruine de leur patrie s'ils peuvent se rendre cette justice qu'ils « se sont bien amusés » pendant quelques années? A les regarder, ne dirait-on pas qu'ils jouent la *Comédie humaine* sur la scène de la vie réelle, et ne semble-t-il pas parfois qu'on voit passer au milieu d'eux, avec un costume rajeuni, Rubempré, Rastignac ou Marsay? Toutefois ils sont bien peu nombreux, ceux qui ont ainsi réalisé leur rêve de convoitise et d'ambition. Que sont devenus les autres, ceux précisément dont nous parlait M. Vallès? Nous les retrouvons dans nos différentes révolutions, « prêts, comme l'a dit M. de Pontmartin [1], à s'enrôler au service de toute idée perverse ou de toute action mauvaise qui leur promette d'étouffer leur ignominie et leur mécompte dans le désordre et le désastre universels ». Au lendemain de la Commune, à la vue du rôle considérable qu'y avaient joué des hommes de lettres, orgueilleux, avides et impuissants, révoltés par envie, impatients de la misère et de la nullité auxquelles les avaient condamnés leur paresse, leur désordre ou leur incapacité, bouleversant la société non pour la refaire, mais pour y jouir un moment, un moraliste éminent, M. Caro, s'est demandé d'où venait cette forme nouvelle de la barbarie, la « barbarie lettrée », et il a posé alors la question de la responsabilité de Balzac, ce « puissant agitateur des convoitises contemporaines ». Le livre que nous citions tout à l'heure lui a fourni une réponse. Ces « réfractaires », ces « victimes » de Balzac, ces « coulés » de la *Comédie humaine*, dont M. Jules

---

[1] Je ne puis rencontrer le nom de M. de Pontmartin sans signaler les très-remarquables et très-vigoureux articles où, l'un des premiers, il a eu le courage de dénoncer les côtés malsains et périlleux de l'œuvre de Balzac.

Vallès faisait sous l'Empire la sinistre physiologie, ne sont-ce donc pas ceux qu'on revoit ensuite formant la « barbarie lettrée » de 1871? M. Vallès lui-même n'est-il pas devenu l'un des dignitaires de la Commune? Doit-on s'en étonner? Il nous avait prévenus; après avoir montré d'où venait cette grande armée des « réfractaires », il s'était écrié d'un ton de prophétique menace : « Les voyez-vous forcer sur nous, pâles, muets, amaigris, battant la charge avec les os de leurs martyrs sur le tambour des révoltés, et agitant, comme un étendard, au bout d'un glaive, la chemise teinte de sang du dernier de leurs suicidés? Dieu sait où les conduirait leur folie! »

Ainsi deux romanciers étaient éclos dans la fermentation de 1830, George Sand et Balzac. On a retrouvé la trace du premier dans les rêveries socialistes de 1848; et voici que nous découvrons l'action du second sur les lettrés hideux et sanguinaires de la Commune : sorte de lien littéraire, rattachant les unes aux autres les dates de nos révolutions politiques.

VII

Le désenchantement que nous avons noté dans Balzac gagnait alors une grande partie de la littérature. C'était la suite et comme la réaction naturelle de la fièvre de 1830, la seconde phase de la maladie révolutionnaire, phase plus dangereuse encore que la première, car elle devait tôt ou tard produire la stérilité. Cette maladie était si universelle, l'atmosphère en était à ce point imprégnée, que les jeunes gens n'y échappaient pas. L'un d'eux [1] a rappelé récemment, en racontant ses souvenirs, cette « sorte de défaillance générale qui rendait le cœur triste et assombrissait la pensée ». La génération arrivée à la vie littéraire, peu après la révolution de 1830, bien différente, en cela, de celle qui l'avait précédée, « a eu, dit encore le même témoin,

---

[1] Maxime Du Camp, *Souvenirs littéraires*. (*Revue des Deux Mondes* du 1ᵉʳ août 1881.)

une jeunesse d'une tristesse lamentable ; tristesse sans cause comme sans objet, tristesse abstraite, inhérente à l'être ou à l'époque... Il n'était permis que d'avoir une âme incomprise ; c'était l'usage, on s'y conformait. On était fatal et maudit. Sans même avoir goûté de l'existence, on roulait au fond du gouffre de la désillusion. » Des enfants de dix-huit ans, répétant une phrase ramassée dans je ne sais quel roman, disaient : « J'ai le cœur usé comme l'escalier d'une fille de joie. » L'un des lettrés de cette génération, Gustave Flaubert, écrivait, à dix-neuf ans : « Il n'y a pas plus de printemps dans mon cœur que sur la grande route où le hâle fatigue les yeux, où la poussière se lève en tourbillonnant. » Il se vantait « d'être né avec peu de foi au bonheur », d'avoir eu, « tout jeune, un pressentiment complet de la vie » ; et il ajoutait : « On n'a pas besoin d'en avoir mangé pour savoir qu'elle est à faire vomir [1]. »

En observant la plupart des écrivains considérables de ce temps, il serait facile d'y découvrir quelque trace de ce désenchantement. Lamartine, par exemple, dans une lettre écrite, le 6 février 1841, à son fidèle ami M. de Virieu, parlait de ses « dégoûts », puis il ajoutait : « Ma situation politique est de premier ordre à présent ; ma situation au Parlement, très importante aussi ; ma situation d'orateur, presque unique ; ma situation de poëte, ce que tu sais ; ma situation d'honnête homme, avérée ; et, au milieu de tous ces rayonnements de gloriole et de force imaginaire, je suis le point noir et triste où tout s'éteint en convergeant : *tristis est anima mea*. La vie est courte, vide, n'a pas de lendemain, pas d'intérêt ; on voudrait ce qu'on n'a pas, on sent le poids de ce qu'on a ramassé par terre [2]. »

M. de Vigny, poëte et soldat, était apparu, sous la Restauration, comme une sorte de « chevalier trouvère », enthousiaste, fidèle à son Dieu et à son roi, jaloux de l'hermine de sa muse. A le voir après 1830, ce n'est plus le même homme ; c'est un analyste méfiant, triste, boudeur, amer, revenu de tous ses rêves

---

[1] Cité par M. Maxime Du Camp, dans ses *Souvenirs littéraires*. (*Revue des Deux Mondes*, 1er octobre 1881.)
[2] *Correspondance de Lamartine*, t. V, p. 526.

de jeunesse, ayant perdu ses croyances religieuses comme ses affections politiques, sans que rien les ait remplacées ; ne conservant que la foi à l'honneur, seul point solide qu'il s'efforce de maintenir au-dessus de ce déluge de scepticisme : « rocher nu, à pic, dit à ce propos M. Sainte-Beuve, bon pour quelques-uns, mais stérile et de peu de refuge dans la submersion universelle ». En dépit d'une vanité fière qui se livre difficilement, M. de Vigny trahit l'état de son âme dans ses œuvres de ce temps, dans *Stello,* dans *Chatterton* et même un peu dans *Servitude et grandeur militaires;* mais surtout il se montre à nu dans ce *Journal d'un poëte* qu'une amitié indiscrète a publié après sa mort ; c'est là que nous le surprenons, écrivant ces aphorismes désolés : « La seule fin vraie à laquelle l'esprit arrive sur-le-champ, en pénétrant au fond de chaque perspective, c'est le néant de tout ; gloire, amour, bonheur, rien de cela n'est complétement... L'ennui est la grande maladie de la vie ; on ne cesse de maudire sa brièveté, et toujours elle est trop longue, puisqu'on ne sait qu'en faire... Il est bon et salutaire de n'avoir aucune espérance. L'espérance est la plus grande de nos folies... Il faut surtout anéantir l'espérance dans le cœur de l'homme. Un désespoir paisible, sans convulsions de colère et sans reproches au ciel, est la sagesse même. » Encore le poëte ne se prive-t-il pas de ces « reproches au ciel », et se complaît-il à dénoncer les « injustices de la création » ou à railler les prétendues miséricordes d'un Dieu qui n'est pour lui qu'un « geôlier ».

De M. Mérimée, on ne peut vraiment dire qu'il ait perdu ses illusions ; il n'en avait jamais eu ; l'ironie sceptique est, chez lui, de la première heure, moins souffrante que chez M. de Vigny, moins violente et brutale que chez Balzac, mais plus dédaigneuse, plus desséchée et plus implacable. Par réaction contre le ridicule et l'exagération de la sensibilité romantique, M. Mérimée répudiait tout enthousiasme, toute générosité, tout attendrissement. Jusque dans ses négations les plus impies, dans ses immoralités les plus audacieuses, il se défendait de la passion qui eût pu être son excuse. Son plaisir était de raconter les choses les plus hideuses avec un sourire railleur et froid ; on voyait qu'il avait sans cesse présent à l'esprit la maxime de son maître Stendhal : « Faisons tous nos efforts pour être secs. » Il ne croyait à rien et méprisait tout le monde, craignait surtout de paraître dupe et mettait une étrange coquetterie à ne pas être soupçonné de prendre au sérieux les sentiments qu'il exprimait dans ses livres et les passions qu'il y faisait agir.

De ce désenchantement envahissant alors toutes les âmes, il est une victime illustre entre toutes et digne de nous arrêter davantage. Quel homme a donc le plus souffert de ce mal, a trouvé pour l'exprimer les accents les plus éloquents et les plus poignants, si ce n'est ce poëte merveilleux qui avait dix-neuf ans en 1830, dont la gloire, alors à peine naissante, appartient vraiment aux années de la monarchie de Juillet et les illumine, le plus aimé et le mieux compris par les jeunes gens de ce temps, le dernier venu et non le moindre de cette génération poétique que notre vieillesse stérile envie au printemps de ce siècle, — Alfred de Musset? Il s'est tenu toujours si soigneusement éloigné de la politique qu'on est peu tenté, au premier abord, de chercher dans une révolution les influences qui ont agi sur son talent et sur son âme. N'est-ce pas lui qui a dit :

>   Je ne me suis pas fait écrivain politique,
>   N'étant pas amoureux de la place publique.
>   D'ailleurs, il n'entre pas dans mes prétentions
>   D'être l'homme du siècle et de ses passions.

Les crises qui l'ont troublé et fait souffrir, ne sont-ce pas avant tout celles qui venaient de ses caprices et de ses déboires amoureux? Cette « Elle » qui tient tant de place dans sa vie et dans ses vers, sur laquelle, même depuis sa mort, on discute encore, personne n'a jamais supposé que ce fût la révolution de 1830. A nul autre on ne pourrait mieux appliquer ce propos de juge d'instruction : Cherchez d'abord la femme! Nous ne nions certes pas l'action de ces accidents intimes; et qui voudrait faire une étude complète sur Alfred de Musset devrait en tenir compte. Mais le poëte n'a pas été pour cela soustrait au contre-coup des événements publics, il n'a pas échappé aux troubles intellectuels, aux maladies morales, nés de ces événements. On n'en voudrait d'autres preuves que les aveux, les plaintes, les cris de douleur ou de colère, qui lui ont si souvent échappé. Quand, dans les pages célèbres qui précèdent sa « Confession », cet « enfant du siècle » a cherché l'origine de la « maladie morale abominable » dont il se disait atteint avec toute sa génération, ne l'a-t-il pas montrée dans nos commotions politiques [1]?

A la veille de la révolution de Juillet, Musset avait publié ses *Contes d'Espagne et d'Italie*, œuvre d'un adolescent qui, à peine sorti du collége, se révélait grand poëte; de cette extrême jeunesse il avait la verve superbe, mais aussi l'insolence gamine et licencieuse, se moquait de tout, des règles de la prosodie comme de celles de la morale, s'amusait à scandaliser le bourgeois, brisait toutes les vitres, par plaisir du tapage et pour faire retourner les gens; gardant, du reste, jusqu'au milieu de ce désordre et de cette orgie, je ne sais quoi de pimpant, de cavalier, d'élégant; portant, dans cette sorte d'insurrection intellectuelle, plus d'insouciance que de haine; ayant toute l'effronterie d'un page d'autrefois, non les passions envieuses d'un émeutier d'aujourd'hui. Le succès fut vif, mais limité; le scandale plus vif encore. La critique protesta. La société de la Restauration, même ébranlée par les approches de la révolution, ne tolérait que difficilement de telles audaces.

N'était-ce qu'un péché de première jeunesse, l'exubérance passagère d'un enfant qui jette sa gourme avant de « se ranger »? En tout temps, sans doute, le tempérament de Musset eût eu peine à se soumettre à la commune règle des vertus et des convenances. Néanmoins, c'eût été pour lui un frein et une correction salutaires d'avoir à faire son chemin dans une société bien assise, où il se fût senti enveloppé, contenu par une discipline universellement respectée, où il eût rencontré au-dessus de lui des principes reconnus et des autorités obéies. Au lieu de cela, il était encore dans l'effervescence tapageuse de ses *Contes*, quand survint le coup de vent de Juillet, qui déracina tout

---

[1] Voir le début de la *Confession d'un enfant du siècle*.

autour de lui, et fit passer dans les cerveaux même les plus calmes un souffle de révolte et de folie. Peu importe que, politiquement, Musset n'ait guère donné dans le mouvement de 1830, qu'il ait été, sous le nouveau régime, un conservateur dynastique, camarade de collége du prince héritier, prêt à chanter, avec une inspiration un peu froide, les joies ou les douleurs de la famille royale, et qu'à la différence de Victor Hugo, par exemple, il ait été plus disposé à railler qu'à partager les entraînements et les ridicules des partis avancés ; il n'en a pas moins subi, dans l'ordre intellectuel et moral, l'influence de cette révolution. Au moment où il aurait eu besoin d'être retenu, il se trouva poussé sur la pente de ses défauts. *Namouna* [1], avec un incomparable brio de poésie, continuait et exagérait, s'il était possible, l'insolence des *Contes d'Espagne et d'Italie*, persiflant, insultant la morale comme les convenances, l'espérance comme l'illusion, la foi comme les préjugés, le ciel comme la terre, renversant toutes les idoles et blasphémant tous les dieux. Contraste absolu avec la poésie lyrique des belles années de la Restauration, avec la sentimentalité attendrie de Lamartine, avec la solennité héroïque de Victor Hugo ; on eût dit qu'il y avait un abîme entre ces deux époques pourtant si proches. Gouailleuse dans *Namouna*, la révolte apparaissait tragique dans Franck, le héros de la *Coupe et les lèvres* [2] ; et si le sarcasme s'y montrait, c'est celui dont le poëte dit lui-même :

> Tu railles tristement et misérablement.

La malédiction dominait :

> Malheur aux nouveau-nés !
> Maudit soit le travail, maudite l'espérance !
> . . . .
> Maudits soient les liens du sang et de la vie !
> Maudites la famille et la société !
> Malheur à la maison, malheur à la cité !
> Et malédiction sur la mère patrie !

[1] Publié, au commencement de 1833, dans le volume ayant pour titre : *Un spectacle dans un fauteuil*.
[2] Publié en même temps que *Namouna*.

Ce n'était pas la révolte triomphante; elle aboutissait au contraire à la ruine et à l'impuissance. Tout ce qui avait pu remuer autrefois le cœur de l'homme, gloire, patrie, courage, amitié, religion, était trouvé vide et menteur. A peine le poëte voulait-il faire exception pour l'amour, et encore le nous montrait-il échouant dans la débauche et dans la mort. Ce qu'il blasphémait le plus, c'était l'espérance. Voilà où en était déjà celui qu'on venait de saluer comme le chantre de la folle jeunesse. Aussi M. Sainte-Beuve, étudiant ce poëme au moment de sa publication, « s'effrayait » de voir se produire avec tant de force, « dans un si jeune poëte, l'esprit de l'époque en ce qu'elle a de brisé et de blasé, de chaud et de puissant en pure perte, d'inégal, de contradictoire et de désespérant ».

Désespérant! c'est bien le mot. Chaque jour, on voit davantage apparaître, derrière les fantaisies licencieuses et les fausses gaietés, ce fond de désespoir. Au scepticisme fanfaron et insolent, succèdent des gémissements d'une vérité poignante; l'éclat de rire ou le chant d'orgie se termine en sanglots. Tel est le caractère de *Rolla* [1]. Et remarquez-le, ce que Musset pleure, ce n'est pas un accident de sa vie privée, c'est le mal de son siècle. Il souffre de la lassitude de tant de secousses, du vide qu'ont fait tant de destructions, de la stérilité de cette terre dévastée sur laquelle rien ne peut plus repousser. Les ruines, au milieu desquelles il passait naguère en sifflant et en faisant sonner cavalièrement ses éperons, le désolent et l'épouvantent. Comme la cavale égarée dont il peint, en si beaux vers, la mort dans le sable aride du désert, il a soif; altéré d'idéal et de foi, il n'en trouve plus : autour de lui, tout est desséché. Plus rien de la rébellion agressive qui avait marqué ses débuts; la douleur l'a rendu humble et parfois même lui arrache des aveux inattendus. A une époque où la réaction ne semble pas avoir encore commencé contre l'irréligion victorieuse en 1830, ce poëte, qui naguère jouait avec les blasphèmes, dénonce la disparition des croyances chrétiennes comme la cause principale du mal dont

---

[1] *Rolla* fut publié par la *Revue des Deux Mondes*, le 1ᵉʳ août 1833, quelques mois après le volume intitulé : *Un spectacle dans un fauteuil*.

il souffre et dont meurt son siècle. Déjà dans la *Coupe et les lèvres*, au milieu de tant de révoltes impies, Franck invectivait les « persévérants sophistes » qui avaient « tari tous les puits du désert ». Dans *Rolla*, presque à chaque page, entre deux tableaux impurs, l'auteur laisse échapper des invocations au Christ, des apostrophes irritées contre Voltaire, des imprécations contre les « démolisseurs stupides », des pleurs sur la foi perdue et sur les cloîtres détruits, cris les plus profonds, les plus douloureux et les plus éloquents de la poésie contemporaine. Ce n'est pas, chez Musset, la fantaisie passagère d'une heure de mélancolie. Sauf les intermèdes où il courtise la muse rieuse, leste et pimpante des *Proverbes*, cette inspiration désolée se retrouve dans presque toutes les poésies qu'il publie à cette époque, notamment dans les *Nuits* [1], lamentations immortelles de l'âme humaine sur les ruines qu'elle a faites, admirable gémissement d'une époque qui connaît son mal, mais qui se sent impuissante à le guérir.

En effet, si Musset reconnaît qu'il s'est égaré, avec les hommes de son temps, dans un désert stérile, il n'a ni la force ni la volonté de revenir sur ses pas ; il professe que ce siècle est trop vieux pour retrouver jamais la foi et l'espérance des époques plus jeunes, et que, mourant de son Dieu perdu, il ne pourra jamais le retrouver. Un mal personnel venait d'ailleurs aggraver en lui le mal du siècle, un mal dont le spectre l'a poursuivi et obsédé dans presque toutes ses œuvres, et qui remplit l'une des plus importantes, la *Confession d'un enfant du siècle*, contemporaine des *Nuits* [2] : c'est la débauche, « première conclusion des principes de mort », la terrible débauche qu'il connaissait déjà, quand il s'était écrié, dans la *Coupe et les lèvres* :

> Ah ! malheur à celui qui laisse la débauche
> Planter le premier clou sous sa mamelle gauche !

Nul, sans doute, n'a déploré plus éloquemment que ne le fait l'« Enfant du siècle » au début de sa « Confession » cette « déné-

---

[1] La première des *Nuits* est de mai 1836 ; la dernière, d'octobre 1837.
[2] La *Confession d'un enfant du siècle* fut publiée au commencement de 1836.

gation de toutes choses du ciel et de la terre, qu'on peut nommer désenchantement, ou, si l'on veut, désespérance..., l'affreuse désespérance qui, pareille à la peste asiatique, marche à grands pas sur la terre ». Comme dans *Rolla*, il s'en prend à Voltaire et à ceux qui ont détruit la foi chrétienne. On se demande s'il est sur le chemin qui le ramènera à la lumière et à l'espoir. Mais tournez la page; tout s'est éteint dans l'impureté, tout a été ramené violemment en bas par le plus grossier sensualisme. « Vous sentirez, dit-il quelque part dans cette *Confession*, que la raison humaine peut guérir les illusions, mais non pas guérir les souffrances... Vous chercherez autour de vous quelque chose comme une espérance. Vous irez secouer les portes des églises, pour voir si elles branlent encore, mais les trouverez murées; vous penserez à vous faire trappistes, et la destinée qui vous raille vous répondra par une bouteille de vin du peuple et une courtisane. » Voilà tout le livre; voilà, hélas! toute la vie de l'auteur.

Le désenchantement qui succédait à la révolte avait pour conséquence la stérilité : c'étaient, nous l'avons dit, les trois phases de la maladie qui sévissait sur les intelligences de ce temps. Même aux époques les plus laborieuses et les plus productives de sa vie littéraire, de 1832 à 1837 par exemple, entre le *Spectacle dans un fauteuil* et les *Nuits*, Musset avait toujours eu l'haleine un peu courte; il était incapable de composer une œuvre considérable et complète. Tous ses poëmes, même ceux qu'il a étendus par des digressions, sont des tableaux de genre, et plus le cadre est petit, plus l'auteur est à l'aise. Ses belles pages ne sont que des préludes et des fragments, admirables sans doute, mais inachevés. Impuissance commune à tous les poëtes de ce siècle, mais plus marquée chez lui que chez les autres. Encore, parfois, semblait-il las d'une fécondité si imparfaite. Dès le lendemain de 1830, dans la fatigue, le dégoût et l'espèce d'étourdissement que lui causait la prolongation du tapage révolutionnaire, il s'était arrêté un moment et avait songé à laisser l'art pour se faire soldat. Ce poëte de vingt ans ne disait-il pas alors .

Je suis jeune, j'arrive : à moitié de ma route,
Déjà las de marcher, je me suis retourné [1].

Il avait triomphé de cette première tentation ; mais, après 1837, nouveaux symptômes d'épuisement : il ne produit plus que des morceaux isolés, dont quelques-uns, il est vrai, sont incomparables. Enfin, en 1840, le mal s'aggrave, les œuvres sont plus rares encore, et le talent lui-même se voile. Si le poëte sort de son mutisme, c'est d'ordinaire pour nous livrer le triste secret de sa prostration et de son désespoir. « Plus ne m'est rien, rien ne m'est plus », telle est sa devise. Il termine sa carrière à l'âge où plusieurs poëtes du grand siècle avaient commencé la leur, justifiant la parole méchante que disait alors de lui Henri Heine : « C'est un jeune homme d'un bien beau passé. »

Un vieillard de trente ans, triste, épuisé, silencieux, dégoûté de tout, principalement de soi, voilà donc ce qu'est devenu, après quelques années, le brillant cavalier qui, en 1829, était entré dans la gloire avec une audace si tapageuse.

VIII

Le désenchantement et le scepticisme n'étaient pas seulement la maladie de quelques esprits raffinés ; ils avaient envahi l'âme de la foule et se trahissaient alors par une ironie singulièrement violente et grossière. Ce n'est pas l'un des signes les moins caractéristiques des années qui suivirent 1830, que la popularité du type de Robert Macaire : incarnation cynique du crime facétieux, chez qui le blasphème se termine en quolibet, le vol se pique d'être spirituel et le meurtre jovial ; persiflant tout ce qui inspirait jusque-là respect ou crainte, la vertu aussi bien que l'échafaud ; faisant rire aux dépens du Dieu qu'il

---

[1] *Les Vœux stériles,* pièce de vers publiée en 1831. — Voyez aussi la conversation que le poëte a eue, à la même époque, avec son frère Paul, et que celui-ci a racontée dans sa *Biographie d'Alfred de Musset.*

outrage, de la société dont il viole les lois, de la victime qu'il dépouille ou égorge. Le vice railleur et impudent s'appelait autrefois Don Juan ; Robert Macaire en est une sorte de dégénérescence démocratique ; seulement l'odeur du bagne s'est substituée aux parfums de boudoir, les haillons de la misère corrompue aux habits de soie du libertinage élégant ; et surtout la statue du commandeur et le coup de tonnerre de la fin ont fait place à l'apothéose du coquin, ayant jusqu'au bout raison du gendarme et de la Providence, également ridicules et bernés. Ce type n'avait pas été créé par un écrivain, imposant à la foule la fantaisie de son imagination ; il était l'œuvre d'un acteur, habitué au contraire, par état, à traduire la pensée des autres, et, dans ce cas, traduisant celle du public plus que celle d'un auteur. Nous voulons parler de ce Frédérick Lemaître que, sur sa tombe, Victor Hugo saluait naguère comme la personnification du théâtre démocratique, et qui a été en effet, sur la scène, par tempérament de bohème plus encore que par esprit de parti, un puissant flatteur des passions révolutionnaires. Presque pas un révolté et un déclassé du drame moderne dont il n'ait porté le masque, depuis *Ruy Blas* jusqu'au *Chiffonnier* de Félix Pyat. Mais avant tout, il fut Robert Macaire. Un jour, ayant à jouer un rôle de coquin dans un mélodrame vulgaire, l'*Auberge des Adrets,* il eut l'idée, qui n'avait pas été celle des auteurs, de donner à son personnage une physionomie de bouffonnerie cynique. La métamorphose ne se fit pas du premier coup et tout d'une pièce, comme l'acteur s'en est vanté depuis. L'*Auberge des Adrets* remontait à 1823 ; à cette époque, elle était demeurée dans son ensemble, et surtout par son dénoûment, un drame du genre larmoyant ; Frédérick Lemaître n'avait tenté que partiellement de tourner son rôle au grotesque, et cette tentative, qui avait été, du reste, à peine remarquée, ne dépassait pas les libertés que prenaient les acteurs de drame. Ce n'est que plus tard, quand cette pièce fut reprise en 1832, dans une atmosphère beaucoup plus troublée, que les types de Robert Macaire et de Bertrand apparurent et se précisèrent avec toute leur insolente laideur, et que la complicité d'un public mieux préparé à ce scandale leur fit un si brillant succès. Aussi Théophile Gautier, parlant de la fortune théâtrale de ces tristes héros, l'appelait-il « le grand triomphe de l'art révolutionnaire qui succéda à la révolution de Juillet, l'œuvre capitale de cette littérature de hasard, éclose alors des instincts du peuple ». La pièce jouée en 1832 était quelque peu différente du mélodrame primitif; elle avait été modifiée dans les parties qui se fussent plus difficilement prêtées à ce caractère nouveau ; on avait supprimé notamment le troisième acte avec ses péripéties pathétiques, on l'avait remplacé par une charge sinistre, où Robert Macaire, poursuivi, jusque dans l'orchestre et les loges, par les gendarmes, en tuait un, le jetait sur la scène, et concluait, aux applaudissements de la foule, par cette maxime qui s'était gravée dans la mémoire et peut-être aussi dans la conscience populaires :

> Tuer les mouchards et les gendarmes,
> Ça n'empêche pas les sentiments.

La vogue fut telle, qu'on eut l'idée de faire une suite : *Robert Macaire*, pièce en quatre actes et six tableaux, qui fut représentée aux *Folies Dramatiques,* en 1834. Plus que jamais, les deux coquins, auxquels Frédérick Lemaître et son camarade Serres donnaient une si hideuse et si vivante originalité, devinrent les favoris du parterre. Enhardis par le succès que leur faisait la curiosité malsaine des badauds, les acteurs ajoutaient tous les soirs quelque bouffonnerie plus cynique, insultaient quelque chose de plus respectable. « C'est leur fête de chaque jour, disait M. Jules Janin, de s'en aller tête baissée, à travers les établissements de cette nation, de faucher, à la façon de quelque Tarquin déguenillé, les hautes pensées, les fermes croyances, et de semer, chemin faisant, l'oubli du remords, le sans gêne du crime, l'ironie du repentir. » Plus les acteurs étaient audacieux, plus le public riait aux larmes. Chaque théâtre voulait avoir son Robert Macaire ; l'un donna la *Fille de Robert Macaire;* l'autre, le *Fils de Robert Macaire;* un troisième, le *Cousin de Robert Macaire*. On jouait aux Funambules *Une émeute au Paradis*, ou le *Voyage de Robert Macaire* : celui-ci grisait saint Pierre, lui volait les clefs du ciel, mettait le paradis en goguette, débauchait les saints et les anges ; le diable venait pour le prendre ; mais Robert tirait contre lui la savate et le terrassait, demeurant ainsi le plus fort et le plus heureux, dans l'autre monde comme sur terre ; le tout assaisonné de lazzi sacriléges, où l'on parodiait jusqu'aux paroles du Christ, et où l'on débitait une nouvelle oraison dominicale qui commençait ainsi : « Notre père, qui êtes dans la lune. » Le gouvernement finit cependant par comprendre que le spectacle triomphant du crime gouailleur et bel esprit n'était pas sans danger pour un peuple qui, à cette époque, voyait éclore, dans ses bas-fonds, des Fieschi et des Lacenaire. Il sortit de son indifférence, et le théâtre fut interdit à Robert Macaire ; il fallut, à la vérité, pour décider la censure à cette rigueur, qu'elle vît apparaître chez l'audacieux acteur des velléités de parodies qui s'attaquaient, non plus seulement à la morale et à la religion, mais à la royauté.

Proscrit du théâtre, Robert Macaire se réfugia dans la littérature, et surtout dans la caricature. Sous cette forme, son règne fut peut-être plus étendu encore et plus populaire. Daumier, aidé de Philipon qui imaginait les légendes à mettre au bas de chaque dessin, publia les *Cent et un Robert Macaire,* sorte de galerie satirique, où le héros de la raillerie cynique et du vice insolent se montrait dans ses multiples incarnations, successivement avocat, philanthrope, journaliste, avoué, médecin, escompteur, inventeur, fondateur de société, agent de change, candidat, ministre, etc. C'était à faire croire qu'il n'y avait partout que des Robert Macaire, et que ce type personnifiait la société contemporaine. Les mécontents d'alors prétendaient, en effet, y montrer le portrait fidèle ou, du moins, la caricature justifiée de la bourgeoisie régnante. Un témoin raconte qu'assistant, peu avant 1848, à l'enterrement d'un ministre, il avait entendu l'un des spectateurs s'écrier d'un ton d'indicible mépris, à la vue de tous les fonctionnaires, de tous les représentants du monde officiel, qui défilaient à la suite du char funèbre :

« Que de Robert Macaire! » Et la foule, qui ne s'était même pas découverte, applaudissait en riant et en enchérissant, sans être un moment arrêtée par le respect de la mort. La vérité n'était pas que les classes dirigeantes fussent alors plus pleines qu'à d'autres époques de Robert Macaire ; mais la nation entière avait pris un goût maladif à ce que Henri Heine appelait le « Robert-Macairianisme », à cette affectation de tout bafouer, de ne pas croire à la vertu, de rire du vice, et de ne plus voir, dans l'idéal, dans les sentiments grands et généreux, que ce qu'on nommait, dans une langue appropriée, « une blague ». Maladie d'esprit et de cœur bien autrement dangereuse, signe de décadence beaucoup plus certain que les illusions les plus folles, les exaltations les plus troublées, les plus violentes révoltes.

Pour le vulgaire, la gouaillerie cynique de Vautrin ou de Robert Macaire; pour les raffinés, le dégoût désespéré de Rolla, est-ce donc là qu'est arrivée, en quelques années, cette génération que nous avions vue, à la fin de la Restauration, si riche d'espérance, si confiante dans son orgueil, et qui avait cru trouver, dans la révolution de 1830, le signal de sa pleine victoire? Après ce départ d'une allure si joyeuse et si conquérante, cet arrêt plein de lassitude, de malaise et d'impuissance; après des dithyrambes et des affirmations si hautaines, un ricanement si grossier ou un sanglot si navrant; après avoir si sincèrement et si fastueusement proclamé l'amour de l'humanité et prédit son progrès indéfini, une misanthropie si désolée ou si méprisante; tant de scepticisme ironique ou découragé, violent ou mélancolique, après ce que M. Guizot a appelé « l'excessive confiance dans l'intelligence humaine »; tant de désillusion, de sécheresse ou de rouerie, après tant de vaniteuse et généreuse candeur; tant d'avortements et de stérilité, après tant de promesses et d'espoirs de fécondité! Quel contraste et quelle leçon!

IX

Si nous avions eu la prétention de faire un tableau complet des lettres sous la monarchie de Juillet, on pourrait nous reprocher d'avoir passé sous silence certains écrivains et même certains genres, de n'avoir envisagé qu'à un point de vue particulier ceux dont nous nous sommes occupés. Mais, on le sait, et nous avons tenu à le bien marquer dès le début, notre dessein, plus limité, était seulement de rechercher quel avait été, sur la littérature de ce temps, le contre-coup des événements politiques, et spécialement de la révolution de 1830. Ce dessein, nous croyons l'avoir exécuté [1]. Nous avons montré comment se sont produits dans le monde littéraire, d'abord l'exaltation, la révolte, le désordre, ensuite le désenchantement et l'impuissance. Toutefois, sur le point de conclure, un doute nous saisit. Comment juger si sévèrement l'état littéraire de la France de Juillet, quand il n'est pas un de nous qui ne s'estimât trop heureux d'y revenir? Si nous appliquons à cette époque le mot de décadence, de quel terme nous servirons-nous pour qualifier le temps actuel? Pour être inférieures aux précédentes, les poésies alors publiées par Lamartine ou Victor Hugo n'étaient-elles pas des événements littéraires comme nous n'en connaissons plus? Quels que fussent l'erreur et le désordre du drame romantique, il y avait là cependant un mouvement; où en trouver un dans notre théâtre actuel? Les romans de madame Sand étaient immoraux; encore l'immoralité devait-elle s'y revêtir de poésie et d'idéal pour avoir accès dans les âmes; aujourd'hui, elle n'a plus besoin de se mettre tant en frais. N'est-il pas jusqu'à Balzac

---

[1] Pour compléter le tableau du trouble jeté dans la littérature, il nous faudrait dire ce qu'est devenue, sous cette influence, une partie de l'école historique, dont M. Michelet est le type. Mais l'étude des histoires révolutionnaires et de leurs conséquences se rattache à la fin de la monarchie de Juillet, dont elles ont préparé la chute; nous en reparlerons à ce propos.

qu'on ne puisse trouver délicat, quand on est condamné à M. Zola? Pour tristes que fussent le scepticisme, le désenchantement et même l'épuisement des âmes, ils arrachaient du moins à un Musset des plaintes mélodieuses, d'éloquents gémissements; aujourd'hui, le mal est à ce point profond qu'il a tué toute poésie, et nous n'avons même plus la consolation d'entendre chanter en beaux vers nos misères et nos désillusions. Vraiment, si l'on pouvait prendre l'histoire à rebours, l'époque littéraire qui s'est étendue de 1830 à 1848 semblerait en singulier progrès sur la nôtre.

Mais pour bien apprécier une époque, pour en mesurer les mérites et les responsabilités, ne convient-il pas de la comparer, moins à ce qui l'a suivie qu'à ce qui l'a précédée? N'est-on pas autorisé à lui demander compte de l'héritage qu'elle a reçu, de l'espoir qu'on avait fondé sur elle et qu'elle avait mission de réaliser? Il est naturel que le sentiment de notre misère présente nous gêne dans un tel examen, que nous nous sentions aujourd'hui peu de droit à relever les faiblesses d'un temps si supérieur au nôtre, et que ce temps, après tout, nous paraisse plus digne d'envie que de blâme. Laissons donc une fois de plus la parole aux contemporains. Déjà nous avons recueilli, dans leur sincérité première, les cris de surprise, d'alarme et d'humiliation que leur avait arrachés la déchéance de certains écrivains. Complétons leur témoignage en notant ce qu'ils pensaient non plus seulement de telle œuvre particulière, mais de l'état général de la littérature, du changement qui s'y était produit après 1830. Si leur plainte nous semble parfois exagérée, n'oublions pas qu'ils avaient connu et partagé les grandes espérances de la jeunesse du siècle, et qu'ils ne devaient pas se consoler aisément de les voir trompées.

Dès 1831, M. de Salvandy écrivait : « Si la littérature est l'expression de la société, il faudrait désespérer de la France »; et, cherchant la cause de ce désordre, il la montrait dans « l'esprit révolutionnaire, évoqué du chaos sanglant de notre première anarchie, au bruit de la rapide victoire du peuple sur la royauté, esprit funeste qui pèse sur les destins de la France de 1830, comme son mauvais ange ¹ ». Dans le camp opposé, M. Quinet s'écriait à la même époque : « Aujourd'hui, qui nous dira des nouvelles de notre jeunesse, un moment si courtisée, si enviée sous la Restauration, et que l'on salua de si hautes promesses pour son âge viril?... Si quelqu'un le sait, par hasard, qu'il nous dise où sont nos projets commencés, nos études enthousiastes, notre spiritualisme hautain et notre avenir politique dont nous étions si fiers! N'en parlons plus, de grâce. Notre jeunesse est devenue vieillesse en quelques mois, et c'est de nous qu'il faut dire que nos cheveux ont blanchi en une nuit. L'espérance manque en nos âmes ²... »

M. Sainte-Beuve avait été l'un des porte-parole de cette génération qui s'était cru la mission et le pouvoir de renouveler le monde intellectuel et moral. Écoutez ce qu'il dit, dans les années qui suivent 1830, à la vue de ce qui se passe sous ses yeux ³. Avec une mélancolie mêlée d'ironie, il rappelle cette persuasion où l'on était, à la fin de la Restauration, « qu'il y avait, pour bien des années, dans le corps social, une plénitude de séve, une provision, une infusion d'ardeurs et de doctrines, une matière enfin plus que suffisante aux prises de l'esprit ». La révolution, dit-il, « a comme brisé et licencié le mouvement littéraire,... rompu la série d'études et d'idées qui étaient en plein développement ». Il y a eu « des coups de vent dans toutes les bannières ». De là « une première et longue anarchie ». « Au moment où la Restauration a croulé, les idées morales qui, avant 1830, donnaient même aux œuvres secondaires une sorte de noblesse, se sont, chez la plupart, subitement abattues. » Le mal a atteint les plus hautes têtes; « les grands talents donnent le pire signal et manquent à leur vocation première; ils gauchissent à plaisir dans des systèmes mons-

---

[1] SALVANDY, *Seize Mois, ou la Révolution et les révolutionnaires* (1831).
[2] QUINET, *Avertissement à la Monarchie de 1830* (1831).
[3] Voyez notamment les écrits suivants de M. SAINTE-BEUVE : *De la littérature de ce temps-ci* (1833); *M. Jouffroy* (1833); *De la littérature industrielle* (1839); *Dix ans après en littérature* (1840); *Quelques vérités sur la situation en littérature* (1843); *Chroniques parisiennes* (1843). C'est à ces écrits que sont empruntées toutes les citations qui vont être faites.

trueux ou creux, en tout cas infertiles ». Plus de direction, partout le « relâchement et la confusion », la « dissolution des écoles » : tel est le « signe de la nouvelle période littéraire ». M. Sainte-Beuve ajoute : « Pour ce que nous savons et voyons directement, nous avons bien le droit de dire que le caractère de notre littérature actuelle est avant tout l'anarchie la plus organique, chaque œuvre démentant celle du voisin, un choc, un conflit et, comme c'est le mot, un *gâchis* immense. » Au moins le mal diminue-t-il, quand, dans la politique, un peu de calme succède au désordre révolutionnaire? Non. « A mesure, dit M. Sainte-Beuve, que les causes extérieures de perturbation ont cessé, les symptômes extérieurs de désorganisation profonde se sont mieux laissé voir. » Le rétablissement de l'ordre matériel « n'a littérairement rien enfanté et n'a fait que mettre à nu le peu de courant ». Il proclame chaque jour avec plus d'effroi que « le niveau du mauvais gagne et monte », et il ne craint pas d'ajouter que « c'est un vaste naufrage ». Aussi n'est-on pas étonné de l'entendre signaler, comme un caractère général de cette époque, le « désabusement », et, ce qui en est la triste conséquence, la stérilité et l'impuissance. Dès 1833, il confesse que ce n'est pas « cette génération si pleine de promesses et si flattée par elle-même » qui « arrivera »; et, ajoute-t-il, « non-seulement elle n'arrivera pas à ce grand but social qu'elle présageait et qu'elle parut longtemps mériter d'atteindre; mais on reconnaît même que la plupart, détournés ou découragés depuis lors, ne donneront pas tout ce qu'ils pourraient du moins d'œuvres individuelles ». Quant aux générations qui surviennent, elles ne sont plus, « comme d'ordinaire, enthousiastes de quelques nouvelles et grandes chimères, en quête d'un héroïque fantôme »; mais elles « entrent bonnement dans la file, à l'endroit le plus proche, sans s'informer; sans tradition ni suite, elles se prennent à je ne sais quelles vieilles cocardes reblanchies... Tandis que la partie positive du siècle suit résolûment, tête baissée, sa marche dans l'industrie et le progrès matériel, la partie dite spirituelle se dissipe en frivolités et ne sait faire à l'autre ni contre-poids, ni accompagnement. » Alors, se rappelant avec amertume ses espérances d'avant 1830, M. Sainte-Beuve s'écrie : « Un semblable résultat aurait trop de quoi surprendre et déjouer. Il ressemblerait à une attrape. Ce ne peut pas être, ce semble, pour un tel avortement que tant d'efforts, tant d'idées enfin, ont été dépensés depuis plus de cinquante ans, et que, sans remonter plus haut, les hommes consciencieux et laborieux ont semé une foule de germes, aux saisons dernières de la Restauration, en ces années de combat et de culture. » Et ailleurs : « N'aura-t-on eu décidément que de beaux commencements, un entrain rapide et bientôt à jamais intercepté ?... Ne sera-t-on en masse, et à le prendre au mieux, qu'une belle déroute, un sauve qui peut de talents ? » Ainsi gémissait M. Sainte-Beuve, dans les articles que publiaient, de 1830 à 1843, quelques journaux et surtout la *Revue des Deux Mondes*. Il s'épanchait plus librement encore dans la chronique anonyme qu'il envoyait à la *Revue suisse*: « Passé un bon moment de jeunesse, écrivait-il, tous, plus ou moins, nous sommes sur les dents, sur le flanc. » Et il terminait par ce cri, qui révèle la date, l'origine et la cause du mal: « Décidément, l'esprit humain est plutôt stérile qu'autre chose, surtout depuis juillet 1830. »

Nous avons cité, avec quelque étendue, le témoignage de M. Sainte-Beuve, qui, par situation et par nature d'esprit, pouvait, mieux que personne, voir et juger. Mais il n'était pas le seul à s'exprimer ainsi. Voici M. de Rémusat, naguère l'un des princes de la jeunesse de 1820, et non le moins imprégné des idées de 1830. Vers la fin de la monarchie de Juillet, considérant ce qu'est devenue la littérature, il avoue que le résultat « l'inquiète ». « A la suite de la révolution », il n'a constaté d'abord qu'un « premier déchaînement d'idées et de passions qui ne pouvaient rien produire de bon ni de vrai, et dont le résultat naturel devait être une période d'humiliations pour la raison humaine ». Mais ce qui est venu ensuite n'a pas mieux valu : c'est, dit-il, « une réaction enfantée par la peur et le dégoût, réaction de défiance, d'incrédulité, d'aversion pour tout ce qui peut à la fois ennoblir et égarer l'humanité » ; c'est « la

déroute d'une société intimidée, qui fuit devant les fantômes
de l'esprit humain, pour essayer de se retrancher derrière ses
intérêts » ; c'est « la dispersion funeste des forces morales de la
société [1] ». Un autre écrivain de la même génération, l'un des
plus purs et des plus vaillants, et qui devait perdre seulement
en 1848 ses illusions de 1830, Augustin Thierry, dénonçait
autour de lui, en 1834, « l'espèce d'affaissement moral qui est
la maladie de la génération nouvelle » ; il gémissait à la vue de
ces « âmes énervées qui se plaignent de manquer de foi, qui ne
savent où se prendre, et vont cherchant partout, sans le rencontrer nulle part, un objet de culte et de dévouement [2] ».
M. Nisard, alors ami de Carrel, et politiquement favorable à la
révolution de Juillet, dénonçait, en 1833 et 1834, dans la
Revue de Paris, les misères morales et intellectuelles de la littérature, particulièrement du roman et du théâtre : « Que dirai-
je, ajoute-t-il, des effets de cette littérature sur les âmes ? D'où
viennent ces goûts frivoles, cet égoïsme dans l'âge de la générosité et de l'abandon, ce scepticisme desséchant dans l'âge de
la foi, cette rouerie avant l'expérience, ces désenchantements
avant les illusions, cet amour de l'argent, sans esprit d'avenir,
comme celui des courtisanes?... D'où viennent ces amours-
propres monstrueux, ce désintéressement contre nature de
toute opinion politique, cette guerre contre toute morale, cette
exaltation de la chair et des sens, cette révolte de la prétendue
liberté humaine contre le devoir ? D'où viennent tous ces désordres de l'esprit et de l'âme, sinon de cette littérature, qui ne
vit que de cela, et qui doit périr par là [3] ? »

Les critiques d'une génération plus récente ne jugeaient pas
autrement que leurs devanciers. Vers la fin de la monarchie de
Juillet, M. Saint-René Taillandier jetait, dans la *Revue des
Deux Mondes,* un regard en arrière sur la littérature de cette
époque. Il se demandait « où était la jeune armée du dix-neu-

---

[1] M. de Rémusat, *Passé et Présent,* t. I.
[2] Augustin Thierry, préface de *Dix Ans d'études historiques.*
[3] M. Désiré Nisard, *Manifeste contre la littérature facile* (décembre 1833);
Lettre au directeur de la Revue de Paris (janvier 1834); *Un amendement à la
définition de la littérature facile* (février 1834).

vième siècle qui s'était avancée avec tant d'enthousiasme et avait convoité des conquêtes si belles ». Il rappelait « ce premier départ de nos volontaires, cette rapide et aventureuse entrée en campagne. La foule était confuse et indisciplinée; mais quelle vie! quel mouvement! Je ne sais si l'on avait un drapeau, ou si ce drapeau représentait quelque chose de bien défini; mais comme on s'élançait avec joie! comme on s'imaginait poursuivre un but et croire à une cause bien comprise! Quel entrain! quelle impatience d'arriver! Jactance superbe et naïve bonne foi, étourderie et résolution. » Eh bien! cette armée est « en désordre et dispersée ». Les plus confiants ont été contraints de reconnaître leur échec. « Non, a-t-on dû se dire, le champ n'a pas été béni, la moisson n'est pas venue. La foi charmante des jeunes années est morte au fond des âmes, comme un feu sans aliment. Il n'y a plus de croyance, il n'y a plus d'idéal. Le talent, l'habileté, ne manquent pas; ils ont, au contraire, acquis des ressources inattendues, mais ce sont des ressources coupables... » Quelle est la cause de cet avortement, de cette « stérilité maladive » ? Le critique la montre dans l'« infatuation » de cette littérature qui, « après avoir débuté avec enthousiasme, s'était arrêtée tout à coup, dès le commencement de sa tâche, et s'était adorée avec une confiance inouïe », et aussi dans le « désordre », dans les « excitations néfastes » qui avaient été la suite de la révolution de 1830[1].

Après ces jugements publics, faut-il noter les cris d'indignation ou de découragement qui échappaient aux contemporains, dans l'intimité de leurs correspondances? On pourrait en trouver beaucoup. Bornons-nous à citer M. Doudan, témoignant, le 6 août 1839, du « dégoût » croissant que lui inspire la littérature de son temps. « En y regardant bien, écrit-il, je ne puis pas méconnaître que je m'irrite à bon droit de ce ton vide et déclamatoire, de ces fanfaronnades d'idées qui ne reculent devant rien, de ce mépris de toute distinction entre le bien et le mal, de tous ces sentiments impossibles qu'on fait

[1] Saint-René Taillandier, *la Littérature et les écrivains en France depuis dix ans.* (Revue des Deux Mondes, 15 juin 1847.)

semblant d'éprouver, de toutes ces passions contradictoires qu'on suppose dans le même être, de cette langue pédante, forcenée, de ces couleurs et de ces images si vives pour traduire des pensées si froides, de ce manque de mesure, d'harmonie, de bon sens, de convenance en tout genre qui rayonne dans la littérature. Toutes ces accusations sont fondées sur une évidence irrésistible; et si l'on était pendu pour tous ces crimes, bien des écrivains devraient se préparer. » Dans une autre lettre, écrite quelques années plus tard[1], M. Doudan ajoutait : « Il est certain que le grand soleil de la liberté de penser a dévoré les idées; ce ne sont plus que des feuilles mortes, avec lesquelles joue le premier souffle d'air qui s'élève. L'intelligence, affranchie de toute entrave, est devenue comme le Juif errant, marchant toujours et n'ayant jamais plus de cinq sous dans sa poche; ne pouvant s'arrêter nulle part, elle ne s'attache à rien, *velut umbra, sicut nubes*. Il ne restera bientôt plus, dans ce temps, en fait de talent, que le talent de critique; celui-là gagne à l'impartialité et à l'étendue de l'esprit; mais cette impartialité aussi va tourner, en s'exagérant, à l'indifférence; cette étendue, en s'accroissant démesurément, ne sera plus que le vide; et, à force de n'être que des spectateurs, de n'éprouver rien pour notre compte et de tout juger sans rien croire, nous perdons la règle même de nos jugements. »

N'est-il pas prouvé, par les aveux publics ou intimes des contemporains les plus compétents ou les moins suspects, que chacun avait alors comme le sentiment d'une décadence, on dirait presque d'une banqueroute intellectuelle? La cause, ils ne l'indiquent pas tous avec une suffisante netteté; pour cela, il leur eût fallu souvent se condamner eux-mêmes. Plusieurs, cependant, — on a pu s'en rendre compte par les citations que nous avons faites, — laissent entrevoir cette cause; quelques-uns la dénoncent avec une loyale clairvoyance. Vers la fin de la monarchie de Juillet, M. Guizot s'écriait à la tribune de la Chambre : « L'excessive confiance dans l'intelli-

---

[1] Lettre du 19 septembre 1848.

gence humaine, l'orgueil humain, l'orgueil de l'esprit, permettez-moi d'appeler les choses par leur nom, a été la maladie de notre temps, la cause d'une grande partie de nos erreurs et de nos maux[1]. » Sans doute, si l'on veut rechercher la genèse de cet « orgueil de l'esprit », on reconnaîtra que le principe en existait déjà avant 1830. C'était le point faible, le côté inquiétant du mouvement intellectuel qui avait marqué la fin de la Restauration, le germe de mort qui se mêlait à tant de fécondes promesses, aussi bien dans l'école du *Globe* que dans le « cénacle » du romantisme. En cela, il est vrai de dire que la révolution de Juillet n'a pas été la cause unique de cet avortement final. Mais n'est-il pas manifeste qu'elle a excité, enivré cet orgueil, qu'elle l'a précipité dans tous les excès et, par suite, dans toutes les chutes? Pas d'ambitions, pas d'audaces, pas de révoltes, qui n'aient paru encouragées et justifiées par le succès de l'insurrection politique. C'est encore M. Guizot qui disait, en 1836, à ses contemporains, en parlant de la révolution : « Un tel acte est pendant longtemps, pour le peuple qui l'a accompli, une source féconde d'aveuglement et d'orgueil. La pensée de l'homme ne résiste pas à un tel entraînement; elle en reste longtemps troublée et enivrée... Regardez autour de vous, regardez l'état général des esprits, indépendamment des opinions politiques; vous les verrez, et en grand nombre, atteints comme de folie, par le seul fait qu'ils ont vu une grande révolution s'accomplir sous leurs yeux, et qu'il leur plairait qu'on en recommençât une autre dans leur sens. » Puis, après avoir montré « le degré d'égarement », et même « le degré d'abaissement » auquel trop d'intelligences étaient arrivées, il ajoutait : « Est-ce que vous ne reconnaissez pas dans de tels faits cette puissance d'une révolution de la veille qui pèse encore sur toutes les têtes, qui trouble et égare la raison de l'homme[2]? »

[1] Discours du 26 mars 1847.
[2] Discours du 24 mars 1836.

X

Ainsi, que nous ayons considéré la politique intérieure ou extérieure, l'état matériel ou moral de la nation, la religion ou la littérature, partout et toujours, il a fallu constater le mal produit par la révolution de 1830. Il serait facile de prolonger encore cette sorte d'inventaire des pertes subies et des périls créés. Ne pourrait-on pas noter, par exemple, après cette date, une altération des relations sociales, une sorte de diminution dans la dignité, la politesse et l'agrément de la vie ? Dès 1833, M. Sainte-Beuve déclarait que « le bon ton rangé et le vernis moral de la Restauration avaient disparu ». Cet effet se produisait dans toutes les classes. En bas, on remarquait, dans le langage, le plaisir et même le costume populaires, quelque chose de plus débraillé, de plus grossier, comme si l'on était entré dans un milieu où l'on avait moins besoin de se respecter. Il y avait en haut un changement analogue; « le monde, a dit M. Guizot, n'offrait plus à moi ni à personne le même attrait; ses salons n'étaient plus le foyer de la vie sociale; on n'y retrouvait plus cette variété et cette aménité de relations, ce mouvement vif et pourtant contenu, ces conversations intéressantes sans but et animées sans combat, qui ont fait si longtemps le caractère original et l'agrément de la société française; les partis se déployaient dans toute leur rudesse; les coteries se resserraient dans leurs limites[1] ». Un voyageur américain, qui revoyait la France en 1837, après y être venu une première fois en 1817, s'étonnait et s'attristait du changemnet produit dans les relations, les idées, les arts, la littérature, les modes; il y découvrait quelque chose de plus vlugaire, de plus violent, de plus divisé, et il en concluait que « rien n'était assis sur une base solide[2] ». Le même voyageur revint vingt ans plus tard,

---

[1] *Mémoires de M. Guizot.*
[2] *Life, Letters and Journal* de Georges Ticknor.

sous le second Empire : il constata une ruine morale et intellectuelle plus complète encore ; et alors, se rappelant toute cette fleur de société élégante et polie, qui l'avait charmé sous la Restauration et dont il avait encore retrouvé quelques vestiges trop altérés sous la monarchie de Juillet, il s'écriait mélancoliquement : « Qu'est devenu tout cela ? » Qu'eût-il donc dit s'il avait pu entreprendre un quatrième voyage, après une nouvelle période de vingt années, et s'il eût visité la France de nos jours ?

Sur cette sorte d'abaissement général et, si nous osons dire, d'enlaidissement, qui résultait de la révolution de 1830, M. Prévost-Paradol a écrit une page remarquable, dans son livre de la *France nouvelle*. Nous ne pouvons mieux faire que de céder la parole à un observateur si éminent et si peu suspect de malveillance : « Plusieurs personnes éclairées, dit-il, qui ont vu, sans intérêt personnel et sans passion, le passage du gouvernement de la Restauration au gouvernement de Juillet, m'ont souvent répété qu'il s'était opéré alors, dans l'état moral et social de la France, une sorte de changement subit, analogue à ces modifications brusques de la température que produit le coucher du soleil, sous le ciel du Midi ; non pas que le cœur de la France fût déjà refroidi, comme de nos jours ; au contraire, on remarquait plutôt alors un développement et une surexcitation des esprits ; ce qui avait diminué sensiblement et sans retour, c'était le sentiment de la sécurité générale et je ne sais quelle dignité grave qui régnait encore dans les luttes de la politique, dans les débats de la presse et dans les relations sociales. Les institutions avaient peu changé ; les fonctions et les noms des fonctions étaient restés les mêmes ; il y avait toujours un roi, des magistrats, des pairs, des députés ; mais on sentait, sans qu'on eût besoin de se le dire, que ces divers noms ne recouvraient plus exactement les mêmes choses, comme si le rang et la dignité de tous s'étaient trouvés abaissés d'un degré par un mouvement d'ensemble. Il n'y avait, dans ce mouvement général, de la faute de personne, et les hommes ne valaient sans doute pas moins que la veille ; ils valaient même davantage, si l'on tient compte de l'habileté pratique, de la jeunesse d'esprit, du désir patriotique de bien faire, de l'ardeur au travail; mais le sol, tremblant de nouveau, avait tout ébranlé, la révolution avait repris son cours, et la démocratie, de plus en plus voisine, achevait de dessécher, de son souffle puissant, les dernières fleurs que le tronc si souvent foudroyé de l'ancienne France produisait encore. »

Toujours le mal de la révolution! Dès 1835, parlant à la France de Juillet, encore tout exaltée de ses barricades victorieuses, tout engouée de cette superstition révolutionnaire qui a si longtemps possédé non-seulement le peuple, mais la bourgeoisie, M. Guizot avait osé dire : « C'est un grand mal, dans tous les cas, qu'une révolution; une révolution coûte fort cher, financièrement, politiquement, moralement, de mille manières[1]. » Nous n'avons fait que développer cette parole. La conclusion, — y a-t-il besoin de l'indiquer? — est qu'il faut en général détester l'esprit révolutionnaire, qu'il faut en particulier regretter la révolution de 1840. Mais ce serait nous avoir bien mal compris que de s'emparer de cette conclusion pour en faire une arme contre un parti ou un régime. On pourrait disputer longtemps, et sans profit, pour savoir qui est le plus responsable de cette révolution, de ceux qui l'ont provoquée, ou de ceux qui l'ont faite. Voyons-y donc moins la faute de tel ou tel parti que le malheur commun de la France : malheur qu'il faut déplorer, mais qu'il faut surtout travailler virilement à réparer. C'est cette dernière œuvre que devait entreprendre la monarchie issue de 1830; une fois débarrassée du ministère de M. Laffitte, elle allait employer tous ses efforts à se guérir et à guérir la France du mal de cette origine. Commencée tout d'abord, avec une énergie héroïque, par M. Casimir Périer, continuée, pendant dix-sept années, avec des vicissitudes diverses, cette œuvre fait l'intérêt et l'honneur du règne de Louis-Philippe.

[1] Discours du 9 août 1834.

LIVRE II

LA POLITIQUE DE RÉSISTANCE

(13 mars 1831 — 22 février 1836)

CHAPITRE PREMIER

L'AVÉNEMENT DE CASIMIR PÉRIER

(Mars — août 1831)

I. Pendant le déclin du ministère Laffitte, tous les regards s'étaient tournés vers Casimir Périer. Rôle de Périer sous la Restauration et depuis la révolution de Juillet. Ses hésitations et ses répugnances à prendre le pouvoir. Il se décide enfin. Composition du cabinet. — II. Résolution de Périer. Homme d'une crise plutôt que d'un système. Son programme au dedans et au dehors. Grand effet produit aussitôt en France et chez les gouvernements étrangers. — III. Périer veut restaurer le gouvernement. Il assure son indépendance à l'égard du Roi et son autorité sur les ministres. Il rétablit la discipline et l'obéissance parmi les fonctionnaires. Il fait avorter l'Association nationale. — IV. Efforts de Périer pour former une majorité. Dissolution et élections de juillet 1831. Importance fâcheuse de la question de la pairie dans la lutte électorale. Incertitude du résultat. Après l'élection du président, Périer donne sa démission. Il la retire à la nouvelle des événements de Belgique. Son succès dans la discussion de l'Adresse. Il est enfin parvenu à former une majorité.

I

Au déclin du ministère Laffitte, à cette époque de honte, d'impuissance et d'angoisses, où la monarchie nouvelle et la société française semblaient sur le point de s'abîmer dans l'anarchie intérieure et la guerre extérieure, un homme du moins se rencontrait, vers lequel étaient tournés tous les regards et que chacun, en France et à l'étranger, paraissait invoquer : c'était Casimir Périer. A mesure que s'abaissait et s'effaçait la figure mobile, incertaine, efféminée, superficiellement gracieuse, du ministre qui avait personnifié la politique du laisser-aller, on eût dit que, dans tous les esprits, se dressait plus haute, plus nette, plus lumineuse, cette autre figure d'une beauté noble, mâle, triste et imposante, au front découvert, déjà ridé par la souffrance et la colère, au regard de feu, aux yeux profonds cachés sous d'épais sourcils, aux lèvres amincies et contractées, avec sa parole impérative, sa brusque démarche, et sa grande stature un peu voûtée. Seul, cet homme apparaissait de taille à entreprendre la résistance dont les bourgeois menacés dans leurs intérêts sentaient enfin la nécessité.

Quelle était la raison de cette désignation et de cette confiance? Ne semble-t-il pas que l'opinion, illuminée par le péril, ait deviné d'elle-même ce qu'il y aurait de qualités de commandement chez Périer. Celui-ci, dans le rôle d'opposition qui avait fait sa bruyante notoriété sous la Restauration, n'avait guère eu l'occasion de manifester de telles qualités; ses amis, comme l'a avoué plus tard M. Royer-Collard [1], les ignoraient. Déjà cependant, avant 1830, certains symptômes avaient révélé qu'il n'était pas homme à se renfermer toujours dans une négation violente et subversive. Même au plus fort de sa guerre contre M. de Serre ou M. de Villèle, un observateur attentif eût noté plus de colère batailleuse et d'impétuosité de tempérament que de parti pris hostile. Surtout à partir de 1828, on avait pu suivre, chez ce véhément chef d'attaque, un travail de silencieuse transformation, produit par le dégoût des alliances révolutionnaires, par la vue plus claire des desseins de renversement qu'il avait involontairement secondés, par l'instinct de gouvernement qui se dégageait en lui et se trouvait mal à l'aise dans l'opposition [2]. S'écartant de la gauche, il

---

[1] Discours sur la tombe de M. Casimir Périer.
[2] Aussi Carrel écrivait-il plus tard, le jour même de la mort de Périer :
« M. Périer n'était pas fait pour l'opposition, prise dans l'acception populaire du

s'était rapproché de la royauté, au risque de faire murmurer, par ses alliés de la veille, le mot de défection. Il écoutait sans peine prononcer son nom autour du trône, comme celui d'un ministre possible, s'attendait et se préparait, non sans une émotion impatiente, à reprendre, lui qui venait de la gauche, l'œuvre monarchique et libérale qu'avait essayée M. de Martignac, venu de la droite, et se flattait de réussir, par la violence de sa volonté, là où avait échoué la séduction élégante et attendrie du ministre de 1828[1]. Tel était le rêve que caressaient à la fois son ambition et son patriotisme, quand éclatèrent les événements de Juillet. Il en fut désolé. « Vous nous faites perdre une position superbe ! » criait-il d'abord à ceux qui voulaient pousser la résistance hors des limites légales. Quand, quelques heures plus tard, il se crut, lui aussi, obligé de rompre avec la vieille dynastie, il ne le fit qu'à contre-cœur : si bien qu'un député, fort engagé dans l'insurrection, lui a reproché d'avoir employé tous ses efforts à entraver le mouvement révolutionnaire, et a ajouté : « Il l'aurait tout à fait arrêté, si cela avait été en son pouvoir[2]. » La seule vue de l'émeute victorieuse lui répugnait. Ce n'est pas lui qui, comme tant de ses amis, se fût épanché en déclamations satisfaites sur l'héroïque grandeur des barricades, sur la sublimité de l'ouvrier aux bras nus et au fusil noirci de poudre. A quelqu'un qui lui disait alors, sur le balcon de l'Hôtel de ville : « Qu'il est beau d'avoir fait sortir ce peuple de chez lui ! » il répondit d'un mot qui le révélait déjà tout entier : « Il sera bien plus beau de l'y faire rentrer. »

Le lendemain de la révolution, ce lendemain si plein d'orgueilleuses illusions pour beaucoup des hommes de 1830, n'éveilla dans l'esprit de Casimir Périer qu'une tristesse mêlée d'effroi. Ministre sans portefeuille dans le premier cabinet du

---

mot. Ses instincts, d'autres diront peut-être son génie, le conduisaient à sympathiser plutôt avec les idées d'ordre, de stabilité, de gouvernement, qu'avec les principes de liberté, de réforme, de progrès. Il avait le goût du pouvoir. »

[1] Sur le rôle de Casimir Périer avant 1830, on me permettra de renvoyer à ce que j'ai dit dans mon étude sur le *Parti libéral sous la Restauration*, p. 129 à 132, et p. 424 à 430.
[2] *Souvenirs de M. Bérard.*

11 août, il s'effaça volontairement. A peine parut-il une fois à la tribune, le 29 septembre 1830, dans la discussion sur les clubs, pour s'opposer à ceux qui voulaient prolonger la révolution et pour confesser que le ministère avait été jusqu'alors trop faible et trop incertain. Un autre jour, il poussait M. Dupin à prendre la même attitude et lui criait avec colère, en lui montrant les hommes de la gauche : « Répondez à ces b...-là, et faites-le avec toute votre énergie [1]. » — « Le malheur de ce pays, disait-il, vers la même époque, à M. Odilon Barrot, est qu'il y a beaucoup d'hommes qui, comme vous, s'imaginent qu'il y a eu une révolution en France. Non, monsieur, il n'y a pas eu de révolution; il n'y a eu qu'un simple changement dans la personne du chef de l'État [2]. » Lors de la dissolution du premier cabinet, en novembre 1830, il se retira fort « dégoûté » — le mot est de lui — de la besogne qu'il avait vu faire et à laquelle il avait été plus ou moins associé. Aussi fut-il peu disposé à accepter l'offre assez étrange que le Roi lui fit de prendre le portefeuille de l'intérieur dans le ministère de M. Laffitte. Il préféra remplacer ce dernier à la présidence de la Chambre. Que son jour dût venir, il en avait le pressentiment, mais il était résolu à n'accepter le pouvoir que quand il pourrait l'exercer sans les compromissions et les défaillances dont il venait d'être le témoin. A ceux qui le pressaient de se mettre en avant : « Il n'est pas temps, répondait-il ; c'est trop tôt; sachez attendre. » Pendant que les deux politiques de la résistance et du mouvement commençaient à s'entre-choquer dans le Parlement, immobile à son fauteuil, il observait les événements et les hommes avec une attention anxieuse, et l'on voyait, dit un contemporain, « se réfléchir, sur ce front pâle et triste, toutes les émotions de la lutte et passer comme l'ombre de l'orage qui grondait au-dessous de lui ». Cependant le désordre augmentait, et, chaque jour, Périer devait se demander, avec plus d'angoisse, si son heure n'allait pas sonner. Cette question était l'obsession de ses jours et de ses nuits ; il y revenait avec

---

[1] *Mémoires de M. Dupin*, t. II, p. 218.
[2] *Mémoires de M. Odilon Barrot*, t. I, p. 215.

persistance dans ses épanchements intimes, et la débattait avec une sorte de terreur d'être obligé de prendre un parti. « Je l'ai vu, raconte M. de Rémusat, refuser la parole à des députés, ses amis, sur des choses insignifiantes, dans la crainte de les voir amener prématurément à la tribune la question décisive. »[1] Après les émeutes de février 1831, en face du dégoût, de l'indignation et de l'épouvante soulevés par l'impuissance et la lâcheté du ministère, Périer dut reconnaître l'impossibilité de prolonger une telle expérience. Mais, tout en entendant l'appel d'une nation en détresse, tout en comprenant qu'il devait à son pays et à sa gloire d'y répondre, il n'en ressentait pas moins une répulsion et un effroi douloureux qui s'augmentaient à mesure qu'il approchait davantage du pouvoir; on eût presque dit ces angoisses, ces déchirements intimes, par lesquels Dieu fait parfois payer aux âmes la grâce et l'honneur d'une vocation religieuse.

Elle n'était ni aisée ni douce, la tâche de ceux qui s'entremirent alors patriotiquement pour pousser Casimir Périer à la place de M. Laffitte. Il leur fallut d'abord persuader le Roi, peu disposé, on le sait, à renvoyer un ministre « commode » et à en prendre un qui ne le serait certainement pas. Un personnage fort mêlé à ces négociations nous montre Louis-Philippe « contrarié, consterné même jusqu'aux larmes et presque malade de la nécessité de se soumettre aux vives et impérieuses exigences du nouveau ministre [1] ». Toutefois ce prince était trop politique et trop patriote pour ne pas faire bientôt céder ses hésitations et ses répugnances devant l'évidence du péril public. Ce fut de l'autre côté que les négociateurs rencontrèrent, jusqu'au dernier jour, le plus de difficultés. Si le Roi redoutait Périer, celui-ci se méfiait du Roi; le jugeant par les compromissions de la première heure, il le croyait trop engagé dans la politique de laisser-aller, pour qu'on pût espérer son concours fidèle et ferme à l'œuvre de résistance : méfiance dont l'événement devait prouver l'erreur et l'injustice. Dès le

---

[1] *Mémoires du général de Ségur*, t. VII.

28 février, le général de Ségur était venu trouver Périer de la part de M. de Montalivet, qui, bien que collègue de M. Laffitte, comprenait de quelle urgence était un changement de ministère et de politique; Périer se montra triste, hésitant, et finit même par refuser. Le lendemain, le général revint à la charge; comme il prononçait le nom du Roi, son interlocuteur éclata : « Oui, oui ! vous me répondez de tout, je n'ai plus qu'à accepter, me voilà ministre ! Mais alors, vous et Montalivet, me répondez-vous de tous les faux-fuyants qu'on prendra, de toutes les portes de derrière qu'on se gardera et qu'on tiendra ouvertes à nos adversaires ? De là, pourtant, ma marche entravée, mille obstacles entre moi et mon but, toutes mes résolutions dénaturées, avortées ou changées en demi-mesures ! Me répondrez-vous aussi de l'abandon de cette politique étroite qui pense gouverner par des dîners donnés alternativement aux chefs des partis les plus contraires, et par les articles des journaux qui les racontent ? Renoncera-t-on à ces prostitutions de la royauté devant les républicains et les anarchistes, à l'avilissement de ces camaraderies révolutionnaires, à ces scandaleuses déclamations contre l'hérédité qu'on prête à l'héritier même de la couronne ? Croyez-moi : quand ce ne serait que par ce côté ou par ***, le pouvoir m'échapperait ; je serais trahi sans cesse !... Il fallait m'écouter, il y a trois mois, quand le dégoût me força de quitter le ministère ! J'ai prédit alors qu'on me rappellerait, mais trop tard, comme Charles X ! Eh bien, en effet, nous y voilà, et pour celui-ci comme pour l'autre, le mardi et le mercredi sont passés, et nous en sommes au jeudi ! Il est bien temps d'appeler le médecin, quand la mort vous frappe ! et quelle mort ! Voyez l'émeute de l'archevêché ! Voyez les armes du Roi ! Lui laisser imposer une telle honte ! On ne les a pas plus défendues que celles du ciel ! Quoi ! vous vous dites mes amis, et quand le pouvoir est tombé dans la boue des rues, lorsqu'on ne peut plus y toucher sans se salir, vous voulez que je le ramasse !... » Et Périer continua ainsi pendant plus d'une heure, frappant du poing la table, ses genoux, ceux du général, ou lui saisissant le bras avec violence. Ce fut seulement quand

il se trouva à bout de force et de colère, surpris lui-même d'avoir passé toutes les bornes, que son patient et adroit interlocuteur parvint à lui faire convenir qu'il avait exagéré, et profita de cet aveu pour lui arracher un demi-assentiment [1].

La partie était loin d'être définitivement gagnée. Plus d'une fois encore, dans les jours suivants, les intermédiaires purent croire les pourparlers rompus, toujours par le fait du futur ministre. C'étaient sans cesse quelques nouvelles objections à lever, quelques nouvelles exigences à transmettre au Roi, qui ne s'en rebutait pas et consentait à tout. La famille de Casimir Périer, justement soucieuse de l'état de sa santé, le détournait d'ailleurs d'accepter le pouvoir. Il ne rentrait pas chez lui, après ces conférences, encore bouleversé de ses orageuses indécisions, sans que madame Périer inquiète ne lui rappelât l'arrêt des médecins qui lui ordonnaient le repos. Pour le disputer à ces affectueuses influences, il fallait lui rappeler le péril public, chaque jour plus pressant. Cependant le temps s'écoulait, et parfois c'était à se demander si l'on était plus avancé qu'à la première heure. Le 11 mars, dans la soirée, M. de Montalivet, M. d'Argout, M. Dupin, qui avaient été successivement envoyés par le Roi, trouvèrent Périer absolument découragé. « Que puis-je, disait-il, et qui me secondera? Qui remettra de l'ordre dans nos finances? Savez-vous que le Trésor est aux abois et à la veille de cesser ses payements [2]? » Le nom du baron Louis fut alors prononcé; Périer déclara qu'avec son concours seul, il pourrait tenter ce qu'on lui demandait. Aussitôt l'un des négociateurs courut chez l'éminent financier : celui-ci tout d'abord se défendit vivement d'accepter une succession aussi compromise que celle de M. Laffitte; mais, devant de nouvelles instances, sa résistance céda. A onze heures et demie du soir, son acceptation était rapportée à Périer, qui autorisa alors M. de Montalivet à déclarer au Roi qu'il se chargeait du ministère.

[1] *Mémoires du général de Ségur*, t. VII, p. 390 et suiv. — « Je ne veux pas, disait encore Périer à cette époque, jouer le rôle de Strafford et me mettre sur la brèche pour un Charles Ier qui signerait ensuite lâchement ma sentence. Non, non, il faut, si Strafford monte à l'échafaud, que Charles Ier l'y suive. » (*Notes inédites de M. Duvergier de Hauranne*.)

Deux jours plus tard, le 13 mars, alors qu'on croyait tout conclu, le général de Ségur fut informé que de nouvelles difficultés avaient surgi. Il se rendit chez Casimir Périer, qu'il trouva couché dans une chambre basse et resserrée; un canapé étroit, au fond d'une sorte d'alcôve en boiserie, lui servait de lit. Ce petit cadre contrastait avec la haute taille du personnage et le faisait paraître un colosse. Périer était sur son séant, en chemise, les bras croisés et les mains crispées. « Ses yeux, rapporte le général, semblaient lui sortir de la tête pour me repousser. » — « Comment, lui dit son visiteur, vous hésitez encore! votre ministère n'est point formé! — Non, je n'hésite plus, cria-t-il d'une voix qui fit explosion. Je ne veux plus de votre infâme présidence! Dans quelle caverne m'avez-vous poussé? Personne, hors des traîtres, ne veut m'y suivre... Sur quoi m'appuierai-je? La garde nationale? Mais arrive-t-elle jamais à temps? La majorité? Les avez-vous vus hier, à la Chambre, avec leur attitude timide et irrésolue? Ils s'étonnaient de ce qu'ils appelaient l'essai hasardeux que j'osais tenter! Voilà comme ils m'ont soutenu! » Le général tâcha de le calmer et de relever son courage; puis, le voyant toujours rebelle à ses instances : « Enfin, dit-il, vous mériterez le reproche qu'hier le *Courrier* vous adressait. — Quoi! quel reproche? demanda vivement Périer. — Celui d'un caractère où l'incertitude l'emporte sur les nobles inspirations; qui n'ose point exécuter ce qu'il conseille; à qui le pouvoir fait peur et qui, dans l'occasion, disparaît. » Le général vit que l'argument avait porté : il pressa encore. Enfin, Périer s'élança de son lit et s'écria : « Vous le voulez, vous m'y forcez; eh bien, j'accepte! » Puis, la main sur son côté droit : « Mais sachez-le bien, vous me tuez! c'est un meurtre! c'est ma vie que vous exigez de moi! vous ignorez tout ce que je souffre, combien le repos m'est indispensable, et que je vais mourir à la peine. Oui, avant un an, vous le verrez, j'aurai succombé[1]. » Ne

---

[1] *Mémoires du général de Ségur*, t. VII, p. 397 et suiv. — Ce pressentiment funèbre obsédait alors l'esprit de Périer, et le général de Ségur n'est pas le seul auquel il l'a exprimé. Il a répété plusieurs fois à M. de Montalivet et aux autres

dirait-on pas que, dans ce ministère, tout devait avoir une sorte de grandeur tragique, jusqu'à ces préliminaires où, d'ordinaire, n'apparaissent que l'égoïsme des ambitions et le conflit de mesquines intrigues?

Cette fois, du moins, Périer ne se dédit plus. Dans la soirée, les décrets étaient signés, et le lendemain, 14 mars, le *Moniteur* les publiait. Le cabinet fut ainsi composé : M. Casimir Périer, président du conseil, ministre de l'intérieur ; M. Barthe, garde des sceaux ; le général Sébastiani, ministre des affaires étrangères ; le baron Louis, ministre des finances ; le maréchal Soult, ministre de la guerre ; l'amiral de Rigny, ministre de la marine ; le comte de Montalivet, ministre de l'instruction publique et des cultes ; le comte d'Argout, ministre du commerce et des travaux publics. Sauf deux, le baron Louis et l'amiral de Rigny, tous les collègues choisis par Périer faisaient, la veille, partie du ministère Laffitte. Quelques-uns avaient seulement changé de portefeuille : M. de Montalivet était passé de l'intérieur à l'instruction publique ; M. Barthe, de l'instruction publique à la justice ; M. d'Argout, de la marine au commerce. Ce fait seul montre à quel point tout était alors troublé et faussé dans notre régime parlementaire. D'ailleurs, le public n'en avait pas moins le sentiment qu'il était en présence d'un ministère tout nouveau, créé pour suivre une politique absolument opposée à celle du cabinet précédent. Le nom de Casimir Périer, qui absorbait et effaçait tous les autres, suffisait à marquer la différence et l'opposition.

II

Ce pas franchi, le nouveau ministre ne regarda plus en arrière. Il avait beaucoup hésité à entreprendre l'œuvre ; il n'hésita pas dans l'exécution. Non qu'il se fît illusion sur les

personnes qui le pressaient : « Vous le voulez, mais rappelez-vous que si j'entre au ministère, j'en sortirai les pieds les premiers. »

difficultés : par la nature un peu chagrine de son esprit, il était plutôt disposé à se les exagérer. Il avait vu de trop près ses anciens amis de la gauche, pour partager le niais optimisme qui contestait le péril révolutionnaire : « C'est que je les connais, disait-il au duc de Broglie; ils sont capables de tout [1]. » Seulement la vue du danger ne troublait pas sa volonté, n'intimidait pas son courage. S'il doutait du succès, il ne doutait ni de sa mission, ni de la nécessité de sa politique; se fiant peu aux autres, mais ayant confiance en lui-même; voyant la mort devant soi, mais sûr de son devoir et de sa gloire.

Casimir Périer était bien l'homme qu'il fallait. A l'heure où tout s'abaissait, il avait l'âme haute, parfois hautaine, « dominant avec mépris, a dit un homme assez fier lui-même pour le bien comprendre, les misères d'une popularité de vanités et de criailleries », tellement que « la simple idée de fléchir devant un caprice populaire lui faisait monter le sang au visage [2] ». A l'heure où, par l'effet d'une sorte d'intimidation, les honnêtes gens, inertes et passifs, se laissaient imposer tous les compromis et toutes les capitulations, il était l'action personnifiée; aussi énergique dans la résistance qu'il l'avait été autrefois dans l'attaque, il y apportait même fougue, parfois même colère, même intrépidité héroïque; ayant, du reste, les attributs physiques de ses qualités morales : « Comment, disait-il en souriant, veut-on que je cède, avec la taille que j'ai? » A l'heure où tout se perdait par l'irrésolution et le laisser-aller des gouvernants, il savait vouloir et commander; on lui reconnaissait « je ne sais quel don de faire obéir ses amis et reculer ses adversaires [3] »; il en imposait aux uns comme aux autres, par la promptitude et l'autorité de sa démarche, de son geste, de son regard, de

---

[1] *Correspondance inédite du duc de Broglie.* — M. Thiers, en 1871, disait aussi à un personnage politique du parti conservateur, en parlant des hommes de la gauche : « C'est que je les connais; ils sont méchants, très-méchants. » Le langage est le même. Périer en concluait qu'il fallait combattre; M. Thiers, qu'il fallait capituler.

[2] *Souvenirs* du feu duc de Broglie.

[3] Expression de M. Vitet.

son accent, et même, quelquefois, par un silence qui révélait une décision inébranlable.

Homme d'une crise plutôt que d'un système, plus apte à l'action qu'à l'étude et à la méditation, d'une instruction incomplète, mais à laquelle il suppléait par un esprit rapide, pénétrant et sensé, il voulait raffermir l'État ébranlé, sans se piquer d'apporter aucune doctrine nouvelle; il ne se préoccupait pas, comme M. Guizot, de rendre à la société des principes politiques qui pussent remplacer ceux qui avaient été détruits, et de reprendre en sous-œuvre la monarchie nouvelle, pour lui donner une base théorique qui ne fût plus seulement le fait révolutionnaire. Lui-même, il confessait sur ce point son incompétence, avec une modestie à laquelle se mêlait un certain dédain pour les « rêveurs » et les « chimériques ». Sa conception de l'ordre était évidemment un peu terre à terre et matérialiste; le dégoût qu'il éprouvait pour l'anarchie était moins celui d'un philosophe que celui d'un homme d'affaires, et il se montrait plus soucieux d'assurer la paix de la rue, la sécurité du commerce, le fonctionnement régulier de la machine administrative, que de restaurer dans les âmes l'ordre moral si gravement troublé. Après tout, il répondait ainsi au besoin premier du moment, à celui du moins que ressentait le plus et que comprenait le mieux une bourgeoisie plus occupée d'intérêts que de principes, plus accessible à la peur qu'à la foi. N'y a-t-il pas une part de vérité dans cette boutade attribuée à M. Royer-Collard : « M. Casimir Périer eut un grand bonheur; il vint au moment où ses défauts les plus saillants se transformèrent en précieuses qualités : il était ignorant et brutal; ces deux vertus ont sauvé la France. » Entre ses mains, d'ailleurs, la politique empirique grandissait singulièrement. Ces qualités natives, qui ne cherchaient pas à se raisonner et à s'analyser, qui s'ignoraient même jusqu'au jour où elles apparurent dans l'action et se développèrent dans le péril, n'étaient-ce pas des dons rares entre tous, plus rares que l'instruction, que l'esprit, que la philosophie? n'était-ce pas le génie du pouvoir et ce que le même Royer-Collard, sur la tombe de Périer, appellera magnifiquement « ces instincts merveilleux, qui sont comme la partie divine de l'art de gouverner » ?

Dès le début, pas un tâtonnement. Le nouveau président du conseil saisit la première occasion de définir son programme[1] : « Au dedans, l'ordre, sans sacrifice pour la liberté ; au dehors, la paix, sans qu'il en coûte rien à l'honneur. » Il annonce fièrement que son « ambition » est de rétablir « la confiance, sans laquelle rien n'est possible, avec laquelle tout est facile » : confiance des citoyens dans le gouvernement, dans sa volonté et dans sa puissance de leur assurer « l'ordre loyal et le pouvoir dont la société a, avant tout, besoin » ; confiance de l'Europe dans la France et de la France dans l'Europe. Le mal, des deux côtés, vient de la révolution ; Périer ne peut, sans doute, la désavouer, mais il s'efforce, fût-ce un peu aux dépens de la pure logique, de la restreindre et surtout de l'arrêter. Il « adjure tous les bons citoyens de ne pas s'abandonner eux-mêmes », en leur promettant que « le gouvernement ne les abandonnera pas et n'hésitera jamais à se mettre à leur tête ». Il s'engage à résister à la double prétention révolutionnaire et belliqueuse des partis avancés : « L'exigence bruyante des factions, dit-il, ne saurait dicter nos déterminations : nous ne reconnaissons pas plus aux émeutes le droit de nous forcer à la guerre que le droit de nous pousser dans la voie des innovations politiques. »

On n'était plus habitué à ce langage si net, si ferme, où semblait passer un souffle de commandement, à cette politique si sûre de ses moyens et de son but. L'effet fut tout de suite considérable. Dans une nation qui se voyait aller à la dérive, il y eut comme la sensation matérielle qu'une main vigoureuse venait de saisir le gouvernail. « Voici enfin un homme politique, disait Lamartine, dans une lettre intime, le 24 mars 1831 ; je ne m'y attendais guère. Casimir Périer vient de poser le doigt sur le vif. Son discours, comme discours ou *verbe* politique, est, à mon avis, ce qui a été dit de plus juste et de mieux arti-

---

[1] Discours du 18 mars 1831.

culé depuis la Restauration. Si les éléments du gouvernement ne crèvent pas dans la main de cet homme, il pourra gouverner[1]. » « La charrette est retournée du bon côté, écrivait M. Guizot, voilà le fait. Depuis quelques jours même, elle commence à marcher et l'effet en est déjà visible... Amis ou ennemis, tous prennent Périer au sérieux. C'est beaucoup, c'est plus de la moitié[2]. » L'impression ne fut ni moins vive ni moins prompte à l'étranger. « Quel bonheur que Casimir Périer soit nommé! disait lord Palmerston dans une lettre du 15 mars adressée à lord Granville; avec lui, nous pouvons espérer la paix à l'intérieur et à l'extérieur de la France. Je vous invite à le cultiver et à lui faire comprendre que le gouvernement anglais met toute sa confiance en lui, et considère sa nomination comme le gage le plus solide et la meilleure garantie de la paix[3]. » M. de Werther, ambassadeur de Prusse, écrivait à son gouvernement, le 13 mars : « J'avoue que, pour la première fois depuis la révolution, je trouve une lueur de paix dans la formation du nouveau ministère[4]. » Le 20 mars, aussitôt après avoir appris la formation du nouveau cabinet, l'homme qui personnifiait, avec le plus d'autorité, les défiances et les inquiétudes de la vieille Europe à l'égard de la France de 1830, M. de Metternich, s'exprimait ainsi dans une lettre à l'ambassadeur d'Autriche à Paris : « Avec la connaissance parfaite que vous avez de nos vues et des vœux que nous formons, vous ne serez pas surpris de la satisfaction que nous fait éprouver la recomposition du ministère français. Il est chargé d'une lourde tâche, mais les vœux de tous les hommes de bien doivent lui rester acquis. Les puissances trouveront facilement moyen de s'entendre avec un cabinet dont la pensée est définie... Nous tendons, dans un intérêt commun, la main au cabinet du Palais-Royal; qu'il nous tende la sienne. Vous ne sauriez trop insister dans ce sens[5]. » Un autre hommage, plus significatif encore, ne

---

[1] *Correspondance de Lamartine*, t. VI.
[2] *Lettres de M. Guizot à sa famille et à ses amis*, p. 107.
[3] Bulwer, *Life of Palmerston*, t. II, p. 52.
[4] Hillebrand, *Geschichte Frankreichs*, 1830-1870.
[5] *Mémoires du prince de Metternich*, t. V, p. 128.

manqua pas à ce début de Casimir Périer, ce fut le cri de rage du parti anarchique, dont tous les journaux sonnèrent aussitôt le tocsin de la révolution en danger.

III

Peu après avoir pris la direction des affaires, Casimir Périer disait, à la tribune de la Chambre des députés : « Pour garder la paix au dehors, comme pour la conserver au dedans, il ne faut peut-être qu'une chose, c'est que la France soit gouvernée [1]. » Elle ne l'était plus depuis la révolution, qui, selon la parole de Louis-Philippe, « avait brisé les ressorts du pouvoir [2] ». Comme le disait encore le président du conseil, le mal était moins dans la force de l'opposition, après tout, peu considérable, que dans l'impuissance de l'autorité. Restaurer cette dernière était l'œuvre préalable, nécessaire, sans laquelle le nouveau cabinet ne pouvait exécuter son programme, soit à l'intérieur, soit à l'extérieur. Cette autorité devait même être d'autant plus solidement assise, que tout, autour d'elle, était plus troublé. Aussi Périer, réagissant contre la sotte méfiance qui est la suite ordinaire des révolutions et qui tend à désarmer le pouvoir, proclamait-il hautement qu'il voulait un gouvernement fort [3].

Dans ce dessein, il commence par s'assurer qu'il ne rencontrera à côté de lui ni trahison, ni défaillance, ni tiraillements; qu'il sera, ce qu'on n'a pas encore vu depuis la monarchie nouvelle, un véritable premier ministre, ayant tout le gouvernement dans sa main. Comme il assume la pleine responsabilité, il se croit autorisé à revendiquer le plein pouvoir, et

---

[1] Séance du 13 avril 1831.
[2] Discours de clôture de la session, 20 avril 1831.
[3] Il faisait dire au Roi, dans le discours du trône du 23 juillet 1831 : « La France a voulu que la royauté fût nationale ; elle n'a pas voulu que la royauté fût impuissante : un gouvernement sans force ne saurait convenir à une grande nation. »

« affiche courageusement, dit Carrel, la volonté d'attirer tout à lui, les affaires comme les haines ». Il ne le fait pas sans manifester parfois des exigences impérieuses et cassantes qui sont dans sa nature, et que justifie, ou tout au moins excuse, un de ces états violents et périlleux pour lesquels le sénat romain eût nommé un dictateur. C'est d'abord contre le Roi qu'il croit avoir à se mettre en garde, redoutant, et ses complaisances pour la révolution, et son désir de gouverner par lui-même. D'avance, il a imposé les conditions qui lui paraissent non-seulement garantir, mais manifester aux yeux de tous son absolue indépendance de premier ministre responsable; et, au début de son administration, il tient rudement la main à ce que ces conditions soient observées; assemblant habituellement le conseil des ministres chez lui, hors la présence du Roi, et le faisant annoncer chaque fois dans le *Moniteur;* refusant, même quand le conseil se réunit au château, d'y admettre le duc d'Orléans; prescrivant que toutes les dépêches lui soient remises avant d'être envoyées au Roi, et que rien, venu de ce dernier, ne soit inséré au *Moniteur,* sans l'assentiment du président du conseil. Dans ces précautions, il y a souvent quelque exagération; dans ces méfiances, quelque injustice; la roideur impatiente avec laquelle il impose les unes et témoigne les autres, parfois publiquement, montre que si l'ancien opposant a senti la nécessité de défendre la monarchie, il n'a pas aussi bien appris à la respecter. Et pourtant, n'était-ce pas ce respect qui manquait le plus à la stabilité de la royauté nouvelle? Quand, dès les premiers jours, Périer exigeait que Louis-Philippe quittât le Palais-Royal pour venir s'établir aux Tuileries, il se préoccupait de restaurer l'ancien prestige de la couronne; il se fût montré plus logique en ne contrariant pas lui-même cette restauration difficile par des procédés qui parfois ne manifestaient l'autorité ministérielle qu'aux dépens de la dignité royale. Louis-Philippe souffrait souvent d'être ainsi traité; il en souffrait même d'autant plus que, par ses défauts comme par ses qualités, sa nature était absolument différente de celle de Périer; mais il cédait à l'ascendant de cet homme. D'ailleurs, dans l'esprit si politique du souverain, le souci du péril public effaçait tout le reste, et même quand il trouvait son ministre le moins agréable, il n'oubliait jamais que le pays avait besoin de le conserver. Doit-on croire, du reste, que le Roi, avec son adresse froide et souple, finit par acquérir sur le véhément président du conseil une influence que celui-ci subit sans s'en douter? On sait la parole que Louis-Philippe eut la prudence de ne pas prononcer avant la mort de celui auquel elle s'appliquait, et où, avec une part de vérité, il y avait peut-être quelque illusion de l'amour-propre royal : « Périer m'a donné du mal, mais j'avais fini par le bien équiter. »

Dans la cour et dans la famille royale, on ne voyait pas sans déplaisir l'arrivée d'un ministre qui annonçait devoir traiter le souverain si rudement. Le duc d'Orléans était fort mécontent d'être exclu du conseil. Quand Périer se montra pour la première fois au Palais-Royal, il crut s'apercevoir que les courtisans, le prince royal, Madame Adélaïde et la Reine elle-même, à ce moment fort prévenue, l'accueillaient très-froidement. Le Roi seul, bien qu'il eût l'air un peu contraint, lui faisait bon visage. De son œil perçant, le président du conseil parcourut tous les groupes, puis s'adressant au Roi : « Sire, je désirerais entretenir Votre Majesté en particulier. » Quand ils furent seuls : « Sire, je croyais hier pouvoir servir utilement Votre Majesté, et j'ai accepté ce portefeuille. Je vois que je m'étais trompé et je prie Votre Majesté de le reprendre. » Le Roi, surpris, inquiet, demanda l'explication d'une aussi brusque résolution. « Sire, répondit Périer, en prenant la présidence du conseil, je savais que j'avais à lutter contre deux factions décidées à renverser le gouvernement, mais j'ignorais que j'eusse à lutter contre votre maison, le dirai-je même, contre votre famille. Cela change entièrement la question et ne me permet plus une tentative au-dessus de mes forces. » — Protestation du Roi. — « Sire, mes yeux me trompent rarement, et j'ai vu. » — « Vous vous trompez, et je vais vous le prouver. » Louis-Philippe fit aussitôt venir la Reine : « Monsieur Périer, dit-il alors, voici la Reine qui désire vous témoigner elle-même combien elle a d'estime pour votre caractère et quel fonds elle fait sur vos services. » Même cérémonie pour Madame Adélaïde et pour le duc d'Orléans[1]. L'épreuve fut décisive et eut raison de toutes les résistances. D'ailleurs, la Reine, mieux éclairée, ne tarda pas à prendre en grand goût le premier ministre, et devint son alliée la plus dévouée.

Périer ne se contente pas de prendre ses précautions contre le Roi et contre la cour, il veut aussi assurer son autorité sur les membres du cabinet. Il a vu les divisions et l'incohérence des précédents ministères; il ne constitue le sien qu'après avoir demandé à tous ceux qu'il y appelait une adhésion soumise et dévouée à sa politique; il veut même que cette adhésion soit publique, et, le jour où il apporte son programme à la Chambre, les autres ministres doivent lui succéder à la tribune pour confirmer ses déclarations. Cette prépondérance qu'il établit ainsi dès la première heure, il devait, jusqu'à la fin, la maintenir avec fermeté, parfois presque avec brutalité : témoin ce jour où, en pleine Chambre, il criait impatiemment à M. d'Argout, qui se disposait à parler à contre-temps : « Ici, d'Argout! » Et celui-ci revenait à sa place, non sans humeur, mais sans révolte. Le maréchal Soult lui-même, malgré sa grande position, n'était guère mieux traité. Périer, à tort ou à raison, le soupçonnait de ne lui être pas très-fidèle. Quand quelque acte du ministre de la guerre pouvant confirmer ce soupçon lui était dénoncé, il entrait dans des colères terribles et lui écrivait des lettres comme celle-ci : « Ne vous permettez plus de ces choses-là, ou je vous brise comme verre. » Le maréchal alors filait doux. Par contre, l'un de ses ministres était-il aux prises avec quelque embarras, avait-il prêté le flanc à quelque violente attaque, Casimir Périer ne songeait pas un moment à l'abandonner pour s'épargner à lui-même un ennui; lui rendant en protection ce qu'il exigeait en fidélité et soumission, il venait ouvertement à son secours et le couvrait de sa propre responsabilité. Du reste,

---

[1] *Notes inédites de Duvergier de Hauranne.*

le public ne voyait que lui. Ses collègues ne comptaient pas. « Ce qui se fait, écrivait M. de Rémusat le 2 avril 1831, émane uniquement de la volonté du président du conseil [1]. »

Tout cela n'est, en quelque sorte, que le préambule d'une réforme plus étendue. Sous un gouvernement qui ne sait plus commander, les fonctionnaires ont perdu toute habitude d'obéir. Beaucoup, nommés sur la recommandation de La Fayette ou de ses amis, sont de cœur ou de fait avec les hommes de désordre ; les ambitieux, du reste, ont trouvé, jusque-là, plus d'avantages à courtiser la popularité d'en bas qu'à suivre les instructions de leurs chefs. Faire disparaître cette anarchie administrative est une des premières préoccupations du nouveau ministre. Sans doute, comme l'écrit un de ses collaborateurs [2], il est « impropre aux détails de l'administration », procède par à-coups, ne suit pas les affaires et ne les embrasse pas toutes à la fois ; mais il est admirablement propre à imposer une volonté, à donner une impulsion et, comme le dit le même observateur, à « remettre la main sur les préfets et par eux sur la France ». Sous toutes les formes, circulaires, discours, articles dans le *Moniteur*, il rappelle publiquement et solennellement à ses fonctionnaires cette vérité qui, en temps normal, serait d'une banalité naïve, mais qui est alors presque une nouveauté hardie, que « le gouvernement veut être obéi ». Il menace ceux qui « complaisent aux passions factieuses ou pactisent avec la violence », et promet, au contraire, son « appui » et sa « protection » à ceux « qui feront exécuter avec fermeté les lois du pays et qui ne trahiront point, par complaisance ou par faiblesse, la confiance du

---

[1] *Documents inédits.*

[2] Cette observation est de M. de Rémusat, qui était, sans titre bien déterminé, le lieutenant de Casimir Périer au ministère de l'intérieur. Il écrivait à M. de Barante, le 2 avril 1831 : « Je me sens disposé à seconder le nouveau ministre ; on me l'a tant conseillé, on m'y a tant pressé, que me voilà à peu près ministre de l'intérieur, au moins pour les détails. » Le voisinage de Périer produisait, du reste, un effet singulier sur la nature sceptique et indolente de son collaborateur. « M. de Rémusat est ressuscité d'une manière merveilleuse, écrivait la duchesse de Broglie le 3 avril 1831 ; il travaille, il est animé, et ne dit presque plus de mal de ce qu'il fait. » (*Documents inédits.*)

pouvoir et les intérêts de la société[1]. Bientôt même, il laisse voir qu'il ne se contente pas de cette soumission, qui eût été pourtant déjà un grand progrès ; il veut un concours dévoué, ardent. « Ce ne sont pas des agents qu'il me faut, dit-il un jour, ce sont des complices. » Dès la première heure, une occasion s'est offerte de faire comprendre aux fonctionnaires le nouveau régime auquel ils sont soumis. On sait que, dans les derniers jours du ministère Laffitte, les « patriotes » avaient fondé l'Association dite *nationale ;* ceux qui en faisaient partie s'obligeaient, « sur la vie et sur l'honneur », à combattre par tous les sacrifices personnels et pécuniaires, l'étranger et les Bourbons. A peine le ministère Périer est-il constitué, que les journaux de gauche répondent en publiant, avec grand fracas, les statuts de l'Association et en pressant les citoyens d'y entrer ; ils ne dissimulent pas le caractère de défiance injurieuse contre le gouvernement, que prend de plus en plus ce mouvement, sorte de nouvelle Ligue, dont La Fayette est le duc de Guise, et qui, comme la première, prétend se substituer à une royauté suspecte. Tel est alors le trouble des esprits, que plusieurs fonctionnaires, et non des moindres, des conseillers d'État, des magistrats, des officiers attachés à la personne du Roi, s'affilient publiquement à cette association, à côté des membres les plus en vue du parti de l'Hôtel de ville. Périer n'hésite pas un instant. Des circulaires de

[1] Dans sa circulaire aux préfets, Casimir Périer disait : « La société troublée ne se calme pas en un jour. Les passions s'animent, menacent l'ordre public et semblent constituer un pouvoir nouveau. La liberté de la France est hors de péril ; elle repose sous la sauvegarde de la nation : garantie par la constitution de l'État, elle ne l'est pas moins par la volonté du prince, par l'origine de sa puissance. Le premier devoir du gouvernement est donc, en laissant la liberté entière, de rétablir l'ordre, et, pour y parvenir, de rendre à l'autorité toute sa force et toute sa dignité. Telle est l'ambition, telle est la mission du ministère actuel. » Et plus loin : « En irritant les défiances populaires, l'esprit de faction a su provoquer sur quelques points du royaume des désordres graves, des réactions odieuses. L'autorité s'est trouvée souvent trop faible pour lui résister. Il est temps que cet état de choses ait un terme. Si l'administration ne se montrait forte et décidée, si les tentatives de désordre se renouvelaient encore, elles compromettraient la prospérité publique, elles aggraveraient les souffrances de l'industrie et du commerce et altéreraient, aux yeux des peuples de l'Europe, le beau caractère de notre révolution. »

tous les ministres interdisent aussitôt à leurs subordonnés cette affiliation [1]. Grands cris des meneurs de la gauche, qui, La Fayette en tête, soulèvent à ce propos un débat dans la Chambre [2]. Le ministre tient bon, et, la discussion finie à son avantage, il révoque MM. Delaborde, aide de camp du Roi et conseiller d'État, Odilon Barrot, conseiller d'État, le général Lamarque, commandant supérieur des départements de l'Ouest, Duboys-Aymé, directeur des domaines à Paris, et quelques autres qui avaient donné l'exemple de la désobéissance [3]. Cet acte de vigueur a un effet décisif. L'Association nationale avorte, et, surtout, il n'est plus un fonctionnaire, grand ou petit, qui ne comprenne la nécessité d'obéir. Aussi, à la suite de ces mesures, le *Journal des Débats* peut-il écrire : « Une question était posée : Y avait-il un gouvernement en France, ou bien la révolution de Juillet n'avait-elle compris la liberté que comme le renversement de tout pouvoir parmi nous, comme le règne arbitraire des factions, comme la confiscation, à leur profit, de cette force active et souveraine qui est préposée à la garde de tous les intérêts d'un peuple, à la garde de ses lois et de ses frontières? Cette question vient d'être résolue : la France sera gouvernée [4]. » Peu après, le Roi, dans l'un de ses voyages, est conduit à Metz, ville « libérale » et « patriote », où avait pris naissance l'Association nationale. Comme le maire, dans son discours, prétend donner des leçons de politique générale pour les affaires intérieures et même étrangères, Louis-Philippe lui répond, avec beaucoup de fermeté et de présence d'esprit, que ces affaires ne regardent pas les municipalités; le même sujet étant repris par l'orateur de la garde nationale, le prince l'interrompt brusquement : « La force armée ne délibère pas, dit-il; vous n'êtes plus l'organe de la garde nationale, je ne dois pas en entendre davantage. » Par

---

[1] 22 mars 1831.
[2] Ce fut à propos d'une loi sur les attroupements, séances des 29, 30 et 31 mars.
[3] Ces mesures furent publiées dans le *Moniteur* du 2 avril 1831.
[4] *Journal des Débats* du 4 avril 1831.

de tels incidents, Louis-Philippe aidait son ministre à rétablir l'autorité du gouvernement et la discipline de l'administration.

IV

Le président du conseil était parvenu à mettre dans sa main les fonctionnaires, les ministres, on pourrait presque dire le Roi; ce n'était pas tout. Il avait conçu cette idée originale et généreuse, de résister à la révolution sans toucher à la liberté, et de trouver dans l'action parlementaire la force que les gouvernements sont plus souvent tentés de demander à l'administration et à l'armée. Il lui fallait donc le concours des Chambres; il lui fallait surtout ce qu'on ne connaissait plus depuis la révolution, ce qu'aucun des ministères précédents, pas plus celui du 11 août que celui de M. Laffitte, n'avait été en état ou en volonté de former : une majorité; il lui fallait opérer le classement et le départ de ces députés d'opinions si diverses, qui, par calcul, par timidité, ou souvent par ignorance de leurs propres volontés, étaient demeurés jusqu'ici confondus. Aussi, dès le premier jour, afin de forcer les adversaires à se déclarer et les amis à se compromettre, il faisait, pour tous ses projets, ce que ses prédécesseurs n'avaient pas osé risquer même pour les lois les plus importantes : il demandait un vote de confiance et posait la question de cabinet. Voyez-le, défiant la gauche, éperonnant les conservateurs, leur mettant le marché à la main, ménageant encore moins ses partisans que ses ennemis; prêt à risquer son honneur et sa vie dans la bataille, mais à la condition, nettement posée, d'être suivi et obéi; ne tolérant pas qu'il se formât de groupes indépendants, de tiers parti; exigeant que tous marchassent derrière lui, si l'on ne voulait pas qu'il s'en allât. Il poussait loin ses exigences en fait de discipline; on connaît la boutade irritée par laquelle il répondait un jour à des députés de la majorité, venant lui apporter des objections contre je ne sais quelle mesure, et faisant pressentir leur abandon : « Je me moque bien de mes amis, s'écria-t-il, quand j'ai raison ; c'est quand j'ai tort qu'il faut qu'ils me soutiennent [1]. » Dans ce maniement des députés, il apportait une rudesse, une colère parfois presque méprisante, qui n'étaient pas des modèles imitables par tous et en tout temps, mais qu'excusaient, que nécessitaient peut-être, et le mal contre lequel il fallait réagir, et le péril dont il fallait se garer; on ne demande pas la politesse au capitaine pendant le combat; il lui est permis de jurer et de malmener ses hommes, surtout quand il les trouve débandés, démontés, presque mêlés à l'ennemi, déshabitués d'obéir et même de se battre. Ne l'oublions pas d'ailleurs, Périer obtenait beaucoup des conservateurs, non-seulement parce qu'il les intimidait et les violentait, mais parce qu'il leur inspirait confiance, ce qui valait mieux encore.

L'œuvre était laborieuse et demandait du temps. Elle en demanda d'autant plus qu'à peine parvenu à grouper une majorité, Casimir Périer, dut tout recommencer sur un terrain nouveau. L'une des charges qu'il n'avait pu répudier, dans l'héritage du ministère Laffitte, était l'engagement de dissoudre la Chambre; celle-ci datait de la Restauration, et le mode de suffrage suivant lequel elle avait été nommée avait été changé et quelque peu élargi depuis la révolution. La session fut close le 20 avril 1831, la dissolution prononcée le 31 mai, et les élections fixées au 5 juillet. Périer marqua fermement et loyalement la conduite qu'il suivrait dans ces élections, répudiant les pressions abusives et les séductions malhonnêtes, mais déclarant que le gouvernement ne serait pas « neutre » et que l'administration ne devait pas l'être plus que lui[2]. Le but qu'il

---

[1] Dans un article publié, le 1ᵉʳ janvier 1848, par la *Revue des Deux Mondes*, M. de Morny donne cette autre version : « Eh! le beau mérite, monsieur, de voter pour moi, lorsque vous m'approuvez! Mes ennemis cessent-ils de me combattre quand j'ai raison? Soutenez-moi donc quand j'ai tort. »

[2] Les circulaires envoyées par Casimir Périer, en cette occasion, ont été souvent citées; il écrivait dans celle du 3 mai : « Je vous dirai sans détour l'intention générale du gouvernement ; *il ne sera pas neutre dans les élections; il ne*

poursuivait était toujours le même : former, dans la Chambre nouvelle, la majorité dont il avait besoin, écarter les équivoques, les incertitudes et les compromissions qui avaient jusqu'alors empêché la formation de cette majorité. Pour cela, il eût voulu que la lutte s'engageât nettement entre sa politique et celle de l'opposition, chaque candidat se prononçant pour l'une ou pour l'autre, et devant, par suite, une fois élu, siéger à droite ou à gauche. Mais une question s'éleva, qui vint à la fois tout dominer et tout brouiller.

On n'a pas oublié comment, lors de la révision de la Charte, le parti de l'Hôtel de ville avait réclamé l'abolition de la pairie héréditaire, et comment, par un expédient qui dissimulait mal une capitulation, le gouvernement avait fait décider que l'article réglant l'organisation de la Chambre haute serait l'objet d'un nouvel examen dans la session de 1831. Cet examen devait donc être l'une des premières tâches de l'assemblée que

veut pas que l'administration le soit plus que lui. Sans doute sa volonté est avant tout que les lois soient exécutées avec une rigoureuse impartialité, avec une loyauté irréprochable. Aucun intérêt public ne doit être sacrifié à un calcul électoral, aucune décision administrative ne doit être puisée dans d'autres motifs que le vrai, le juste, le bien commun ; les opinions ne doivent être jamais prises pour des droits ; enfin l'indépendance des consciences doit être scrupuleusement respectée. Le secret des votes est sacré, et aucun fonctionnaire ne saurait être responsable du sien devant l'autorité. Mais entre l'impartialité administrative et l'indifférence pour toutes les opinions, la distance est infinie. Le gouvernement est convaincu que ses principes sont conformes à l'intérêt national ; il doit donc désirer que les colléges électoraux élisent des citoyens qui partagent ses opinions et ses intentions. Il n'en fait pas mystère, et vous devez, ainsi que lui, le déclarer hautement. Le gouvernement a plus d'une fois exposé ses principes de politique intérieure et extérieure ; le discours du Roi, dans la séance de clôture, les a résumés de nouveau ; nous désirons que la dissolution ramène une Chambre dont la majorité les adopte et les soutienne... Cette règle doit déterminer la préférence de l'administration entre les divers candidats. » — Il disait dans une autre circulaire du 26 juin : « ...Ce n'est pas qu'il s'agisse de contester jamais à une opposition constitutionnelle, légale, une influence avouée dans son but et franche dans ses moyens, pas plus que de renoncer à la juste influence que l'administration elle-même doit exercer par des moyens dignes de son origine, dignes du pouvoir de Juillet. Mais plus il importe à tous les intérêts que les élections soient une affaire de conscience, plus il convient que les consciences soient éclairées ; et si elles sont à l'abri des injonctions du pouvoir, elles doivent être préservées également des déceptions des partis qui se disputeraient le triste avantage de les égarer par de fausses alarmes, de les inquiéter par des bruits trompeurs, de les intimider, s'il est possible, par de vaines menaces. »

l'on nommait. Quelques-uns s'étaient-ils figuré, en août 1830, que l'ajournement du débat profiterait à une institution ainsi mise solennellement en suspicion? En tout cas, leur illusion ne put être de longue durée. L'opinion superficielle et vulgaire se prononça, chaque jour plus bruyamment, contre cette hérédité, que, sous la Restauration, les « libéraux » eux-mêmes acceptaient sans difficulté. Les petites jalousies de la bourgeoisie venaient ici en aide aux passions démocratiques. La gauche comprit habilement l'intérêt qu'elle aurait à s'emparer d'une question sur laquelle les préventions étaient si vives. Laissant donc au second plan les parties de son programme sur lesquelles Périer lui avait jeté une sorte de défi, elle fit de l'abolition de la pairie héréditaire son principal « cri électoral[1] ». Peu de candidats conservateurs osaient la contredire sur ce point et se mettre en travers d'un mouvement si général; le ministère ne leur en donnait pas d'ailleurs l'exemple. Les plus courageux se taisaient; beaucoup se prononçaient, avec les candidats de gauche, contre l'hérédité. « Il n'y avait pas, dit le duc de Broglie, de si chétif grimaud qui se fît faute de donner à nos seigneuries aux abois le coup de pied de l'âne, et j'ai regret d'ajouter que notre jeunesse doctrinaire elle-même s'en passa la fantaisie, apparemment pour se racheter du modérantisme dont elle se piquait sur tout le reste[2]. » De là, dans ces élections, au lieu de la bataille rangée qu'eût désirée le ministre, une mêlée confuse, où l'on ne distinguait plus les ministériels des opposants, avec cette aggravation que c'étaient les premiers qui semblaient être à la remorque des seconds. Aussi, le scrutin clos et dépouillé, ne sut-on guère ce qui en sortait. Sans doute, on voyait bien que les carlistes et les républicains étaient exclus. Seulement y avait-il une majorité? On comptait deux cents députés nouveaux, nommés après des proclamations telles qu'ils étaient revendiqués par l'opposition comme par le minis-

---

[1] Le *National* disait, le 8 juillet 1831 : « Nous n'avons demandé aux élections qui s'achèvent en ce moment qu'une majorité contre la pairie héréditaire. Cette majorité, nous l'aurons. »

[2] *Souvenirs.*

tère; laissés à eux-mêmes, ils penchaient, en effet, tantôt d'un côté, tantôt de l'autre, éloignés de la gauche par le goût de l'ordre et la peur de l'anarchie révolutionnaire, mais apportant contre le pouvoir des préventions déjà anciennes et des habitudes critiques qu'ils prenaient pour de l'indépendance et qu'ils croyaient nécessaires à leur popularité. « Les quinze ans de la Restauration, disait à ce propos le *Journal des Débats,* ont donné aux esprits, en France, un certain goût d'opposition. C'est le penchant général. Outre la défiance profonde qu'inspire le pouvoir et que le temps seul pourra guérir, il est flatteur de se voir prôné par ceux qui censurent tout le monde et de conquérir à peu de frais la popularité laborieuse des Foy, des Royer-Collard, des Casimir Périer. Voilà bien des séductions pour des hommes indécis. » Le même journal montrait ces députés préoccupés avant tout de ne pas mériter « les accusations de l'ancienne presse libérale contre les trois cents de M. de Villèle ». « Les opinions vagues, disait-il encore, nous paraissent la maladie du moment. Il y a beaucoup de députés à la Chambre qui ont d'autant plus cette maladie, qu'ils sont les représentants plus fidèles d'un certain état qui affecte la France en général. » Et il caractérisait ainsi les dispositions de la nouvelle assemblée : « Il y a, contre le ministère, des indécisions et des incertitudes sans mauvaise volonté, ensuite des malveillances sans résolution, enfin des haines décidées, mais sans force et sans puissance [1]. » La duchesse de Broglie écrivait, le 3 août, à M. de Barante : « La Chambre est bien singulière; il y a une absence absolue de discipline; chacun arrive, non pas avec un système arrêté contre le gouvernement, — cela vaudrait peut-être mieux, — mais avec des vues personnelles, chimériques, sentimentales. L'idée qu'il faut marcher ensemble ne leur vient pas. Cette chambre, comme le pays, est un collier de grains de mille couleurs, dont on a coupé le fil [2]. » Les écrivains de gauche, de leur côté, ne se flattaient pas que leur

---

[1] *Journal des Débats* des 8, 9, 18 et 19 août 1831.
[2] *Documents inédits.*

parti eût la majorité, mais ils niaient que celle-ci appartînt à Périer : « Elle n'est à personne », disaient-ils. Ils n'avaient pas l'illusion que cette Chambre « en finirait d'un seul coup avec le ministère », mais ils espéraient qu'elle « le tuerait, plutôt par abandon que par ferme volonté de le renverser[1] ».

Casimir Périer vit tout de suite le péril et l'affronta brusquement. A peine la Chambre réunie, il déclara faire une question de cabinet de la nomination de M. Girod de l'Ain à la présidence. Le personnage était un peu pâle, surtout devant la notoriété du candidat choisi par l'opposition, qui était M. Laffitte. M. Girod ne l'emporta que d'une voix[2]. Périer estimant cette majorité insuffisante, donna aussitôt sa démission, et pour montrer qu'elle était sérieuse, il se mit à brûler ses papiers et à prendre toutes ses dispositions pour quitter l'hôtel du ministère. A cette nouvelle, grand fut l'émoi des députés, penauds, ahuris, terrifiés de la conséquence inattendue qu'avait leur « indépendance ». C'était à qui supplierait le ministre de reprendre sa démission et blâmerait ce qu'on appelait sa « désertion ». Si quelques courtisans se réjouissaient[3], tout autre était le sentiment du Roi et de la Reine. Après avoir fini ses préparatifs de départ, Périer était allé passer la soirée au Palais-Royal. Il ne rentra qu'à une heure du matin, tout troublé, la figure altérée et des larmes dans les yeux. A peine dans son cabinet, il se jeta sur un fauteuil, en prononçant des mots entrecoupés : « Ah! cette femme, qu'elle m'a fait de mal! Je ne voulais pas la voir... mais cela a été impossible... C'est une femme adorable. — Qui donc? lui demanda un ami qui l'assistait. — Eh! la Reine... C'est que je l'adore, la Reine... un cœur, une âme... Au moment où je sortais du cabinet du Roi, on m'a prié de passer chez elle. En me voyant, elle a fondu en larmes : « — Ah! monsieur Périer, m'a-t-elle dit, vous nous

---

[1] *National* du 19 août et du 6 septembre 1831.
[2] 1er août 1831.
[3] « Nous voilà, disaient-ils, débarrassés de Casimir Ier, et le Roi va régner à nouveau. » (*Notes inédites de M. Duvergier de Hauranne.*)

« abandonnez donc!... » Cela a duré un quart d'heure... Je le prévoyais... Quelle femme! quelle femme[1]!... » Sur ces entrefaites[2], arriva la nouvelle que le roi de Hollande, dénonçant l'armistice, entrait en Belgique; le roi Léopold implorait notre secours. Il y avait là, — nous le verrons en parlant de la politique extérieure, — occasion et nécessité, pour la monarchie de Juillet, de faire sa première manifestation militaire : démarche grave, délicate, périlleuse, dans laquelle il fallait montrer beaucoup de résolution, de prudence et surtout de promptitude. Devant ce grand intérêt patriotique, Casimir Périer consentit à ajourner sa retraite, et un supplément du *Moniteur*[3] annonça que l'armée du Nord, commandée par le maréchal Gérard, avait reçu l'ordre d'entrer en Belgique. « Dans de telles circonstances, ajoutait le *Journal officiel*, le ministère reste; il attendra la réponse des Chambres au discours de la couronne. » Périer mettait donc les députés en demeure d'effacer, par cette réponse, le vote dont il se plaignait.

La discussion de l'Adresse prenait ainsi une importance particulière. Elle se prolongea pendant huit jours, acharnée, passionnée, souvent violente[4]. L'opposition fit des efforts désespérés, soulevant toutes les questions, mais portant l'attaque principale sur la politique étrangère, notamment sur les affaires de Belgique, de Pologne et d'Italie. Elle fut représentée à la tribune par le maréchal Clausel, M. Odilon Barrot, M. Salverte, M. Dubois, le général La Fayette, M. de Cormenin. Périer tint tête à ces assauts répétés, avec le concours utile et vaillant de ses collègues du cabinet, le général Sébastiani, M. Barthe, M. de Montalivet, et des orateurs du parti conservateur, MM. Guizot, Dupin, Thiers, de Rémusat, Duvergier de Hauranne. Sur chaque paragraphe, on présentait quelque amendement qui était une tentation, un piége à

---

[1] *Ibid.*
[2] 4 août.
[3] 4 août.
[4] Du 9 au 17 août.

l'adresse des indécis, des indisciplinés, si nombreux dans la nouvelle Chambre. L'inexpérience et l'inconsistance de cette assemblée rendaient toutes les surprises possibles, et quand, avant chaque séance, les journaux opposants annonçaient que, cette fois, ils tenaient la victoire, on ne savait guère, à regarder l'attitude incertaine de la majorité, si l'on pouvait les démentir. Rien ne semblait lasser les assaillants ; mais rien aussi ne lassait le ministre. Il repoussait ces attaques répétées, et finissait toujours par triompher, à force de loyauté, de bon sens et surtout d'énergie. Ses adversaires ne purent faire passer le moindre amendement, et l'ensemble de l'Adresse fut voté à l'immense majorité de 282 voix contre 73.

Ce fut un événement considérable et décisif. Périer venait enfin de dégager et de grouper, pour ainsi dire à la force du poignet, cette majorité dont il avait besoin pour l'exécution de son programme. Il avait contraint le parti conservateur à se réunir, compacte et discipliné, derrière lui, et avait étouffé, avant même éclosion, tous les germes de tiers parti et de centre gauche [1]. Malheureusement ces germes n'étaient pas à jamais détruits ; ils reparaîtront plus tard, quand on ne se trouvera plus en présence d'un ministre aussi imposant et de dangers aussi manifestes ; ils se développeront alors, au grand détriment du parti conservateur comme du régime parlementaire. Pour le moment ce mal était conjuré, et Casimir Périer restera, jusqu'au bout, en possession d'une majorité qu'il lui faudra sans doute constamment surveiller, rassembler, dominer, animer, mais qui, après tout, ne lui fera pas défaut. Aussi les écrivains de gauche qui, comme Carrel, avaient, au lendemain des élections, fondé leurs espérances sur cette Chambre, qui avaient nié « que la majorité fût acquise au ministère », et avaient déclaré, au contraire, qu'elle « ne tenait

---

[1] A cette époque, le *Journal des Débats* observait qu'en « forçant les douteux et les impartiaux à se prononcer, Périer rendait impossibles ces indécisions éclectiques qui prenaient un peu de M. Dupin, un peu de M. Salverte, et faisaient de ce bizarre mélange un système de politique parlementaire ». (8 août 1831.)

pas à conserver M. Périer », n'auront plus, au bout de quelques mois, qu'invectives contre la « docilité » de cette « majorité qui vote pour le ministre, quoi qu'il exige, l'applaudit, quoi qu'il dise, paraît décidée à le soutenir, quoi qu'il entreprenne [1] » : M. Mauguin s'écriera, à la tribune : « Le ministère dispose de la majorité [2] »; et l'opposition sera réduite à prétendre que la Chambre ne représente pas vraiment le pays.

Ce n'était pas pour le plaisir vaniteux et oisif d'apparaître pleinement le maître du gouvernement et de concentrer toute l'autorité entre ses mains, que Casimir Périer avait ainsi pris ses précautions contre le Roi, qu'il s'était assuré le fidèle concours de ses collègues, la soumission dévouée de ses fonctionnaires, la consistance et la discipline de sa majorité : c'était pour agir, pour soutenir le combat contre la révolution. Il importe donc d'examiner maintenant ce que fut cette action, au dehors et au dedans. Aussi bien, le ministère n'avait pas attendu, pour résister aux attaques et même pour prendre l'offensive, qu'il eût fini de réorganiser et de concentrer à loisir les forces du gouvernement. Il avait rencontré, dès ses premiers pas, les questions les plus graves, les plus redoutables périls, et il avait dû y faire face aussitôt, avec les instruments incertains qu'il avait d'abord seuls entre ses mains. On eût dit d'un général obligé de repousser l'assaut, d'engager la bataille pendant le temps même que, sous le feu de l'ennemi, il reforme ses bataillons disloqués et démoralisés, rétablit leur discipline, ranime leur courage, refait leur armement et bouche, dans ses murailles, les brèches énormes qu'y a produites une récente explosion. Ainsi faisaient jadis les Macchabées, au siége de Jérusalem, reconstruisant d'une main leur cité pendant qu'ils la défendaient de l'autre contre l'ennemi, maniant à la fois la truelle et l'épée.

[1] *National* des 11 et 15 décembre 1831, et du 7 février 1832.
[2] Séance du 12 décembre 1831.

CHAPITRE II

LA POLITIQUE EXTÉRIEURE SOUS CASIMIR PÉRIER

(Mars 1831 — mai 1832)

I. Danger de guerre au moment où Périer prend le pouvoir. Son programme de paix. Comment il le maintient et le défend au milieu de toutes les difficultés et contre toutes les oppositions. Le projet de désarmement. — II. Les Autrichiens occupent Bologne. Périer veut éviter la guerre, mais obtenir diplomatiquement une compensation pour l'influence française. Attitude conciliante du cabinet de Vienne. La conférence de Rome. M. de Sainte-Aulaire et la cour romaine. Divergences entre notre ambassadeur à Rome et son gouvernement. Les négociations pour l'amnistie. La France demande la retraite des troupes autrichiennes. Elle est promise au cas où les puissances garantiraient l'autorité temporelle du Pape. La France subordonne cette garantie à l'accomplissement des réformes. Le *Memorandum* du 21 mai. Le gouvernement français exige que les réformes soient tout de suite réalisées. Refus du Pape. L'évacuation est cependant promise pour le 15 juillet. — III. En prenant le pouvoir, Casimir Périer trouve les affaires de Belgique embrouillées et compromises. Il se rapproche de l'Angleterre, adhère aux décisions de la Conférence, et presse les Belges de s'y soumettre. Obstination des Belges. Confiance de lord Palmerston en Périer. La question des forteresses. Le choix du Roi. La candidature de Léopold de Saxe-Cobourg. La France l'accepte. Premières ouvertures faites au prince. Les protocoles des 10 et 21 mai. Élection de Léopold et envoi de deux commissaires belges à Londres. Le traité des Dix-huit articles. Il est accepté par le Congrès de Bruxelles. Léopold prend possession du trône de Belgique. — IV. La Pologne. Vaines tentatives d'intervention diplomatique. La chute de Varsovie. Son effet en France. — V. Les hardiesses de la politique étrangère de Casimir Périer. La flotte française force l'entrée du Tage. Le roi de Hollande attaque la Belgique. Léopold demande le secours de la France et de l'Angleterre. Déroute des Belges. L'arrivée de l'armée française fait reculer les Hollandais. L'Europe émue de notre intervention. Périer la rassure. Son but atteint, il fait évacuer la Belgique. Résultats de cette expédition. Le traité des Vingt-quatre articles. Vivement attaqué en Belgique, il finit cependant par y être accepté. La Hollande proteste contre les Vingt-quatre articles. La Russie, la Prusse et l'Autriche ajournent la ratification de ce traité. La France et l'Angleterre le ratifient. Les trois cours de l'Est finissent par y adhérer sous réserve. La Belgique est devenue un État régulier, accepté par l'Europe. — VI. Les réformes sont repoussées dans les Légations, et l'autorité du Pape y est absolument méconnue. Intervention diplomatique des puissances. Entrée en campagne des troupes pontificales. Les Autrichiens occupent de nouveau Bologne. Périer a déjà fait connaître son projet d'occuper Ancône. Départ de l'expédition. Opposition imprévue du Pape. Les troupes françaises s'emparent d'Ancône de vive force et par surprise. Comment expliquer une violence contraire aux instructions de Périer? Attitude du ministre français à la nouvelle de ce coup de main. Indignation du Pape. Scandale en Europe. Périer tient tête aux puissances et les rassure. Satisfactions données au Pape. Arrangement du 17 avril 1832. Jugement de l'expédition d'Ancône.

I

Tout était grave et urgent dans le programme de Périer. Néanmoins le plus urgent et le plus grave était peut-être ce qui regardait la question étrangère. Au moment même où s'évanouissait le ministère Laffitte, tous les conflits nés en Europe de notre révolution semblaient être arrivés à une heure de crise aiguë et décisive. Partout comme le bruit de soldats en lutte ou en marche ; et pendant ce temps, en France, la partie bruyante de l'opinion de plus en plus échauffée, turbulente et belliqueuse : situation telle que les hommes d'État étrangers les moins aventureux, M. de Metternich entre autres, n'espéraient guère qu'on pût échapper à une conflagration générale[1]. Devant un péril si manifeste, chacun en France éprouvait avant tout le besoin d'un gouvernement sachant enfin ce qu'il voulait, osant le dire et l'entreprendre. Aussi bien chez les belliqueux que chez les pacifiques, on était las et effrayé de cette faiblesse incertaine de M. Laffitte, qui, en dépit de la sagesse du Roi, nous laissait dériver à la guerre sans la vouloir et, par suite, sans la préparer. Le jour même de la formation du nouveau cabinet, Carrel lui enjoignait « de sortir des indécisions, des engagements contradictoires, et d'opter, à la face de l'Europe et de la France », pour l'une des deux politiques en présence. Il ne cachait pas sans doute sa préférence pour la guerre ; mais,

[1] La princesse de Metternich écrivait alors dans son journal intime, à propos de son mari : « Clément est inquiet aujourd'hui. En France, les affaires vont si mal, qu'il appréhende la guerre et surtout la trop prompte explosion de la lutte... » — « J'ai trouvé Clément soucieux et triste ; la situation en France le préoccupe vivement, et il prévoit la guerre. Je ne sais pourquoi je me sens moi-même inquiète jusqu'au fond de l'âme. » (*Mémoires de M. de Metternich*, t. V, p. 93.)

ajoutait-il, « nous ne demandons qu'une chose, c'est qu'on avoue tout haut ce que l'on veut, pour ne plus tergiverser, ne plus reculer, ne plus chercher à leurrer les opinions qui font peur et qu'on croit intéressées à la guerre... Ce qui nous a toujours blessés dans les hommes qui ont gouverné depuis Juillet, c'est l'inconséquence ; le malaise profond de la France vient de là[1] ».

Casimir Périer était homme à satisfaire sur ce point Carrel. Dès le début, nous avons vu qu'il inscrivait la paix dans son programme. Son prédécesseur avait pu en dire à peu près autant, mais l'accent n'était pas le même. Aussi chacun eut-il tout de suite, en France ou à l'étranger, le sentiment qu'il s'était produit une transformation décisive dans notre politique extérieure ; pour la première fois, on se sentit assuré d'échapper à la guerre[2]. De Turin, M. de Barante écrivait, le 26 mars 1831 : « La formation du nouveau ministère a en quelque sorte changé notre situation : la paix aura l'apparence d'une volonté ferme et d'un système de politique à la fois intérieure et extérieure ; elle ne semblera plus faiblesse et hésitation[3]. » Cette impression se fortifia encore, quand on vit comment, chaque jour, le ministre appliquait et justifiait sa politique, surmontait les obstacles du dehors et tenait tête aux contradictions du dedans. Quelques mois après l'avénement du nouveau cabinet, M. de Salvandy rappelait que, depuis la révolution, tous les ministres, « même le plus malfaisant », avaient désiré « la paix » ; mais, ajoutait-il, « le ministère actuel a eu la gloire de la vouloir et de l'avouer, de repousser la propagande révolutionnaire et de la flétrir, de rester dans le droit des gens et de dire pourquoi[4] ». Le *Journal des Débats*, vers la même époque, s'exprimait ainsi : « La véritable gloire de ce minis-

---

[1] *National* du 13 mars 1831.

[2] M. Hillebrand constate, d'après les dépêches des ambassadeurs étrangers, que la guerre paraissait inévitable à l'avénement de Périer, et que quinze jours après, la paix était assurée. (*Geschichte Frankreichs*, 1830-1870, t. I, p. 214.)

[3] *Documents inédits*.

[4] SALVANDY, *Seize mois, ou la Révolution et les révolutionnaires* (1831), p. 379, 380.

tère, c'est d'avoir le premier osé croire à la paix ; le nom de M. Périer n'est si considérable en Europe que parce qu'il a cru à la paix et a su la vouloir [1]. »

Vainement, dans le Parlement, dans la presse, dans les élections [2], l'opposition portait-elle tous ses efforts sur les questions étrangères, revenant constamment à la charge sans tenir compte des défaites qui lui avaient été infligées, exploitant les mauvaises passions comme les sympathies généreuses, les calculs de parti comme les ambitions nationales, exaltant l'orgueil révolutionnaire, envenimant les blessures patriotiques, traitant la prudence nécessaire de lâcheté honteuse, dénonçant avec colère la France abaissée, ses amis abandonnés, ses intérêts trahis, son indépendance compromise, son honneur perdu ; en un mot, répétant et aggravant les déclamations que nous avons déjà signalées sous les deux premiers ministères [3] ; vainement, dans cette opposition, les imprévoyants s'associaient-ils aux violents, les timides aux hardis, les hypocrites aux cyniques, ceux qui se défendaient de vouloir la guerre, comme La Fayette, O. Barrot ou même Laffitte, à ceux qui se vantaient d'y pousser, comme Lamarque, Mauguin ou Carrel ; vainement ces questions, en même temps qu'elles étaient le sujet de presque toutes les discussions parlementaires, fournissaient-elles trop souvent le prétexte et le cri des émeutes ; vainement, jusqu'au sein du parti conservateur, l'exaltation du « chauvinisme », la sympathie pour les peuples souffrants, et surtout cette imagi-

---

[1] *Journal des Débats*, 29 octobre 1831.

[2] Aux élections de 1831, le *National* classait les candidats de gauche sous ce nom : « Candidats patriotes. »

[3] Veut-on avoir une idée de ce qu'étaient ces attaques, qu'on lise ce que Henri Heine, alors en sympathie avec les hommes de gauche, écrivait de Paris à la *Gazette d'Augsbourg* : « Jamais la France n'a été aussi bas aux yeux de l'étranger, pas même dans le temps de la Pompadour et de la Dubarry. On s'aperçoit maintenant qu'il y a quelque chose de plus déplorable encore que le règne des maîtresses. On peut trouver encore plus d'honneur dans le boudoir d'une femme galante. » Et il ajoutait, un peu plus tard, au lendemain de la mort de Périer : « Casimir Périer avait abaissé la France, pour relever le cours de la Bourse. Il voulait vendre la liberté de l'Europe au prix d'une courte et honteuse paix pour la France... A ce point que des milliers d'hommes, parmi les plus nobles de cœur, sont morts de chagrin, de misère, de honte et de prostitution politique. » (27 mai 1832.)

nation surexcitée, cette inquiétude nerveuse, ce goût du dramatique et du subit, sorte d'état maladif né de la révolution, obscurcissaient-ils l'idée de la paix, éveillaient-ils des velléités belliqueuses chez les bourgeois les plus paisibles, dans les esprits les plus rassis, et amenaient-ils les meilleurs amis du ministère à se demander si une bonne guerre ne serait pas un dérivatif utile[1] ; ni les attaques des adversaires, ni les déclamations de la tribune, ni les désordres de la rue, ni le trouble de l'opinion, ni les égarements ou les défaillances des conservateurs n'ébranlaient un moment Casimir Périer. Il voyait trop clairement que la guerre serait la coalition au dehors et la révolution au dedans[2]. A tant de violences il opposait sa vigueur, à ces entraînements sa volonté, à ce scepticisme sa raison, à toutes ces vapeurs malfaisantes la saine clarté de son bon sens. Prétendait-on qu'un nouveau droit international était né des barricades de 1830, il répondait : « La révolution de Juillet n'est pas venue faire une France ni une Europe, elle les a trouvées toutes faites ; elle devait sentir le besoin de s'adapter à l'une comme à l'autre[3]. » S'imaginait-on pouvoir se donner le plaisir, à la tribune, de « ne pas accepter les traités », sans cependant

---

[1] Voyez, par exemple, la lettre que M. de Rémusat écrivait à M. Guizot, le 29 juin 1831, et où, après avoir analysé la maladie des esprits, il ajoutait : « Je suis persuadé qu'une guerre serait utile, bien entendu si l'on parvenait à la limiter ; je serais disposé à la risquer, en exigeant beaucoup pour la Pologne. » (*Mémoires de M. Guizot*, t. II.) La duchesse de Broglie disait à ce propos, dans une lettre adressée à M. de Barante, le 3 mars 1831 : « L'idée absurde que la guerre serait une bonne diversion se répand assez dans les esprits. Victor (c'était le duc), au contraire, regarde que c'est le seul mal sans remède. » — Vers la même époque, le *Journal des Débats*, fort dévoué à la politique de Périer, disait : « La France veut la paix ; elle en a besoin pour son commerce, pour son industrie, pour la libre mise en œuvre de tous les éléments de civilisation et de bonheur qui se trouvent en elle... Et pourtant on ne peut nier qu'elle ne veuille un peu la guerre, vaguement, sans s'en rendre compte ; qu'elle n'ait des sympathies très-vives, çà et là très-exigeantes, pour les destinées de certains peuples ; qu'elle ne soit très-sensible aux phrases belliqueuses, aux résurrections de drapeaux. »

[2] Dès avant de prendre le pouvoir, Périer se moquait de ceux qui parlaient, en France, de déclarer la guerre à quelque autre puissance : « Avec quoi veut-on faire la guerre? disait-il. Dans un pays divisé et agité comme le nôtre, si l'on voulait faire la guerre, le Roi et son ministère ne resteraient pas deux mois en place. » (Dépêche de M. de Sales, du 25 février, citée par HILLEBRAND, *Geschichte Frankreichs*, 1830-1870, t. I, p. 217.)

[3] Discours du 7 mars 1832.

rompre avec les autres puissances, il disait : « Des traités ne se déchirent qu'avec l'épée ; c'est donc la guerre qu'on demande, en demandant le mépris des traités ;... le pays la demande-t-il[1]? » Il mettait vivement la majorité, parfois hésitante, en face de sa responsabilité, et chacun sentait que ce n'était pas phrase de rhétorique quand il terminait ainsi un de ses discours : « La discussion qui vous occupe décidera probablement l'avenir de l'Europe ; c'est à vrai dire la guerre et la paix qui sont en question devant vous[2]. » La thèse de la paix prenait d'ailleurs dans sa bouche quelque chose de viril, de hardi, et l'on oserait dire de militant. « Croyez donc à la paix, messieurs, criait-il à cette assemblée qu'on cherchait à griser de déclamations belliqueuses ; croyez-y, comme vous croyez à la gloire de la France ; croyez à la paix, comme vous croyez à la justice[3] ! » L'impression de ce langage fut considérable. La Chambre, qui à l'origine était fort encline aux entraînements de ce que le général Sébastiani appelait dédaigneusement la politique de cabaret, s'en dégagea peu à peu. L'opinion publique fit de même. La faveur acquise d'abord aux idées de guerre passa aux idées de paix. Au début du ministère, le 2 avril 1831, M. de Rémusat avait écrit à M. de Barante : « On ne doit point se dissimuler que la guerre est très-populaire ; c'est une réaction naturelle contre quinze ans d'humiliation. » Le même disait dans une lettre adressée, le 28 octobre, toujours à M. de Barante : « La paix est comme assurée ; c'est un grand soulagement pour les bons citoyens et un vrai triomphe pour le gouvernement ; je trouve qu'il a parfaitement mené la politique étrangère[4]. » La duchesse de Broglie écrivait aussi, le 23 novembre : « La paix fait un plaisir général, quoi qu'en disent nos héros[5]. »

Périer rêvait d'attacher son nom à une mesure qui eût fait sentir plus effectivement encore le bienfait de la paix. La situa-

---

[1] Discours du 7 mars 1832.
[2] Discours du 9 août 1831.
[3] Discours du 7 mars 1832.
[4] *Documents inédits.*
[5] *Ibid.*

tion troublée qui avait été en Europe la conséquence des événements de juillet avait provoqué partout, et spécialement en France, des armements considérables. C'était une charge très-lourde pour les contribuables. Périer voulait arriver à un désarmement général et simultané. Il comptait beaucoup sur l'effet que produirait dans l'opinion l'annonce inattendue et solennelle d'une telle mesure. Il n'était pas depuis quelques semaines au pouvoir qu'il faisait aux autres cabinets des ouvertures dans ce sens. Les obstacles auxquels il se heurta ne le découragèrent pas. Pour tâcher de les surmonter, il usait du crédit qu'il avait acquis au dehors, crédit si considérable que les chancelleries étrangères posaient comme condition même du désarmement le maintien de Périer au pouvoir. Enfin, après plusieurs vicissitudes, vers la fin de 1831, les puissances s'étaient accordées avec le gouvernement français sur le principe de ce désarmement; la mise à exécution paraissait en devoir être prochaine [1]; mais chaque fois que l'on croyait y toucher, il se produisait sur quelqu'un des points de l'Europe où la Révolution avait fait sentir son contre-coup, une complication nouvelle qui venait tout retarder. C'est qu'en effet, il ne suffisait pas d'apporter une volonté générale de paix; il fallait aussi résoudre les questions particulières qui, dès avant le ministère du 13 mars, se trouvaient soulevées en Italie, en Belgique, en Pologne. Là était même la tâche principale imposée à notre diplomatie, et, pour connaître vraiment la politique étrangère de Périer, nous devons pénétrer dans le détail des négociations poursuivies sur ces théâtres divers.

II

En Italie, au moment où Casimir Périer prenait le pouvoir, l'intervention autrichienne était un fait accompli à Modène et

---

[1] Cf. *Mémoires de Metternich*, t. V, p. 161 à 172 et 206 à 210, et HILLEBRAND, *Geschichte Frankreichs*, 1830-1870, p. 216.

à Parme [1]. Dans les États de l'Église, elle n'était encore qu'une menace, menace que notre diplomatie avait grand désir, mais au fond peu d'espoir d'écarter [2]. Aussi le nouveau cabinet dut-il, sans un jour de retard, se demander ce qu'il ferait au cas où cette intervention se produirait. La guerre devant laquelle M. Laffitte lui-même avait reculé, Périer ne songeait pas plus que son prédécesseur à en courir les risques. Seulement, plus conséquent, il voulut tout de suite mettre le langage public du gouvernement en accord avec ce que devait être sa conduite. Sous le cabinet précédent, l'embarras et le péril étaient venus de ce que, pour capter les applaudissements de la gauche, les ministres avaient fait à la tribune des déclarations trop absolues sur la non-intervention : par là, ils avaient inquiété les puissances, trompé les Italiens, et s'étaient exposés à se faire accuser plus tard de défaillance ou de mauvaise foi. Le premier soin de Casimir Périer, en développant son programme, le 18 mars, fut de répudier ces généralités et de préciser les restrictions avec lesquelles il entendait accepter le nouveau principe : « Ce principe a été posé : nous l'adoptons... Est-ce à dire que nous nous engageons à porter nos armes partout où il ne sera pas respecté? Messieurs, ce serait une intervention d'un autre genre; ce serait renouveler les prétentions de la Sainte-Alliance; ce serait tomber dans la chimérique ambition de tous ceux qui ont voulu soumettre l'Europe au joug d'une seule idée et réaliser la monarchie universelle. Ainsi entendu, le principe de non-intervention servirait de masque à l'esprit de conquête. Nous soutiendrons ce principe en tout lieu, par la voie des négociations. Mais l'intérêt et la dignité de la France pourraient seuls nous faire prendre les armes. Nous ne concédons à aucun peuple le droit de nous forcer à combattre pour sa cause, et le sang des Français n'appartient qu'à la France. » En outre, craignant que le maintien au ministère des affaires étrangères du général Sébastiani, naguère collègue de M. Laffitte et plus

---

[1] Voir, pour le commencement des affaires d'Italie, ch. v, § III.
[2] Dépêches du général Sébastiani à M. de Sainte-Aulaire et à M. de Barante, en date du 14, du 15 et du 21 mars 1831. (*Documents inédits.*)

ou moins compromis dans les déclarations d'alors, ne donnât lieu à quelque équivoque, il exigea que le général répétât après lui, sur le principe de non-intervention, ce qu'il venait de dire lui-même.

A peine avait-il eu le temps de prendre cette précaution qu'arriva à Paris la nouvelle de l'entrée des troupes autrichiennes dans Bologne. Elles avaient occupé cette ville, le 21 mars, « sans même avoir chargé leurs armes », écrivait M. de Metternich, et se disposaient à soumettre les autres provinces insurgées, où elles ne devaient pas rencontrer plus de résistance. Si prévue que fût cette intervention, l'émotion fut grande en France. A entendre les « patriotes », nous étions bravés, nous recevions, à la face de l'Europe, quelque chose comme l'affront d'un démenti; on ajoutait que notre parole avait été donnée aux révolutionnaires italiens, et que nous ne pouvions y manquer sans déshonneur. Les violents parlaient haut; les modérés eux-mêmes étaient étourdis et ébranlés. Dans ce trouble, M. Laffitte, en dépit de ses volontés pacifiques, se fût probablement laissé aller au courant : Casimir Périer y résista hautement. Il se prononça pour la paix, mais avec ce je ne sais quoi de décidé qui donnait chez lui un air de hardiesse et de fierté même à la prudence. Son refus de prendre les armes apparaissait à l'opinion et aux cabinets étrangers, non plus comme l'hésitation et la défaillance d'un gouvernement qui reculait devant ses propres menaces, mais comme la fermeté d'un gouvernement qui avait résolu la paix et qui l'imposait autour de lui [1].

Soucieux non-seulement du repos, mais aussi de l'honneur du pays, Casimir Périer protesta aussitôt contre toute allégation que la France eût engagé sa parole aux insurgés. Aux clameurs de l'opposition qui parlait de « promesses » faites, et qui s'écriait avec le général Lamarque : « Au delà des Alpes, la foi française et la foi punique sont désormais synonymes ! » il répondit, dans la séance du 30 mars : « Il n'y a de promesses que les traités.

---

[1] Dès le 26 mars, M. de Barante constatait cette impression dans les cabinets étrangers. (*Documents inédits.*)

Des secours ont été promis. Par qui? A qui? A l'insurrection? Jamais, jamais par le gouvernement. Si quelqu'un a parlé au nom et à l'insu de la France, il est de son devoir d'accepter la responsabilité de ses promesses, en le déclarant. Le principe de non-intervention, proclamé à cette tribune, n'était pas une protection offerte ou accordée aux peuples qui s'insurgent contre leur gouvernement; c'était une garantie donnée aux intérêts bien entendus du pays, et aucun peuple étranger n'a le droit d'en réclamer l'application en sa faveur. » Casimir Périer voulait convaincre non-seulement la France, mais aussi l'Europe, de notre non-complicité avec les insurgés d'Italie. Ceux-ci n'avaient pas eu une fin brillante; réfugiés en dernier lieu à Ancône, ils n'avaient pas même attendu d'apercevoir les uniformes autrichiens, pour capituler et se disperser prudemment[1]; seulement, en succombant, ils avaient publié un manifeste, sorte d'*ultima verba*, où ils déclaraient ne s'être soulevés que sur les encouragements et les promesses de la France, et tâchaient d'imputer à son abandon la responsabilité et l'humiliation de leur déroute. Aussitôt que ce document fut connu à Paris, le gouvernement adressa à ses agents diplomatiques une circulaire, leur « recommandant de saisir toutes les occasions de repousser par les dénégations les plus formelles cette odieuse calomnie[2] ».

Casimir Périer ne s'en tint pas à cette attitude négative. S'il se refusait à voir dans le seul fait de l'entrée des Autrichiens à Bologne un *casus belli*, il ne se dissimulait pas que cette intervention, faite malgré nous et contre nos idées, portait atteinte à notre crédit en Italie, à notre importance en Europe. Il en conclut à la nécessité d'obtenir diplomatiquement quelque acte, quelque concession qui fût manifestement faite en considération de la France et qui montrât à tous que l'Autriche rencontrait

---

[1] Parmi ces fugitifs se trouvait le fils de l'un des frères de Napoléon Ier, de l'ex-roi Louis. Ce jeune prince était venu chercher fortune avec son frère aîné dans les rangs des insurgés. Son frère, atteint d'une fluxion de poitrine, mourut à Forli; quant à lui, il s'échappa déguisé d'Ancône. Tel fut le début politique de celui qui devait être Napoléon III.
[2] Circulaire du 8 avril. (*Documents inédits.*)

devant elle, dans la Péninsule, une puissance capable de limiter son action, de contre-balancer son influence [1]. Il lui parut que ce résultat serait atteint, s'il obtenait de l'Autriche la prompte retraite de ses troupes, du gouvernement romain des mesures de clémence et de réforme. Ce plan arrêté, Périer en entreprit l'exécution avec promptitude et énergie. Tout d'abord, estimant avoir droit à l'appui moral de l'Europe en retour du service qu'il lui rendait, voulant d'ailleurs la constituer solennellement témoin des démarches qu'il allait faire, il convoqua, le 27 mars, les ambassadeurs étrangers et leur déclara que la guerre serait inévitable, si l'Autriche n'évacuait au plus vite les Légations, et si elle ne donnait son concours à la conférence qui devait s'ouvrir à Rome pour rechercher les réformes à accomplir dans l'administration pontificale [2]. A l'appui de ce langage, il annonça, le lendemain, à la Chambre, une demande de crédit de 100 millions, et la motiva par l'occupation de Bologne, en termes calculés pour indiquer sa double volonté de maintenir la paix et d'exiger les satisfactions dues à la France. Nos agents à l'étranger reçurent instruction de commenter dans le même sens cette demande de crédit [3]. Enfin, le 31 mars, il s'adressa directement au gouvernement autrichien; le général Sébastiani remit au comte Apponyi une note qui était en réalité l'œuvre de Périer lui-même [4] et qui portait le même caractère de mesure et de

---

[1] En cela, le ministre se rencontrait avec les indications qu'envoyait d'Italie l'un de nos plus clairvoyants agents, M. de Barante. Ce dernier, dès le 19 mars, rappelait que nous avions « beaucoup à regagner dans l'opinion des gouvernements et des peuples, et qu'il nous fallait chercher à l'intervention autrichienne un dénoûment et une issue où apparussent notre influence et notre force ». Le 29 mars, il revenait sur l'obligation pour la France de « produire une preuve quelconque de son influence en Italie ». « Si le ministère, ajoutait-il, peut fermer la bouche à ses adversaires en leur montrant à la fois la paix conservée et la France ayant amené l'Autriche à telle concession qui lui déplaise et constate notre puissance, tout se trouvera concilié. On évitera une guerre terrible; on aura montré la force et le crédit de la France... » Enfin il répétait, le 3 avril : « Je continue à tenir pour certain que, si rien ne marque la force et la volonté de la France dans les arrangements de l'Italie, nous subirons le décri le plus universel. » (*Documents inédits*.)

[2] Dépêche de M. de Werther, du 27 mars. (Hillebrand, *Geschichte Frankreichs*, 1830-1870, t. Ier, p. 219.)

[3] *Documents inédits*.

[4] Les ambassadeurs étrangers, qui se méfiaient du général Sébastiani à cause

fermeté que tous les actes précédents. Le gouvernement français y rappelait d'abord que, dès le début des troubles, il « s'était empressé de témoigner à la cour de Rome, par les assurances les plus positives et les plus explicites, qu'il était décidé à ne pas souffrir le renversement de la souveraineté du Pape ou le démembrement des États d'une puissance dont l'existence, l'indépendance et le repos sont d'un si haut intérêt pour toute la chrétienté » ; il rappela aussi la proposition faite à la cour de Vienne « de se concerter avec la France et avec la cour pontificale, pour s'efforcer d'opérer par des voies de conciliation la pacification prompte et durable des pays insurgés ». La note ajoutait ensuite : « Le soussigné ne saurait exprimer combien S. M. le roi des Français regrette que l'empereur d'Autriche ait cru devoir recourir à l'emploi de la force. Le regret est d'autant plus vif que les voies de conciliation n'avaient pas même été tentées. Mais sa juste confiance dans les intentions pacifiques de Sa Majesté Impériale lui fait encore espérer qu'en donnant promptement l'ordre de faire évacuer par ses troupes le territoire du Saint-Siége, elle facilitera l'ouverture des négociations indispensables dont les bases avaient été convenues entre les deux cours et dont l'issue favorable ne saurait être douteuse [1]. »

L'attitude si nette, si une, si franche, du nouveau cabinet français obtint ce double résultat, que le ministère précédent n'avait jamais atteint, d'inspirer confiance à l'Europe et de lui en imposer. Au sortir de la conférence du 27 mars, l'ambassadeur de Prusse ne tarissait pas sur « la loyauté, l'énergie, la modération du caractère de M. Périer », et il pressait son gouvernement d'appuyer à Vienne les demandes du cabinet des Tuileries, ce qui fut aussitôt fait [2]. L'ambassadeur de Russie à

---

des souvenirs du ministère précédent, et qui lui reprochaient d'être « malveillant et roide », avaient « appelé l'attention du président du conseil sur la nécessité de surveiller la rédaction de la note que le ministre des affaires étrangères se disposait à adresser à l'ambassadeur d'Autriche ». (HILLEBRAND, *Geschichte Frankreichs*, 1830-1870, t. I, p. 219.)

[1] *Documents inédits.*

[2] Dépêches de M. de Werther et de M. Ancillon. (HILLEBRAND, *Geschichte Frankreichs*, 1830-1870, t. I, p. 219.)

Paris, M. Pozzo di Borgo, faisait également recommander au chancelier autrichien « d'être bien coulant avec le gouvernement français[1] ». De Turin, M. de Barante écrivait, le 4 avril : « J'ai pu juger avec satisfaction des heureux effets qu'opèrent au dehors la situation ferme et le langage de franchise de notre ministère. Nous nous trouvons ainsi placés sur un bien meilleur terrain. Plus de propagande à nous imputer, plus de réticences sur notre état intérieur. Nous pouvons parler de la guerre et nous faire écouter au nom de l'intérêt général de l'Italie et de la balance de l'Europe. » Et il ajoutait, le lendemain : « Maintenant ce qui vient du gouvernement français est accueilli avec considération et confiance ; les soupçons injurieux que je démêlais auparavant, et que l'on a avoués depuis, ne me semblent plus exister[2]. »

Loin donc d'être encouragée par l'Europe à nous braver, l'Autriche se voyait pressée d'être conciliante. D'elle-même elle y était portée. Elle avait cru nécessaire d'intervenir, mais elle n'attendait pas sans un certain tremblement l'effet que sa démarche produirait en France. Les explications que, dès la première heure, M. de Metternich avait données à Vienne ou envoyées à Paris, avaient témoigné d'un grand désir de nous rassurer et de nous calmer. Sa réponse officielle à la note du 31 mars fut satisfaisante. Elle promettait une prompte évacuation ; les documents qui y étaient joints constataient que, dès le 26 mars, l'ordre avait été envoyé au commandant de l'armée autrichienne de prolonger le moins possible l'occupation ; il devait retirer immédiatement le gros des troupes, en ne laissant que de faibles détachements à Ancône et à Bologne ; les commandants de ces petites garnisons seraient munis d'ordres de service les soumettant à la direction de l'ambassadeur d'Autriche à Rome ; celui-ci serait chargé de fixer, de concert avec le cardinal secrétaire d'État et avec l'ambassadeur de France, l'époque où aurait lieu l'évacuation complète. Le cabinet de Vienne acceptait aussi avec empressement la pro-

---

[1] *Mémoires de M. de Metternich*, t. V, p. 133.
[2] Dépêches de M. de Barante. (*Documents inédits.*)

position d'ouvrir une conférence à Rome, et il faisait communiquer au gouvernement français les instructions envoyées au comte de Lutzow, ambassadeur d'Autriche près le Saint-Siége. Il était prescrit à cet ambassadeur de prévenir par toutes sortes d'égards et de marques de confiance M. de Sainte-Aulaire, et de seconder ses démarches pour obtenir des réformes. « Nous avons l'espoir, ajoutait le chancelier dans sa lettre à M. de Lutzow, que vos efforts, réunis à ceux de l'ambassadeur de France, obtiendront sans de grandes difficultés, du Saint-Siége, ce que nous lui demandons pour son bien. Nous regarderons ce succès comme la récompense du secours que Sa Majesté Impériale a prêté à Sa Sainteté, et nous n'en ambitionnons pas d'autre[1]. »

L'adhésion, en apparence si complète, si zélée, du cabinet de Vienne à la proposition de conférence, était un premier succès pour la diplomatie française. L'effet en fut de transférer à Rome le siége principal des négociations[2]. Notre cabinet ne voulut pas laisser à ces négociations le caractère d'un tête-à-tête entre la France et l'Autriche. Avant qu'elles commençassent, il obtint du cabinet anglais, avec lequel il avait rétabli l'entente un moment ébranlée à la fin de la dernière administration, qu'il envoyât un agent pour y prendre part. L'Autriche, par contre, appela les représentants de la Prusse et de la Russie. Dès lors la conférence de Rome se trouva composée comme celle de Londres. Le précédent des affaires belges nous encourageait à suivre la même méthode. C'était à M. de Sainte-Aulaire, en sa qualité d'ambassadeur près le Saint-Siége, qu'il appartenait de jouer à Rome le rôle de M. de Talleyrand à Londres. Il aborda cette tâche à la fois avec entrain et émotion, sentant vivement, et ce qu'elle pouvait avoir de grand, et ce qu'elle avait de délicat : « Nous tous, diplomates en Italie, écrivait-il, dès

---

[1] *Mémoires inédits de M. de Sainte-Aulaire.* — Cf. aussi *Mémoires de M. de Metternich*, t. V, p. 130 à 132.

[2] Pour le récit des négociations qui vont suivre, je me suis servi principalement des *Mémoires inédits de M. de Sainte-Aulaire.* C'est le document vraiment décisif en cette matière. Toutes les pièces que je citerai sans indication de source particulière sont tirées de ces Mémoires.

le 22 mars, à son collègue et ami M. de Barante, nous sommes déshonorés, si nous ne parvenons pas à empêcher la guerre[1]. »

Les difficultés étaient nombreuses. L'Autriche, demeurée au fond hostile malgré ses belles paroles, ne voulait pas la guerre sans doute, mais, heureuse de nos embarras, de nos mortifications, elle ne se refusait pas le plaisir de les augmenter sous main ; si elle se prêtait par prudence et par nécessité à une délibération commune, c'était sans goût, sans confiance, sans désir de réussir. Du côté du gouvernement pontifical, il y avait aussi des obstacles à surmonter. Grégoire XVI possédait plus les vertus d'un religieux ou la science d'un théologien que les qualités d'un homme d'État. Dans les affaires politiques et administratives, il apportait beaucoup de droiture, avec peu d'ouverture d'esprit et pas du tout d'expérience. Sincèrement, honnêtement désireux de bien gouverner ses peuples, il sentait d'instinct la nécessité de grandes réformes, mais n'avait aucune notion nette de ce qu'elles pourraient être. Par nature et par habitude d'esprit, il était plutôt en défiance des idées nouvelles. L'y convertir eût été malaisé : si bon, si doux, si paternel qu'il fût d'ordinaire avec ceux qu'il recevait, il avait de la dignité et de l'autorité du pontife un sentiment profond qui ne permettait guère de discuter avec lui et de modifier les idées qu'il avait pu se faire *à priori*. Toute pression trop forte, toute tentative de le brusquer, de le faire marcher autrement qu'à son pas, risquait de se heurter à un *non possumus* invincible. Très-différent était le secrétaire d'État, le cardinal Bernetti. De belle humeur et de bonne mine, aimable, spirituel, fin, rusé, d'allures plus mondaines qu'ecclésiastiques, sans cependant rien d'irrégulier dans sa vie[2], il avait acquis, dans ses missions à l'étranger, plus de connaissance de son temps, plus d'intelligence de la politique moderne qu'on n'en avait généralement à Rome. C'est avec lui qu'il eût été le plus facile de s'entendre. Mais il était loin d'être omnipotent. Grégoire XVI, tout en lui témoi-

---

[1] *Documents inédits.*
[2] Il ne consentit qu'assez tard à recevoir le diaconat, et ne voulut jamais aller au delà.

gnant amitié et estime, ne lui accordait pas une entière confiance. Et puis le cardinal avait contre lui les *zelanti*, fort puissants dans la prélature et le Sacré Collége, non suivis sans doute, mais ménagés par le Pape. Que ce fût scrupule, routine ou intérêt personnel au maintien des abus, les *zelanti* repoussaient tout changement; réforme leur était synonyme de révolution. Rien ne leur paraissait plus insupportable que les prétentions de cette conférence diplomatique, venant « traiter d'eux, chez eux et sans eux », et ils avaient en effet assez beau jeu à dénoncer ce spectacle bizarre de cinq laïques, dont trois hérétiques, intervenant entre le Pape et ses sujets, et s'ingérant en des matières qui touchaient par tant de côtés au droit ecclésiastique. Ce qu'ils redoutaient et détestaient par-dessus tout, c'était l'influence du gouvernement français qu'ils accusaient, sur le témoignage même du dernier manifeste insurrectionnel, imprimé à Ancône le 26 mars, d'avoir été l'instigateur et d'être encore au fond le patron de la révolte.

M. de Sainte-Aulaire eut tout de suite le sentiment que cette dernière accusation faisait impression sur beaucoup d'esprits, et que, pour exercer quelque action à Rome, non-seulement sur le gouvernement pontifical, mais aussi sur les représentants des autres puissances, il devait répudier une complicité si compromettante et à laquelle malheureusement plus d'une apparence avait pu faire croire. Il saisit donc la première occasion de le faire avec éclat, et, dans une note adressée, le 15 avril, au cardinal Bernetti, il déclara n'avoir « pu voir sans un vif ressentiment » les auteurs du manifeste d'Ancône « aggraver ainsi leur faute par des calomnies aussi contraires à l'évidence des faits qu'offensantes pour la France ». Il rappela « les preuves d'intérêt et de sollicitude que le gouvernement du Roi Très-Chrétien avait données au Saint-Père, dès qu'il avait été informé du soulèvement de la ville de Bologne, et la volonté plusieurs fois exprimée par Sa Majesté de rester fidèle aux traités qui garantissaient la souveraineté temporelle du Saint-Siége ». Puis, faisant allusion à la nouvelle, alors répandue, « de l'arrivée d'une armée française destinée à soutenir une tentative de révolution », il terminait ainsi : « Le soussigné, non moins explicite sur ce point que sur les précédents, s'empresse de déclarer que le gouvernement français ne veut point, ne voudra jamais protéger, dans les États du Pape, des entreprises aussi coupables qu'insensées, dont l'effet serait infailliblement d'attirer sur les peuples de nouveaux désastres et de retarder l'exécution des projets généreux que le Saint-Père a conçus pour leur bonheur. » C'était à dessein et pour dégager la politique française des équivoques du ministère précédent, que M. de Sainte-Aulaire s'était servi des expressions les plus nettes et les plus fortes. Cette note, aussitôt publiée et traduite dans toutes les langues, eut un immense retentissement. A Rome, l'effet en fut bon et fit à notre ambassadeur une situation qui devait profiter à l'influence française. Mais elle souleva une grande clameur en France, dans le parti avancé. Les réfugiés italiens dénoncèrent, en termes injurieux, à la Chambre des députés, « l'effronté menteur, l'être infâme » qui avait tenu un tel langage. Les journaux firent écho. Les amis mêmes de M. de Sainte-Aulaire, étourdis de ce tapage, lui écrivaient qu'il avait été trop loin. Au plus fort d'une émeute parisienne, dans les premiers jours de mai, une députation des insurgés vint au Palais-Royal réclamer le rappel de l'ambassadeur à Rome, affirmant que la tranquillité se rétablirait aussitôt, si l'opinion publique recevait cette satisfaction. Ni le Roi ni le président du conseil ne furent un moment tentés de céder à de telles exigences. Sur le fond des idées, ils ne pouvaient blâmer leur agent, qui n'avait fait que répéter un démenti déjà formulé dans la circulaire envoyée, le 8 avril, par le général Sébastiani aux représentants de la France à l'étranger; toutefois, à la lecture de la note du 19 avril, ils n'avaient pas été sans éprouver quelque surprise d'un accent si « papalin », un peu gênés qu'on parlât publiquement, en leur nom, au chef de l'Église, sur un ton si différent de celui qui avait alors cours à Paris, dans les rapports du pouvoir civil avec le clergé[1]. Et puis, s'ils ne voulaient pas

---

[1] Le général Sébastiani, pressé par M. de Sainte-Aulaire de s'expliquer sur ce

soutenir les insurgés, ils s'inquiétaient de voir malmener si rudement des hommes qui rencontraient encore beaucoup de sympathies dans l'opinion régnante.

C'était le premier signe, nous ne dirons pas des divergences de fond, mais des différences de point de vue qui devaient, au cours de ces négociations, se manifester plus d'une fois, non sans inconvénient, entre le ministère et l'ambassadeur. Casimir Périer sans doute était fort décidé à répudier en Italie toute propagande révolutionnaire; il s'attachait à regagner la confiance des dynasties locales et leur offrait l'appui qu'il refusait aux fauteurs d'insurrection [1]; il comprenait même les raisons d'ordre supérieur qui l'obligeaient à protéger avec plus de soin encore contre toute atteinte le domaine temporel du Saint-Siége, garantie de son indépendance spirituelle [2]. Tou-

qu'il reprochait à la note du 17 avril, lui répondit seulement qu'il aurait mieux fait de ne point donner au roi des Français la qualification de *roi très-chrétien*.

[1] Ainsi faisait-il notamment avec le Piémont, dans lequel il voyait l'allié naturel de la France. Le 6 avril 1831, au moment où l'état de santé du roi de Sardaigne faisait prévoir l'avénement très-prochain du prince de Carignan, le futur Charles-Albert, le général Sébastiani écrivait à notre ambassadeur à Turin : « Le Roi a pensé qu'il était à propos que vous ne perdissiez pas un moment pour chercher à vous mettre en rapport avec M. le prince de Carignan et pour travailler à établir sur des bases aussi favorables que possible les relations qui doivent exister entre la France et la Sardaigne, lorsqu'il sera monté sur le trône. Vous lui développerez les principes de notre politique à l'égard de l'Italie; vous lui direz qu'elle a pour unique but le repos et l'indépendance des États qui composent cette péninsule, que les princes qui les gouvernent peuvent compter sur nous pour les aider à assurer à leurs peuples ce double bienfait, que la Sardaigne particulièrement, plus rapprochée de nous et par là même plus en mesure de ressentir les effets de notre bienveillance, n'invoquera jamais en vain notre appui; vous ajouterez que nous n'y mettons aucune condition, et que la seule chose que nous demandions aux gouvernements italiens, parce qu'elle est également conforme à nos intérêts et aux leurs, c'est d'être indépendants et prospères, c'est de préserver leurs États, par une sage politique, des troubles et des bouleversements qui peuvent seuls compromettre la liberté et le bonheur de l'Italie. » Le ministre français revenait avec plus d'étendue encore sur les mêmes idées dans une dépêche du 30 mai 1831; il y déclarait notamment « repousser de tous ses vœux le succès des tentatives révolutionnaires qui auraient pour but de porter encore une fois le trouble dans cette péninsule ». (*Documents inédits.*)

[2] Voir son discours du 7 mars 1832. — Le 13 août 1831, un autre membre du cabinet, M. de Montalivet, insistait également sur l'intérêt capital qu'avait la France au maintien du pouvoir temporel. Énumérant les conséquences qu'aurait son renversement, il terminait ainsi : « Enfin, messieurs, ce serait, en dernière analyse, donner le Pape à l'une des capitales de l'Europe catholique, à l'exclusion

tefois, si éveillée que fût à ce sujet sa sollicitude, il était une préoccupation qui l'emportait sur toutes les autres dans son esprit, c'était celle de la lutte où il était engagé, dans son propre pays, contre le parti révolutionnaire. Précisément au moment où s'ouvraient les négociations de Rome, cette lutte entrait dans une phase critique et décisive; des élections générales se préparaient en France, et l'issue en semblait fort incertaine. Le ministre était dès lors amené à envisager principalement les négociations sous le rapport des avantages qu'il pouvait en retirer pour sa bataille électorale; il y cherchait des résultats immédiats qui frappassent l'opinion, répondissent aux idées régnantes, flattassent l'amour-propre et même les préjugés nationaux. Que, pour atteindre ce but, il fallût traiter sans ménagement le gouvernement pontifical, l'exposer à certains risques, ne pas observer exactement la justice distributive entre le Pape et ses adversaires, on ne paraissait pas s'en inquiéter beaucoup à Paris; ou du moins on estimait que ces inconvénients étaient peu de chose à côté de ceux qu'il fallait prévenir en France. Ce que Casimir Périer avait conscience de défendre, ce à quoi il croyait juste de tout subordonner, ce n'était pas l'intérêt mesquinement égoïste d'un cabinet, c'était l'existence de la monarchie, la sécurité de la société, la paix du monde. Cette partie perdue, que fût devenu le gouvernement pontifical lui-même? L'Europe entière, frappée de la grandeur de l'enjeu, assistait attentive, anxieuse, aux préliminaires de ces élections où elle se sentait presque autant intéressée que la France elle-même. M. de Sainte-Aulaire voyait les choses un peu autrement. Il comprenait sans doute l'importance du combat livré par Casimir Périer, et était résolu à tout faire pour l'aider à vaincre; mais, vivant et agissant à Rome, il attachait à l'œuvre qui y était entreprise sous sa responsabilité directe plus d'importance que ceux qui la considéraient de loin; il avait plus de souci qu'elle fût en elle-même équitable, solide, efficace.

de la nôtre. » Les mêmes idées étaient alors soutenues par ceux qui secondaient M. Casimir Périer, par exemple par M. Guizot, dans son discours du 20 septembre 1831, et par M. Thiers, dans sa brochure sur la *Monarchie de 1830*.

Ce n'était pas seulement chez lui calcul de politique ; c'était aussi question de sentiment. Ce libéral, demeuré chrétien, n'avait pu fréquenter le Pape sans éprouver à son égard une sollicitude respectueuse et attendrie que l'on eût eu peine à retrouver dans le Paris de 1830. De plus, ayant vu de près ce qu'il appelait « la mort ignominieuse de la révolution romaine [1] », cette piteuse déroute succédant si promptement à tant d'arrogante violence, il ressentait à l'égard des insurgés un mépris sévère, contrastant avec la complaisance indulgente de l'opinion française.

Sous l'empire des préoccupations que nous venons d'indiquer, le gouvernement français avait ainsi formulé les exigences qu'il chargeait son ambassadeur de faire prévaloir à Rome : 1° évacuation complète et immédiate de l'État romain par les troupes autrichiennes ; 2° amnistie pleine et entière en faveur de toutes les personnes compromises dans la révolution ; 3° réformes qui soient de nature à satisfaire l'opinion libérale en France et qui assurent aux provinces insurgées un régime « se rapprochant autant que possible des formes du gouvernement représentatif ».

L'amnistie fut la première question soulevée. Les insurgés, malgré leur peu glorieux échec, étaient demeurés populaires en France, et d'ailleurs notre gouvernement, bien que répudiant toute solidarité avec eux, croyait son honneur et son humanité engagés à préserver contre des rigueurs même légitimes des hommes qui avaient pu se croire encouragés par nous. La Conférence se prêta facilement à appuyer nos conseils de clémence. Ce fut d'abord sans succès. Les *zelanti* prirent les devants et arrachèrent au Pape, le 15 avril, un premier édit qui, tout en se terminant par le mot de « pardon », faisait grand étalage d'inquisition et de sévérité. Mais, sur les instances des ambassadeurs, un nouvel édit fut rendu, le 30, qui revisait le premier et faisait cette fois une large part à la clémence : très-peu

---

[1] M. de Sainte-Aulaire écrivait au général Sébastiani : « C'est une issue ridicule et honteuse, que celle de cette révolution romaine dans l'intérêt de laquelle on voulait armer l'Europe ; elle est morte ignominieusement, et il y aurait mauvaise grâce à en porter le deuil. »

d'exceptions étaient maintenues à l'amnistie; quant aux émigrés, on les astreignait seulement à demander, pour rentrer, une autorisation qui devait leur être accordée facilement. Par malheur, la rédaction semblait calculée en vue de masquer cette clémence, au lieu de la mettre en relief. Les amis des révolutionnaires italiens en profitèrent pour persuader au public français, déjà très-excité contre le premier édit, que le second ne valait pas mieux et qu'une réaction cruelle sévissait à Rome. Le cabinet de Paris, fort ennuyé du mécontentement de l'opinion, s'en prit au gouvernement pontifical qu'il menaça même un moment d'une rupture diplomatique. Pauvre gouvernement pontifical! La vérité était qu'au lendemain d'une insurrection vaincue, il n'avait pas un seul détenu dans ses prisons. Instruit de la réalité des faits par M. de Sainte-Aulaire, notre ministre le prit sur un ton moins irrité; mais, toujours plus préoccupé de l'effet produit à Paris que des réalités obtenues à Rome, il insista pour de nouvelles concessions. « Je conviens, écrivait le général Sébastiani à son ambassadeur, que relativement à l'amnistie, il reste, quant au fond, peu de chose à désirer du gouvernement romain... Nous reconnaissons avec vous que la sévérité de l'acte du 30 avril est bien plus apparente que réelle... Mais les formes sont précisément ce qui frappe la multitude. En dépit de la réalité des faits, tant que l'édit du 30 avril n'aura pas été modifié, on restera généralement convaincu que Rome est un théâtre de proscription, et que la France a fait d'inutiles efforts pour sauver les proscrits... Au moment des élections générales, on ne saurait trop éviter tout ce qui peut choquer l'opinion. » Devant ces nouvelles exigences, le premier mouvement du cardinal Bernetti fut de se révolter : à la menace d'une rupture diplomatique, il se laissa même aller à répondre « qu'il verrait avec regret partir le comte de Sainte-Aulaire, mais qu'il souhaiterait de grand cœur bon voyage à l'ambassadeur de France ». Toutefois, sous l'action du diplomate français qu'il devinait n'être qu'à regret l'instrument de cette pression morale, le cardinal se calma bientôt et finit par céder : il adressa, le 3 juin, à notre ambassadeur, une note interprétative de l'édit du 30 avril; il y déclarait qu'aucune confiscation ou amende ne serait prononcée et promettait que des passe-ports seraient accordés sans information à tous les émigrés dont le gouvernement français appuierait la demande. Le cabinet de Paris était, à peu de chose près, arrivé à ses fins. Avait-il lieu d'être bien fier de ce premier succès?

En même temps qu'il avait pressé l'octroi d'une amnistie, M. de Sainte-Aulaire n'avait pas manqué de réclamer le retrait des troupes autrichiennes. De tous les résultats qu'il était chargé de poursuivre, c'était celui qui tenait le plus au cœur de nos ministres, parce que c'était celui qui leur paraissait devoir le mieux prouver au public français l'efficacité de leur politique de paix. Dès le 8 avril, le général Sébastiani écrivait à son ambassadeur : « La prompte retraite de l'armée autrichienne intéresse directement la dignité de la France; vous ne devez rien épargner pour l'obtenir. » Et il répétait, quelques jours après : « Le principal intérêt de la France dans cette affaire, celui qui efface à nos yeux tous les autres et que nous ne pouvons sacrifier à aucune considération, est d'obtenir la retraite des troupes impériales. » Mais ce qui paraissait si simple, à considérer de Paris les convenances de la politique française, l'était beaucoup moins, quand on considérait de Rome la situation du gouvernement pontifical. Une question, en effet, se posait tout de suite : l'évacuation ne serait-elle pas le signal d'une nouvelle insurrection? Aux premières ouvertures de notre ambassadeur, le plénipotentiaire autrichien répondit fort habilement : « Nous ne demandons qu'à nous en aller; mais n'étant venus que sur l'appel du Pape, il convient d'abord de lui demander son avis. » Et le Pape consulté de dire aussitôt : « Pour Dieu! ne vous en allez pas; je n'ai pas un soldat, pas un écu, et la révolte est imminente. » Tous les membres de la Conférence, y compris même l'agent anglais, déclarèrent alors à notre ambassadeur « qu'insister sur la retraite immédiate des troupes impériales, c'était faire trop beau jeu aux révolutionnaires et encourir une responsabilité terrible qu'ils ne consentaient point à partager avec le représentant de la France ».

La situation était difficile pour M. de Sainte-Aulaire. Moins que tout autre, il était insensible aux dangers auxquels l'évacuation pourrait exposer le gouvernement pontifical. D'autre part, il était convaincu que l'Europe entière et le Pape lui-même courraient un danger beaucoup plus certain et plus grand si le ministère Périer était acculé à déclarer la guerre à l'Autriche, ou si, ne le faisant pas, il était renversé par des électeurs mécontents de ne l'avoir pas vu mieux sauvegarder, en Italie, l'amour-propre et l'influence de la France. Ému, mais non découragé, il se mit bravement à l'œuvre. Parmi les arguments qu'on lui envoyait de Paris, il fit son choix et prit tout d'abord le parti de ne pas parler du principe de non-intervention. Dès le 22 mars, au début de son ambassade, il avait écrit à M. de Barante : « Je ne prononce plus le mot de non-intervention; j'ai trouvé que le prétendu principe ne souffrait pas cinq minutes de discussion. » Il préféra invoquer les promesses faites par l'Autriche, l'équilibre européen, l'intérêt de ne pas mettre la paix en péril. Au cardinal Bernetti, il déclara ne pas se porter défenseur des nouvelles théories, mais « s'en tenir à la vieille et légitime politique de la France qui, aujourd'hui, comme par le passé, nous prescrit de veiller sur l'Italie et de nous opposer à l'occupation de l'État de l'Église par les troupes autrichiennes ». Et il ajoutait : « La France, puissance catholique, a besoin que le Saint-Siége soit indépendant; et que devient cette indépendance si le Pape est gardé par des baïonnettes étrangères? En m'envoyant ici, monseigneur, le Roi m'a confié deux grands intérêts : la défense de la souveraineté du Pape et la conservation de la paix de l'Europe. Quant au premier chef, mettez-moi à l'épreuve, et vous verrez si j'hésite à vous servir envers et contre tous. Quant à la paix de l'Europe, elle peut dépendre du Saint-Père, dont la charité s'alarmera sans doute à la pensée d'amener une collision entre la France et l'Autriche. » A ses collègues de la Conférence, il disait : « La tranquillité de l'État romain, d'un grand intérêt sans doute, ne peut pas être considérée isolément de la tranquillité de l'Europe. Des embarras pour le Saint-Siége, des émeutes, des désordres partiels ne peuvent être mis en balance avec l'immense danger pour la paix du monde d'une collision entre la France et l'Autriche. Puisque l'occupation ne peut durer toujours, ne vaut-il pas mieux qu'elle cesse au moment où les ministres des cinq puissances sont réunis à Rome pour y soutenir le trône pontifical, et alors que la force morale résultant de ce concours peut le mieux suppléer à la force matérielle d'une armée étrangère? »

Notre ambassadeur ne se contentait pas de développer ces arguments avec sa chaleur accoutumée. Il conseilla à son gouvernement d'envoyer une croisière dans l'Adriatique, ce qui fut fait aussitôt et ne laissa pas que de causer beaucoup d'émotion à Vienne et à Rome. Il proposa même, non sans hardiesse, de réunir à Toulon quelques régiments prêts à s'embarquer au premier signal pour Civita-Vecchia. C'était là un moyen extrême, et notre ambassadeur espérait bien qu'il suffirait de le faire entrevoir. Un jour que le cardinal Bernetti cherchait à le convaincre de l'impossibilité où serait longtemps le gouvernement romain de se passer de baïonnettes étrangères : « Nous avons aussi des baïonnettes à son service, répondit M. de Sainte-Aulaire ; vingt mille Français, appelés par le Saint-Père, rivaliseraient de zèle avec les vingt mille Autrichiens qui les auraient devancés. » Cette insinuation jeta le cardinal dans un grand trouble ; aussi l'ambassadeur, ne doutant pas qu'une proposition officielle ne fît plus d'effet encore, eût désiré être autorisé à demander au Saint-Siége, en termes respectueux, mais péremptoires, « l'honneur de concourir à sa défense », et à lui annoncer que « quatre régiments, prêts à partir de Toulon au premier signal, pourraient arriver en trois jours à Civita-Vecchia ». Ces faits sont intéressants à noter, car on y trouve la première idée de l'expédition qui devait, l'année suivante, se faire à Ancône.

Cependant notre insistance et aussi la perspective, habilement indiquée, d'un débarquement de troupes françaises en Italie, avaient fini par ébranler ceux qui nous avaient d'abord opposé un refus si absolu. Notre habile ambassadeur s'aperçut que dans la Conférence les esprits étaient arrivés à cet état où l'on ne cède pas encore complétement, mais où toute transaction a chance d'être favorablement accueillie. Il crut sage de profiter de cette disposition. Sans renoncer à poursuivre l'évacuation totale, il demanda que l'on commençât par une évacuation partielle. L'idée fut bien reçue. Il fût convenu, le 7 mai, qu'Ancône serait évacué huit jours après, et que les troupes se retireraient ensuite des Marches et de la Romagne, de telle sorte que, le 15 juin, moins de deux mois après le commencement de l'intervention, tout le corps d'occupation fût concentré dans la ville et la province de Bologne. A la date fixée, en effet, le mouvement de retraite commença. La nouvelle produisit d'autant plus d'effet en France qu'on s'y faisait une idée exagérée de l'importance stratégique d'Ancône, et que l'opposition avait répété, à satiété, que les Autrichiens ne consentiraient jamais à en sortir. Toutefois, l'opinion n'était pas d'humeur à se contenter de cette première satisfaction, et, de Paris, ordre fut donné à M. de Sainte-Aulaire de ne pas laisser aux Autrichiens un instant de répit, jusqu'à ce qu'ils eussent aussi évacué Bologne.

Ainsi relancé, l'ambassadeur d'Autriche répondit par une contre-proposition habile et raisonnable : il demanda que, par un acte public, les cinq grandes puissances s'engageassent à soutenir au besoin le Saint-Siége contre ses sujets rebelles ; cette garantie, disait-il, devant suppléer à la force matérielle d'une armée étrangère, l'évacuation totale pourrait alors être ordonnée. La proposition fut bien accueillie par les représentants de la Prusse et de l'Autriche, et même, quoique moins explicitement, par celui de l'Angleterre. L'ambassadeur de France, qui ne pouvait, en matière si grave, se prononcer sans avoir les ordres de son gouvernement, la reçut *ad referendum*; il déclara qu'en tout cas la garantie ne lui paraîtrait possible que si elle était subordonnée à l'accomplissement et au maintien des réformes réclamées par la Conférence : cet amendement fut aussitôt accepté par les autres ambassadeurs. Ainsi complétée, la proposition paraissait, avec raison, très-avantageuse à M. de Sainte-Aulaire, qui s'empressa de la transmettre à son ministre, en l'appuyant fortement. A Paris, où l'on était alors mécontent de la conduite du gouvernement pontifical dans la question de l'amnistie, et disposé à mal prendre tout ce qui venait de Rome, le premier mouvement fut un non maussade (18 mai). Mais la réflexion ramena vite le cabinet français à une décision plus sage, et, dès le 24 mai, il fit savoir à M. de Sainte-Aulaire qu'il serait prêt à donner la garantie proposée, si le gouvernement pontifical lui accordait satisfaction pour l'amnistie et pour les réformes. Cette réponse fut accueillie avec joie dans la Conférence, qui prévoyait dès lors une issue heureuse à ses laborieuses délibérations. L'ambassadeur d'Autriche indiqua lui-même qu'une fois la garantie donnée, l'évacuation pourrait avoir lieu le 1er juillet.

Restait à réaliser la double condition à laquelle le gouvernement français subordonnait sa garantie. Pour l'amnistie, nous avons vu qu'à ce moment même M. de Sainte-Aulaire obtenait du cardinal Bernetti une note qui lui paraissait satisfaisante. Pour les réformes, le travail, bien que déjà commencé dans le sein de la Conférence et dans les conseils du Pape, était moins avancé. L'œuvre d'ailleurs était loin d'être facile. Que le gouvernement et l'administration de l'État romain eussent besoin de réformes, personne ne le niait, pas même M. de Metternich[1]. Le pouvoir n'avait rien de rigoureux, mais les abus pullulaient; la routine était maîtresse. Pas plus de garantie du reste pour les intérêts de l'État que pour la liberté légitime des habitants; partout un singulier mélange d'arbitraire et d'impuissance. La difficulté n'était pas de signaler le mal, c'était d'indiquer le remède. A entendre certains Français, rien de plus simple; il n'y avait qu'à faire table rase du passé, et puis, sur ce terrain déblayé et nivelé, transporter de toutes pièces les institutions politiques et administratives de la France moderne, à com-

---

[1] M. de Metternich écrivait, peu après, dans une lettre secrète au comte Apponyi : « Le gouvernement pontifical appartient malheureusement à la catégorie de ceux qui sont les moins capables de gouverner; le désordre qui règne dans quelques-unes de ses provinces est en majeure partie sa faute, et plus encore celle de l'incapacité de ses agents. Nous en faisons l'expérience journalière. » Il écrivait aussi, le 29 juin suivant, à son ambassadeur à Rome : « Le gouvernement pontifical ne sait pas gouverner. » (*Mémoires de M. de Metternich*, t. V, p. 315 et 343.)

mencer par la souveraineté du peuple, le régime parlementaire, la liberté de la presse et la garde nationale. Inintelligente pour tous pays, cette exportation était absolument inadmissible pour les États de l'Église dont le nom seul suffisait à rappeler la condition spéciale. Il fallait tenir compte de ce caractère ecclésiastique, et aussi des mœurs particulières de ces populations, de leurs traditions, de leurs aptitudes, des institutions auxquelles les siècles avaient pu faire prendre racine sur leur sol. C'est cette tâche que devaient résoudre en quelques semaines cinq diplomates étrangers, la plupart nouveaux venus dans le pays, tous à peu près sans aucune connaissance de la législation canonique et de l'organisation cléricale. Des indigènes, ils n'avaient pas grand secours à espérer. Tandis que les *zelanti* désiraient voir échouer une prétention qui leur paraissait à la fois usurpatrice et révolutionnaire, les « libéraux » ne considéraient pas d'un meilleur œil une entreprise destinée à consolider le gouvernement qu'ils voulaient détruire. M. de Sainte-Aulaire ayant demandé alors à l'un des amis de la France, le prince Santa-Croce, de l'aider dans la recherche des réformes à proposer : « Dieu m'en garde, répondit celui-ci sans hésiter; vous entreprenez une tâche ingrate; vous ne réussirez à rien, et ceux qui seront signalés comme vous ayant donné leur concours resteront compromis en pure perte. Nous pensions que la France allait nous débarrasser des prêtres; mais puisque vous venez ici raffermir leur gouvernement, ne comptez pas sur moi pour vous y aider. » Quelques semaines auparavant, à une demande analogue, le marquis Gino Capponi avait fait même réponse. Il y avait alors en Italie des conspirateurs, mais pas de parti modéré et réformateur.

Malgré tant de difficultés, l'œuvre paraissait si nécessaire au raffermissement de l'autorité pontificale en Italie, au succès de la politique conservatrice en France, que M. de Sainte-Aulaire s'y était mis avec une ardeur qui, pour n'être pas exempte d'illusions, était du moins honnête et sincère. Il était parvenu à y intéresser les autres membres de la Conférence. Tous n'avaient pas, au fond, le même désir de réussir; mais tous affectaient le même zèle. Ils s'étaient facilement entendus sur l'indication générale des réformes à opérer : admissibilité des laïques aux fonctions administratives et judiciaires; conseils municipaux élus et dotés d'attributions très-larges; administrations provinciales composées de membres élus par les municipalités ; consulte ou conseil central de gouvernement siégeant à Rome et formé par les délégués des administrations provinciales, auxquels seraient adjoints d'autres membres choisis par le gouvernement; enfin, dans l'ordre judiciaire, exécution et développement des réformes déjà décrétées en 1816, mais restées à peu près à l'état de lettre morte. Ces idées furent consignées dans un *memorandum* que les cinq ambassadeurs remirent au cardinal Bernetti : c'est ce document qui a acquis depuis une certaine célébrité diplomatique sous la désignation de *Memorandum du 21 mai*. Le gouvernement romain eût pu répondre à plusieurs des donneurs de conseils qu'ils lui demandaient plus de libertés qu'eux-mêmes n'en accordaient chez eux; mais il ne céda pas à la tentation de cette malice. Il fit au contraire bon accueil à la démarche des membres de la Conférence; peu de jours après, un règlement établissait, pour les Légations, un régime d'administration tout nouveau; le pouvoir y était confié à des conseils composés de laïques et délibérant librement. Ce n'était sans doute encore qu'un régime provisoire, une sorte d'essai, mais il était conforme aux idées du *Memorandum*.

On en était là du travail des réformes, dans les premiers jours de juin, quand arriva à Rome la nouvelle que la France consentait à garantir avec les autres puissances l'autorité du Pape dans ses États, à la condition que les réformes fussent préalablement accomplies. On n'avait plus que trois ou quatre semaines jusqu'au 1er juillet, date proposée pour l'évacuation : impossible en un délai si court de remplir les formalités qui devaient précéder tout édit législatif soumis à la signature pontificale. Or il nous importait beaucoup que l'évacuation ne fût pas retardée. De concert avec ses collègues étrangers, M. de Sainte-Aulaire imagina alors cet expédient : le cardinal secrétaire d'État devait adresser aux membres de la Conférence une note annonçant l'intention d'accomplir les réformes conseillées par le *Memorandum;* les ambassadeurs prendraient acte de cet engagement dans leur déclaration de garantie, celle-ci ne valant que dans la mesure où les réformes promises seraient accomplies. Le gouvernement romain, fort désireux d'obtenir la garantie, était prêt à faire la note demandée. On n'attendait que l'approbation de notre gouvernement.

Malheureusement celui-ci, toujours exclusivement préoccupé d'obtenir le plus possible pour satisfaire l'opinion française, persuadé d'ailleurs que M. de Sainte-Aulaire ménageait trop la cour de Rome, et qu'avec plus de fermeté l'on pouvait amener celle-ci à concéder davantage, décida de ne pas se contenter de ce qui lui était offert et d'exiger, comme condition préalable, indispensable, de la garantie, non une note du secrétaire d'État, mais trois édits du Pape, le premier contenant les bases claires et bien définies des améliorations qui devaient être introduites dans l'ordre administratif et judiciaire, le second abolissant la confiscation, le troisième accordant une amnistie formelle. Casimir Périer, suivant son procédé habituel, réunit les ambassadeurs étrangers pour leur exposer sa résolution, et telle était l'autorité qu'il avait acquise sur eux, tel était leur désir d'aider à sa victoire électorale[1], qu'ils consentirent à appuyer ses exigences. En leur nom, M. Pozzo di Borgo écrivit aux membres de la Conférence de Rome pour les presser de seconder fortement les nouvelles démarches de l'ambassadeur français.

On croyait évidemment, à Paris, ne pas demander beaucoup plus que ce que le gouvernement pontifical avait déjà accordé. C'était une erreur contre laquelle les avertissements de M. de Sainte-Aulaire eussent dû mettre en garde. Le Pape était tout

[1] M. de Metternich lui-même protestait de son désir d'aider au triomphe du ministère français. « Nous entrevoyons, écrivait-il le 16 juin 1831, les causes du désir du cabinet de Paris de voir hâter, autant que possible, la retraite de nos troupes; mais nous voulons fournir à l'Europe la preuve que nous aimons à soutenir l'administration actuelle en France. » (*Mémoires de M. de Metternich*, t. V, p. 140.)

disposé à épargner les personnes et les biens des insurgés, mais il répugnait à une mesure générale qui permettrait à ces derniers de faire une sorte de rentrée triomphale. Il consentait sincèrement à essayer les réformes conseillées par les puissances, mais en gardant au moins les apparences de son indépendance et en respectant le droit de délibération préalable des cardinaux ; fort troublé d'ailleurs du blâme qui s'élevait autour de lui contre ces changements, il désirait avoir au moins un peu de temps devant soi pour ramener ou apaiser les mécontents ; lui aussi, il vivait au milieu d'une opposition dont il devait tenir compte. Quant à ceux qui auguraient des concessions précédentes de la cour de Rome et de sa faiblesse matérielle, qu'elle ne pourrait pas résister à la pression unanime de l'Europe, ils montraient qu'ils connaissaient mal les allures de cette cour. Comme l'observait finement M. de Sainte-Aulaire, toute négociation y paraît facile au début, parce qu'il n'est pas dans les habitudes des ministres du Saint-Siége de repousser péremptoirement une demande quelconque. Par un sage esprit de conciliation et aussi par un désir de plaire qui est un des charmes du caractère romain, ils repoussent mollement ce qui les blesse. Ils reculent quand on avance et retardent le plus qu'ils peuvent le moment de donner une réponse absolument négative ; en négociant avec eux, on croit n'avoir plus qu'un léger effort à faire, et tout à coup on se trouve en présence d'une volonté de fer qu'aucune puissance humaine ne pourrait faire plier.

Ce fut ce qui arriva à notre ambassadeur, quand il communiqua au gouvernement pontifical les nouvelles exigences de son cabinet. Le cardinal Bernetti écouta, impassible, les arguments par lesquels M. de Sainte-Aulaire appuyait de son mieux une démarche qu'au fond il regrettait, puis il lui répondit avec une sécheresse et une résolution fort contraires à ses habitudes de langage : « La garantie des cinq puissances a été considérée dans l'origine comme une force morale pouvant suppléer jusqu'à un certain point à la force matérielle dont nous priverait la retraite de l'armée autrichienne. Aujourd'hui, vous la mettez au prix de certaines réformes que vous prétendriez nous obliger à accomplir à jour fixe et sous votre surveillance. Le Saint-Père se ferait injure à lui-même, s'il souscrivait à de telles conditions; il ne pliera pas sous de telles exigences. Nul ne sait mieux que lui ce que réclame le bien de ses sujets; son cœur n'a pas besoin d'être excité, sa volonté ne souffrira pas de contrainte... Des réformes considérables ont déjà été accomplies dans le gouvernement ecclésiastique; d'autres se préparent et ne se feront pas longtemps attendre; mais le Pape les publiera quand le moment lui semblera opportun, et il ne se les laissera imposer ni par vous, ni par personne. » Cette déclaration faite, le cardinal ne répondit que par monosyllabes aux insistances de l'ambassadeur, et, l'entretien fini, le salua très-froidement. Vainement, les jours suivants, les autres membres de la Conférence, se conformant aux avis qu'ils avaient reçus de Paris, vinrent-ils à la rescousse de l'ambassadeur français; le secrétaire d'État demeura inébranlable : peut-être d'ailleurs, en dépit des démarches apparentes du plénipotentiaire autrichien, le gouvernement romain avait-il des raisons de croire qu'il ne déplaisait pas ainsi au cabinet de Vienne. Quoi qu'il en soit, il était manifeste que nous avions trop tendu la corde et qu'elle s'était rompue.

La solution qu'on avait cru tenir paraissait dès lors plus éloignée que jamais. En effet, l'Autriche, arguant de ce qu'elle n'avait promis l'évacuation qu'au cas où la France aurait donné sa garantie, déclarait maintenant ne pouvoir retirer ses troupes que si le Pape y consentait. Le gouvernement français était d'autant moins d'humeur à admettre cette réponse qu'il touchait au moment où il devait rendre compte de sa politique à la nouvelle Chambre : les élections étaient fixées au 5 juillet, la réunion du Parlement au 23. La discussion entre les deux puissances s'aigrissait; de nouveau la paix du monde se trouvait mise en question. Les révolutionnaires italiens, croyant la guerre imminente, se réjouissaient et s'agitaient. Une fermentation menaçante se manifestait dans les Légations et les Marches; une émeute même éclatait à Rimini. Il n'en fallait pas tant pour rappeler au gouvernement romain de quel intérêt il était pour lui de prévenir une rupture entre les deux puissances. Le cœur du pontife se troublait d'ailleurs, quand l'ambassadeur de France lui représentait qu'il allait être la cause de la guerre ; il déclarait alors « aimer mieux rester sans défense, exposé aux plus grands dangers, que de fournir la matière ou le prétexte d'un conflit entre la France et l'Autriche ». Aussi, le 3 juillet, le cardinal Bernetti finit-il par remettre à l'ambassadeur de France une note par laquelle il consentait à l'évacuation immédiate ; dans cette note, après avoir rappelé les réformes déjà opérées, il ajoutait, non sans noblesse : « Si de tels actes déterminent le gouvernement royal de France à s'unir aux autres puissances pour garantir l'indépendance et l'intégrité des États pontificaux, le Saint-Père acceptera ce bienfait avec reconnaissance. Dans le cas contraire, il saura se résigner à son sort et attendra de la justice de sa cause et de la protection du ciel un meilleur avenir pour lui et ses sujets fidèles. » Armé de cette pièce, l'ambassadeur français pressa plus fortement encore son collègue autrichien : celui-ci ne put longtemps se dérober, et, le 11 juillet, il annonça dans la Conférence que l'évacuation aurait lieu le 15 : c'était la date même que Casimir Périer désirait, afin de pouvoir annoncer à la nouvelle Chambre la retraite des Autrichiens comme un fait accompli : « Preuve complète, écrivait à ce propos M. de Metternich, de la disposition sincère du cabinet de Vienne à seconder sans réserve l'intérêt de conservation du gouvernement français, jusque dans toutes les nuances qui peuvent répondre aux nécessités de sa position [1]. »

Si heureux que fût notre ambassadeur d'avoir enfin obtenu la cessation d'une occupation qui lui paraissait mettre en péril, et l'existence du ministère en France, et la paix en Europe, il n'était pas moins fort troublé à la pensée que cette évacuation pourrait être le signal d'une nouvelle explosion révolutionnaire dans les États de l'Église. Les symptômes alarmants en effet se multipliaient. Tout indiquait que les agitateurs n'attendaient

---

[1] *Mémoires de M. de Metternich*, t. V, p. 191.

que le départ du dernier soldat autrichien pour rentrer en scène, et que le gouvernement pontifical serait hors d'état de les réprimer. A défaut de la garantie à laquelle ses instructions ne lui permettaient malheureusement pas d'adhérer, l'ambassadeur français voulut essayer d'en imposer aux ennemis du gouvernement pontifical, par une manifestation collective d'un autre genre; il fit accepter par ses collègues de la Conférence l'idée d'une circulaire adressée à leurs agents consulaires dans les provinces pontificales. Dans cette circulaire, rédigée par M. de Sainte-Aulaire, et aussitôt publiée dans le *Journal officiel* de Rome, les ambassadeurs prenaient occasion du retrait des troupes autrichiennes, « pour manifester au Saint-Siége le vif intérêt que leurs cours respectives prenaient au maintien de l'ordre public dans ses États, à la conservation de sa souveraineté temporelle, à l'intégrité et à l'indépendance de cette souveraineté ». Ils invitaient les agents consulaires à « donner le plus de publicité possible à ces dispositions », à « offrir aux autorités pontificales tous les moyens d'influence dont ils pouvaient disposer », et à « démentir franchement tous les mauvais bruits de prétendus dissentiments entre les puissances, qu'on chercherait à répandre afin d'enhardir des révolutions nouvelles qui attireraient infailliblement des malheurs affreux sur leurs auteurs et sur les populations qu'ils auraient pu séduire ». En même temps, M. de Sainte-Aulaire appelait l'attention de son gouvernement sur la situation des États de l'Église : « Elle est plus menaçante que jamais, écrivait-il; tous les partis s'attendent à une révolution nouvelle. L'audace et l'aveuglement des révolutionnaires sont incroyables. Ils s'obstinent à croire ou au moins à répéter que c'est dans l'intérêt de leur cause que nous avons insisté sur le renvoi des Autrichiens. Leur correspondance avec la France les pousse à reprendre les armes. Que ferons-nous, si leur folie provoque le retour des Autrichiens?... »

Au cas où notre gouvernement se fût posé cette question, il eût bien été obligé de s'avouer qu'il n'avait pas résolu définitivement le problème de la pacification des États romains et de l'équilibre entre les influences française et autrichienne au delà des Alpes. Tout au plus l'avait-il ajourné, au risque de le voir bientôt se représenter plus grave et plus périlleux encore. Mais il était alors aux prises avec tant de difficultés, qu'il se trouvait déjà bien heureux de pouvoir en écarter quelques-unes par des expédients même peu durables. Et puis, pour Casimir Périer, nous avons déjà eu l'occasion de le remarquer, la question principale, urgente, vitale, n'était pas en Italie, mais en France. Dans les négociations suivies à Rome, il cherchait moins un résultat réel et durable qu'une démonstration flatteuse à l'amour-propre national, qui fortifiât, devant les électeurs et devant le Parlement, la politique de paix, qui fermât la bouche ou du moins enlevât tout crédit à l'opposition révolutionnaire et belliqueuse [1]. A ce point de vue, l'évacuation des États romains, cette évacuation notoirement imposée par la France à l'Autriche et à l'Europe, était un succès considérable. Les ennemis du ministère perdaient ainsi l'arme sur laquelle ils comptaient le plus. L'opinion, jusqu'alors indécise et troublée, était définitivement conquise à la paix. C'était donc avec une sorte de fierté victorieuse que le Roi disait, le 23 juillet, dans le discours par lequel il inaugurait la première session de la nouvelle Chambre : « Ainsi que je l'avais demandé, les troupes de l'empereur d'Autriche ont évacué les États romains. » Ce langage fit faire quelques grimaces à Vienne; dans les cercles de la cour impériale, on le traita d' « arrogant », mais sans pouvoir y opposer aucune contradiction publique.

[1] Au début de cette affaire, M. de Barante, appelant, dans une dépêche que nous avons déjà citée, l'attention de son gouvernement sur la nécessité de faire en Italie quelque acte, d'obtenir quelque concession qui « montrassent la force et le crédit de la France », ajoutait : « L'apparence serait même ici plus essentielle que la réalité. Car ce qu'il faut surtout, c'est se vanter de cette concession, c'est en faire un argument de tribune, qui ne laisse pas le beau rôle dans la discussion aux partisans de la guerre. Une fois la considération de la France sauvée, son influence conservée, on cherchera à la longue et à loisir comment améliorer d'une façon solide et réelle la situation des peuples d'Italie. Ici, il ne s'agit que de l'effet du moment. » (*Documents inédits.*)

III

La question de Belgique était celle où la diplomatie de la monarchie de Juillet pouvait attendre le plus d'avantages. Mais, à la chute du ministère Laffitte, elle semblait singulièrement embrouillée et compromise [1]. Les Belges étaient en pleine révolte contre les protocoles de Londres. A leur suite, le gouvernement français avait refusé son adhésion à ces protocoles, se laissant ainsi séparer de l'Angleterre. Le roi de Hollande, à la tête d'une armée nombreuse, en possession d'un trésor bien garni, s'apprêtait à profiter de la chance que lui offrait l'imprudence de ses anciens sujets ; il comptait d'ailleurs sur le concours de la Confédération germanique, qui, sur la demande qu'il lui avait adressée en qualité de grand-duc de Luxembourg, avait mis à sa disposition, pour défendre ses droits dans le grand-duché, un corps de vingt-quatre mille hommes. Ce n'était donc pas seulement avec la Hollande, mais avec l'Allemagne, que la Belgique bravait la guerre. Elle ne pouvait cependant se faire illusion sur ses propres forces. Le refus de la couronne par le duc de Nemours l'avait laissée sans gouvernement organisé ; le pouvoir était aux mains d'une régence dépourvue d'autorité et d'un congrès trop souvent dominé par l'opinion affolée. Pas d'armée ; un trésor vide et réduit aux expédients de l'emprunt forcé ; une anarchie croissante dont la populace profitait pour se livrer aux plus hideux excès, saccageant les hôtels, les châteaux et les usines des prétendus orangistes. Ce triste état ne rendait pas la nation et ses chefs provisoires plus réservés ; dans la presse, à la tribune, on menaçait la Hollande, on défiait les puissances ; la France elle-même n'était pas ménagée et se voyait accusée de lâcheté et de trahison. Les Belges s'étaient persuadé que, quoi qu'ils fissent, en quelque péril qu'ils se jetassent, nous serions obligés de les soutenir. Ils étaient d'ailleurs encouragés par

---

[1] Voir, sur le commencement des affaires belges, ch. II, § III, et ch. V, § I.

nos révolutionnaires, qui n'étaient pas les derniers à leur donner le conseil de forcer la main au gouvernement du roi Louis-Philippe et l'exemple de l'outrager. Tout cela faisait une situation fort dangereuse, et nous risquions de nous trouver, au premier jour, en face de cette alternative : soit d'abandonner la Belgique dans une lutte où aurait péri avec elle un grand intérêt français, soit de nous laisser engager à sa suite dans une guerre où nous aurions rencontré d'abord l'Allemagne et bientôt la coalition des puissances continentales.

Dans cette question comme dans les autres, les cabinets étrangers attendaient beaucoup de la sagesse et de la fermeté du nouveau ministère. Lord Palmerston écrivait, dès le 18 mars 1831, à lord Granville, son ambassadeur à Paris : « Il est absolument nécessaire de nous entendre avec Casimir Périer sur la Belgique. S'il veut prendre la droite ligne et marcher loyalement avec les quatre puissances, nous pourrons régler cette affaire amicalement et honorablement pour tous [1]. » Le ministre français prit son parti avec sa netteté et sa promptitude habituelles. En même temps qu'il pressait les Belges d'accepter les décisions de la Conférence et les prévenait de ne pas compter sur notre appui [2], il témoignait sa volonté de rentrer dans le concert européen et particulièrement de se rapprocher de l'Angleterre. Moyennant quelques explications qu'on s'attacha à lui fournir satisfaisantes, il donna l'adhésion, longtemps refusée, au protocole du 30 janvier par lequel la Conférence avait fixé les « bases de séparation » entre la Hollande et la Belgique. Cette adhésion fut constatée par le protocole du 17 avril 1831, et quelques jours après, le 25, le général Sébastiani écrivait au général Belliard, son envoyé à Bruxelles : « Notre union avec les grandes puissances est indissoluble ; nous sommes décidés à leur prêter un concours direct et positif pour faire adopter par le gouvernement belge le protocole du 20 janvier... Le gouvernement du Roi a la conviction qu'il donne aux Belges une preuve

---

[1] BULWER, *Life of Palmerston*, t. II, p. 52 à 55.
[2] Dépêches du 15 mars et du 4 avril 1831. Voir aussi les discours prononcés à la Chambre des députés, dans les séances du 18 mars et du 4 avril.

nouvelle et frappante de son amitié et de son intérêt pour eux, en leur conseillant d'accepter ce protocole, sans restriction et sans délai... Vous ferez sentir au régent que l'évacuation du duché de Luxembourg par les troupes belges ne saurait éprouver de plus longs retards sans compromettre la situation présente et l'avenir même de la Belgique. Vous vous attacherez surtout à dissiper les folles illusions de ceux qui espéreraient nous entraîner à la guerre. Lorsque nous avons accepté tous les traités existants pour assurer le maintien de la paix, lorsque nous n'avons réclamé ni Landau, ni Sarrelouis, ni Marienbourg, ni, en un mot, aucune partie de nos anciennes frontières, comment les Belges pourraient-ils croire que nous consentirions à soutenir la guerre pour leur faire acquérir le grand-duché de Luxembourg[1]? »

Le gouvernement français donnait au besoin des avertissements plus menaçants encore. « Les Belges n'ont que des idées folles », disait le général Sébastiani, en causant le 1ᵉʳ avril avec un officier qui lui était adressé par le général Belliard; « qu'ils y prennent garde, *on les partagera*[2]. » Et peu après, le même ministre s'exprimait ainsi, dans un entretien avec M. Lehon, représentant à Paris du gouvernement de Bruxelles : « La crise est extrême pour vous; votre gouvernement traite une question de vie ou de mort... Qu'il réfléchisse bien : s'il fait la guerre, il n'y entraînera pas la France, déterminée qu'elle est à ne pas livrer son sort et la paix de l'Europe à votre merci. Si les conséquences de cette guerre contre la Confédération et la Hollande étaient de faire arriver les troupes de l'Allemagne au cœur de la Belgique, *le malheur d'un partage pourrait alors se réaliser; ce cas est même le seul où la France serait réduite à le souffrir*[3]. » Qu'est-ce donc que ce « partage » dont nous voyons pour la première fois indiquer l'hypothèse? A en croire certains témoignages, il est vrai, peu bienveillants[4], la diplomatie fran-

---

[1] Dépêche du 25 avril.
[2] Théodore Juste, *le Congrès national de Belgique*, t. II, p. 71.
[3] *Ibid.*, p. 99 et 100.
[4] Tels sont ceux de lord Palmerston, de Stockmar et d'Hillebrand.

çaise, ou au moins M. de Talleyrand personnellement, aurait alors noué une intrigue, tramé une sorte de complot pour amener un partage de la Belgique sur les bases suivantes : à l'Angleterre, Anvers ; à la Prusse, le Limbourg, Liége et Luxembourg ; à la Hollande, les deux Flandres ; à la France, Namur, le Hainaut et le Brabant. Rien de plus invraisemblable et en tout cas de moins en harmonie avec ce que l'on sait de la politique jusqu'ici suivie par la France et particulièrement par M. de Talleyrand. Aussi croyons-nous qu'il faut expliquer différemment ce côté un peu mystérieux de l'affaire belge. D'abord il apparaît bien que la première idée du partage avait été mise en avant, non par M. de Talleyrand ou par un des ministres français, mais par le roi de Hollande. Quant à notre gouvernement, son but principal était toujours la constitution d'un royaume indépendant et neutre ; le partage, loin d'être envisagé par lui comme une solution désirable, lui semblait, suivant le mot même du général Sébastiani, un « malheur », et il ne se résignait à le « souffrir » que si la résistance obstinée des Belges provoquait l'invasion étrangère et empêchait la constitution de leur État. En avril et en mai 1831, en présence des rapports de plus en plus tendus de la Belgique avec l'Europe, cette éventualité du partage, sans être plus désirée par nos hommes d'État, leur paraissait moins improbable, moins éloignée, et ils pouvaient juger nécessaire de s'y préparer. De là sans doute les ouvertures secrètes que le gouvernement français paraît avoir faites alors à la Prusse, et qui, sans être acceptées à Berlin, y furent cependant très-sérieusement examinées[1].

Ni conseils, ni menaces ne produisaient d'effet sur les esprits surchauffés des Belges. Ils aimaient mieux écouter les excitations de nos hommes de gauche et faire écho à leurs déclamations. « Plus de doute, s'écriait M. de Robaulx, le 7 avril, dans le congrès de Bruxelles ; le gouvernement de Louis-Philippe a pactisé avec la Sainte-Alliance! Louis-Philippe lui-même est entré dans la conspiration flagrante contre les libertés! Usons

---

[1] Ces derniers faits sont révélés par M. Hillebrand, d'après les dépêches conservées aux archives de Berlin. (*Geschichte Frankreichs*, 1830-1870, t. I, p. 233, 234.)

de nos ressources, elles sont immenses. Faisons un appel aux nations. La France, cette France grande et généreuse que je distingue de son gouvernement machiavélique, est notre amie; elle nous répondra, n'en doutez pas; notre cause est la sienne. C'est sur les champs de bataille que la liberté doit triompher ou être anéantie... La Pologne, l'Italie reprendront courage en voyant une nation, leur devancière en révolution, imiter leurs nobles exemples. » Il terminait en demandant au ministère s'il était décidé à faire la guerre à qui que ce fût pour défendre l'intégrité du territoire, et s'il avait pris ou allait prendre des mesures à cet effet. M. Lebeau, ministre des relations extérieures, lui répondit : « Je ne veux pas entretenir le pays dans une sécurité trompeuse; la guerre est imminente, inévitable; je dirai plus, elle est devenue une nécessité. Nous devons défendre le Luxembourg. C'est une question d'honneur. » Puis, après avoir parlé des mesures prises pour armer la nation, il s'écriait : « La devise du ministère est : Fais ce que dois, advienne que pourra. »

Si bien disposé que fût le cabinet français pour les Belges, il n'était pas d'humeur à supporter patiemment de telles incartades. Le 12 avril, en réponse à une interpellation de M. Mauguin, le général Sébastiani laissa tomber ces paroles sévères et même quelque peu méprisantes : « Une association, traînant à sa suite le meurtre et le pillage, domine le gouvernement de Bruxelles. Cette association prétend qu'elle nous conduira à la guerre malgré nous. Non, la France ne se traînera pas misérablement à la suite de ces brouillons... La Belgique a encore besoin de nous; nous la protégerons; elle trouvera en nous à la fois des intentions bienveillantes et une volonté inébranlable. » Et Casimir Périer ajoutait sur le même ton : « J'ai souvent entendu reprocher à la Restauration d'adopter tantôt la politique russe, tantôt la politique anglaise. Serions-nous tombés si bas qu'il nous fallût donner maintenant à la France la politique belge? Non, non; nous voulons une politique française, il est temps que la France n'appartienne qu'à la France. »

Si, par cette attitude, Casimir Périer ne parvenait pas à rendre les Belges plus raisonnables, du moins il atteignait son but principal qui était de rétablir entre la France et l'Angleterre le bon accord, si gravement compromis à la fin du ministère Laffitte. Le 12 avril 1831, lord Palmerston écrivait à lord Granville, son ambassadeur à Paris : « Je vous prie de faire savoir à Périer combien nous lui savons gré du changement de ton et de dispositions qu'il a apporté dans le gouvernement français. » Et il ajoutait, dans une autre lettre du 31 mai : « Dites à Casimir Périer que vous m'avez répété la communication qu'il vous a faite l'autre jour à dîner, et le désir qu'il vous a exprimé d'être bien avec l'Angleterre. Assurez-le que ce gouvernement, et moi personnellement comme son organe, nous partageons entièrement son sentiment sur ce sujet. Nous comprenons parfaitement combien une entente cordiale et une amitié étroite entre l'Angleterre et la France doivent contribuer à assurer la paix du monde, à garantir les libertés et à seconder la prospérité des nations. Nous sommes convaincus qu'il est grandement de l'intérêt de l'Angleterre et de la France que cette amitié soit intime et solide. » Il rappelait ensuite comment elle avait été altérée à la fin du ministère Laffitte; puis il continuait ainsi : « Depuis l'arrivée de Casimir Périer, nous avons remarqué un complet changement dans l'esprit et l'humeur de la politique française. Toute chose venue de lui a été calculée pour nous inspirer confiance. Et si, par moments, le vieil esprit s'est montré chez quelques-uns de ceux qui agissaient sous lui, c'étaient des manifestations non autorisées, et qui devaient être réprimées aussitôt qu'elles auraient été connues de lui. En un mot, assurez-le que nous avons la plus grande confiance en lui et que nous sommes persuadés que, tant qu'il sera au pouvoir, l'amitié des deux contrées ira toujours se resserrant. Il ne sera pas inutile que vous profitiez d'une occasion pour dire au Roi à quel point la bonne entente des deux pays dépend du respect et de la confiance que nous inspire le caractère personnel de Périer, et combien sa nomination comme président du conseil a contribué à la paix de l'Europe [1]. »

---

[1] Bulwer, *Life of Palmerston*, t. II, p. 62, et 78 à 80.

Ce n'était pas la moindre merveille produite par le caractère du ministre français que d'avoir inspiré une confiance aussi entière et aussi expansive à l'esprit soupçonneux de lord Palmerston. A la vérité, la naturelle méfiance que ce dernier dépouillait par extraordinaire quand il s'agissait de Périer, il continuait à la ressentir contre Louis-Philippe, contre le général Sébastiani, contre le maréchal Soult, contre M. de Talleyrand[1]. Elle se manifestait surtout quand il croyait entrevoir chez nos gouvernants quelque velléité de réaliser, dans une mesure si modeste qu'elle fût, le rêve d'agrandissement qui continuait à hanter les imaginations françaises. C'était d'ordinaire au moment où notre diplomatie se trouvait faire quelque chose dont l'Europe et en particulier l'Angleterre devaient lui savoir gré ; elle ne se retenait pas alors de tâter un peu le terrain pour voir s'il ne serait pas possible d'obtenir en retour quelque petite rectification de frontière ; tout cela avec peu d'insistance, par manière d'acquit de conscience, sans paraître avoir espoir et sérieuse volonté de réussir [2]. Lord Palmerston avait soin d'ail-

---

[1] Lettres diverses publiées par BULWER, *Life of Palmerston*, t. II, p. 52 à 84. Bulwer lui-même est obligé de reconnaître le plus souvent l'injustice des soupçons de lord Palmerston.

[2] On en peut juger par la lettre suivante, que lord Palmerston écrivait, le 1er avril 1831, à lord Granville : « Talleyrand m'a lu, il y a deux jours, une dépêche de Sébastiani disant que la France soutiendrait Léopold, et qu'il ne doutait pas que l'Angleterre, en retour d'un arrangement si avantageux pour elle, satisferait aux désirs de la France en ce qui concernait Bouillon, Luxembourg et Maestricht. Talleyrand, avant que je pusse ouvrir la bouche, dit qu'il pensait répondre que l'élection de Léopold était un objet qui était relativement indifférent au gouvernement anglais, et que celui-ci n'était disposé à faire aucun sacrifice pour l'obtenir. Je lui dis qu'il était tout à fait dans le vrai... Aujourd'hui Talleyrand m'a lu une dépêche de Sébastiani, datée du 30 et écrite avant qu'il eût pu recevoir la réponse à sa première dépêche; elle exprimait le désir que cette première dépêche fût considérée comme non avenue... » (BULWER, t. II, p. 60, 61.) — Au même moment, à Paris, Louis-Philippe, causant librement avec lord Granville, lui insinuait que la candidature de Léopold était bien impopulaire en France, et que le gouvernement anglais, « pour la rendre plus populaire », devrait consentir à l'annexion de Marienbourg et de Philippeville. L'ambassadeur pria instamment le Roi de ne pas donner suite à sa proposition et de ne pas la rendre publique. Est-ce cet incident qui explique le contre-ordre donné par le général Sébastiani à M. de Talleyrand? (Dépêche de M. de Werther, en date du 2 avril, citée par HILLEBRAND, *Geschichte Frankreichs*, 1830-1870, t. II, p. 232.)

leurs de ne lui laisser aucune illusion. « Soyez inexorable sur ce point », écrivait-il à lord Granville, le 25 mars 1831[1].

On ne peut dire cependant que nous n'ayons rien obtenu. Parmi les dispositions des traités de 1815, l'une des plus blessantes pour notre pays était celle qui avait stipulé la construction et le maintien, près de nos frontières, d'une série de forteresses, véritables places d'armes d'une coalition antifrançaise ; plusieurs de ces forteresses étaient dans la partie du royaume des Pays-Bas qui formait la Belgique. Qu'allaient-elles devenir ? Dès le commencement d'avril 1831, le gouvernement français avait fait à Londres des ouvertures tendant à leur démolition. Les puissances ne pouvaient se dissimuler que c'était en effet la seule solution raisonnable : la possession de ces forteresses, peu compatible avec la neutralité du nouvel État, était du reste au-dessus de ses moyens militaires, et l'on pouvait craindre qu'en cas de guerre, elles ne tombassent aux mains de ceux contre qui on les avait élevées. Cependant, il était pénible aux anciens « alliés » de supprimer l'un des signes visibles et permanents de leur victoire et de reconnaître ainsi eux-mêmes à quel point l'œuvre de 1815 était atteinte. Tout au moins, pour diminuer leur déplaisir, ne voulurent-ils pas admettre la France à discuter avec eux les mesures à prendre. Prétention assez fondée, après tout, car il s'agissait de modifier des stipulations dans lesquelles nous n'avions pas été partie[2]. Cette réserve faite, les puissances cédèrent sur le fond, et, le 17 avril, le jour même où la Conférence recevait l'adhésion de la France aux bases de séparation, les représentants de l'Angleterre, de l'Autriche, de la Prusse et de la Russie se réunirent hors la présence de notre représentant. Se fondant sur la situation nouvelle de la Belgique, sur la neutralité et l'inviolabilité de son territoire, ils décidèrent

---

[1] Bulwer, *Life of Palmerston*, t. II, p. 59.

[2] Lord Palmerston écrivait à ce propos à lord Granville : « Quant à la prétention que la France pourrait émettre d'être partie dans cette délibération, elle ne peut pas être admise un seul moment, quoi que Périer puisse penser ou dire... Comme ces forteresses ont été élevées, non, comme dit Talleyrand, *en haine de la France*, mais *en crainte de la France*, il serait absurde de discuter avec elle lesquelles doivent être démantelées. »

à l'unanimité qu'une partie des forteresses n'avait plus de raison d'être : la désignation de celles qui devaient être supprimées fut renvoyée au moment où il existerait à Bruxelles un gouvernement reconnu avec lequel les quatre puissances pourraient négocier à ce sujet. M. de Talleyrand et Casimir Périer reçurent aussitôt communication de cette décision, mais seulement à titre confidentiel. La lettre d'envoi témoignait d'une intention évidente d'être aimable pour la France; elle présentait la résolution « comme une nouvelle preuve de la confiance qu'inspiraient aux soussignés les dispositions manifestées par S. M. le roi des Français pour le maintien de la paix générale ».

Cependant la situation créée par la résistance des Belges ne pouvait indéfiniment se prolonger; la Conférence était visiblement à bout de patience. Elle avait averti officiellement le cabinet de Bruxelles que, s'il ne retirait pas ses troupes du Luxembourg, la Confédération germanique allait mettre son armée en mouvement; mais rien n'y faisait : en Belgique, toute l'influence était tombée aux mains des exaltés et des violents; moins que jamais le gouvernement de la régence paraissait avoir la force matérielle et le crédit moral suffisants pour contenir les passions soulevées et ramener les esprits hors de voie. Voulait-on sauver le nouvel État d'une ruine imminente? une seule chance restait, c'était d'y hâter l'établissement d'un gouvernement qui comprît la nécessité et eût le moyen d'être raisonnable; en un mot, c'était d'y faire un roi.

Depuis la première tentative d'élection royale, en janvier et février 1831, le cercle des candidats possibles au trône s'était singulièrement rétréci. La France refusait le duc de Nemours et excluait le duc de Leuchtenberg; les Belges ne prenaient pas au sérieux les jeunes princes de Naples ou de Bavière; dès lors une seule candidature subsistait, celle de Léopold de Saxe-Cobourg. On se rappelle que dès l'origine elle avait été sinon proposée, du moins subsidiairement indiquée par lord Palmerston; mais, repoussée par le gouvernement français, il n'en avait presque pas été question dans les débats du congrès. Depuis lors, au contraire, la pensée des ministres du régent s'était tournée avec complaisance vers ce prince ; sa couleur anglaise, l'opposition qui lui avait été d'abord faite par le cabinet de Paris, n'étaient pas une mauvaise note aux yeux de ministres qui nous gardaient alors rancune de l'avortement de la première élection, et qui se faisaient volontiers honneur auprès des autres puissances de n'être pas sous notre dépendance. De telles dispositions ne déplaisaient pas à lord Palmerston, et modifiaient même peu à peu ses sentiments à l'égard de la Belgique. Jusqu'à présent, l'ayant trouvée trop portée pour la France, il l'avait traitée sans bienveillance, et il écrivait, le 18 mars 1831 : « Quant au règlement définitif de l'affaire de Belgique, plus ce pays sera ramené vers la Hollande, mieux ce sera pour lui et pour l'Europe [1]. » La chance de voir le nouvel État se mettre en froid avec la France et choisir un prince presque anglais lui fit prendre un intérêt tout nouveau à son indépendance. Dans les premiers jours d'avril 1831, il faisait donner au régent des conseils qui pouvaient se résumer ainsi : « Les intérêts de l'Angleterre exigent que la Belgique ne soit ni unie à la France, ni placée sous sa dépendance : les intérêts de la Russie, de la Prusse et de l'Autriche sont les mêmes, et il y a une détermination commune, de la part de ces quatre puissances, de ne permettre ni une pareille union ni une pareille dépendance. L'Angleterre désire sincèrement le bonheur de la Belgique. Ce qui lui sourirait le plus serait une réconciliation avec la Hollande ; mais si ce projet ne peut être réalisé, le gouvernement britannique préférera le choix du prince Léopold à tout autre arrangement [2]. » L'envoyé anglais à Bruxelles, lord Ponsonby, naguère si passionné pour le prince d'Orange, disait au ministre belge : « Je ne veux plus vous parler de ce prince ; il a risqué la partie, et l'a perdue sans ressource. » Lord Ponsonby promettait de déployer désormais la même ardeur au service du prince de Cobourg [3].

---

[1] Bulwer, *Life of Palmerston*, t. II, p. 56.
[2] Théodore Juste, *le Congrès national de Belgique*, t. II, p. 142, 143.
[3] *Ibid.*, p. 141.

Qu'allait faire la France? Persisterait-elle dans cette rivalité d'influence qui, sous le ministère Laffitte, lui avait fait prononcer l'exclusion du prince de Cobourg par représaille de l'opposition faite au duc de Nemours? Mais elle n'avait aucun autre candidat possible. Était-il sage de bouder celui qui arriverait peut-être sans elle, ou d'acculer les Belges à une république que l'Europe ne tolérerait probablement pas et qui eût été d'un voisinage dangereux pour notre jeune monarchie? Et puis, dans la crise que nous eussions ainsi provoquée, ne risquions-nous pas l'existence même de la Belgique indépendante, c'est-à-dire l'intérêt premier de la France? Périer le comprit. D'ailleurs, il était dans le dessein général de sa politique de donner des gages à l'Angleterre et de marcher le plus possible d'accord avec elle. Dès les derniers jours de mars, le même ministre qui, sous le cabinet précédent, menaçait la Belgique de lui tirer des coups de canon si elle choisissait Léopold, le général Sébastiani, faisait savoir à Londres que nous étions prêts à soutenir ce prince[1]. Peu après, il informait les Belges que nous n'entendions « prendre aucune part active au choix du Roi », que nous voulions « demeurer complétement neutres », et que nous « reconnaîtrions celui qui serait élu, pourvu du moins que ce ne fût pas un membre ou un allié de la famille Bonaparte[2] ». De son côté, lord Palmerston, par ménagement pour les susceptibilités françaises, loin de mettre en lumière le caractère anglais du candidat, s'appliquait à l'atténuer. « Ce qui nous fait désirer Léopold, disait lord Palmerston à M. de Talleyrand, c'est la conviction qu'il deviendra un bon roi *belge*, qu'il ne sera pas plus anglais que français[3]. » Et, à la Chambre des lords, lord Grey répétait, quelques semaines plus tard : « Si ce prince montait sur le trône, il ne tarderait pas à montrer qu'il n'est ni anglais, ni français, mais uniquement et entièrement belge. » Ce n'était pas là seulement des phrases de chancellerie ou de tribune, et les

---

[1] Bulwer, *Life of Palmerston*, t. II, p. 60.
[2] Dépêche du 25 avril 1831. (Théodore Juste, *le Congrès national de Belgique*, t. II, p. 151.)
[3] Bulwer, t. II, p. 60.

ministres britanniques se trouvaient peut-être parler plus vrai encore qu'ils ne le croyaient. Le prince de Cobourg, en effet, était un trop fin politique pour se laisser donner une couleur exclusive; bien au contraire, afin de modifier la physionomie anglaise que lui avait donnée son premier mariage, il était décidé à solliciter la main d'une princesse française, s'appliquait à entretenir personnellement de bons rapports avec Louis-Philippe, à gagner sa confiance, faisait son éloge dans les conversations qu'il avait avec les Belges, et signalait à ces derniers combien l'intimité avec la France était nécessaire à leur nouvel État [1].

Dès qu'ils furent rassurés sur les dispositions du gouvernement français, les membres du cabinet belge n'hésitèrent pas à envoyer en Angleterre une députation officieuse chargée de pressentir les intentions de Léopold [2]; cette démarche eut lieu dans la seconde moitié d'avril. Le prince fit aimable accueil aux députés, se montra flatté de l'ouverture et désireux de pouvoir l'accepter. Mais, dès les premiers pourparlers, une difficulté s'éleva qui mit tout en suspens. Les députés, conformément aux instructions très-précises qu'ils avaient reçues, entendaient que l'élection du Roi fût le début et non le terme des arrangements à conclure avec l'Europe; ils comptaient précisément sur la présence d'un roi pour continuer dans des conditions plus avantageuses les négociations actuellement pendantes, et pour obtenir de la Conférence les concessions territoriales qu'elle leur

[1] Théodore JUSTE, le Congrès national de Belgique, t. II, p. 157
[2] Dans cette députation, composée seulement de quatre membres, on remarquait le chef de la noblesse catholique, le comte Félix de Mérode, et un membre du clergé, l'abbé Defoere. Leur présence était d'autant plus significative que le prince auprès duquel ils allaient faire une démarche était protestant. Quelques catholiques, entre autres le comte de Robiano de Boisbeck, avaient vu là une raison de repousser cette candidature. Mais la grande majorité suivait le comte de Mérode et estimait, avec l'organe le plus influent du parti, le *Courrier de la Meuse*, que « la question de la religion du prince, dans l'état actuel des choses et de la société en Belgique, n'était qu'une question d'une importance secondaire ». On racontait d'ailleurs que l'internonce Cappacini, pressenti par lord Palmerston, aurait répondu qu'il ne considérait pas comme indispensable le choix d'un prince catholique, et qu'un protestant libéral se croirait peut-être forcé d'être plus favorable à l'égard du culte de la majorité. (Théodore JUSTE, t. II, p. 146.)

avait jusqu'à présent refusées. De son côté, le prince, dont l'ambition était trop sagace pour se jeter à l'aveugle dans n'importe quelle aventure, ne voulait accepter la couronne qu'après que la Belgique se serait entendue avec les puissances au moins sur le principe, sinon sur l'exécution des délimitations de frontières. « Je ne saurais, disait-il aux envoyés belges, accepter la souveraineté d'un État dont le territoire est contesté par toutes les puissances; ce serait, sans profit pour vous, me constituer, en mettant le pied sur votre sol, en état d'hostilité avec tout le monde [1]. » Vainement les entrevues se renouvelaient-elles; de part et d'autre, chacun restait sur son terrain, et la question n'avançait point d'un pas. Lord Palmerston approuvait le prince de Cobourg : « Léopold a bien raison, écrivait-il à lord Granville, de ne pas accepter jusqu'à ce qu'il sache ce qu'on lui offre. S'il agissait autrement, il serait comme don Miguel, que personne ne reconnaît. En fait, on lui offre, non pas un trône, mais plutôt une querelle avec toute l'Europe et une complète incertitude de la terminer jamais [2]. » En même temps, le ministre anglais avertissait une fois de plus les Belges qu'ils ne devaient pas s'attendre à voir changer les conditions du protocole du 20 janvier, et qu'à prolonger leur résistance, ils risquaient de perdre leur indépendance [3]. En effet, par un nouveau protocole en date du 10 mai, la Conférence décidait que si les « bases de séparation » n'étaient pas acceptées par le gouvernement de Bruxelles avant le 1er juin, les cinq puissances rompraient toutes relations avec lui; que, loin de s'interposer ultérieurement auprès de la Confédération germanique, comme elles l'avaient fait jusqu'alors, pour retarder l'adoption des mesures que la Confédération s'était décidée à prendre dans le grand-duché de Luxembourg, elles ne pourraient que reconnaître elles-mêmes la nécessité de ces mesures; enfin que si les Belges attaquaient la Hollande, les cinq puissances auraient à concerter les mesures qu'elles croiraient de leur devoir d'opposer à de

---

[1] Théodore Juste, t. II, p. 156.
[2] Bulwer, *Life of Palmerston*, t. II, p. 77.
[3] Théodore Juste, t. II, p. 164 à 166.

telles attaques, et que la première de ces mesures consisterait dans le blocus de tous les ports, depuis Anvers jusqu'à la frontière de France. La situation de la Belgique devenait donc de plus en plus critique, d'autant qu'à ces menaces du dehors s'ajoutaient, au dedans, les progrès de l'agitation démagogique. Le ministre des relations extérieures, M. Lebeau, en était réduit à écrire, le 21 mai, à lord Ponsonby : « Nous allons tomber dans l'anarchie ; j'entends craquer l'édifice [1]. » A Bruxelles, les esprits raisonnables et de sang-froid ne devaient-ils pas commencer à se rendre compte que leur pays s'était engagé dans une impasse, et qu'il ne pouvait en sortir sans rabattre quelque chose de ses exigences ?

Ce fut cependant la Conférence qui fit les premiers pas vers une transaction. Fidèle à l'attitude qu'il avait prise dès l'origine, Casimir Périer ne se séparait pas des autres puissances dans les avertissements et les injonctions adressés aux Belges ; mais il usait en même temps de toute son influence pour éloigner le plus possible une rupture dangereuse, et cette influence était d'autant plus efficace qu'il avait donné à l'Europe plus de gages de son désir de marcher avec elle. L'Angleterre, dont il s'était rapproché avec une si sage prévoyance, le secondait dans cet effort de conciliation ; il n'était pas jusqu'à lord Ponsonby qui ne recommandât les ménagements et la temporisation. L'une des questions qui tenaient le plus au cœur des Belges était celle du Luxembourg. Pressée par les deux puissances occidentales, et prenant en considération l'avantage qu'il y avait à faciliter l'avénement du prince Léopold, la Conférence prit, le 25 mai, une décision qui rendait aux Belges une chance de rester maîtres du grand-duché ; elle s'engageait, pour le cas où ceux-ci accepteraient, dans le délai fixé, c'est-à-dire avant le 1ᵉʳ juin, les bases de séparation, à employer ses bons offices, soit près du roi de Hollande, soit près de la Confédération germanique, pour faciliter à la Belgique l'acquisition à titre onéreux du grand-duché de Luxembourg ; mais, pour le cas où les Belges persiste-

---

[1] Théodore Juste, t. II, p, 191.

raient à repousser le protocole du 20 janvier, elle maintenait et renouvelait toutes ses menaces antérieures.

A Bruxelles, les exaltés ne voyant que ce qu'on leur refusait encore, offusqués des injonctions à terme fixe qu'on leur adressait, accueillirent avec une indignation bruyante la nouvelle décision de la Conférence. A peine fut-elle communiquée au congrès par une lettre de lord Ponsonby, qu'un des représentants, M. Jottrand, s'écria : « Vous aurez à choisir entre une soumission aveugle aux volontés de la Sainte-Alliance et le droit sacré d'insurrection en vertu duquel se sont constituées l'Amérique septentrionale, la Hollande, la Pologne et la France elle-même. Pour moi, mon choix ne sera pas douteux. » Le gouvernement, tout en sentant la folie périlleuse d'une telle attitude, n'osait la combattre de front. Il essaya d'un moyen détourné. A sa suggestion, une double motion fut faite au congrès, de procéder tout de suite à la nomination du Roi et d'envoyer à Londres des commissaires chargés de suivre avec la Conférence les négociations territoriales. On ne se flattait pas sans doute que Léopold revînt sur sa décision première et acceptât la couronne tant que la question de frontières ne serait pas résolue, mais on espérait ainsi l'intéresser au succès des négociations; quant aux commissaires, on ne parlait pas de leur donner mandat exprès de transiger, mais au fond les auteurs de la proposition attendaient d'eux qu'ils transigeassent sans mandat. Après des débats orageux, et malgré une violente opposition, des votes successifs, émis le 31 mai et le 2 juin, décidèrent l'élection immédiate du Roi et autorisèrent le gouvernement à ouvrir des négociations « pour terminer toutes les questions territoriales au moyen de sacrifices pécuniaires », sauf à soumettre l'arrangement à la ratification du congrès.

Ce fut le 4 juin que, pour la seconde fois, s'ouvrit dans le congrès un scrutin pour le choix d'un roi. En fait, il n'y avait qu'un candidat, et Léopold de Saxe-Cobourg fut élu par 152 suffrages sur 196 votants. Il fut stipulé que ce prince ne prendrait possession du trône qu'après avoir juré d'observer la constitution et *de maintenir l'intégrité du territoire;* sous ces mots on comprenait les provinces que la Conférence refusait d'attribuer à la Belgique. Le pays accueillit avec faveur la nouvelle de l'élection, mais sans rien de l'enthousiasme suscité, quatre mois auparavant, par la nomination du duc de Nemours. La première déception avait refroidi les imaginations, et puis, si l'on désirait voir fonctionner immédiatement la monarchie, dans l'espoir qu'elle mettrait fin à la crise dont souffraient tous les intérêts, les masses ne connaissaient pas personnellement le nouvel élu, dont la candidature avait toujours été plus politique que populaire.

Le congrès chargea aussitôt une députation de porter à Léopold le décret d'élection ; en même temps, un arrêté du régent nomma M. Devaux et M. Nothomb commissaires près la Conférence de Londres, et leur confia la mission beaucoup plus importante et délicate de discuter et, s'il était possible, de conclure avec les puissances l'arrangement territorial. Les hommes étaient bien choisis ; M. Nothomb notamment devait se révéler, en cette circonstance, diplomate sagace, ingénieux et résolu. D'ailleurs, à peine débarqués à Londres, les commissaires trouvèrent le plus précieux des concours dans le prince de Cobourg. Celui-ci, malgré le vote du congrès, était toujours résolu à n'accepter la couronne qu'après solution du désaccord existant entre ses futurs sujets et l'Europe ; seulement, comme on l'avait prévu à Bruxelles, son élection l'autorisait et l'intéressait à intervenir dans les négociations. Il y apporta un rare esprit politique, une adresse patiente, une grande connaissance des hommes, des cabinets et des cours. Nul n'était mieux placé à la fois pour obtenir de l'Europe toutes les concessions possibles et pour déterminer les commissaires belges à consentir tous les sacrifices nécessaires. L'appui de la France et de l'Angleterre lui était acquis. « Finissons-en », disait, le 23 juin, M. de Talleyrand à M. Nothomb, en lui mettant amicalement la main sur l'épaule ; « vous savez que je signerai tout ce qui nous sera présenté de la part du prince Léopold. » Lord Palmerston avait des conférences fréquentes avec les commissaires et semblait avoir fait son affaire de trouver une solution. Rien n'était plus efficace que cette union des deux puissances occidentales ; on s'en rendait compte à Vienne, non sans tristesse, et la princesse de Metternich, confidente des secrètes pensées de son mari, écrivait, le 4 juillet 1831, dans son journal intime : « Un courrier de Londres a apporté de mauvaises nouvelles. En Angleterre, les choses prennent une tournure des plus fâcheuses. Les Anglais et les Français se sont terriblement rapprochés et travaillent ensemble contre nous. Dieu seul sait ce qui adviendra de tout cela. Que le Ciel me pardonne mes craintes et mes angoisses, mais j'avoue que je tremble quand je songe à l'avenir[1]. » D'ailleurs, si l'Autriche, la Prusse et la Russie n'avaient pas pour le nouvel État les mêmes sympathies que la France et l'Angleterre, elles n'en désiraient pas moins que le Roi élu pût prendre possession du trône et mettre ainsi fin à une crise fatigante et dangereuse pour tous. Après dix-neuf jours de laborieux pourparlers, dans les vicissitudes desquels il serait fastidieux d'entrer, la Conférence et les commissaires belges tombèrent enfin d'accord sur les conditions d'après lesquelles devait se faire entre la Hollande et la Belgique le partage de l'ancien royaume des Pays-Bas. Ces préliminaires de paix, proposés aux deux parties par les cinq puissances, furent consignés dans un acte daté du 26 juin 1831, qui est connu dans la diplomatie sous le nom de traité des Dix-huit articles.

La plupart de ces Dix-huit articles ne faisaient que reproduire les dispositions non contestées des protocoles antérieurs. La partie intéressante était celle qui réglait les points sur lesquels avaient réclamé les Belges, c'est-à-dire : 1° le mode de partage des dettes, 2° la possession du Luxembourg, 3° celle du Limbourg, 4° celle de la rive gauche de l'Escaut. La Conférence avait consenti à modifier quelques-unes de ses décisions précédentes ; il en était d'autres qu'elle maintenait. Pour les dettes, elle donna aux Belges la satisfaction de fixer le partage d'après l'origine des emprunts, et non d'après le chiffre de la population. Pour le Luxembourg, se fondant sur ce qu'il était

---

[1] *Mémoires de M. de Metternich*, t. V, p. 102.

revendiqué par le roi des Pays-Bas, non comme une partie de la Hollande, mais comme un domaine de la maison d'Orange-Nassau, elle considéra que la question de savoir à qui il serait attribué était distincte de la délimitation de la Belgique et de la Hollande ; elle décida donc de procéder à cette délimitation en laissant de côté la question du Luxembourg, qui serait ultérieurement l'objet de négociations directes entre le grand-duc et le roi des Belges ; les cinq puissances s'engageaient à employer leurs bons offices pour que, en attendant le résultat de ces négociations, le *statu quo* fût maintenu dans le Luxembourg, et que par suite les Belges demeurassent les détenteurs de la plus grande partie de ce territoire. Quant au Limbourg, au contraire, rien n'était changé aux décisions antérieures, et la moitié en restait attribuée à la Hollande ; les commissaires belges n'y avaient cependant pas renoncé, mais ils pensaient pouvoir l'obtenir ultérieurement par un autre moyen, par le seul jeu de l'échange des enclaves. En effet, le protocole du 20 janvier stipulait que la Hollande était rétablie « dans les limites occupées par elle en 1790 », et que la Belgique comprenait « *tout le reste des territoires* du royaume des Pays-Bas », les enclaves devant être échangées par les soins des cinq cours. Personne, ni la Conférence en employant cette rédaction, ni le roi de Hollande en y adhérant, ni même tout d'abord les représentants de la Belgique en y faisant opposition, n'avaient remarqué qu'au milieu des provinces septentrionales se trouvaient un certain nombre de territoires d'origine allemande qui, avant 1790, ne faisaient pas partie des Provinces-Unies ; c'était seulement en 1800 qu'ils avaient été compris dans la République batave ; de là, ils étaient naturellement passés en 1815 au royaume des Pays-Bas. La lettre du protocole du 20 janvier, bien contrairement, il est vrai, à l'intention de ses auteurs, attribuait ces territoires à la Belgique, qui n'y avait cependant aucun titre. C'est M. Nothomb qui avait fait cette découverte, et il en avait conclu que, pour rentrer en possession d'enclaves si gênantes, la Hollande n'hésiterait pas à céder sa part du Limbourg ; aussi crut-il pouvoir renoncer à faire attribuer directement ce dernier territoire à la Belgique et se borna-t-il à faire stipuler que les échanges, au lieu d'être réglés par les grandes puissances, se feraient à l'amiable entre les cabinets de Bruxelles et de la Haye. Restait la rive gauche de l'Escaut; elle demeura attribuée à la Hollande, mais des garanties furent données à la Belgique pour la navigation du fleuve et l'écoulement des eaux des Flandres. Pour la Belgique, il y avait là, comme dans toute transaction, une part de sacrifices et une part d'avantages, et l'on pouvait en recevoir une impression différente suivant qu'on s'appliquait à considérer les uns ou les autres. Toutefois, à faire la balance et eu égard à la situation, les avantages l'emportaient. Il en était un, d'ailleurs, le plus considérable de tous, qui, sans être stipulé dans l'acte, en était la conséquence immédiate : le soir même de la signature, Léopold déclara officiellement qu'il acceptait la couronne, à une condition cependant : c'était que le congrès de Bruxelles ratifiât l'adhésion donnée par les deux commissaires belges. « Aussitôt que le congrès aura adopté les articles que la Conférence de Londres lui a proposés, écrivait le prince au Régent, je considérerai les difficultés levées pour moi, et je pourrai me rendre immédiatement en Belgique... Puisse la décision du congrès compléter l'indépendance de sa patrie et par là me fournir les moyens de contribuer à sa prospérité avec le dévouement le plus vrai! »

L'instant était solennel pour la Belgique. Son intérêt était de donner son adhésion. Mais il fallait compter avec la surexcitation extrême des esprits, avec le trouble et les prétentions révolutionnaires, et l'on put croire un moment que tout serait rejeté. A peine connus, en effet, les Dix-huit articles soulevèrent une clameur indignée. Les accepter, s'écriait-on, serait une trahison envers les territoires abandonnés. Presque tous les journaux tenaient ce langage. Les factieux, les anarchistes, en rapport avec les radicaux français qui les encourageaient, exploitaient la douleur des uns et la colère des autres. Des émeutes éclataient sur divers points, et le congrès était menacé d'une insurrection générale, s'il cédait. Telle était l'intimidation produite par ces violences que le ministère se borna à soumettre le traité aux représentants de la nation, sans oser en demander l'adoption, et que l'on était à se demander si quelqu'un oserait la proposer. Ce fut dans ces conditions que le débat s'ouvrit, le 1er juillet. L'opposition y éclata tout de suite avec un extrême emportement. M. Ch. de Brouckère, naguère ministre des finances et député du Limbourg, somma le gouvernement d'exprimer un avis : « Si le ministre des relations extérieures, dit-il, ne prend pas de conclusions, je considérerai ce refus comme une défection complète du cabinet ; si, au contraire, il a envie de nous faire adopter les Dix-huit articles, je dirai qu'il trahit le pays, car je considère l'acceptation des protocoles comme une trahison qui n'est propre qu'à arrêter l'élan du pays, à lui faire perdre son indépendance et à étouffer la liberté dans toute l'Europe. » Le ministre, M. Lebeau, répondit avec embarras qu'il n'avait pas le droit de faire une proposition, les négociations ayant dépassé les limites que le congrès avait tracées ; le gouvernement avait reçu des préliminaires de paix qui ne formaient pas un protocole ; si c'eût été un protocole, le ministre l'aurait renvoyé ; mais il n'avait pas voulu assumer sur lui une immense responsabilité, en interceptant un document qui renfermait les propositions de la Conférence. « C'est sur ce document, non sollicité par le ministère, que vous aurez à discuter, ajouta M. Lebeau ; je n'ai rien à dire à cet égard comme ministre ; comme député, quand le moment sera venu de me prononcer, je ne reculerai pas. » Une telle attitude n'était pas de nature à faire baisser le ton de l'attaque. On apportait à la tribune de brûlants réquisitoires contre la diplomatie européenne, accusée d'abandonner partout, en Pologne, en Italie, la cause des peuples, et l'on concluait ainsi : « La guerre générale donc, s'il faut en passer par là ! Ce sera le réveil des peuples et le signal de leur émancipation ! » La foule, qui se pressait aux abords du palais et débordait dans les tribunes, ne se gênait pas pour prendre part elle-même à la délibération, sifflant, invectivant, menaçant les partisans du traité, soutenant, excitant les adversaires par ses acclamations frénétiques. On se fût cru reporté en France, à quelque scène de la Législative ou de la Convention. Dans les premiers jours, il sembla que les violents auraient le dessus ; mais leurs excès même provoquèrent une réaction. Les gens modérés retrouvèrent peu à peu le courage de leur opinion. « On a demandé, dit un député de Mons, M. Van Snick, quel serait celui d'entre nous qui oserait assumer la responsabilité de proposer l'adoption des Dix-huit articles. Eh bien ! messieurs, c'est moi. En le faisant, je crois agir en bon citoyen, ma conscience est tranquille. » Plusieurs autres suivirent cet exemple, malgré les huées des tribunes. Enfin, le ministre des relations extérieures se décida à prendre une attitude plus ferme, et il défendit le traité dans un discours habile, sensé, puissant. Quand, le 9 juillet, après neuf jours d'orageux débats, le moment vint de procéder au vote, il se trouva 126 voix contre 70 pour adopter les préliminaires de paix. La Belgique avait échappé à un des plus grands périls qu'elle eût encore courus.

La condition posée par Léopold était remplie, et il semblait que rien ne l'empêchât plus de prendre possession du trône. Un point cependant restait encore obscur. Pendant les négociations qui avaient précédé les Dix-huit articles, les puissances, ne discutant qu'avec les Belges, avaient oublié ou négligé complétement la Hollande, et celle-ci n'avait pas eu occasion de donner son avis sur les modifications apportées aux bases de partage qu'elle avait précédemment acceptées. Ce fut seulement quand tout était fini que le plénipotentiaire autrichien se rendit à la Haye pour y communiquer ces modifications, les présentant d'ailleurs comme absolument insignifiantes. Le roi des Pays-Bas en jugerait-il ainsi? On conçoit que Léopold s'en préoccupât : aussi, le 12 juillet, en recevant les représentants des cinq cours, il leur posa cette question : « Si je me rends en Belgique, la volonté des grandes puissances est-elle de me reconnaître, sans attendre l'adhésion du roi de Hollande? — Oui, quand même, répondit le représentant de la Russie, et s'il la refuse, nous trouverons le moyen de le contraindre. » Ayant dès lors toutes les satisfactions qu'il désirait, le Roi élu mit ordre à ses affaires personnelles et annonça son départ pour le 16 juillet. Sur ces entrefaites, arriva de la Haye une protestation formelle contre l'acte du 26 juin. Les arguments développés dans le congrès de Bruxelles pour y faire accepter les Dix-huit articles, avaient convaincu le roi des Pays-Bas que ces mêmes articles lui étaient très-désavantageux, et c'était à son tour maintenant de se plaindre que les puissances l'eussent sacrifié. La note du gouvernement hollandais, datée du 12 juillet, faisait remarquer que « la conservation de la paix ne dépendait pas uniquement de la coopération de la Belgique, et qu'il n'y aurait rien de gagné quand on aurait déplacé la question de Bruxelles à la Haye ». Elle rappelait ensuite que la Conférence avait mis pour condition à la reconnaissance d'un roi des Belges, qu'il accepterait, sans aucune restriction, les arrangements des protocoles du 20 et du 26 janvier, et se terminait ainsi : « D'après cette déclaration, devenue un engagement envers le Roi par suite de son acceptation des bases de séparation consignées au protocole, Sa Majesté, dans le cas où un prince, appelé à la souveraineté de la Belgique, l'accepterait et en prendrait possession sans avoir accepté préalablement lesdits arrangements, ne pourrait considérer ce prince que comme placé, par cela seul, dans une attitude hostile envers elle et comme son ennemi. » C'était une menace formelle. Léopold s'aperçut tout de suite qu'elle embarrassait fort les trois puissances de l'Est, que celles-ci ne croyaient pas possible de ne tenir aucun compte d'une telle protestation, et qu'il ne devait plus s'attendre à être reconnu immédiatement par elles, comme l'ambassadeur de Russie venait de lui en donner un peu légèrement l'assurance. Mais il savait aussi que ces trois puissances n'oseraient faire aucun acte d'hostilité effective, en face de la France et de l'Angleterre unies. Quant à la Hollande, il ne la supposait pas capable de se mettre seule en mouvement. D'ailleurs, s'il était bon de tout prévoir, il fallait aussi savoir risquer un peu. Il ne changea donc rien à ses résolutions, et, le 16 juillet, comme il l'avait annoncé, il s'embarquait à Douvres. Son arrivée en Belgique fut une fête. Dans les campagnes, dans les villes, l'enthousiasme était au comble. Un peuple tout entier saluait et acclamait le Roi de qui il attendait la fin du provisoire, le remède à l'anarchie et l'affermissement de l'indépendance nationale. Le 21 juillet, en présence du congrès, après que Léopold eût prêté serment, le président lui dit : « Sire, montez au trône. » Et tandis que les villes s'illuminaient, que les cœurs étaient tout à la joie et à la confiance, le nouveau souverain prit d'une main ferme et sûre la direction de son jeune royaume.

Si l'on était joyeux à Bruxelles, on pouvait être satisfait à Paris, et Casimir Périer s'y faisait honneur d'avoir « assuré à la Belgique l'indépendance et la nationalité ». En effet, les dangers qui, à la fin de la précédente administration, menaçaient de ce côté la paix de l'Europe et l'existence du nouvel État, semblaient heureusement écartés ; le traité des Dix-huit articles et l'inauguration de la royauté belge paraissaient avoir mis le sceau définitif à l'œuvre que, dès le début, nous nous étions proposée. Sans doute, le prince qui prenait possession de la couronne ne pouvait être présenté comme le client particulier et exclusif de la France ; nous l'avions accepté plutôt que proposé, et notre allié d'outre-Manche avait eu dans ce choix une part d'action plus considérable que la nôtre. Mais s'il manquait par là quelque satisfaction à notre amour-propre, nos légitimes intérêts n'en étaient pas moins pleinement garantis. Nous savions que le nouveau Roi se proposait d'être notre ami, bien plus, que son désir était d'entrer dans notre famille royale. De nombreux et récents témoignages venaient d'être encore donnés, soit par lui, soit par ceux qui avaient qualité pour parler en son nom, de ses sentiments envers la France. Le 30 juin, M. Van de Weyer rendait compte au congrès, en comité secret, des déclarations faites par Léopold à Londres, dans les conversations avec les délégués belges : entre autres déclarations, le prince avait dit « que ses relations personnelles lui donneraient les moyens de resserrer ses liens avec la France », et il avait ajouté « que s'il se croyait hostile à la France, il renoncerait à la couronne ». Quelques jours plus tard, le 5 juillet, dans le débat relatif aux Dix-huit articles, le ministre des relations extérieures s'était exprimé ainsi : « Il est des choses que je ne peux pas dire ici ; mais le prince de Saxe-Cobourg professe une haute estime pour la France ; des liens d'amitié l'unissent au prince qui règne chez nos voisins ; ces liens peuvent être resserrés. Les convenances m'empêchent d'en dire davantage. » Enfin, dans le discours solennel par lequel Léopold exposa ses vues en prenant possession du trône, la France fut le seul pays étranger dont il prononça le nom. « J'ai été, dit-il, accueilli avec une extrême bienveillance dans la partie du territoire français que j'ai traversée, et j'ai cru voir dans ces démonstrations, auxquelles j'attache un haut prix, le présage heureux des relations de confiance et d'amitié qui doivent exister entre les deux pays. » Cela n'empêcha pas, il est vrai, notre opposition de trouver dans le choix du roi des Belges prétexte à de nouvelles déclamations, et le général Lamarque apporta à la tribune de la Chambre des députés ces prédictions désespérées qu'on ne peut plus relire aujourd'hui sans sourire : « Ministres imprudents, les leçons du passé ne sont donc rien pour vous ? Ne savez-vous pas que trois cents ans de guerre et de calamités furent la suite de l'abandon de la Guyenne à l'Angleterre ? Les noms de Crécy, de Poitiers, d'Azincourt sont-ils effacés de votre mémoire ? Croyez-vous que, placé à Bruxelles, un prince anglais ne soit pas plus dangereux pour Paris que lorsque, dans le treizième siècle, il régnait à Bordeaux ? Ah ! des torrents de sang anglais et français couleront peut-être un jour, pour effacer la faute que vous commettez en ce moment ! »

IV

Pendant que ces négociations se poursuivaient sur les affaires d'Italie et de Belgique, en Pologne la lutte se prolongeait, grandiose, terrible, et bientôt désespérée [1]. Les

---

[1] Voir, sur le commencement des affaires de Pologne, ch. v, § II.

insurgés avaient parfois l'avantage ; mais leur héroïsme, leurs succès même, s'ils honoraient leur cause, ne pouvaient la sauver. Chaque jour, l'armée du Czar les resserrait davantage autour de Varsovie, comme pour les écraser de sa masse. L'irritation des revers livrait, d'ailleurs, la Pologne à un mal intérieur qui à la fois précipitait sa ruine et risquait de l'enlaidir : c'était la démagogie qui répandait son esprit de suspicion, de désordre et de discorde, dominait le gouvernement par les clubs et le bouleversait par l'émeute, rendait le commandement militaire impossible en dénonçant et en destituant les généraux, désorganisait l'armée en fomentant chez les soldats la défiance et l'indiscipline.

Que pouvait la France? Rien. Casimir Périer en était convaincu, et il eût regardé comme plus sage et plus digne de se renfermer dans une observation attristée, mais immobile. L'excitation de l'opinion ne le lui permit pas, et, vers la fin de mai 1831, il se crut obligé de reprendre, sans foi et à contrecœur, l'action diplomatique commencée par le ministère précédent. Il essaya d'une sorte d' « intervention morale » qui fut naturellement repoussée à Saint-Pétersbourg. M. de Nesselrode exprima le 9 juin « son étonnement et son regret » que le ministère français, après avoir déclaré, jusqu'au milieu de mai, ne pas se mêler de l'affaire polonaise, eût changé d'avis en quelques jours. Quant à M. de Metternich, il dit que « tout cela était un verbiage inutile, destiné uniquement à motiver quelque phrase du discours de la couronne et à capter un peu de popularité pour le Roi et le ministère[1] ». Malgré ce premier insuccès, Périer, toujours poussé par l'émotion de l'esprit public, proposa, peu après, à l'Angleterre et à la Prusse de s'entendre avec la France, pour offrir leur médiation. Lord Palmerston répondit que pour rendre cette médiation efficace il faudrait l'appuyer par des actes, et que rien n'autorisait le roi d'Angleterre à user de pareils procédés « contre un prince dont les droits étaient indiscutables ». Le gouvernement de Berlin ne

---

[1] HILLEBRAND, *Geschichte Frankreichs*, 1830-1870, t. I, p. 260.

se montra pas plus favorable. Quant à M. de Nesselrode, il déclara, par une note en date du 5 août 1831, que « l'Empereur avait été désagréablement blessé par le renouvellement des démarches de la France, et qu'il ne pouvait, sans léser ses droits et sans manquer à ses devoirs envers ses sujets, accorder à qui que ce soit le droit ou même la possibilité de se mêler des affaires intérieures de son pays ». En même temps, il disait à l'ambassadeur de France, le duc de Mortemart : « Je vous prie, mon cher duc, que ce soit la dernière fois que vous nous faites de pareilles observations, car nous voulons être maîtres chez nous [1]. » En s'exposant à ces rebuffades diplomatiques, le ministère français ne parvenait pas cependant à satisfaire en France les amis de la Pologne, qui demandaient bruyamment la reconnaissance du gouvernement de Varsovie. Un débat orageux s'engagea à ce propos, lors de la discussion de l'Adresse, en août 1831 : l'opposition y exploita avec une habileté insidieuse les cruelles émotions et les sympathies enthousiastes qu'éveillaient alors en France les tragiques nouvelles de l'insurrection. Casimir Périer fit « appel à la raison de la Chambre », et parvint à faire écarter un amendement où l'on exprimait « la *certitude* que la nationalité de la Pologne ne périrait pas » ; mais il dut accepter la même phrase avec la substitution du mot *confiance* au mot *certitude;* la distinction peut paraître aujourd'hui un peu subtile ; alors, par l'effet des débats qui avaient précédé le vote, on en était arrivé à entendre, sous ces deux termes, des politiques assez différentes.

Cependant l'insurrection était visiblement à bout. Le 7 septembre 1831, après une agonie terrible, où l'anarchie sanglante de la rue accompagna tristement les héroïques défaites de l'armée, Varsovie dut capituler. En succombant, la Pologne jeta au monde un cri de désespoir et de reproche qui eut en France un immense et douloureux retentissement. Pendant quatre jours, l'émeute tenta de soulever Paris, aux cris mêlés de : « Vive la Pologne! A bas Louis-Philippe! Vive la répu-

---
[1] Hillebrand, *Geschichte Frankreichs*, p. 261 et 262.

blique! » pillant les boutiques d'armuriers, faisant fermer les théâtres, essayant des barricades, massacrant des sergents de ville, brisant les vitres du ministère des affaires étrangères, menaçant la Chambre des députés, tentant de forcer les grilles du Palais-Royal, où était encore le Roi. Pendant ce temps, la Société des Amis du peuple publiait dans la *Tribune* et distribuait gratuitement une proclamation qui se terminait ainsi : « Homme sans façon, je me résume : le Roi, les ministres, les députés, les éligibles, les électeurs sont tous coupables du plus grand des crimes, du crime de lèse-nation. » On affichait des placards portant ces mots : « L'héroïque Pologne, lâchement abandonnée, est une terrible menace. Citoyens, n'en attendez pas les effets. Aux armes! » Mais le gouvernement avait partout mis en ligne des forces considérables; des masses d'infanterie et de cavalerie bivouaquaient sur les places et les boulevards. L'émeute dut bientôt se reconnaître impuissante. Alors commença, à la Chambre, un long et tumultueux débat, où Périer ne se montra pas moins énergique. Vainqueur de l'opposition, il ne lui permit pas de se dérober à sa condamnation : « Que la majorité, s'écria-t-il, se lève une seconde, une dernière fois, pour le système de la paix, et la France sera rassurée, l'anarchie sera confondue. » La Chambre répondit à cette mise en demeure, en votant, par 221 voix contre 167, un ordre du jour portant qu'elle était « satisfaite des explications données par les ministres, et avait confiance dans leur sollicitude pour la dignité de la France ». Ce vote marqua une date décisive dans la lutte alors engagée contre la politique de guerre.

Au cours de ce débat, le général Sébastiani avait cependant donné aux amis de la Pologne la satisfaction de déclarer que « les stipulations du congrès de Vienne ayant créé le royaume de Pologne, et la France étant partie contractante à ce traité, nous avions le droit et le devoir de réclamer le maintien de la nationalité polonaise ». Et il avait ajouté : « La France l'a fait; elle le fera encore, et le gouvernement du Roi ne craint pas de répéter avec la Chambre dans son Adresse : La nationalité polonaise ne périra pas. » Bien vaine consolation ! En effet, les dernières tentatives de notre diplomatie en faveur de la Pologne vaincue n'eurent pas plus de succès, soit à Saint-Pétersbourg, soit à Berlin et à Vienne, que naguère ses efforts en faveur de la Pologne belligérante. Elle fut partout rudement rebutée [1]. Périer avait du moins conscience d'avoir essayé tout ce qui était possible, et plus tard, la gauche ayant encore cherché à réveiller ces poignants souvenirs et à faire retomber sur le ministère le sang de la Pologne égorgée, il l'arrêta net : « Non, messieurs, s'écria-t-il, les malheurs des Polonais n'appartiennent pas au gouvernement français, mais à ceux qui leur ont donné de mauvais conseils. » Et comme La Fayette, frémissant, réclamait de son banc : « Notre politique, ajouta le ministre, n'a jamais été de secourir partout les révoltés, de les inciter à secouer le joug de leurs gouvernements, sans savoir ce qu'ils deviendraient ensuite ; car c'est ainsi que l'on compromet les peuples, la liberté et les hommes d'honneur qu'on engage dans des luttes qu'ils sont dans l'impossibilité de supporter [2]. »

V

Jusqu'à présent le ministère avait partout sauvegardé la paix ; mais l'opposition lui reprochait de n'y être arrivé qu'au prix d'une politique timide, de n'avoir apporté aucun secours efficace aux insurgés de Pologne, d'avoir laissé en Belgique le premier rôle à l'Angleterre, d'avoir toléré en Italie pendant plusieurs mois l'intervention autrichienne. Or l'opinion française, à la fois

---

[1] HILLEBRAND, *Geschichte Frankreichs,* 1830-1870, t. I, p. 268. — M. de Metternich écrivait, le 15 novembre 1831, au comte Apponyi : « Le maréchal Maison est venu me parler, il y a une dizaine de jours, du tendre intérêt de son gouvernement pour les Polonais. Je l'ai envoyé promener, en partant de nos bases connues. Je ne vous donne pas d'instructions à ce sujet, car je ne crois pas devoir d'explications à ceux qui n'ont pas le droit de nous en demander. » (*Mémoires de M. de Metternich,* t. V, p. 144.)
[2] Discours du 21 février 1832.

fatiguée et surexcitée, paraissait avoir alors un double besoin, presque contradictoire ; avec le repos que donne seule la paix, elle recherchait les jouissances de vanité qu'on ne trouve ordinairement que dans la guerre. M. Guizot analysait ainsi, le 20 juin 1831, cet état d'esprit : « Les affaires du dehors ont, au dedans, beaucoup d'importance ; il faut que nous puissions en parler haut. L'amour-propre national est au fond de toutes les questions. Singulier état de société ! jamais les impressions, les passions publiques, toute cette vie morale et mobile des peuples, n'ont tenu plus de place, exercé plus d'influence ; et l'on veut que les gouvernements ménagent et satisfassent avant tout les intérêts matériels. On a de l'imagination, de l'ardeur, et l'on veut être tranquille et que tout soit doux et commode autour de chacun. C'est difficile. Nous verrons[1]. » Problème singulièrement difficile en effet, et que les plus habiles ministres de la monarchie de Juillet ne parviendront pas toujours à résoudre ; M. Thiers, en ne songeant qu'à courtiser le sentiment national, jettera la France dans de périlleuses aventures ; M. Molé et M. Guizot sauront la garder ou la tirer de ces aventures, mais peut-être en perdant trop de vue les susceptibilités patriotiques dont un homme d'État doit tenir compte, alors même qu'elles sont peu raisonnables. Seul Périer devait à la fois satisfaire à la double exigence de l'opinion. A la modération voulue par laquelle nous l'avons vu écarter le danger de guerre tout à l'heure si menaçant, allait s'ajouter un je ne sais quoi de fier et de hardi qui ne reculait pas devant les initiatives les plus audacieuses, on eût presque dit les plus risquées. Là fut même sa marque propre dans la diplomatie du nouveau règne, ce que son caractère et son tempérament ajoutaient à la politique de raison dont Louis-Philippe avait, dès le début, si habilement fixé les principes et la direction. On sentait que ce n'était pas vaine rhétorique, quand, du haut de la tribune, Périer « attestait cette noble confiance de la France qui sent sa force comme sa dignité, et qui, tout en traitant de bonne foi, n'oublie pas

---

[1] Lettre du 20 juin 1831 à M. de Barante. (*Documents inédits*.)

et ne laisse oublier à personne qu'elle traite la main sur la garde de son épée[1] ». D'ailleurs, il croyait pouvoir d'autant moins se gêner avec l'Europe, qu'il l'avait mieux convaincue de sa volonté pacifique, et qu'il s'était davantage acquis sa confiance et sa gratitude en contenant la révolution.

Dès juillet 1831, Périer eut occasion de montrer de quelle prompte vigueur il était capable, quand il voulait faire rendre au nom français le respect qui lui était dû. Don Miguel, alors sur le trône de Portugal, nous refusait insolemment, pour des mauvais traitements infligés à nos résidents, les réparations qu'il avait accordées, en une circonstance analogue, à l'Angleterre. Aussitôt Périer envoie un ultimatum; une escadre, commandée par l'amiral Roussin, part de Brest, et avant que l'Europe ait pu seulement dire un mot, force en quelques heures l'entrée du Tage, jusque-là réputée infranchissable, éteint le feu des forts de Lisbonne, fait prisonnière la flotte portugaise et oblige le ministre de Don Miguel à venir signer, le 14 juillet, à bord de notre vaisseau-amiral, une convention qui nous accorde les réparations exigées. Ce n'était pas seulement un brillant fait d'armes : c'était un acte d'indépendance hardie à l'égard de l'Angleterre, singulièrement susceptible et jalouse dans tout ce qui touchait à son patronat sur le Portugal. L'émotion fut vive à Londres. « J'ai senti, moi sujet anglais, disait lord Wellington, la rougeur me monter au front, à la vue d'un ancien allié traité ainsi, sans que l'Angleterre fît rien pour s'y opposer. »

Ce n'était là qu'un incident, une façon de se faire la main, d'essayer ses forces et de tâter l'Europe. Peu après, Casimir Périer fit preuve de la même résolution dans des affaires beaucoup plus graves. Il semblait que la diplomatie ne pût en finir avec les difficultés de la question belge. Léopold venait à peine de prendre possession de sa couronne; il était en train de parcourir ses États pour se montrer à ses sujets, quand, le 2 août, se trouvant à Liége, il reçut soudainement la nouvelle que le commandant de la citadelle d'Anvers, demeurée au pouvoir des

---

[1] Discours du 7 mars 1832.

Hollandais, venait la veille de dénoncer la suspension d'armes conclue le 5 novembre précédent, et avait fixé la reprise des hostilités au 4 août.

Que s'était-il donc passé à la Haye? Le roi des Pays-Bas avait été fort irrité de voir que sa protestation contre les Dix-huit articles n'empêchait pas Léopold de se rendre à Bruxelles et de s'y faire introniser. L'écho qui lui était arrivé des réjouissances de la Belgique avait encore avivé son dépit. Le *Journal de la Haye,* qui recevait ses inspirations, en était venu à publier des manifestes de ce ton : « Que M. de Saxe-Cobourg jouisse encore quelques jours de son triomphe, qu'il joue sur les tréteaux de Bruxelles le rôle d'un roi de comédie. Mais lorsqu'il entendra le canon de la Hollande, il essayera en vain de conjurer le péril. Prince de Saxe-Cobourg, il est trop tard ! Sans vous, les affaires de Belgique eussent été terminées par l'intervention des grandes puissances ; à présent, des flots de sang et de larmes vont couler. » En même temps, le roi Guillaume Ier et les princes de sa famille s'étaient rendus au camp de Reyen, devant Bréda. Revues en grand appareil, ordres du jour belliqueux, rien n'avait été épargné pour exciter l'ardeur des troupes. Tout indiquait donc la volonté de recourir aux armes. En se laissant entraîner vers ce parti violent, le Roi n'obéissait pas seulement à une colère aveugle ; il y avait aussi une part de calcul : la balance de la Conférence lui paraissait encore mal fixée et prête à s'incliner dans un sens ou dans l'autre, suivant les pressions qu'on lui ferait subir ; et puis, quel que dût être le résultat politique de son coup de tête, il espérait y trouver une revanche nécessaire à l'honneur de ses armes et faire oublier qu'en septembre 1830, ses soldats avaient reculé devant les bourgeois de Bruxelles. Ce fut par toutes ces raisons, bien que peut-être sans les analyser aussi exactement, que Guillaume se décida à tirer l'épée. Dans une dépêche du 1er août, il fit savoir à la conférence de Londres qu'il munissait ses plénipotentiaires des pouvoirs nécessaires pour conclure un traité de séparation d'après les principes convenus entre lui et les puissances, mais qu'en même temps « il s'était déterminé à appuyer la négociation par ses moyens militaires ». L'armée hollandaise, forte de quarante mille hommes et divisée en trois corps, dont le principal, celui du centre, était commandé par le prince d'Orange, se mit aussitôt en marche pour franchir la frontière belge.

Cette attaque trouvait la Belgique fort mal préparée à y répondre. Sans doute, elle avait nominalement deux armées, qualifiées fastueusement d'armée de la Meuse et d'armée de l'Escaut, la première de dix mille hommes, la seconde de treize mille. Mais on ne pouvait faire aucun fond sur elles. Les officiers étaient sans instruction, quelques-uns même peu sûrs, les soldats sans discipline. Le matériel manquait. Léopold, d'un regard ferme et net, mesure le péril : la défaite est certaine, s'il est laissé à ses seules forces. Sans perdre une heure, il implore le secours de la France et de l'Angleterre. A Londres, les ministres, « en grand état de consternation [1] », ne savent trop que faire, et se bornent à ordonner qu'une division de la flotte se rassemble aux Dunes. A Paris, l'appel du roi des Belges arrive le 4 août, au moment où, comme il a déjà été raconté, le ministère vient de donner sa démission. Périer reprend le pouvoir, et, sans s'attarder à consulter les autres puissances, ordonne aussitôt au maréchal Gérard d'entrer en Belgique, à la tête d'une armée de cinquante mille hommes. Le Roi, tout circonspect qu'il est, s'associe, avec un entrain juvénile, à l'initiative hardie de son ministre. « Ne perdons pas un moment, dit-il au conseil convoqué d'urgence, si nous ne voulons voir l'indépendance de la Belgique frappée au cœur par la prise de Bruxelles, et le cercle de fer des places fortes construites contre la France se refermer sur elle. Courons donc placer son drapeau entre Bruxelles et l'armée hollandaise. Je demande seulement, comme une faveur, que Chartres et Nemours soient à l'avant-garde et ne perdent pas la chance d'un coup de fusil. »
Le jour même, à quatre heures du soir, un supplément du *Moniteur* annonce la résolution instantanée du gouvernement, à la France émue, à l'Europe surprise et quelque peu troublée de

---

[1] Expression de M. Charles Greville dans son Journal, à la date du 5 août 1831.

voir ainsi notre armée s'avancer vers le Rhin et protéger par la force une nation soulevée contre les traités de 1815. « Voilà la guerre déclarée, dit, le lendemain matin, le *Journal des Débats*. Nos troupes partent avec des cris de joie. Sera-ce une guerre universelle? sera-ce une guerre contre la Hollande seulement? C'est à Berlin que se décidera cette question. Si la Prusse soutient la Hollande, c'est la guerre universelle; sinon, il ne s'agit que d'un coup de tête du roi de Hollande, et la paix est mieux assurée que jamais. »

Cependant, parmi les Belges, il en est qui s'offusquent d'être protégés par la France; encore dans l'enivrement de leur victoire de septembre, ils se flattent d'avoir facilement raison des agresseurs, parlent déjà de les reconduire tambour battant jusqu'à la Haye et d'y proclamer le rétablissement de la République batave. M. de Muelnaere, ministre des relations extérieures, a découvert que la constitution ne permet à une troupe étrangère d'occuper ou de traverser le territoire du royaume qu'en vertu d'une loi : « Sire, envoie-t-il dire à Léopold, M. de Muelnaere vous supplie à genoux d'empêcher une mesure qui est contraire à la constitution et qui peut compromettre l'honneur militaire du pays. » Le Roi se croit obligé de céder à demi; il consent que l'armée belge supporte seule le premier choc et fait prier les Français de suspendre leur marche. Ceci se passe le 6 août. Le 8, l'armée de la Meuse est mise en déroute sans avoir même livré bataille, et, le 12, l'armée de l'Escaut, commandée par le Roi qui fait bravement son devoir, subit une défaite écrasante dans les plaines de Louvain. La route de Bruxelles est ouverte. Heureusement, aussitôt qu'il a su la dispersion de l'armée de la Meuse, Léopold, fermant l'oreille aux conseils qu'il regrettait d'avoir une première fois écoutés, a écrit au maréchal Gérard de se hâter. Celui-ci a passé la frontière le 10, et le 12, au moment où la dernière armée belge est battue près de Louvain, notre avant-garde entre à Bruxelles aux cris de joie de la population que l'approche des Hollandais a terrifiée. En même temps, notre chargé d'affaires près le roi des Pays-Pas lui a fait savoir que si ses troupes ne se retiraient pas immédiatement dans la ligne d'armistice, elles auraient à combattre l'armée française. Guillaume Ier, troublé par une initiative si prompte et si résolue, ne voyant aucune puissance en état de le soutenir, recevant au contraire de Londres la preuve que sa conduite y était blâmée, se résigne à céder à nos injonctions et à rappeler ses soldats; il ne veut pas, dit-il, que sa querelle domestique avec la Belgique devienne européenne par sa résistance armée aux grandes puissances. A peine informé de cette décision, le général Belliard se rend le 13 auprès du prince d'Orange et la lui communique. Celui-ci, quoique tout frémissant de ses récentes victoires, doit se soumettre; aussi bien a-t-il la satisfaction d'avoir vengé avec éclat l'honneur de ses armes et d'avoir profondément humilié la Belgique. Pendant les six jours qui suivent, les Hollandais opèrent leur mouvement rétrograde, suivis pas à pas par une partie de l'armée française. Le 20, ils sont partout rentrés dans la ligne d'armistice. La Belgique est sauvée, et elle est bien obligée de reconnaître qu'elle le doit à la France seule. Dès le 11 août, le même M. de Muelnaere, qui, cinq jours auparavant, avait supplié à genoux le Roi de donner contre-ordre au maréchal Gérard, écrivait à M. Van de Weyer : « La France a répondu à l'appel de notre Roi avec cette précipitation toute française qui nous avait d'abord déconcertés, mais dont nous devons nous féliciter aujourd'hui. »

La question avait une autre face : c'était bien de faire reculer les Hollandais, mais il fallait rassurer et contenir l'Europe, singulièrement émue de notre soudaine entrée en campagne. Le gouvernement de Berlin nous avait tout de suite adressé des observations; il faisait valoir qu'il aurait aussi le droit d'envoyer des troupes en Belgique, se contentant toutefois de présenter l'argument sans avoir au fond envie d'en tirer une conclusion pratique, et donnant même son immobilité comme une preuve de sa confiance dans le ministère français[1]. La Russie, empêchée par la révolte polonaise qui n'était pas encore com-

---

[1] HILLEBRAND, *Geschichte Frankreichs*, 1830-1870, t. I, p. 241.

primée, regrettait d'autant plus son inaction forcée, qu'elle avait peut-être contribué à exciter le roi de Hollande. « Il faut attendre ce que feront les Français, disait le Czar ; ne pas les inquiéter s'ils se bornent à rejeter les Hollandais chez eux, et les obliger à sortir à leur tour s'ils veulent quelque chose de plus [1]. » L'Autriche n'était qu'en second rang dans cette question et suivait ses deux voisins et alliés. Du côté des puissances continentales, il y avait donc grande mauvaise humeur, observation inquiète, mais, pour le moment, peu de résolution d'agir. Périer était plus préoccupé de l'effet produit sur l'Angleterre, dont l'alliance était le fondement même de sa politique. A la première nouvelle de l'agression de la Hollande, lord Palmerston, avec ses habitudes soupçonneuses, s'était demandé si le roi Guillaume n'avait pas été poussé par la France, désireuse de se procurer ce prétexte d'intervenir ; en tout cas, il avait écrit aussitôt à lord Granville : « La grande chose à faire maintenant est d'agir sur le cabinet de Paris, pour prévenir une irruption des soldats français en Belgique [2]. » Quelques jours plus tard, quand on sut à Londres que le maréchal Gérard avait franchi la frontière, l'irritation y fut très-vive et l'alarme au comble ; chacun croyait une guerre générale imminente, les cours de la Bourse baissaient brusquement, et les questions inquiètes, les interpellations menaçantes se multipliaient à la Chambre des communes.

Cet émoi n'avait pas échappé à Périer ; tout en apportant dans ses actes plus de décision et de promptitude encore, de façon à ne pas laisser à la mauvaise humeur le temps de se traduire en démarches gênantes, il s'attacha à dissiper la surprise des cours de l'Est et la jalousie de l'Angleterre ; il déclara aux ambassadeurs qu'il n'avait entendu ni revenir sur son engagement de ne chercher aucun agrandissement pour la France, ni enlever à la Conférence, pour s'en emparer, la solution de la question ; au contraire, il n'avait voulu que faire respecter les décisions de l'Europe. Le général Sébastiani écrivit

[1] *Mémoires de Stockmar.*
[2] Bulwer, *Life of Palmerston*, t. II, p. 88, 89.

sur le même ton à ses ambassadeurs[1]. Les puissances, se sentant à la fois obligées de subir une volonté si résolue et confiantes dans une loyauté qu'elles avaient déjà éprouvée, acceptèrent les déclarations du gouvernement, et la Conférence en prit acte dans son protocole du 6 août. « Les plénipotentiaires des cinq cours, y lisait-on, ont regardé l'entrée des troupes françaises en Belgique comme ayant eu lieu, non dans une intention particulière à la France, mais pour un objet vers lequel les délibérations de la Conférence se sont dirigées, et il est resté entendu que l'extension à donner aux opérations de ces troupes et leur séjour en Belgique seront fixés d'un commun accord entre les cinq cours, à la conférence de Londres... En outre, il est demeuré convenu que les troupes françaises ne franchiront pas les anciennes frontières de la Hollande.....; qu'enfin, conformément aux déclarations faites par le gouvernement français aux représentants des quatre cours à Paris, les troupes françaises se retireront dans les limites de la France, dès que l'armistice aura été rétabli tel qu'il existait avant la reprise des hostilités. » Périer n'hésita pas à ratifier ce protocole et à renouveler les déclarations les plus rassurantes aux ambassadeurs étrangers, protestant, dans ses entretiens avec lord Granville, que « la ruse et la tromperie lui paraissaient aussi peu honorables dans les affaires publiques que dans la vie privée ». Louis-Philippe aussi se montrait plus cordial et plus expansif que jamais avec l'ambassadeur anglais, et il déclarait « ne vouloir rien faire que de concert avec le cabinet de Londres ». Palmerston ne pouvait s'empêcher de se dire satisfait, « ravi » même de ces assurances. Toutefois il nous attendait, non sans un reste de méfiance, à l'heure de l'évacuation, et il écrivait à lord Granville : « Le gouvernement français rappellera-t-il ses troupes dès que les

[1] La note par laquelle, le 4 août, le *Moniteur* avait annoncé que nos troupes se rendaient à l'appel du roi des Belges, avait exprimé une idée semblable. « Le Roi, disait-elle, ayant reconnu l'indépendance du royaume de Belgique et sa neutralité, de concert avec l'Angleterre, l'Autriche, la Prusse et la Russie, et les circonstances étant pressantes, obtempère à la demande du roi des Belges. Il fera respecter les engagements pris d'un commun accord avec les autres puissances. »

Hollandais se seront retirés? La réponse à cette question aura les plus graves conséquences, non-seulement pour les deux pays, mais pour toute l'Europe[1]. »

Aussi, à peine les troupes du roi Guillaume eurent-elles commencé leur mouvement de retraite que le ministre britannique nous mit en demeure de tenir notre promesse; il insistait d'autant plus qu'il était lui-même pressé par les interpellations de son propre parlement, et que l'opinion anglaise se montrait fort ombrageuse en cette matière[2]. La Prusse appuya les démarches de l'Angleterre, menaçant de mettre en mouvement ses troupes des provinces rhénanes. En France, toute une partie de l'opinion, celle surtout qui rêvait toujours de conquête, eût vu volontiers le gouvernement profiter de ce qu'il avait eu une occasion de mettre le pied en Belgique pour y rester, et les journaux opposants tâchaient de rendre l'évacuation difficile en la présentant comme une reculade honteuse. Quelques-uns des ministres, le maréchal Soult entre autres, étaient portés à tenir compte de cet état d'esprit, et laissaient voir leur arrière-pensée de prolonger l'occupation[3]. D'autres, comme le général Sébastiani, eussent du moins voulu se faire payer le retrait des troupes, en obtenant, soit le règlement immédiat de l'affaire des forteresses, soit cette rectification de frontières, déjà tant de fois réclamée, qui nous eût rendu Marienbourg et Philippeville. Sur le premier point, lord Palmerston refusa absolument de lier la question des forteresses à celle de l'évacuation, voyant là une humiliation pour les quatre puissances. Sur le second point, certains hommes d'État prussiens n'eussent peut-être pas refusé d'entrer en marché, si on leur eût, de leur côté, laissé prendre Luxembourg; mais, en fin de compte, leur avis ne prévalut pas à Berlin, et d'ailleurs, en cette matière encore, Palmerston était intraitable. « Empêchons tous ces grignotages, écrivait-il à lord Granville; si une fois les grandes puissances se mettent à goûter

---

[1] BULWER, *Life of Palmerston*, t. II, p. 92 à 94.
[2] *Ibid.*, p. 90.
[3] Cf. la déclaration du maréchal à la Chambre des députés, dans la séance du 13 août.

du sang, elles ne se contenteront pas d'un coup de dent, mais auront bien vite fait de dévorer leur victime. » En somme, à quémander ainsi, on n'avait chance de rien obtenir. Mais on inquiétait les puissances et l'on fournissait de nouveaux prétextes aux soupçons de Palmerston, qui se croyait le droit de mettre en doute notre loyauté et qui le prenait de plus en plus haut, nous menaçant à brève échéance d'une guerre générale [1].

[1] BULWER, *Life of Palmerston*, t. II, p. 95 à 105. HILLEBRAND, *Geschichte Frankreichs*, 1830-1870, t. I, p. 244, 245. — Y eut-il alors plus que cette tentative d'obtenir les petites frontières? Le 12 août 1831, lord Palmerston écrivait à lord Granville : « Je ne crois pas perdre mon temps en vous communiquant une conversation qui a eu lieu aujourd'hui entre Talleyrand et Bülow (ministre de Prusse), et que ce dernier m'a rapportée immédiatement en confidence. Nous avions une conférence. Talleyrand arriva le premier, et après lui Bülow; tous deux étaient dans le salon rouge, en attendant les autres plénipotentiaires. Talleyrand commença immédiatement à parler de la Belgique et dit à Bülow que ce pays ne pouvait aller comme il était; que Léopold était une pauvre créature, impropre à faire un roi; que les Belges étaient un assemblage de vagabonds couards, indignes d'être indépendants; que nous étions engagés dans une difficulté qui menaçait de faire sauter soit le ministère français, soit le ministère anglais; ...qu'il n'y avait qu'une solution, le partage; que si la France, la Prusse et la Hollande s'unissaient, la chose serait simple, et que l'Angleterre pourrait être satisfaite avec Anvers déclaré port franc. Il insista quelque temps sur cette idée, qui était chez lui un projet ancien et préféré, jusqu'à ce que la conversation fût interrompue par l'arrivée des autres ambassadeurs. » (BULWER, t. II, p. 91, 92.) — Peu après, le 2 septembre, le baron Stockmar, confident du roi Léopold, lui écrivait : « Je viens de chez Bülow... Talleyrand lui parle jour et nuit d'un partage de la Belgique et s'efforce de le persuader que, si la France, la Prusse et la Hollande s'entendent à ce sujet, il sera facile d'obtenir l'assentiment de l'Angleterre en déclarant ports libres les villes d'Ostende et d'Anvers. Bülow lui a toujours répondu jusqu'à présent que la Prusse ne pouvait entrer dans cet ordre d'idées... » (*Mémoires de Stockmar*.) — Que M. de Bülow ait grossi un peu les choses pour se faire valoir auprès de lord Palmerston et du baron Stockmar; que ces deux derniers, de leur côté, aient été disposés, par naturelle méfiance et animosité contre la France, à voir plus en noir encore la conduite de notre ambassadeur, nous le croyons volontiers; toutefois le fait en lui-même, s'il a pu être exagéré, n'a pas dû être absolument inventé. Comment l'expliquer? Nous avons vu que l'idée du partage n'était jamais apparue à notre gouvernement que comme une extrémité malheureuse à laquelle il recourrait seulement le jour où il n'y aurait plus de chance d'établir une Belgique indépendante. Faut-il croire que M. de Talleyrand, en août 1831, ait cru cette hypothèse sur le point de se réaliser? Depuis longtemps agacé par la conduite des Belges, était-il maintenant découragé par leurs revers? Ou bien ne sommes-nous en présence que d'une manœuvre du vieux diplomate, voulant peser par cette menace sur ceux avec qui il avait à traiter, et cherchant à les rendre ainsi plus maniables? Quoi qu'il en soit, la manœuvre lui était absolument personnelle, et ni le Roi ni le ministère n'y étaient associés à un degré quelconque.

Ce n'était pas là la politique de Périer. Le président du conseil s'aperçut bien vite que ceux de ses collègues qui couraient ainsi après l'accessoire, risquaient de lui faire manquer le principal. Aux petits profits qu'on cherchait, sans succès d'ailleurs, à obtenir, il préférait de beaucoup l'avantage de rétablir, aussi étroite que par le passé, l'intimité momentanément ébranlée de l'Angleterre et de la France, et de mériter par une loyauté désintéressée la confiance de cette Europe à laquelle il venait d'en imposer par sa résolution. Aussi s'appliqua-t-il à rassurer les autres puissances sur la façon dont il tiendrait, au sujet de l'évacuation, la parole qu'il avait donnée, et, pour effacer toute trace des équivoques produites par le langage de quelques-uns des ministres, il prit lui-même en main la direction des négociations. Sans doute il n'était pas homme à avoir l'air de céder à une menace; se défendant de toute précipitation qui eût pu paraître humiliante, il fit les choses à son heure, marcha à son pas. Dans les derniers jours d'août, il rappela la plus grande partie du corps expéditionnaire; mais, à la demande expresse du roi Léopold, qui se sentait sans défense, il laissa en Belgique une division. Ce ne fut que le 15 septembre qu'il annonça, pour la fin du mois, l'évacuation totale. Lord Palmerston en « éprouva une joie extraordinaire [1] », et la Conférence rédigea à cette occasion un protocole dont les termes témoignèrent du bon effet produit sur elle par la conduite de notre cabinet. Il y était constaté tout d'abord que c'était de « son plein gré » que le gouvernement français « avait résolu de rappeler le reste de ses troupes ». Les plénipotentiaires de l'Autriche, de la Grande-Bretagne, de la Prusse et de la Russie en exprimaient leur « satisfaction », et ils ajoutaient : « Cette nouvelle démonstration des généreux principes qui guident la politique de la France, et de son amour de la paix, avait été attendue par ses alliés avec une extrême confiance, et les plénipotentiaires prient le prince de Talleyrand d'être persuadé que leurs cours sauront apprécier à leur juste valeur la résolution

---

[1] Expression du baron Stockmar dans une lettre à Léopold.

prise par le gouvernement français. » Un accueil si courtois et si déférent devait consoler Périer des attaques de la presse opposante, qui s'indignait que notre armée quittât la Belgique « sans avoir seulement détruit le lion de Waterloo », et, à la Chambre, le général Sébastiani répondait à M. Mauguin : « Nous sommes entrés en Belgique conduits par la bonne foi; la bonne foi nous en a fait sortir. »

Désormais toute émotion était calmée, toute complication écartée, et le cabinet pouvait constater les avantages de son intervention. A un point de vue général, la monarchie de Juillet, qui avait semblé jusqu'alors condamnée à une sorte d'immobilité, moins encore par sa faiblesse intérieure que par les suspicions qu'elle éveillait au dehors, venait de prendre, au delà de ses frontières, une initiative hardie, de faire acte de force, et les autres puissances avaient dû lui laisser le champ libre; en même temps, alors qu'on ne la croyait pas encore dégagée des influences révolutionnaires, elle avait, par sa modération, par sa correction diplomatique, forcé l'hommage de ces puissances. Au lendemain de 1830, ce double résultat était considérable. La situation de cette monarchie en Europe s'en trouvait singulièrement relevée, et le ministre dirigeant de Prusse, M. Ancillon, était réduit à constater avec tristesse et dépit que la France avait, « pendant la paix et sans tirer l'épée, acquis de nombreux et réels avantages [1] ». Au point de vue particulier des affaires belges, notre succès était plus tangible encore. Dans la première partie de son administration, Périer, préoccupé surtout, non sans raison, de rétablir avec le cabinet britannique les bons rapports altérés à la fin du ministère Laffitte, de sauver la Belgique de la ruine et la France de l'isolement, avait paru laisser prendre à l'Angleterre le rôle prépondérant qui nous avait d'abord appartenu : l'élu du congrès de Bruxelles était le candidat de lord Palmerston plus que le nôtre, le traité des Dix-huit articles semblait l'œuvre de la diplomatie anglaise; on eût dit que les Belges trouvaient à Londres le point d'appui et le patro-

---

[1] Instruction adressée à M. de Bülow, en date du 28 août 1831. (HILLEBRAND, *Geschichte Frankreichs*, 1830-1870, t. II, p. 242.)

nage qu'ils avaient jusqu'alors cherchés à Paris. Avec l'expédition d'août, le changement est complet et subit. La Belgique est ramenée avec éclat dans notre clientèle. Le baron Stockmar, Allemand de naissance, Anglais de sympathie, agent du roi Léopold à Londres, reconnaissait à regret que « la politique belge devait en ce moment incliner plutôt vers la France », et il ne cachait pas à lord Palmerston « que la confiance des Belges dans la protection de l'Angleterre était singulièrement affaiblie ». On eut du reste tout de suite une preuve effective du retour qui s'était opéré vers nous à Bruxelles. Le gouvernement, ayant senti la nécessité de réorganiser son armée, s'adressa à des officiers français, non à des anglais. Cette préférence ne laissa pas que de mortifier nos voisins d'outre-Manche ; lord Grey en fut à ce point ému qu'il voyait déjà la Belgique devenir une « province française », et le roi Guillaume IV déclara à Stockmar que « cet enrôlement lui était particulièrement désagréable[1] ».

Si heureuse qu'eût été notre intervention militaire, elle n'avait pas cependant résolu toutes les difficultés de la question belge. Le roi des Pays-Bas refusait plus énergiquement que jamais de consentir aux avantages accordés par les Dix-huit articles à ceux qu'il venait de vaincre si complétement. La triste figure faite par la Belgique dans cette campagne avait d'ailleurs diminué son crédit en Europe, et l'impression générale était qu'elle devait payer sa défaite. Ce n'était pas seulement le sentiment des puissances de l'Est, qui parlaient d'autant plus haut en faveur de la Hollande que la chute de Varsovie venait de leur rendre leur liberté d'action. Lord Palmerston disait avec sa rudesse accoutumée au baron Stockmar[2] : « Les Belges ont montré de la façon la plus claire qu'ils sont incapables de résister aux Hollandais. Sans le secours de la France, ils auraient été remis sous le joug. Il faut donc que les Belges comme les Hollandais, pour vivre en repos, abandonnent quelque chose de leurs prétentions réciproques. Les Belges ne peuvent plus

---

[1] *Passim* dans les *Mémoires de Stockmar*.
[2] Hillebrand, *Geschichte Frankreichs*, t. I, p. 246.

prétendre à la situation que leur assuraient les Dix-huit articles, de même que les Hollandais ne peuvent réclamer le vieux protocole de janvier, auquel ils avaient adhéré dès le début de la crise. Si les Belges ne veulent rien céder, la Conférence n'a qu'une chose à faire, se retirer absolument et dire : Eh bien, soit! nous permettons aux Hollandais de vider leur querelle avec les Belges seuls. Les armes décideront. » Stockmar ajoutait, en rapportant ces paroles à Léopold : « A cette effrayante conclusion de Palmerston, je ne répondis pas un mot, mais je pensais en silence, à part moi, que si quatre des grandes puissances pouvaient souhaiter et faire quelque chose de pareil, il était impossible que la France consentît jamais à la conquête de la Belgique par la Hollande. » Un autre jour, il écrivait encore à son royal correspondant : « Croyez fermement que toute défense, toute protection de la Belgique dans la Conférence de Londres ne peut venir que de la France. Efforcez-vous d'obtenir cette protection, autant que possible par votre correspondance personnelle avec votre frère de Paris. Je puis me tromper, mais d'après ce que je vois ici, l'Angleterre ne fera pour nous presque rien de positif[1]. »

Ce témoignage est significatif sous la plume d'un ennemi de la France. Toutefois, si disposé que fût notre gouvernement à prendre en main la cause de la Belgique, il lui fallait bien tenir compte du sentiment de l'Europe, et il ne dépendait pas de lui d'effacer toute trace des défaites subies naguère par ses clients. Il ne voulait pas d'ailleurs se laisser séparer de l'Angleterre. Pendant plusieurs semaines, en soutenant les prétentions belges, il tint en échec les autres puissances et suspendit les décisions de la Conférence. Mais, pour la cause même qu'il défendait, ce retard n'était pas sans danger. Force fut donc d'en passer par une transaction que, d'accord avec lord Palmerston redevenu pleinement notre allié, M. de Talleyrand s'efforça d'obtenir aussi favorable que possible à la Belgique. La Conférence formula cette transaction, le 15 octobre, dans un nouvel acte, connu sous

---

[1] *Mémoires de Stockmar.*

le nom de traité des Vingt-quatre articles. Elle y retirait quelques-unes des concessions faites aux Belges par les Dix-huit articles, mais sans rendre à la Hollande tout ce que lui avaient accordé les protocoles de janvier. L'état de 1790 était maintenu comme base du partage des territoires ; les enclaves allemandes des provinces septentrionales étaient attribuées à la Hollande, ainsi que tout Maestricht, une partie du Limbourg et la rive gauche de l'Escaut. Le Luxembourg était partagé : la ville et un tiers du territoire au roi de Hollande; le reste à la Belgique avec le duché de Bouillon. La liberté de la navigation de l'Escaut et du transit avec l'Allemagne était assurée au nouveau royaume. Quant à la dette, elle était répartie de façon que la Belgique n'en supportait pas le tiers. En somme, la France avait obtenu pour ses protégés des conditions territoriales suffisantes, des conditions commerciales et financières fort avantageuses. L'acte du 15 octobre n'était plus une simple proposition comme les décisions antérieures de la Conférence : celle-ci, convaincue que de plus longs essais pour amener une conciliation directe entre la Hollande et la Belgique resteraient sans résultat, avait résolu, sur l'avis de M. de Talleyrand appuyé par Palmerston, de ne plus s'en tenir au rôle de médiateur, mais de s'imposer comme arbitre souverain : elle motiva ainsi cette résolution : « Ne pouvant abandonner à de plus longues incertitudes des questions dont la solution immédiate est devenue un besoin pour l'Europe; forcés de les résoudre, sous peine d'en voir sortir l'incalculable malheur d'une guerre générale, les soussignés n'ont fait que respecter la loi suprême d'un intérêt européen de premier ordre, ils n'ont fait que céder à une nécessité de plus en plus impérieuse, en arrêtant les conditions d'un arrangement définitif, que l'Europe a cherché en vain depuis un an, dans les propositions faites par les deux parties ou agréées tour à tour par l'une d'elles et rejetées par l'autre. » En conséquence, les Vingt-quatre articles furent aussitôt transmis aux gouvernements de Belgique et de Hollande; il leur était signifié que cet acte contenait la décision finale et irrévocable des cinq cours, que celles-ci en garantissaient l'exécution, se réservaient d'employer tous les moyens pour obtenir l'assentiment de celle des deux parties qui s'y refuserait, et étaient résolues à empêcher le renouvellement des hostilités.

En Belgique, ceux qui naguère ne voulaient pas des Dix-huit articles repoussèrent naturellement les Vingt-quatre articles. L'opposition se manifesta avec tant de vivacité que le roi Léopold en fut un peu découragé, et se demanda si cette altération des conditions auxquelles il avait accepté la couronne ne l'obligerait pas à la résigner. De Londres, le baron Stockmar l'en détourna vivement : « Fâchez-vous, lui écrivait-il, criez à l'injustice, ne ménagez pas la Conférence, — elle s'y attend d'ailleurs, — mais ne poussez rien à l'excès et gardez-vous d'abandonner la partie. Que le ministère crie avec vous, qu'il crie très-haut et très-fort. Vous aurez tenu votre serment, et la Belgique le saura [1]. » Les velléités d'abdication avaient-elles été sérieuses? en tout cas, elles ne furent que passagères; Léopold prit bien vite le dessus, et, sous sa ferme inspiration, le ministère belge proposa aux Chambres, le 21 octobre, un projet de loi à l'effet « d'autoriser la signature du traité définitif de séparation ». Le Roi était résolu à en appeler aux électeurs, si les Chambres refusaient cette autorisation. « A une autre époque, disait le ministère dans l'exposé des motifs, nous eussions rejeté ces conditions; mais l'Europe a été témoin d'événements qui, en modifiant la politique générale, n'ont pu rester sans influence sur la question soulevée par notre révolution. L'appui que nous trouvions dans l'idée de notre force, inspirée aux puissances par nos succès de septembre, l'appui peut-être plus réel encore que prêtait à notre cause l'héroïque résistance de la Pologne, nous a tout à coup échappé. »

La discussion à la Chambre des représentants commença le 26 octobre et se prolongea pendant six jours, véhémente et pathétique. L'opposition se déclarait prête à braver la guerre, affirmant que la France ne saurait abandonner la Belgique. « Si le ministère du juste milieu, s'écriait M. Rodenbach,

---

[1] *Mémoires de Stockmar*. — Cf. aussi Bulwer, *Life of Palmerston*, t. II, p. 114.

poussait son système de paix à tout prix jusqu'à cette extrémité, nous en appellerions à la Chambre des députés, à la nation française. Là, assez de cœurs généreux éléveraient la voix pour stigmatiser une aussi odieuse conduite... Les défaites de 1815 sont trop profondément gravées dans tous les cœurs, les Français ont trop d'affronts à venger, pour ne pas se lever dès qu'un Prussien franchirait nos frontières. » A ces déclamations, on a plaisir à opposer le langage très-politique de M. Nothomb, l'habile négociateur des Dix-huit articles. Pour lui, la question était de savoir si la révolution de Juillet en France et la révolution de Septembre en Belgique devaient se placer en dehors du système général de l'Europe, ce qui était la guerre universelle, ou prendre un caractère tel qu'elles pussent se coordonner à ce système. Après avoir rappelé que la Convention et Bonaparte avaient pris le premier parti et attiré ainsi sur leur pays la réaction du monde, il continua en ces termes : « La révolution de Juillet a profité de cette leçon; bornant ses effets à une existence intérieure, monarchique au dedans, pacifique au dehors, elle a respecté le *statu quo* territorial. Et remarquez-le bien, si elle avait pris un autre caractère, c'en était fait de l'indépendance de la Belgique. La nationalité belge n'est pas une de ces idées larges qui rentrent dans les vastes projets de commotions universelles : c'est une idée étroite, factice peut-être, qui se rattache au vieux système de l'équilibre européen : c'est une idée de *juste milieu*. Aussi, pour moi, je n'ai jamais pu comprendre ceux de mes concitoyens qui, partisans de l'indépendance belge, reprochent à la France son système pacifique. Quand la France sortira du lit que lui ont prescrit les traités de 1815, ce sera pour submerger la Belgique. » Ce discours fit un grand effet, ainsi que celui de M. Lehon, qui vint, avec l'autorité particulière que lui donnait sa situation d'envoyé de la Belgique à Paris, témoigner de la résolution des puissances. « Par un refus, dit-il, nous exposerions le pays à une invasion, peut-être même à un démembrement et à la radiation du nom belge du livre de vie des nations. » L'influence personnelle du Roi, qui était déjà considérable, exerça peut-être plus d'action encore, et, au vote, la loi fut adoptée par 59 voix contre 38. Le 3, le Sénat confirma ce vote par 35 voix contre 8. En exécution de cette décision, le plénipotentiaire belge à Londres signa, le 15 novembre 1831, avec les membres de la Conférence, l'acte des Vingt-quatre articles, qui devint ainsi un traité entre les cinq puissances et la Belgique : il était stipulé que les ratifications seraient échangées dans un délai de deux mois.

On n'était pas cependant encore au bout de toutes les difficultés[1]. Les Vingt-quatre articles avaient été transmis à la Haye en même temps et dans les mêmes conditions qu'à Bruxelles. Le roi de Hollande y avait fait aussitôt des objections, se plaignant de la forme comme du fond, et y demandant des modifications. Les représentants des cinq cours refusèrent d'entrer en discussion et déclarèrent leur texte irréformable. Ils espéraient que Guillaume Ier ne persisterait pas dans son opposition, une fois qu'il aurait vu Léopold signer le traité : c'était mal connaître l'obstination de ce prince; loin de se sentir porté à imiter la soumission de son adversaire et de se laisser effrayer par les menaces contenues dans le traité même contre celle des parties qui refuserait d'y adhérer, il adressa à la Conférence, le 14 décembre, une note solennelle et développée, contenant une protestation formelle. Les trois cours de l'Est s'en montrèrent assez embarrassées : il leur semblait qu'elles étaient prises en flagrant délit d'atteinte à l'indépendance d'une tête couronnée; et au profit de qui ? Au profit d'une révolution qui leur avait été toujours fort antipathique[2]. Dans de telles condi-

---

[1] Parmi les difficultés qui occupèrent à ce moment la diplomatie et l'opinion, il en est une sur laquelle il nous semble inutile de nous arrêter : c'est celle que souleva la convention du 14 décembre, intervenue, en dehors de la France, entre les quatre autres grandes puissances et la Belgique pour régler définitivement la démolition de plusieurs des forteresses bâties en 1815 aux frais des alliés. Il semblait que le gouvernement et le public français ne pussent qu'être satisfaits d'un tel résultat : mais ils se montrèrent froissés sinon du fond, du moins de la forme de la convention. De là une émotion peu raisonnable, qui fut très-vive, mais dura peu.

[2] M. de Metternich écrivait, le 29 décembre 1831, à M. de Ficquelmont, ambassadeur d'Autriche en Russie : « L'affaire belge est odieuse à notre auguste maître; elle l'est à cause de son point de départ... Son point de départ, quelque

tions devaient-elles ratifier la signature donnée à Londres par leurs plénipotentiaires? Le Czar, alors très-irrité de ce que le gouvernement de Bruxelles venait d'accueillir et d'enrôler des officiers polonais, poussait vivement à la non-ratification. Le gouvernement de Berlin, bien que fort gêné par les promesses formelles que M. de Bülow avait faites à lord Palmerston et à M. de Talleyrand, était tenté de suivre la conduite conseillée par le Czar. Quant à M. de Metternich, dès la première heure, il avait blâmé le traité, le déclarant « malencontreux », le qualifiant de « bêtise », et reprochant aux plénipotentiaires autrichien, prussien et russe, « de s'être laissé enjôler par des considérations anglaises et françaises ». Toutefois, si mécontent qu'il fût, il avait d'abord cru que les égards dus aux deux puissances occidentales ne lui permettaient pas de désavouer l'œuvre de la Conférence. Ce ne fut qu'un peu plus tard, sous la pression de la Russie et à l'exemple de la Prusse, qu'il se détermina à user d'ajournement [1]. Le terme fixé pour les ratifications passa donc sans qu'elles fussent données. Les trois cours paraissaient disposées à les retarder jusqu'à ce qu'elles eussent obtenu amiablement l'adhésion du roi Guillaume [2].

Mais comment ce retard serait-il pris à Paris et à Londres [3]? Casimir Périer ne se gêna pas pour qualifier sévèrement la conduite des puissances de l'Est; il rappela les paroles données dans la Conférence par leurs plénipotentiaires et leur reprocha un « manque de foi ». Quant à lord Palmerston, loin de pencher du côté de ces puissances, comme cela lui était arrivé parfois au cours de l'affaire belge, il se montra encore plus

---

effort qu'on fasse pour lui prêter une autre couleur, est la protection accordée à une rébellion. » Plus loin, le chancelier disait que les trois cours de Russie, de Prusse et d'Autriche étaient, sur ce point, « animées d'un même sentiment ». Il écrivait encore au comte Apponyi, le 1er décembre : « Que Dieu préserve l'Europe d'une autre conférence sur les bases du soutien d'une révolution. » (*Mémoires de M. de Metternich*, t. V, p. 146, 222, 223.)

[1] *Mémoires de M. de Metternich*, t. V, p. 146, 217 à 224, et 270 à 273.
[2] *Ibid.*; p. 222 à 224.
[3] M. de Metternich écrivait, le 29 décembre 1831, à M. de Ficquelmont : « Il nous paraît impossible de prévoir à quelles extrémités le refus de ratification pourra conduire les affaires à Paris, et surtout à Londres... » (*Mémoires de M. de Metternich*, t. V, p. 224.)

amer que Périer et traita notamment M. de Bülow avec une véhémence qui alla presque jusqu'à la grossièreté [1]. Ainsi le premier effet du retard de la ratification, effet non attendu et sûrement non désiré par les cours de Vienne, de Berlin et de Saint-Pétersbourg, se trouvait être d'amener la France et l'Angleterre à se concerter pour leur faire échec. Cette union, qui était le principal dessein de la politique française, devint même si étroite que les deux cabinets de Saint-James et des Tuileries, se refusant à attendre plus longtemps les autres puissances, se décidèrent, le 31 janvier 1832, à procéder seuls avec le plénipotentiaire belge à l'échange des ratifications, et laissèrent le protocole ouvert pour recevoir celles de l'Autriche, de la Prusse et de la Russie. C'était un fait considérable que ce rapprochement des deux puissances occidentales en face de l'Europe et presque contre elle. Aussi M. de Talleyrand, qui y avait beaucoup contribué, écrivait-il, le jour même où les signatures étaient données : « L'Angleterre et la France réunies pour un échange simultané des ratifications, c'est plus que je n'osais espérer. Maintenant il s'agit d'avoir de la patience; le reste ne tardera pas à venir. Ne réclamons rien; ne triomphons pas trop;... ne laissons pas voir à l'Angleterre que son alliance avec nous l'entraîne plus loin qu'elle ne le voudrait... A l'extérieur nous nous sommes fait une situation répondant à tout ce que le Roi pouvait désirer [2]. » Quelques jours après, la duchesse de Dino écrivait de Londres : « M. de Talleyrand a fait avec l'Angleterre un échange de ratifications qui vaut avec ce pays un traité d'alliance. Cela a été difficile; les obstacles se sont accumulés jusqu'au dernier moment [3]. » Cette intimité se manifestait, non sans éclat, à la tribune des deux parlements. Interpellé à la Chambre des communes, lord Palmerston s'exprima sur la France en termes si amis que Casimir Périer en écrivit tout son contentement à M. de Talleyrand. « Le gouvernement du Roi, lui disait-il,

---

[1] Dépêches des envoyés sardes, citées par HILLEBRAND, *Geschichte Frankreichs*, 1830-1870, t. II, p. 252.

[2] Cette lettre est citée par HILLEBRAND, *ibid.*, p. 252. Le texte que nous donnons n'est qu'une traduction faite d'après l'allemand.

[3] Lettre du 11 février 1832, à M. de Barante. (*Documents inédits.*)

s'applaudit vivement de cette conformité de vues et de sentiments dont les deux pays peuvent attendre de si heureux résultats. Nous y trouvons un gage nouveau de cet accord de la France et de l'Angleterre que nous nous efforcerons toujours de fonder sur des bases solides ; nous y trouvons une confirmation de notre système de politique étrangère, justifié par un aussi heureux succès dans son but le plus important. » Notre ministre ne se contentait pas de cette réponse diplomatique : il disait de son côté, le 7 mars 1832, à la Chambre des députés : « Le ministère anglais s'est exprimé, au sein du parlement de son pays, dans les mêmes termes que nous, devant cette Chambre, et, s'il a parlé de la nécessité, plus que jamais sentie, de l'alliance sincère des deux gouvernements de France et d'Angleterre, nous pouvons aussi parler de son efficacité. L'Europe sait ce que la lutte de ces deux nations a produit de guerres longues, sanglantes et convulsives ; il faut qu'elle apprenne aujourd'hui ce que leur union peut donner de garanties à la paix du monde et de gages à la vraie liberté... Voilà des alliances qu'on peut proclamer à la face des trônes et des peuples, parce qu'elles sont leur garantie commune. »

Non-seulement l'alliance de l'Angleterre et de la France se resserrait ; mais, dans cette alliance même, la situation respective des deux puissances était modifiée à l'avantage de la France : changement important que, quelques années plus tard, dans une dépêche confidentielle, le duc de Broglie a très-finement analysé. « Dans le premier période, dit-il, c'est-à-dire au lendemain de la révolution et avant l'avénement de Périer, le beau rôle avait été pour l'Angleterre ; c'est elle qui nous protégeait dans l'opinion, c'est elle qui était le *gentleman* tendant la main au plébéien, au soldat de fortune ; c'est elle qu'on pouvait blâmer en Europe, comme on blâme l'imprudence, mais qu'on respectait, qu'on continuait à considérer, dans la personne de lord Grey, comme un grand seigneur libéral à qui l'on pardonne ses opinions politiques, en faveur de sa magnificence, de ses grandes manières, qu'on craindrait d'ailleurs d'offenser, de peur d'avoir à s'en repentir. » Mais, avec le ministère du

13 mars, la politique de résistance prévalut en France. « Plus le gouvernement français, remportait alors de victoires sur les partis, continue le duc de Broglie, plus le gouvernement anglais était content de nous; il nous savait gré de nous débarbouiller de la poussière des pavés; il nous savait gré de lui rendre le rapprochement plus facile et notre amitié moins compromettante. Chaque fois que nous faisions un pas dans ce sens, il disait aux autres gouvernements : Vous voyez bien que la France n'est pas ce que vous avez pensé; vous voyez que le gouvernement français est après tout un gouvernement. » Grâce à Casimir Périer, nous fîmes tant de « pas dans ce sens », que nous pûmes bientôt nous passer de caution auprès de l'Europe. L'Angleterre fut toujours notre alliée : elle ne fut plus notre protectrice. Comme le dit encore le duc de Broglie, « le gouvernement français n'avait plus besoin, pour être introduit dans la société des autres gouvernements, que personne lui donnât la main ou réclamât pour lui l'indulgence [1] ». On en vint au point que les hommes d'État de la vieille Europe accordaient plus de confiance à notre cabinet qu'à celui de Londres. M. de Metternich écrivait au comte Apponyi, le 8 janvier 1832 : « J'ai le sentiment que la déplorable position de la conférence de Londres sera plus facilement débrouillée par M. Casimir Périer que par les ministres anglais, par la raison toute simple que le chef de l'administration française a les qualités qui constituent l'homme d'État, tandis que les membres de l'administration anglaise actuelle me semblent moins doués sous ce rapport [2]. »

Les trois cours de l'Est ne voyaient pas sans quelque trouble s'établir ainsi en face d'elles l'alliance des puissances occidentales; elles se rendaient compte « que, quoi qu'elles pussent dire, la France, entraînant avec elle l'Angleterre, avait toujours le dernier mot [3] ». Pour sortir de cette situation mauvaise,

---

[1] Dépêche confidentielle du 12 octobre 1835, adressée par le duc de Broglie, ministre des affaires étrangères, à M. Bresson, ministre de France à Berlin. (*Documents inédits*.)

[2] *Mémoires de M. de Metternich*, t. V, p. 268.

[3] Cet aveu mélancolique était consigné, à la date du 25 mars 1832, dans un

elles ne virent d'autre moyen que de presser plus vivement le roi des Pays-Bas de cesser son opposition aux Vingt-quatre articles. Le Czar lui-même lui envoya dans ce dessein le comte Orloff. Rien n'y fit. Guillaume Ier se butait à ce que ses courtisans appelaient son « système de persévérance ». Au bout d'un mois de séjour à la Haye, le comte Orloff dut se retirer sans avoir obtenu la moindre concession. Avant son départ, il remit au cabinet hollandais une note aussitôt rendue publique, par laquelle l'empereur de Russie déclarait « qu'il ne reconnaissait pas la possibilité de lui prêter ni appui, ni secours, et le laisserait supporter seul la responsabilité des événements ; que, sans vouloir s'associer à aucun moyen militaire pour contraindre le roi des Pays-Bas à souscrire aux Vingt-quatre articles, Sa Majesté Impériale considérait néanmoins ces articles comme les seules bases sur lesquelles pût s'effectuer la séparation de la Belgique et de la Hollande, et tenait pour juste et nécessaire que la Belgique restât en jouissance des avantages qui en résultaient pour elle, notamment en ce qui concernait sa neutralité ; enfin que, dans le cas où cette neutralité viendrait à être violée par la reprise des hostilités de la part du roi de Hollande, l'Empereur se concerterait avec ses alliés sur le moyen le plus propre à la défendre et à la rétablir promptement ». Cette sorte de désaveu, auquel s'associèrent aussitôt les cabinets de Berlin et de Vienne, n'ébranla pas l'obstination du roi Guillaume : il persistait à attendre de l'avenir, et particulièrement des désordres qu'il espérait voir éclater en France, l'occasion d'une revanche.

Cependant la Belgique, qui souffrait, dans ses intérêts matériels et dans sa sécurité intérieure ou extérieure, de la prolongation de cet état d'incertitude, était fondée à réclamer, d'une façon de plus en plus pressante, qu'on y mît un terme et qu'on fît exécuter le traité souscrit par elle. Elle s'adressait à la France et à l'Angleterre, qui de leur côté se retournaient vers l'Autriche, la Prusse et la Russie, et les mettaient en demeure de dire si elles désavouaient ou non leurs plénipotentiaires. Au

memorandum confidentiel de M. de Pralormo, l'envoyé sarde à Vienne. (HILLEBRAND, *Geschichte Frankreichs*, 1830-1870, t. I, p. 276.)

commencement d'avril, Casimir Périer, perdant patience, déclara nettement que « cela ne pouvait durer plus longtemps ». Ce ferme langage fit effet sur les autres cours, qui se sentaient d'ailleurs fort mal engagées. Le 18 avril, les cabinets de Vienne et de Berlin donnèrent leurs ratifications, « sous réserve des droits de la Confédération germanique, touchant la cession d'une partie du grand-duché de Luxembourg ». Le Czar se résigna, le 4 mai, à suivre cet exemple; seulement il ne déclara approuver le traité que « sauf les modifications à apporter, dans un arrangement définitif entre la Hollande et la Belgique, aux articles 9, 12 et 13 »; les articles ainsi visés étaient relatifs aux questions de navigation, de transit, et au partage de la dette. On eût pu sans doute soutenir qu'une ratification à ce point conditionnelle n'en était plus une, mais chacun avait hâte d'en finir, et l'on n'y regarda pas de trop près[1].

A considérer les résultats obtenus, le progrès est considérable et fait grand honneur au ministère Périer, qui y est arrivé sans guerre, par un rare mélange de prudence et de hardiesse, d'adresse et de loyauté. Désormais la Belgique cesse d'être un fait révolutionnaire, contesté ou subi de plus ou moins bonne grâce; elle a reçu ses lettres d'introduction dans la société des États de l'Europe; elle n'est plus en proie à l'anarchie, mais a constitué chez elle une monarchie régulière. Le royaume des Pays-Bas, création favorite de la Sainte-Alliance, avant-garde de la coalition antifrançaise, est irrévocablement démembré; à sa place, nous avons à nos portes un jeune État dont la neutralité couvre notre frontière la plus vulnérable, qui nous doit son indépendance, et qui est obligé, par reconnaissance comme par situation, à demeurer notre client. Le prince habile appelé à sa tête est le premier à sentir cette nécessité; c'est pourquoi, à ce moment même, il négocie avec la cour des Tuileries une alliance de famille, et dans quelques mois, le 9 août 1832, se célé-

---

[1] La duchesse de Dino écrivait de Londres à M. de Barante, le 1er mai 1832 : « La ratification russe est arrivée à l'instant. Il faudra qu'elle soit terriblement conditionnelle pour qu'on ne trouve pas moyen de la considérer comme pure et simple. » (*Documents inédits.*)

brera, à Compiègne, le mariage de Léopold avec la princesse Louise d'Orléans, fille aînée du roi des Français, femme d'un haut esprit et d'une rare vertu : conclusion remarquable de cette politique qui a débuté par refuser la couronne offerte au duc de Nemours, et qui aboutit à donner pour gendre à Louis-Philippe le prince élu en place de son fils. Sans doute, le roi de Hollande refuse toujours d'adhérer au nouvel état de choses; mais, en dépit des difficultés que soulèvera cette résistance et qui occuperont encore pendant plusieurs années la diplomatie européenne, on peut dire que dès ce jour le fond de la question est résolu. La France a gagné cette grosse partie.

VI

Casimir Périer avait été hardi en Belgique; il devait l'être plus encore en Italie. On sait en quelle situation la retraite des Autrichiens, le 15 juillet 1831, avait laissé les États de l'Église. Le Pape avait refusé de s'engager à faire les édits sur commande et à heure fixe, exigés par le gouvernement français; mais il n'avait pas pour cela renoncé à opérer des réformes. Dès le 5 juillet, avant même la retraite des troupes autrichiennes, un édit réorganisa l'administration provinciale et municipale, faisant aux libertés locales une part plus large que celle qui leur était alors accordée en France [1]. Dans les Légations, toutes les fonctions civiles furent, en fait, confiées à des laïques. La réforme judiciaire ne pouvait s'improviser aussi vite; toutefois, avant la rentrée des tribunaux, des édits, en date des 5 et 31 octobre et du 5 novembre, réglèrent les juri-

---

[1] Dans chaque délégation était un *prolégat*; une *congrégation governative*, composée de quatre propriétaires de la province, assistait le prolégat et délibérait sur toutes les affaires; enfin un conseil provincial était nommé par le souverain sur une liste en nombre triple émanant de l'élection. Chaque commune avait un conseil municipal élu et un gonfalonier nommé par le gouvernement entre trois candidats présentés par les conseils municipaux.

dictions et les procédures d'après des principes entièrement nouveaux ; ils ne supprimaient pas les tribunaux ecclésiastiques pour les causes que leur déférait le droit canon ; ils laissaient aussi subsister ce mélange de la discipline spirituelle et de la police civile, cette sorte de confusion du for intérieur et du for extérieur, qui paraissaient la conséquence du double caractère religieux et politique du souverain, et que les mœurs romaines supportaient plus facilement que les nôtres ; néanmoins les améliorations étaient réelles et faisaient disparaître la plupart des abus trop réels qui rendaient la justice de l'État pontifical impuissante, onéreuse ou suspecte. Enfin, un édit du 21 novembre institua, sous le titre de *congrégation de révision*, un conseil central chargé spécialement du contrôle financier : c'était l'embryon de la consulte d'État demandée par la Conférence. Le Pape avait donc à peu près rempli tous les *desiderata* du Memorandum du 21 mai : il ne prétendait pas, du reste, avoir dit son dernier mot ; bien au contraire, les divers édits invitaient les corps délibérants qu'ils instituaient à rechercher eux-mêmes et à indiquer au souverain les améliorations qui pourraient encore être ajoutées.

Dans la cour romaine, tous sans doute ne s'intéressaient pas également au succès de ces réformes : quelques-uns désiraient leur échec ; plusieurs ne se prêtaient à cette sorte d'essai que par déférence pour les puissances, mais sans grande confiance dans le résultat. Toutefois, la droiture personnelle du Pape et la faiblesse extrême de son gouvernement étaient une garantie que les concessions décrétées sur le papier ne pourraient être marchandées et restreintes dans l'exécution. Dans les provinces, en effet, pas d'autre force armée qu'une garde civique ayant nommé elle-même ses officiers ; des fonctionnaires hors d'état de résister au mouvement réformiste, la plupart sympathiques à ce mouvement, quelques-uns même anciens insurgés. Les « libéraux » des Légations étaient donc bien assurés de ne rencontrer aucun obstacle, s'ils voulaient user des armes légales qui leur avaient été remises et développer les germes féconds de *self-government* contenus dans les édits pontificaux ; jamais population ne s'était trouvée dans des conditions plus favorables pour faire prévaloir, sans révolte, ce qu'il pouvait y avoir de légitime et de raisonnable dans ses réclamations.

Mais, nous l'avons déjà fait observer, les meneurs du mouvement italien n'avaient nulle envie de se prêter à une réforme dont l'effet eût pu être d'assurer l'existence du gouvernement qu'ils voulaient renverser. Aussi affectèrent-ils, tout de suite, de traiter les édits d'amère dérision, de comédie menteuse et perfide dont ils ne consentaient pas à être les dupes. Croyant ou feignant de croire que les réformes concédées l'étaient sans sincérité, comme un expédient passager, et avec l'arrière-pensée de les retirer au premier symptôme de contre-révolution en Europe, ils disaient à M. de Sainte-Aulaire [1] : « Il y a pour nous, libéraux italiens, péril en la demeure. Nous devons forcer de voiles pendant que nous avons bon vent, afin d'être entrés au port avant l'orage. Il nous faut de l'irrévocable, et tant que nos droits n'auront pas été reconnus et garantis par un pacte solennel, tant que nous n'aurons pas obtenu toutes les institutions dont l'ensemble seul peut assurer la liberté constitutionnelle, nous devons rester sur la défensive et ne point accepter des améliorations partielles. » Leur thèse était d'ailleurs d'une parfaite simplicité. A les entendre, les provinces ayant reconquis leur indépendance en 1831, le Pape n'avait plus de droits antérieurs à invoquer, et sa souveraineté ne pouvait être rétablie qu'en vertu d'un pacte librement discuté, de puissance à puissance, entre le pontife et ses anciens sujets. Comme premières conditions, ils exigeaient la reconnaissance de la souveraineté du peuple, une constitution décrétée par une assemblée nationale et jurée par le Pape. Jusqu'à la conclusion de ce pacte, dans les trois provinces de Bologne, de Ravenne et de Forli, où se concentrait, pour le moment, l'agitation révolutionnaire, on ne laissait exécuter ni même publier aucun édit

---

[1] *Mémoires inédits de M. de Sainte-Aulaire.* — Tous les documents qui vont être cités au cours de ce récit, sans indication de source spéciale, sont tirés de ces mémoires.

du Saint-Siége; on ne payait à ce dernier aucun impôt; le drapeau pontifical était remplacé par les trois couleurs italiennes; la garde civique obéissait aux agitateurs; les représentants de l'autorité centrale, par impuissance ou par complicité, suivaient le mouvement; tout le pouvoir était ouvertement aux mains des chefs de l'insurrection de février 1831. Révolte singulière, d'ailleurs, sans violence apparente, par cette raison que personne ne tentait de la réprimer. On eût dit que le gouvernement pontifical s'était résigné à laisser s'établir dans ces provinces une sorte d'interrègne.

L'ambassadeur de France à Rome, inquiet des conséquences d'un tel désordre et pour l'autorité pontificale et pour la politique française, s'épuisait en avertissements aux chefs du mouvement. « Votre intérêt, ne se lassait-il pas de leur dire ou de leur écrire, est de profiter des bonnes intentions de votre souverain, et surtout de la faveur des circonstances. Le Pape, sans forces militaires pour vous contraindre, vous tiendra compte d'une soumission qui paraîtra volontaire et l'achètera au prix de toute concession qui n'impliquera pas l'abandon complet de sa souveraineté. Votre erreur est de croire que vous êtes maîtres de la situation et que vous pouvez choisir le moment et les conditions de votre soumission. L'état actuel de vos provinces est un scandale qui ne pourra se prolonger longtemps impunément. La France elle-même s'en indigne. Mes instructions me prescrivent d'appuyer les demandes que vous présenterez à votre souverain dans des formes respectueuses et régulières; mais elles me prescrivent aussi de soutenir l'autorité du Pape et d'appuyer son gouvernement. Je serai le premier à me prononcer énergiquement contre vous, si vous persistez à rester en dehors des voies légales. Dans ce cas, d'ailleurs, le Pape fera avancer les troupes qu'il travaille à réunir, et si ces troupes sont repoussées, les Autrichiens ne laisseront pas assurément la république triompher aux portes de la Lombardie. » Par moments, M. de Sainte-Aulaire pouvait croire que ses conseils étaient enfin entendus; mais, bientôt après, les violents reprenaient le dessus. Aux avertissements de l'ambassadeur, ils opposaient les encouragements que leur envoyaient de France les chefs de la gauche, en partie liée avec ces derniers contre le ministère Périer, et ils tâchaient comme eux de se persuader que ce ministère serait bientôt renversé [1]. M. de Sainte-Aulaire n'était d'ailleurs soutenu par personne dans l'effort honnête qu'il tentait. La Conférence ne se réunissait plus; le représentant de l'Angleterre avait quitté Rome; quant à l'ambassadeur d'Autriche et à ses deux alliés de Russie et de Prusse, ils se tenaient cois, considérant, non sans quelque satisfaction maligne, les embarras d'une politique que la France avait imposée. A Paris même, notre ambassadeur ne trouvait guère plus de secours : vainement appelait-il l'attention de son gouvernement sur des désordres dont la conséquence pouvait être une seconde intervention de l'Autriche, et le pressait-il de se concerter dès maintenant avec les autres puissances pour prévenir une telle extrémité, il ne recevait même pas de réponse à ses dépêches. Depuis que le cabinet français avait obtenu par l'évacuation de Bologne l'effet qu'il désirait produire sur l'opposition, il semblait ne plus s'occuper des affaires d'Italie; sans méconnaître le péril qui pouvait résulter un jour de la révolte des Légations, il croyait avoir le temps d'y pourvoir, et, en attendant, il se laissait entièrement distraire et absorber par d'autres questions plus proches et plus pressantes ; c'était le moment où il intervenait en Belgique et négociait le traité des Vingt-quatre articles.

Cependant le cardinal Bernetti ne cachait pas à l'ambassadeur de France que la patience du Pape était à bout. Dès le début, Grégoire XVI avait dit à M. de Sainte-Aulaire : « C'est

---

[1] « L'opinion libérale en Italie, écrivait, de Turin, M. de Barante, le 31 décembre 1831, reçoit toute l'influence des réfugiés et de la faction qui, en France, a mis son espoir dans la guerre et la propagande. C'est la même exaspération, la même haine contre M. Périer et M. Sébastiani, les mêmes discours outrageants contre le roi Louis-Philippe. Une espérance succède à une autre, une illusion vient remplacer l'illusion dissipée. Ç'a été d'abord les élections, puis la majorité; après un instant de découragement, Lyon est venu réchauffer le parti, qui maintenant compte sur la discussion du budget. Il paraît qu'on a fait dire dans les Légations de ne point céder à l'autorité pontificale et de tenir bon encore un mois. » (*Documents inédits.*)

une expérience à faire ; nous la jugerons par ses résultats ; jusqu'ici, convenez qu'ils ne s'annoncent pas d'une manière favorable. » Depuis, en présence de l'audace croissante des agitateurs qui convoquaient une convention à Bologne, levaient des impôts et organisaient publiquement une armée insurrectionnelle, le Pontife n'avait-il pas dû être plus dégoûté encore de cette « expérience » ? Les cardinaux *zelanti* avaient beau jeu à lui répéter chaque jour : « Qu'a-t-on gagné à se soumettre à la Conférence? Les édits rendus en exécution du *Memorandum*, loin de calmer les populations, les ont rendues plus exigentes, plus révoltées. Qu'attend-on pour se soustraire à tant d'indignités? L'impunité de Bologne et de la Romagne n'est-elle pas faite pour ébranler les provinces encore fidèles? Il n'y a plus un moment à perdre pour abandonner une politique déshonorante, désormais jugée. » Cet avis finit par prévaloir dans les conseils du Vatican ; et, le 8 décembre 1831, le cardinal Bernetti annonça tristement à notre ambassadeur que résolution était prise de soumettre la révolte à main armée. Le cardinal prince Albani, octogénaire, mais l'un des plus ardents des *zelanti* et l'antagoniste déclaré du secrétaire d'État, était nommé au commandement des troupes pontificales. Ces troupes, levées à la hâte, mal armées, mal disciplinées, ne s'élevaient pas à plus de cinq mille hommes : prendre l'offensive avec des moyens si insuffisants ne s'expliquait qu'avec l'arrière-pensée d'une nouvelle intervention autrichienne.

Une perspective aussi grave ne permettait pas au cabinet français de négliger plus longtemps les affaires d'Italie. D'ailleurs, dès les premiers jours de décembre, il en avait été saisi par une communication fort pressante de l'ambassadeur d'Autriche[1]. S'il avait trop tardé à se mettre en route, du moins il

[1] M. de Metternich écrivait au comte Apponyi, le 1er décembre 1831 : « Je prévois que le gouvernement sera fort occupé; cela ne devra pas vous empêcher de traiter avec énergie l'affaire des Légations. Nous avons laissé venir les choses au point où le remède doit être porté et où, par conséquent, la nécessité de son emploi doit sauter aux yeux. La partie que nous avons jouée a été pleine de risques, et cependant nous ne nous y sommes pas refusés. M. Périer devra de nouveau reconnaître dans notre conduite une large somme d'égards pour sa posi-

n'hésita pas sur la direction à suivre. Pas un moment il ne laissa voir la moindre tentation d'être complaisant à la révolte; il voulait, au contraire, s'entendre avec les autres cabinets, notamment avec celui de Vienne[1], pour rétablir l'autorité du Pape; seulement, il avait en même temps le souci très-légitime que cette œuvre s'accomplît sans mettre en péril l'influence française et la politique de réformes. Casimir Périer, usant une fois de plus de son procédé accoutumé, convoqua les ambassadeurs d'Autriche, de Prusse et de Russie à une conférence qui eut lieu le 14 décembre. Il y fut convenu « que les représentants des quatre puissances à Rome amèneraient le Saint-Siége à leur adresser un exposé complet de la marche qu'il avait suivie pour rétablir l'ordre dans les Légations, et des mesures qu'il avait adoptées pour se conformer au système d'indulgence, de réformes et d'amélioration conseillé par la Conférence; qu'en réponse à cet exposé les mêmes représentants, prenant acte des améliorations effectuées et promises, exprimeraient, au nom de leurs cours, la désapprobation de la conduite des agitateurs, dans la forme la plus propre à agir sur leur esprit et à les éclairer sur leur position en Europe ». Il était admis que l'Autriche appuierait cette démonstration par des mouvements de troupes sur ses frontières. Notre gouvernement se flattait de décourager ainsi l'insurrection et de prévenir ce qu'il tenait par-dessus tout à écarter, une nouvelle intervention de l'armée impériale[2]. Si ces mesures ne suffisaient pas, les puissances se

tion... La question n'est pas volontaire; la chose n'est pas à laisser ou à prendre; il faut l'empoigner, sans quoi elle nous tuera. C'est à faire saisir la force de cette vérité que vous et MM. vos collègues de Russie et de Prusse devez vous appliquer. » (*Mémoires de M. de Metternich*, t. V, p. 145.)

[1] M. de Barante, vers cette époque, ayant cru devoir tenir un langage assez comminatoire à l'ambassadeur d'Autriche à Turin, pour le cas où il y aurait une seconde intervention, le général Sébastiani lui en exprima son déplaisir : « Un langage plus vague et moins formel, dit-il, eût été peut-être plus conforme aux relations complétement amicales et conciliantes qui existent en ce moment entre les grandes puissances, relativement à cette question. En effet, nous continuons à chercher, dans un parfait accord avec l'Autriche et nos autres alliés, les moyens de mettre fin à l'état d'anarchie qui afflige la Romagne. » (Dépêche du 14 janvier 1832, *Documents inédits*.)

[2] Le général Sébastiani écrivait à M. de Barante, en lui rendant compte de

« réservaient de procéder à des déterminations plus décisives ».

Les représentants des quatre puissances à Rome, obéissant à l'impulsion venue de Paris, se mirent aussitôt à l'œuvre. La Conférence reprit ses séances interrompues depuis cinq mois. Le cardinal Bernetti, vivement pressé, consentit à suspendre provisoirement la mise en mouvement des troupes pontificales. Puis, le 10 janvier, il adressa aux ambassadeurs la note désirée par leurs cours. On ne put s'entendre pour y faire une réponse commune, parce que le représentant de la France ne voulait rien dire qui impliquât adhésion sans condition à une intervention éventuelle des Autrichiens; il déclara, au contraire, que, si ce cas se présentait, il « demanderait des garanties et des compensations ». Mais, sauf cette réserve, les quatre plénipotentiaires furent d'accord pour exprimer, chacun de leur côté, leur réprobation de la révolte; ils témoignèrent aussi l'espoir que le gouvernement romain, en récompense du concours qui lui était donné, persisterait dans les réformes où il s'était engagé sur les conseils de l'Europe. M. de Sainte-Aulaire avait tenu d'autant plus à faire insérer cette dernière déclaration dans les quatre notes, que le cardinal Bernetti ne lui avait pas caché l'ébranlement de sa situation personnelle par suite de l'influence croissante des *zelanti*. La note de l'ambassadeur de France, datée du 12 janvier, n'était pas la moins énergique contre les révoltés; après avoir énuméré les édits réformateurs publiés depuis six mois et les promesses faites par le Pape de les compléter prochainement, il déplorait l'ingratitude des populations, reconnaissait le droit et le devoir du Saint-Siège de rétablir son autorité souveraine, et, prévoyant le cas où ses troupes rencontreraient une résistance coupable, il ajoutait : « Le soussigné ne fait aucune difficulté de déclarer que les auteurs de cette résistance, aussi insensée dans son but que fatale dans ses résultats, seraient considérés en France comme les plus dangereux ennemis de la paix générale. Fidèle à sa politique tant

cette décision : « Ce que nous nous proposons avant tout, c'est d'empêcher, s'il est possible, l'intervention armée de l'Autriche. » (Dépêche du 14 janvier 1832, *Documents inédits.*)

de fois proclamée, le gouvernement du Roi emploierait, au besoin, tous les moyens pour assurer l'indépendance et l'intégrité des États du Saint-Père. La bonne intelligence qui existe entre lui et ses augustes alliés est une garantie certaine que ses vœux à cet égard seront accomplis. » Le cardinal Bernetti fit aussitôt publier, le 14 janvier 1832, dans le journal officiel de Rome, les notes des quatre ambassadeurs, et il y joignit un manifeste par lequel il adjurait les habitants des Légations de rentrer dans le devoir et de ne pas attirer sur leur pays les maux de la guerre civile et de la guerre étrangère.

Ce qui se passait depuis quelques semaines dans ces provinces pouvait donner quelque espoir dans l'efficacité de ces démarches. Tant qu'ils n'avaient cru avoir affaire qu'aux troupes papales, les révoltés ne s'en étaient montrés nullement émus; ils ne s'étaient même pas beaucoup effrayés de l'éventualité d'une intervention autrichienne, persuadés que nous serions forcés alors de nous y opposer et qu'il en résulterait une guerre générale. Mais du jour où ils avaient vu toutes les puissances, y compris la France, se concerter pour soutenir l'autorité du Saint-Siège, le découragement et l'inquiétude les avaient gagnés. Avec cette promptitude qu'ont parfois les Italiens à tourner sans vergogne le dos au danger, les plus prévoyants et non les moins compromis avaient donné le signal d'une sorte de sauve qui peut: c'était presque à croire qu'il y aurait émulation à qui viendrait le premier offrir sa soumission. Les publications du 14 janvier n'allaient-elles pas précipiter cette dissolution déjà commencée, et ne se trouverait-on pas ainsi avoir eu raison de la révolte sans recourir à la force? Divers symptômes le faisaient supposer. En tout cas, si tardive que fût l'intervention diplomatique de l'Europe, il convenait que le gouvernement pontifical lui laissât le temps de produire son effet et attendît au moins quelques jours avant de recourir à d'autres moyens.

C'est ce que ne permit pas l'impatience du cardinal Albani. Depuis un mois, il ne subissait qu'en maugréant les délais imposés par la diplomatie, et faisait savoir à Rome qu'il ne pouvait plus longtemps retarder son attaque. Du revirement qui se manifestait dans les Légations, il concluait seulement qu'une action militaire n'y rencontrerait pas de résistance sérieuse, et que dès lors une chance s'offrait de rétablir l'autorité du Pape, sans avoir à compter avec les conseils de réformes donnés par l'Europe. S'il échouait, il en serait quitte pour appeler les troupes autrichiennes avec lesquelles il paraissait bien avoir partie liée. Cinq jours seulement après la publication des notes, lorsqu'elles étaient à peine parvenues dans les Légations, le fougueux vieillard, sans avoir reçu aucun ordre de Rome, mais abusant des pleins pouvoirs qu'on avait eu l'imprudence de lui confier [1], mit sa petite armée en mouvement et la fit entrer sur le territoire des provinces révoltées : elle rencontra, le lendemain 20 janvier, près de Cézène, les gardes civiques de Bologne et des villes voisines, et leur infligea une sanglante défaite. Il semblait que cette victoire dût déterminer une soumission générale. Mais les troupes pontificales, qui comptaient dans leurs rangs beaucoup de vagabonds et d'aventuriers, se livrèrent, dans Cézène et surtout dans Forli, à des actes de brigandage et de cruauté qui, exploités par les habiles, grossis par la rumeur publique, provoquèrent dans les Légations un cri d'indignation et de vengeance. Les populations, tout à l'heure disposées à capituler, se levèrent en armes. Surpris, troublé, ne se sentant pas en force, le cardinal prit, cette fois encore, sur lui, et sans avoir demandé les ordres de son gouvernement [2], d'implorer le secours des Autrichiens. Ceux-ci, qui se tenaient prêts, répondirent immédiatement à cet appel. Dès la nuit du 23 au 24 janvier, ils franchissaient la frontière, et, le 28, ils rentraient à Bologne, sans avoir rencontré l'ombre d'une résistance, acclamés même par les populations, qui voyaient dans leur présence une protection contre les soldats du cardinal Albani.

[1] Quelques jours après, le cardinal Bernetti déclarait à M. de Sainte-Aulaire « que le cardinal Albani avait fait un usage peu judicieux du pouvoir discrétionnaire qui lui avait été confié par le Pape ».

[2] Le cardinal Bernetti était si peu au courant que, le 26 janvier, il déclarait à M. de Sainte-Aulaire, en l'autorisant à en transmettre l'assurance à son gouvernement, qu'aucun secours n'avait été demandé à l'Autriche, et que, suivant toute apparence, le Pape ne serait pas réduit à employer cette ressource extrême.

Le gouvernement français se retrouvait donc en face de la même difficulté dont il avait eu tant de peine à se tirer six mois auparavant, difficulté aggravée par cela seul qu'elle se renouvelait. La précipitation avec laquelle l'entrée en campagne du cardinal Albani et l'intervention des Autrichiens s'étaient produites au moment même où commençait à s'exécuter le plan de pacification concerté entre les puissances, donnait à toute cette affaire un caractère de surprise préméditée, de coup monté à notre insu et contre nous, qui nous la rendait encore plus déplaisante[1]. Peut-être n'était-ce qu'une apparence. Certains indices feraient croire que le cabinet de Vienne était le premier à trouver que ses généraux avaient été un peu vite[2]. Son impression était au moins fort mélangée; s'il jouissait d'avoir fait acte de suprématie en Italie, il ne laissait pas en même temps que d'être un peu troublé des risques auxquels il s'exposait ainsi et fort désireux de nous amadouer[3]. Quoi qu'il en fût d'ailleurs des secrets sentiments du gouvernement impérial, le silence et l'inaction nous étaient impossibles. Après s'être fait honneur d'avoir substitué le concours européen à l'action exclusive du cabinet de Vienne, la politique réformatrice de la France

---

[1] Quelques jours plus tard, le 13 mars, dans un *memorandum* où il rappelait tous les faits, Casimir Périer disait, au sujet de la nouvelle intervention autrichienne : « La précipitation avec laquelle elle avait lieu permettait de croire qu'elle était le résultat d'un concert préalable dont on nous avait caché l'existence; ce n'était que dans cette hypothèse qu'on pouvait se rendre compte de quelques incidents singuliers et particulièrement d'une proclamation autrichienne qui, datée du 19 janvier, trois jours avant l'appel du cardinal Albani, annonçait déjà la marche des troupes impériales. Depuis, les cours de Rome et de Vienne nous ont donné des éclaircissements qui tendent à expliquer ces malentendus d'une manière toute naturelle et à en rejeter le tort sur le zèle indiscret ou sur l'imprévoyance de leurs agents; nous sommes loin de mettre en doute la sincérité de ces explications... » (*Documents inédits.*)

[2] La princesse de Metternich, fort animée cependant contre la France, écrivait, dans son journal intime, le 31 janvier 1832 : « Je suis allée auprès de Clément (son mari), qui m'a lu un grand travail qu'il venait de terminer pour Paris. L'entrée de nos troupes à Bologne, entrée aussi inattendue qu'inutile, peut amener la chute de Périer... Nous sommes fatigués de jouer le triste rôle de police pontificale. » (*Mémoires du prince de Metternich*, t. V, p. 228.)

[3] Cf. entre autres les conversations de M. de Bombelles, ambassadeur d'Autriche à Turin, avec M. de Barante. (Correspondance diplomatique de M. de Barante, *Documents inédits.*)

à la politique répressive et réactionnaire de l'Autriche, notre ministère pouvait-il accepter le démenti qui lui était donné? Après s'être tant vanté d'avoir imposé l'évacuation en juillet 1831, pouvait-il, en janvier 1832, assister tranquillement à une nouvelle intervention? La mortification eût été bien plus grande que la première fois ; il s'y fût joint ce je ne sais quoi d'un peu ridicule propre aux niais qui se font jouer et aux fanfarons qui se laissent braver. En Italie, plus que jamais, notre influence courait le risque d'être absolument ruinée [1]. En France, l'opposition se flattait déjà d'avoir retrouvé un terrain favorable pour attaquer le cabinet : elle montrait dans la conduite du cardinal Albani la conséquence de la note adressée, le 12 janvier, par M. de Sainte-Aulaire au gouvernement pontifical, et menait bruyamment une campagne d'indignation contre les excès des troupes papales. La politique conservatrice paraissait abaissée et compromise; il fallait quelque coup d'éclat pour la relever, mais un coup d'éclat calculé de telle sorte qu'il ne mît pas en péril la paix de l'Europe ou l'autorité du Pape, qu'il ne servît les desseins ni des belliqueux de Paris, ni des révolutionnaires de Bologne.

Le problème était singulièrement complexe et difficile. Casimir Périer l'aborda avec sa résolution habituelle. Par suite d'une maladie du général Sébastiani, il avait pris complétement en main toute la direction des affaires étrangères. Si soudaine qu'elle fût, l'intervention ne le prenait pas tout à fait à l'improviste. Quand, au mois de décembre 1831, son attention avait été rappelée sur la question italienne, il avait prévu les diverses hypothèses, et, tout en désirant, en espérant même échapper à une nouvelle occupation autrichienne, il avait arrêté, à part soi, son plan de conduite pour le cas où elle se produirait, et l'avait aussitôt exposé en ces termes à son ambassadeur près le Saint-Siége : « Si, par suite de la marche des événements, la cour de Rome se croyait dans la nécessité de recourir à une intervention étrangère, nécessité toujours bien

---

[1] Voy. notamment la correspondance de M. de Barante. (*Documents inédits.*)

déplorable, nous demanderions que cette intervention, au lieu d'être effectuée par une grande puissance européenne à laquelle l'opinion publique attribuera toujours, à tort ou à raison, des projets d'empiétement, fût confiée à des troupes sardes. Si pourtant l'occupation autrichienne ne pouvait être évitée, ce que nous regretterions bien vivement, nous y mettrions cette condition : que tandis que les Autrichiens occuperaient une partie des Légations, une autre partie fût occupée par les Sardes, et que nos soldats et nos vaisseaux fussent reçus dans le port et la place d'Ancône. Enfin, si le refus de la Sardaigne ou tout autre motif faisait échouer cette combinaison, l'occupation des Légations par les troupes autrichiennes pourrait encore avoir lieu, toujours moyennant notre entrée à Ancône. Cette dernière hypothèse, la plus défavorable de toutes, marque le terme des concessions auxquelles nous nous prêterions. » Dans ce plan, une partie devait être bientôt reconnue inexécutable : par divers motifs et surtout par crainte de déplaire à l'Autriche, le cabinet de Turin n'était pas disposé à jouer le rôle qu'on lui réservait. Restait donc seule l'idée d'une intervention française venant s'adjoindre et en même temps faire contre-poids à l'intervention autrichienne. Cette idée n'était pas absolument nouvelle : on se rappelle qu'en mai 1831, notre ambassadeur à Rome avait déjà proposé quelque chose de ce genre.

Après avoir communiqué son plan à M. de Sainte-Aulaire, Casimir Périer ajoutait : « Je n'ai pas besoin de vous dire que les détails dans lesquels je viens d'entrer ne doivent être connus que de vous, jusqu'au moment où les circonstances en rendraient l'application nécessaire. » Notre ambassadeur, estimant qu'en pareil cas il fallait avant tout éviter tout ce qui aurait le caractère d'une surprise, ne crut pas devoir s'astreindre à la discrétion qui lui était recommandée, et, dès la fin de décembre 1831 ou les premiers jours de janvier 1832, alors que l'on croyait encore pouvoir éviter l'intervention autrichienne, il fit connaître nettement au cardinal Bernetti quelles seraient, au cas de cette intervention, les exigences de la France. Le cardinal se montra moins étonné qu'on eût pu s'y attendre. A l'idée d'un appel aux troupes sardes, il objecta que le temps manquerait pour le négocier. Quant à l'occupation d'Ancône par les Français, il répondit « que c'était une grande affaire, sur laquelle il ne pouvait hasarder aucune parole avant d'avoir reçu les ordres du Pape, et qu'il les prendrait le jour même ». M. de Sainte-Aulaire lui recommanda de bien expliquer à Sa Sainteté que notre exigence n'avait rien dont sa dignité et ses intérêts pussent souffrir, et que son indépendance ne serait que mieux garantie si, dans la nécessité de recourir à des forces étrangères, il appelait à son aide deux puissances au lieu d'une. « Je vous entends à merveille, reprit le cardinal Bernetti; si les Autrichiens entrent à Bologne, c'est pour vous assurer qu'ils en sortiront que vous demandez à entrer à Ancône. » Le lendemain, nouvel entretien : le cardinal secrétaire d'État était remarquablement ouvert et de belle humeur; il déclara sans doute que le Pape n'avait point donné le consentement demandé à une occupation éventuelle d'Ancône, mais avec un accent et une physionomie qui semblaient calculés pour ne pas décourager l'ambassadeur. Il allégua, comme motif, la crainte « des conséquences que pouvait avoir la présence des troupes françaises en Italie », et aussi les égards dus à l'Autriche. M. de Sainte-Aulaire combattit ces objections, puis il termina par ces mots : « Pensez-y bien, monseigneur, si vous nous refusez votre consentement, vous nous obligerez peut-être à nous en passer. Qu'arrivera-t-il alors? — La vertu des papes est la résignation, reprit le cardinal en souriant. — M'autorisez-vous à écrire cette réponse à Paris? — Mais, sans doute. » L'entretien finit là. Les paroles du cardinal et surtout le ton dont elles avaient été dites n'avaient pas laissé à notre ambassadeur le moindre doute sur leur signification : il en avait conclu que si le Pape ne voulait pas consentir expressément à notre occupation par ménagement pour l'Autriche, il admettait qu'on lui forçât la main. Il écrivit dans ce sens à son gouvernement, et, à Paris, on fut dès lors convaincu que l'occupation d'Ancône ne rencontrerait pas d'opposition sérieuse à Rome.

Loin de blâmer M. de Sainte-Aulaire d'avoir fait connaître

notre résolution éventuelle au gouvernement pontifical, Casimir Périer pratiqua de son côté cette même politique à découvert. Vers le 10 janvier, il fit venir les ambassadeurs étrangers et leur déclara formellement « qu'au cas où, contre notre attente, le Saint-Siége se croirait dans la nécessité de recourir à cette intervention, la remise d'Ancône aux forces françaises deviendrait pour nous une garantie indispensable, dont rien ne pourrait nous faire départir ». Les ambassadeurs reçurent cette communication avec un visage impassible et sans répondre un mot. Notre ministre en conclut que, de ce côté aussi, il ne serait pas contrarié. C'était aller un peu vite : à peine notre projet fut-il connu de M. de Metternich, qu'il le mit de fort méchante humeur. « Ce serait une farce et en même temps un contresens », écrivait-il, le 13 janvier, au comte Apponyi [1]. Toutefois, il n'osait pas élever de *veto* absolu, discutait et tâchait de nous amener à quelque autre combinaison : ainsi offrait-il d'admettre nos escadres et même nos troupes de terre à participer à l'occupation des Légations, sous le commandement supérieur d'un général autrichien. Cette dernière condition était inadmissible, mais le seul fait d'une telle proposition n'impliquait-il pas l'aveu du droit que la France aurait de faire quelque chose si l'Autriche intervenait? Périer, du reste, ne s'inquiétait pas beaucoup du mécontentement du cabinet de Vienne, du moment où il se croyait assuré de la non-opposition du Pape. Aussi persistait-il plus fermement que jamais dans son dessein, et, ne voulant pas se laisser surprendre par les événements, il avait, dès le milieu de janvier, donné l'ordre de rassembler à Toulon le petit corps qui serait appelé à occuper Ancône et de préparer les navires qui devaient le transporter.

Les choses en étaient là, quand, le 31 janvier, arriva à Paris la nouvelle du tour si rapide qu'avaient pris les événements dans les Légations, de l'entrée en campagne du cardinal Albani, de l'appel fait aux Autrichiens, et de l'occupation de Bologne par les troupes impériales. Périer n'hésita pas un instant : il

---

[1] *Mémoires de M. de Metternich*, t. V, p. 270. Cf. aussi p. 307 à 310.

convoqua le conseil des ministres et proposa de faire partir immédiatement les troupes destinées à occuper Ancône. La soudaineté de l'action lui avait réussi en Portugal et en Belgique ; il voulait, cette fois encore, user d'un procédé d'ailleurs conforme à son tempérament. Il y eut des objections dans le conseil : on trouvait l'aventure risquée, insuffisamment préparée. Mais Périer savait toujours faire prévaloir sa volonté. L'expédition fut donc décidée, et les ordres expédiés à Toulon. Deux bataillons, forts de quinze cents hommes, sous les ordres du colonel Combes, et une compagnie d'artillerie furent aussitôt embarqués sur le *Suffren* et sur deux frégates, et, dès le 7 février, la flottille, commandée par le capitaine de vaisseau Gallois, mit à la voile pour Ancône. Il était convenu que si les Autrichiens nous devançaient dans cette ville, on se rabattrait sur Civita-Vecchia. Le général Cubières, commandant supérieur de l'expédition, devait s'embarquer, quelques jours après, sur un navire à vapeur, et, pendant que nos vaisseaux à voiles feraient plus lentement le tour de l'Italie, se rendre directement à Rome, s'entendre avec le gouvernement pontifical sur les conditions de notre occupation, puis aller, à Ancône, présider au débarquement des troupes et à la prise de possession de la ville.

Si Casimir Périer voulait agir soudainement, il n'entendait pas du tout faire un coup à la sourdine. Aussi, quatre jours après le départ de l'escadre, le 11 février, avait-il écrit à son ambassadeur à Vienne de prévenir le gouvernement impérial que l'expédition était en route pour Ancône. Sa dépêche peu étendue, contenait l'assurance que « les troupes françaises évacueraient les États romains au moment où se retireraient les troupes autrichiennes », et que « l'objet de leur envoi était seulement d'aider à la pacification des États du Saint-Siége » ; elle exprimait « l'espoir que la cour impériale n'apporterait pas d'obstacles à cette expédition ». M. de Metternich ne le prit pas de haut. « C'est avec un sentiment de vif regret, répondit-il, que nous avons appris la décision du gouvernement français de donner suite à une mesure que, peu de jours auparavant, il

nous avait annoncée comme un projet nullement arrêté..... »
Il rappela brièvement les raisons qui lui faisaient considérer cette mesure comme « une conception malheureuse », se complut à « prédire » qu'elle aurait toutes sortes de fâcheuses conséquences, mais conclut en ces termes : « Nous ne vous déclarerons pas la guerre pour ce fait. Ce que nous ferons, ce sera de doubler nos mesures de surveillance, afin de ne pas perdre le fruit de nos efforts en faveur de la pacification des États pontificaux. Ce résultat, nous voulons l'obtenir, et nous ne nous laisserons pas arrêter dans la poursuite de ce but. » Du reste, loin de se mettre en avant, il cherchait plutôt à se replier au second plan et insistait sur ce que « la question de l'entrée des troupes françaises à Ancône était une affaire à régler entre la France et le Saint-Siége [1] ». Tout cela témoignait de plus de tristesse que d'irritation, de plus d'embarras que de résolution de nous faire obstacle. A la même époque, de Turin, M. de Barante écrivait, le 20 février, à son ministre : « On commence à avoir nouvelle ici de l'effet qu'a produit sur le cabinet de Vienne la résolution que notre gouvernement a prise de faire occuper Ancône. M. de Bombelles (ambassadeur d'Autriche à Turin) ne m'en a pas parlé, mais il a dit à divers membres du corps diplomatique qu'à sa grande surprise M. de Metternich prenait assez bien la chose. » Il n'était pas jusqu'aux généraux autrichiens qui ne parussent résignés à ne point paraître trop mécontents de notre occupation ; le général Grabowski, qui commandait à Bologne, publiait, le 23 février, un ordre du jour où, après avoir fait allusion aux bruits de débarquement des troupes françaises, il ajoutait : « Il convient de remarquer que cette expédition ne peut qu'être dirigée par les mêmes principes qui ont engagé les troupes de Sa Majesté Impériale Royale à entrer dans les Légations. »

Sans mettre le public français dans la pleine confidence de

---

[1] *Mémoires de M. de Metternich*, t. V, p. 310 à 316. — M. de Metternich paraît avoir un moment songé à retirer très-promptement ses troupes, afin de nous forcer à nous rembarquer, aussitôt débarqués. Il croyait ainsi nous jouer un tour et rendre notre expédition un peu ridicule. La faiblesse militaire et l'incapacité administrative du gouvernement pontifical ne lui permirent pas de donner suite à cette idée.

son entreprise, Casimir Périer lui en laissait entrevoir quelque chose. On n'ignorait pas qu'une expédition était partie, et que nos troupes allaient occuper un point de l'État pontifical; mais quel point? dans quelles conditions? Là commençait l'incertitude. Le principal organe du ministère, le *Journal des Débats*, disait, le 10 février : « Si nous croyons les bruits répandus, nous avons des soldats en mer pour donner force et crédit aux instances de notre ambassadeur... Il fallait être de pair avec l'Autriche. Nous y sommes maintenant. Voulez-vous partir? Nous partons. Voulez-vous rester? Nous restons... Nous venons soutenir l'influence française, faire qu'il y ait deux arbitres dans les affaires d'Italie, au lieu d'un seul. » Il ajoutait, quelques jours plus tard : « Sans aucune pensée hostile contre l'Autriche, nous disons qu'il n'est pas convenable que ce soit l'Autriche seule qui règle les affaires d'Italie, et nous allons les régler avec elle. » Quant à l'opposition, surprise, n'y voyant pas clair, elle faisait la figure la plus embarrassée du monde et ne savait trop que dire; tantôt le *National* dénonçait la légèreté imprudente du gouvernement, qui s'exposait à la guerre dont il ne voulait pas; tantôt il lui reprochait de porter secours aux « égorgeurs du cardinal Albani », d'intervenir, non contre l'Autriche, mais contre la liberté italienne, en un mot de refaire l'expédition d'Espagne de la Restauration.

Tout le plan de Casimir Périer était fondé sur la conviction où il était que le Pape consentait ou, du moins, se résignait à l'occupation française. Le 31 janvier, en même temps qu'il expédiait les ordres militaires à Toulon, le président du conseil donnait instruction à M. de Sainte-Aulaire de réclamer la remise d'Ancône, ne mettant pas d'ailleurs un instant en doute que sa demande ne fût accueillie. « Nous aimons à penser, écrivait-il encore, le 9 février, à son ambassadeur, que le Saint-Père a confirmé ou vous renouvellera sans peine la parole que vous avez reçue. Ancône, occupée par nos soldats, ne saurait être pour lui l'objet de la moindre inquiétude. » M. de Sainte-Aulaire n'avait pas attendu les ordres de son ministre pour agir.

Dès le 30 janvier, ayant audience de Grégoire XVI, il souleva la question d'Ancône. La physionomie du Pontife s'assombrit aussitôt, et son langage, tout à l'heure très-bienveillant, devint fort réservé. Il ne se laissa pas arracher autre chose que de vagues assurances de son désir de complaire au roi des Français, mais déclara ne pouvoir exprimer d'opinion avant d'avoir pris l'avis de son conseil et de ses alliés. En sortant du Vatican, M. de Sainte-Aulaire passa chez l'ambassadeur d'Autriche; les dépêches de Périer lui avaient fait croire qu'il ne rencontrerait pas d'opposition de ce côté; or il se disait qu'il enlèverait bien facilement le consentement du Pape, s'il obtenait seulement que l'Autriche se montrât indifférente. Mais le comte de Lutzow témoigna d'une froideur inquiétante. « Il n'avait pas d'instruction, disait-il, et s'abstiendrait, en attendant, d'émettre une opinion. » Le représentant de la Russie, plus sincère, déclara sans ménagement à notre ambassadeur « que sa demande lui semblait inadmissible, et qu'il emploierait pour la faire rejeter tout ce qu'il avait d'influence à Rome ». Le ministre de Prusse ne lui laissa espérer aucun appui. Il était évident que le cabinet de Vienne, soutenu par les autres puissances continentales, travaillait à faire prononcer par le Pape le *veto* qu'il n'osait nous opposer lui-même. La situation devenait difficile; mais notre ambassadeur ne pouvait reculer, et il remit au cardinal Bernetti une note officielle où il précisait ainsi sa demande : « Sa Sainteté, ayant de nouveau appelé les troupes autrichiennes dans ses États, reconnaîtra sans doute la convenance de prouver par un témoignage public qu'elle n'accorde pas une moindre confiance aux troupes du roi des Français. En retour des preuves multipliées de son zèle pour les intérêts du Saint-Siége, ce prince vient donc demander que la place d'Ancône lui soit confiée en dépôt pour être rendue par lui au moment où s'opérerait simultanément l'évacuation des autres villes de l'État pontifical occupées par des troupes étrangères. » La réponse du cardinal ne se fit pas attendre; c'était un refus positif : « Le Saint-Père n'avait aucune méfiance du roi des Français; il croyait à la sincérité de son zèle et à son intérêt pour le Saint-Siége ; il en était profondément reconnaissant ; mais ces mêmes sentiments, il les avait aussi pour son fidèle allié, l'empereur François. Or l'occupation d'Ancône par les troupes françaises était une mesure de méfiance contre l'Autriche, une garantie que nous croyions nécessaire de prendre contre son ambition ; le Pape ne pouvait, sans la plus odieuse ingratitude, paraître s'associer à de tels soupçons. Père commun de tous les fidèles, il ne se croirait permis de consentir à la demande du gouvernement français que si celui-ci s'était préalablement mis d'accord avec les autres puissances qui, par leurs notes du 15 janvier, avaient promis leur secours au Saint-Siége. » Aucune illusion n'était plus possible : l'influence de l'Autriche avait entièrement prévalu dans les conseils de Grégoire XVI.

Quand ce refus, qui déjouait toutes les prévisions et dérangeait tous les calculs du gouvernement français, parvint à Paris, l'expédition était déjà en pleine mer. La rappeler, en admettant qu'on pût la rejoindre, les ministres n'en eurent même pas la pensée : c'eût été, disait l'un d'eux, pourtant peu favorable à cette expédition, « nous faire siffler par toute l'Europe [1] » ; c'eût été surtout faire la partie trop belle en France à l'opposition révolutionnaire et belliqueuse. Il n'était pas d'ailleurs dans les habitudes de Casimir Périer de reculer devant un obstacle. Il persista dans son entreprise, comptant que sa résolution ferait céder tôt ou tard la cour romaine. Mais, en même temps, il veilla à ce que les conditions imprévues et tout au moins fort anormales dans lesquelles allait s'accomplir l'expédition, n'en altérassent pas le caractère et ne lui donnassent pas une apparence favorable aux révoltés, hostile à l'autorité pontificale. « Jamais, écrivait-il, le 13 février, à M. de Sainte-Aulaire, notre politique ne cherchera son point d'appui sur les passions révolutionnaires en Italie. Nous ne voulons trouver dans l'occupation d'Ancône qu'une garantie morale exigée par la dignité et les intérêts les plus essentiels de la France. » Dans ses con-

---

[1] Le mot est de l'amiral de Rigny, dans une lettre à M. de Sainte-Aulaire.

versations avec le comte Apponyi, il protestait ne pas vouloir favoriser les révoltés [1]. Et, le 26 février, il s'exprimait ainsi dans une dépêche à M. de Barante : « Nous apprenons que la nouvelle de notre expédition excite dans les provinces romaines une fermentation assez vive. Comme il pourrait en résulter des conséquences fâcheuses, je charge M. de Sainte-Aulaire de bien établir que notre but n'est nullement d'intervenir par la force dans le régime intérieur des États de l'Église, ni d'appuyer même moralement les agitateurs ; que nous voulons toujours l'indépendance et l'intégralité du pouvoir temporel du Saint-Siége [2]... Les instructions remises à M. de Cubières sont conçues dans le même sens. Vous pourrez donner ces explications à la cour de Turin, dont elles suffiront sans doute à calmer les inquiétudes [3]. » Notre ministre ne se contentait pas de ces déclarations diplomatiques sans écho hors des chancelleries. Le *Journal des Débats* disait, le 10 février : « Oui, nous voulons le maintien du Saint-Siége et l'intégrité de ses États. » Et, le 15, il ajoutait : « La liberté et l'indépendance de la Romagne, c'est le démembrement des États du Pape ; et ce démembrement, c'est l'agrandissement du royaume lombard-vénitien. Grâce à Dieu, notre intervention empêchera un pareil dénoûment. Nous avons promis, de concert avec l'Europe, de maintenir l'intégrité des États du Pape : c'est cette intégrité que nous allons maintenir. »

Quand on sut à Rome que l'expédition était en route malgré le refus du Souverain Pontife, très-vive fut l'émotion dans la cour pontificale et parmi les représentants des puissances. Il y eut un *tolle* contre la France. La situation personnelle de notre ambassadeur devenait fort pénible, d'autant que les révolution-

---

[1] *Mémoires de M. de Metternich*, t. V, p. 314.

[2] A cette même époque, ayant reçu d'un de ses agents une dépêche où était indiquée l'idée que l'on pourrait chercher à séparer les Légations du reste de l'État romain, Casimir Périer avait repoussé très-nettement cette idée. « Le Saint-Siége, disait-il, par le respect qui s'attache à la nature de sa puissance, est encore la meilleure garantie contre les empiétements de la cour de Vienne. » (Dépêche du 9 février 1832, *Documents inédits.*)

[3] Correspondance diplomatique de M. de Barante. (*Documents inédits.*)

naires commençaient à lui donner publiquement des marques compromettantes de leur sympathie [1]. Des bruits sinistres circulaient. Une fermentation croissante faisait craindre quelque émeute. Le ministre de Russie, l'un des plus animés contre nous, racontait tout haut que le Pape allait excommunier les Français et se réfugier à Naples ou en Lombardie, suivi du corps diplomatique. Les *zelanti* poussaient en effet à ce parti violent; mais Grégoire XVI y répugnait et ne voulait s'y résoudre qu'à la dernière extrémité. Tout au moins désira-t-il auparavant faire appel à l'honneur de M. de Sainte-Aulaire qu'il avait en haute estime; il le fit adjurer par le cardinal Bernetti de déclarer sans ménagement toute l'étendue des dangers dont était menacé le Saint-Siége : le Pontife craignait surtout que les Français ne visassent à s'approcher de Rome et qu'ils ne missent la main sur Civita-Vecchia en même temps que sur Ancône. Notre ambassadeur répondit avec une sincérité complète, ne cachant rien de nos desseins. Il rassura le gouvernement pontifical au sujet de Civita-Vecchia. Quant à Ancône, il protesta avec chaleur qu'aucun guet-apens, qu'aucune surprise n'était à craindre, et s'engagea à communiquer au Pape les instructions qu'allait lui apporter le général Cubières. « Rien ne se fera, ajouta-t-il, que Sa Sainteté n'en ait été prévenue à l'avance. Il ne dépend cependant ni de moi, ni du gouvernement français lui-même, de garantir le Saint-Siége contre les conséquences de la situation dans laquelle je le vois, avec un grand regret, disposé à se placer. » Puis, rappelant les faits, l'expédition commencée « dans la confiance autorisée que le Pape s'y résignerait », l'impossibilité de la rejoindre en mer, il continua ainsi : « Notre escadre arrivera donc nécessairement devant Ancône; que dirait-on en France et en Europe, si elle s'en retournait honteusement? Le gouvernement du Roi peut-il encourir ce ridicule et cette ignominie? Vous-même ne voudriez pas nous le conseiller sérieusement. Il vous reste donc à

---

[1] M. de Sainte-Aulaire était si inquiet du tour que prenait l'entreprise sur Ancône, qu'il voulut se retirer. Casimir Périer obtint qu'il ne donnât pas suite à ce dessein.

balancer les inconvénients de recevoir à Ancône les Français comme des amis et des défenseurs, ou de les y laisser dans une attitude hostile qui réveillera les espérances et ranimera le courage de tous les révolutionnaires italiens. » Ce langage ne fut pas sans faire impression sur le cardinal Bernetti, qui se montra à la fois un peu rassuré et adouci ; il se défendit d'avoir aucune méfiance envers la France et allégua seulement les ménagements qu'il devait à l'Autriche. « Mettez-vous d'accord avec le comte de Lutzow, ajouta-t-il, et je ferai de grand cœur ce que vous me demanderez avec son assentiment. »

Grâce aux loyales explications de notre ambassadeur, la situation devenait donc moins tendue. Loin de songer à nous opposer une résistance matérielle, le gouvernement pontifical avait donné l'ordre au commandant d'Ancône de se tenir prêt à vider les lieux au premier jour. Son intention, comme il a été révélé plus tard à M. de Sainte-Aulaire par un des prélats influents de la Curie, était d'exiger de nous une sommation impérative pour bien constater qu'il ne cédait qu'à la force ; il nous eût peut-être adressé en réponse une protestation, mais fort mitigée dans les termes par le désir de bien vivre avec des hôtes qu'on ne pouvait se dispenser de recevoir. Il y avait même lieu d'espérer que ces conditions seraient améliorées, et que l'on conviendrait à l'avance avec le Saint-Siége d'un cérémonial d'occupation qui, tout en mettant sa responsabilité à couvert envers l'Autriche, serait de notre part le plus respectueux possible de ses droits. M. de Sainte-Aulaire avait préparé le terrain : les esprits étaient bien disposés ; mais un tel arrangement ne pouvait être conclu sans le général Cubières, qui devait apporter les dernières instructions du gouvernement français, et qui, d'ailleurs, avait seul compétence pour la question militaire.

Cependant, à l'ambassade de France comme à la chancellerie romaine, on commençait à s'étonner et à s'impatienter de ne pas voir arriver le général : il était parti de Toulon, le 12 février, sur un bateau à vapeur, et quarante-huit heures eussent dû suffire à sa traversée. Or les jours s'écoulaient, et il ne paraissait pas. Par contre, de divers points de la côte italienne, on avait vu notre petite escadre, poussée par un vent favorable, descendre vers le détroit de Messine et remonter dans l'Adriatique. Que se produirait-il si elle arrivait devant Ancône avant que le général Cubières eût pu se concerter avec le gouvernement pontifical? M. de Sainte-Aulaire, fort anxieux, se rassurait cependant par la pensée qu'en l'absence du général, rien ne devait se faire sans les ordres de l'ambassadeur de France. En effet, le président du conseil lui avait écrit : « C'est à vous ou à votre agent à Ancône que le commandant s'adressera afin de savoir s'il doit ou non débarquer sa garnison. » Pour plus de sûreté encore, il avait été réglé que le brick *l'Éclipse*, parti de Toulon plusieurs jours avant l'escadre, la précéderait à Ancône, entrerait seul dans le port, y prendrait les ordres de l'ambassadeur, et les porterait en pleine mer au chef de l'expédition. Au reçu de ces instructions, le 17 février, M. de Sainte-Aulaire avait immédiatement écrit à M. Guillet, agent consulaire de France à Ancône, pour lui recommander de guetter l'arrivée du brick, et lui enjoindre de faire savoir au commandant de l'escadre qu'il ne devait rien entreprendre jusqu'à nouvel avis.

M. de Sainte-Aulaire croyait avoir ainsi paré à tout danger. Cependant il s'étonnait et s'inquiétait de plus en plus d'être sans nouvelles du général Cubières. Le 24 février au soir, il cherchait tristement à deviner les causes d'un retard si extraordinaire, quand s'ouvrit la porte de son cabinet : c'était enfin le général. Il avait mis douze jours à faire une traversée qui n'en exigeait d'ordinaire que deux. Il allégua vaguement des « accidents de mer » qui l'avaient forcé à relâcher en Corse; du reste, disait-il, « il en avait été médiocrement contrarié, étant bien sûr d'arriver à temps ». Si singulière que fût cette réponse, M. de Sainte-Aulaire avait autre chose à faire que de la relever; il ne songeait qu'à réparer le temps perdu et prit rendez-vous avec le général pour le conduire le lendemain au Vatican. Demeuré seul, il réfléchissait à la meilleure manière de traiter la question avec le cardinal Bernetti, quand quelqu'un entra de nouveau dans son cabinet : on lui apportait la nouvelle que, la veille, les Français s'étaient emparés d'Ancône par surprise et de vive force.

En effet, l'escadre, aussi rapide que le général Cubières a été lent, est arrivée en vue d'Ancône, le 21 février. Le brick qui devait la précéder était resté en arrière. Le 22, elle mouille en rade. Le capitaine Gallois, qui, en l'absence du général, fait office de commandant supérieur, échange les politesses d'usage avec le capitaine du port. Il juge habile de lui raconter qu'il est en route pour la Morée et qu'il touche seulement quelques jours à Ancône, pour faire des vivres; il annonce l'intention de n'entrer dans le port que le lendemain, et invite l'officier pontifical à déjeuner pour ce jour-là. Mais, tout en prenant ce visage ami, il tient à son bord un conseil de guerre où il fait décider que l'on s'emparera de la ville pendant la nuit [1]. Cependant M. Guillet, notre agent consulaire, chargé des ordres de l'ambassadeur de France, n'a pas perdu un moment pour les porter au capitaine Gallois; après les avoir lus, celui-ci se borne à dire négligemment « qu'il a ses instructions et qu'il les exécutera le lendemain ». Dans la nuit du 22 au 23, entre deux et trois heures du matin, quinze cents hommes pénètrent dans le port, débarquent en silence, puis, conduits par le capitaine Gallois et le colonel Combes, ils s'élancent au pas de course, brisent une porte à coups de hache, escaladent le rempart, désarment les postes, surprennent dans leurs lits le commandant militaire et le prolégat. La ville se réveille le matin au pouvoir des Français; pas une amorce n'a été brûlée, pas une goutte de sang versée. Reste la citadelle, dont on ne peut s'emparer par un coup de main. On entre en pourparlers avec le commandant; on lui affirme que tout se fait d'accord avec le gouvernement pontifical et sous la direction de M. de Sainte-Aulaire, et l'on finit par lui arracher une capitulation par laquelle il laisse entrer des soldats français en nombre égal à ses propres soldats, et hisse le drapeau de la France à côté de celui du Pape.

[1] A ce conseil de guerre assista le chef d'escadron Bertin de Vaux, aide de camp du général Sébastiani; il était arrivé à Ancône depuis le 20 février, sans que M. de Sainte-Aulaire eût été informé de son voyage.

Maîtres ainsi de la ville et de la citadelle, le commandant Gallois et le colonel Combes s'occupent de réveiller l'énergie des habitants, pour tenir tête aux Autrichiens qu'ils s'imaginent voir paraître d'un instant à l'autre; ils parcourent les rues, ameutant le peuple et le sommant de prendre les armes. « Habitants d'Ancône, s'écrie le commandant, dans une proclamation imprimée, la maison d'Autriche, poursuivant ses antiques et éternels projets d'agrandissement, a envahi les États de l'Église! Elle s'apprêtait à étendre sur vous son réseau d'acier, à faire peser sur vos têtes son sceptre de plomb! Mais la France a vu vos dangers, et, dans les vastes flancs de ses vaisseaux, elle vous a envoyé des défenseurs, avant-garde d'une puissante armée! »

Nous voilà bien loin de ce qu'avait voulu le gouvernement français. Comment expliquer que sa pensée ait été ainsi dénaturée, que ses instructions aient été à ce point méconnues? Le commandant Gallois et le colonel Combes, amenés, par l'absence du général Cubières, à s'emparer d'un premier rôle auquel ils n'étaient pas destinés, se trouvaient être les hommes le moins propres à le bien remplir. C'étaient de braves soldats, mais des esprits étroits, exaltés, imbus des idées de la gauche d'alors, et jugeant la France de Juillet tenue d'honneur à poursuivre par une grande guerre la revanche de Waterloo [1]. Très-imparfaitement instruits du dessein auquel ils ne devaient coopérer qu'en sous-ordre et pour la partie en quelque sorte matérielle [2], ignorant tout du côté politique et diplomatique qui avait été réservé au général Cubières, trompés et excités par le tour mystérieux de l'entreprise, ils n'avaient vu là qu'une entrée en campagne contre l'Autriche, le commencement du grand branle-bas qu'ils attendaient depuis dix-huit mois avec tant d'impa-

---

[1] Le commandant Gallois avait un frère fort engagé dans le parti révolutionnaire, et qui était allé se battre en Pologne. Le colonel Combes était un ancien capitaine de la garde impériale qui s'était expatrié après 1815 et n'avait repris son service qu'après la révolution de Juillet. Il devait, en 1837, trouver une mort glorieuse sur la brèche de Constantine.

[2] Le commandant Gallois n'avait ouvert qu'au détroit de Messine les instructions cachetées qui lui avaient été remises. Quant au colonel Combes, peu d'heures avant d'arriver devant Ancône, il ignorait encore où il allait.

tience. Eussent-ils eu quelque doute sur la vraie pensée du gouvernement, qu'en le compromettant malgré lui, ils auraient cru agir en patriotes et bien mériter du parti qui était pour eux toute la France [1]. D'ailleurs, à leur arrivée devant Ancône, ne rencontrant pas le général Cubières, ils avaient pu, de bonne foi, se croire dans une situation militaire assez critique : on venait leur raconter que les Autrichiens s'avançaient à marches forcées sur Ancône, et ce bruit répondait trop bien à leurs idées sur une rupture nécessaire entre les deux puissances pour qu'ils ne l'accueillissent pas facilement. Après être accourus de si loin, pouvaient-ils, sans honte, sans ridicule, se laisser devancer et assister de leurs vaisseaux à l'entrée des troupes impériales dans la place qu'ils avaient mission d'occuper? De là, le conseil de guerre du 22 et la résolution de tout brusquer. Leur procédé, qui, en pleine paix et envers des alliés, prenait une figure assez vilaine de guet-apens et de piraterie, était, pour eux qui croyaient les hostilités ouvertes ou sur le point de s'ouvrir, une ruse de guerre légitime, un heureux coup de main. Aussi, loin d'être embarrassés de ce qu'ils avaient fait, s'en montraient-ils tout fiers. « Je considère notre coup de main comme un des plus extraordinaires des fastes militaires », écrivait le lendemain le colonel Combes à M. de Sainte-Aulaire. Quant au commandant Gallois, il racontait à son frère son « escalade », sur un ton d'allégresse triomphante : « Il faisait beau, disait-il, voir ton frère, à trois heures du matin, allant, avec une compagnie de grenadiers, prendre dans son lit le légat du Pape, qui paraissait plus fâché d'être dérangé de son sommeil que de la prise de sa

[1] Quelques jours plus tard, quand il fut rappelé, le capitaine Gallois, au lieu de s'en retourner directement, comme le lui avait prescrit le gouvernement, alla se promener dans les Romagnes et eut des rapports avec les révolutionnaires italiens. M. de Barante écrivait à ce sujet, dans une dépêche en date du 5 avril 1832 : « M. le comte de Latour (principal ministre du roi de Sardaigne) a été instruit avec assez de certitude que M. le commandant Gallois, en traversant l'Italie pour revenir en France, a eu des communications intimes avec les patriotes italiens. Il a dit que son dessein, en débarquant à Ancône, avait été de soulever l'Italie et de faire du drapeau tricolore le signal de la délivrance, mais que le ministère était trop pusillanime pour concevoir un tel dessein; qu'il n'y avait rien à espérer tant qu'il resterait à la tête des affaires, mais que les amis de la liberté réussiraient infailliblement à le renverser. »

ville, dont il ne se doutait pas; le priant du reste d'excuser la liberté grande[1]. » Les deux officiers étaient les premiers à reconnaître qu'ils avaient agi de leur chef et en dehors de leurs instructions; seulement ils s'en faisaient honneur et s'attendaient qu'on leur en fût reconnaissant : « Je pense, écrivait encore à son frère le commandant Gallois, que le gouvernement me saura gré de lui avoir donné l'initiative sans responsabilité, car il peut me désavouer ou accepter l'opération et ses conséquences[2]. »

Il serait injuste, cependant, de ne s'en prendre qu'à ces deux officiers. Une autre responsabilité était engagée peut-être plus gravement encore, celle du général Cubières. Lui seul avait reçu confidence complète des vues du gouvernement; il avait été choisi parce qu'on lui supposait toutes les qualités de mesure, de tact, de souplesse, dont manquaient si complétement ses deux subordonnés. Dans les dépêches envoyées à Rome et à Vienne, Casimir Périer avait présenté la désignation de ce général comme une garantie que tout serait conduit avec convenance, modération et ménagement. Comment donc ne s'était-il pas trouvé à son poste : à Rome d'abord pour régler diplomatiquement les choses à l'avance; à Ancône ensuite pour prendre le commandement militaire? Les « accidents de mer », vaguement allégués, ne pouvaient expliquer un retard de dix jours. M. de Sainte-Aulaire fut convaincu, dès le premier moment,

---

[1] Lettre du 8 mars 1832, citée par M. Louis BLANC, *Histoire de dix ans*, t. III, p. 170.

[2] Toutefois, dans cette même lettre, le commandant Gallois dissimule étrangement l'infraction la plus grave qu'il ait faite à ses instructions; il dit en effet : « J'avais ordre d'attendre à Ancône un délégué de M. de Sainte-Aulaire : *mais, cet envoyé ne s'étant pas présenté,* j'ai jugé convenable de débarquer sans lui... » Or, comme je l'ai raconté, d'après le témoignage précis et formel de M. de Sainte-Aulaire, l'agent consulaire s'était au contraire transporté auprès du commandant Gallois et lui avait transmis les ordres de l'ambassadeur, ordres de ne rien faire jusqu'à nouvel avis. Nous ne nous chargeons pas d'expliquer par quelle équivoque ou quel malentendu le commandant a cru pouvoir nier un fait si bien établi. M. Casimir Périer lui-même avait été un moment induit en erreur par l'assertion de M. Gallois et avait par suite reproché à M. de Sainte-Aulaire sa négligence. Ce dernier se justifia par un mémoire où il rétablit les faits tels que je les ai rapportés. Plusieurs historiens, entre autres M. de Nouvion, ont eu le tort de suivre sur ce point la version du commandant Gallois.

que ce retard avait été volontaire, et le peu d'étonnement, le peu de regret avec lequel le général apprit ce qui s'était passé à Ancône, confirma l'ambassadeur dans sa conviction. Mais alors qu'y avait-il là-dessous? Nous sommes fort gênés pour le deviner. Le général Cubières n'avait pas les attaches démocratiques du capitaine Gallois et du colonel Combes, mais, homme de plaisir, d'une moralité douteuse [1] et d'un caractère peu sûr, il n'était pas de ceux qui se mettent volontiers dans l'embarras pour faire leur devoir. Peut-être, ne voyant pas clair dans l'opération d'Ancône, pressentant des difficultés diplomatiques ou militaires dont il risquait de ne pas sortir à son avantage, craignant de se voir acculé soit à une déconvenue piteuse, soit à une violence répugnante, préféra-t-il laisser ses subordonnés s'en tirer comme ils pourraient. Toutefois, cette même préoccupation égoïste eût dû le faire hésiter à affronter, par une désobéissance aussi peu voilée, le mécontentement de ses supérieurs, à moins que, de ce côté, il ne se sentît couvert. Le maréchal Soult, ministre de la guerre, était, à cette époque, en état de rivalité aiguë avec le général Sébastiani, ministre des affaires étrangères, et avait même par moments des velléités d'opposition sourde contre Casimir Périer ; il ne lui déplaisait pas de laisser croire aux « patriotes » qu'il serait volontiers moins pacifique que le président du conseil ; dans la suite des affaires d'Ancône, nous le surprendrons à plusieurs reprises encourageant le général Cubières à montrer, dans ses rapports avec les autorités pontificales, une rudesse et une malveillance absolument contraires aux instructions données par le ministère des affaires étrangères. Devons-nous donc supposer que cette divergence avait commencé dès le début de l'entreprise? Le maréchal, peu soucieux des égards dus au Pape, exclusivement préoccupé du succès matériel et militaire, redoutant à ce point de vue les lenteurs et les complications d'une négociation préalable, avait-il jugé impossible de s'en tirer sans une de ces brutalités qui n'effarouchaient pas beaucoup l'ancien lieutenant

---

[1] C'est lui qui devait, en 1847, être condamné, avec M. Teste, par la cour des pairs, pour crime de corruption.

de Napoléon, et avait-il alors insinué au général Cubières qu'il pouvait s'attarder en route et laisser faire le coup à des sous-ordres dont l'énergie un peu grossière était connue et que l'on pourrait d'ailleurs ensuite désavouer[1]? Tout cela est fort obscur. Un seul fait nous paraît certain, c'est que s'il s'est tramé quelque chose de ce genre, Casimir Périer y est demeuré absolument étranger.

Ce n'est pas à dire, cependant, que dans cette affaire le président du conseil n'ait eu rien à se reprocher. Il avait eu le tort de mal choisir ses agents et probablement aussi de mal combiner ses instructions. On sait que, par suite de la maladie du général Sébastiani, Casimir Périer faisait alors l'intérim du ministère des affaires étrangères, c'est-à-dire qu'il ne se contentait plus de remplir le rôle pour lequel il était fait, d'imprimer une direction et une impulsion supérieures à notre politique extérieure, mais qu'il avait aussi à régler les détails d'exécution. Pour cette dernière besogne, l'expérience professionnelle lui manquait, et aussi les aptitudes naturelles; sa volonté impatiente de tout obstacle, son énergie allant par moments presque jusqu'à la brutalité, son habitude de pousser droit devant soi en ne regardant qu'un but et en n'ayant guère qu'une idée, ne pouvaient passer pour des qualités diplomatiques. De là, des lacunes qui devaient se faire sentir surtout dans une entreprise aussi délicate, aussi complexe que celle d'Ancône; d'autant qu'elle avait été décidée et exécutée avec une précipitation singulière, à la nouvelle de l'intervention autrichienne. En vérité, on s'y était lancé un peu à l'aveugle, non que le président du conseil ne vît pas clairement l'effet général à atteindre, mais il n'avait peut-être pas aussi nettement prévu et préparé toutes les circonstances de l'exécution. Au sortir même du conseil où la décision avait été prise, non sans avoir soulevé beaucoup d'objections, l'un des ministres, celui même qui, comme chef de la marine, était chargé de

[1] Quelques jours plus tard, le 28 février, le général Cubières écrivait d'Ancône à M. de Sainte-Aulaire : « Il ne faut pas oublier que cette affaire, si elle n'eût pas été brusquée, n'aurait jamais eu de fin. »

rédiger les instructions du commandant Gallois, l'amiral de Rigny, écrivait à M. de Sainte-Aulaire : « Ah! mon cher, quel guêpier que tout ceci!... Si tout ce qu'on vous mande ne vous paraît pas clair, je ne m'en étonnerai pas beaucoup. »

La première nouvelle des événements d'Ancône arriva à Paris par des dépêches de Turin. Casimir Périer, n'y comprenant rien, répondit aussitôt, le 3 mars, à M. de Barante : « Ce que vous nous apprenez des circonstances qui ont précédé et suivi l'occupation d'Ancône, nous a causé une vive surprise, et nous ne savons comment les concilier avec les ordres donnés au commandant de notre escadre. N'ayant pas encore reçu d'informations de M. de Sainte-Aulaire, nous ne pouvons jusqu'à présent nous former aucune opinion précise à cet égard... Nos intentions à l'égard de l'Italie sont toujours les mêmes. Loin de vouloir y exercer une intervention dangereuse au Saint-Siége, nous continuerons à considérer l'intégrité de son pouvoir temporel comme un des principes essentiels de notre politique. » Le lendemain, sur des nouvelles venues directement de Rome, il ajoutait : « Le commandant de notre escadre a effectivement méconnu ses instructions. C'était dans une autre forme que devait s'opérer une occupation, rendue d'ailleurs indispensable par les fausses démarches de la cour de Rome. Ce commandant est rappelé, et il aura à rendre compte de sa conduite. » En même temps, induit en erreur sur les faits par de faux rapports, le président du conseil blâmait M. de Sainte-Aulaire de n'avoir pas fait transmettre d'ordres au commandant Gallois. « Vous aviez, lui écrivait-il, été prévenu en temps utile du départ de notre escadre; elle était placée sous vos ordres, et je ne puis comprendre comment vous avez laissé faire ce que vous étiez autorisé à empêcher. » Si Casimir Périer regrettait vivement que la chose eût été mal faite, il ne se montrait pas d'humeur à la défaire, et marquait au contraire tout de suite sa résolution de ne rien abandonner du dessein politique qu'il avait eu en vue dès le premier jour. « La cour romaine, écrivait-il toujours à la date du 4 mars, n'aura pas sans doute tardé à comprendre qu'il ne nous est pas possible de revenir sur un fait accompli dont elle doit s'attribuer la principale responsabilité, et, sans poursuivre de vaines et injustes récriminations, elle sentira que la seule chose qu'elle ait à faire aujourd'hui, c'est de s'entendre avec nous pour régler les suites d'une mesure que nous n'avons pu éviter [1]. »

Toutefois il était visible qu'à la résolution de notre ministre se mêlait un certain embarras. Le *Moniteur* se borna, le 5 mars, à annoncer sommairement le « débarquement » de nos troupes à Ancône, sans s'expliquer sur la façon dont il s'était opéré et en laissant même croire qu'il y avait accord avec les autorités pontificales [2]. Les journaux ministériels ne furent pas beaucoup plus explicites. Précisément à ce moment, la Chambre se trouvait discuter le budget du ministère des affaires étrangères [3]. L'opposition, qui à cette occasion faisait son tour d'Europe accoutumé, ne pouvait passer sous silence l'événement qui venait de se produire en Italie et qui occupait tous les esprits. Elle aussi, cependant, était fort embarrassée, ne sachant trop si elle devait reprocher au ministère une étourderie téméraire, ou si elle pouvait le dénoncer comme le complice de la Sainte-Alliance. Aussi aboutissait-elle plutôt à interroger qu'à critiquer. « Je voudrais savoir, disait La Fayette, pour qui et contre qui, pour quoi et contre quoi nous sommes dans ce moment à Ancône [4]. » Sous prétexte qu'on ne se trouvait pas encore en face « d'un événement accompli, et par suite soumis à des investigations sans limites », le président du conseil se renferma dans des généralités qu'il fit d'ailleurs aussi pacifiques et aussi ras-

[1] Correspondance diplomatique des ministres avec M. de Barante. (*Documents inédits.*)

[2] « La plus parfaite intelligence, disait le *Journal officiel*, est établie, en ce moment, entre nos troupes et les autorités locales. Nos troupes occupent la citadelle conjointement avec celles du Saint-Siége. »

[3] Séances des 6, 7 et 8 mars 1832.

[4] Même embarras alors dans la presse de gauche. Le *National* posait, le 7 mars, ce dilemme : ou bien le drapeau tricolore se retirera honteusement, ou bien il aura un effet révolutionnaire. Il déclarait que « M. de Metternich serait fou s'il permettait que nous nous établissions à Ancône ». Du reste, à l'entendre, notre intervention n'était qu'un « simulacre d'intervention »; le ministère « l'avait faite à sa taille, petite et ridicule ».

surantes que possible. « Nous nous hâtons de déclarer, dit-il, qu'il n'y a, dans cette démarche mûrement réfléchie et dont toutes les conséquences ont été pesées, rien qui puisse donner aux amis de la paix la moindre inquiétude sur le maintien de la bonne harmonie entre les puissances qui concourent, dans cette question comme dans toutes les autres, à un but commun. » Tout en parlant des avantages et des réformes qu'il désirait procurer aux populations italiennes, il proclama sa volonté de « maintenir l'intégrité du territoire du Saint-Siége », de défendre « cette autorité temporelle du Pape qui importait à l'influence même et au libre exercice de son autorité spirituelle », et de montrer ainsi que « le gouvernement était véritablement le protecteur non-seulement des intérêts matériels, mais des intérêts moraux, des intérêts religieux, de ce sentiment qui ne doit pas disparaître dans une nation ». De l'opération elle-même, des conditions dans lesquelles elle s'était faite, des difficultés diplomatiques ou autres qui pouvaient en résulter, pas un mot. Évidemment le ministre se sentait gêné sur ce terrain. Ses amis ne l'évitèrent pas avec moins de soin et se contentèrent de mettre en relief la pensée politique de l'expédition. « Le drapeau français a paru en Italie, disait M. de Rémusat; il y flottera comme le signe protecteur du pouvoir légal, de la modération de tous et d'une transaction définitive à laquelle notre diplomatie travaillera. » M. Thiers s'exprimait ainsi : « Ce n'est ni contre l'Autriche, ni contre le Pape que nous sommes intervenus; c'est pour le motif important que voici : il ne faut pas que, cinq puissances négociant en Italie, une seule y ait des armées. » M. Guizot s'écriait : « Si jamais il a été évident que la Sainte-Alliance était détruite et que la France était maîtresse de sa politique, l'affaire d'Ancône en est la preuve. » Et il ajoutait : « Il faut que chacun prenne ses positions; l'Autriche a pris les siennes; nous prenons, nous prendrons les nôtres; nous soutiendrons l'indépendance des États italiens, le développement des libertés italiennes; nous ne souffrirons pas que l'Italie tombe complétement sous la prépondérance autrichienne; mais nous éviterons toute collision générale [1]. » Ainsi se trahissait, chez tous les ministériels, le désir de faire juger la politique suivie d'après l'idée première qui y avait présidé, et non d'après la façon grossière dont elle avait été exécutée. On se faisait volontiers honneur de l'une; on avait un peu honte de l'autre. Quant à l'opinion en France, visiblement flattée dans son amour-propre national par le côté hardi de l'entreprise, elle était encore trop près de la révolution pour être bien scrupuleuse sur le droit des gens; elle était aussi trop étrangère aux idées catholiques pour avoir le sentiment profond et délicat des ménagements et du respect exceptionnel auquel un pape avait droit, et pour être mal à l'aise qu'on y eût manqué en son nom. Aussi se montrait-elle disposée à savoir gré au ministère de son initiative, sans lui faire subir un interrogatoire bien sévère sur les faits qu'il désirait laisser dans l'ombre.

Le gouvernement se fût donc tiré facilement d'affaire s'il n'avait eu à compter qu'avec le public français. Mais les cabinets étrangers ne se montraient pas d'humeur aussi commode. A Rome, dans le Sacré Collége, l'indignation avait éclaté tout de suite avec une extrême véhémence. M. de Sainte-Aulaire, consterné, stupéfait, ne savait trop comment y faire tête. Il se trouvait hors d'état de rien expliquer, quand il se rendit, le 25 février, au Vatican. Le cardinal Bernetti lui dénonça aussitôt tous les faits qu'il venait d'apprendre. « Pour Dieu! répondit M. de Sainte-Aulaire, occupons-nous du présent, sauf à revenir plus tard sur le passé. Les Français sont à Ancône, et quel que soit le jugement que vous et moi puissions porter de la manière dont ils y sont entrés, vous ne me demanderez sans

---

[1] Au même moment, le *Journal des Débats*, faisant écho aux discours de ses amis, disait, le 8 mars : « Garantir les États du Pape et se donner par cette garantie droit d'intervention, afin de ne pas laisser ce droit à l'Autriche seule, telle a été la politique du gouvernement... Le Pape est un prince italien, indépendant; nous devons donc maintenir l'intégrité et l'indépendance des États du Pape, et les maintenir contre l'influence d'un seul protecteur. Telle est encore une fois la pensée de notre expédition. Cette pensée est bonne; peu importent maintenant les détails, qui ne peuvent changer la chose en elle-même. Ce n'est pas une expédition de révolution, c'est une expédition d'intérêt : voilà pourquoi ce ne sera pas une cause de guerre. »

doute pas de les faire sortir ! — C'est précisément ce que je vais vous demander tout à l'heure et de la manière la plus formelle », interrompit le secrétaire d'État. Vainement l'ambassadeur insista-t-il sur l'intérêt qu'aurait le Saint-Siége à ne pas traiter les Français en ennemis, il n'obtint rien. Le cardinal refusa de recevoir le général Cubières, et, dès le soir même, il remettait à M. de Sainte-Aulaire une note par laquelle le Pape « protestait formellement contre la violation du territoire pontifical, contre tous les attentats commis au détriment de sa souveraineté, et déclarait le gouvernement français responsable des conséquences qui pouvaient en résulter ». La note se terminait ainsi : « Sa Sainteté demande que les troupes entrées clandestinement à Ancône en sortent sans délai, et, pleine de confiance dans la loyauté du gouvernement français, elle ne saurait douter qu'il ne lui accorde cette juste satisfaction. » Dans l'ignorance où il était, notre ambassadeur ne put faire qu'une réponse assez vague, et il en référa aussitôt à Paris, ne cachant pas, du reste, ses sentiments personnels. « La conduite des chefs de notre expédition, écrivait-il à M. Périer, me place ici dans une attitude de duplicité à laquelle je me résigne par le plus pénible des sacrifices qu'un honnête homme puisse faire à son pays... Je vais redoubler de zèle, cependant, pour détourner les malheurs que j'avais prévus et signalés depuis deux mois. J'espère pouvoir lutter contre les conseils furieux qui assiégent le Pape, si vous désavouez nettement la conduite de MM. Combes et Gallois. Si vous ne voulez rien désavouer, si vous vous renfermez dans un dédaigneux silence, sans offrir une satisfaction convenable au Saint-Siége et sans vous entendre avec l'Autriche, une guerre générale en Europe me paraît inévitable. » Avec son ami l'amiral de Rigny, M. de Sainte-Aulaire s'exprimait plus vivement encore : « Ce que je trouvais médiocre quant au fond est devenu détestable par la forme. Entrer de nuit à Ancône ! Surprendre les soldats du Pape ; faire prisonniers des magistrats qui nous ont reçus en amis ! En vérité, je n'ose plus regarder en face un Capucin, et si je n'aimais pas sincèrement vous et vos collègues, rien au monde ne me déciderait à garder aujourd'hui mon poste. » Ce poste devenait, en effet, chaque jour plus pénible. Notre ambassadeur, mis à l'index de la haute société romaine, se voyait obligé de décommander un grand bal auquel personne n'eût voulu paraître ; il jugeait sage de s'enfermer dans son palais comme dans un lazaret, pour éviter et les affronts des papalins et les ovations des révolutionnaires. Au fond de sa retraite, il était relancé par les notes du cardinal Bernetti : on n'en compta pas moins de sept, du 25 février au 15 mars, rédigées avec une aigreur croissante et chaque fois communiquées aux autres ambassadeurs qui dirigeaient cette campagne diplomatique contre la France. Ce qui se passait à Ancône n'était pas fait pour calmer l'irritation de la cour romaine. Malgré les conseils qu'il avait reçus de M. de Sainte-Aulaire et les promesses qu'il lui avait faites, le général Cubières, qui avait pris en main le commandement, semblait s'attacher à suivre les errements du commandant Gallois et du colonel Combes. Il attirait à Ancône les agitateurs, admettait dans sa familiarité un certain Orlandi, révolutionnaire violent, exclu nominativement de l'amnistie de 1831, et laissait pleine licence à toutes les attaques et à tous les outrages contre le Pape. Nos soldats, fêtés par les hommes de désordre, se promenaient avec eux par la ville, chantant des chansons incendiaires, entrant en masque dans les églises et tournant en dérision les choses saintes.

Les protestations du Souverain Pontife trouvèrent immédiatement écho dans les cours d'Europe. A Vienne, M. de Metternich saisit avec empressement l'occasion qui lui était ainsi offerte d'exciter la conscience publique contre une entreprise dont le dessein politique lui était si déplaisant, heureux sans doute d'avoir des raisons de se montrer indigné là où il avait pu craindre d'être seulement mortifié. « C'est, écrivit-il dans ses dépêches, une opération comparable aux actes les plus odieux dont l'histoire moderne ait conservé le souvenir. » Ou encore · « Jamais un crime politique plus caractérisé n'a été commis avec plus de légèreté. » Et oubliant l'estime qu'il professait naguère pour M. Périer, il disait de lui : « C'est un païen. » Il avait cependant tout de suite reconnu que « l'événement, tel qu'il avait eu lieu, était le fait des hommes qui s'étaient trouvés appelés par des circonstances fortuites à son exécution », et « qu'il y avait plus de mauvais esprit dans les organes dont s'était servi le gouvernement français que dans les intentions de M. Périer »; mais il ajoutait aussitôt : « Il n'en retombe que plus de blâme encore sur les ministres qui ont fait choix d'hommes aussi peu propres à une opération déjà si pleine de difficultés... Comment M. Périer a-t-il pu supposer qu'en envoyant une troupe de sans-culottes, il les empêcherait d'agir dans un sens révolutionnaire? » Par un calcul facile à deviner, le chancelier avait grand soin de présenter le fait comme « une attaque, non contre l'Autriche, mais contre les principes du droit des gens et contre les cours qui protégent ce droit dans leur propre intérêt et dans celui du corps social tout entier ». « La mesure elle-même, disait-il, et les circonstances qui l'ont accompagnée, en doivent faire nécessairement une affaire européenne, tous les cabinets étant également intéressés dans les questions que soulève une si audacieuse violation du droit des gens. » Aussi adressait-il cette recommandation pressante à son ambassadeur à Paris : « Entendez-vous loyalement et solidement avec vos collègues. Il s'agit ici de la défense de principes faute desquels le droit des gens ne serait plus que lettre morte [1]. » En Prusse, le ministre dirigeant, M. Ancillon, déclarait le procédé du gouvernement « un lourd crime contre le droit des gens », qui « ne pouvait trouver d'analogue que dans les violences de Bonaparte », et, au dire de M. de Metternich, « le cri de guerre courait les rues de Berlin [2] ». En Russie, l'indignation était plus vive encore, et l'on paraissait désirer quelque éclat; ordre était donné à l'am-

---

[1] Voyez la correspondance du chancelier d'Autriche avec le comte Apponyi, du 29 février au 23 mars 1832, et les dépêches de la même époque adressées aux autres ambassadeurs d'Autriche. (*Mémoires de M. de Metternich*, t. V, p. 273 à 284, 317 à 320.) Correspondance de l'ambassadeur français à Vienne, citée par M. d Haussonville. (*Histoire de la politique extérieure du gouvernement français*, 1830-1848, t. Ier, p. 38.)

[2] HILLEBRAND, *Geschichte Frankreichs*, 1830-1870, t. Ier, p. 272-273, et *Mémoires de M. de Metternich*, t. V, p. 277.

bassadeur du Czar à Paris de quitter son poste si celui d'Autriche s'éloignait[1]. L'émotion s'étendait même en Angleterre, où cependant l'opinion était alors favorable à la France et où l'on n'avait pas coutume de prendre parti pour le Pape. Madame de Dino écrivait de Londres, le 13 mars, à M. de Barante : « Vraiment cette singulière pointe sur Ancône, cette arrivée tardive de Cubières, tout cela fait mauvaise mine au dehors; ici l'effet en a été fâcheux, il a fallu toute la confiance qu'on a en M. de Talleyrand pour admettre aussi facilement qu'on l'a fait, les explications vagues qu'il a été chargé de donner[2]. » L'opposition, le duc de Wellington en tête, flétrissait la conduite du gouvernement français, et reprochait au ministère whig son inaction. « Rien de pareil n'est arrivé depuis les Sarrazins! » s'écriait aux Communes sir R. Vivyan. Les ministres, lord Grey, lord Palmerston, fort gênés entre leur désir de ménager au dehors un allié avec lequel on pratiquait alors l'entente cordiale, et la crainte de heurter au dedans un mouvement d'opinion puissant, tâchaient d'esquiver tout débat, en prétextant qu'il y avait des explications échangées entre les cabinets intéressés. En somme, il était visible que le sentiment dominant au delà de la Manche était le déplaisir et la désapprobation. Quelques années plus tard, le duc de Broglie, énumérant, dans une dépêche confidentielle, « les pilules amères que nous avions fait avaler » à l'Angleterre, notait au premier rang l'expédition d'Ancône[3].

Un soulèvement si général ne laissait pas que de troubler plus d'un esprit dans le gouvernement français. Certains ministres éprouvaient le besoin de prouver aux diplomates étrangers qu'ils n'étaient personnellement pour rien dans ce qui s'était fait : tel le général Sébastiani, qui invoquait sa maladie pour établir une sorte d'*alibi*[4]. Quant à l'amiral de Rigny, qui avait critiqué l'entreprise dès l'origine, on conçoit qu'il n'y fût

---

[1] HILLEBRAND, *Geschichte Frankreichs*, 1830-1870, t. Ier, p. 272.
[2] *Documents inédits*.
[3] Dépêche du duc de Broglie à M. Bresson, en date du 12 octobre 1835. (*Documents inédits*.)
[4] Dépêches de diplomates étrangers, citées par HILLEBRAND, *Geschichte Frankreichs*, 1830-1870, t. I, p. 273, 274.

pas converti par l'événement, et il écrivait à M. de Sainte-Aulaire : « Le vin est tiré, il faut le boire ; bien amer le trouverez-vous, mon cher ami ; en pays de chrétienté, il est bien certain que les Sarrazins n'auraient pas fait pis que M. Gallois. » M. de Talleyrand disait dans les salons de Londres : « C'est une bêtise [1]. » Le Roi lui-même ne se génait pas, en causant avec les ambassadeurs, pour exprimer son mécontentement de la manière dont l'affaire avait été menée. Seul, Casimir Périer, bien que regrettant très-vivement au fond les violences de l'exécution, ne baissait pas la tête sous l'orage. Prenant même l'offensive, il s'indignait que l'Europe parût douter de lui. Dès le premier jour, les représentants des puissances continentales s'étaient rendus ensemble chez le président du conseil, pour lui demander des explications ; ils le trouvèrent très-souffrant ; on venait, quelques heures auparavant, de lui mettre des sangsues. Il écouta, avec une fierté agitée, les questions qui lui étaient posées. Les ambassadeurs de leur côté étaient fort animés, et M. de Werther, le prenant sur un ton assez haut, dit rudement, avec l'assentiment visible de ses collègues : « Il faut s'expliquer, monsieur, reconnaissez-vous un droit des gens européen, ou prétendez-vous en avoir un pour votre usage[2] ? » Sur cette apostrophe, Casimir Périer, se levant brusquement de son canapé, s'avança vers le ministre de Prusse, en s'écriant : « Le droit public européen, monsieur, c'est moi qui le défends. Croyez-vous qu'il soit facile de maintenir les traités et la paix ? Il faut que l'honneur de la France aussi soit maintenu ; il commandait ce que je viens de faire. J'ai droit à la confiance de l'Europe, et j'y ai compté. » — « Je vois encore », disait un des ambassadeurs présents, le comte Pozzo di Borgo, en racontant plus tard cette scène à M. Guizot, « je vois encore cette grande figure pâle, debout dans sa robe de chambre flottante, la tête enveloppée d'un foulard rouge, marchant sur nous avec colère[3]. »

---

[1] *Journal de Ch. Greville*, à la date du 16 mars 1832.
[2] Dépêches citées par Hillebrand, t. I, p. 274.
[3] Guizot, *Mémoires*, t. II, p. 302. J'ai complété le récit de M. Guizot avec les *Mémoires inédits de M. de Sainte-Aulaire*.

Le ministre avait traité les représentants de l'Europe comme il traitait souvent les députés de sa majorité. Le procédé n'était pas, sans doute, très-conforme aux usages diplomatiques et rappelait plutôt les brusqueries napoléoniennes; mais les ambassadeurs, bien qu'un peu interloqués, subissaient l'ascendant de Périer et avaient foi en lui. Ils baissèrent sensiblement leur ton, et l'entretien se termina avec des formes plus amies.

En même temps qu'il repoussait les reproches avec cette fougue imposante, Casimir Périer s'appliquait, sans reculer sur le fond des choses, à adoucir et à rassurer les puissances, attentif surtout à leur montrer qu'il n'y avait chez lui aucune arrière-pensée suspecte, aucun entraînement menaçant. A l'adresse du Pape, qu'il se trouvait avoir le plus blessé, bien qu'il ne l'eût pas visé, Périer écrivait, dès le 4 mars, dans une dépêche à M. de Sainte-Aulaire : « Le gouvernement du Roi n'hésite pas à reconnaître que la cour de Rome est fondée à se plaindre. Le capitaine Gallois a transgressé ses ordres, n'a tenu aucun compte de ses instructions; il mérite un blâme sévère. Son commandement lui est retiré, et il lui est enjoint de revenir immédiatement en France, pour y rendre compte de son inconcevable conduite. Les ordres qu'il avait reçus étaient positifs et clairs; dans aucun cas, il ne devait agir que d'après les directions de l'ambassadeur du Roi, et le gouvernement de Sa Majesté a trop fait connaître d'avance ses intentions et ses projets pour qu'on puisse l'accuser d'avoir voulu imprimer à son expédition le caractère odieux d'une violation de territoire. » Quelques jours après, s'adressant d'une façon générale à toutes les cours, il faisait dans un *memorandum* le récit complet des faits [1]. Il y racontait les démarches tentées en décembre et en janvier pour pacifier les provinces révoltées, l'avertissement donné, dès cette époque, par la France, qu'en cas de nouvelle intervention autrichienne, elle demanderait à occuper Ancône, la réponse du gouvernement pontifical donnant à entendre qu'il se résignerait à cette occupation;

---

[1] Nous avons trouvé le texte de cet important document dans les papiers diplomatiques de M. de Barante.

il insistait sur les responsabilités encourues par le cardinal Albani, entrant en campagne et appelant les Autrichiens, au moment où les démarches des puissances commençaient à apaiser la révolte; il exposait comment l'expédition avait été décidée et s'était mise en route, quand on croyait encore au consentement du Pape; puis, après avoir rappelé le refus imprévu qui était survenu à la dernière heure, le *memorandum* continuait en ces termes : « Lors même que nous eussions voulu rappeler notre escadre, nous n'en avions plus la possibilité. D'ailleurs, notre conviction n'ayant pas changé, notre devoir était de ne rien négliger pour y ramener le Saint-Siége, qui avait d'abord envisagé la question de la même manière que nous. De nouvelles instructions furent envoyées à cet effet à M. de Sainte-Aulaire. Le gouvernement du Roi espérait qu'avant l'arrivée de notre escadre devant Ancône, cet ambassadeur aurait le temps de déterminer le Saint-Siége à nous en ouvrir les portes. Cette espérance paraissait d'autant mieux fondée qu'à cette époque de l'année, l'état de la mer Adriatique oppose habituellement à la navigation des retards presque indéfinis. Ce n'était pas tout. Bien qu'au moment du départ de l'expédition, nous n'eussions aucun motif de prévoir le refus qu'on venait de nous opposer, le désir extrême d'éviter tout ce qui pourrait ressembler à une surprise, et de ne rien abandonner au hasard nous avait déterminés à des précautions en apparence bien minutieuses et bien superflues. Un brick avait été expédié en avant de l'escadre avec la mission de la précéder à Ancône et de revenir ensuite porter à son commandant les notions qu'il aurait recueillies sur l'état des choses dans cette place. L'officier général désigné pour commander nos troupes s'était embarqué sur un bateau à vapeur pour aller se concerter, à Rome même, avec l'ambassadeur de France et le gouvernement romain. On sait comment cet ensemble de dispositions a été dérangé. Tandis que les vents favorables conduisaient notre escadre à sa destination avec une rapidité extraordinaire, le brick destiné à la précéder de plusieurs jours restait en arrière; le bateau à vapeur, qui semblait moins exposé à de tels contre-temps, se voyait forcé de relâcher à Livourne, et M. de Cubières, réduit à prendre la route de terre, arrivait trop tard à Rome. Le commandant de l'escadre, livré à lui-même, a cru pouvoir assurer par la force un résultat qui était devenu indispensable, mais qui devait être obtenu dans une autre forme. Il a méconnu ses instructions qui lui prescrivaient de ne faire aucun mouvement ayant pour but d'occuper militairement le port et la ville d'Ancône, sans avis ou ordre préalable de l'ambassadeur du Roi à Rome. Il s'est trompé, et cette faute, la seule irrégularité que l'on puisse imputer dans toute cette affaire, non pas au gouvernement français, mais à un de ses agents, est déjà réparée ; ce commandant est rappelé, et il devra rendre compte de sa conduite. »

Ces explications, données avec l'autorité que Casimir Périer avait acquise en Europe, produisirent bon effet sur les cabinets[1]. D'ailleurs, l'indignation morale, quand il n'y a pas derrière quelque calcul prémédité, ne dure jamais bien longtemps chez les hommes politiques. En dehors de la Russie, personne ne désirait pousser les récriminations jusqu'à une rupture ; tout le monde, au contraire, la redoutait. Le cabinet de Vienne lui-même, malgré son ressentiment, malgré son désir de prolonger l'espèce de scandale qu'avait causé notre conduite, était le premier à s'alarmer si l'on parlait de guerre ; il s'appliquait à calmer le Czar quand celui-ci lui paraissait emporté[2].

---

[1] M. de Barante écrivait à son gouvernement, le 21 mars 1832 : « J'ai communiqué le *memorandum* à M. de Latour ; nous l'avons lu ensemble, et j'ai pu remarquer combien cette pièce avait un bon effet, combien elle lui semblait claire, démonstrative et sincère. » (*Documents inédits.*)

[2] Quelques semaines plus tard, le 25 avril 1832, le général Sébastiani, revenant sur l'irritation extrême qu'avait témoignée tout d'abord le Czar, écrivait à M. de Barante : « Nos explications et celles que l'ambassadeur autrichien lui-même s'est empressé d'y joindre par ordre de sa cour, n'ont point tardé à rectifier de semblables impressions. M. de Ficquelmont (c'était l'ambassadeur d'Autriche) continue à tenir sur cette affaire un langage plein de modération et parfaitement propre à calmer, s'il en était besoin encore, les dernières traces d'une irritation dont la vivacité même ne comporte guère de durée... Quoique nous soyons loin de nous méprendre sur le jeu qu'a joué l'Autriche dans l'affaire d'Ancône, nous savons d'un autre côté qu'elle désire par-dessus tout la conservation de la paix, et qu'elle redoute sincèrement de nouvelles complications. » (*Documents inédits.*)

En même temps, dans une dépêche destinée à être communiquée au ministre français, M. de Metternich répétait en ces termes ce qu'il avait déjà dit avant l'événement : « Sa Majesté Impériale Royale ne fera pas la guerre au roi des Français pour le fait de cette expédition. » Quelques semaines après, s'épanchant avec son ambassadeur à Rome, il disait, non sans une sorte de dépit : « Je reconnais que les moyens de punir cet acte manquaient aux puissances; je reconnais que l'affaire d'Ancône est une misère en comparaison de l'atteinte portée par les événements de 1830 aux seules bases sur lesquelles l'ordre social peut reposer avec sécurité. Le remède qui n'a pu être appliqué au mal principal ne doit pas être employé contre un léger symptôme de ce mal. Le jour de la justice n'est pas pas encore venu, et ce n'est pas pour Ancône que la question doit être vidée[1] ! » Quant à la Prusse, elle laissait voir qu'elle ne sortirait pas de la neutralité, si la guerre demeurait circonscrite en Italie[2]. De Londres enfin, Casimir Périer recevait un secours efficace, et il pouvait écrire à ce sujet, le 13 mars : « Le cabinet britannique, dont les relations avec la France deviennent chaque jour plus intimes, a parfaitement compris les nécessités qui avaient dirigé notre conduite, et il s'est empressé d'adresser à ses agents auprès des cours de Vienne et de Rome l'ordre d'employer toute leur influence pour prévenir de fâcheuses conséquences[3]. »

C'était beaucoup d'avoir amené les cabinets étrangers à prendre leur parti de l'occupation d'Ancône. Toutefois, tant que le Pape ne l'avait pas ratifiée, nous demeurions en flagrant état de violation du droit des gens. Le cabinet français comprenait l'importance d'en sortir, et nous avons vu que, dès le premier jour, il avait envoyé à son ambassadeur à Rome des explications destinées à satisfaire le Pontife. Aussitôt que M. de Sainte-Aulaire les avait reçues, il s'était mis à l'œuvre avec son zèle accoutumé et avait ouvert une négociation sur ces bases : offrir

---

[1] *Mémoires de M. de Metternich*, t. V, p. 218 et 223.
[2] HILLEBRAND, *Geschichte Frankreichs*, 1830-1870, t. I, p. 273
[3] Dépêche adressée à M. de Barante. (*Documents inédits.*)

des réparations pour le passé, des garanties pour l'avenir, mais demander par contre que notre présence à Ancône fût acceptée et régularisée. Les difficultés étaient grandes. Sans doute l'intérêt d'État devait engager le gouvernement pontifical à ne pas prolonger un désaccord dangereux pour lui et pour l'Europe. Le cardinal Bernetti s'en rendait compte, et, d'ailleurs, il commençait à être fatigué de la prépotence autrichienne. Mais Grégoire XVI, qui n'était pas un politique, était encore tout entier à l'indignation que lui avait causée notre violente irruption. La première fois qu'il consentit, non sans peine, à donner audience à l'ambassadeur de France, il s'appliqua à dissimuler sa douceur et sa bonhomie habituelles sous un masque de sévérité, et épancha son ressentiment dans une vive allocution, évidemment préparée. Il énuméra tout d'abord ce qu'il avait fait pour Louis-Philippe, ses efforts pour lui assurer l'obéissance du clergé : « Comment, s'écria-t-il, ces services ont-ils été reconnus? » L'ambassadeur l'interrompant alors pour évoquer le souvenir des protestations si souvent renouvelées par le gouvernement français en faveur de la souveraineté du Saint-Siège : « Ma souveraineté, reprit le Pape plus vivement encore, vous l'avez méprisée, avilie, autant qu'il était en vous! Vous m'avez rendu un objet de dérision pour tous les peuples de l'Europe, d'abord en m'imposant une législation contraire aux traditions de mon État et aux sentiments de mes fidèles sujets; puis, contre ma volonté expresse et malgré la résistance que j'ai prolongée autant que je l'ai pu, vous m'avez contraint à rappeler des émigrés qui ne demandaient à rentrer dans leur patrie que pour y renouveler de criminelles entreprises. Ces hommes ont mis tout en confusion : la Romagne et Bologne ont été la proie de l'anarchie... Je devais protéger mes sujets fidèles et contraindre les factieux à rentrer dans l'ordre; à cet effet, j'ai appelé mon fidèle allié, l'empereur d'Autriche. Vous m'en avez contesté le droit; vous m'avez défendu d'user de ses secours, et, pour me punir de n'avoir pas obtempéré à vos ordres, vous avez envahi mes États! Vous y êtes entrés en trahison, oui, vous êtes entrés en trahison dans Ancône, pendant la nuit;

vous avez surpris et désarmé des soldats sans défiance, fait prisonniers des magistrats qui vous recevaient comme des amis. Et depuis un mois que vous êtes les maîtres de cette malheureuse ville, n'est-elle pas devenue un foyer de rébellion? » Rappelant ensuite à l'ambassadeur les promesses, faites par lui, qu'il n'y aurait aucun guet-apens, et que les troupes françaises feraient respecter l'autorité du Saint-Siége dans Ancône, le Pontife s'écriait : « Quelle confiance voulez-vous désormais que j'attache à vos paroles? » Il termina ainsi : « Les Français peuvent venir à Rome, ils peuvent m'enfermer dans le château Saint-Ange : mais, tant qu'ils seront à Ancône, ne venez plus me parler du gouvernement intérieur de mes États; vous n'obtiendrez plus de moi sur ce sujet ni concessions ni réponses! Quant à l'autorisation que vous me demandez aujourd'hui, je ne vous l'accorde pas; adressez-vous à mon ministre. Il en conférera avec mes alliés et me fera son rapport; je ne suis qu'un pauvre religieux (*povero frate*), peu informé de la politique; je me soumettrai à ce qu'elle me prescrira. » M. de Sainte-Aulaire écouta le Pontife sans chercher à cacher l'émotion que lui causaient des plaintes sur certains point trop fondées, et sans établir de controverse sur le passé. Il avait été prévenu à l'avance par le cardinal Bernetti de ne pas prendre à la lettre le refus qui allait lui être adressé. Le Pape d'ailleurs n'ouvrait-il pas lui-même la porte aux négociations, en renvoyant l'ambassadeur de France à son ministre?

Dans ces négociations, notre principal adversaire était l'Autriche. Elle persistait dans sa tactique de nous faire faire par le gouvernement romain l'opposition qu'elle n'osait pas nous faire elle-même ouvertement. Non qu'elle se flattât de nous amener à quitter Ancône; mais, en prolongeant nos embarras, elle tâchait de se consoler de sa propre mortification. Les autres puissances commençaient, au contraire, à sentir le besoin de mettre fin à une difficulté qui pouvait devenir dangereuse. L'Angleterre renvoyait à Rome un diplomate pour soutenir M. de Sainte-Aulaire. Le ministre de Prusse, sans oser trop contrecarrer son collègue autrichien, se montrait disposé à s'employer comme conciliateur. Il n'était pas jusqu'au représentant de la Russie, naguère le plus violent contre nous, qui n'en vînt à dire à notre ambassadeur : « Au fait, puisque l'Autriche ne veut pas vous faire la guerre, et peut-être a-t-elle raison, l'attitude dans laquelle elle maintient le Pape à votre égard n'a plus d'intérêt sérieux ; il faut finir au plus vite toute cette tracasserie et souffrir de bonne grâce ce que personne ne peut ou ne veut empêcher. »

La négociation fut laborieuse, souvent arrêtée, soit par les sourdes menées de l'Autriche, soit par les griefs nouveaux que l'étrange conduite de la garnison d'Ancône fournissait trop souvent au Pape. Cependant, à force de patience, de souplesse et de fermeté, M. de Sainte-Aulaire parvint à amener une entente sur les conditions auxquelles le Saint-Siége consentirait à l'occupation d'Ancône : outre le désaveu et le rappel du commandant Gallois et du colonel Combes, décidés dès le premier jour par le gouvernement français, il était convenu que les troupes de débarquement seraient sous les ordres de l'ambassadeur, qu'elles ne pourraient être renforcées, qu'elles ne s'immisceraient ni dans l'administration ni dans la police pontificales, que le drapeau du Pape serait seul arboré sur la citadelle, et que les troupes françaises se retireraient en même temps que les Autrichiens. Tout semblait donc fini, quand se produisirent de nouvelles difficultés visiblement suscitées par l'Autriche. Notre ambassadeur avait été très-patient et très-déférent tant qu'il avait eu affaire aux légitimes ressentiments du Pontife : il le prit de plus haut avec les manœuvres *in extremis* de la diplomatie autrichienne, et déclara au cardinal Bernetti qu'il ne ferait pas un pas de plus. « Au fait, lui dit-il, le vrai motif de la résistance que vous m'avez opposée dès l'origine est la dépendance où vous vous placez vis-à-vis de l'Autriche. Vous ne pouvez alléguer une telle raison sans nous justifier de ne pas avoir pris votre souveraineté au sérieux et sans porter contre votre alliée une accusation bien grave, car l'Autriche jouerait un rôle odieux si, n'osant nous faire la guerre, elle se servait du Pape comme plastron et lui soufflait contre nous une colère à froid, aussi étrangère à la mansuétude du Souverain Pontife que contraire aux intérêts du prince temporel. »

Ce ferme langage produisit son effet, et, le 17 avril, les actes, tels qu'ils avaient été convenus, furent enfin passés entre le cardinal secrétaire d'État et M. de Sainte-Aulaire. Celui-ci avait de lui-même donné à cet arrangement la forme la plus respectueuse pour le Saint-Siége, et qui pouvait le mieux effacer l'atteinte portée à sa souveraineté. Cette convention se composait de trois documents. Dans une première note, l'ambassadeur de France désavouait le capitaine Gallois comme ayant « agi contrairement à ses instructions », affirmait que « l'indépendance et l'intégrité des États pontificaux avaient toujours été la base de la politique française », et déplorait « le malentendu déplorable qui seul avait pu interrompre les relations de bonne amitié que le roi des Français avait tant à cœur de cultiver avec le Saint-Siége » ; puis il ajoutait : « Si des considérations de haute politique n'ont pas permis le rappel immédiat des troupes françaises, le soussigné doit supplier Sa Sainteté d'acquiescer à leur présence comme à un fait accompli ; mais il a reçu l'ordre d'offrir toutes les réparations qui pourraient être agréables au Saint-Siége. » Dans sa réponse, le cardinal Bernetti prit acte du désaveu du capitaine Gallois ; il indiquait que « la seule satisfaction qui mériterait d'être considérée comme telle » serait la retraite immédiate des troupes françaises, mais que le Pape, voulant donner une preuve de sa « modération » et « éviter tout ce qui pourrait compromettre la paix de l'Europe », daignait autoriser le séjour temporaire des troupes françaises à Ancône ; suivait l'indication des conditions préalablement convenues. Enfin, dans une dernière note, l'ambassadeur s'engagea à observer ces conditions. Au cardinal qui lui demandait s'il trouverait bon que ces pièces fussent publiées, M. de Sainte-Aulaire répondit qu'il l'entendait bien ainsi : « C'était dans cette pensée, disait-il, qu'il avait rédigé ses notes en termes si respectueux. »

La France obtenait donc le droit d'occupation qu'on lui avait tant disputé et atteignait ainsi le but politique de son entreprise ;

mais en même temps elle faisait au Pape pleine réparation des torts qu'on avait eus envers lui. Dans le cabinet de Paris, quelques-uns trouvèrent même que, non dans le fond qui avait été approuvé d'avance, mais dans la forme, M. de Sainte-Aulaire avait poussé un peu loin cette réparation. Une dépêche lui fut adressée où l'on s'étonnait qu'il eût donné à sa note la tournure d'une « supplique » et à l'arrangement le caractère d'une « capitulation ». Le général Sébastiani, en transmettant à l'ambassadeur cette remontrance officielle, l'engagea à n'y voir qu'une précaution prise en vue des attaques de l'opposition. Aussitôt les actes du 17 avril publiés, une grande clameur s'était élevée dans la presse de gauche; celle-ci s'indignait que la France eût « supplié » le Pape, et déclarait que le caractère de l'occupation avait été ainsi absolument dénaturé. Le *Journal des Débats* répondit, d'abord un peu timidement, « qu'il ne fallait pas se montrer difficile sur des expressions qu'on n'eût peut-être pas admises à Paris, mais qui à Rome frappaient d'une autre manière ». Puis, s'enhardissant, il ajouta : « Une suite de contre-temps, qu'on n'avait pu prévoir, avait donné à l'occupation d'Ancône une apparence de violence que de puissants intérêts ordonnaient de lui ôter. Cette manière d'entrer par la fenêtre à défaut de la porte a surpris et irrité le Saint-Siège; c'est tout naturel : nous avons dû excuser cette brusquerie... La question peut se réduire à quelques points bien simples. Étions-nous en guerre avec le Pape? Non. Comment sommes-nous entrés à Ancône? Nous y sommes entrés violemment, brusquement, en brisant les portes, comme on fait en guerre. Nous avons donc fait acte d'hostilité et de guerre contre un allié... Vous vous plaignez qu'on ait prié le Pape; mais s'il ne consent pas à l'occupation d'Ancône, de quel droit y rester? Du droit de conquête? Nous ne sommes pas en guerre. Du droit du plus fort? Est-ce bien entendre l'honneur français que d'abuser de sa force contre la faiblesse du Pape? S'il est faible, respectons-le. Ne choisissons pas les vieillards et les moines pour en faire les objets de nos incartades. Avec les incartades, on gagne peu d'honneur et encore moins d'influence. » Bien qu'on fût alors peu disposé en France à comprendre le respect, et surtout le respect dû à un pape, de tels arguments ne pouvaient pas ne pas agir sur l'opinion. La clameur un moment soulevée ne dura pas. Aussi bien l'attention du public était alors distraite par d'autres événements : le choléra sévissait à Paris, et Casimir Périer se mourait.

En somme, l'arrangement du 17 avril 1832 mettait heureusement fin à l'affaire d'Ancône. Le gouvernement français se retrouvait ainsi dans les conditions où il avait voulu se placer dès le début, mais dont il avait été momentanément détourné par des accidents d'exécution. Il devait cependant y avoir encore sur place une suite de difficultés qui n'eurent pas grand retentissement au loin, mais qui, pendant trois longs mois, pesèrent lourdement sur notre ambassadeur à Rome. Quand, en exécution de la convention du 17 avril, M. de Sainte-Aulaire voulut mettre fin à l'anarchie révolutionnaire qui s'était en quelque sorte installée à Ancône sous le couvert et presque sous la protection de notre armée, il se heurta à la mauvaise volonté obstinée du général Cubières ; le général était étrangement soutenu dans cette résistance par le maréchal Soult, qui profitait de la mort de Casimir Périer et de l'état souvent maladif du général Sébastiani pour suivre ses vues personnelles. Le désordre en vint à ce point qu'une société secrète, maîtresse de la ville, condamna à mort et fit assassiner le gonfalonier nommé par le Pape. A force de persévérance et de fermeté, notre ambassadeur, soutenu très-nettement par le général Sébastiani, finit par l'emporter [1]. Aussitôt que le général Cubières se vit contraint à prendre le bon parti, il fit preuve d'une prompte vigueur. La ville fut facilement nettoyée des révolutionnaires qui l'avaient envahie, l'ordre pleinement rétabli, et, le 1er août, les autorités pontificales y purent faire, sans encombre, leur rentrée solennelle. Le 25 août, le Pape vint en grand gala à Saint-Louis des Français, « afin, disait-il à notre ambassadeur, de témoigner

---

[1] M. de Sainte-Aulaire fut secondé par son fils, qui, âgé de vingt et un ans, demanda lui-même à aller s'établir dans Ancône pour y tenir tête au général et aux révolutionnaires.

son attachement à la personne du Roi et d'exprimer la satisfaction que lui causait la conduite de la garnison d'Ancône ». Peu après, le général Cubières étant venu à Rome, Grégoire XVI voulut le voir et le traita avec bonté ; il se reconnut redevable envers lui de la tranquillité de ses États, lui fit même des excuses de ne l'avoir pas reçu lors de son passage à Rome au mois de février précédent, et ajouta ces paroles : « A cette époque, il me fallait éviter surtout qu'on pût nous croire d'accord. » Plus rien ne restait des difficultés et des désordres qui avaient marqué le début de cette occupation. Elle devait se prolonger sept années, et pas une fois le Pape n'aura le moindre sujet de plainte à élever contre nos troupes.

Et maintenant, si nous ne nous arrêtons plus à telle ou telle péripétie, comme il a fallu le faire au cours de ce récit, et si nous envisageons l'ensemble, quel jugement convient-il de porter sur l'expédition d'Ancône? Tout d'abord, ceux qui estiment que la politique n'a pas seulement à faire preuve d'habileté ou de force, mais qu'elle est tenue d'observer les règles de ce droit sans code et sans tribunaux qu'on appelle le droit des gens, ne peuvent s'empêcher de regretter et de blâmer l'atteinte violente portée à une souveraineté respectable entre toutes, autant à cause de sa grandeur morale que de sa faiblesse matérielle. Reconnaissons toutefois que cette violence n'avait jamais été voulue par le cabinet français, et qu'elle a été réparée.

Cette réserve faite, quels ont été les résultats politiques de l'entreprise? En Italie, notre gouvernement put se féliciter d'avoir fait échec à la prépotence de l'Autriche, hardiment bravée par lui sur un terrain qu'elle avait prétendu faire sien. Toutes les cours de la Péninsule, jusqu'alors disposées à accepter ou à subir la suzeraineté de Vienne, comprirent qu'elles devaient avoir égard à la France. Leur premier sentiment, à la nouvelle de notre intervention, avait été que notre témérité allait être aussitôt châtiée ; quand elles virent qu'on était contraint de nous laisser faire, elles conclurent qu'il fallait beaucoup rabattre des jactances de l'état-major de

Milan, et notre prestige gagna tout ce que perdait celui de nos rivaux. Alors s'établit, sur ce théâtre, entre les deux grandes puissances, une sorte d'équilibre qui devait subsister, à notre profit croissant, pendant toute la monarchie de Juillet. Néanmoins, par un effet singulier, en même temps que notre importance grandissait d'une façon générale au delà des Alpes, depuis Turin jusqu'à Naples, notre influence se montrait moins efficace dans la partie même de l'Italie où s'était portée l'action de nos armes. Au lieu d'avoir fait entrer dans l'État pontifical nos idées à la suite de notre drapeau, l'expédition d'Ancône marquait, au contraire, un arrêt dans les réformes de cet État. D'une part, l'Autriche irritée se refusait à reprendre les délibérations en conférence, seules capables de vaincre l'inertie romaine : elle se bornait à adresser, en son nom particulier, quelques conseils administratifs, facilement éludés. D'autre part, le Pape, découragé par l'accueil fait à ses premiers édits, effrayé de l'impulsion que notre présence avait, un moment, paru donner aux partis de désordre, ne consentait à nous laisser à Ancône qu'à charge par nous de ne plus lui parler de réformes : en nous mettant nous-mêmes dans notre tort, nous lui avions donné le droit de nous imposer des conditions. Il avait même prétendu faire insérer dans la convention du 17 avril un article exprès par lequel la France renonçait à lui adresser désormais aucune représentation sur la marche de son gouvernement; nous pûmes empêcher que cette clause ne fût écrite; mais, en fait, il fallut nous y conformer. Ainsi, par une sorte de châtiment, pour avoir eu pendant quelques semaines une figure révolutionnaire, notre intervention ne pouvait plus essayer d'être libérale. Le *memorandum* du 21 mai 1831 disparut dans les oubliettes diplomatiques; les *zelanti*, restés maîtres du champ de bataille, louèrent le Souverain Pontife d'avoir déjoué les efforts des puissances, et les amis éclairés du Saint-Siége durent abandonner tristement le rêve d'une transformation progressive, qui seule, à leurs yeux, eût pu assurer la durée du pouvoir temporel. Quant au gouvernement français, il ne pensa plus à cette affaire; il en avait assez d'autres sur les bras. On devait attendre quatorze ans, jusqu'à l'avénement de Pie IX, pour reparler de réformes dans l'Italie centrale[1].

En Europe, le gros scandale produit au premier moment par les procédés de forban du commandant Gallois avait été bientôt effacé, et par l'effet du temps, et par les explications de notre diplomatie : restait seulement cette impression que la monarchie de Juillet était plus résolue et plus forte qu'on ne le supposait. L'obligation où notre gouvernement avait été si souvent, depuis dix-huit mois, d'opposer sa volonté de paix aux exigences belliqueuses de la gauche, avait pu faire croire aux cabinets étrangers qu'il était non-seulement sage, mais timide et faible. L'expédition d'Ancône les détrompait; c'étaient eux, au contraire, qui avaient conscience de l'impuissance où ils avaient été d'empêcher notre action. Peut-être étaient-ils plus surpris encore de la ferme prudence avec laquelle, après avoir osé beaucoup, nous avions su nous limiter et nous contenir. En voyant que nous pouvions faire une telle démarche sans être arrêtés au dehors par une coalition, ni débordés au dedans par une révolution, l'Europe se sentait obligée à faire cas de nous : nous sortions de là plus imposants et plus considérés.

En France, enfin, le public, alors assez indifférent, par des raisons que nous avons déjà indiquées, aux incorrections de l'expédition d'Ancône, se sentait flatté de ce qu'elle avait de hardi. M. de Metternich, si désireux qu'il fût de persuader aux autres et de se persuader à lui-même qu'elle avait « échoué », était cependant obligé de constater ce résultat. « M. Périer, écrivait-il, a voulu caresser l'amour-propre national français, et il y a réussi. Cette entreprise fait le pendant des expéditions de Navarin et d'Alger; ce sont de ces faits que l'on ne commente pas, mais qui restent dans le souvenir comme des actes de force; et comme la force a un côté qui plaît aux masses,

[1] Ce double effet de l'expédition d'Ancône, augmentant l'influence de la France dans l'ensemble des États d'Italie, mais la diminuant dans l'intérieur même de l'État pontifical, explique le jugement opposé qu'en portaient deux esprits également clairvoyants et ordinairement d'accord. M. de Barante, voyant les choses de Turin, estimait l'entreprise féconde; M. de Sainte-Aulaire, les voyant de Rome, était bien près de conclure à un avortement.

le souvenir reste parce qu'il flatte les passions... Contraindre l'Europe entière à tolérer un acte criminel, c'est montrer la force de celui qui en est l'auteur[1]. » Là fut la raison de la faveur peut-être disproportionnée qu'obtint l'expédition d'Ancône auprès de l'opinion française. Dans la politique extérieure de la monarchie de Juillet, il est des actes plus féconds, plus méritoires et plus louables; mais nul ne fut aussi populaire. Cette popularité ne devait pas s'affaiblir avec le temps, bien au contraire; dans la suite, quand le gouvernement, attaqué par l'opposition, voudra prouver que, pour être pacifique, il n'était pas timide, il rappellera le coup de main de février 1832, et quand, en 1839, la coalition cherchera à flétrir la diplomatie, à son avis trop prudente et trop humble, de M. Molé, elle ne trouvera pas de reproche plus redoutable à lui lancer que celui-ci : « Ce n'est pas vous qui seriez allé à Ancône! »

[1] Lettre du 3 avril 1832. (*Mémoires de M. de Metternich*, t. V, p. 323.)

CHAPITRE III

L'ATTAQUE RÉVOLUTIONNAIRE SOUS CASIMIR PÉRIER

(mars 1831 — mai 1832)

I. L'émeute permanente de mars à septembre 1831. Les Sociétés révolutionnaires. Le peuple commence à s'y montrer. — II. La presse. Attaques contre le Roi. La caricature. Attitude de Louis-Philippe en présence de tant d'outrages. — III. Le parti républicain n'avait pas osé déployer son drapeau en juillet 1830. Il le fait en avril 1831, à l'occasion d'un procès politique. Godefroy Cavaignac. Évocation de 1793. Raisons de cette évocation. Armand Marrast. Carrel passe à la république. Comment et pourquoi? — IV. Ce qu'il y avait de bonapartisme dans le parti républicain. L'effervescence napoléonienne après 1830. Rapports des hommes de gauche avec la famille Bonaparte. Avances que leur fait le prince Louis Napoléon. Pronostics faits à ce sujet par les contemporains.

I

Rétablir l'ordre au dedans, tel était, après le maintien de la paix au dehors, le second terme du programme ministériel. Pour comprendre la vraie portée d'une formule qui, en d'autres temps, eût paru une banalité, il faut se représenter à quelle sorte de barbarie la France semblait alors revenue. L'émeute impunie, tolérée, quelquefois caressée, exaltée même, était devenue l'état normal du pays. L'avénement de Casimir Périer n'y mit pas fin; au contraire, l'esprit de rébellion en fut comme exaspéré. De mars à septembre 1831, l'insurrection, ou tout au moins l'agitation et le tumulte furent à peu près permanents dans les rues de Paris : rassemblements et promenades accompagnés de chants factieux, plantations d'arbres de la liberté, bris de réverbères, sac de boutiques, attaques à main armée contre les agents de la force publique, assauts de la foule contre l'hôtel d'un ministre ou contre le palais du Roi. On demeurerait stupéfait s'il fallait marquer sur un calendrier tous les jours qui furent ainsi troublés. Chaque quartier était tour à tour le théâtre de ces scènes, le faubourg Saint-Marceau ou le faubourg Saint-Antoine, la place Vendôme ou la place du Châtelet, le Panthéon ou la porte Saint-Denis. La cause du trouble était souvent un de ces incidents qui, à une époque tranquille, eussent passé à peu près inaperçus : une nouvelle des insurrections étrangères, un banquet, un procès politique, une rixe de cabaret, ou, comme au mois de juin, la querelle d'un passant avec un chanteur des rues. « Dans l'ordre ordinaire, disait à propos de cette dernière émeute le *Journal des Débats,* cela devait être fini au bout de deux heures; voilà cinq jours que cela dure » ; tels ces corps malades et peu sains où la moindre contusion devient une plaie qu'on ne parvient plus à guérir. D'autres fois, le désordre était prémédité, sans que les meneurs se donnassent la peine de se cacher. Ainsi ils s'y prenaient un mois à l'avance pour préparer le mouvement du 14 juillet, multipliant les excitations factieuses, distribuant publiquement les mots d'ordre, poussant l'audace jusqu'à faire imprimer le programme, et, pour ainsi parler, le scenario de l'insurrection. Étrange vie que celle du Paris d'alors, sous cette menace presque constante; à tout moment, il était interrompu dans ses affaires et dans ses plaisirs; la rumeur de l'émeute montait des quartiers populaires, les boutiques se fermaient à la hâte, le tambour promenait, à travers les rues, la batterie fiévreuse et lugubre du rappel, le bourgeois revêtait son uniforme et prenait son fusil avec une sorte de colère inquiète et d'impatience fatiguée, puis il allait tristement et honnêtement au-devant du danger inconnu, des balles, des pierres ou des injures qui l'attendaient au premier carrefour. Pauvres gardes nationaux! ils payaient cher la popularité dont ils s'étaient enivrés après Juillet. Maintenant ils entendaient crier dans la foule : A bas la garde nationale! comme naguère ils criaient eux-mêmes : A bas les Suisses! S'ils ouvraient les journaux de gauche qui, il y a peu de temps, les portaient aux nues, ils y voyaient railler leurs angoisses et leurs combats. « Tout le monde, lisait-on dans le *National*[1], se souvient d'avoir vu Potier, sur le théâtre des Variétés, se jeter à plat ventre devant un mannequin qu'il a pris pour un voleur, et puis, s'apercevant de sa méprise, revenir petit à petit de sa terreur, s'approcher du mannequin, mettre la main dessus et bientôt le frapper à coups de pied et à coups de poing, le terrasser comme un véritable voleur, en lui adressant, de l'air le plus sérieux, les injures les plus burlesques. Nous avons de fiers champions de l'ordre public qui se conduisent avec l'être fantastique, demi-dieu ou demi-diable, qu'ils appellent l'émeute, absolument comme M. Bonardin avec ses voleurs-mannequins. » Pour prouver la réalité des périls auxquels les gardes nationaux étaient exposés, Périer n'en était-il pas réduit à apporter à la tribune le chiffre des tués et des blessés?

Les agitateurs ne pouvaient sans doute se flatter qu'une de ces échauffourées suffirait à renverser le gouvernement. Seulement, c'était pour eux une façon de répandre partout l'inquiétude, d'entretenir le malaise, de prolonger l'anarchie révolutionnaire; ils croyaient ainsi tout ébranler, empêcher que rien ne se fondât; puis, dans ces désordres, ne se présenterait-il pas une occasion de surprise où ils pourraient pousser l'attaque à fond et tout culbuter? D'ailleurs, comme il arrive d'ordinaire, ce n'étaient pas les plus capables et les plus clairvoyants du parti qui décidaient, mais les écervelés, les aventuriers, les violents; les autres étaient contraints de suivre, par point d'honneur ou par crainte de devenir suspects. Leur reprochait-on, au nom du gouvernement, de faire appel à la violence? « Nous continuons seulement, répondaient-ils avec une sorte d'ingénuité, ce que vous nous louiez d'avoir fait en Juillet. »

Il était facile de discerner, dans ces émeutes, l'action des sociétés populaires. Après la révolution, il y avait eu une véritable efflorescence de clubs; on se fût presque cru en 1792, aux beaux jours des jacobins et des cordeliers : c'étaient la *Société*

---

[1] 15 mai 1831, article de Carrel.

de *l'Ordre et du Progrès*, la *Loge des Amis de la vérité*, l'*Union*, les *Réclamants de Juillet*, la *Société gauloise*, l'*Association des écoles*, les *Amis de la patrie*. L'une de ces sociétés, celle des *Amis du peuple*, prit bientôt une importance prépondérante. Là se rencontraient les meneurs les plus en vue et les plus actifs : Godefroy Cavaignac, Guinard, Marrast, Raspail, Trélat, Flocon, Blanqui, Antony Thouret, Charles Teste, les deux Vignerte, Hubert, Fortoul, Delescluze, Avril, Gervais. Plusieurs députés, La Fayette, Cabet, de Ludre, Lamarque, Audry de Puyraveau, Laboissière, Dupont de l'Eure, Garnier-Pagès, étaient, les uns membres, les autres protecteurs des *Amis du peuple*. Au début, l'association et le club avaient fonctionné ouvertement, en dépit de l'article 291 qui paraissait caduc. Mais on sait comment, en septembre 1830, le club fut fermé, dans un jour de colère bourgeoise, et l'association déclarée dissoute par jugement. Il se fit alors une transformation. Sans revenir aux procédés mystérieux des anciennes Ventes de *carbonari*, les *Amis du peuple* se masquèrent un peu plus, non pour cacher leur existence qui était notoire, mais pour ne pas se mettre trop brutalement en contradiction avec la loi. Ils tinrent toujours des réunions auxquelles assistaient parfois jusqu'à quinze cents personnes, et dont les délibérations étaient imprimées [1] ; seulement ce n'était plus un club public annoncé par affiches; personne autre que les affiliés n'était censé y assister. En même temps, l'association, bien loin de se disperser, resserra ses liens, étendit même ses ramifications en province, sauf à prendre soin que chaque section ne parût pas être composée de plus de vingt personnes. Encore ne se crut-on vraiment astreint à cette dernière précaution que quand l'avénement de Périer eut produit un effet d'intimidation qu'on ne pouvait attendre des hésitations ou des complaisances de M. Laffitte. Dans ce demi-mystère, les *Amis*

[1] On ne se gênait pas pour attaquer le Roi dans ces réunions. Henri Heine, y étant entré un jour, au commencement de 1832, avait entendu l'orateur « tonner contre ces boutiquiers qui avaient été chercher pour roi Louis-Philippe, la boutique incarnée, qu'ils choisirent dans leur propre intérêt, non dans celui du peuple, qui n'était pas complice d'une si indigne usurpation ». (Henri HEINE, *De la France*, p. 59.)

du peuple travaillèrent plus ardemment que jamais à discipliner les éléments de révolte, à recruter les mécontents, à centraliser et à activer la propagande séditieuse, à exciter, à aigrir, à exaspérer les émotions et les haines, à entretenir l'agitation, à provoquer et à développer les émeutes.

A cette époque, les sociétés révolutionnaires paraissent principalement composées de bourgeois : hommes de lettres, avocats, médecins, commis, étudiants, élèves de l'École polytechnique. Dans les réunions où elles délibèrent, le peuple est à peu près absent. Il est même relativement peu nombreux dans les désordres de la rue. Il ne lit guère les journaux de gauche : on le voit au chiffre très-réduit de leur tirage. Cependant, à y regarder de près, on peut déjà remarquer que les meneurs cherchent à attirer les ouvriers, et qu'ils commencent à les ébranler. Grave changement dont l'origine remonte à 1830. Sous la Restauration, le peuple ne comptait pas dans la politique, et l'opposition la plus avancée ne songeait pas à lui. Carrel le reconnaissait peu de temps après la révolution : « Était-il question du peuple dans nos affaires, à l'époque de l'Adresse des 221?... Nous nous excitions entre nous, docteurs, négociants, députés, gens de lettres... Pas le plus petit soupçon de ce qui se passait au-dessous de nous, dans la classe privée de droits politiques, qui n'était pas admise à l'honneur peu dangereux des résistances constitutionnelles. » Cela était tellement vrai, que le *National,* le plus violent des journaux d'opposition, avait reproché précisément à M. de Polignac de chercher son appui « dans une nation autre que celle qui lit les journaux, qui s'anime aux débats des Chambres, qui dispose des capitaux, commande l'industrie et possède le sol »; de « descendre dans les couches inférieures de la population où l'on ne rencontre plus d'opinion, où se trouve à peine quelque discernement politique, et où fourmillent, par milliers, des êtres bons, droits, simples, mais faciles à tromper et à exaspérer, qui vivent au jour le jour, et, luttant, à toutes les heures de leur vie, contre le besoin, n'ont ni le temps ni le repos de corps et d'esprit nécessaires pour pouvoir songer quelquefois à la manière dont se gouvernent les affaires du pays[1] ». Grande fut la surprise de cette opposition, quand sa campagne aboutit, en Juillet, à faire descendre dans la rue et triompher derrière les barricades ce peuple auquel elle pensait si peu, et qui, au fond, lui faisait si grand'peur. Dès lors, les conditions des luttes politiques n'allaient-elles pas changer? Ce peuple consentirait-il à redevenir étranger aux affaires publiques, après y avoir joué momentanément un rôle si vanté, et avoir exercé, le fusil en main, ce que ses nouveaux partisans appelaient sa souveraineté? En tout cas, n'avait-on pas indiqué ainsi aux opposants du lendemain de quel côté ils pourraient chercher un concours? Aussi, pendant que les anciens meneurs parlementaires, parvenus au pouvoir, se flattaient de reprendre, comme sous la Restauration, leur politique exclusivement bourgeoise, les agitateurs révolutionnaires commençaient à faire de la propagande dans le peuple, lui parlaient de ses droits, de son émancipation, surtout de son bien-être, déclaraient que 1830 devait être pour lui ce qu'avait été 1789 pour le tiers état, tâchaient de l'embaucher dans les associations révolutionnaires et d'en faire l'armée permanente de l'émeute. Il peut sembler qu'au premier moment cette propagande n'eut qu'un succès restreint. Toutefois le mouvement était donné, et il ne s'arrêtera pas. Plus on ira, plus la proportion des ouvriers sera considérable dans les sociétés secrètes, et plus, par suite, les idées socialistes y prévaudront. C'est là un fait considérable, et cette modification démocratique apportée au caractère des luttes politiques ne doit pas être oubliée, quand on cherche à déterminer les conséquences de la révolution de 1830; celle-ci a commencé ce que 1848 devait consommer par la proclamation du suffrage universel.

[1] *National* du 22 juillet 1830.

II

Si l'insurrection était fréquente dans la rue, elle était permanente dans la presse. Nous ne parlons pas seulement des écrits clandestins que les sociétés révolutionnaires répandaient partout, mais des publications de propagande démocratique et républicaine dont M. Pagnerre était généralement l'éditeur, et surtout des journaux[1]. Certains de ces journaux poussaient ouvertement à l'émeute : « Lisez, s'écriait M. Guizot; c'est le langage des plus mauvais temps de notre révolution; langage de gens prêts à répandre, au milieu de la société, dans les rues, sur les places, à y étaler (passez-moi l'expression) toutes les ordures de leur âme[2]. » Celles même des feuilles de gauche qui se piquaient alors d'être dynastiques, comme le *National* en 1831, prenaient cependant les émeutiers sous leur protection. Carrel refusait, comme une «lâcheté», de «répudier ces hommes audacieux, indisciplinés, que le ministère qualifiait d'anarchistes, de républicains », mais qu'on avait trouvés « entreprenants, intrépides, au jour du danger[3] ». Quel sophisme ne se cachait pas derrière cet étrange point d'honneur, quelle injustice derrière cette prétendue générosité, quelle faiblesse derrière ce faux courage! Carrel trouvait d'ailleurs plaisant que le gouvernement se plaignît du mal que lui donnaient les émeutes : « C'est pour veiller à l'ordre, disait-il, que nous vous donnons 1500 millions. S'il n'y avait pas à se remuer au poste où vous êtes, vous n'y gagneriez pas votre argent[4]. »

Que les ministres fussent attaqués avec passion, odieusement

---

[1] Parmi les publications de ce temps, on peut nommer le pamphlet rimé et périodique de Barthélemy, la venimeuse *Némésis*, qui attendait le moment où le gouvernement achèterait son silence; on la verra alors vendre sa poésie aux industriels, aux dentistes, ou même la prostituer aux descriptions obscènes.
[2] Discours du 11 août 1831.
[3] *National*, 16 juillet 1831.
[4] *Ibid.*, 16 mai 1831.

calomniés, que Périer fût couramment comparé à M. de Polignac, ce qui était alors la plus grosse injure, qu'on l'accusât ouvertement de concussion et de vol, rien là qui dépassât beaucoup ce qui s'est vu à d'autres époques. Le *National* ne cherchait pas à nier cette violence : « Une fois l'avénement du ministère du 13 mars notifié à la France, disait-il, les derniers liens furent brisés entre la presse et le pouvoir; on n'avait eu besoin que de s'entrevoir pour se haïr. » Mais les coups visaient et portaient plus haut que les ministres. A ce moment, s'évanouit presque subitement la popularité personnelle dont, au début, avait joui Louis-Philippe, et qui l'avait fait ménager dans les premières polémiques. Ne vous attendez pas à le voir protégé par la fiction prudente qui, dans le régime constitutionnel, place le Roi et la royauté en dehors et au-dessus des débats : c'était une barrière trop fragile pour résister à la poussée révolutionnaire.

L'acharnement était tel, que les actes les plus simples se trouvaient aussitôt grossis et dénaturés. Sur le conseil de Périer, le Roi s'était installé aux Tuileries. Le jardin public s'étendait alors jusque sous les fenêtres du palais[1]. L'inconvénient était grand en un temps où le respect populaire et le prestige royal ne pouvaient pas suppléer aux clôtures absentes et garantir le prince et les siens contre la familiarité de leurs amis et les insultes de leurs ennemis. « Je ne puis souffrir, disait Louis-Philippe à M. Guizot, que des bandits viennent, sous mes fenêtres, assaillir ma femme et mes filles de leurs indignes propos. » Aussi fit-il fermer, par une grille et un fossé, une très-étroite bande du jardin, où sa famille avait tout juste l'espace suffisant pour prendre l'air sans risquer d'être outragée[2]. On s'imaginerait difficilement aujourd'hui quel tapage s'éleva, à ce propos, dans tous les journaux de gauche. Ce modeste fossé se transforma en une menaçante fortification, et ce fut à qui

---

[1] On disait officiellement le « palais », et non, comme avant 1830, le « château » des Tuileries. Ce mot de « château » avait été abandonné comme étant trop « féodal ».

[2] Ce jardin a été notablement étendu sous le règne de Napoléon III.

dénoncerait le plus âprement le monarque qui, par défiance de son peuple, élevait contre lui une nouvelle Bastille. Le théâtre se mit de la partie, et la police dut interdire une pièce satirique intitulée : *le Fossé des Tuileries*.

Ce ne fut, du reste, qu'un incident entre beaucoup d'autres. Les journaux insistaient, les uns avec impertinence, les autres avec grossièreté, sur tout ce qui pouvait blesser ou avilir Louis-Philippe : souvenirs de sa famille, incidents plus ou moins travestis de sa jeunesse pendant la révolution ou l'émigration, insinuations insultantes sur son caractère, sur sa prétendue avarice ou sur sa faiblesse en face de l'étranger; le *Journal des Débats* était réduit à entreprendre, sur tous ces points, une justification en règle[1]. Les mêmes journaux rappelaient à la monarchie qu'œuvre du peuple, elle était à sa merci; que née sur les barricades, elle pouvait y mourir; que c'était elle qui devait reconnaissance à ses auteurs, et non ceux-ci qui lui devaient déférence et respect. Toute occasion était saisie de faire affront au Roi; il s'y exposait parfois, en tendant aux révolutionnaires une main, que ces derniers repoussaient brutalement. La Chambre avait voté des « récompenses nationales » aux « combattants de Juillet ». Une ordonnance d'avril 1831 régla les conditions de la décoration nouvelle, qui devait porter les dates des trois journées, avec cette légende : *Donné par le roi des Français;* on annonçait une cérémonie solennelle à l'hôtel des Invalides, où le prince remettrait les croix et recevrait le serment des décorés. Aussitôt, protestation bruyante contre la légende et le serment. La presse déclare que les héros des barricades sont les bienfaiteurs, non les obligés du Roi; qu'en une telle circonstance, il convient de

---

[1] Dans le numéro du 9 février 1832, le *Journal des Débats* énumérait ainsi les accusations auxquelles il voulait répondre : « Tantôt on fait jouer à Louis-Philippe, comme duc de Chartres, un rôle odieux dans le procès de Louis XVI; tantôt on défigure sa conduite à l'armée et l'on tourne en ridicule Jemmapes et Valmy; ici on l'accuse d'avoir porté les armes contre son pays dans l'émigration, et l'on parle d'une *camarilla* de courtisans qui, comme sous Charles X, dévorent les sueurs du peuple; enfin on reproduit le reproche devenu banal de faiblesse et d'avarice. »

rappeler leur souveraineté, non leur sujétion. On fait si bien que les « combattants » proclament, avec grand fracas de démonstrations factieuses, leur volonté de ne pas recevoir la décoration des mains du Roi et de ne pas prêter le serment. Il fallut renoncer à la cérémonie projetée, par crainte de scandale ; les mairies furent chargées de la distribution, et des registres y furent ouverts pour constater le serment des décorés. La plupart s'abstinrent ; quelques-uns de ces abstenants voulurent néanmoins porter le ruban : l'un d'eux, poursuivi de ce chef, fut acquitté par le jury.

On ne se contentait pas de refuser au Roi tout témoignage de respect et d'allégeance, on l'accusait ouvertement de n'avoir pas rempli les conditions auxquelles lui avait été donnée la couronne. Il n'était question, dans les journaux, que du prétendu « programme de l'Hôtel de ville » et des engagements autrefois souscrits, maintenant violés. Loin de dissimuler le dessein de renversement, on s'en glorifiait. « Il n'est pas un seul de nos numéros, disait la *Tribune,* pas un seul de nos articles, peut-être (c'est notre vœu le plus ardent) pas un seul mot sorti de notre plume, qui ne soit attentatoire au principe du gouvernement, c'est-à-dire au dogme de la royauté. » Le régicide lui-même se démasquait ; on indiquait que le parjure devait être puni chez Louis-Philippe, comme il l'avait été chez Louis XVI. Peut-on d'ailleurs être surpris d'un tel langage dans l'improvisation et dans l'échauffement des polémiques de presse, quand on voit l'étrange étude que, sans provocation aucune et sous le seul prétexte de faire de la « psychologie criminelle », un jeune philosophe, M. Barthélemy Saint-Hilaire, publiait alors, dans la *Revue des Deux Mondes* [1], sur Louvel, l'assassin du duc de Berry ? Sous sa plume, le meurtrier devenait intéressant et excusable ; il s'élevait à une hauteur d'où il semblait dominer ses accusateurs et ses juges, et son forfait n'était plus guère qu'une déviation du patriotisme : jeu d'esprit et curiosité de penseur, si l'on veut, mais en tout cas préface compromet-

---

[1] Livraison de mai 1832.

tante aux tentatives de régicide qui vont être l'angoisse permanente des dix-huit années de la monarchie de Juillet.

Si redoutable que fût la parole imprimée, on se servit contre la monarchie d'une arme peut-être plus dangereuse encore. Le dessin satirique eut alors une telle audace, une telle importance, une efficacité si destructive, que l'histoire ne peut négliger ces feuilles illustrées, qu'à d'autres points de vue elle serait tentée de mépriser. Au lendemain des journées de Juillet, la caricature avait commencé, avec sa générosité habituelle, par s'acharner contre les vaincus. Elle n'avait épargné aucun outrage à Charles X et même à l'ancienne captive du Temple, la duchesse d'Angoulême. De vrais artistes eurent, hélas ! leur part dans ces lâchetés du crayon, et l'on voudrait, par exemple, retrancher de l'œuvre de Decamps cette lithographie où il représentait le vieux roi exilé, chassant à tir des lapins de carton dans ses appartements. L'autre vaincu du jour, le clergé, n'avait pas été plus ménagé. A cette âpreté des basses représailles, s'était mêlée l'obscénité qui est, comme on peut encore s'en convaincre aujourd'hui, la compagne habituelle de l'effervescence révolutionnaire. Cette obscénité devait persister plusieurs années avec une répugnante monotonie ; et, en 1835, le duc de Broglie, à la tribune de la Chambre des députés, pourra encore montrer l'étranger qui arrive à Paris, « obligé de tenir les yeux baissés vers la terre, pour ne pas apercevoir cet étalage d'obscénités dégoûtantes, de turpitudes infâmes, de sales productions, dont les personnalités offensantes ne sont pas le pire, mais le moindre des scandales [1] ». Au contraire, dans la caricature politique, un changement se fit à partir de 1831. On laissa de côté les « carlistes » et les « Jésuites », pour s'en prendre au gouvernement, au Roi lui-même. Bientôt on s'attaqua presque exclusivement à ce dernier, et on le fit avec une audace qui devait aller croissant jusqu'au jour où les lois de septembre 1835 établiront la censure des dessins. Ce n'était pas la folie rieuse, la satire plaisante, la gaieté malicieuse et

---

[1] *Écrits et discours du duc de Broglie*, t. II, p 470.

impertinente; c'était une animosité réfléchie, obstinée, tantôt sournoise, tantôt violente, toujours méchante, ne cherchant pas à faire rire comme plus tard les charges de Cham, mais bien à souffler une haine meurtrière.

Un homme fut l'âme de cette insurrection du dessin, de ce régicide par le crayon. Il s'appelait Philipon. Né à Lyon en 1800, occupé d'abord d'art industriel, il vint à Paris, en 1823, et s'y lia avec les opposants les plus avancés. Après Juillet, il eut l'instinct de ce que pouvait devenir la caricature, grâce à la lithographie récemment inventée. Il eut bientôt créé le *Charivari* quotidien, la *Caricature* hebdomadaire, un autre recueil mensuel, sans compter beaucoup d'autres publications. Par lui-même il dessinait peu, mais il savait grouper, lancer, échauffer les artistes qu'il employait, leur inoculait son fiel et son audace, leur fournissait des idées, des légendes, bravait les procès et les condamnations, et devenait ainsi, lui obscur, l'un des plus dangereux adversaires de la royauté nouvelle, l'empêchant d'acquérir ce prestige, cette « respectabilité », sans lesquels elle ne pouvait vraiment se fonder. Parmi les artistes qu'il avait réunis, plusieurs n'étaient pas sans talent. C'était d'abord Daumier; il eut alors un renom que la récente exposition de ses œuvres n'a pas justifié; si son crayon brutal, cruel, a parfois une certaine puissance, une énergie sinistre, on y sent quelque chose d'acharné, d'exagéré, d'énorme, qui pouvait répondre aux passions du moment, mais qui, revu longtemps après, choque autant le sentiment de l'art que la justice et la convenance. C'étaient ensuite Granville, laborieux sans naturel, sec, froid et amer; Traviès, nature souffreteuse, aux inspirations pleines d'aigreur, de rancune, aux visions de sang et de massacre; d'autres encore, qui s'employaient aux parties moins violentes de l'œuvre, parmi lesquels Raffet, Charlet, Decamps, Bellangé, Deveria [1].

---

[1] Il faut faire honneur à deux autres dessinateurs satiriques, Gavarni et Henri Monnier, de ne s'être pas laissé embaucher par Philipon, d'avoir dédaigné les succès grossiers de la caricature politique. « Ces erreurs-là, disait Gavarni, ne sont pas des miennes; elles ont trop de fiel et trop peu de sincérité. »

Malheureux roi! était-il en France, fût-ce dans les régions les plus justement méprisées, un homme autant moqué, soufleté, sali? Lui-même pouvait, en juin 1832, demander aux chefs de la gauche s'il y avait « jamais eu une personne contre laquelle on eût vomi plus de calomnies [1] ». Pour se faire une idée de la façon dont il était traité, il faut avoir le courage de feuilleter les vieux recueils du *Charivari* et particulièrement de la *Caricature*. On ne se contentait pas de le tourner effrontément en ridicule, en l'afflublant de déguisements grotesques qui presque toujours masquaient une odieuse calomnie [2]; l'outrage prenait souvent un caractère sinistre, menaçant. Regardez cette jeune fille entraînée dans le plus ignominieux des guets-apens : c'est la Liberté; derrière une porte suspecte, le misérable qui attend la victime laisse à peine entrevoir son profil perdu; mais le toupet et les favoris le trahissent. Dans cet autre dessin, le Roi est un « massacreur » qui savoure le spectacle des cadavres exposés à la Morgue. Voici une traduction du tableau de Prudhon : *le Crime poursuivi par la Vengeance divine;* le Crime est Louis-Philippe qui s'enfuit après avoir égorgé la Liberté. Dès 1831, on colporte une grossière lithographie où le Roi et deux de ses ministres sont livrés au supplice, avec cette étiquette : « Condamnés pour haute trahison. » Vingt fois ce prince se voit comparé à Judas : la Liberté, en bonnet phrygien, est assise, comme le Christ à la Cène : « En vérité, en vérité, je vous le dis, il en est un parmi vous qui me trahira »; et Judas, au coin, qui détourne la tête, vous le reconnaissez toujours à son toupet. « Ah! tu veux te frotter à la presse! » lit-on au bas d'un dessin : un imprimeur du *National* a mis sous la presse Louis-Philippe, dont la figure s'élargit en s'écrasant. Puis, c'est un festin de

[1] *Mémoires d'Odilon Barrot,* t. I, p. 598.
[2] Voici, par exemple, le Roi travesti en vulgaire escamoteur : « Tenez, messieurs, dit-il, voici trois muscades : la première s'appelle Juillet, la seconde Révolution, et la troisième Liberté. Je prends la Révolution qui était à gauche, je la mets à droite; ce qui était à droite, je le mets à gauche. Je fais un micmac auquel le diable ne comprend goutte, ni vous non plus : je mets tout cela sous le gobelet du juste milieu, et avec un peu de poudre de non-intervention, je dis passe, impasse et contre-passe... Tout est passé, messieurs; pas plus de Liberté et de Révolution que dessus ma main... A un autre, messieurs. »

Balthazar, où l'on prédit au Roi son châtiment et sa ruine. Cette annonce, cette menace d'une prochaine révolution, se reproduisent sous toutes les formes [1]. Mêlez à ces attaques tout ce qui peut, par le contraste des misères des pauvres et des orgies des puissants, aviver et irriter, dans le peuple, les convoitises les plus âpres ; par l'évocation des souffrances subies et du sang répandu, le pousser aux plus terribles vengeances. Loin de se défendre d'en vouloir au Roi, la caricature met en scène sa propre audace : elle se représente elle-même plaçant la poire [2] sur le feu et demandant à ses clients à quelle sauce ils veulent la manger ; ou bien encore empoignant le Roi et son fils par le fond de leurs culottes, pendant que la Liberté joue du violon, avec cette légende : « Ah ! tu danseras ! » Rien de pareil ne s'était vu sous la Restauration. Louis XVIII et Charles X avaient rencontré des ennemis passionnés : le dernier surtout avait été très-impopulaire ; mais personne n'eût cru possible de ne pas leur témoigner un certain respect extérieur ; quand un Fontan avait pris personnellement Charles X à partie, dans son pamphlet du *Mouton enragé,* le scandale avait été si grand, que les feuilles opposantes s'étaient empressées de le désavouer. Aussi a-t-on pu écrire que « les ennemis de la Restauration la renversèrent sans l'avoir méprisée ». Si l'on n'en peut dire autant de la monarchie de Juillet, n'est-ce pas encore une conséquence de la révolution ? Comme nous avons eu occasion de l'observer, les peuples ne se croient pas tenus à beaucoup respecter les rois qu'ils ont créés, et surtout qu'ils ont créés dans la violente familiarité de l'émeute. On l'avait déjà vu au dix-septième siècle, en Angleterre, où cependant le sentiment monarchique était autrement puissant que dans la France du dix-neuvième.

---

[1] Le Roi, par exemple, se fait tirer les cartes : « Ton jeu, lui dit le sorcier, m'annonce qu'une femme brune que tu as épousée en juillet, et avec laquelle tu veux divorcer, te causera bien du désagrément. Le public te donnera tort ; il s'ensuivra beaucoup de querelles ; tu feras une perte considérable d'argent, à laquelle tu seras très-sensible, *et tu entreprendras un grand voyage.* »

[2] On avait imaginé que le toupet et les épais favoris du Roi lui donnaient quelque ressemblance avec une poire. Philipon exploita cette prétendue découverte avec une insolente persistance.

Après 1688, Guillaume III s'était trouvé en butte à tant d'attaques et d'injures, que, dans un moment de dégoût, il avait songé à s'en aller; ce désordre se prolongea sous plusieurs de ses successeurs; ce n'est même que beaucoup plus tard, sous Guillaume IV, et surtout sous la reine Victoria, que le respect de la royauté a été pleinement restauré en Angleterre; jusqu'alors le gouvernement s'était plutôt maintenu par la force de l'aristocratie que par le prestige du monarque.

Louis-Philippe supportait ces railleries et ces insultes avec une sorte de philosophie souriante, quoique au fond un peu mélancolique. On sait l'anecdote du Roi aidant un gamin à terminer la poire gigantesque que celui-ci avait commencée sur un mur du château de Neuilly. La Reine, malgré son grand courage, se résignait moins facilement, sans doute parce qu'elle n'était jamais personnellement attaquée, et parfois sa fierté outragée d'épouse et de mère lui faisait venir les larmes aux yeux. « Ils veulent me démolir, disait, en 1832, le Roi à M. Odilon Barrot; tous les jours la presse m'attaque avec une violence sans exemple. Quand j'ai vu que j'étais à chaque instant si cruellement outragé, si peu ou si mal défendu, j'en ai pris mon parti. Fort du témoignage de ma conscience, je suis persuadé que toutes ces attaques iront se briser contre le rocher du bon sens public [1]. » Louis-Philippe avait-il vraiment cette confiance ? En tout cas, avec l'expérience, il revint de cet optimisme; il comprit mieux l'efficacité destructive de ces insultes et l'impossibilité pour une monarchie de se maintenir dans de telles conditions. Après 1848, en exil, il s'est expliqué plusieurs fois sur ce sujet : « J'ai été, durant mon règne, disait-il, la victime de cette arme que Voltaire appelait le mensonge imprimé, arme lâche et perfide, qui frappe souvent sans qu'on voie d'où le coup part, arme dont les blessures ne guérissent jamais, parce qu'elles sont empoisonnées. » Et encore : « Quand on m'attaquait, c'était la royauté qu'on attaquait... Aussi quand, après dix-huit ans d'attaques obstinées, on a jugé que le trône était

---

[1] *Mémoires d'Odilon Barrot*, t. I, p. 600.

suffisamment ébranlé, on n'a eu qu'à le pousser, et il s'est écroulé, au grand étonnement de mes amis et de mes ennemis. Il ne tenait plus [1]. » A la même époque, comme quelqu'un lui exprimait l'espoir de voir, avant de mourir, le comte de Paris sur le trône : « Vous pouvez avoir raison, mon cher monsieur, répondit le vieux roi désenchanté; le comte de Paris est possible, comme le comte de Chambord et les Bonaparte sont possibles; tout est possible en France; mais rien n'y durera, parce que le respect n'y existe plus. » Voilà pourquoi l'on a pu écrire : « Ce qui a péri en 1830, ce n'est pas seulement un gouvernement, c'est le respect de tout gouvernement. »

III

L'avénement de Casimir Périer n'eut pas seulement pour effet d'éveiller dans le parti révolutionnaire cette colère, cette rage qu'on a vues fermenter dans les sociétés secrètes, éclater dans la presse ou dans les émeutes; elle amena ce parti, le provoqua en quelque sorte, par l'énergie et la netteté de l'attaque, à se démasquer, à déployer son drapeau, à s'appeler de son vrai nom : le parti républicain. Rien de pareil ne s'était vu en Angleterre, après la révolution de 1688. La république des Têtes rondes n'y avait pas laissé des traces aussi profondes qu'en France celle des jacobins; le parti républicain d'outre-Manche, que proscrivirent les Stuarts restaurés et auquel la conscience publique ne pardonna jamais le meurtre de Charles Ier, n'eut pas de seconde génération; le peu qui en restait émigra aux colonies. Aussi, sous Guillaume III, n'eût-on pas rencontré un whig, si hardi fût-il, qui osât parler de république, si ce n'est pour la maudire, et qui n'affichât, dans sa

---

[1] *Abdication du roi Louis-Philippe, racontée par lui-même et recueillie par M. Edouard* LEMOINE.

conduite envers le Roi, le « loyalisme » le plus absolu. En France, au contraire, les républicains ont, à partir de 1831, joué un tel rôle, que, jusqu'à 1836, la principale affaire de la monarchie nouvelle a été de se défendre contre leurs attaques. Pendant ce temps, l'opposition, qui eût préféré rester dynastique, a été reléguée au second plan, sans programme déterminé [1], incapable de diriger ou de contenir cette avant-garde, plus incapable encore de s'en séparer, réduite trop souvent à la suivre ou tout au moins à la couvrir. Il est donc naturel d'examiner avec quelque soin ce qu'étaient alors ces républicains. Aussi bien, est-ce là l'origine, la manifestation première d'un parti qui a eu, depuis cette époque, une fortune bien extraordinaire, qui a recueilli la succession de la monarchie après l'avoir renversée par surprise, et qui aujourd'hui prétend s'être emparé définitivement de la France. En dépit d'évolutions et de transformations successives, il existe un lien de filiation directe, ininterrompue et d'ailleurs avouée, entre les républicains de 1831 et ceux de notre temps.

Dans les journées de Juillet, ce parti n'avait pas paru, au moins sous son nom. Sans doute, cette jeunesse, sortie des Ventes de *carbonari*, qui s'agitait à l'Hôtel de ville, autour de La Fayette, avait des arrière-pensées républicaines; mais elle n'osait les manifester. Elle avouait elle-même l'impossibilité de faire accepter à la France et à l'Europe une forme de gouvernement sur laquelle pesaient encore les souvenirs de la Terreur [2].

---

[1] M. Odilon Barrot l'a avoué lui-même dans ses *Mémoires*. « Il faut le reconnaître, a-t-il dit, notre opposition n'avait encore ni discipline ni programme politique bien déterminé. Elle se décidait presque toujours par l'impression irréfléchie du moment. »

[2] L'un des républicains d'alors, M. Sarrans, confessait « la puissance de l'impression douloureuse que le mot de république avait laissée en France, et l'effroi que ce nom inspirait encore aux contemporains de la Terreur et aux fils des nombreuses victimes qui avaient péri sous son règne ». Puis, après avoir rappelé quels « affreux souvenirs assiégeaient toutes les imaginations », il ajoutait : « Voilà, il faut en convenir, ce qui, par une prévention aussi ridicule qu'injuste, et par une confusion déplorable de la république avec les excès auxquels elle servit de prétexte, avait laissé dans les cœurs une aversion prononcée pour cette dénomination gouvernementale. » M. Arago, dans un entretien qu'il avait avec le Roi, en 1832, rappelait qu'en 1830, les républicains s'étaient « soumis ». « Ils

Lisez les proclamations et documents de toutes sortes émanés alors des groupes les plus avancés : la république n'y est pas nommée ; on réclame une assemblée constituante, un gouvernement ou un « président » provisoires ; les plus audacieux vont une fois jusqu'à crier : « Plus de royauté » ; la commission municipale parle, dans son rapport, de ces « esprits généreux qui, par une noble fierté d'âme et par un pur enthousiasme de la vertu, voulaient la liberté sous la forme la plus austère » ; mais il semble que nul n'ose prononcer le mot. Ceux-là seuls le font qui s'en servent comme d'un épouvantail, pour vaincre les hésitations du duc d'Orléans, ou pour faire accepter par l'opinion la monarchie nouvelle [1]. Les journaux de gauche ne cachaient point cette impopularité [2]. Des républicains poussaient à l'élévation de Louis-Philippe, dans la conviction où ils étaient que leur régime préféré était impossible : tels Béranger [3], et même de vieux conventionnels comme Grégoire ; ils étaient, à la vérité, résolus à « républicaniser » le plus possible la monarchie.

La défaveur de la république persista dans les premiers mois

---

avaient été forcés de convenir, disait-il, car c'était alors l'opinion à peu près unanime de la capitale et des départements, que des institutions purement républicaines jetteraient dans le pays d'inépuisables germes de discorde, dont les étrangers ne manqueraient pas de profiter pour nous attaquer. » — Nous avions déjà constaté ce discrédit et cette impopularité de la république en 1815, lorsque la Chambre des représentants avait délibéré sur le gouvernement qu'il convenait de donner à la France. (Voyez le *Parti libéral sous la Restauration*, p. 141.)

[1] Ainsi M. Thiers avait dit, dans la proclamation où il lançait l'idée de la dynastie nouvelle : « La république nous exposerait à d'affreuses divisions ; elle nous brouillerait avec l'Europe. »

[2] Le *National* disait : « La république, qui a tant d'attraits pour les cœurs généreux, nous a mal réussi il y a trente ans » ; et, un autre jour, parmi les écueils qu'on avait à éviter, il plaçait « l'utopie républicaine qui peut nous rejeter dans les folies de Babeuf ». Le *Globe* : « La république n'a qu'un défaut, c'est de n'être pas jugée possible en France ; peut-être un jour le deviendra-t-elle ; peut-être est-elle le gouvernement définitif vers lequel tendent les nations ; mais son siècle n'est pas venu. »

[3] Béranger écrivait, le 19 août 1830 : « Quoique républicain et l'un des chefs du parti, j'ai poussé tant que j'ai pu au duc d'Orléans. Cela m'a même mis en froid avec quelques amis. » Il disait aussi à cette époque, en parlant de la république : « Je ne veux pas qu'on nous donne, encore une fois, ce fruit trop vert » ; il désirait qu'auparavant on « usât » la monarchie.

qui suivirent la révolution ; en septembre 1830, le *Journal des Débats* pouvait encore dire : « Ce mot de république à lui seul suffirait pour discréditer le parti qui oserait l'écrire sur ses étendards. Il fait peur à tout le monde... Allez donc parler aux commerçants, aux propriétaires, aux gardes nationaux, de république ! » Toutefois, à y regarder de plus près, on se fût aperçu que, dans l'échauffement des clubs et des sociétés secrètes, les haines s'exaspéraient contre la monarchie, que les républicains, naguère timides et presque honteux de leur drapeau, devenaient plus hardis. Et puis ceux-ci ne pouvaient-ils pas croire que l'opinion, après plusieurs mois d'état révolutionnaire, n'aurait plus les mêmes pudeurs, les mêmes effarouchements? Aussi, quand l'avénement de Périer vint leur signifier que le gouvernement nouveau entendait être une monarchie véritable, et qu'il ne consentait plus à couvrir une sorte d'anonymat révolutionnaire, il se produisit une explosion de républicanisme qui n'eût pas dû surprendre les observateurs clairvoyants.

Sous le ministère Laffitte, à la suite des troubles qui avaient accompagné le procès des ministres, dix-neuf jeunes gens, la plupart officiers dans l'artillerie de la garde nationale, tous fort engagés dans les sociétés secrètes, avaient été arrêtés, et une instruction dirigée contre eux pour complot tendant à changer la forme du gouvernement. L'affaire vint devant la cour d'assises, peu après l'avénement de Périer, le 6 avril 1831. La presse, qui menait, depuis quelque temps, grand bruit autour de cette poursuite, avait éveillé d'avance l'attention et l'émotion du public. Celui-ci vint à l'audience, nombreux et passionné. Dès le début, il fut manifeste que, par un renversement des rôles qui allait presque devenir de règle dans les procès politiques, les accusés, assurés de leur acquittement, se transformeraient en accusateurs du pouvoir. A l'interrogatoire du président, ils répondirent l'un après l'autre, avec une arrogance croissante, avec une exaltation dont parfois ils étaient dupes les premiers ; confessant leur foi politique, à la veille d'un acquittement, du ton dont ils l'eussent fait s'ils avaient risqué l'échafaud ; évoquant les combats de Juillet auxquels ils avaient tous pris part; niant la conspiration dont on les accusait, mais uniquement parce que, disaient-ils, une conspiration était superflue contre un gouvernement qui s'écroulait de lui-même. Le public, de plus en plus échauffé, applaudissait et excitait encore ces audaces. Quant aux magistrats, entraînés ou intimidés, ils n'osèrent rien empêcher, et laissèrent se prolonger, pendant dix jours, le scandale des débats. La Fayette déposa en faveur de ces jeunes gens, comme pour les couvrir de sa protection : l'assemblée se leva à son arrivée, pendant que du banc des accusés partaient des signes d'affectueuse déférence. Les avocats, parmi lesquels on remarquait MM. Marie, Bethmont, Plocque, Boinvilliers, Dupont, parlèrent à l'unisson de leurs clients. On venait d'écouter ces orateurs, déjà connus au barreau de Paris, quand on vit se lever un avocat petit, trapu, chauve, le regard ardent, ayant dans tout son être quelque chose de fort, mais de grossier et d'un peu paysan; presque personne ne le connaissait. Il sortit des bancs et se plaça au milieu du prétoire, comme pour se donner un champ plus libre; l'œil fixé sur les juges, il commença. L'auditoire fut étonné d'abord, bientôt saisi; agitant d'une main convulsive ses notes éparses, l'orateur avait des bondissements et des éclats de bête fauve; le geste était d'une trivialité impérieuse et redoutable; le mouvement, puissant; la parole, d'une rudesse et d'une nudité affectées, avec une recherche des mots populaires; et surtout, on sentait brûler, dans cette rhétorique, la flamme sombre des haines, des audaces et des colères démagogiques : tels furent les débuts de Michel de Bourges sur la scène parisienne. Quelques-uns des accusés avaient résolu de se défendre eux-mêmes. L'un d'eux, bien qu'à peine âgé de trente ans, semblait exercer sur ses compagnons un réel ascendant; le nom qu'il portait devait être illustré par son frère cadet : il s'appelait Godefroy Cavaignac. Quand il se leva, le silence se fit, comme si chacun s'attendait à entendre prononcer le mot décisif. Le jeune orateur parla d'une voix hautaine et sèche, avec un geste brusque. « Mon père, dit-il, fut un de ceux qui, dans le sein de la Convention nationale, proclamèrent la République à la face de l'Europe. Il la défendit aux armées. C'est pour cela qu'il est mort dans l'exil, après cinq années de proscription; et, tandis que la Restauration elle-même était forcée de laisser à la France les fruits de cette révolution qu'il avait servie, tandis qu'elle prodiguait ses faveurs à ces hommes que la République avait créés, mon père et ses collègues souffraient seuls pour la grande cause que d'autres trahissaient. Cette cause, messieurs, se lie à tous mes sentiments comme fils. Les principes qu'elle proclamait sont mon héritage. L'étude a fortifié cette direction donnée naturellement à mes idées politiques, et aujourd'hui que l'occasion s'offre enfin à moi de prononcer un mot que d'autres poursuivent, je le déclare, sans affectation comme sans feinte, de cœur et de conviction : je suis républicain ! » Voilà la parole qu'attendait l'auditoire enfiévré. Vainement le président chercha-t-il tardivement et timidement à arrêter l'orateur, celui-ci continua en faisant l'apologie de la Convention. Il déclara que la royauté se suicidait, ce qui dispensait de l'attaquer. « Nous ne conspirons pas, dit-il, nous nous tenons prêts. » Puis il termina en s'écriant : « Nous avons fait notre devoir envers la France, et elle nous trouvera toutes les fois qu'elle aura besoin de nous. Quoi qu'elle nous demande, elle l'obtiendra. » L'auditoire salua de ses applaudissements enthousiastes le jeune fanatique qui venait de déployer audacieusement le drapeau de la République. Tel était alors le trouble des esprits que le président de la cour, dans son résumé, fit presque l'éloge des accusés et les recommanda à l'indulgence des jurés[1]. Cavaignac et ses amis furent acquittés. La foule les acclama à leur sortie de l'audience et détela les chevaux de leurs voitures. Le lendemain, l'agitation était telle, qu'on put croire à une insurrection : des groupes tumultueux et menaçants

---

[1] Le président déclarait « déplorer le sort de ces jeunes gens dont le cœur est plein de sentiments généreux et qui n'étaient pas nés pour l'humiliation de ces bancs »; puis il ajoutait, en s'adressant aux jurés : « Comme juges, si vous apercevez des coupables, vous sévirez; mais si vous ne remarquez dans la cause que de l'inexpérience et un enthousiasme irréfléchi, comme pères, vous saurez absoudre. »

remplissaient les boulevards et les quais; les émissaires républicains parcouraient les faubourgs pour les soulever. Mais l'émeute se trouva en face de troupes nombreuses et résolûment commandées; elle se borna à jeter quelques pierres et se dispersa.

Qu'était-ce que ce Godefroy Cavaignac? Ayant passé sa jeunesse en Belgique auprès de son père exilé, en compagnie de Levasseur, Vadier, Cambon, David et autres montagnards, il avait voué à la mémoire de ce père un véritable culte qui donnait à ses passions politiques le caractère d'une sorte de piété filiale et de point d'honneur de famille [1]. Au service de causes souvent détestables, il employait des qualités meilleures que ces causes. La taille était élevée, les traits d'une régularité vigoureuse, la figure amaigrie, l'œil ferme et souvent triste, la lèvre ombragée par une moustache épaisse; sa démarche un peu militaire semblait celle d'un homme qui va droit devant lui, et dans tout son être il y avait comme une intrépidité fière qui donnait l'idée — si l'on peut accoler ces deux mots — d'un paladin de la démagogie. Hautain et sévère d'aspect, affectant le parler rare et bref, il se roidissait pour paraître plus énergique encore [2]. Ce rôle qu'il s'imposait ne l'empêchait pas de laisser voir, dans l'intimité, un fond de tendresse et de douceur qui le faisait aimer, et de traiter les indifférents avec une courtoisie aimable et élégante qui s'alliait étrangement aux passions implacables du

[1] Godefroy Cavaignac faisait partie des jeunes républicains que M. Thiers avait conduits au Palais-Royal, dans la soirée du 31 juillet 1830. Le duc d'Orléans ayant, dans la conversation, dit un mot des égarements de la Convention, Cavaignac l'avait interrompu avec une vivacité quelque peu impérieuse : « Monseigneur, avait-il dit, oublie que mon père était de la Convention. — Le mien aussi, monsieur, » avait repris le duc. M. Louis Blanc raconte que Cavaignac lui parlant un jour de l'*Histoire de dix ans* et du chapitre où hommage était rendu aux qualités militaires de son frère : « Sais-tu, lui disait-il, ce qui dans ce chapitre m'a particulièrement touché? C'est la note qui apprend au lecteur que le Cavaignac d'Afrique est mon frère. Mais pourquoi n'as-tu pas ajouté qu'il est le fils de cet autre Cavaignac...? » Il regarda le ciel et ne put continuer, tant il était ému.

[2] J. Stuart Mill, racontant une visite qu'il avait faite à Godefroy Cavaignac, disait de lui : « Il répondait à la plus simple question d'un ton décidé qui vous faisait tressaillir et vous donnait le sentiment d'un pouvoir irrésistible et d'une indomptable volonté. » (J. STUART MILL, *Dissertations and discussions*, t. I, p. 266.)

sectaire. Son esprit était cultivé, ouvert particulièrement aux choses de l'art. Mais tous ces dons du cœur ou de l'intelligence étaient comme faussés et étouffés par les sophismes et les haines dont l'avait pénétré sa première éducation. Il devait mourir à quarante-cinq ans, après une vie entière dépensée en conspirations stériles, fidèle à ses convictions, obstiné dans ses passions, mais dégoûté de son parti et probablement de son œuvre, laissant à ceux qui l'avaient approché le souvenir d'une nature supérieure, malheureusement dévoyée.

Autour de Cavaignac, étaient quelques jeunes hommes, fanatiques, mais, comme lui, intrépides, apportant une certaine générosité dans leurs folles et criminelles entreprises, séduits par la fausse grandeur que semble revêtir parfois la violence, disposés à se croire des héros parce que, dans leur assaut contre la société, ils jouaient bravement leurs têtes, oubliant que le mépris étourdi et orgueilleux de leurs propres vies ne pouvait les absoudre de tant d'autres vies sacrifiées dans leurs rébellions avortées. Cette chevalerie n'était le fait que d'un petit nombre : la faction se trouvait composée, pour la plus grande part, d'éléments beaucoup moins purs : aventuriers et déclassés de toutes provenances, ambitieux déçus, misérables affamés de convoitises, débauchés en détresse, brutes échauffées de vin et de sang, vauriens en froid avec Dieu et le gendarme, jusqu'à des repris de justice, enfin tout ce ramassis que, comme au temps de Catilina, les conspirateurs, les fauteurs de politique violente, les rêveurs de coups de main sont réduits à employer, à commander et aussi à suivre. C'est ce qui permettait alors à M. Royer-Collard de dire : « La République a contre elle les républicains d'autrefois et les républicains d'aujourd'hui. »

Ce parti, en 1831, n'ignorait pas qu'il était, dans la nation, une infime minorité, et ne se voyait aucune chance de devenir prochainement majorité. Ne lui parlez pas d'action parlementaire ou électorale. Sa prétention n'était pas de gagner peu à peu l'opinion, mais de s'emparer du pouvoir par un coup de force ou de surprise. A vrai dire même, il ne songeait guère qu'à renverser ce qui existait. Godefroy Cavaignac exposait dogmatiquement à M. Stuart Mill qu'à certaines époques, en face de maux accumulés depuis des siècles, le progrès consiste seulement à détruire, et que les gens de bien, fussent-ils la minorité, sont tenus d'y employer tous leurs efforts.

L'idéal de ces jeunes sectaires, — on l'a vu par le manifeste de Cavaignac, — était la Convention, jacobine au dedans, belliqueuse au dehors. Rien de neuf, si ce n'est quelques premiers symptômes de ce socialisme qui prendra tant de place dans le mouvement révolutionnaire, vers la fin de la monarchie de Juillet [1]. Tous les écrits du parti, articles de journaux, brochures, livres d'histoire, étaient une évocation audacieuse des plus détestables souvenirs de 1793. Au bout de peu de temps, on comptait par centaines les publications de ce genre. Aussi, dès 1831, M. de Salvandy dénonçait cette littérature où « s'étalait la forfanterie du crime »; il montrait ceux qui « affectaient la passion malheureuse du sang, se rejetant dans le passé pour la satisfaire », « la jeunesse conviée au pied de la guillotine » que l'on transformait en « autel de la liberté ». « N'espérez pas, ajoutait-il, que ces débauches soient stériles. On imprime à quinze centimes, on colporte dans le peuple les discours immortels de Robespierre et de Saint-Just, moins, il est vrai, le grand discours en faveur de l'Être suprême... La poésie vient au secours de la prose épuisée. La Convention future a eu ses Tyrtées. » La Société des *Amis du peuple* faisait faire les bustes des terroristes, y compris Marat, et les distribuait à ses affidés. Après avoir assisté par hasard à l'une des séances de cette société et y avoir entendu Blanqui et Cavaignac, Henri Heine écrivait : « La réunion avait l'odeur d'un vieil exemplaire, relu, gras et usé, du *Moniteur* de 1793 »; et il disait de ces orateurs

---

[1] Dans un procès où plusieurs agitateurs du parti étaient impliqués, l'un d'eux, Blanqui, faisait publiquement, dès janvier 1832, la déclaration suivante : « Ceci est la guerre entre les riches et les pauvres; les riches l'ont voulue, parce qu'ils ont été les agresseurs; les privilégiés vivent grassement de la sueur des pauvres. La Chambre des députés est une machine impitoyable qui broie vingt-cinq millions de paysans et cinq millions d'ouvriers, pour en tirer la substance qui est transfusée dans les veines des privilégiés. Les impôts sont le pillage des oisifs sur les classes laborieuses. »

que « le dernier discours de Robespierre, du 8 thermidor, était leur évangile[1] ».

D'où venait cette résurrection audacieuse d'un passé jusqu'alors si discrédité? Cavaignac s'y trouvait conduit par tradition de famille. En était-il de même chez ses jeunes compagnons? Saisit-on, entre eux et les vieux conventionnels, la trace de quelque relation? Sans doute 1830 avait rouvert les portes de la France aux « votants », exilés depuis 1815. Mais ceux-ci ne semblent pas avoir exercé alors grande action; oubliés, inconnus, ils se sont plaints d'avoir été traités comme des revenants incommodes, de n'avoir vu aucune main se tendre, aucune porte s'ouvrir[2]; ceux d'entre eux qui se portaient candidats aux élections de juillet 1831, Barrère entre autres, échouaient partout. Ce fut donc d'eux-mêmes, par une sorte d'inspiration propre, germée et éclose dans la fermentation de 1830, que les jeunes républicains cherchèrent à se créer des ancêtres en pleine Convention et à renouer une tradition interrompue pendant de longues années. Leur fanatisme se plaisait dans cette audace; il y trouvait cette saveur du scandale, ce plaisir de l'effroi causé, dont les partis extrêmes ont toujours été friands. D'ailleurs, n'avaient-ils pas été précédés et comme encouragés dans cette réhabilitation révolutionnaire? Un républicain plus modéré, M. Sarrans, voulant expliquer la dévotion de ses coreligionnaires aux souvenirs de 1793, rappelait comment M. Thiers et d'autres « avaient excusé les violences les plus coupables de la

---

[1] M. Quinet était leur écho, quand il écrivait : « J'ai vu moi-même, en 1830, le retour des conventionnels, exilés depuis 1815. Ce souvenir me navre encore au moment où j'écris. Personne ne leur tendit la main. Ils reparurent étrangers dans leur propre maison... Ils voulurent revoir leurs provinces natales où ils avaient été autrefois honorés, applaudis. Pas un seuil ne s'ouvrit à eux; le séjour leur devint bientôt insupportable. Après s'être convaincus qu'ils étaient incommodes aux vivants, ils se retirèrent à l'écart, dans quelque abri obscur, regrettant, comme l'un d'eux me l'a avoué, l'exil lointain d'où ils étaient sortis, et trouvant le retour pire cent fois que la mort qui ne pouvait tarder de suivre. » (*La Révolution*, liv. XVII, § 13.)

[2] Lettre du 10 février 1832. (*De la France*, p. 59 et suiv.) — L'abbé Lacordaire écrivait, le 2 novembre 1832, au comte de Montalembert, en parlant des républicains : « Fous sans idées, qui n'auraient peur de rien, ni du souvenir de Marat, ni d'un autre pire, s'il y en avait. »

révolution par l'impérieuse nécessité », et « prodigué les éloges aux hommes les plus épouvantablement célèbres de cette époque de sang ». N'était-il pas naturel que « ces sophismes, érigés en principe et inculqués dans des âmes vierges avec tout l'ascendant d'une persuasive éloquence, eussent égaré un certain nombre de jeunes gens » ? Seulement M. Sarrans se demandait comment « ces historiens si hardis, ces philosophes si radicaux qui faisaient l'apologie de Saint-Just et de Danton », pouvaient maintenant « provoquer sans rougir des supplices contre les disciples qu'ils ont acquis, involontairement peut-être » ; et il s'étonnait de les entendre « s'écrier aujourd'hui que tout va tomber dans le chaos de l'anarchie, parce que leur parole a été entendue et que leurs enseignements ont laissé des traces [1] ».

En 1831, le parti républicain était tristement représenté dans la presse. Son principal organe était la *Tribune,* journal d'une violence impudente, mais de peu de crédit politique et moral. Par un contraste singulier, cette feuille de carrefour, de club et d'émeute avait pour rédacteur un jeune Méridional, de gracieuse tournure, à la physionomie fine et sensuelle, aux cheveux abondants et un peu crépus, trahissant en tout la recherche de l'élégance et du bien-être, le dégoût du commun et du grossier, avec une sorte de fatuité hautaine qui devait le faire surnommer « le marquis de la révolution », esprit aiguisé, léger, facile avec indolence, sceptique, plus volontiers persifleur qu'enthousiaste, mêlant à la gaminerie destructive de Desmoulins quelque chose de la raillerie dissolvante de Beaumarchais ; affamé de toutes les jouissances, de toutes les voluptés, aussi bien de celles de l'esprit que des autres beaucoup moins délicates, et semblant par nature mieux fait pour être le bel esprit d'une aristocratie épicurienne que le scribe du jacobinisme ; plus tard, il devait acquérir une notoriété et une importance que les violences tapageuses de son début ne parvenaient pas à lui donner : il s'appelait Armand Marrast. Comment était-il arrivé dans la basse

---

[1] Sarrans, *La Fayette après la révolution de* 1830, t. II, p. 358-359.

presse révolutionnaire? Par le plus vulgaire des chemins. Maître d'étude, puis professeur dans un petit collége des Landes, il avait été, à la fin de la Restauration, disgracié pour ses opinions politiques. Venu à Paris après la révolution de Juillet, il avait, dit-on, sollicité sans succès diverses places, entre autres celle de lecteur du Roi. Par ressentiment et par besoin, il était entré à la *Tribune*, d'abord comme critique théâtral, ensuite comme principal rédacteur politique.

Si habile écrivain que fût Marrast, il n'était en situation de donner au parti auquel il prêtait sa plume ni grande consistance, ni haute considération. Ce parti fit une acquisition plus considérable le jour où, en janvier 1832, le rédacteur en chef du *National*, Armand Carrel, se déclara désabusé de la monarchie par l'épreuve qu'il venait d'en faire, et passa ouvertement à la république, lui apportant son talent, son caractère, et le crédit d'un journal qui avait joué un rôle décisif dans la révolution [1]. C'était, chez cet écrivain, une attitude toute nouvelle. A la veille de 1830, quand il faisait campagne contre M. de Polignac, il n'avait rêvé qu'un nouveau 1688 et s'était défendu, à plusieurs reprises, de songer seulement à la République. Après les journées de Juillet, on l'avait vu au milieu des vainqueurs et des satisfaits, parmi ceux qui se félicitaient d'avoir fait ce qu'ils voulaient et dans la mesure où ils le voulaient. Il se vantait même, dans le *National*, d'avoir eu, l'un des premiers, l'idée de porter au trône le duc d'Orléans. Aussi proclamait-il « qu'il ne se tournerait pas contre un résultat auquel il avait travaillé de tous ses moyens », et qui était « la réalisation de ses plus anciennes espérances [2] ». Il défendait alors la monarchie nouvelle contre les pessimistes, les défiants, les impatients, les « théoriciens »; blâmait ceux qui voulaient continuer la guerre, comme sous la Restauration; désavouait surtout les traditions de 1793, pour se poser en disciple de Royer-Collard, de Camille Jordan et du général Foy [3], et combattait les préven-

---

[1] *National* du 2 janvier 1832.
[2] *Ibid.* du 30 août 1830.
[3] *Ibid.* du 30 septembre 1830.

tions démocratiques et socialistes, en faisant l'éloge de cette
« classe moyenne », de cette « glorieuse et loyale bourgeoisie »
dont la « prépondérance » lui paraissait un fait heureux [1]. En
venait-il, avec le temps, à faire opposition au gouvernement
sur certains points, notamment sur les questions étrangères, il
protestait toujours de son attachement à « notre jeune et mille
fois légitime royauté [2] ».

Mais bientôt son opposition devient plus irritée, son langage
plus âpre. Ce n'est pas seulement le ton, ce sont les idées qui
se modifient. L'homme qui tout à l'heure répudiait 1793, en
arrive à faire de sang-froid l'apologie du meurtre de Louis XVI.
Le même, qui célébrait la « prépondérance de la bourgeoisie »,
se plaint qu'on ait « laissé le peuple dehors », et réclame
l' « émancipation des classes inférieures ». Néanmoins, en
octobre 1831, il constate encore la « puissance d'effroi attachée
à ce mot de république » ; il n'ose pas briser avec la royauté;
seulement il prétend de plus en plus l'entourer d'institutions
républicaines, de façon à avoir « la république, moins le mot
qui seul fait peur » ; il doute que le pays veuille supporter une
monarchie même ainsi réduite; il s'attaque à Louis-Philippe,
pose sur son enfance et sur son éducation des interrogations
outrageantes; il s'efforce surtout d'abaisser la royauté, déclare
que le Roi est l' « obligé » du peuple, que « la reconnaissance
doit être du côté du donataire, non du donateur [3] ». Aussi, à
la fin de 1831, n'a-t-il plus qu'une dernière marche à descendre,
et non la plus haute, pour rejoindre les républicains. Cette
descente s'est faite progressivement; si l'on compare l'article du
jour à celui de la veille, la transition est à peine sensible; mais
entre le point de départ et celui d'arrivée, la distance est grande.

---

[1] Articles des 12 et 21 septembre 1830.

[2] *Ibid.* des 1er et 5 novembre 1830. — Carrel disait encore, le 22 décembre 1830 : « L'intérêt bien entendu de l'immense majorité des citoyens de Paris, c'est, aujourd'hui comme au 30 juillet, la consolidation du trône élevé par la volonté nationale, parce qu'on ne peut rien mettre à la place... La démocratie absolue nous diviserait, nous armerait les uns contre les autres. »

[3] Voir *passim* dans le *National* de 1831, notamment les articles des 5, 20 mai, 19 juin, 16 juillet, 5 octobre.

Quelle est la cause de ce changement? Est-ce, chez Carrel, le dépit de n'avoir reçu de la monarchie nouvelle que l'offre d'une très-modeste préfecture [1], alors qu'un autre rédacteur du *National*, M. Thiers, était bien mieux traité? Cette fortune si différente froissa-t-elle une susceptibilité depuis longtemps souffrante, trop fière pour se plaindre, mais qui s'aigrissait dans le silence où elle s'enfermait? Le regret et l'irritation du journaliste ne durent-ils pas même être d'autant plus vifs, qu'il avait davantage les goûts et les aptitudes de l'action? M. Dupin ne veut voir que cette explication ; mais peut-être est-il porté, par nature d'esprit et par expérience personnelle, à chercher surtout les motifs de ce genre. D'autres pourraient être indiqués : l'impatience croissante de l'opposition, surtout dans les questions étrangères où le Roi intervenait d'une façon si décisive et devait paraître le principal obstacle à la revanche de Waterloo; le besoin de flatter les passions démocratiques et de les suivre pour paraître les commander, faiblesse accoutumée des hommes de gauche, même des plus hautains et des plus braves. Et puis Carrel avait-il jamais été vraiment monarchiste? Se trompait-il quand, répondant aux reproches de M. Thiers, il affirmait que la polémique de leur ancien *National*, sous la Restauration, n'avait pas été au fond moins destructive du principe monarchique que ne l'était celle du *National* de 1832, devenu ouvertement républicain? Il rappelait alors cet article où M. Thiers, avant la révolution de Juillet, avait indiqué que les esprits pourraient être un jour amenés à traverser l'Atlantique, pour trouver la solution cherchée d'abord en Angleterre ; puis il ajoutait : « Nous avons fait le grand voyage entrevu par M. Thiers. »

Au premier moment, le nouveau venu fut médiocrement reçu dans le parti républicain : il se heurtait aux jalousies de ceux dont il menaçait l'importance et à la méfiance qui a toujours été le fond des jacobins. « Il est bon de savoir avec qui l'on va »,

[1] Il s'agissait de la préfecture du Cantal. On a dit, pour excuser l'imprudente insuffisance de cette offre, que l'irrégularité de la vie privée de Carrel ne permettait pas de lui donner un poste plus en vue.

s'écriait la *Tribune*, en prenant des airs de pudeur alarmée, et elle adressait aux rédacteurs du *National* une sorte d'interrogatoire combiné de façon à les rendre suspects s'ils se taisaient, à les humilier s'ils répondaient. Carrel releva avec hauteur ce mauvais procédé. Malgré ce premier accueil, il n'en devait pas moins devenir, avant peu, par son talent, par son caractère et par son renom, le personnage le plus en vue du parti républicain, celui que du dehors on regardera comme son chef : autorité apparente, il est vrai, apportant plus de responsabilité que de pouvoir. Il se verra impuissant à discipliner, à purifier, à « libéraliser » son nouveau parti, à substituer, dans son programme, l'idéal américain à la tradition jacobine. Alors commenceront pour lui des déboires et des dégoûts mortels qu'il faudra raconter plus tard, car c'est une des pages les plus tristement instructives de l'histoire du parti républicain. Quant à présent, c'est-à-dire dans les derniers mois du ministère Périer, le néophyte est encore tout à l'illusion et à l'échauffement de sa foi récente, à l'attrait des hardiesses et des périls de son rôle, à cette sorte de satisfaction éphémère, de paix trompeuse, que l'esprit goûte parfois, au premier moment, dans les thèses absolues. Du reste, comme beaucoup, il croit la monarchie peu solide, il s'attend à la voir renversée d'une heure à l'autre, et il se flatte d'avoir été habile et prévoyant, en prenant position pour le jour où cette succession sera ouverte.

IV

Voulant désigner le parti que nous venons d'étudier, M. de Salvandy disait, en 1831 : « Ce parti qu'on appelle tantôt bonapartiste, tantôt républicain » : double qualification qu'il semble étrange, au premier abord, de voir appliquer aux mêmes hommes ; mais ceux-là n'en seront point surpris qui se rappelleront qu'un semblable mélange s'était déjà produit dans l'opposition « libérale », sous le précédent régime [1]. Le bonapartisme, si vivace en 1820 et 1821, avait semblé s'assoupir vers la fin de la Restauration. Les journées de Juillet le réveillèrent, et l'on put se demander si la réapparition du drapeau tricolore ne serait pas le signal de sa revanche. Il ne se trouva pas sans doute assez organisé pour proposer son candidat au trône vacant; mais partout ce fut comme une efflorescence de napoléonisme. On crut pouvoir d'autant plus impunément la laisser se produire qu'aucun prétendant ne paraissait en mesure d'en recueillir immédiatement le profit. La littérature grande et petite cherchait là son inspiration, et Victor Hugo menait le chœur nombreux et bruyant de l'impérialisme poétique, pendant que Barbier demeurait à peu près seul à protester contre l' « idole ». Il n'était pas de théâtre où l'on ne mît en scène Napoléon à tous les âges et dans toutes les postures [2]. Qui se fût promené dans Paris, en regardant aux vitrines des marchands de gravures ou de statuettes, en feuilletant les brochures, en écoutant les chansons populaires ou les harangues de carrefour, eût pu supposer que la révolution de 1830 venait de restaurer la dynastie impériale. Le gouvernement semblait d'ailleurs aider

[1] Voir mon étude sur le *Parti libéral sous la Restauration*, p. 110 à 158.
[2] On donnait au Cirque le *Passage du mont Saint-Bernard* et toute une série de pièces sur l'Empereur; à la Porte Saint-Martin, *Schœnbrunn et Sainte-Hélène*; à un autre théâtre, *l'Empereur*. Un peu plus tard, on représentait au Vaudeville *Bonaparte lieutenant d'artillerie*; aux Variétés, *Napoléon à Berlin*; à la Gaîté, la *Malmaison et Sainte-Hélène*, à l'Opéra-Comique, *Joséphine*; ou le *Retour de Wagram*; au théâtre du Luxembourg, *Quatorze Ans de la vie de Napoléon*; aux Nouveautés, *Napoléon à Brienne*, où le rôle de Napoléon était joué par mademoiselle Déjazet, et le *Fils de l'homme*, où cette même actrice tenait le personnage du duc de Reichstadt; à l'Odéon, *Trente Ans de l'histoire de France*, par Alexandre Dumas. Dans les petits vaudevilles du boulevard, on glissait une scène du temps de l'Empire, et, si c'était possible, on faisait paraître « l'homme » lui-même : on croyait alors le succès assuré. Il n'était pas jusqu'au théâtre miniature de M. Comte qui n'offrît un Napoléon en raccourci. A l'Ambigu, dans une apothéose de Benjamin Constant, on faisait dire par Talma à madame de Staël, dans les Champs Élysées :

> ...Vous n'auriez aucun travers,
> Si vous n'aviez gardé rancune
> Au grand héros qu'admire l'univers.

Enfin, dans une bouffonnerie sacrilége, où le christianisme était traité comme à cette illusion avec un rare désintéressement : inaugurant cette politique un peu naïve qui devait aboutir, en 1840, au « retour des cendres de l'Empereur », il rétablissait la statue du grand homme sur la colonne Vendôme [1], de la même main qui grattait partout les lys de la maison de France.

Dans cette effervescence bonapartiste, l'opposition vit comme une force sans emploi, dont elle crut habile de s'emparer. Elle s'en servit surtout dans les questions étrangères, ne fût-ce qu'en humiliant, par les souvenirs impériaux, les débuts nécessairement un peu timides de la nouvelle monarchie. Ses meneurs se réclamaient des Cent-Jours, au moins autant que de 1789 et de 1792; et chez beaucoup d'entre eux, on serait embarrassé de dire ce qui prévalait, de la prétention libérale ou de la dévotion napoléonienne : chez M. Mauguin et le général Lamarque, c'était évidemment la seconde. Au Parlement, toutes les fois qu'une proposition ou une pétition avait une couleur bonapartiste, la gauche l'appuyait chaleureusement, qu'il s'agit de ratifier rétrospectivement les grades conférés en 1815, de ramener le corps de l'Empereur, ou de transférer au Panthéon les dépouilles du maréchal Ney. Était-il question de mettre, dans une loi de bannissement, les Bourbons sur la même ligne que les Napoléon, M. de Salverte protestait à la tribune contre

---

la mythologie a pu l'être, de notre temps, dans certaines opérettes, on montrait *Napoléon en paradis*. Il y était « seul, au-dessus de tous », et l'on y faisait chanter au vieux soldat :

> On craindrait qu'un jour de goguette,
> Le caporal dise au Bon Dieu :
> Ot' toi d' là que j' m'y mette !

Dans chaque théâtre, on cherchait quel acteur, par sa taille, par son profil, par sa façon de mettre les mains derrière le dos, de jouer de la lorgnette, de parler bref, pouvait le mieux représenter Napoléon. Gobert, à la Porte Saint-Martin ; Edmond, au Cirque, s'étaient fait ainsi une sorte de réputation. La parodie s'en mêla. Aux Variétés, on voyait arriver tous les Napoléons à la file, en bon ordre, au pas militaire, ayant en tête le petit Napoléon du Théâtre miniature. Ils se rangeaient en ligne, exécutaient au commandement tous les gestes et mouvements consacrés; ils prononçaient tous à la fois les mêmes mots historiques : « Soldats, je suis content de vous... Soldats, du haut des pyramides, etc., etc. »

[1] Ordonnance du 8 avril 1831.

l'outrage fait à ces derniers. Mêmes sentiments dans la presse. Bientôt, en août 1832, tous les journaux de gauche célébreront pieusement les funérailles du duc de Reichstadt. Dans le *National,* Carrel ne pouvait parler sans enthousiasme de l'Empereur, sans attendrissement de son fils; il se « faisait gloire d'être de l'école de Napoléon [1] », et le proclamait « le grand esprit dont les traditions ont inspiré le peu de bien qui s'est fait depuis quinze ans [2] ». Ne lui objectez pas, avec M. Thiers, que l'auteur du 18 brumaire « avait renversé à coups de pied le premier essai de la république », il qualifiait cette parole d'indécente, et il invoquait naïvement le témoignage du général Bertrand, « cet ami fidèle de Napoléon », déclarant à la tribune que, « dans ses conversations intimes, l'Empereur parlait du régime républicain avec infiniment d'estime et confessait qu'il se fût contenté du poste de directeur à son retour d'Égypte, si l'âge requis ne lui eût manqué [3] ». Sans doute, Carrel se défendait de vouloir, pour le moment, une restauration impériale [4]; cette évocation du passé était, surtout pour lui, une machine de guerre contre le présent. « Le jour où Bonaparte est mort, disait-il, il est devenu le type de toutes les oppositions faites et à faire aux gouvernements monarchiques qui se succéderont en France; il a réuni en lui tant de puissance que chaque parti peut l'opposer à ce qui lui paraît sans force, sans ensemble et sans dignité. » Mais ce républicain était bien aveugle, s'il ne voyait pas qu'une telle opposition préparait, pour l'avenir, le succès de la cause bonapartiste, au moins autant qu'elle nuisait actuellement à la monarchie. Les penseurs et les érudits n'échappaient pas plus que les hommes d'action à cette obsession napoléonienne; voyez Edgar Quinet : encore inconnu à cette époque, il écrivait son poème de *Napoléon,* où il faisait du

---

[1] Article du 8 mars 1832.
[2] *Ibid.* du 4 octobre 1830.
[3] *Ibid.* du 22 mars 1834.
[4] « La France, — écrivait Carrel en août 1832 au moment de la mort du duc de Reichstadt, — ne voulait pas d'un second Napoléon; c'est elle, elle seule, qui continuera le grand homme. »

vaincu de Waterloo l'incarnation gigantesque et romantique de la démocratie, cherchait à réveiller dans la France de 1830 les ressentiments de 1815, et rêvait une sorte de république mélangée d'empire, sur laquelle planerait l'homme qui avait vaincu les dynasties du vieux monde.

Ce n'était pas dans la partie la plus violemment révolutionnaire de l'opposition que le bonapartisme était le moins visible. La *Tribune,* organe du jacobinisme extrême, comptait parmi ses collaborateurs M. Belmontet, déjà, à cette époque, apôtre zélé, en vers et en prose, du culte napoléonien; cet écrivain annonçait que « la république devait nous venir à travers Napoléon II », et cette opinion lui valait d'être recommandé aux électeurs par les chefs de la gauche. Une autre feuille de même couleur et qui avait pour gérant M. Antony Thouret, la *Révolution,* soutenait, d'une façon plus ouverte encore, la cause du fils de l'Empereur; elle demandait « l'appel au peuple » et déclarait que Napoléon II serait seul capable de donner les « institutions républicaines », promises dans le prétendu programme de l'Hôtel de ville [1]. Le bonapartisme ne se manifestait-il pas jusque dans les émeutes? Le 9 mai 1831, les républicains avaient organisé un banquet aux *Vendanges de Bourgogne,* pour célébrer le récent acquittement de Godefroy Cavaignac et de ses amis; le repas terminé, les convives se dirigèrent processionnellement, au chant de la *Marseillaise,* vers la place Vendôme, entourèrent la colonne et se livrèrent, en l'honneur du grand homme, à des danses patriotiques accompagnées de chants séditieux. C'était, pour eux, un lieu habituel de pèlerinage; quelques jours auparavant, le 5 mai, anniversaire de la mort de l'Empereur, la grille et la base du monument avaient été surchargées de couronnes; le gouvernement les ayant fait enlever, à cause des attroupements qui en résultaient, il y eut une tentative d'émeute, où l'on acclama la république, tout en distribuant des portraits du duc de Reichstadt. Lors des émeu-

---

[1] M. Thouret fut condamné de ce chef à trois mois de prison, le 7 février 1832. Il se fera remarquer parmi les républicains les plus exaltés de 1848.

tes de septembre, après la chute de Varsovie, on criait : Vive l'Empereur! en même temps que : Vive la république! et : Vive la Pologne! L'austère et farouche Godefroy Cavaignac n'échappait pas lui-même aux compromissions de ce genre; en 1832, accompagné de Guinard et de Bastide, il eut, en Angleterre, plusieurs entretiens avec le comte de Survilliers, naguère le roi Joseph, qui, depuis la révolution de Juillet, se remuait pour rétablir en France la fortune de sa maison [1]. Il paraît qu'on ne put s'entendre ; mais le fait seul de l'entrevue est significatif.

A cette époque, du reste, presque tous les hommes importants du parti républicain étaient ou vont se mettre en relation avec les princes de la famille impériale. Béranger dédiait à ceux-ci ses nouveaux volumes de poésie, leur exprimait son regret de voir maintenir leur expulsion du territoire français : c'est ce qu'il appelait « être bonapartiste comme le peuple, mais nullement impérialiste ». On verra bientôt Carrel, découragé, écouter les ouvertures et caresser les ambitieuses espérances du prince Louis-Napoléon [2]. Il n'était pas jusqu'à La Fayette, naguère adversaire si vif de l'empire, qui n'eût des rapports suspects avec ce prince [3]. Celui-ci, de son côté, tout entier déjà

---

[1] Ce fait est rapporté dans les *Mémoires et Correspondance du roi Jérôme*, et reproduit dans l'*Histoire du second Empire*, par M. Taxile Delord.

[2] Peu de temps avant la mort de Carrel, vers 1835, le prince Louis-Napoléon lui envoya un de ses agents, M. de Persigny. La conversation s'engagea. Carrel se montra découragé de l'état du parti républicain, se plaignant surtout du manque de chef. Il fut alors question du prince. « Le nom qu'il porte, dit Carrel, est le plus grand des temps modernes; c'est le seul qui puisse exciter fortement les sympathies du peuple français. Si ce jeune homme sait comprendre les nouveaux intérêts de la France, s'il sait oublier ses droits de légitimité impériale pour ne se rappeler que la souveraineté du peuple, il peut être appelé à jouer un grand rôle. » (LAITY, *Le prince Napoléon à Strasbourg*. Paris, 1838.)

[3] C'est encore M. Laity qui a fait cette révélation. Voici comme il raconte le fait : « En 1833, le général La Fayette fit dire au prince qu'il désirait beaucoup avoir une entrevue avec lui... Le rendez-vous fut donné. Le général reçut le prince avec la plus grande cordialité; il lui avoua qu'il se repentait cruellement de ce qu'il avait aidé à faire en Juillet; mais, ajoutait-il, la France n'est pas républicaine, et nous n'avions alors personne à placer à la tête de la nation; on croyait Napoléon II prisonnier à Vienne. Il engagea fortement Napoléon-Louis à saisir la première occasion favorable de revenir en France, car, disait-il, ce

à la pensée de relever sa maison, ne négligeait rien pour se mettre dans les bonnes grâces des hommes de gauche. Dès 1832, il déclarait, dans ses *Rêveries politiques*, avoir des « principes entièrement républicains »; il s'indignait contre « ceux qui avaient flétri la belle révolution de Juillet », et « qui, redoutant de planter l'arbre de la liberté, ne voulaient qu'en greffer les rameaux sur un tronc que les siècles avaient pourri et dont la civilisation ne voulait plus ». Il joignait à ces *Rêveries* un *Projet de constitution*, où se mêlaient le nom de république, l'établissement d'un souverain héréditaire et inviolable, la souveraineté du peuple, le suffrage universel, le plébiscite ratifiant l'avénement de l'héritier du trône, l'élection des juges, le droit au travail et à l'assistance.

Le caractère bonapartiste de l'opposition révolutionnaire et républicaine était si manifeste, que, dès le premier jour, il frappait les contemporains. Plusieurs de ceux-ci le signalèrent en 1831, peu après l'avénement de Casimir Périer. Pendant que M. Thiers dénonçait, dans une brochure, « les anarchistes se servant du nom de Napoléon, parce qu'ils le trouvaient plus glorieux que le leur [1] », La Fayette, alors encore en méfiance de l'empire, disait dans une lettre intime : « Beaucoup de républicains renouvellent la fable du Cheval et de l'Homme, et croient qu'en se laissant monter sur le corps par le bonapartisme, ils s'en débarrasseront ensuite, ce qui est une grande erreur [2]. » A la même époque, un observateur clairvoyant et impartial, le baron d'Eckstein, écrivait dans le *Correspondant* : « Malgré leur démocratie radicale, les clubs sont exploités, à leur insu, par l'esprit bonapartiste. Tel n'est pas l'intérêt des clubs, mais il leur faut des auxiliaires puissants. Or ces auxiliaires finiront par dominer nos radicaux; et si les affaires de la France prenaient une funeste tournure, les jeunes républicains,

---

gouvernement-ci ne pourra pas se soutenir, et votre nom est le seul populaire; enfin il lui promit de l'aider de tous ses moyens, lorsque le moment serait arrivé. »

[1] *La Monarchie de 1830* (1831).
[2] Lettre du 22 juin 1831. *Mémoires de La Fayette*, t. VI.

qui s'abandonnent à ce mouvement des clubs par un besoin d'activité mal dirigé, auraient à s'en repentir; il est vrai que beaucoup d'entre eux abandonneront alors la carrière des principes pour la carrière plus lucrative des ambitions. » Peut-on dire que l'événement ait démenti cette prédiction?

FIN DU TOME PREMIER.

TABLE DES MATIÈRES

LIVRE PREMIER

LE LENDEMAIN D'UNE RÉVOLUTION
(JUILLET 1830 — 13 MARS 1831)

	Pages
CHAPITRE PREMIER. — L'ÉTABLISSEMENT DE LA MONARCHIE NOUVELLE (29 juillet — 14 août 1830)	1
I. Pourquoi nous ne racontons pas les journées de Juillet. La situation dans la soirée du 29 juillet. Les députés et l'Hôtel de ville. La Fayette.	2
II. Pendant la nuit du 29 au 30 juillet, proclamations posant la candidature du duc d'Orléans. Accueil favorable des députés. Colère de l'Hôtel de ville. Les députés, réunis le 30, invitent le duc d'Orléans à exercer les fonctions de lieutenant général. Acceptation du prince.	7
III. Dans la matinée du 31, agitation croissante à l'Hôtel de ville contre le duc d'Orléans. Les deux partis se disputent La Fayette.	4
IV. Le lieutenant général, accompagné des députés, se rend à l'Hôtel de ville, dans l'après-midi du 31. Son cortége. Accueil d'abord douteux et menaçant. Le duc et La Fayette au balcon. Ovation. La Fayette tente vainement d'imposer, après coup, un programme au futur roi. Succès de la visite à l'Hôtel de ville, mais compromissions et périls qui en résultent.	17
V. Le lieutenant général prend en main le gouvernement. Il rompt chaque jour davantage avec Charles X. Expédition de Rambouillet.	26
VI. Réunion des Chambres le 3 août. La question des « garanties » préalables. Proposition de M. Bérard. La commission dépose son rapport, le 6 août au soir. Caractère de son œuvre. Comment est résolu le problème de l'origine de la monarchie nouvelle. Modifications apportées à la Charte. Question de la pairie. Débat hâtif, en séance, le 7. Adhésion de la Chambre des pairs. Détails réglés dans la journée du 8. Séance solennelle du 9 août et proclamation de la royauté nouvelle. Physionomie du Palais-Royal. Joie et illusions du public.	28
CHAPITRE II. — LE PREMIER MINISTÈRE ET LA QUESTION EXTÉRIEURE (11 août — 2 novembre 1830).	45
I. Le ministère du 11 août. Le péril extérieur, suite de la révolution. La Sainte-Alliance, dissoute à la fin de la Restauration, se reforme à	

la nouvelle des événements de Juillet. Attitude belliqueuse des révolutionnaires français. Leurs illusions. La guerre eût été un désastre. Sagesse et décision pacifiques de Louis-Philippe. 45

II. La monarchie nouvelle cherche à se faire reconnaître. Façon dont elle se présente à l'Europe. L'Angleterre consent à la reconnaissance. Dispositions du czar Nicolas, de M. de Metternich et du roi Frédéric-Guillaume III. L'Autriche et la Prusse se décident à la reconnaissance. Dans quelles conditions le czar et les autres puissances suivent l'exemple donné. 59

III. Révolution belge. Intérêts contraires de la France et des puissances continentales. Péril de guerre. Comment l'éviter, sans sacrifier l'intérêt français? Le principe de non-intervention, l'entente avec l'Angleterre et la solution remise à la conférence de Londres. La France, renonçant à toute annexion, se borne à poursuivre l'indépendance et la neutralité de la Belgique. Premiers succès de cette politique. Si l'on ne peut faire davantage, la faute en est à la révolution. . . 69

CHAPITRE III. — LE PREMIER MINISTÈRE ET LA CRISE INTÉRIEURE (11 août — 2 novembre 1830). 84

I. Deux politiques en présence. La « Résistance » et le « Mouvement ». Personne alors ne songe à choisir nettement entre ces politiques. État d'esprit de Louis-Philippe. Les deux tendances représentées et comme mêlées dans le ministère. Leur force comparée. 84

II. Charles X s'embarque à Cherbourg. Le parti royaliste semble anéanti. Le partage des places et l'insurrection des solliciteurs. L'administration mal défendue par les ministres. Même faiblesse dans les autres questions. Le pouvoir se croit obligé à courtiser l'esprit de désordre et de révolte. 91

III. L'état de la presse. Les clubs. Les manifestations séditieuses. Impuissance de la répression. 100

IV. La royauté abaissée et faussée. Le roi-citoyen. Louis-Philippe et Henri IV. 104

V. Détresse des affaires et malaise général. Velléité de réaction dans le public et dans une partie du ministère. Discussion sur les clubs à la Chambre. La population disperse elle-même le club des Amis du peuple. 110

VI. La Chambre, ses incertitudes, son impopularité et sa lassitude. . . 115

VII. Mise en accusation des ministres de Charles X. Passions excitées. Adresse de la Chambre, invitant le Roi à supprimer la peine de mort. Colère des révolutionnaires. Émeutes des 17 et 18 octobre. Attitude pitoyable des ministres. 119

VIII. Discrédit du ministère. M. Guizot et le duc de Broglie veulent s'en dégager. Ils conseillent de faire l'épreuve de la politique de laisser-aller. Dissolution du cabinet. 126

CHAPITRE IV. — LE MINISTÈRE LAFFITTE ET LE PROCÈS DES MINISTRES (novembre 1830 — janvier 1831). 132

I. Composition du cabinet. M. Laffitte. La politique du laisser-aller. Les autres ministres. Importance dangereuse de La Fayette. M. Odilon Barrot. Confiance de M. Laffitte. Accueil fait par l'opinion au nouveau ministère. 132

II. Le procès des ministres. Agitation croissante. Faiblesse de La Fayette et d'Odilon Barrot. La cour des pairs. Menaces et inquiétudes. Les

TABLE DES MATIÈRES.

Pages.

ministres enlevés par M. de Montalivet. L'émeute trompée. L'intervention des « Écoles »........................ 148

III. Exigences du parti révolutionnaire. Démission de La Fayette et de M. Dupont de l'Eure. Impuissance et discrédit du ministère. . . . 155

CHAPITRE V. — LA QUESTION EXTÉRIEURE SOUS M. LAFFITTE (2 novembre 1830 — 13 mars 1831)................... 161

I. Déclarations pacifiques et armements. Le péril extérieur s'aggrave. Heureuse action du Roi. Les affaires belges. Les whigs au pouvoir. Lord Palmerston. Il s'oppose à tout agrandissement de la France. Les premières décisions de la Conférence de Londres. Accueil qui leur est fait en Hollande et en Belgique. Les Belges à la recherche d'un roi. Le gouvernement français et la candidature du duc de Nemours. Dispositions du gouvernement anglais. Le duc de Leuchtenberg. Élection du duc de Nemours. Louis-Philippe refuse la couronne pour son fils. La Belgique proteste contre les décisions des puissances. Le ministère français refuse d'adhérer aux protocoles de la Conférence. Refroidissement entre la France et l'Angleterre. M. de Talleyrand n'exécute pas les instructions de son ministre. 161

II. La Pologne. Sa popularité en France. Impuissance de l'action diplomatique tentée en sa faveur..................... 189

III. Le contre-coup de la révolution de Juillet en Italie. L'Autriche annonce qu'elle ne tiendra pas compte du principe de non-intervention. Louis-Philippe tend à limiter l'application de ce principe. Déclarations absolues faites à la tribune par M. Laffitte et ses collègues. Les insurrections éclatent dans l'Italie centrale. Le gouvernement de Vienne annonce l'intention d'intervenir. Embarras du gouvernement français. Le Roi et ses ministres. Tout en renonçant à empêcher l'intervention par les armes, ils tâchent de la limiter. Proposition d'une Conférence à Rome. M. de Sainte-Aulaire est nommé ambassadeur près le Saint-Siège............. 194

IV. Exaltation croissante en France du parti patriote et révolutionnaire. Ses illusions, ses attaques contre la politique pacifique du gouvernement. Armand Carrel. Le général Lamarque et M. Mauguin. La propagande insurrectionnelle. Inconséquence de La Fayette. Son entourage cosmopolite. Ménagements du ministère pour le parti belliqueux. Défiance des cabinets étrangers. Pour éviter la guerre, il faut un ministère qui ose rompre avec les révolutionnaires. . . . 210

CHAPITRE VI. — LA CHUTE DE M. LAFFITTE (14 février — 13 mars 1831) . 223

I. Le sac de Saint-Germain-l'Auxerrois et la destruction de l'archevêché. Inaction honteuse du gouvernement. Ses proclamations. Il ratifie l'œuvre de l'émeute. Suppression des fleurs de lys...... 223

II. Scandale produit dans l'opinion. Débat à la Chambre sur ces désordres. Attitude de M. Laffitte. Il n'y a plus de gouvernement. Malaise et anarchie....................... 234

III. Il faut en finir. Les regards se tournent vers Casimir Périer. M. Laffitte abandonné par le parlement, par ses collègues et par le Roi. Difficulté de lui faire comprendre qu'il doit se retirer. Son irritation. Profondeur de sa chute................... 240

CHAPITRE VII. — LA RÉACTION ANTIRELIGIEUSE APRÈS 1830......... 246

I. Trouble et excitation des esprits. Violences antireligieuses pendant les journées de Juillet. Ces violences continuent après le combat

TABLE DES MATIÈRES.

Pages.

fini. L'irréligion dans la presse, dans la caricature et au théâtre. L'impiété est plus bourgeoise encore que populaire. 246

II. Attitude du gouvernement dans la question religieuse. Bonnes intentions et défaillances. Vexations nombreuses contre le clergé. Le pouvoir ne veut pas se compromettre pour le clergé. L'irréligion officielle. On prédit la chute prochaine du catholicisme. 253

III. Par quoi remplacer le catholicisme? Éclosion de religions nouvelles, provoquée par la révolution. L'Église française de l'abbé Chatel. 256

Chapitre VIII. — Le saint-simonisme. 260

I. Saint-Simon. Les saint-simoniens avant 1830. Effet produit sur eux par la révolution. Ils s'organisent. Bazard et Enfantin. Leurs moyens de propagande. Ils sont en contradiction avec les idées dominantes. Leur succès. Raisons de ce succès. 260

II. La « réhabilitation de la chair ». Scandale et déchirement dans la nouvelle église. La religion du plaisir. Défections et décadence. La retraite à Ménilmontant.. 272

III. Procès des saint-simoniens. Leur dispersion. Enfantin en Égypte. Il finit par se séculariser à son tour. Que reste-t-il de ce mouvement? Part du saint-simonisme dans nos maladies sociales. 277

Chapitre IX. — Le journal *l'Avenir*. 283

I. L'*Avenir*. Lamennais, Lacordaire et Montalembert. Les autres rédacteurs. 283

II. Devise du nouveau journal : Dieu et la liberté. Le parti catholique. L'union désirée des catholiques et des libéraux. 289

III. Exagérations qui se mêlent aux idées justes. Rupture trop violente avec les légitimistes. Attaques sans mesure contre le gouvernement de Juillet. Libéralisme hardi, généreux, mais excessif. L'*Avenir* et les insurrections de Belgique, de Pologne et d'Italie. Rêve d'une grande révolution catholique. Ultramontanisme théocratique. Rupture du Concordat et renonciation au budget des cultes. 292

IV. L'*Agence pour la défense de la liberté religieuse*. Lamennais et Lacordaire en cour d'assises. Le procès de l'école libre. Sympathies ardentes éveillées par l'*Avenir*. 305

V. Le nouveau journal se heurte à l'opposition des évêques. Il suspend sa publication. 310

VI. Lamennais, Lacordaire et Montalembert se rendent à Rome. Dispositions du Pape. Attitude différente de Lamennais et de Lacordaire. Lamennais oblige le Pape à parler. Encyclique *Mirari vos*. Suppression de l'*Avenir*. 313

VII. Chute de Lamennais. C'est la révolte politique qui le conduit à la révolte religieuse. Ce que deviennent les autres rédacteurs. . . . 318

Chapitre X. — La révolution de 1830 et la littérature. 324

I. Stérilité littéraire de la révolution de 1830. Les *Iambes* de Barbier. Ce que devient, sous le coup des événements de Juillet, le mouvement intellectuel, commencé sous la Restauration. Leur action sur l'école romantique. 324

II. Lamartine. Sa décadence après 1830. Il abandonne la poésie pour la politique. Regrets exprimés par les critiques du temps. 333

III. Victor Hugo. Changement fâcheux qui se produit en lui par l'effet de la révolution. Esprit de révolte dans ses œuvres. Ses drames et leur échec. Déception constatée par les contemporains. 340

IV. Le théâtre après la révolution. Sophismes, violences et impureté. Son influence perverse. 348
V. Le roman. George Sand. Révolte morale et sociale qui fermente dans ses œuvres. En quoi l'auteur a subi l'influence de 1830 et préparé 1848. 354
VI. Balzac. Par la forme et par le fond, il est un révolutionnaire. Sa désillusion cynique. Son influence pernicieuse sur les lettres et sur les mœurs privées ou publiques. Balzac et la Commune. 359
VII. Après la fièvre de 1830, désenchantement visible chez tous les écrivains, chez Lamartine, Mérimée, Alfred de Vigny. Alfred de Musset. Effet produit par la révolution sur le poëte à ses débuts. Révolte sans frein, puis désespérance sans consolation, et enfin stérilité. 370
VIII. Le scepticisme et la désillusion gagnent la foule. Popularité de Robert Macaire. 379
IX. Comparé à l'époque actuelle, l'état des lettres était encore fort brillant; mais décadence évidente si l'on se reporte aux espérances de la Restauration. Cette sorte de faillite constatée par les contemporains est attribuée par eux à la révolution de Juillet. 384
X. Autres conséquences fâcheuses de cette révolution. Aveu de M. Prévost-Paradol. Conclusion. 393

LIVRE II

LA POLITIQUE DE RÉSISTANCE
(13 mars 1831 — 22 février 1836)

Chapitre premier. — L'avénement de Casimir Périer (mars — août 1831). 397
I. Pendant le déclin du ministère Laffitte, tous les regards s'étaient tournés vers Casimir Périer. Rôle de Périer sous la Restauration et depuis la révolution de Juillet. Ses hésitations et ses répugnances à prendre le pouvoir. Il se décide enfin. Composition du cabinet. . . 397
II. Résolution de Périer. Homme d'une crise plutôt que d'un système. Son programme au dedans et au dehors. Grand effet produit aussitôt en France et chez les gouvernements étrangers. 405
III. Périer veut restaurer le gouvernement. Il assure son indépendance à l'égard du Roi et son autorité sur les ministres. Il rétablit la discipline et l'obéissance parmi les fonctionnaires. Il fait avorter l'Association nationale. 410
IV. Efforts de Périer pour former une majorité. Dissolution et élections de juillet 1831. Importance fâcheuse de la question de la pairie dans la lutte électorale. Incertitude du résultat. Après l'élection du président, Périer donne sa démission. Il la retire à la nouvelle des événements de Belgique. Son succès dans la discussion de l'Adresse. Il est enfin parvenu à former une majorité. 417
Chapitre II. — La politique extérieure sous Casimir Périer (mars 1831 — mai 1832). 426
I. Danger de guerre au moment où Périer prend le pouvoir. Son pro-

TABLE DES MATIÈRES.

Pages.

gramme de paix. Comment il le maintient et le défend au milieu de toutes les difficultés et contre toutes les oppositions. Le projet de désarmement. 426

II. Les Autrichiens occupent Bologne. Périer veut éviter la guerre, mais obtenir diplomatiquement une compensation pour l'influence française. Attitude conciliante du cabinet de Vienne. La conférence de Rome. M. de Sainte-Aulaire et la cour romaine. Divergences entre notre ambassadeur à Rome et son gouvernement. Les négociations pour l'amnistie. La France demande la retraite des troupes autrichiennes. Elle est promise au cas où les puissances garantiraient l'autorité temporelle du Pape. La France subordonne cette garantie à l'accomplissement des réformes. Le *Memorandum* du 21 mai. Le gouvernement français exige que les réformes soient tout de suite réalisées. Refus du Pape. L'évacuation est cependant promise pour le 15 juillet. 432

III. En prenant le pouvoir, Casimir Périer trouve les affaires de Belgique embrouillées et compromises. Il se rapproche de l'Angleterre, adhère aux décisions de la Conférence, et presse les Belges de s'y soumettre. Obstination des Belges. Confiance de lord Palmerston en Périer. La question des forteresses. Le choix du Roi. La candidature de Léopold de Saxe-Cobourg. La France l'accepte. Premières ouvertures faites au prince. Les protocoles des 10 et 21 mai. Élection de Léopold et envoi de deux commissaires belges à Londres. Le traité des Dix-huit articles. Il est accepté par le Congrès de Bruxelles. Léopold prend possession du trône de Belgique. 460

IV. La Pologne. Vaines tentatives d'intervention diplomatique. La chute de Varsovie. Son effet en France. 483

V. Les hardiesses de la politique étrangère de Casimir Périer. La flotte française force l'entrée du Tage. Le roi de Hollande attaque la Belgique. Léopold demande le secours de la France et de l'Angleterre. Déroute des Belges. L'arrivée de l'armée française fait reculer les Hollandais. L'Europe émue de notre intervention. Périer la rassure. Son but atteint, il fait évacuer la Belgique. Résultats de cette expédition. Le traité des Vingt-quatre articles. Vivement attaqué en Belgique, il finit cependant par y être accepté. La Hollande proteste contre les Vingt-quatre articles. La Russie, la Prusse et l'Autriche ajournent la ratification de ce traité. La France et l'Angleterre le ratifient. Les trois cours de l'Est finissent par y adhérer sous réserve. La Belgique est devenue un État régulier, accepté par l'Europe. . 487

VI. Les réformes sont repoussées dans les Légations, et l'autorité du Pape y est absolument méconnue. Intervention diplomatique des puissances. Entrée en campagne des troupes pontificales. Les Autrichiens occupent de nouveau Bologne. Périer a déjà fait connaître son projet d'occuper Ancône. Départ de l'expédition. Opposition imprévue du Pape. Les troupes françaises s'emparent d'Ancône de vive force et par surprise. Comment expliquer une violence contraire aux instructions de Périer? Attitude du ministre français à la nouvelle de ce coup de main. Indignation du Pape. Scandale en Europe. Périer tient tête aux puissances et les rassure. Satisfactions données au Pape. Arrangement du 17 avril 1832. Jugement de l'expédition d'Ancône. . . . .

TABLE DES MATIÈRES.

Pages

Chapitre III. — L'attaque révolutionnaire sous Casimir Périer (mars 1831 — mai 1832).......... 565

    I. L'émeute permanente de mars à septembre 1831. Les sociétés révolutionnaires. Le peuple commence à s'y montrer.......... 565

    II. La presse. Attaques contre le Roi. La caricature. Attitude de Louis-Philippe en présence de tant d'outrages.......... 571

    III. Le parti républicain n'avait pas osé déployer son drapeau en juillet 1830. Il le fait en avril 1831, à l'occasion d'un procès politique. Godefroy Cavaignac. Évocation de 1793. Raisons de cette évocation. Armand Marrast. Carrel passe à la république. Comment et pourquoi?.......... 580

    IV. Ce qu'il y avait de bonapartisme dans le parti républicain. L'effervescence napoléonienne après 1830. Rapports des hommes de gauche avec la famille Bonaparte. Avances que leur fait le prince Louis-Napoléon. Pronostics faits à ce sujet par les contemporains..... 594

FIN DE LA TABLE DES MATIÈRES.

www.ingramcontent.com/pod-product-compliance
Lightning Source LLC
Chambersburg PA
CBHW051319230426
43668CB00010B/1081